Volker Kronenberg · Christoph Weckenbrock (Hrsg.)

Schwarz-Grün

AF167290

Volker Kronenberg
Christoph Weckenbrock (Hrsg.)

Schwarz-Grün

Die Debatte

VS VERLAG

Bibliografische Information der Deutschen Nationalbibliothek
Die Deutsche Nationalbibliothek verzeichnet diese Publikation in der
Deutschen Nationalbibliografie; detaillierte bibliografische Daten sind im Internet über
<http://dnb.d-nb.de> abrufbar.

1. Auflage 2011

Alle Rechte vorbehalten
© VS Verlag für Sozialwissenschaften | Springer Fachmedien Wiesbaden GmbH 2011

Lektorat: Frank Schindler | Verena Metzger

VS Verlag für Sozialwissenschaften ist eine Marke von Springer Fachmedien.
Springer Fachmedien ist Teil der Fachverlagsgruppe Springer Science+Business Media.
www.vs-verlag.de

Umschlaggestaltung: KünkelLopka Medienentwicklung, Heidelberg
Umschlagbild: Kronenberg und Weckenbrock, basierend auf OHRAUGE/Fotolia
Druck und buchbinderische Verarbeitung: Ten Brinck, Meppel
Gedruckt auf säurefreiem und chlorfrei gebleichtem Papier
Printed in the Netherlands

ISBN 978-3-531-18413-5

Inhalt

III. Inhalte

IV. Erfahrungen

V. Strategien und Perspektiven

Geleitwort von Cem Özdemir

In Michael Endes „Jim Knopf und die Wilde 13" gibt es eine wunderbare Figur, den Scheinriesen Herrn Tur Tur. Von Ferne betrachtet sieht er aus wie ein Riese. Aus diesem Grund traut sich niemand an ihn heran. Je näher man ihm kommt, umso kleiner wirkt er. Von Angesicht zu Angesicht hat er die Größe eines normalen Menschen.

Schwarz-Grün ist der Scheinriese unter den möglichen Regierungen, insbesondere auf Bundesebene. Besonders groß und bedrohlich sehen ihn seine leidenschaftlichen Gegner, vor allem unter den Konservativen in der Union, aber auch so mancher innerhalb der Grünen. In der Geschichte findet Herr Tur Tur schließlich seine Erfüllung als Leuchtturm. Den Eindruck, als ob Schwarz-Grün ein von Ferne strahlender Leuchtturm sei, hat man auch bei dessen glühendsten Verfechtern, die insbesondere unter Journalisten und professionellen Beobachtern der Berliner Politikszene zu finden sind. Dieser Sammelband unternimmt nun den Versuch, sich dem Scheinriesen zu nähern und auf seine wahre Gestalt hin zu überprüfen.

Union und Grüne haben immer auch manche Werte miteinander geteilt. Bei den Grünen gab es schon zu Gründungszeiten echte Konservative und Christen, die sich von der ökologiefeindlichen und autoritären Politik der Union abwandten. Aber das waren kleine Minderheiten. So wird, nicht ganz zu Unrecht, in der „Pizza-Connection" die Wiege des schwarz-grünen Dialogs auf Bundesebene gesehen, der Hermann Gröhe und ich als junge Hinterbänkler einst angehörten.

Die Bundestagswahl 1994 hatte noch ein letztes, lähmendes Mal Kohl als Kanzler gebracht. Aber bei der Union und bei uns Grünen kam eine Generation junger Abgeordneter in den Bundestag, die die Schlachten von '68 nicht mehr selbst mitgemacht hatte und selbstverständlicher miteinander umgehen konnte. Die Grünen hatten mit ihrem Wiedereinzug in den Bundestag bewiesen, dass sie keine Eintagsfliege waren, es gab eine neue Fraktion mit Joschka Fischer an der Spitze und dem Willen, 1998 zu regieren. Die jüngeren Abgeordneten in der Union suchten, wie wir, Kontakt und Austausch. Es ging um Dialog, nicht um Kooperation. Fischer und wohl auch Kohl haben die Treffen eher wohlwollend als kritisch wahrgenommen. Auf das Tagesgeschäft hatte das alles ohnehin keinen Einfluss. Aber es half, die jeweils anderen zu verstehen und ideologisch oder kulturell geprägte Vorurteile abzubauen und sich auf die realen Gegensätze und unterschiedlichen politischen Ziele zu konzentrieren.

Die Grundlage für gemeinsame schwarz-grüne Verantwortung ist jedoch in den Kommunen entstanden. Wo sich Schwarz-Gelb, Schwarz-Rot, Rot-Schwarz oder Rot-Grün aufgerieben hatten, sind im letzten Jahrzehnt vielerorts schwarz-grüne Bündnisse entstanden, die häufig gut zusammenarbeiten. Vor Ort spielen Kriterien wie Verlässlichkeit, individuelles Engagement und vor allem Pragmatismus eine besondere Rolle, während ideologisch aufgeladene Themenfelder im Tagesgeschäft vor allem in den Städten oftmals eine geringere Rolle spielen. Und gerade in den Städten haben wir es meist mit einer anderen CDU zu tun als auf dem Land, siehe Frankfurt am Main mit seiner Oberbürgermeisterin Petra Roth.

Was die Fans von Schwarz-Grün aber vermutlich umtreibt ist die schwärmerische Vorstellung einer Koalition der Werte. Nach großkoalitionärem Biedermeier 2.0 und einer überflüssigen schwarz-gelben Regierung ist die Sehnsucht verständlich, dass die Berliner Republik wieder prickelt, dass Visionen und Werte, neues Personal und eine vernunftgeleitete Zusammenarbeit das Regierungshandeln bestimmen. Die SPD ist noch immer fest verhaftet im Nachregierungstrauma. Die FDP braucht dringend ein grundlegend neues Programm. Und die Linkspartei ist personell aufgerieben und inhaltlich attraktiv wie ein leerstehender Plattenbau. Ich kann gut verstehen, dass sich so manche Edelfeder in Schwarz-Grün eine Koalition der Werte, des Maßes und der Solidität erträumt.

Und ist es nicht so, dass, je näher Schwarze und Grüne einander betrachtet haben, manch harte Position der Vergangenheit entideologisiert wurde? Hat sich nicht in der Union durchgesetzt, dass Deutschland ein Einwanderungsland ist, dass arbeitende Mütter und Kitas gut und nicht subversiv sind, dass Ökologie und Klimaschutz kein Nebenwiderspruch sind, dass die Wehrpflicht ungerecht ist, dass Homosexuelle nicht krank sind und schließlich, hat nicht auch Ronald Pofalla akzeptiert, dass Atomenergie nichts mit Öko zu tun hat?

Und wir Grüne? Haben wir nicht verantwortungsethisch handeln gelernt, Kompromisse als Wert und nicht als Verrat begriffen? Haben wir nicht verstanden, dass Familie auch dann schön und gut sein kann, wenn sie biodeutsch ist, heterosexuell und ein Elternteil ganztags daheim im Reihenhaus ist? Und sind nicht die Grünen heute vielerorts die leidenschaftlichsten Heimatfreunde, engagieren sich ehrenamtlich, wandern, singen in Chören oder arbeiten in Integrationsprojekten wie in Kreuzberg oder Duisburg-Marxloh?

Sicher, Schwarze, Rote und Grüne haben sich in sehr vielen wichtigen Gesellschaftsfragen aufeinander zubewegt. Ehemalige Kampfbegriffe wurden dekonstruiert. Die reale Welt hat sich seit 1980 zum Guten und zum Schlechten verändert: vieles ist nicht so schlecht, wie wir Grüne damals geglaubt haben. Und vieles ist eingetreten und problematischer geworden, als sogar wir Grüne dachten – die ökologische Krise, maßloser Materialismus und globale Ungerechtigkeit. Und die ganz großen Generationenkonflikte gibt es, zumindest im Parteienspektrum, nicht mehr. Aber die schwarz-grüne Schwärmerei von Harmonie und Fortschritt ist zu großen Teilen Rosinenpickerei aus den Programmen beider Parteien sowie deren Personaltableau. Das ist grob unpolitisch. Die so idealisierte Welt aus Energiewende, Bürgerdemokratie, Subsidiarität, Chancengerechtigkeit, Europapolitik aus vollem Herzen und moderner Gesellschaftspolitik ist weitgehend elitär und spiegelt weder die Interessen der Mehrheit der Deutschen noch beider Parteibasen wider.

In der realen Welt ist die Union immer noch gegen Mindestlöhne, für Kohlekraft und gegen eine Beschleunigung des Ausbaus der Erneuerbaren. Sie setzt sich in Brüssel für Lockerungen von Umweltauflagen für die Industrie ein, konterkariert Aufstiegsmobilität für Kinder durch Privilegierung von Transfers (Betreuungsgeld, Elterngeld etc.) gegenüber Institutionen und sie gibt der FDP klein bei, die Verteilung von Unten nach Oben fortzuführen und über die notwendige Haushaltssanierung zu stellen. Die Union ist immer noch gegen die doppelte Staatsbürgerschaft, gegen Homo-Ehe, für Vorratsdatenspeicherung, sie stellt Sicherheit gegen Freiheit. Sie privilegiert konventionelle Landwirtschaft gegenüber Ökolandbau und fördert Gentechnik. Sie bekennt sich nicht mehr klar zu Europa und sie betreibt keine aktive Friedenspolitik in der Welt, um nur ein paar Punkte zu benennen.

Die Union wird ihrerseits eine ganze Liste an Gegensätzen haben, was sie an uns Grünen ablehnt. Fürwahr, das ist weniger als noch vor zehn oder gar 20 Jahren, aber für Koalitionsverhandlungen oder gar eine vertrauensvolle Zusammenarbeit doch ganz schön happig.

Die Union verändert sich programmatisch derzeit schneller als wir Grüne früher in den Parlamenten rotiert haben. Die Erfahrungen in Hamburg und im Saarland sind sicherlich nicht repräsentativ oder gar modellhaft, aber sie sind immerhin konkrete Beispiele schwarzer und grüner Zusammenarbeit auf Länderebene. Dieser Band kann dazu hilfreiche Aufklärungsarbeit leisten. Und wie im Falle des Herrn Tur Tur wird sich auch erst aus nächster Nähe zeigen, wie groß der Riese wirklich ist und ob sich tatsächlich eine Aufgabe für ihn finden wird, die er bewältigen kann.

Geleitwort von Hermann Gröhe

„Grau is alle Theorie – entscheidend is auf'm Platz." Diese Erkenntnis von Fuß-
ball-Legende Adi Preißler trifft auch auf politische Farbenspiele zu. Und es ist das
große Verdienst des vorliegenden Buches und seiner Autoren, dass sie fundiert
aufzeigen, dass zwischen den theoretischen Gedankenspielen über ein schwarz-
grünes Bündnis – auch auf Bundesebene – und seiner tatsächlichen Wahrscheinlichkeit mehr liegt als eine unterschiedliche politische Trikot-Farbe.

Dabei ist heute das Verhältnis „auf'm Platz" in der politischen Alltagsarbeit
ein anderes als in der Gründungsphase der Grünen in den 1980ern oder Mitte der
1990er Jahre, als wir jüngeren Abgeordneten von CDU und Grünen begannen,
uns in Bonn „beim Italiener" zu treffen – in einer Runde, die schon bald vom
damaligen CSU-Generalsekretär „Pizza-Connection" getauft wurde. Verbunden
eher durch ein gemeinsames Lebensgefühl als durch politische Forderungen
sahen sich Schwarze wie Grüne vor allem als Wettbewerber in einem Wettstreit
der Ideen, zu dem schon damals die SPD eher sehr bescheidene Beiträge leistete.
Gerade den durch Bürgerrechtsbewegung, aber auch durch kirchliches Engagement geprägten grünen Politikerinnen und Politikern aus den neuen Bundesländern begegneten viele Christdemokraten mit besonderer Sympathie, hatte die
Union doch – im Unterschied auch zu den West-Grünen – stets an der Deutschen
Einheit festgehalten. So wurde die „Pizza-Connection" zur Chiffre für eine Normalisierung, die es ermöglichte, Vorurteile zwischen beiden Seiten abzubauen
und den Blick klarer zu machen für das Trennende wie das Verbindende. Vorbei
waren die Zeiten, da man den Einen als „Skinhead in Nadelstreifen", den Anderen als „Chaoten und Steinewerfer" verdächtigte. Und natürlich haben sich Union und Grüne in den letzten Jahren bewegt und verändert.

Die kriegerischen Auseinandersetzungen auf dem Balkan ließen bei einer
Mehrheit der Grünen die Einsicht wachsen, dass Militäreinsätze der Bundeswehr
im Rahmen des Völkerrechts einen notwendigen Beitrag zur Beendigung gravie-
render Menschenrechtsverletzungen und zur Beendigung gewaltsamer Auseinandersetzungen leisten können. Und in der Union akzeptierte man zunehmend
den Wunsch vieler Familien nach einem Ausbau von Kindertagesstätten auch für
Kleinkinder und von Ganztagsangeboten im Schulbereich. Mit einer aktiven
Integrationspolitik und der Islamkonferenz erkennt die Union an, dass unser
Land inzwischen nicht unerheblich von Zuwanderern geprägt ist. Und Grüne

sehen es nur noch selten als nationalistische Überheblichkeit an, wenn von Zuwanderern das Erlernen der deutschen Sprache eingefordert wird. Während bei
der Union die Bewahrung der Schöpfung als Grundsatz christdemokratischer
Politik an Bedeutung gewann, auf dessen Grundlage eine Neubewertung Erneu-
erbarer Energien und tatkräftige Schritte zu deren Ausbau erfolgten, erweiterten
viele Grüne ihr Verständnis von Nachhaltigkeit über die Fragen der Ökologie
hinaus. Nachhaltigkeit müsse sich auch bei der Gestaltung der sozialen Sicherungssysteme und der Staatsfinanzen zeigen. So steht man zur Rente mit 67. Eine
Beteiligung der Grünen an sozialdemokratisch angeführten Schuldenorgien in
Rheinland-Pfalz und Nordrhein-Westfalen hat mit Nachhaltigkeit allerdings nur
wenig zu tun.

Auch wenn viele Grüne sozialdemokratischem Urvertrauen gegenüber zentralistischen, bürokratischen Vorgaben zur Regelung nahezu aller Lebensverhält-
nisse mit großer Skepsis begegnen, so lugt doch aus vielen politischen Vorschlä-
gen ein Verständnis von einem Staat hervor, der als „Volkspädagoge" vorgibt,
welche Ernährung oder welches Auto gut sind, welcher Industriezweig zu
schrumpfen hat und welche vermeintliche „politische Unkorrektheit" zu brand-
marken ist. Christdemokratischem Vertrauen in das Verantwortungsbewusstsein
freier Bürgerinnen und Bürger geht solches Denken gegen den Strich. Und noch
etwas fällt auf: In den Bevölkerungsgruppen, die gerne im Mittelpunkt grüner
Rhetorik stehen, hat die Partei den geringsten Erfolg – bei den sozial Schwachen,
den Menschen mit geringer Bildung, den Arbeitern. „Kleine Leute" findet man
weit mehr unter den Anhängern der Union. Deshalb verwundert es, wenn mancher Kommentator in den Grünen die „neue deutsche Volkspartei" sieht. Zu
Recht hat die Partei selbst diesen Anspruch nie erhoben.

Allerdings sind die Grünen nicht mehr die „Alternative zu den herkömmlichen Parteien", die sie vor 31 Jahren bei ihrer Gründung sein wollten. Trotz letzter Überbleibsel grünen „Andersseinwollens" sind sie längst eine herkömmliche
Partei. Ließ sich Joschka Fischer noch in Turnschuhen vereidigen, so polierte der
erste grüne Ministerpräsident Winfried Kretschmann für seine Vereidigung seine
„Budapester" Schuhe auf Hochglanz. Mancher, der als linksradikaler Bürgerschreck startete, wurde mit den Jahren zum bürgerlichen Wertkonservativen.
Andere blieben den Irrtümern ihrer Jugend treu – und auf Distanz zu wesentlichen Grundentscheidungen unseres Gemeinwesens. Wer sich durchsetzt, ist noch
offen. Bürgerliche Wähler und Exponenten machen aus den Grünen noch lange
keine bürgerliche Partei. Und kaum erträglich ist es, wenn der Wunsch der Grünen, die angestammte Verwurzelung in „Basisbewegungen" zu pflegen, zur

allenfalls halbgaren Distanzierung von militanten AKW-Gegnern oder „Park-schützern" führt.

Die Grünen können es sich auf die Fahne schreiben, maßgeblich dazu beige-tragen zu haben, dass Fragen der Ökologie ins Zentrum der politischen Debatte rückten und heute in allen demokratischen Parteien eine wichtige Rolle spielen. Angetreten für die Bewahrung der Natur, speist sich ihr Engagement jedoch vielfach vor allem aus dem Widerstand gegen konkrete Maßnahmen und Projek-te – zum Beispiel beim Ausbau der Infrastruktur. Für eine verantwortungsvolle Mitarbeit bei der Energiewende, etwa beim dringend erforderlichen Ausbau von Netzen, reicht ein „Dagegen" allerdings nicht.

Heute tragen CDU und Grüne in so mancher Kommune – und im Saarland im Rahmen einer „Jamaika-Koalition" mit der FDP – gemeinsam Verantwortung. Nicht selten ging es darum, eine bleierne SPD-Herrschaft vor Ort zu beenden. Vor allem auf Bundesebene gilt aber: Für ein schwarz-grünes Bündnis müssten Union und Grüne mehr Kröten schlucken, als die Grünen bislang über die Straße getragen haben.

„Entscheidend is auf'm Platz." Und dort bleiben CDU und Grüne vor allem Wettbewerber. Es kann der gemeinsamen Verantwortung für unser Land aber nur gut tun, wenn beide Seiten auf Fouls verzichten und die Situation nutzen, um im Wettstreit der Ideen besser zu werden. Dabei bleibt es mein liebstes schwarz-grünes Projekt, aus grünen Fans schwarze Fans zu machen!

Volker Kronenberg / Christoph Weckenbrock

Wie aus Gegensätzen Optionen wurden
Ein Beitrag zur Debatte um Schwarz und Grün

Deutschland im Sommer 2011: der erste grüne Ministerpräsident in der Geschichte der Bundesrepublik Deutschland, der in Baden-Württemberg, dem einstigen Stammland der CDU, sein Amt angetreten hat, lobt die Kanzlerin einer CDU-geführten Bundesregierung für den Beschluss zum unumkehrbaren Ausstieg aus der Kernenergie und erklärt, eine schwarz-grüne Koalition auf Bundesebene sei keine „zwangsläufige" Option für 2013. Im Saarland amtiert seit knapp zwei Jahren eine schwarz-grün-gelbe „Jamaika"-Koalition und in Hamburg ist die erste schwarz-grüne Koalition auf Länderebene bereits wieder Geschichte. Auf der kommunalen Ebene des bevölkerungsreichsten deutschen Bundeslands, Nordrhein-Westfalen, halten sich schwarz-grüne und rot-grüne Bündnisse seit Jahren zahlenmäßig die Waage; zeitweilig überwogen im einstigen Stammland der SPD an Rhein und Ruhr gar die schwarz-grünen die rot-grünen Koalitionen. Ebenfalls hier, in Mühlheim an der Ruhr, kam es 1994 zur Bildung der bundesweit ersten schwarz-grünen Koalition in einer Großstadt. Tatsache ist: „Schwarz-Grün" ist keineswegs mehr nur Theorie, sondern politische Realität in Deutschland. Die einstmals nahezu unvorstellbare Zusammenarbeit von Union und Grünen ist heute, zwei Jahrzehnte nach der Wiedervereinigung, mitnichten nur ein Thema des politischen Feuilletons oder des akademischen Elfenbeinturms. Das ist es selbstverständlich auch, aber „Schwarz-Grün" ist in vielerlei Hinsicht heute eine gesellschaftliche und politische Selbstverständlichkeit geworden – ein Thema mithin, das Strategen der verschiedenen Parteien ebenso bewegt wie Mitglieder und Wähler. Ein Thema, das nicht nur auf koalitionspolitische Aspekte in Kommunen, Ländern oder den Bund zu reduzieren ist, sondern das politische, gesellschaftliche und kulturelle Wandlungsprozesse der – wie Bundespräsident Christian Wulff es unlängst formulierte – „bunten" Republik Deutschland über drei Jahrzehnte hinweg spiegelt. Wer hätte sich vor drei Jahrzehnten träumen lassen, dass ein christdemokratisch sozialisierter Bundespräsident in seiner Antrittsrede einmal bewusst jene Formulierung aufgreifen würde, die der einstige

68er-Aktivist und deutsch-französische Grünen-Politiker Daniel Cohn-Bendit vor
Jahren geprägt hat?

Deutschland, Anfang der 1980er Jahre: Als sich die grüne Öko-, Friedens-
und Anti-Atombewegung als Bundespartei im Januar 1980 gründet, besteht
kaum ein Zweifel daran, dass diese „Anti-Parteien-Partei" (Petra Kelly) in ihrem
Selbstverständnis und ihren Zielen einen fundamentalen Gegenentwurf zur Union darstellen soll. So lauten denn auch entsprechende Urteile aus der Union,
etwa seitens des damaligen CDU-Generalsekretärs Heiner Geißler, der 1984 von
„totalitären Elementen" in grünen Inhalten spricht. Andere Unionspolitiker atta-
ckieren die „Pöbeleien der Grünhemden" und deren „Chaotentum". Die Repli-
ken der Grünen fallen entsprechend deftig aus. Inhaltlich, rhetorisch und habituell scheinen Grüne und Union Welten zu trennen, auch wenn ein genauerer Blick
auf die milieuspezifische Zusammensetzung der grünen Basis oder auf einzelne
Gründungspersönlichkeiten der Partei, wie zum Beispiel Herbert Gruhl, ein etwas anderes Bild zeigen würde. Doch milieuspezifische Schnittmengen zwischen
Schwarz und Grün interessieren von Anfang an weniger als die auffallenden
Unterschiede und Gegensätze in Programmatik und in großen Teilen des Perso-
nals.

Nirgendwo trafen diese Gegensätze anfangs so anschaulich aufeinander wie
im „Hohen Haus" am Rhein: Hier die Strickpulloverfraktion mit den Sonnen-
blumentöpfen, die bewusst mit den parlamentarischen Usancen kokettierte, dort
die erfahrenen, staatstragenden Parlamentarier in dunklen Anzügen und gedeck-
ten Kostümen, die indigniert die parlamentarischen Neulinge musterten. Berührungspunkte gab es ganz offensichtlich kaum, und wo sie vorhanden waren,
wurden sie willentlich und zum Teil lustvoll kaschiert. Joschka Fischers legendä-
rer, kalkulierter rhetorischer Ausfall gegenüber Bundestagsvizepräsident Richard
Stücklen im Jahr 1984 hat sich exemplarisch dafür in das kollektive Gedächtnis
der Bonner Republik eingebrannt. „Schwarz-Weiß" dominierte das wechselseitige Verhältnis von Schwarz und Grün. Stimmen wie jene von Rezzo Schlauch
oder Kurt Biedenkopf, die beide damals schon weitaus differenzierter, ja neugie-
rig-offen das schwarz-grüne Verhältnis und thematische Berührungspunkte analysierten, bildeten auf lange Zeit die großen Ausnahmen in ihren Parteien – aber
auch darüber hinaus.

Schwarz und Grün passten in den 1980er und Anfang der 1990er Jahre weder politisch noch kulturell zueinander und wollten auch nicht zueinander passen, geschweige denn sich einander annähern. Wenn, dann hatten die Grünen
koalitionspolitisch die Roten im Blick wie umgekehrt die Schwarzen die Gelben.
Diese simple Farbenlehre, die klare Trennung zwischen Schwarz und Grün, die

die berühmt-berüchtigte Bonner „Pizza-Connection" junger Nachwuchspolitiker von Union und Grünen Mitte der 1990er Jahre in Frage zu stellen begann, ist heute in immer weniger Bereichen festzustellen. Denn ebenso, wie sich die gesellschaftlichen und kulturellen Milieus zum Teil erheblich gewandelt haben, haben sich personelle Prägungen und Inhalte in den Parteien (CDU *und* CSU sowie Grüne) verändert. Konkret: Während sich die Grünen beispielsweise im außen-, europa- und sicherheitspolitischen Bereich unverkennbar von den radikalen Positionen der Gründerzeit weg bewegt haben, hat die Union ihrerseits einen signifikanten gesellschaftspolitischen Wandlungsprozess unter dem Vorzeichen der „Liberalisierung" vollzogen. Seriöse Finanz- und Wirtschaftspolitik verbindet man heute ebenso mit Schwarz wie mit Grün. Einstige neuralgische Konfliktpunkte – wie etwa die Frage des Umgangs mit der Kernenergie – scheinen heute, nach „Fukushima" und Energiewende, endgültig ausgeräumt; in Fragen der Integrations- und Zuwanderungspolitik hat man sich, jenseits semantischer Nachhutgefechte um „Multikulti" und/oder „Leitkultur", pragmatisch weiter aufeinander zu bewegt, als viele Beobachter dies noch vor wenigen Jahren erwartet haben. Dies ist zum einen, Stichwort: Integrations- und Zuwanderungspolitik, auf den großen politischen Problemdruck zurückzuführen, zum anderen, Stichwort: Kosovo-Einsatz 1999, auf die Regierungserfahrung der Grünen auf Bundesebene 1998 bis 2005. Schlussendlich spielt die personelle Konstellation an den Spitzen der Parteien eine wichtige Rolle: Norbert Röttgen, Hermann Gröhe, Ronald Pofalla und im Grunde auch Angela Merkel sind von ideologischen Vorbehalten gegenüber den Grünen heute ebenso weit entfernt wie dies umgekehrt Cem Özdemir, Karin Göring-Eckhart oder Krista Sager sind. Oder eben Winfried Kretschmann, der, seit vielen Jahren ein kaum verheimlichter Sympathisant von Schwarz-Grün, nunmehr davon spricht, dass die „unüberbrückbaren Gräben" zwischen Schwarz und Grün „eingeebnet" seien.

Wenn also im Verhältnis von Grün und Schwarz ein erheblicher Wandel, begleitet von jenem in den zugehörigen wählersoziologischen Milieus, zu beobachten ist, dann stellt sich zwangsläufig die Frage nach dem künftigen Weg: Bewegen sich Schwarz und Grün immer weiter aufeinander zu? Symbolisiert „Schwarz-Grün" die „Wiedervereinigung des deutschen Bürgertums", wie Franz Walter vor wenigen Jahren prognostizierte? Werden damit Bündnisse von Union und Grünen auch jenseits der kommunalen Ebene immer mehr zu einer Selbstverständlichkeit? Schleifen sich einstige programmatische Gegensätze immer weiter ab oder werden auch in Zukunft Schwarz und Grün den klaren Gegensatz von „Rechts" und „Links" markieren, ja womöglich markieren müssen, um den Identitätskern und die Bindungskraft in der eigenen Mitglied- und Wählerschaft der Partei nicht zu gefährden? Doch, so die naheliegende Gegenfrage: (Was) gelten die tradierten Koordinaten von „Rechts" und „Links" im politisch-kulturellen Milieu der „Berliner Republik" noch? Grundsätzlicher gar: Wie nachhaltig ist der Erfolg jener grünen „Scheinriesen" (Manfred Güllner) denn wirklich, deren derzeitiges elektorales Hoch der Forsa-Chef ganz wesentlich auf die sinkende Wahlbeteiligung und die damit zusammenhängende nachlassende Bindekraft von Union, SPD und FDP, nicht jedoch auf ein signifikantes Anwachsen der eigenen Wählersubstanz zurückführt?

Wie auch immer die Antworten, die gegenwärtig in den Parteien selbst noch kontrovers erörtert werden, schlussendlich ausfallen – eines steht im Lichte dieser Debatten um Selbstverständnis und strategische Ausrichtung der Parteien jetzt schon fest: Von einer zwangsläufigen Entwicklung in eine bestimmte Richtung – aufeinander zu, voneinander weg, nebeneinander her – kann heute keine Rede sein.

Tatsächlich existieren im gegenwärtigen Fünfparteiensystem im Unterschied zur „alten" Bundesrepublik keine klaren politischen Lagergrenzen mehr, die Koalitionen über diese Grenzen hinweg – mit Ausnahme der Linkspartei – kaum möglich machen würden. Entscheidend wird künftig, vermutlich auch auf Bundesebene im Wahljahr 2013, die macharithmetische Konstellation sein. Konkret: Wer kann mit wem wie eine stabile Regierung, bevorzugt in einer Zweierkoalition, bilden? Das bedeutet umgekehrt, dass von einem zwangsläufigen koalitionspolitischen Aufeinander-Zu-Bewegen von Schwarz und Grün nicht die Rede sein kann. Ein schwarz-grünes oder gar grün-schwarzes „Projekt" alter/neuer Bürgerlichkeit lässt sich derzeit strategisch ebenso wenig erkennen wie eine klare Mehrheit für das Koalitionsmodell in den Reihen der Unions- wie auch der Grünen-Wähler, auch wenn eine Emnid-Umfrage vom Sommer 2011 zumindest für die CDU-Anhänger eine steigende Zustimmung (58 Prozent können sich Schwarz-Grün vorstellen) registrierte. Dabei gibt es unzweifelhaft inhaltliche Berührungs- und Anknüpfungspunkte: von Anfang an das Ziel der „Bewahrung der Schöpfung", der Nachhaltigkeit, zunehmend auch Übereinstimmungen in finanz- und europapolitischen Fragen. Auch gibt es personelle Scharniere – freilich gibt es all dies in gleichem Maße für beide Parteien auch zu den bisher „selbstverständlichen" Koalitionspartnern.

Umgekehrt analysieren Schwarze wie Grüne wiederum ganz unsentimental und strategisch kühl, dass die „selbstverständlichen" Partner zurzeit elektoral und demoskopisch erheblich schwächeln – und dass daraus wiederum Konsequenzen für die eigenen Gestaltungsmöglichkeiten zu ziehen sind. Überhaupt gilt, dass angesichts des rasanten politisch-gesellschaftlichen Wandels, dem die

Bundesrepublik seit Jahren unterliegt, vieles von dem, was noch vor zehn Jahren selbstverständlich war, heute keineswegs mehr gilt. Die Bildung einer grün-roten Landesregierung in Baden-Württemberg unter Führung eines Ministerpräsidenten, der dank seines bürgerlichen Habitus und seiner Grundüberzeugungen Sympathien weit in angestammte CDU-Milieus hinein genießt und nicht müde wird, das ur-christdemokratische Motto von „Maß und Mitte" zur Richtschnur seiner Politik zu erklären, illustriert diesen Wandel in den verschiedensten Bereichen schlagartig. Kretschmann schaffte dies, ohne die Mitgliedschaft und die Funktionäre seiner eigenen Partei gegen sich aufzubringen. Eine noch vor zehn Jahren ebenso unvorstellbare Entwicklung wie jene, dass sich die Grünen heute zum eigentlichen politischen Erben Kohl'scher Europapolitik erklären – oder die deutsche Enthaltung im Weltsicherheitsrat bei der Entscheidung über „Libyen" kritisieren und dabei an die eigene Entscheidung 1999 zugunsten einer militärischen Intervention unter humanitären Vorzeichen im Kosovo anknüpfen können. Kaum vorstellbar noch vor wenigen Jahren auch, dass Renate Künast als grüne Spitzenkandidatin in Berlin eine mögliche Koalition mit einem CDU-Juniorpartner nicht ausschließt – und sich die Hauptstadt-CDU als ein solcher Partner, einen dritten Platz bei der Wahl einkalkulierend, anbietet.

Zu veränderten personellen Konstellationen, habituellen Wandlungsprozessen und inhaltlichen Weiterentwicklungen kommen eben wesentlich neue milieuspezifische und elektorale Konstellationen hinzu – die nicht zuletzt in der gegenwärtigen Debatte um den Status der Grünen als neuer Volkspartei und um die Gründe für die eklatante Schwäche der SPD kulminieren. Die aber auch die Fragen nach dem Verhältnis von Schwarz und Grün bzw. Grün und Schwarz ebenso spannend wie politisch und wissenschaftlich relevant machen.

Fragen, denen sich der vorliegende Sammelband in gebotener multiperspektivischer Breite erstmals umfassend widmet: Verschiedene Vertreter aus Politik, Wissenschaft und Medien wenden sich mit je eigenem – oft gegensätzlichem – Tenor der Erörterung von Entwicklungslinien, Milieus, Inhalten, Erfahrungen, Strategien und Perspektiven der bündnispolitischen Annäherung zwischen Union und Grünen zu. Dies im Übrigen auch unter Einbeziehung „roter" wie „gelber" Interessenkonstellationen und Sichtweisen auf Schwarz-Grün. Der Band versteht sich dabei als Debattenforum, das einerseits die bisherige, drei Jahrzehnte während Diskussion des Verhältnisses der Parteien zueinander bilanzieren will, andererseits, durch seinen bewussten Aktualitätsbezug, selbst einen Beitrag zu dieser Debatte leisten will: vor allem, um realistische Chancen, Risiken und Probleme des schwarz-grünen Verhältnisses auszuleuchten und aufzuzeigen. „Hirngespinst", „Bündnis zweiter Wahl" oder „Zukunftsprojekt" – wofür steht jene Farbkonstellation, über die die „bunte Republik" so auffallend engagiert und kontrovers diskutiert wie über keine zweite? Antworten werden in den folgenden 36 Beiträgen formuliert.

Zu Beginn des ersten Kapitels begibt sich *Gerd Langguth* auf „Spurensuche" und schildert in seinem Beitrag die Anfänge der Ökopartei. Hier wird deutlich, wie viele verschiedene politische Strömungen die Parteigründung beeinflusst haben und dass durchaus auch konservative Wurzeln bei den Grünen vorhanden sind. *Norbert Seitz* widmet sich danach der wechselhaften Geschichte des klassischen lagerinternen Bündnisses „Rot-Grün", nicht ohne eine erhebliche Ernüchterung bei den Beteiligten des früheren „Projekts" festzustellen, die sich natürlich auch auf schwarz-grüne Bündnisüberlegungen ausgewirkt hat. Die Geschichte der schwarz-grünen Annäherung in Baden-Württemberg schildert *Rezzo Schlauch* in seinem von persönlichen Erfahrungswerten geprägten Aufsatz. Einen Beitrag über die erstaunliche Entwicklung der Grünen in den letzten 30 Jahren, ihr Verhältnis zum Staat und zur politischen Kultur der Bundesrepublik, hat *Reinhard Mohr* verfasst. Ähnlich ist die Stoßrichtung des Aufsatzes von *Thomas Schmid*, der vor allem die gegenseitige Wahrnehmung von Union und Grünen im Verlauf der letzten drei Dekaden thematisiert und unter Berücksichtigung der verschiedenen Wertefundamente der Parteien auch auf Missverständnisse im schwarz-grünen Verhältnis hinweist.

Viel wurde in den letzten Jahren – vornehmlich im deutschen Feuilleton – über das Vorhandensein einer schwarz-grünen „Lebenswelt", einer „neuen Bürgerlichkeit" als dem Fundament der Kooperation von CDU/CSU und Grünen debattiert und gemutmaßt. Es ist das Ziel des zweiten Kapitels, hier etwas mehr Licht ins Dunkel zu bringen und vor allem auch politikwissenschaftliche Milieuforscher eine Bewertung vornehmen zu lassen. *Nikolaus Blome* zeigt jedoch zunächst mittels einer pointieren These auf, welche Chancen eine schwarz-grüne Koalition bei der Zusammenführung verschiedener gesellschaftlicher Gruppen und Interessen hätte. Wie es tatsächlich um die „Bürgerlichkeit" der Grünen steht, untersucht im Anschluss daran *Michael Borchard*. *Richard Herzinger* stellt sich indes die Frage, inwiefern es sich bei Union und Grünen um Parteien der Mitte handelt und warum gerade letztere dort wachsenden Zuspruch erfahren. Dass es – trotz aller Annäherungen und Verschiebungen in den politischen Einstellungsmustern – zwischen den Anhängern der CDU/CSU und der Grünen auch heute noch mitunter klare Trennlinien und Unterschiede gibt, zeigt der auf einer Fülle von Umfragedaten beruhende Beitrag von *Thomas Petersen* auf. *Tilman Mayer* beleuchtet in seinem Essay, inwieweit Phantasie und Realität bei dieser Patchworkkoalition auseinanderliegen. Die für ein Zusammengehen mit der

Union „riskante Überbürgerlichkeit" der Grünen-Partei wird zum Abschluss des Kapitels von *Franz Walter* eingehend untersucht.

Alle Mitwirkenden an diesem Sammelband sind sich im Grunde darüber einig, dass eine schwarz-grüne Koalition, sei es auf der Landes- oder Bundesebene, die nur aus machtpolitischen Motiven gebildet wird und keine inhaltliche Grundlage vorweisen kann, zum Scheitern verurteilt ist. Das dritte Kapitel fragt deshalb: Wie steht es bei Union und Grünen um die Inhalte? *Kurt Biedenkopf* plädiert dabei eindringlich für eine prinzipientreue Ordnungspolitik und die Anerkennung einer freiheitlichen Gesamtordnung jenseits bürokratischer Überregulierung, die sich auch als Leitgedanken einer schwarz-grünen Kooperation anbieten würden. Seinen Abgesang auf die schwarz-grüne Option begründet *Claus Leggewie* in seinem Essay vor allem mit dem Fehlen eines inhaltlichen Fundaments, welches er nur in gemeinsamen Gestaltungsaufgaben einer nachhaltigen Politik gesehen hätte. Über die gelungene Annäherung zwischen CDU/CSU und Grünen in der Finanzpolitik, aber auch das bis heute anhaltende erneute Auseinanderdriften dieser Vorstellungen, schreibt *Oswald Metzger*. Mit einem Abgleich zahlreicher inhaltlicher Positionen von Union und Grünen, von der Steuer- bis zur Gesundheitspolitik, rundet *Stefan Reinecke* das Kapitel ab.

Im vierten Kapitel wendet sich der Band den bisherigen Erfahrungen mit schwarz-grünen Koalitionen in den Kommunen und Ländern der Bundesrepublik sowie in Europa zu. Den Anfang macht *Hubert Kleinert*, der in seinem ausführlichen Beitrag sowohl die historische Annäherung zwischen Union und Grünen als auch die verschiedenen Ausprägungen bündnispolitischer Zusammenarbeit auf kommunaler und Landesebene thematisiert und einen Überblick über Entwicklungen wie Perspektiven gibt. Unter Zuhilfenahme der politikwissenschaftlichen Koalitionstheorie untersucht *Fabian Blumberg* mit Frankfurt am Main und Hamburg-Altona zwei konkrete Fallbeispiele schwarz-grüner Koalitionsbildung und versucht so zu ergründen, warum CDU und Grüne auf kommunaler Ebene Kooperationen eingehen. Das Beispiel Köln, die erste Millionenstadt mit einer schwarz-grünen Koalition, steht im Fokus der detaillierten Abhandlung von *Niko Switek*. Die Bonner Lokalpolitiker *Peter Finger* und *Philipp Lerch* beschließen die Reihe von Beiträgen über Schwarz-Grün in den Kommunen Deutschlands, indem sie in einem gemeinsam verfassten Erfahrungsbericht das Zustandekommen und die bisherige Arbeitsweise „ihrer" christlich-ökologischen Ratskoalition in der Bundesstadt schildern.

Sodann gilt die Aufmerksamkeit der nächst höheren politischen Ebene, nämlich der schwarz-grünen Koalition in Hamburg sowie dem „Jamaika-Bündnis" im Saarland. Einen selbstkritischen Rückblick auf die erste schwarz-grüne Regierungskoalition auf Landesebene und die Rolle ihrer Partei dabei gibt die GAL-Vorsitzende in der Freien und Hansestadt, *Katharina Fegebank*. Daran anschließend analysiert *Florian Gathmann* Bildung und Regierungspraxis des „Hamburger Modells", um schließlich die Gründe für das Scheitern dieser Verbindung offen zulegen. *Peter Müller* beschreibt aus der Sicht eines Regierungschefs anschaulich die inhaltlichen Schnittmengen und die Motive für die Bildung der ersten „Jamaika-Koalition" im kleinsten deutschen Flächenland, wobei im Anschluss daran konkret das koalitionäre Konfliktmanagement dieser Regierung von *Christoph Hartmann* erläutert wird. Eine politikwissenschaftliche Einschätzung zur Entstehung von „Jamaika" im Saarland sowie eine erste kritische Zwischenbilanz nimmt *Adolf Kimmel* vor. Schwarz-Grün in internationaler Perspektive untersuchen zum Ende des Kapitels hin die Aufsätze von *Herbert Vytiska* und *Saskia Richter*. Während ersterer Geschichte und Zukunft von Kooperationen der ÖVP mit den Grünen in Österreich erörtert, gibt letztere einen Überblick über die Entwicklung grüner Parteien in Europa und mögliche sowie bereits erfolgte Kooperationen mit konservativen Parteien.

Im abschließenden Kapitel gilt es, die Zukunft von Schwarz-Grün aus verschiedenen Blickwinkeln zu erörtern. *Lothar Probst* macht deutlich, welche strategischen Interessen Union und Grüne leiten und wie sich diese auf ein zukünftiges Zusammengehen der beiden Parteien auswirken. Welche Voraussetzungen arithmetischer und inhaltlicher Natur erfüllt sein müssen, um ein Bündnis von Union und Grünen zu ermöglichen und was eine solche Regierung schließlich leisten könnte, erläutert der Beitrag von *Jürgen Rüttgers*. Inwiefern diese Kooperationsform konkret schon bei der nächsten Bundestagswahl 2013 realistisch erscheint und welche Folgen eine solche für die deutsche Parteienlandschaft hätte, überprüft *Eckhard Jesse*. Zwei Politikberater und Unions-Vordenker konzentrieren sich in Ihren Abhandlungen dann auf die Zukunft der CDU im Kontext schwarzgrüner Bündnisperspektiven. *Warnfried Dettling* beleuchtet die heutige Situation der CDU und entwirft mögliche Szenarien der inhaltlichen und strategischen (Neu-)Positionierung der Partei. *Peter Radunski* zeigt Wege auf, wie eine schwarzgrüne Koalition innerhalb der Union kommuniziert werden müsste, um das Bündnis auf ein breites Zustimmungsfundament der Parteibasis stellen zu können. *Frank Decker* und *Volker Best* problematisieren die Herausforderungen auf dem Koalitionsmarkt, die für die Sozialdemokratie durch schwarz-grüne Koalitionen entstehen können und nennen mögliche Gegenstrategien für die Partei. Einen Blick auf Schwarz-Grün aus liberaler Perspektive wirft der frühere JuLi-Bundesvorsitzende und heutige Bundestagsabgeordnete *Johannes Vogel*, der diesem Bündnis vor allem eine „konservative Schlagseite" attestiert. Ob eine schwarz-grüne Zusammenarbeit im Bund von den nachrückenden, jungen Parteimitgliedern von Union und Grünen getragen werden könnte und wo die politischen Gräben dafür noch zu tief sind, erörtert der amtierende JU-Bundesvorsitzende *Philipp Mißfelder*. Einen realistischen Blick auf die längerfristigen Perspektiven von Schwarz-Grün aus Sicht einer grünen Spitzenpolitikerin wirft *Krista Sager*. Mit einem Beitrag aus der Feder *Heinrich Oberreuters*, bei dem der Wandel des Parteiensystems und der politischen Kultur sowie seine Auswirkungen auf die Option „Schwarz-Grün" im Mittelpunkt stehen, findet ein Band seinen Abschluss, der sein Erscheinen in politisch derart spannenden Zeiten wie den gegenwärtigen der tatkräftigen und umsichtigen Unterstützung des VS-Verlags für Sozialwissenschaften verdankt. Voran Frank Schindler und sein Team haben – wie bereits bei früheren Projekten – großartige verlegerische Arbeit geleistet und einen gewichtigen Anteil daran, dass dieses Publikationsprojekt in vergleichsweise kurzer Zeit realisiert werden konnte.

Volker Kronenberg   Christoph Weckenbrock

Bonn, im Sommer 2011

I. Entwicklungslinien

Gerd Langguth

Spurensuche zur Geschichte der Grünen

Die Grünen sind die einzige Partei in der Bundesrepublik Deutschland, die seit den 1950er Jahren neu entstanden ist und aus eigener Kraft die Fünf-Prozent-Hürde überwand. Die Grünen sind erfolgreich, weil ihre Basisforderungen (pazifistisch-ökologisch-sozial-basisdemokratisch) heute einen wichtigen Trend der Zeit ausmachen.

Die Partei „Die Grünen" ist insofern nicht mit dem Sonderfall der ebenfalls hinzutretenden Partei „Die Linke" zu vergleichen; „Die Linke" entstand zum Teil aus der Konkursmasse der früheren Staatspartei „Sozialistische Einheitspartei Deutschlands" (SED), weshalb sie sich auch in besonderer Weise auf ihre politischen Strukturen in den neuen Ländern stützen kann. Bis in die 1970er Jahre hatten wir drei Fraktionen im Bundestag – mit der FDP als jeweiligem „Mehrheitsbeschaffer".

Als die grüne Partei am 6. März 1983 erstmals in den Deutschen Bundestag einzog, sollte ihr ein mühevoller Weg mit Aufs und Abs bevorstehen. Bei den ersten gesamtdeutschen Bundestagswahlen 1990 überwanden die Grünen im Westen Deutschlands nicht einmal mehr die Fünf-Prozent-Hürde: Gesamtdeutschland hatte zwei Wahlgebiete, die Ost-Grünen (Bündnis 90) zogen hingegen in den Deutschen Bundestag ein. Die Grünen haben es in der Folgezeit verstanden, Zug um Zug in verschiedene Wählersegmente einzudringen, was ihnen heute eine große Stabilität verleiht. Der Partei ist es zunächst in den großen Universitätsstädten gelungen, erhebliche Stimmenanteile zu gewinnen, zum Teil stellen sie sehr beliebte Oberbürgermeister, wie etwa in Freiburg oder Tübingen. Sie sind zweifellos eine Partei der Besserverdienenden – viele ihrer Wähler sind Beamte, auch kleine Selbständige, wie man überhaupt sagen kann, dass sich in dem soziologischen Zuschnitt der grünen Wähler manche Ähnlichkeiten zu dem der FDP zeigen. Gleichzeitig sind die Grünen aber auch ein Ausdruck dafür, wie elastisch das politische System der Bundesrepublik Deutschland ist und wie sich eine Partei integrierte, die selber – obschon einst als „Anti-Parteien-Partei" gegründet – die Spielregeln des Parlamentarismus akzeptierte.

Diese Akzeptanz der demokratischen Spielregeln war sicherlich ein Grund dafür, dass die Grünen in der Bevölkerung immer beliebter wurden. Genau dieser Sachverhalt ist aber in der grünen Bewegungsgeschichte ein höchst umstrittener Punkt, denn viele Gründungsgrünen befürchteten eine allzu starke und schnelle Integration. Auch wenn sich die Grünen anfänglich selbst als Systemopposition beschrieben, so waren sie doch die Partei, die am meisten von den staatlichen finanziellen Aufbauhilfen – sprich: Wahlkampffinanzierung – profitierte und damit ihren Parteiaufbau vorantreiben konnte. So erhielten sie mit ihrer erstmaligen Wahlteilnahme 1980 bei den Europawahlen 4,5 Millionen DM als Wahlkampfkostenerstattung.

Die Gründungsgeschichte der Grünen zeigt sehr deutlich, wie personell breit anfänglich die Unterstützer und Aktivisten der Partei aufgestellt waren. Es gab zudem einen ständigen Kampf zwischen den „Realos", die sich mit der politischen Realität in Deutschland arrangieren wollten und den „Fundis", die zum Teil aus kommunistischen Organisationen, den sogenannten „K-Gruppen", kamen. Der Kampf zwischen den „Konservativen", den früheren CDU-Bundestagsabgeordneten Herbert Gruhl und seinen Anhängern einerseits und den Vertretern „bunter" linkssozialistischer Gruppierungen andererseits war bald entschieden. Gruhl und seine Leute saßen am kürzeren Hebel und wurden immer mehr aus der grünen Bewegung herausgedrängt. Deshalb gründete Gruhl eine eigene Partei, die heute unter dem Namen „Ökologisch-Demokratische Partei" (ÖDP) vor sich hin dümpelt.

Die Geschichte der Grünen ist also auch eine Geschichte heftigster Strömungsauseinandersetzungen, die noch Wirkung bis in die Jetztzeit hinein haben, auch wenn grüne Spitzenpolitiker immer weniger aus jenem Milieu stammen, das Ende der siebziger Jahre zum Parteibildungsprozess der Grünen geführt hatte. Die Geschichte der Grünen ist inzwischen vielfach erörtert.[1]

Einer der Gründe, warum die Grünen mittelfristig einen Siegeszug antreten konnten, liegt in der Heterogenität der Bewegung, an den zahlreichen und illustren Persönlichkeiten, früher hätte man „Honoratioren" gesagt. Konservative Naturschützer wie Aktivisten der undogmatischen Linken bis hin zu Angehörigen kommunistischer Gruppen der „Neuen Linken", die sich ihrerseits erfolglos an Wahlen beteiligt haben, aber eine große organisatorische Kraft darstellten. Es kamen Personen dazu wie der schon genannte frühere CDU-Bundestagsabgeordnete Herbert Gruhl, der mit seinem Buch „Ein Planet wird geplündert"[2] wochenlang die Bestsellerlisten erobert hatte und auch in der Talkshow-Demokratie ein gewichtiges Wort mitzureden hatte. Zu jenen interessanten Gründungsgrünen gehörte aber auch der ehemalige Aktivist des „Sozialistischen

Deutschen Studentenbundes" (SDS), Rudi Dutschke, oder der aus der DDR über-
gesiedelte Marxist Rudolf Bahro, der Ökobauer Baldur Springmann, der dem
konservativen Flügel zuzurechnen war und der völkischen Ideen nicht fernge-
standen haben soll. Nicht zu vergessen sind zwei weitere Persönlichkeiten wie
der Künstler Joseph Beuys und schließlich die Umweltschützerin Petra Kelly.[3]
Sodann gab es den einstigen Gründer der „Aktionsgemeinschaft Unabhängiger
Deutscher" (AUD), den erfahrenen und charismatischen August Haußleiter, und
in seinem Windschatten eine Gruppe von weit rechts stehenden National-
Neutralisten, die sich teilweise in äußerst schwülstigen Formulierungen an einem
deutschen Nationalstaat delektierten.[4]

Die Grünen waren gegen die Bonner repräsentative Demokratie angetreten.
Sie setzten dieser basisdemokratische Verfahren entgegen. Sie vertraten Überzeugungen, die sich deutlich von der Mehrheitsgesellschaft unterschieden und
waren von daher alleine schon Provokation. Ihr Anliegen waren nicht die Konflikte der Arbeitsgesellschaft, sondern Aspekte der Lebensqualität. Insofern signalisierten die Grünen einen Umbruch in der bundesdeutschen Nachkriegsgeschichte.

Bevor die Grünen erstmals im März 1983 mit 28 Abgeordneten in den Deutschen Bundestag einzogen, ging dieser Parlamentarisierung ein schwieriger Par-
teiwerdungsprozess voraus. Der Gründungsparteitag der Grünen fand im Januar
1980 in Karlsruhe statt. 1004 Delegierte in der Karlsruher Stadthalle zogen die
Aufmerksamkeit dutzender von Kamerateams auf sich. Der Journalist Robert
Leicht kommentierte den Gründungskongress der Grünen vom Januar 1980 mit
wenig schmeichelhaften Worten: „Wer den Gründungskongress der Grünen in
allen Phasen erlebt hat, dem muss die Vorstellung, die Entscheidung über eine
neue Regierung, ja die innen- und außenpolitische Handlungsfähigkeit einer
Bundesregierung solle im Zweifel von dieser Organisation abhängen, grelle Alp-
träume verursachen."[5]

Die Grünen wurden parlamentarischer Arm einer weithin wirksamen Protestbewegung. Im Gefolge der 68er-Revolte hatten sich eine Fülle von Bürgerinitiativen in ganz Deutschland gebildet. In der zweiten Hälfte der 1960er Jahre
entstand in den westlichen Industrieländern eine Protestbewegung, die weitgehend von Studenten ausging und in Deutschland durch den damaligen SDS repräsentiert wurde. Dieser „antiautoritäre" Protest führte zur Ausbildung einer
politischen Ideologie, die vor allem durch Herbert Marcuse beeinflusst wurde,
der von den psychoanalytischen Erkenntnissen Sigmund Freuds ausging und die
Forderung nach einem „neuen Menschen" erhob, eine „Kultur ohne Unterdrü-
ckung", ohne „repressive Mechanismen"[6] erstrebte. Auch Max Horkheimer, der

unter dem Eindruck der Geschehnisse des Zweiten Weltkrieges mit der „Kritischen Theorie" eine Theorie des autoritären Staates formulierte, hat die Protestbewegung inspiriert. Diese antiautoritäre Revolte des SDS hatte weite Teile der Studentenschaft beeinflusst, wobei es sich nicht nur um ein Aufbegehren gegen vermeintlich veraltete Universitätsstrukturen („Unter den Talaren der Muff von 1000 Jahren") ging, sondern dass auch einen Aufruhr gegen „spießbürgerliche" Moral und bürgerliche Wertvorstellungen. Der Prostest gegen das militärische Engagement der USA im Vietnamkrieg war ein zentraler Inhalt für die Mobilisierung der Protestbewegung. Die Gründe, die zu diesem eruptiven Ausbruch in der Studentenschaft führten, sind vielschichtig, sie trafen zunächst auf eine gegenüber der Protestbewegung unvorbereitete Gesellschaft. So hatte der Sozialwissenschaftler und spätere Kultusminister Ludwig von Friedeburg noch in der ersten Hälfte der 1960er Jahre registriert, dass Studenten in der modernen Gesellschaft „kaum mehr ein Ferment produktiver Unruhe darstellten"[7].

Die Partei „Die Grünen" hatte verschiedene Vorläuferorganisationen – z. B. die „Grüne Liste Umweltschutz" (GLU), die in Niedersachsen auftrat, wo 1977 zunächst noch die „Umweltschutzpartei" (USP) entstanden war, aus der sich die GLU entwickelte. Bei der Landtagswahl 1978 erreichte die GLU mit ihrem Spitzenkandidaten Carl Bedderman bereits 3,9 Prozent der niedersächsischen Wählerstimmen.[8] Er gehörte zum ökologischen Flügel innerhalb der Bürgerinitiativenbewegung und interpretiert wie viele seiner Gesinnungsgenossen Politik als „die Kunst der Sicherung des Überlebens der Menschheit"[9]. Seine Stellung wurde jedoch innerparteilich immer mehr geschwächt; er erklärte auf dem Parteitag in Liebenau am 22./23. Juli 1978 schließlich seinen Rücktritt und verließ die Partei am 12. September 1978. Dieser Austritt symbolisiert den Rückgang des Einflusses des bürgerlichen Flügels der GLU. Bei der niedersächsischen Landtagswahl brachte sie es im Wahlkreis Lüchow-Dannenberg sogar auf 17,8 Prozent – Gorleben liegt in diesem Wahlkreis. Die Parteibildung der Grünen vollzog sich in fünf Phasen:

1   Bildung lokaler Bürgerinitiativen zum Umweltschutz, vor allem gegen Atomenergie (ab 1973/77)

In der bundesdeutschen Gesellschaft bildeten sich vor allem Mitte der 1970er Jahre zahlreiche Bürgerinitiativen. Im Juni 1972 bildeten 16 Bürgerinitiativen vor allem aus Baden-Württemberg den „Bundesverband Bürgerinitiativen und Umweltschutz" (BBU). In Nordrhein-Westfalen entstanden Initiativen gegen den Bau eines „Schnellen Brüters" bei Kalkar, gegen den im September 1974 immerhin etwa 10.000 Menschen demonstrierten. Etwa um 1975 bildete sich dann in allen Teilen der Bundesrepublik Deutschland eine Reihe von lokalen Bürgerinitiativen. So sollen 1977 etwa 1.000 Bürgerinitiativen mit über 300.000 Einzelmitgliedern allein im BBU zusammengeschlossen gewesen sein. Es gibt sogar Schätzungen, dass Mitte der 1970er Jahre in der Bundesrepublik Deutschland zwischen 15.000 und 20.000 Bürgerinitiativen existierten.[10] Viele der Bürgerinitiativen befassten sich nur mit begrenzten lokalen Fragestellungen. Zum Beispiel wollten sie den Bau neuer Autobahnen oder Landstraßen verhindern. Es gelang ihnen immerhin aufgrund des gewachsenen Umweltschutzbewusstseins, ein breites politisches Spektrum innerhalb der Bevölkerung anzusprechen. Nicht zu unterschätzen ist auch die Tatsache, dass die baden-württembergische Landesregierung plante, bei Wyhl ein Atomkraftwerk zu errichten. Das hatte den Prostest der dort ansässigen Weinbauern und der Gegner von Atomkraftwerken provoziert, insbesondere auch der studentischen Szene aus Freiburg.

Überregional schlossen sich deutsche, schweizerische und französische Bürgerinitiativen zusammen. Solche Großdemonstrationen wurden aber zunehmend von linksextremen Gruppen dazu benutzt, die Bürgerinitiativ- und Ökologiebewegung zu beeinflussen. Dies führte zu einer Polarisierung zwischen Gegnern und Befürwortern von Gewalt. Vor allem die Frage nach dem Bau von Atomkraftwerken bestimmte diese erste Phase. Ausgangspunkt von Wählergemeinschaften, die die Verhinderung von Atomenergie zum Ziel hatten, waren neben dem genannten Wyhl im Südbadischen vor allem Niedersachen und Schleswig-Holstein. So ereichte bei den Kreistagswahlen in Hameln/Pyrmont in der Nähe von Grohnde und unweit von Gorleben eine Wählergemeinschaft „Atomkraft – nein danke" (WGA) am 23. Oktober 1977 immerhin 4,3 Prozent der Stimmen; die Grüne Liste Umweltschutz errang bei den Kreistagswahlen in Hildesheim, die am selben Tag stattfanden, 1,6 Prozent der Stimmen. Bei den Kreistagswahlen in Schleswig-Holstein am 5. März 1978 entfielen im Bezirk Steinburg (wozu der Standort des Atomkraftwerks Brokdorf gehört) auf die GLU immerhin 6,6 Prozent der Stimmen, im Bezirk Nordfriesland 6 Prozent (hier waren Eindeichungsprobleme aktuell). Nach Angaben des Umweltbundesamtes waren 1980 über fünf Millionen Bürger in 11.238 regionalen und 130 überregionalen Umweltschutzgruppierungen organisiert.[11]

Während manche Bürgerinitiativen der ersten Jahre teilweise noch einen starken bürgerlich-konservativen Zuschnitt hatten und sich vornehmlich aus Gründen des Umweltschutzes vor Ort gegen konkrete politische Entscheidungen richteten, wurden in den folgenden Jahren diejenigen Kräfte im bundesweiten Kontext immer stärker, die eine Alternativkultur aufbauen wollten und in Fundamentalopposition zur bestehenden Gesellschaftsordnung standen. Die starken gesellschaftskritischen Momente innerhalb der Umweltschutzbewegung schlugen sich so auch im ökologischen Selbstverständnis des BBU nieder.

2 Landesweiter Zusammenschluss als Wählergruppen und Parteien mit gelegentlicher Konkurrenzbildung (seit Ende 1977)

Seit Ende 1977 gibt es Beispiele für landesweite Zusammenschlüsse von Bürgerinitiativen als Parteien oder als Wählerinitiativen. So wurde am 11. Dezember 1977 in Fallingbostel die GLU als niedersächsische Landespartei gegründet, deren Vorsitzender der bereits genannte Carl Bedderman wurde.[12] War es in Niedersachsen weitgehend gelungen, unterschiedliche Strömungen durch Kompromisse auf Landesebene zusammenzuhalten und damit Konkurrenzkandidaturen anderer „grüner" oder „bunter" Gruppen zu verhindern, kam es in anderen Ländern hingegen zum konkurrierendem Auftreten grüner oder „alternativ-bunter" Listen, und zwar vor allem in den Stadtstaaten, was nicht zuletzt auf den hohen studentischen Bevölkerungsanteil zurückzuführen sein dürfte.

So fanden am 29. Januar und am 18. März 1978 in Hamburg unter Beteiligung der „Bürgerinitiative Umweltschutz Unterelbe" (BUU) Wahlkongresse statt. Das Spektrum der Teilnehmer reichte von Naturschützern, Antiatomkraftgruppen und Mitgliedern des „Kommunistischen Bundes" (KB) bis zu Frauengruppen, Homosexuellengruppen und Mieterinitiativen, etc.[13] Wie stark gerade in der „Bunten Liste/Wehrt Euch" der Einfluss des KB war[14], zeigte ein Aktivist dieses Wählerbündnisses auf, der in einer im Oktober 1978 erschienenen Veröffentlichung davon sprach, dass der Bunte-Liste-Apparat „mittlerweile vom KB vereinnahmt worden" sei. Es sei schwer, Beweise für das Vorgehen des KB zu liefern, da sich seine Mitglieder nicht offen zu erkennen gäben und einen großen Teil der Arbeit übernähmen, weil die meisten kaum bereit seien, Arbeit freiwillig zu übernehmen. Der KB besitze wegen seines streng hierarchischen Aufbaus große organisatorische Vorteile gegenüber den dezentralisierten Bürgerinitiativen.[15] An der „Bunten Liste/Wehrt Euch" beteiligten sich neben Angehörigen des KB auch Mitglieder der maoistisch ausgerichteten „Kommunistischen Partei Deutschlands" (KPD).[16] Ein weiteres Beispiel für den beherrschenden Einfluss von buntalternativen Tendenzen war die „Alternative Liste für Demokratie und Umweltschutz Berlin" (AL), die am 5. Oktober 1978 vor den Wahlen zum Abgeordnetenhaus gegründet wurde und damals etwa 1.500, anfänglich auch „bürgerliche"

Mitglieder hatte. Sie erreichte bei den Wahlen am 18. März 1979 immerhin 3,7 Prozent und zog mit insgesamt zehn Abgeordneten in vier Bezirksverordneten- versammlungen (Kreuzberg, Schöneberg, Tiergarten und Wilmersdorf) ein. Die AL hatte zu diesem Zeitpunkt etwa 2.000 Mitglieder, von denen viele aus den einstigen K-Gruppen kamen. Ihre Aktivisten speisten sich auch aus dem Umfeld des „Sozialistischen Büros" (SB) aus Offenbach, ferner durch Mitglieder einer „Sozialistischen Initiative", einer aus der SED ausgeschlossenen Gruppe, und des „Kommunistischen Bundes Westdeutschlands" (KBW).[17] In Berlin gab es ange- sichts der Stärke der alternativ-bunten Tendenz keine Konkurrenz mit einer bür- gerlichen Ökologenliste – im Gegensatz zu Hessen, wo es 1978 gleich drei Grup- pen gab (die „Grüne Liste Hessen" (GLH) mit 1,1 Prozent Stimmenanteil, die „Grüne Aktion Zukunft" (GAZ) des früheren CDU-Abgeordneten Gruhl mit 0,9 Prozent und die GLU, die sich dann aber nach einigem Hin und Her spaltete).[18]

In Schleswig-Holstein wiederum stellte sich die Situation anders dar: Dort wurde am 21. Mai 1978 in Rendsburg die „Grüne Liste Schleswig-Holstein" (GLSH) gegründet, die sich an den Landtagswahlen vom 29. April 1979 beteiligte, jedoch nur 2,4 Prozent der Stimmen erhielt. Sie wurde im Wesentlichen durch Mitglieder der bislang örtlich arbeitenden „Grünen Liste Nordfriesland" (GLNF) und der „Grünen Liste Unabhängiger Wähler" (GLUW) geprägt. Bekannteste Figur war der „Ökobauer" Baldur Springmann, der sich mit dem Unvereinbar- keitsbeschluss einer gleichzeitigen Mitgliedschaft in einer „neofaschistischen Organisation oder einer K-Gruppe" durchgesetzt hatte. Dies führte zu einer Ab- spaltung und Gründung der „Liste für Demokratie und Umweltschutz" (LDU), die sich aber an den Landtagswahlen nicht beteiligte.

Generell kann gesagt werden, dass in der zweiten Phase die bürgerlichen Ökologen stetig an Einfluss verloren hatten und innerhalb der grünen Bewegung politisch in die Defensive gingen. Deshalb versuchte Gruhl, dieser Entwicklung durch die Gründung der GAZ am 12. Juni 1978 als bundesweiter Partei entge- genzuwirken. Innerhalb der grünen Bewegung wurde die GAZ aber als eine „Gründung von oben" bezeichnet; sie entwickelte sich letztlich nur zur Anlauf- stelle der bürgerlichen Ökologen. Gruhl war zu diesem Zeitpunkt noch Mitglied des Deutschen Bundestages, allerdings kurz zuvor aus der CDU/CSU- Bundestagsfraktion ausgetreten. Ihm gelang es nicht, innerhalb der grünen Be- wegung eine breitere Anhängerschaft zu gewinnen, wenngleich seine GAZ auch im Zusammenhang mit dem späteren Gründungsprozess der grünen Partei eine nicht ganz unbedeutende Rolle spielte. Auch andere Bemühungen, bereits 1978 eine bundesweite Umweltschutzpartei zu errichten, scheiterten. So bemühte sich die AUD, parteipolitischer Arm der Umwelt- und Lebensschutzbewegung zu werden, was sie aber innerhalb der grünen Bewegung, zumal sie von rechtsaußen kamen, zunächst nur in eine Außenseiterposition brachte.[19]

3 Erster bundesweiter Zusammenschluss als „Sonstige Politische Vereinigung (SPV)", die Grünen im Zusammenhang mit den Europawahlen 1979

Die Europawahl im Juni 1979 zwang die grüne Bewegung sich bundespolitisch zu organisieren – bei aller Regionalisierung der einzelnen Initiativen. Da hohe rechtliche Hürden den raschen Aufbau einer Partei behinderten, kam aufgrund entsprechender Bestimmungen des Europawahlgesetzes nur eine „Sonstige politische Vereinigung" (SPV) in Betracht, die schließlich als „SPV Die Grünen" am 17./18. März 1979 in Frankfurt gegründet wurde. An der Gründungsveranstaltung nahmen rund 500 Delegierte teil, die unter anderem von der von rechts kommenden AUD, der GLU, der GAZ und der GLSH gestellt wurden. Am Gründungsprozess wirkte auch der „Achberger Kreis" (Aktion Dritter Weg – A3W) mit, eine anthroposophisch ausgerichtete grüne Gruppierung, die insbesondere die baden-württembergischen Grünen in den ersten Jahren ihres Bestehens deutlich prägte. Auch die „Freie Internationale Universität" (FIU) des Künstlers Joseph Beuys beteiligte sich an diesem Zusammenschluss. Spitzenkandidatin wurde Petra Kelly, Verwaltungsrätin im Sekretariat des Wirtschafts- und Sozialausschusses der Europäischen Gemeinschaft. Unter den weiteren Kandidaten fanden sich neben Herbert Gruhl (Ersatzbewerber auf Platz 1) auch Baldur Springmann (einer der damaligen gleichberechtigten drei Vorsitzenden der „Grünen Liste Schleswig-Holstein" auf Platz 4), Georg Otto (Vorsitzender der GLU Niedersachsen auf Platz 6), der Schriftsteller Carl Amery (Platz 10) sowie der Düsseldorfer Künstler Joseph Beuys, der 1976 bereits die nordrhein-westfälische Landesliste der AUD angeführt hatte.[20]

Immerhin konnte die SPV/Die Grünen rund 900.000 Stimmen (3,2 Prozent) gewinnen. Dieser Erfolg führte zu einer Verstetigung des Gedankens der Parteiwerdung, auch wenn sich eine dauerhafte Institutionalisierung der Grünen als Bundespartei noch nicht abzeichnete.

4 Gründung als Bundespartei im Januar 1980 und erstmalige Teilnahme an Bundestagswahlen im Oktober 1980

Die grünen Überlegungen hinsichtlich einer Parteibildung wurden durch die Datenlage, sprich durch die jeweiligen Wahltermine, entschieden. Nachdem man einen Erfolg bei den Europawahlen verzeichnen konnte, wollten mehr und mehr Grüne auch bei den Bundestagswahlen im Oktober 1980 mit von der Partie sein. Deshalb fand am 12./13. Januar 1980 eine Delegiertenversammlung der „SPV" in Karlsruhe statt, auf der sie zu einer Bundespartei umgewandelt werden sollte. Die Grünen sollen zu diesem Zeitpunkt bereits rund 10.000 Mitglieder gehabt haben, die auf Kreisverbandsebene im Verhältnis 1:10 Delegierte stellten. Insgesamt waren 1.004 Delegierte anwesend, ferner nahmen an diesem Gründungsparteitag 254 „autonome Delegierte" teil, die von den „Bunten" und „Alternativen" außerhalb der SPV entsandt worden waren. Sie waren der Anlass für heftigste Kontroversen, weil ihnen kein Teilnahmerecht zugebilligt wurde, lediglich 30 von ihnen erhielten einen Beobachterstatus mit Rederecht.[21]

Einer der strittigen Punkte war die Frage einer Doppelmitgliedschaft. Gruhl und die Bürgerlichen innerhalb der SPV/Die Grünen wollten eine solche Doppelmitgliedschaft verhindern, weil sie verschiedenen kommunistischen Gruppen, insbesondere dem „Kommunistischen Bund", ein gleichzeitiges Agieren in zwei Organisationen erlaubte. Die „Bunten"/„Alternativen" sowie ein Teil der grünen Delegierten sprachen sich mit dem Argument einer „offenen Partei" für eine Doppelmitgliedschaft aus. Nach zwei Tagen zäher, ermüdender Richtungskämpfe kam es schließlich zu einem Kompromiss, wonach die einzelnen Landesverbände selbständig Übergangsregelungen treffen konnten, womit zuvor gefasste Beschlüsse ad absurdum geführt wurden.[22] Dieser Beschluss wurde aber letztlich zum Hebel für eine Entwicklung, die zum Herausdrängen eines weiten Teiles der bürgerlichen Ökologen aus der Partei der Grünen führte. Herbert Gruhl erklärte zu diesem Kompromiss zunächst noch beschwichtigend: „Damit kann man leben."[23] Die Wochenzeitschrift „Die Zeit" kommentierte diese Meinung zu Recht als ein „Musterbeispiel für die Macht der Selbsttäuschung"[24]. Schon wenige Monate später gehörte Gruhl nicht einmal mehr dem Vorstand an. Zunächst blieb er zwar im Amt, da der bisherige SPV-Vorstand weiter amtierte und das Europawahlprogramm zum vorläufigen Wahlprogramm erklärt wurde. Wichtige Weichenstellungen für die künftige Programmatik der Partei wurden indes auf einem „Programmparteitag" am 22./23. März 1981 in Saarbrücken vollzogen.

In jener vierten Phase vollzogen die Grünen trotz heftiger Widerwehr der bürgerlichen Ökologen einen Linksrutsch. Schon zu Beginn des Gründungskongresses gab es eine Machtprobe, weil mit eindeutiger Mehrheit der Versammlung den 254 angereisten Delegierten der „Bunten", die nicht Mitglieder der SPV/Die Grünen geworden waren, das Stimmrecht verweigert wurde. Sie wurden als Parteitagsgäste auf die Empore verwiesen.[25] Zunächst schienen die bürgerlichen Ökologen eine Mehrheit zu haben. Der dann einsetzende Linkskurs hing auch mit einer erfolgreichen Taktik der Linken zusammen, Beschlüsse, die auf diesem Parteitag gefällt wurden, immer wieder anzuzweifeln, mit neuen Kompromisspapieren zu kommen und damit in ihrem Sinne eine Verbesserung der bisherigen Beschlusslage herbeizuführen. So kam es hinsichtlich der Doppelmitgliedschaft auf dem Gründungskongress zu einer Kampfabstimmung zwischen einer Vorlage der gemäßigten SPV-Gruppen und einem Entwurf aus dem linksalternativen Spektrum, wobei sich die SPV-Gruppen mit 548 zu 414 Stimmen durchsetzten. Nach diesem Beschluss konnte jeder Mitglied der neuen Partei werden, der sich zu den Grünen bekannte und keiner anderen Partei angehörte. Damit wäre die Mitgliedschaft in der AL Berlin oder der noch bestehenden DKP mit der Mitgliedschaft bei den Grünen unvereinbar gewesen. Vereinbar dagegen mit der Mitgliedschaft sollte die Zugehörigkeit zu solchen bunt-alternativen Gruppen sein, die sich nicht als Partei konstituiert hatten. Diese Beschlusslage schien der Linken untragbar. Deshalb wurde immer wieder der Versuch gestartet, den Beschluss zur Doppelmitgliedschaft vom Vortage wieder zu korrigieren. Mehrfach kam es zu Sitzungsunterbrechungen, die Versammlung nahm chaotische Formen an. Aber dadurch konnten die Linksalternativen politische Geländegewinne erzielen. So wurde beschlossen, die AL Berlin vom grundsätzlichen Verbot von Doppelmitgliedschaften auszunehmen. Danach konnte der formelle Gründungsakt vollzogen werden. Hinzu kam, dass der rasante Mitgliederzuwachs in den Monaten unmittelbar vor der Parteigründung die Position des bürgerlich-ökologischen Flügels eher geschwächt hatte. Zünglein an der Waage der Abstimmungsmehrheiten war in Karlsruhe eine Mittelgruppe geworden, die zwischen den beiden Flügeln stand und den Abgrenzungskurs der Bürgerlichen „nicht nachvollziehen" konnte oder wollte.

Zweifellos war der Gründungskongress der Grünen von der Frage überlagert, ob die bürgerlichen Ökologen einen Linksruck verhindern könnten. Der damalige baden-württembergische Landesvorsitzende Wolf-Dieter Hasenclever, der zu den gemäßigten Grünen gehörte und heute Mitglied der FDP ist, erklärte auf dem Gründungskongress, die Grünen seien „keine Melonenpartei: außen grün und innen rot"[26]. Das war sehr deutlich. Tatsächlich schien es so, jedenfalls nach den ersten Abstimmungen, dass die Linke zunächst in eine Minderheitenposition verwiesen wurde, aber sich Zug um Zug einen politischen Geländegewinn zu sichern wusste.

Wie sehr eigene Wahlerfolge auch inspirierend sein können, sieht man daran, dass in dieser vierten Phase die Wahlergebnisse in den vier Bundesländern Berlin, Hamburg, Hessen und Niedersachen den Grünen neuen Auftrieb gaben. Die AL in Berlin erreichte am 10. Mai 1981 7,2 Prozent der Stimmen. In Hamburg erhielt die „Grün-Alternative Liste" (GAL) am 6. Juni 1982 7,7 Prozent und bei einer Wiederholungswahl am 19. Dezember 1982 6,8 Prozent. In Hessen gelang der Einzug ins Landesparlament mit 8,0 Prozent, in Niedersachsen verzeichneten die Grünen bei der Landtagswahl am 21. März 1982 6,5 Prozent. Dem standen Wahlniederlagen in Bremen, Nordrhein-Westfalen und Rheinland-Pfalz, im Saarland und in Schleswig-Holstein gegenüber.

Nach der Gründung als Bundespartei im Jahr 1980 fanden eine Reihe von Bundesversammlungen statt, bei denen jeweils ein weiterer deutlicher Linksruck konstatiert werden konnte. So wurde in Hagen am 12. bis 14. November 1982 Rainer Trampert zum Bundesvorsitzenden gewählt, der zu der vom Hamburger Kommunistischen Bund abgespaltenen „Gruppe Z" gehörte. In Hagen schieden die beiden Sprecher des Bundesvorstands, Petra Kelly und Dieter Burgmann, turnusgemäß aus dem Bundesvorstand aus. Heftige Auseinandersetzungen unter den 650 Delegierten gab es in Hagen vor allem um die Wirtschaftspolitik. Der bei den Grünen heimisch gewordene frühere DDR-Bürger Rudolf Bahro hatte der wirtschaftspolitischen Arbeitsgruppe der Grünen, die für diesen Parteitag einen Programmentwurf gegen Arbeitslosigkeit vorlegte, schon im Vorfeld ein geradezu „hündischen SPD-Bezug" vorgeworfen[27]. Auf diesen Kongressen waren die bürgerlichen Ökologen kaum noch vertreten. Es zeichneten sich neue Linien der Auseinandersetzung ab: Die Fundamental-Ökologen, zu denen Bahro gehörte, aber auch Petra Kelly, lehnten eine Zusammenarbeit mit der SPD mehr oder minder ab, während die „Reformökologisten" eindeutig marxistische Forderungen vertraten und keine Berührungsängste – vor allem zur SPD – kannten. Die Grünen hatten nach Angaben ihres Schatzmeisters auf der Bundesdelegiertenkonferenz in Hagen über 18.000 zahlende Mitglieder.

Thomas Ebermann, ein Vertreter der „Gruppe Z", sprach über „parlamentarische Illusionen, die Grüne und Alternative derzeit durch ihre Kandidatur und parlamentarischen Aktivitäten auf sich ziehen."[28] Wie sehr die Grünen nach links gedrängt wurden, bringt Roland Vogt, einst für die Grünen im Deutschen Bundestag und im Europäischen Parlament, wie folgt zum Ausdruck: „Es ist ein Unglück für die Entwicklungsgeschichte der Grünen, dass diese Partei, die anders gemeint war, die der Tendenz nach eine ökologische Volkspartei hätte wer-

den können, plötzlich nach links gedrängt worden ist, und zwar durch eine Flut
von Leuten aus den ehemaligen K-Gruppen, die sich in die Grünen hinein auflö-
sen. Sie hatten zwar sehr viel dazugelernt, was Ökologie, Frieden und andere
Bereiche angeht, konnten aber ihr Hauptgebrechen nicht ablegen, nämlich ihr
kadermäßiges Vorgehen."[29]

Nur wenige Wochen nach der Karlsruher Gründungsveranstaltung gelang
es den Grünen, erstmals auch in einem großen Flächenstaat in den Landtag ein-
zuziehen: Bei den Landtagswahlen in Baden-Württemberg schaffte die Ökopartei
mit 5,3 Prozent den Sprung in den Stuttgarter Landtag. Damals schon war in der
baden-württembergischen grünen Landespartei Winfried Kretschmann aktiv, der
als Vertreter eines ökologischen Reformkurses galt und im Mai 2011 erster grüner
Ministerpräsident in einem Bundesland wurde.

5   Die Grünen als Bundespartei seit dem 6. März 1983

Am 15./16. Januar 1983 fand ein Wahlparteitag der Grünen in Stuttgart-
Sindelfingen statt, bei dem unter anderen die Bindung der Abgeordneten an
Parteitagsbeschlüsse (imperatives Mandat), das Auswechseln der Abgeordneten
nach zwei Jahren (Rotation) und die Bezahlung von Abgeordneten geregelt wurde. Außerdem verabschiedete man das „Sindelfinger Programm", das sich im
Wesentlichen mit wirtschafts- und sozialpolitischen Fragen befasste und als eine
weitere Linksentwicklung der Grünen aufgefasst werden konnte.

Diese fünfte Phase ist aber vor allem durch den Einzug der Grünen in den
Deutschen Bundestag geprägt, der am 6. März 1983 erfolgte. Immerhin brachten
es die Grünen mit einem Stimmenanteil von 5,6 Prozent auf 27 Sitze im Deutschen Bundestag. Die fünfte Phase ist damit einerseits gekennzeichnet durch
zunehmende Parlamentarisierungstendenzen, andererseits aber auch durch eine
größer werdende Skepsis bei Teilen der sogenannten Basis gegenüber den Mandatsträgern. Der Austritt des Ex-Generals Bastian im Januar 1984 aus der grünen
Fraktion – unter anderem begründet mit der Unterwanderung durch Extremisten
– ist ein weiterer wichtiger Punkt in der Geschichte der Fraktion. Der Streit um
die Rotation wurde immer schärfer. Der Antrag von Petra Kelly auf der Landes-
versammlung der bayrischen Grünen am 30. Juni/1. Juli 1984, sie von der Rotation auszunehmen, wurde mit 120 Nein-Stimmen bei 80 Ja-Stimmen und 8 Enthaltungen abgeschmettert[30].

Manche Grüne taten sich schwer, die von ihnen als angenehm angesehene
Parlamentarisierung zu verbalisieren. Besonders hervorzuheben ist dabei Joschka
Fischer, der sich immer für einen „grünen Radikalreformismus"[31] ausgesprochen

hatte. In seinem Interview mit „Der Pflasterstrand" beschimpfte er das, was er als Realität im Bundestag ansah: „Der Bundestag ist eine unglaubliche Alkoholikerversammlung, die teilweise ganz ordinär nach Schnaps stinkt. Je länger die Sitzung dauert, desto intensiver. Du siehst sie bechernd und zechend in der Kantine, mit jeder Stunde weiter unter den Tisch rutschend."[32] Mit diesen kritischen Worten distanzierte er sich einerseits scheinbar vom realen Parlamentarismus, plädierte aber letztlich für eine zunehmende Parlamentarisierung der Grünen.

Das Friedensthema wurde in den 1980er Jahren immer dominanter. Seit dem NATO-Doppelbeschluss vom Dezember 1979, der die Stationierung neuer amerikanischer Mittelstreckenraketen in Europa und vor allem in der Bundesrepublik für den Fall vorsah, dass es zu keiner für den Westen befriedigenden Verhandlungslösung mit dem Warschauer Pakt kommen würde, war in der Bundesrepublik Deutschland eine neue Friedensbewegung außerhalb der etablierten Institutionen entstanden, die diese Stationierung verhindern wollte. Auch die Grünen verstanden sich als Teil dieser Bewegung. Es kam zu einer Verbindung von Umwelt- und Friedensbewegung. Die Grünen wilderten vor allem bei den potentiellen Wählern der SPD, da der Helmut-Schmidt-Kurs bei Teilen der jungen Linken absolut unpopulär war. Manche enttäuschten Sozialdemokraten brachen mit ihrer Partei. Insofern kann man sagen, dass es gerade die beiden Bewegungen, Umweltbewegung und Friedensbewegung, waren, die den Grünen neuen Auftrieb gegeben haben. Allerdings wuchs in jener Zeit auch die Ausbreitung der „alternativen Szene" in der Gesellschaft – also etwa junger Hausbesetzer vor allem in West-Berlin. Es entstand eine Vielzahl von alternativen Projekten, manche mit einer libertär-anarchistischen Richtung. Immer mehr dachten in den Kategorien von Ökologie und Sozialismus, heftig kritisierend die bürokratischen Erstarrungen, die man mit der sozialdemokratischen Reformpolitik in Verbindung brachte. Grundproblem der grünen Partei war jedoch, dass sie als „Schmuddelkind" in den Bonner Bundestag einzog. Insbesondere die SPD wollte mit ihr nichts zu tun haben.

Bei der Landtagswahl in Niedersachsen am 15. Juni 1986 – knapp anderthalb Monate nach dem GAU in Tschernobyl – verlor Ministerpräsident Albrecht über sechs Prozent der Stimmen, die SPD (unter Gerhard Schröder) gewann gut fünf Prozent, gemeinsam mit der FDP konnte die CDU aber weiter regieren. Bei der Landtagswahl in Bayern zogen die Grünen erstmals in das Landesparlament ein. Im Hamburg (knapp sieben Monate nach Tschernobyl) holte die GAL über zehn Prozent der Stimmen. „Tschernobyl" hat also schon zumindest Auswirkungen auf die Wahl der Grünen gehabt. Jedoch konnte die Bundesregierung durch beherztes Auftreten und den Neuaufbau eines Ministeriums für Reaktorsicherheit die wahlpolitische Entwicklung in den Griff bekommen.

6   Zusammenfassung

Das Bündnis 90/Die Grünen hat zwei unterschiedliche Wurzeln, nämlich in Westdeutschland, wo die grüne Partei der Umweltbewegung und den Neuen Sozialen Bewegungen der siebziger Jahren entsprang und die einstige DDR, wo sich 1990 verschiedene Gruppierungen der Bürgerrechtsbewegung zum „Bündnis 90" zusammengeschlossen hatten. Die Grünen und das Bündnis 90 vereinigten sich 1993 zu einer Partei „Bündnis 90/Die Grünen". Insofern ist die grüne Partei, wie sie im Bundestag vertreten ist, auch das Ergebnis der deutschen Wiedervereinigung.

In der zweiten Hälfte der siebziger Jahre entstand in Westdeutschland ein breites Spektrum Neuer Sozialer Bewegungen (Umwelt-, Friedens-, Menschenrecht-, Dritte-Welt-, Frauen- und Hausbesetzerbewegung). Zweifellos war die Anti-Atomkraft-Bewegung die stärkste Kraft, da in den etablierten Parteien nirgendwo Kernkraftgegner richtig Fuß fassen konnten, auch nicht in der SPD. Das begünstigte die Bildung einer grünen Partei.

Ein Teil der Neuen Sozialen Bewegungen war politisch bei der Neuen Linken zu verorten, eine Minderheit war jedoch in sogenannten „K-Gruppen" organisiert, nämlich kommunistische Splittergruppen wie dem KB, dem KBW und der KPD.[33] In deutlicher Abgrenzung zu den K-Gruppen gesellten sich auch anarchistische Gruppierungen, die „Spontis", zur undogmatischen Linken, die ebenfalls die Entwicklung der Grünen beeinflussen wollten. Der Einfluss enttäuschter Sozialdemokraten, die die SPD aus Protest gegen die Verteidigungs- und Atompolitik Helmut Schmidts verließen, kam hinzu.

Schon relativ früh sollte die Linkswendung in der Partei Die Grünen erfolgen, nämlich auf der Bundesversammlung am 21. und 22. Juni 1980. Herbert Gruhl wurde als Bundesvorstandssprecher abgelöst. Nach dieser Niederlage zog sich der konservative Flügel um Herbert Gruhl und Baldur Springmann aus der Partei zurück. Gruhl gründete daraufhin in München die konservative ÖDP. August Haußleiter, der aus der AUD stammte, trat nach Kritik als Parteisprecher zurück, nachdem Informationen über ihn bekannt wurden, welche Funktionen er zur Zeit des Nationalsozialismus wahrnahm; er war nach dem Zweiten Weltkrieg zunächst auch Mitglied der CSU geworden.

1980 ist aber auch in anderer Hinsicht für die Grünen ein wichtiges Datum: Sie traten das erste Mal bei einer Bundestagswahl an, scheiterten jedoch mit 1,5

Prozent der Zweitstimmen deutlich an der Fünf-Prozent-Hürde. Potentielle Anhänger der Grünen hatten noch die SPD mit Bundeskanzler Helmut Schmidt als „kleinerem Übel" gewählt, um einen Bundeskanzler Franz Josef Strauß (CSU) zu verhindern. Allerdings zogen die Grünen zwei Monate nach der Parteigründung in den Landtag von Baden-Württemberg ein, wo sie 5,3 Prozent erzielten. Gleichwohl scheiterten sie bald danach im Saarland und Nordrhein-Westfalen. Allerdings nahmen sie die Fünf-Prozent-Hürde in Berlin, Niedersachen, Hamburg, Hessen sowie bei einer Neuwahl wieder in Hamburg. Positiv auf die Gründung der grünen Partei wirkte sich die Bedeutung des NATO-Doppelbeschlusses im Dezember 1979 aus, dem der Bundestag zugestimmt hatte. In der ganzen Bundesrepublik hatten sich große Massenveranstaltungen gegen den NATO-Doppelbeschluss etabliert. So konnten sich die Grünen als parlamentarischer Arm der Friedensbewegung profilieren.

Das sogenannte Rotationsprinzip führte zu einer Zerreißprobe innerhalb der Grünen, weil nach ursprünglicher Beschlusslage die jeweiligen Abgeordneten nach zwei Jahren ihr Mandat wieder aufgeben sollten. Petra Kelly und Ex-General Gert Bastian weigerten sich zu rotieren. Allerdings wurde schon 1986 die zweijährige Rotation durch eine vierjährige Rotation ersetzt.

Seit dem Auszug der bürgerlichen Kräfte 1980/81 waren die Ökosozialisten in der Partei klar überlegen. Lediglich in Baden-Württemberg konnte sich eine Gruppe sogenannter „Ökolibertärer" herausbilden, eine anthroposophisch-humanistisch geprägte Gruppierung, die das Wirtschaftssystem der Bundesrepublik für reformierbar hielt und sich bereits in den 1980er Jahren für Koalitionen mit der CDU aussprach. Ihre wichtigsten Anführer waren Wolf-Dieter Hasenclever und der heutige baden-württembergische Ministerpräsident Winfried Kretschmann. Insbesondere die Bundesvorstandstätigkeit Rainer Tramperts von der „Gruppe Z" war den Ökolibertären ein Ärgernis. Trampert war immerhin von 1982 bis zum Dezember 1987 einer der Bundesvorstandsprecher.

Rainer Trampert war auf der fünften Bundesversammlung der Grünen vom 12. bis 14. November 1982 in Hagen zum Sprecher des Bundesvorstandes der Grünen gewählt worden, übte diese Funktion bis zur neunten Bundesversammlung vom 1. bis 3. Mai 1987 in Duisburg aus. Er gehörte ab 1974 dem Kommunistischen Bund an, den er 1979 mit der „Gruppe Z" verließ. Sein starker Einfluss wurde immer wieder als Indiz für eine starke Linksentwicklung der Grünen gewertet. Gleichwohl wurde immer wieder auch eine „Rechtsentwicklung" bei den Grünen konstatiert. So verließ Jutta Ditfurth im April 1991 aus diesen Gründen die grüne Bewegung.

Tramperts Kollege Thomas Ebermann, ebenfalls von der „Gruppe Z", hat einmal selbst darauf hingewiesen, dass für die Linke die Ökologiefrage keinesfalls die wichtigste war. Letztlich hat sich die Linke der populären Ökologiefrage bemächtigt, um die grüne Partei zu majorisieren und in den Griff zu bekommen: „Alle Kommunisten – ich behaupte sogar, fast alle Linksradikalen – waren in Bezug auf den Kampf gegen die Atomkraftwerke nicht Avantgarde, von verdienstvollen Ausnahmen bei Autonomen und Libertären abgesehen. Die Gefährlichkeit der Atomanlagen ist von Leuten popularisiert worden, die in anderen Auffassungen teilweise sehr konservativ waren. Und wir Linken – auch diejenigen, die das jetzt nicht mehr so gerne hören – hielten das von Anfang an eher für eine Maschinenstürmerei. Da waren eher bürgerliche Leute Avantgarde."[34]

Das Jahr 1990 war für die bundesdeutschen Grünen ein besonders schwieriges Jahr, vor allem war es durch Parteiaustritte geprägt. Die linken Gruppen konnten sich innerhalb der Partei nicht mehr durchsetzen, auch deshalb, weil ihre Ideologie durch den Zusammenbruch des Ostblock-Sozialismus diskreditiert wurde. Außerdem scheiterten die westdeutschen Grünen bei den Bundestagswahlen 1990 mit 3,8 Prozent an der Fünf-Prozent-Hürde. Nur durch die Tatsache, dass bei den ersten gesamtdeutschen Wahlen im Dezember 1990 das Bündnis 90/Die Grünen als gemeinsame Liste zur Wahl antrat und auf 6,1 Prozent der Stimmen in Ostdeutschland kam, konnten die Grünen in Gestalt acht ostdeutscher Grüner wieder in den Deutschen Bundestag einziehen, da die Fünf-Prozent-Hürde bei dieser Bundestagswahl für West- und Ostdeutschland getrennt galt.

Nach und nach sollten sich Regierungsbeteiligungen der Grünen einstellen, so als erstes in Hessen unter dem Ministerpräsidenten Börner (1985 bis 1987), danach in Berlin, in Niedersachsen, Brandenburg, erneut in Hessen, in Bremen, Sachsen-Anhalt, Nordrhein-Westfalen, Schleswig-Holstein und Hamburg. Von 1998 bis 2005 gehörten grüne Minister der Bundesregierung unter Kanzler Schröder an. Sie waren für eine gewisse Zeit, nämlich 2001 bis 2002 im Senat von Berlin vertreten, in Bremen (seit 2007), ferner in Hamburg (2008-2010, Koalition mit der CDU im Senat Ole von Beust III) und schließlich seit 2009 in einer „Jamaika"-Koalition im Saarland zusammen mit CDU und FDP (Kabinett Müller III).

Die Parteientwicklung führte dazu, dass die Grünen nach wie vor sehr stark föderalisiert sind. Sie ähneln damit am meisten der CDU. So nennt sich heute noch die grüne Partei in Hamburg GAL (Grün-Alternative Liste), die Grünen in Berlin nannten sich noch bis 1993 Alternative Liste für Demokratie und Umweltschutz (AL). Auch durch ihre Historie haben die Grünen einige Besonderheiten, zum Beispiel, dass sie nach wie vor zwei Fraktionssprecher und zwei Parteivorsitzende haben. Andere grüne Besonderheiten wie die Rotation wurden schon längst abgeschafft. Insgesamt kann man sagen, dass die Grünen sich sehr stark durch den Parlamentarismus der Bundesrepublik Deutschland haben beeinflussen lassen und ihre Strukturen entsprechend angepasst haben. Aus einer Bewegung wurde sehr schnell eine Partei.

Die Grünen waren auch deshalb erfolgreich, weil sie in ihrer Partei am sichtbarsten um Positionen rangen, intern sehr viel diskutierten. Was bei anderen Alt-Parteien als Uneinigkeit ausgelegt wurde, war bei den Grünen eher ein Vorteil. Die Grünen haben in gewissem Sinne sehr schnell die Rolle der FDP eingenommen. Soziologisch betrachtet sind ihre Mitglieder eher gut gebildet und darüber hinaus im Querschnitt der Bevölkerung vermögender. Wie die FDP im vergangenen Drei-Fraktionen-System alleine schon dadurch bedeutend war, dass eine Regierungsbildung ohne ihre Mitwirkung unmöglich war, haben ihre Rolle jetzt die Grünen eingenommen – künftig sind schwarz-grüne Bündnisse nicht ausgeschlossen – trotz vorläufigen Neins der Fundamentalisten.

Die Grünen wären wahrscheinlich nie entstanden, wenn in den Alt-Parteien, insbesondere der SPD, nicht eine Ablehnung offener Diskussion z.B. zu ökologischen Fragen vorgenommen worden wäre. Die Ökologiefrage war die dominierende Frage, die viele zu den Grünen als Wähler und auch als Mitglieder trieb, zeitweise war es auch die Friedensthematik im Zusammenhang mit dem NATO-Doppelbeschluss. Andererseits zeigt die Tatsache, dass sich die Grünen mehr und mehr dem bundesdeutschen Parlamentarismus hingaben, auch eine große Geschmeidigkeit der politischen Ordnung in Deutschland. Die Grünen haben sich immer mehr am bundesdeutschen Parlamentarismus orientiert, zumal sie auch erhebliche Summen durch ihre Wahlerfolge aus der staatlichen Parteifinanzierung erhielten und somit recht großzügig alimentiert wurden.

Wie sehr sich die Grünen dem bundesdeutschen politischen System anpassten, zeigt folgendes Beispiel: während ihrer Oppositionszeit hatten sie gefordert, dass die politischen Stiftungen keine staatliche Hilfe mehr bekommen sollten. Kaum waren die Grünen im Parlament, haben sie selbst die Position vertreten, dass eine grüne Stiftung staatliche Finanzierung erhalten solle. Zunehmend professionalisierten sich die Grünen. Die scharfen Gegensätze innerhalb der Partei wurden immer mehr geglättet, auch wenn es heute noch die beiden Hauptlinien „Realos" und „Fundis" gibt, aber längst nicht mehr in der Schärfe der Anfangszeit. So waren die Fundis gegen eine Regierungsbeteiligung. Jutta Ditfurth ist eine prominente Vertreterin dieses Flügels, weil sie unter einer Regierungsbeteiligung verstand, dass die Grünen Teil eines Staatsapparats seien. Die „Realos" hingegen waren der Überzeugung, dass nur über Beteiligung an Wahlen und damit über das Parlament gesellschaftliche Veränderungen möglich seien. Joschka (Joseph) Fischer forderte deshalb schon zu Beginn der achtziger Jahre, dass die Grünen ein „Machtfaktor" werden müssten.

Zweifelsohne führte die Orientierung der Grünen auf Parlaments- und Regierungsbeteiligung zu einem starken Wandel der Partei. Viele Linke verließen sie. Spätestens seit Ende der achtziger Jahre wird sie letztlich von den „Realos" beherrscht. Aber bis heute werden die Strömungen austariert. Von den gegenwärtigen beiden Parteivorsitzenden repräsentiert Cem Özdemir die „Realos", seine Kollegin Claudia Roth die „Fundis" – ähnlich dem Fraktionsvorsitz. Einzelne Linke, wie Hans-Christian Ströbele, können auf den grundsätzlichen Kurs der Partei nicht wirklich Einfluss nehmen.

Letztlich ist die Geschichte der Grünen eine Erfolgsgeschichte – die Grünen wurden durch die parlamentarische Ordnung der Bundesrepublik integriert. Sie leisteten – zumal die Grünen weitgehend ein Projekt der jüngeren Alterskohorten sind – einen Beitrag für eine Art „Aussöhnung" der parlamentarischen Ordnung vor allem mit großen Teilen der jüngeren Generation.

Endnoten

[1] Vgl. Anna Hallensleben: Von der Grünen Liste zur Grünen Partei – Die Entwicklung der Grünen Liste Umweltschutz von ihrer Entstehung in Niedersachen 1977 bis zur Gründung der Partei Die Grünen 1980, Göttingen 1984; Gerd Langguth: Der grüne Faktor. Von der Bewegung zur Partei, Osnabrück/Zürich 1984; Joachim Raschke/Gudrun Heinrich: Die Grünen. Wie sie wurden, was sie sind, Köln 1993; Joachim Raschke: Die Zukunft der Grünen. So kann man nicht regieren, Frankfurt am Main 2001; Silke Mende: „Nicht rechts, nicht links, sondern vorn". Eine Geschichte der Gründungsgrünen, München 2011.

[2] Vgl. Herbert Gruhl: Ein Planet wird geplündert – Die Schreckensbilanz unserer Politik, Frankfurt am Main 1975; Rudolf Bahro: Elemente einer neuen Politik. Zum Verhältnis von Ökologie und Sozialismus, Berlin 1980; ders.: Die Alternative zur Kritik des real existierenden Sozialismus, Reinbek bei Hamburg 1980.

[3] Vgl. Petra K. Kelly: Um Hoffnung kämpfen. Gewaltfrei in eine grüne Zukunft (Vorwort von Heinrich Böll), Bornheim/Merten 1983.

[4] Vgl. ausführlicher Gerd Langguth: Die Deutschlandpolitik der Grünen, in: Manfred Langner (Hrsg.): Die Grünen auf dem Prüfstand. Analyse einer Partei, Bergisch-Gladbach 1987, S. 423–480.

[5] Süddeutsche Zeitung vom 15. Januar 1980, zit. nach: Mende: „Nicht rechts, nicht links, sondern vorn", S. 1.

[6] Gerd Langguth: Protest von links – Die Studentenbewegung in der Bundesrepublik Deutschland, in: Manfred Funke (Hrsg.): Extremismus im demokratischen Rechtsstaat. Ausgewählte Texte und Materialien zur aktuellen Diskussion, Bonn 1978, S. 164-201, S. 167.

[7] Ludwig von Friedeburg: Jugend in der modernen Gesellschaft, Köln/Berlin 1965, S. 18.

[8] Vgl. Hallensleben: Von der Grünen Liste zur Grünen Partei, S. 2.

[9] Ebd., S. 111.

[10] Vgl. dazu Wolfgang Rüdig: Bürgerinitiativen im Umweltschutz, in: Volker Hauff (Hrsg.): Bürgerinitiativen in der Gesellschaft. Politische Dimensionen und Reaktionen, Villingen-Schwenningen 1980, S. 119-184, S. 133ff.

[11] Vgl. hierzu Heidrun Abromeit: Parteiverdrossenheit und Alternativbewegung. Thesen zur Weiterentwicklung des Parteiensystems der Bundesrepublik, in: Politische Vierteljahresschrift 2/1982, S. 178-198, S. 181.

[12] Vgl. hierzu Carl Bedderman: Die Grüne Liste Umweltschutz in Niedersachsen, in: Rudolf Bron (Hrsg.): Der grüne Protest – Herausforderung durch die Umweltparteien, Frankfurt 1978.

[13] Radikal Nr. 40, 26. Mai bis 9. Juni 1978, S. 3.

[14] Vgl. zu dessen Ziel und Ideologie Gerd Langguth: Protestbewegung. Entwicklung, Niedergang, Renaissance – Die neue Linke seit 1968, Köln 1993, S. 114-121.

[15] Vgl. Holger Strohm: Warum die Bunten bunt sind, in: Bron (Hrsg.): Der grüne Protest, S. 114-121.

[16] Vgl. ebd., S. 130.

[17] Vgl. Langguth: Protestbewegung, S. 264.

[18] Die GLU schloss sich zunächst der GLH an, zog sich dann aber aufgrund eines Vorstandsbeschlusses aus der GLH zurück, und zwar wegen des sichtbar werdenden Einflusses der Neuen Linken, vor allem der maoistischen Kommunistischen Partei Deutschlands (KPD); am 23. Juli 1978 folgt dann aber entgegen dem Vorstandsbeschluss eine Fusion mit der GLH, die aber nicht von allen Mitgliedern anerkannt wurde, wonach eine Spaltung erfolgte.

[19] Vgl. Richard Stöss: Aktionsgemeinschaft Unabhängiger Deutscher, in: ders. (Hrsg): Parteienhandbuch. Die Parteien der Bundesrepublik Deutschland, 1945-1980, Bd. 1, Opladen 1984, S. 315.

[20] Vgl. Claus D. Troitzsch: Die Herausforderung der „etablierten Parteien" durch die Grünen, in: Heino Kaack/Reinhold Roth (Hrsg.): Handbuch des deutschen Parteiensystems, Band 1, Opladen 1980, S. 273.

[21] Vgl. Wortprotokoll in: Michael Schroeren (Hrsg.): Die Grünen – zehn bewegte Jahre, Wien 1992, S. 23ff.

[22] Vgl. Die Tageszeitung vom 15. Januar 1980.

[23] Die Zeit vom 19. Januar 1980.

[24] Ebd.

[25] Vgl. ausführlich hierzu Kleinert: Vom Protest zur Regierungspartei, S. 31ff.

[26] Zit. nach ebd., S. 31.

[27] Vgl. Die Tageszeitung vom 3. November 1982, vgl. auch Frankfurter Allgemeine Zeitung vom 15. November 1982.

[28] Wolfgang Kraushaar (Hrsg.): Was sollen die Grünen im Parlament, Frankfurt 1983, S. 171.

[29] Roland Vogt: Die Linken haben die Grünen besetzt, in: Schroeren (Hrsg.): Die Grünen, S. 173. Zur ideologischen Position der Fundis vgl. Thomas Ebermann/Rainer Trampert: Die Zukunft der Grünen. Ein realistisches Konzept für eine radikale Partei, Hamburg 1984. Zur Position von Petra Kelly vgl. dies.: Um Hoffnung kämpfen – gewaltfrei in eine grüne Zukunft, Bornheim 1983. Zu den Positionen von Rudolf Bahro vgl. ders.: Die Alternative zur Politik des real Existierenden Sozialismus, Reinbek bei Hamburg 1980; ders.: Elemente einer neuen Politik zum Verhältnis von Ökologie und Sozialismus, Berlin 1980.

[30] Vgl. Die Tageszeitung vom 3. Juli 1984.

[31] Vgl. Joschka Fischer: Von grüner Kraft und Herrlichkeit, Reinbek bei Hamburg 1984.

[32] Zit. nach Ralf Fücks (Hrsg.): Sind die Grünen noch zu retten?, Reinbek bei Hamburg 1991, S. 93.

[33] Vgl. Langguth: Protestbewegung.

[34] „Ich und meine Freunde sind bei den Grünen gescheitert", Interview, in: Schroeren (Hrsg.): Die Grünen, S. 217.

Norbert Seitz

Vom historischen Projekt zum Schnittmengen-Deal

Die wechselvolle Geschichte von Rot-Grün

Dass die jugendbewegten Grünen einmal der Wunschpartner der altehrwürdigen Sozialdemokratie werden würden, danach hatte es lange Jahre nicht ausgesehen. Im Gegenteil, sie waren sich zunächst spinnefeind. Zur Kooperation bedurfte es etlicher Häutungen auf grüner Seite und eines postmaterialistischen Wandels auf Seiten der Volkspartei. Anfang der 1980er Jahre wurde heftig über mögliche Bündnisse der alten Industriepartei mit den alternativen „Aussteigern" gestritten. So sorgte 1981 ein Thesenpapier des Politologen und SPD-Vordenkers Richard Löwenthal für innerparteilichen Zündstoff. Trotz vieler gemeinsamer Motive und Anschauungen könne es „keine Gemeinschaft zwischen ihren politischen und antipolitischen Zielen" geben, denn die Sozialdemokratie wolle die Industriegesellschaft fortentwickeln und vermenschlichen – „sie will sie nicht verteufeln oder abbauen".

1 Eine Mehrheit „diesseits der Union"

Mit einer feinen Witterung für eine „Mehrheit diesseits der Union" – hielt Willy Brandt seinem alten Freund aus Berliner Nachkriegstagen entgegen, dass erneut „Integration" das Gebot der Stunde sein müsse: „Es ist blanke Illusion, in einer Gesellschaft, in der der Arbeiteranteil sinkt, auf die neuen Schichten verzichten zu können." Deshalb sei es gefährlich, die sozialdemokratische Kernwählerschaft gegen neue Schichten ausspielen zu wollen.

Als Brandt diese These später erneuerte, reagierte Richard Löwenthal kompromisslos – aus Furcht um die Anhängerschaft unter Facharbeitern. Nur wenn die Sozialdemokratie „die Grenze zu den Aussteigern mit unmissverständlicher Schärfe zieht, wird sie keines der grundlegenden Elemente verlieren, die das nach Godesberg entstandene breite soziale Bündnis getragen haben." Anfang 1982, am bevorstehenden Ende der sozialliberalen Ära, tobte die Löwenthal-Kontroverse in einer weitgehend verunsicherten Sozialdemokratie. Der scharfsinnige Antikommunist versuchte dabei die „Grenzen der Integrationsmöglichkeiten der Sozialdemokratie" gegenüber den Grünen festzuziehen und auf die aus seiner Sicht unüberbrückbaren kulturellen Differenzen hinzuweisen.

Er nannte dazu vier Essentials: Erstens sei die Industriegesellschaft unentbehrlich, zweitens eine Position des Nullwachstums als „Alternative zum früheren wahllosen Maximalwachstum" unannehmbar. Drittens wurde die berufliche Arbeitsteilung „als Grundlage der zur Bewahrung eines menschenwürdigen allgemeinen Lebensstandards notwendigen Produktivität" verteidigt. Viertens beharrte Löwenthal auf dem unumstößlichen Grundsatz, dass die „lokale ,Selbstbestimmung der Betroffenen' in Fragen, in denen die Gesamtgesellschaft betroffen ist", rechtlich begrenzt bleiben müsse. Dieser Punkt bezog sich auf sogenannte basisdemokratische Vorstellungen, wie sie seinerzeit bei den Protesten gegen den Frankfurter Flughafenausbau an der Startbahn West oder im Kampf gegen die AKWs in Brokdorf, Gorleben oder Wackersdorf von den Grünen transportiert worden waren.

Auch wenn die Mehrheit der Partei hinter Brandts neuer Bündnisperspektive und nicht hinter Richard Löwenthals Warnungen stand: SPD und Grüne waren in der Gründungsphase der Ökopartei keine natürlichen Lagerpartner. Auch diejenigen, die den scharfen Abgrenzungsversuchen Löwenthals nicht nahestanden, mussten erkennen, dass sich die Gründungsbotschaften der Grün-Alternativen samt und sonders gegen sozialdemokratische Traditionen richteten: Die Bewegungsorientierung stand gegen den Etatismus und die fast sprichwörtliche Staatsfrömmigkeit der Traditionspartei. Außerdem widersprach das Denken in „kleinen Einheiten" dem zentralistischen Verantwortungsimperialismus der Großpartei, die für die Schaffung und Erhaltung von Arbeitsplätzen häufig wild entschlossen war, Regionen planieren zu lassen, was in den Augen der Ökopartei einem Verbrechen an der Natur gleichkam. Vor allem aber stand das Programm eines ökologischen Umbaus der Industriegesellschaft für einen Paradigmenwechsel in der Politik, der sich weg von der Tendenz bewegen wollte, alle gesellschaftlichen Probleme nur auf soziale Fragen zu reduzieren.

Die Grünen waren insofern auch keine „Abspaltung" von der SPD, d.h. Fleisch vom Fleische der Sozis, wie der Vorsitzende Gabriel noch heute in seinen Parteitagsreden nicht aufhört zu behaupten. Sie repräsentierten eine neue politische Kultur, an der die SPD erst in der Friedensbewegung, dann über sozialökologische Akzentuierungen ihrer Programmatik zu partizipieren suchte. Die radikaleren „Ökopaxe" der Gründergeneration verstanden sich sogar dezidiert als Protestpartei bzw. außerparlamentarische Bewegung gegen die regierende Beton-

und Atom-SPD. Berührungen galten lange Zeit als verpönt. So gab es noch in der Gründungsphase peinliche Diskussionen darüber, ob Willy Brandt auf der großen Bonner Friedensdemo 1983 Rederecht erhalten sollte. Man fürchtete, die SPD könne mit ihrem einstigen Friedensnobelpreisträger, mit Jungstar Oskar Lafontaine und dem Fortschrittskritiker Erhard Eppler der Bewegung die Spitze abbrechen. Ludger Volmer schildert das damalige „strategische Dilemma" nach dem Kanzlersturz Helmut Schmidts: „Wie hältst du es mit der SPD?" Waren sie „Partner in der Opposition, oder waren sie Konkurrenten und Gegner?"

Umgekehrt ging ein verzweifelter Helmut Schmidt in der Schlussphase seiner Kanzlerschaft den SPD-Geschäftsführer Peter Glotz an, er möge bitte alle Sozialdemokraten, die sich an jener zentralen Bonner Friedensdemo beteiligen würden, aus der Partei ausschließen. Woraufhin Glotz zu bedenken gab, er könne doch nicht weite Teile der Partei amputieren.

Die Frage unter Sozialdemokraten „Wie hältst Du es mit den Grünen?" führte zu einer lange währenden innerparteilichen Zerreißprobe. Vor der Bundestagswahl 1987 kam es darüber sogar zu einem Zerwürfnis an der Parteispitze. Während Kanzlerkandidat Johannes Rau und Parteisprecher Wolfgang Clement im Alleingang und in strikter Gegnerschaft zu den Grünen gewinnen wollten, plädierten Parteichef Willy Brandt und sein Bundesgeschäftsführer Peter Glotz dafür, sich in Bündnisfragen nicht kategorisch festzulegen. Als sich der strategische Konflikt zuspitzte, trat Clement mitten im Wahlkampf als Parteisprecher zurück. Rau blieb zwar am Ende mit mageren 37 Prozent weit hinter den Erwartungen zurück, aber mit dem guten Gefühl, unverbogen aus der Niederlage hervorgegangen zu sein.

2 Vom Turnschuhminister zur „Piepmatz"- Affäre – rot-grüne Landesbündnisse

Rot-Grüne Bündnisse auf der Landesebene begannen mit verkrampften Annäherungsversuchen in Hessen, wo der sozialdemokratische Klassiker Holger Börner nach dem Frontwechsel der Landesliberalen zu einer zermürbenden Zusammenarbeit mit Turnschuhminister Joschka Fischer und den zerstrittenen Seinen gezwungen wurde. Bei den Kämpfen 1981 an der Startbahn West hatte der autoritäre Arbeiterführer den lästigen Neuankömmlingen noch Dresche „mit der Dachlatte" angedroht. Die Grünen waren hin und her gerissen zwischen den Optionen Koalition, Tolerierung oder Fundamentalopposition. Im Februar 1987 scheiterte der erste Pakt an einem Genehmigungsverfahren für die Plutoniumverarbeitung in der Hanauer Atomfabrik „Alkem". Die Medien bereiteten die Entlassung

Joschka Fischers durch das entnervte SPD-Urgestein Börner als tränenseligen
Vater-Sohn-Konflikt auf.

Ab 1991 schipperte das neuaufgelegte rot-grüne Bündnis unter Hans Eichel
in ruhigeren Gewässern, freilich mit einem Schönheitsfehler: dass der Vize,
Joschka Fischer, bis zu seiner Rückkehr in den Deutschen Bundestag der eigentliche Star des Teams war, der seinen Kabinettschef in den Schatten stellte, ja als der
eigentliche Ministerpräsident angesehen wurde, was dem unterschwelligen Konkurrenzverhältnis der beiden Parteien nicht immer gut tat. Nach zwei Legislaturperioden musste Rot-Grün in Hessen 1999 die professionellen Mängel der gerade
angetretenen Bundeskoalition ausbaden, als es unter dem Titel „Doppelpass" um
die Novellierung des in der Bevölkerung sehr umstrittenen Staatsbürgerschafts-
rechts ging. Eine perfide Unterschriftenkampagne der Union sorgte bei der hessischen Landtagswahl für den Sieg des bis dato relativ unbekannten Oppositions-
führers Roland Koch. Danach durfte sich Rot-Grün erst wieder im legendären
Ypsilanti-Jahr 2008 eine kleine Regierungschance in Hessen ausrechnen, freilich
gegründet auf dem gebrochenen Wahlversprechen der SPD, nur regieren zu
wollen, ohne auf die Linke in irgend einer Form angewiesen zu sein.

Neben den hessischen galten auch die Hamburger Verhältnisse über lange
Zeit als sprichwörtlich für einen quälend langen Zwist um den Modus einer Zusammenarbeit. Klaus von Dohnanyi und Henning Voscherau weigerten sich
strikt, mit den radikalen GALiern ein Bündnis einzugehen. Voscherau koalierte
1993 sogar lieber kurzzeitig mit der kaum seriösen „Statt-Partei", obwohl er sie
„zwar für verrückt, aber nicht ganz so verrückt wie die Grünen hielt" (Frank
Pergande, FAS). Als ihm 1997 nach schweren Verlusten keine andere Koalitions-
wahl geblieben wäre als mit den hanseatischen Paradiesvögeln eine Regierung zu
bilden, zog er sich lieber aus der aktiven Politik zurück und ließ Nachfolger Ort-
win Runde die rot-grüne Suppe bis zum bitteren Ende auslöffeln. Ehe Ole van
Beust 2001 über ein anfängliches Bündnis mit dem Rechtspopulisten Schill die
Hamburger Verhältnisse für eine ganze Dekade zum Tanzen bringen sollte. Im
schwarz-grünen Bündnis von 2008 bis 2010 vermied der schwarze Landesherr die
Fehler und Verwundungen, die der GAL von der überheblichen SPD im Runde-
Senat zugefügt worden waren.

Auch in Nordrhein-Westfalen war Rot-Grün von wenig bezwingendem
Charme, als Johannes Rau 1995 nach dem Verlust der absoluten Mehrheit über
seinen Schatten springen musste, um in Ermangelung anderer Optionen ein solches Bündnis einzugehen, das er zuvor auf Bundes- wie Landesebene immer
hatte verhindern wollen. Vom begnadeten Skatspieler und Witzeerzähler Rau
stammt auch der Kalauer: „Lieber ein Haus im Grünen als einen Grünen im

Haus." Seine innere Distanz sollte bestätigt werden, denn vor allem die Verkehrs-, Energie- und Technologiepolitik sorgte in der Steinkohlepartei Deutschlands, genannt SPD, fortwährend für schlechte Laune. Der Dauerstreit um den Braunkohletagebau Garzweiler II hätte fast zum vorzeitigen Bruch des rot-grünen Bündnisses geführt. Unter dem Rau-Nachfolger Wolfgang Clement und der grünen Umweltministerin Bärbel Höhn bekam der Koalitionskonflikt fortan noch eine besondere persönliche Note.

Nach der Wiederwahl von Rot-Grün 2000 wurden die Koalitionsverhandlungen durch vorsichtige sozialdemokratische Sympathiebekundungen für ein rechnerisch mögliches Bündnis mit der unter Jürgen Möllemann wieder erstarkten NRW-FDP begleitet. Tatsächlich hatte der sozialliberal geneigte Grünen-Hasser Clement eine Zeitlang Hoffnungen auf Strippenzieher Möllemann gesetzt, weil nur er das Zeug zu haben schien, eine Rückkehr der Liberalen an die Seite einer modernisierten Mitte-SPD zu realisieren, wie sie Clement vorschwebte.

Nachdem Peer Steinbrück Clement 2002 als Ministerpräsident beerbt hatte, kam es rasch zur nächsten Koalitionskrise in Düsseldorf. Die Frankfurter Rundschau verspottete den neuen Landesvater als „Kohlen-Ayatollah", während die Grünen die „Midlife-Crisis eines einzelnen Herrn" heraufziehen sahen. Joschka Fischer fühlte sich sogar an die Vorgänge in den achtziger Jahren unter Holger Börner in Hessen erinnert. Auch Peer Steinbrück sollte wie Clement indirekt mit einem möglichen Koalitionswechsel zur FDP des Möllemann-Nachfolgers Andreas Pinkwart drohen – zum Leidwesen von Bundeskanzler Schröder, der vom drohenden Zerwürfnis im größten Bundesland „ziemlich genervt" war. Währenddessen äußerte Vizekanzler Joschka Fischer Unverständnis: „Ich begreife rein rational nicht, warum die große Erleuchtung jetzt von der FDP kommen soll." Der Vorgang machte deutlich, wie tief die Verstimmung über die Grünen, deren „Wirtschaftsfeindlichkeit" und unorthodoxen Politikstil unter den Traditions-Sozis an Rhein und Ruhr saß.

Nach der Reaktorkatastrophe in Tschernobyl im April 1986 schien auch eine rot-grüne Kooperation in Niedersachsen möglich zu werden, durfte doch die Ökopartei nach dem Unglück in der Ukraine auf einen gewaltigen Zulauf, vor allem aus der tief verunsicherten agrarisch-ländlichen Wählerschaft, hoffen. Doch in einem wahren Horrorkatalog wurden auf einer berühmt-berüchtigten Bundesversammlung von Hannover die Sofortausstiege aus NATO und Atomkraft, die Abschaffung von Bundesgrenzschutz und Bereitschaftspolizei und die Ablehnung des staatlichen Gewaltmonopols gefordert. Auch anderenorts erhobene bizarre Forderungen wie die Legalisierung der Abtreibung bis zum 7. Monat, die Freigabe von Kindersex oder eine Amnestie für die RAF-Terroristen verschreckten potentielle bürgerliche Wähler. Den Schaden hatte Gerhard Schröder, dessen erste Spitzenkandidatur an der Leine trotz eigener Stimmengewinne vom grünen Radikalismus verhagelt worden war. Fortan galten die Grünen selbst unter wohlwollenden Sozialdemokraten als unzuverlässig.

Im Bremen ging 1995 die Bremer Ampel aus SPD, Grünen und FDP in die Brüche, als der grüne Umweltsenator Ralf Fücks heimische Vogelschutzgebiete bei der Europäischen Union anmeldete, ohne zuvor Senat und Bürgerschaft gefragt zu haben. Die Rede war von der „Piepmatz-Affäre". Daraufhin bekam es ein mehrheitlich rot-grün gestimmter SPD-Funktionskörper mit einer konservativen Parteibasis zu tun, die sich in einem Mitgliederentscheid für die Bildung einer Großen Koalition und gegen Rot-Grün entschied. Noch zehn Jahre später – 2003 – wurde Bürgermeister Henning Scherf in Bremen kurioserweise von CDU-Anhängern gewählt. Der Grund: Ein Neustart von Rot-Grün sollte verhindert und das „Elefantenbündnis" fortgesetzt werden.

In einem weiteren Ampel-Bündnis, dem von Brandenburg, überwarfen sich 1994 Sozialdemokraten und die Bürgerrechtler von Bündnis `90 wegen der früheren SED-Kontakte von Ministerpräsident Manfred Stolpe.

Nach dem Verlust der absoluten Mehrheit Björn Engholms koalierte Nachfolgerin Heide Simonis 1996 in Kiel erstmals mit den Förde-Ökos. Lange waren sich beide nicht „grün" gewesen, da die traditionell linke Landes-SPD den Grünen nicht verzeihen konnte, in ihrer sektiererischen Gründungsphase 1979 nicht auf eine Landtagskandidatur verzichtet zu haben. Am Ende waren es genau jene erzielten 2,4 Prozent, die dem SPD-Spitzenkandidaten Klaus Matthiesen zum Sturz des langjährigen Regenten Stoltenberg und zur Überwindung der schwarzen Bundesratsmehrheit gefehlt hatten.

Die Tage der rot-grünen Kieler Koalition schienen 2000 schon gezählt zu sein, wenn nicht die landesweit durchschlagende CDU-Parteispendenaffäre dem aussichtsreichen Spitzenkandidaten Volker Rühe in letzter Sekunde die Tour vermasselt hätte. So blieb Simonis bis zum bitteren Ende 2005 – dem Patt im Landtag nach verlorener Wahl und einem mehraktigen Abstimmungsdrama, das auch die Schlussrunde von Rot-Grün im Bund einläuten sollte.

Apropos Matthiesen: In Baden-Württemberg erlebten die Grünen den umgekehrten Fall mit den Sozis – bei der OB-Wahl 1996 in der Landeshauptstadt Stuttgart um die Rommel-Nachfolge. Denn die im ersten Wahlgang mit ihrem Kandidaten gescheiterte SPD brachte es nicht über sich, beim zweiten Votum eine Empfehlung für den aussichtsreich im Rennen liegenden Grünen Rezzo Schlauch (39,3 %) abzugeben, um den CDU-Kandidaten Schuster (43,1 %) zu überflügeln.

Die Verbitterung unter den ökoliberalen Ländle-Grünen über die ewigen Loser vom Neckar saß lange tief.

In Berlin platzte im November 1990 nach zwanzig Monaten Walter Mompers zerstrittener rot-grüner Frauensenat. Anlass für das Zerwürfnis der SPD und der Alternativen Liste (AL) war die polizeiliche Räumung besetzter Häuser im Kiezbezirk Kreuzberg. Die Senatsparteien konnten die historische Gunst der Stunde um den Mauerfall und die Deutsche Einheit nicht für sich nutzen. Gerade die Grünen wurden beim Epochenbruch von der Geschichte auf dem falschen Fuß erwischt: Um eine gemeinsame Position zur neuen Einheit stritten nach der Schilderung des einstigen Spitzenrealos Hubert Kleinert: „Vereinigungsbefürworter, bewegungsorientierte Revolutionsromantiker, realpolitische Zweistaatlichkeitsbefürworter, die in der deutschen Teilung die ‚Strafe für Auschwitz' (…) sahen sowie radikale ‚Nie-wieder-Deutschland'-Vertreter", die einen Sieg des „Kapitalismus und Imperialismus" befürchteten.

Im wiedervereinten Berlin wurden die Grünen danach nur noch bei der Abwahl des angeschlagenen Diepgen-Landowsky-Senats im Juni 2001 benötigt, ehe der Regierende Bürgermeister Klaus Wowereit nach den Neuwahlen im Oktober des gleichen Jahres und gescheiterten Ampel-Verhandlungen ein rot-rotes Bündnis einer Partnerschaft mit den AL-Nachfolgern vorzog.

3 Die Platzhirsche der Enkel-SPD

Die Vorstellung, dass jenseits der SPD-Traditionalisten à la Schmidt, Rau oder Börner die Kooperation mit den thematisch angegrünten Repräsentanten der „Enkel"-SPD ein kongeniales Zuckerschlecken werden würde, sollte sich indes als Trugschluss erweisen. Es gab viele Misshandlungen und Verwundungen durch die Repräsentanten dieser SPD-Generation.

Lafontaine strafte die Saar-Grünen mit Verachtung, Scharping und Beck verschmähten sie lange in Rheinland-Pfalz als Partner und hielten sich lieber an Brüderles liberale Winzervereinigung, während Jürgen Trittins Ministerzeit unter Schröder in Niedersachsen häufig einer Fron glich, von der später unterirdischen Kommunikation zwischen der Entwicklungshilfeministerin Wieczorek-Zeul und ihrer grünen Staatssekretärin und Dritte-Welt-Expertin Uschi Eid nicht erst zu reden.

Die Enkel-SPD gab den Grünen auf subtile Weise das Gefühl, nur ein historischer Betriebsunfall der Schmidt-Ära zu sein, in der AKWs angebetet und die NATO-Nachrüstung vom Zaun gebrochen wurde. Für eine sozialökologische Politik fühlten sich die Aufsteiger aus der alten Juso-Riege der 1970er Jahre selber zuständig, seit Erhard Eppler nach der ersten großen Erdölkrise im Herbst 1973 und der Meadows-Studie über die „Grenzen des Wachstums" sein epochemachendes Buch „Ende oder Wende" verfasst hatte. Darin formierte der schwäbische Vordenker die politischen Lager neu. Während die „Menschheit auf Grenzen gestoßen ist", seien die letzten Reste eines naiven Fortschrittsglaubens ins Lager der Strukturkonservativen ausgewandert.

Die Eppler-Jünger unter den Brandt-„Enkeln" gönnten der neuen Partei inhaltlich „keine Schnitte". Die Grünen waren bestenfalls als Mehrheitsbeschaffer einer Sozialdemokratie willkommen, denen die Liberalen nach der Kohlschen Wende als Partner abhanden gekommen waren. Doch alle sozialdemokratischen Versuche und Strategien, die Grünen klein zu machen, sollten scheitern: die anfängliche Diffamierung als verfassungsfeindlich oder politikunfähig ebenso wie die Vereinnahmung ihrer Themen oder die Entzauberung durch Regierungsbeteiligung. Die Sozialdemokratie scheiterte beim Versuch, die Grünen historisch ausschalten zu wollen, ähnlich wie Konrad Adenauer in den 50er Jahren mit seinen Bemühungen, die FDP durch von außen betriebene Spaltungsversuche oder ein Mehrheitswahlrecht überflüssig zu machen.

4   Die pathosfreie Ära Schröder-Fischer

Die Rede von einem rot-grünen „Projekt" nach dem Wahlsieg Gerhard Schröders im September 1998 war ein visionärer Euphemismus. Wäre die Union nach der Kohl-Ära nicht so eindeutig geschlagen worden, hätte sich der dritte SPD-Kanzler in der Geschichte der Bundesrepublik auch ein Bündnis mit einer von Volker Rühe anders aufgestellten CDU vorstellen können. Dennoch war vom späten „Sieg der 68er" oder gar großspurig vom „Kulturbruch, von links" (Die Zeit) die schwelgerische Rede, während nüchtern urteilende Kritiker hinter den rot-grünen Siegern nur Profiteure eines Anti-Kohl-Plebiszites sahen, die ihre historisch einmalige Chance zu nutzen verstanden.

Kanzler Schröder verzichtete auf jedes säkulare Pathos und reduzierte die eigentliche Zäsur auf einen „Generationswechsel im Leben unserer Nation". Ansonsten bestand er auf der Hackordnung vom Koch und Kellner. Am Ende der Bündnisvereinbarung wurde der kleine Koalitionspartner noch mit einer gemeinsamen Absichtserklärung über den Tisch gezogen, im Jahr darauf Johannes Rau zum Bundespräsidenten zu wählen. Die Sozis wollten damit unsichere grüne Kantonisten festnageln, wussten sie doch, dass nicht nur Teile der eigenen Partei, sondern die Grünen insgesamt lieber erstmals eine Frau ins höchste Staatsamt gewählt hätten als einem Altgedienten das präsidiale Sahnehäubchen zu gönnen.

„Die Sozis waren eine Enttäuschung", beschreibt Staatsminister a.D. Ludger Volmer in seiner Bilanz der Grünen „Von der Protestbewegung zur etablierten Partei" seine anfänglichen Eindrücke: „Wir Grünen mussten ziemlich verdattert feststellen, dass die Sozis nichts Konkretes vorbereitet hatten (...) Wie aber sollte die Verbindung von ‚Neuer Mitte', linksökologischem Bürgertum, traditioneller Arbeiterschaft und Sozialhilfeempfängern – der ökologisch-solidarische New Deal – klappen, wenn von der SPD nichts kam?"

In der ersten Legislaturperiode 1998-2002 vollzog sich der Regierungsverlauf in quasi zyklischen Schwüngen – einem denkbar schwachen Start 1998/99 mit den professionellen Mängeln bei der Durchsetzung des „Doppelpasses" oder dem 630-Mark- und Scheinselbständigkeitsgesetz, das sogar von den linksliberalen Medien bekämpft wurde. Der erste Kriegseinsatz von Bundeswehrsoldaten im Kosovo führte erwartungsgemäß zu Zerreißproben an der rot-grünen Basis, die in der Farbbeutelattacke gegen Außenminister Fischer auf der Bundesdelegiertenkonferenz von Bielefeld ihren Tiefpunkt erreichten.

In der Phase der rot-grünen Stabilisierung (2000/2001) standen die Einführung einer Greencard-Regel und die Agrarwende nach dem BSE-Skandal im Vordergrund. Zu ihrem Glück profitierte die Koalition vom Ausfall der Opposition während der Parteispendenaffäre der CDU. Nach dem 11. September kam es zu einer rot-grünen Zitterpartie um den Afghanistan-Einsatz der Bundeswehr. Wegen grüner Abweichler verknüpfte der Bundeskanzler zum ersten Mal die Abstimmung im Deutschen Bundestag mit der Vertrauensfrage, denn er stand beim US-Präsidenten mit dem Versprechen einer „uneingeschränkten Solidarität" im Wort. Wieder kamen auf Seiten der SPD Zweifel an der Zuverlässigkeit der Grünen auf, hatten doch die Neinsager in der Fraktion ihr Gewissen in einem unmöglichen Verfahren an ein Los delegiert, das darüber entscheiden sollte, wer den Afghanistan-Einsatz ablehnen durfte und wer den Kanzler retten musste.

Düstere Konjunkturaussichten minderten die Chancen auf eine Wiederwahl von Rot-Grün, zumal das Jahr 2002 geprägt war von einer nicht enden wollenden Serie von Pleiten, Pech und Pannen, die mit dem Rücktritt des Verteidigungsministers Scharping nach dessen Pool- und PR-Affären ihren unrühmlichen Höhepunkt erreichte. Doch Kanzler Schröder konnte das aussichtslose Match gegen die Union und ihren Kanzlerkandidaten Edmund Stoiber noch wenden – mit der verheißungsvollen Ankündigung von Hartz-Gesetzen, der Betonung eines „deutschen Weges" in der Außenpolitik kurz vor dem angedrohten Irak-Krieg und seinem beherzten Krisenmanagement bei der Flutbewältigung an Elbe und Mulde. „Wie eine Wand" habe sich das Thema Irak vor die Aufregerthemen Arbeitslosigkeit und Steuerentlastung gestellt, begründete damals Allensbach-Chefin

Renate Köcher die Wiederwahl von Rot-Grün. Während sich SPD und Union fast ein totes Rennen lieferten – sie lagen bundesweit nur um 6.000 Stimmen auseinander –, kam es tatsächlich auf Bündnis 90/ Die Grünen an, die mit ihrem knappen Vorsprung gegenüber der unter Möllemann rechtspopulistisch abgeirrten FDP für die Rettung des angeschlagenen Bündnisses sorgen sollte.

5   In der Irak-Krise „nahe am Abgrund"

Nach einem reichlich abgerissenen Start, der mutmaßen ließ, dass die Akteure auf ihre Wiederwahl nicht eingestellt waren, ulkte der „Tagesspiegel" bereits nach hundert Tagen Rot-Grün, 2. Teil, Kanzler Schröder müsse „glühende Landschaften" gewärtigen,"so wütend sind die Leute". Die Koalition hatte nämlich ihr Wahlversprechen gebrochen, keine Steuern und Abgaben zu erhöhen. Kaum dass sie knapp bestätigt worden war, forderte zum Beispiel Gesundheitsministerin Ulla Schmidt eine Erhöhung der Tabak- und Branntweinsteuer, Fraktionschef Müntefering schloss nicht nur eine in Aussicht gestellte Senkung der Lohnnebenkosten aus, sondern erneuerte zudem das etatistische Credo, jeder müsse sich fragen, was er noch zusätzlich dem Staat zur Verfügung stellen könne. Der einstige „Autokanzler" wurde in der Presse als umgedrehter „Gewerkschaftskanzler" verspottet.

Die Grünen mussten dabei händeringend zusehen, wie eine planlose SPD ihre strukturkonservative Klientel zu bedienen versuchte. Publizisten gerieten außer sich, zogen hysterische Weimar-Parallelen und forderten sarkastisch eine „konservative Revolution", während ein junger Kabarettist Schröder in einer vielbelächelten Kanzler-Parodie auf den vorderen Plätzen der Charts als „Lügner" verhöhnen konnte.

„Kein Plan, kein Mut, keine Führung", wurde dem misslungenen Neustart von Rot-Grün attestiert. Die SPD bezog von da an – und nicht erst mit den Hartz-Gesetzen wie immer behauptet! – drastische Wahlniederlagen in den Ländern, verlor einen Landesfürsten nach dem anderen, während die grüne Partei ihre Anteile nicht nur sichern, sondern teilweise sogar ausbauen konnte, was unter den sozialdemokratischen Partnern häufig für Verdruss sorgte.

Im Mittelpunkt der zweiten Legislaturperiode von Rot-Grün (2002-2005) standen die Nicht-Beteiligung Deutschlands an einem militärischen Einsatz im Irak-Krieg und die folgenreiche Agenda 2010 mit den Hartz-Reformen. In der Außenpolitik kamen sich Kanzler und Vize-Kanzler ungeachtet ihres grundsätzlichen Neins zu einem deutschen Einsatz strategisch in die Quere. Im zweiten Teil seiner jüngst erschienenen Erinnerungen legt Joschka Fischer schwere Differenzen zu Schröder offen. Rot-Grün hätte damals „den Rand des Abgrunds erreicht". Im niedersächsischen Landtagswahlkampf hatte Schröder nämlich ohne Absprache mit seinem in New York ringenden Außenminister verkündet, Deutschland werde auf keinen Fall einer UN-Resolution für einen Irak-Krieg zustimmen.

Noch nie sei eine so richtige Grundposition so schlecht vertreten worden wie das deutsche Nein zum Irak-Krieg, wurde damals selbst unter wohlwollenden Journalisten kommentiert, Schröder präsentiere sich „auf der Bühne der Weltpolitik als heißblütiger Amateur" (Berliner Zeitung). Spätere Gerüchte um Joschka Fischers Wechsel nach Brüssel in ein europäisches Außenministerium verrieten das Kompetenzgerangel zwischen Kanzler und Vizekanzler. Fischer hält in seinen Erinnerungen Schröder „präsidiale Anwandlungen" in der Außenpolitik vor. Ein weiteres ärgerliches Beispiel für die Grünen war jener China-Besuch 2003, bei dem der Kanzler eine frühere Hanauer Plutoniumfabrik zum Verkauf anbot, was eine kleine Koalitionskrise auslösen sollte. Die Grünen protestierten gegen die Zusagen des Kanzlers, weil sie ihren Markenkern der Atomausstiegspolitik gefährdet sahen. Fischer warf seinem Kanzler ein „Kommunikationsdesaster" vor.

Während die SPD-nahe Journalistin Tissy Bruns im „Tagesspiegel" äußerst wohlwollend konzedierte, dass Sozialdemokraten nunmehr den Sozialstaat reformieren müssten, den die Union aufgebaut habe, sah ein Beteiligter von grüner Seite, Ludger Volmer, die SPD eher beim Versuch herumfuhrwerken, „die maroden alten Fundamente zu retten". Da kam kaum noch Freude am Regieren auf: „Wir Grünen saßen oft mit verkrampften Händen und angespannten Gesichtern im Plenum, hoffend, dass wir endlich einmal herzhaft losklatschen könnten. Auch unsere Vorleute blieben oft blass in ihren Reden angesichts der Verzagtheit unserer Partner."

Hatte es aber Ende 2004 noch so ausgesehen, als könne sich Rot-Grün dank verbesserter Konjunkturaussichten und der schlechten Verfassung der Union nach deren gesundheitspolitischem Kleinkrieg um die Kopfpauschale doch noch berappeln, so brachten zwei Ereignisse im Frühjahr 2005 die Koalition endgültig auf die abschüssige Bahn: Zum Einen betraf dies die nicht kommunizierte Neuberechnung sprunghaft angestiegener Arbeitslosenzahlen nach Zusammenlegung von Arbeitslosen- und Sozialhilfe auf über 5 Millionen. Außerdem war der Visa-Skandal von Kiew ruchbar geworden – mit anschließendem Untersuchungsausschuss, vor dem Joschka Fischer in gespielter Naivität bekennen musste, die Möglichkeit eines massenhaften Missbrauchs der gelockerten Einreisefreiheit durch kriminelle Schleuserbanden „nicht auf dem Radar" gehabt zu haben. Auf Seiten der Sozialdemokratie gab es tiefe Verärgerung über die verheerende Wirkung dieser hausgemachten grünen Affäre, welche ihnen von allzu großer „Fremden-freundlichkeit" im Außenministerium eingebrockt worden war. Rot-Grün schien nicht mehr zu retten, zumal Oskar Lafontaines neues Wahlbündnis mit Macht in den Bundestag drängte.

6   Ein Ende ohne Tränen

Nach dem Kieler Abstimmungsfiasko von Heide Simonis und dem Machtwechsel in Düsseldorf nach 39jähriger SPD-Regentschaft betrieb Schröder mit seinem Parteichef Müntefering die vorzeitige Parlamentsauflösung im Alleingang – der übergangene Koalitionspartner hielt dies für selbstmörderisch und riet dazu, die günstigere Konjunktur und die Fußball-WM 2006 im eigenen Land abzuwarten. Doch auf die Grünen wurde nicht gehört.

In der siebenjährigen Regierungsbilanz hat Grün mehr als Rot von Rot-Grün profitiert. Die Nicht-Beteiligung am Irak-Krieg ließ manche, seit den Tagen des Kosovo-Einsatzes wundgescheuerte Pazifistenseele wieder aufleben. „Doppel-pass", Dosenpfand und „Homoehe" waren grüne Hits. Und auf ökologischem Sektor konnten mit dem Atomausstieg und der Aufwertung des Tierschutzes mit Verfassungsrang die Erwartungen eines aufgeklärt-linksliberalen Publikums befriedigt werden. Darüber hinaus vermochte Rot-Grün geschichtspolitisch zu punkten – mit der Entschädigung von NS-Zwangsarbeitern und einigen Akzen-ten eines „normalisierten" Umgangs mit Geschichte, die man einer linken Regie-rung nicht zugetraut hatte.

Andererseits büßten die Grünen an der Seite Otto Schilys und seiner rigiden Innenpolitik nach dem 11. September viel vom Image der Bürgerrechtspartei ein. Anhänger von Rot-Grün schämen sich noch heute dafür, dass unter dem schwarz-gelben Duo de Maizière- Leutheusser-Schnarrenberger eine liberalere Rechts- und Innenpolitik betrieben wurde als unter dem eiskalten SPD-Tandem Schily-Zypries. Wesentlich schlechter erging es dagegen der SPD, der wegen der Agenda 2010 Stammwähler in hellen Scharen davonliefen, bis zur bitteren Kon-sequenz – der Gründung einer linkspopulistischen Konkurrenzpartei unter dem political animal Oskar Lafontaine.

Das letzte Jahr von Rot-Grün bis zur Bundestagsneuwahl war für die grüne Partei besonders bitter. Schröder und Müntefering ließen Fischer, Trittin und deren Partei- und Fraktionsspitzen bei all ihren geheimen Planspielen, was nach einer verlorenen NRW-Wahl zu geschehen hätte, außen vor. Vor allem der Par-teichef schien die Grünen in der Krisenzeit nach der Agenda-Verabschiedung nicht mehr richtig wahrzunehmen. Insofern war der Gang von Bündnis 90/Die Grünen in die Opposition für manche Vordere der Ökopartei auch ein Akt der Befreiung aus den Zwängen einer anstrengenden Koch-Kellner-Beziehung und den vielen Rücksichtnahmen auf eine reformpolitisch weitgehend immobile Volkspartei. Spitzengrüne wie zum Beispiel die Hamburgerin Krista Sager oder Fritz Kuhn aus Baden-Württemberg ließen nach der Beendigung des Bündnisses kein gutes Haar am größeren Regierungspartner. Das rot-grüne Projekt schien im Oktober 2005 für immer beendet, inhaltlich durch divergierende Neupositionierungen und arithmetisch durch die relativ stabile parlamentarische Konkurrenz der Partei Die Linke.

Als Sigmar Gabriel danach das Umweltressort in der Großen Koalition übernahm, schien dies eine günstige Gelegenheit, das grüne Terrain abzugrasen: Immerhin führte er intelligente Stromzähler ein und betrieb den Ausbau einer Kraft-Wärme-Kopplung, scheiterte aber beim ehrgeizigen Projekt Umweltgesetzbuch und mit dem Versuch eines Energieeffizienzgesetzes. Reichlich frustriert über seine Bilanz führte Gabriel 2009 einen thematisch einsamen Bundestagswahlkampf gegen die AKWs und damit um die sozialökologische Deutungshoheit, was sich jedoch als eine sinnlose Anstrengung mit falschem Ehrgeiz erweisen sollte. Das lagerinterne Buhlen um grüne Wähler brachte der abgestürzten SPD kaum Gewinne ein – eine stärkere Wählerwanderung ging in die umgekehrte Richtung – von der SPD zu den Grünen. Immerhin konnte Gabriel mit seinem Privatduell gegen die Ökopartei einen Kampfbonus für die spätere Erlangung des SPD-Vorsitzes einfahren.

7   Wiederbelebungsversuche ohne Projektbeschwörung

Hannelore Kraft war 2010 in Nordrhein-Westfalen gut beraten, nach der unschönen Behandlung der Grünen während der Schröder-Ära einen Neuanfang der für ihre Partei so bequemen Regierungsformation auszurufen. Darunter war beiderseits ausdrücklich keine neue inhaltliche oder gar historisch dimensionierte „Projekt"-Beschwörung gemeint. Vielmehr waren bessere Umgangsformen der Sozis gegenüber dem kleineren Wunschpartner angesagt. „Muskelspielchen haben wir nicht nötig", betonte die grüne Frontfrau Sylvia Löhrmann nach einer ersten Koalitionszwischenbilanz.

Doch Rot-Grün an Rhein und Ruhr wurde rasch von der Wirklichkeit eingeholt. Das Landesverfassungsgericht bremste die Verschuldungspolitik aus, erste Risse in der wiederbegründeten Formation sind inzwischen sichtbar geworden. Denn die Grünen fürchten um ihren Ruf als „Nachhaltigkeitsbeauftragte", mit dem sie auch bei bürgerlichen Wählern zu punkten verstehen. Es sei daran erinnert, dass es die Grüne Katrin Göring-Eckardt war, die erstmalig das Ziel der „Generationengerechtigkeit" auf den Begriff gebracht hatte, um nicht länger Probleme der heutigen Gesellschaft durch höhere Staatsverschuldung zukünftigen Generationen aufzubürden.

Für ein rot-grünes Highlight 2010 sorgte die gemeinsame Präsidentschaftskandidatur des Bürgerrechtlers Joachim Gauck, der als unterlegener Herausforderer eine imposante Kampagne hinlegte. Der Personalvorschlag für die Köhler-Nachfolge kam vom Grünen Jürgen Trittin, denn die SPD hatte sich mit ihrem sozial reduzierten Freiheitsbegriff und ihren Amnestie-Vorstößen gegen eine weitere gründliche Aufarbeitung der DDR-Vergangenheit gerade diesen Kandidaten nicht verdient.

Ansonsten war das Jahr 2010 für die Strategen im Berliner Willy-Brandt-Haus von niederschmetternden demoskopischen Daten geprägt, die Volkspartei war nur noch mit sich selbst beschäftigt. Vor allem aber schmolz auch der Abstand zwischen den beiden Parteien auf Bundesebene zusammen. Mit Sprüchen wie dem vom „Ende des Welpenschutzes für die Grünen" versuchte man sich mit falschen Größenordnungen Mut zu machen. Von der SPD wollten die Menschen nicht das Stichwort hören, „sondern wie es wirklich geht", versuchte Pragmatiker Frank-Walter Steinmeier seine Partei von den Grünen abzugrenzen.

Doch der Vertrauensbonus für die SPD unter der liberalen-linksbürgerlichen Wählerschaft scheint im Schwinden begriffen zu sein. „Selbstversöhnung" und „Schulterschluss" werden die beiden heilenden Anstöße genannt, die sich Sigmar Gabriel in seiner bisherigen Amtszeit zugute hält. Sie sind aber für linksbürgerliche Wähler eher Signale zum Davonlaufen. Denn hinter dem wohlklingenden Titel der „Selbstversöhnung" verbirgt sich die scheibchenweise Revision von Schröder und seiner Agenda. Und mit „Schulterschluss" ist die Wiederherstellung einer quasi privilegierten Partnerschaft zu den Gewerkschaften gemeint, für die Peer Steinbrück und andere Sozialdemokraten der Neuen Mitte keinen Grund mehr erkennen können – ein ungetrübtes Verhältnis der SPD zu den Gewerkschaften ist schon längst keine notwendige Bedingung mehr für Wahlerfolge.

Im Hamburger Bürgerschaftswahlkampf zu Beginn 2011 entstand zudem der Eindruck, als sei mit dem SPD-Spitzenkandidaten Olaf Scholz auch wieder der Koch-Kellner-Stil zurückgekehrt, die Grünen in Bündnissen an die Kandare zu nehmen. So disqualifizierte der frühere Erste Bürgermeister Henning Voscherau Beusts Juniorpartner im Wahlkampf als „unideologische Salon-Partei", die es aufgrund von „Fehlleistungen und Verfilzung" verdient hätten, in der Opposition zu landen. Insofern konnten die Hamburger Ökos von Glück sagen, dass ihnen eine zermürbende Neuauflage der alten rot-grünen Hackordnung an der Alster erspart geblieben ist.

Auch Sigmar Gabriel pflegt in das Hamburger Horn zu stoßen, wenn er prahlerisch verkündet, in einer rot-grünen Ehe werde die SPD „das strategische Zentrum" einnehmen. Sie müsse die ganze Gesellschaft im Blick haben und nicht nur einen Ausschnitt. Mit solchen Einschätzungen werden freilich Umfrageergebnisse auf den Kopf gestellt. Eher sind Befürchtungen angesagt, die SPD könne ganze Wählerschichten den Grünen überlassen und damit den Anspruch einbüßen, noch eine Volkspartei zu sein.

Auch wenn sich die Grünen in der Opposition wieder stärker über „soziale Wohltaten als über fiskalische Strenge" (Stephan Löwenstein/Majid Sattar) positionieren, spricht einiges gegen eine neuerliche Annäherung an die SPD. So hat der Hamburger Wahlsieg von Olaf Scholz deutlich gemacht, dass sich regierende Sozialdemokraten nur über eine knallharte Industriepolitik behaupten können, die quer steht zu den wirtschaftlichen Präferenzen der Öko-Partei.

Deshalb scheinen auch die jüngsten Versuche nicht ganz von dieser Welt, eine rot-grüne Partnerschaft als Projekt neu zu denken. Zunächst lud die gescheiterte hessische SPD-Spitzenkandidatin Andrea Ypsilanti zur Gründung eines „Instituts Solidarische Moderne" ein, das als rot-grün-rote Denkfabrik „gegen den Neoliberalismus" gedacht ist, aber bislang über Berichte zur Auftaktveranstaltung kaum hinauskam.

Im Frühjahr 2011 wurde dann bekannt, dass SPD-Generalsekretärin Andrea Nahles und die grüne Bundesgeschäftsführerin Steffi Lemke einen rot-grünen „Think Tank" auf den Weg bringen wollten. Diese Absicht stieß in den Reihen der selbstbewussten ökologischen Partei nicht gerade auf große Zustimmung. Gegen das sozialdemokratische Lagerdenken und die Einvernahme der Grünen als Blockpartei der Sozis baute Lemke vor, ein Bündnis zum Beispiel nur mit den Gewerkschaften wäre „eine alte, langweilige und hässliche rote Kiste".

Die Grünen wollen aus der altlinken Verliererspur herauskommen. Das setzt freilich eine Abkehr vom gewohnten Block- und Lagerdenken und einer Orientierung an irgendwelchen „strukturellen Mehrheiten" voraus, die in einem Fünf-Parteien-System ohnehin kaum zu haben sind. Noch bleibt es bei der Schnittmengenlogik, wie sie Sylvia Löhrmann in Nordrhein-Westfalen einmal formuliert hat: Schwarz-Grün sei – wie in Hamburg 2008 – nur dann eine Alternative, wenn es für Rot-Grün rechnerisch nicht reiche. Daniel Cohn-Bendit beurteilt die Bündnisse mit seinen Grünen wesentlich nüchterner. Am Beispiel der Kooperation seiner Partei mit der Union Petra Roths im Frankfurter Römer zieht er folgenden, für die SPD nicht gerade schmeichelhaften Vergleich: Von den „Roten" wirst Du duzend über den Tisch gezogen, während sich die „Schwarzen" siezend an Abmachungen halten.

8   Von Rot-Grün zu Grün-Rot

Am Sonntag, den 27. März 2011, sei „die Sozialdemokratie in den Grundfesten erschüttert" worden, kommentierte Majid Sattar in der Frankfurter Allgemeinen Zeitung (18. April 2011) die Zeitenwende in Baden-Württemberg. Die SPD war zwar trotz eines katastrophalen Resultats auf der Siegerseite gelandet, aber in der demütigenden Rolle des Juniorpartners der Grünen. Als schon über den „roten Kellner eines grünen Kochs" gespottet wurde, beeilte man sich deshalb, den grünen Sensationserfolg und Vorsprung vor der eigenen „Loser-Truppe" niedriger zu hängen. „Fukushima wird es nicht alle fünf Jahre geben", tröstete man sich, der grüne Erfolg sei bloß „situativ". Ministerpräsident Kretschmann würde seine Rolle sicher als „Primus inter Pares" verstehen, baute der SPD-Fraktionsgeschäftsführer im Deutschen Bundestag, Thomas Oppermann, rasch vor. „Auf Augenhöhe" geriet zu der am meisten gebrauchten Floskel bei der Beschreibung des künftigen Verhältnisses von Rot und Grün bzw. Grün und Rot. Der Kampf um die Vorherrschaft im oppositionellen Lager wurde mit einem Mal in „eine freundschaftliche Konkurrenz" umgedeutet.

Grünen-Parteichefin Claudia Roth sah mit dem Triumph von Stuttgart ein dauerhaft verändertes Verhältnis zum geschwächten roten Wunschpartner: „Die SPD wird uns als eigenständige Kraft wahrnehmen, die eben auch einmal vorne liegt." Dagegen konnte sich SPD-Chef Sigmar Gabriel auf der ersten Pressekonferenz nach dem Wechsel im CDU-Stammland den Seitenhieb auf die stärkeren Grünen nicht verkneifen: „Der gesellschaftliche Zusammenhalt, den wir wollen, ist größer, als Teile des Prenzlauer Berges sich vorstellen können." Damit spielte er auf jene Berliner Region an, in der jungdynamische Menschen mit grünen Vorlieben leben. Hier war sie wieder, die falsche Unterscheidung: „Wir Sozis kümmern uns um das reale Leben und die Grünen um die Vorlieben im gehobenen Mittelstandsmilieu." Mit jener Gegenüberstellung hatte schon der frühere Vordenker und Bundesgeschäftsführer, Peter Glotz, Mitte der 1980er Jahre die Lacher auf seine Seite gebracht: „Ich stelle mir den deutschen Kapitalismus vor, sozusagen aus dem Fenster gelehnt und genüsslich zuschauend, wie die Sozialdemokraten sich in kriegsentscheidenden Fragen eine Mehrheit suchen müssen, und die Grünen veranstalten einen Parteitag mit 1000 Delegierten und 300 Kindern und Hunden."

Gleichzeitig mit dem Erdrutsch im Ländle kam in Rheinland-Pfalz zum ersten Mal eine rot-grüne Koalition zustande, nachdem dem eher sozialliberal geneigten Ministerpräsidenten Kurt Beck die absolute Mehrheit und die Liberalen im Landtag abhandengekommen waren. Doch eine Wunschehe kam nicht heraus, eher eine nicht ganz problemfreie Liaison, belastet durch einen Kuhhandel bei infrastrukturellen Großprojekten. Aber auch die rot-grünen Koalitionen in Nordrhein-Westfalen wie auch das 2011 in Bremen bestätigte Regierungsbündnis laufen nicht nach dem Muster früherer Jahre. In beiden Ländern seien regierungsunerfahrene Grünen-Politiker Minister geworden, die die Aktivposten in ihren Kabinetten bildeten, wie Joachim Wille nach der Bürgerschaftswahl in Bremen schrieb: „Beobachter meinen, de facto regiere dort nicht Rot-Grün, sondern Grün-Rot." (Frankfurter Rundschau, 25. Mai 2011).

Als die Grünen im Mai 2011 in Bremen satte 22,7 Prozent erzielten und dabei mit der CDU eine weitere Volkspartei bei einer Landtagswahl hinter sich ließen, sahen die hanseatischen Sozialdemokraten etwas kurzsichtig eine wiederhergestellte rot-grüne Normalität auf dem Plan. Beobachter vor Ort prophezeien aber schon jetzt für 2015 offene Verhältnisse. Denn mit der enormen Stärkung der Öko-Partei unter Finanzsenatorin Karoline Linnert sei eine vorgegebene Fortsetzungsautomatik für Rot-Grün nicht mehr gegeben.

Die Verhältnisse haben sich radikal gewandelt, grüne Werthaltungen sind mehrheitsfähig geworden. Immerhin gibt es zwei sozialdemokratische Vordenker, die schonungslos ihrer Partei die Gründe für diese Entwicklung vor Augen führen. Für Gerd Mielke, einem SPD-Berater aus der Mainzer Staatskanzlei, ist die Stagnation seiner Partei vor allem in der strategischen Dimension zu suchen: „Sie hat […] die traditionelle Führungsrolle und damit auch die Mobilisierungsfähigkeit auf der zentralen Konfliktdimension der deutschen Politik zwischen Wohlfahrtsstaatlichkeit und Marktorientierung verloren […]. Auch auf der zweiten, eher kulturellen Konfliktachse, die sich zwischen libertärer, teilhabe- und umweltorientierter Politik einerseits und autoritärer und an alten Gesellschaftstraditionen ausgerichteter Politik andererseits aufspannt, übt die SPD keine Meinungsführerschaft aus. Die Führungsrolle liegt hier bei den Grünen."

Was früher die soziale Frage war, sei heute die ökologische Frage, zitiert ein anderer SPD-Vordenker, Tobias Dürr, im Netzwerkerblatt „Berliner Republik" zustimmend Joachim Radkau und Warnfried Dettling. Wichtigster Grund hierfür sei der weltweit steigende Bedarf an Lebensmitteln und der Verbrauch endlicher Ressourcen: „Nur mit ebenso klug entwickelter wie angewandter Industrie und Technologie werden wir in unserem Jahrhundert über die Runden kommen. […] Für die SPD muss das zum zentralen Thema werden." Dennoch, soviel stehe heute schon fest, warnt Dürr seine Parteifreunde vor falschen Hoffnungen: „Die alte Konstellation mit ihren gewohnten Koordinaten und Narrativen kommt nie wieder."

Rezzo Schlauch

Wer zu spät kommt, den bestraft der Wähler
Zum Verhältnis von Schwarz und Grün in Baden-Württemberg

Es war im April 1992, als die Delegation der Grünen die sanften Kurven der Auffahrt zur Villa Reitzenstein hinaufsteigt. Unter ihnen sind Fritz Kuhn, Rezzo Schlauch und Reinhard Bütikofer, die harte Realo-Fraktion der Grünen. Bütikofer hat einen Rucksack auf seinen Schultern, darin die Inhalte der Grünen Verhandlungsgruppe. Am Eingang der Villa Reitzenstein, dem Staatsministerium des Landes Baden-Württemberg, nimmt sie Erwin Teufel in Empfang. Gemeinsam geht man in den ersten Stock, an einem langen Tisch sitzen sich die Delegationen von Grünen und Vertretern der CDU gegenüber. Es war bundesweit das erste und somit historische Treffen zwischen den beiden Parteien, um eine gemeinsame Regierungskoalition zu sondieren. Vorrausgegangen war die Landtagswahl am 5. April 1992. Die CDU hatte aufgrund der damaligen Asyldebatte fast zehn Prozent verloren und kam nur auf 39,6 Prozent, die SPD erzielte 29,4 Prozent, die FDP 5,9 Prozent. Die Grünen steigerten sich auf 9,5 Prozent. Die rechtsradikalen Republikaner kamen bei dieser Wahl auf 10,9 Prozent und waren damit die drittstärkste Partei. In den demokratischen Parteien herrschte Einigkeit darüber, dass die Republikaner nicht an einer Regierungsbildung beteiligt werden sollten.

Somit stellte sich die Frage: Große Koalition oder Schwarz-Grün? Dies galt es nun auszuloten. Die Aufmerksamkeit war groß. Der damalige Fraktionsvorsitzende der CDU/CSU-Bundestagsfraktion, Wolfgang Schäuble, hatte der Baden-Württemberg-CDU die Vorgabe gemacht, vor den Verhandlungen mit der SPD zunächst Sondierungsgespräche mit den Grünen zu führen. Sein grünes Licht für die Sondierung zeigt den Stellenwert, der den Gesprächen innerhalb der Union zukam. Denn Wolfgang Schäuble agierte als damaliger Intimus des Parteivorsitzenden Helmut Kohl mit Sicherheit nicht ohne dessen Zustimmung. Anders sah es dagegen in der grünen Parteispitze aus. Der Bundesvorstand ritt in voller Stärke in eine gemeinsame Fraktions- und Landesvorstandssitzung nach Stuttgart ein, um die Parteifreunde „auf Linie" zu bringen. Der Sprecher des Bundesvorstandes, Ludger Volmer, nannte gegenüber der Tageszeitung („taz") die Gespräche einen „schwarz-grünen Sündenfall". Doch die Grünen im Südwesten ließen sich davon nicht beeindrucken. Die realpolitischen Südwestgrünen tickten anders als die Parteifreunde im Bund.

Die erste Verhandlungsrunde war sehr ausführlich, erinnern sich die Beteiligten. Es geht um Infrastruktur, Erwin Teufel will den vierspurigen Ausbau der B 31 (Freiburg-Konstanz), die Grünen wollen dagegen ein Moratorium beim Straßenbau. Außerdem fordern sie den „Einstieg in den Ausstieg" bei der Atomkraft, die Abschaltung des Atomkraftwerks in Obrigheim, den Ausbau von Kinderbetreuungseinrichtungen und eine humane Asylpolitik. Mit kategorischen Forderungen waren die Grünen in die Verhandlungen gegangen, intern gab es jedoch für jeden Punkt der Forderungen Kompromissbereitschaft. Dass es eine Grundlage für eine Einigung gab, zeigt auch das Zustandekommen eines zweiten Gesprächstermins nur wenige Tage nach dem ersten Treffen.

1   Aufbruch zu neuen Ufern?

Nach den Sondierungsgesprächen veranstalte der Südwestrundfunk eine Podiumsdiskussion in den Räumen der Landesgirokasse in Stuttgart. Der Moderator, der Journalist Martin Born, ließ damals in Wetten-Dass-Manier das bürgerlich-schwäbische Honoratiorenpublikum per Beifall über die zwei möglichen Regierungskoalitionen abstimmen: Für Schwarz-Grün gab es raumfüllenden Beifall, für Schwarz-Rot dagegen große Zurückhaltung, fast keine Hand rührte sich. In Stuttgart und im ganzen Land wurde heftig über Schwarz-Grün diskutiert. Das, was vorher nicht denkbar war, schien auf einmal möglich. Die Zeitungen schrieben vom „sensationellen Flirt" (Frankfurter Rundschau vom 24. April 1992), die Südwestpresse davon, dass das bisher Undenkbare nun zu denken gewagt worden sei (16. April 1992).

Doch Erwin Teufel, für den das Ganze ein Ausflug zu fremden Terrain war, wollte die Verhandlungen so schnell wie möglich beenden, um diesen Diskussionen ihre Grundlage zu entziehen. Sowohl CDU als auch Grüne hatten nach der Wahl Bürgertelefone geschaltet. Dort konnten Bürger anrufen und sagen, welchen Koalitionspartner sie wollten. Bei der CDU war die Mehrheit der Anrufer gegen ein schwarz-grünes Zusammengehen, bei den Grünen hielten sich Ablehnung und Zustimmung die Waage. Wobei ersteres nicht verwunderlich war, waren die Grünen doch lange in den Parteidebatten nicht nur als Gegner der Christlich-Konservativen, sondern bis hin zu Verfassungsfeinden (so ein „Rechtsgutachten" des späteren Justizministers Rupert Scholz) adressiert und diskreditiert worden. Im Parlament dagegen war das Verhältnis der beiden Parteien schon immer konstruktiv und nicht ideologisch vorbelastet. Es gab Einzelne innerhalb der Verhandlungskommission der CDU, die ihre Sympathie für die Grünen spüren ließen, denen aber auch klar war, das es mit Teufel nicht geht. Für Erwin Teufel gab es zu den Grünen eine unüberbrückbare kulturelle Distanz. Wäre damals Lothar Späth an Teufels Position gewesen, wäre seitens der CDU mit Sicherheit mehr gewagt worden.

Die Ablehnung in den Gesprächen verlief entlang der Person Erwin Teufel, aber auch Gerhard Mayer-Vorfelder, Dietmar Schlee und der Stuttgarter Manfred Rommel stellten sich gegen ein entsprechendes Bündnis. In typischer Teufel-Manier wurden die Gespräche beendet. Die Presseöffentlichkeit war klein, die Beteiligten gaben ein Statement ab. Die Idee eines schwarz-grünen Projektes wurde nicht weiter befeuert.

2   Tradition der Annäherung

Baden-Württemberg, die Grünen und die CDU – diese Kombination war schon immer besonders. Vom einstigen Feindbild der CDU, zu Beginn der 1980er Jahre etwa durch CDU-Politiker wie Manfred Rommel befördert, der zu anfangs gar nicht die ihm gern zugeordnete „liberale" Rolle spielte, wuchs kontinuierlich und mit immer größerer Selbstverständlichkeit eine Annäherung. Die Gründe für diese Annäherung sind vielfältig. Zum einen sind die Grünen im Südwesten traditionell unideologisch ausgerichtet. Inhaltlich kennzeichnet sie ein politischer Liberalismus, was auch dazu führte, dass sie sehr schnell die in Baden-Württemberg traditionell stärke FDP auf den vierten Platz im Parlament verwiesen. Durch die dominante Partei CDU fiel bei den damaligen Kräfteverhältnissen in Baden-Württemberg außerdem die SPD schon allein rechnerisch als Partner für eine Regierungsbildung weg. So kam es, wie schon geschildert, unter Teufel und im Jahr 2006 erneut, dann mit Günther Oettinger, zu Sondierungsgesprächen.

Und auch bei der CDU setzte im Laufe der Zeit die Erkenntnis ein, dass die Grünen ein möglicher Koalitionspartner sein könnten. So diskutierte das CDU-Präsidium in Baden-Württemberg in einer Sitzung über das gute Abschneiden der Grünen bei Landtagswahlen. Die meisten Präsidiumsmitglieder konnten sich dies nicht erklären. Von CDU-Politiker Manfred Rommel ist die Antwort überliefert: „Schaut mal in eure Familien. Dort werdet ihr immer mindestens Eine oder Einen finden, der auch Grün wählt." Rommel hatte erkannt, dass die Grünen längst in der Mitte der Gesellschaft angekommen waren. Und auch innerhalb der Grünen-Partei vollzog sich seit den 1980er Jahren die Orientierung in Richtung der Union. Im Jahr 1984 sagte der damals gerade in den Landtag gewählte Abgeordnete Rezzo Schlauch in einem Interview: „Die Grünen müssen auch schwarze Kröten schlucken." Seine Partei, so die Forderung, dürfe sich nicht auf die SPD als einzigem Koalitionspartner fixieren, das verderbe die Preise. Da die Grünen im Südwesten immer auch regierungsorientiert waren, schien dies der einzig gangbare Weg. Innerparteilich löste die Äußerung eine heftige Kontroverse aus.

Doch die Landespolitik unter den Ministerpräsidenten Lothar Späth, Erwin Teufel und später auch Günther Oettinger beherrschte die Tonart der Schwarz-Grünen Melodie recht gut. Eine Melodie, die im Land ständig präsent war und stetig mitschwang.

3   Respekt von Späth, Teufel und Oettinger – plötzliches Aus durch Mappus

Der Ministerpräsident Lothar Späth machte anfangs keinen Hehl daraus, dass er die Grünen lediglich für eine vorrübergehende Erscheinung hielt. Ein Monatsgehalt verwettete der Ministerpräsident darauf, dass die Grünen nach allenfalls zwei Legislaturperioden wieder von der politischen Bühne verschwinden würden. Trotz dieser Einschätzung behandelte er die Grünen mit Respekt. Bei Diskussionen wie etwa zur Einführung des Katalysators oder des Wasserpfennigs sah Späth die Mitglieder der Grünen-Fraktion immer als die eigentlichen Gesprächspartner der Opposition im Parlament. Auch der Nachfolger Späths, der konservative Erwin Teufel, pflegte einen offenen Umgang mit den Grünen. Auch wenn sein Verhältnis zu ihnen sperriger war als das von Späth, ließ er den Gesprächsfaden nie abreißen. Die Kommunikation wurde immer aufrechterhalten, kulturelle Gepflogenheiten über das normale Maß hinaus zu den Grünen gepflegt. Dies zeigte sich etwa in einer besonderen Geste des Regierungschefs, als dieser als Gastredner bei einem Parteitag der Grünen präsent war. Ministerpräsident Günther Oettinger wurde lange als die Person gehandelt, die ein Schwarz-Grünes Bündnis hätte umsetzen können. Mit dem Grünen Fraktionsvorsitzenden Winfried Kretschmann pflegte er während seiner Amtszeit einen regen Austausch. Aus seinen Sympathien für Schwarz-Grün machte er keinen Hehl.

Eine Wende in dieser politischen Dramaturgie setzte erst mit dem damaligen Fraktionsvorsitzenden Stefan Mappus ein. Günther Oettinger führte nach der Landtagswahl, die er mit 44 Prozent überzeugend gewonnen hatte, 2006 Sondierungsgespräche mit Winfried Kretschmann. Es gab, wie auch 1992, eine zweite Gesprächsrunde, dieses Mal im ersten Stock des Landtagsgebäudes. Bei Grünem und Schwarzem Tee wird klar: Inhaltlich wird ernst und sachlich diskutiert, die

Frage, ob die Grünen der bessere Koalitionspartner sind, ist ernsthaft im Raum. In einer gemeinsamen Pressekonferenz wollten Oettinger und Kretschmann bekannt geben, dass es bei dieser Regierungsbildung nicht zu einer Koalition kommen werde, dass aber die Möglichkeit für spätere Zeiten nicht ausgeschlossen sei. Doch die Überlegungen um eine gemeinsame Regierung werden von Mappus jäh beendet: Einen Tag vor einer gemeinsamen Pressekonferenz, in der die Ergebnisse der Sondierung von Oettinger und Kretschmann gemeinsam präsentiert werden sollten, sprach Mappus in einem Interview davon, dass an ein schwarz-grünes Bündnis „kein Drandenken" sei.

Und auch Volker Kauder, Fraktionsvorsitzender der Bundestagsfraktion, gibt intern die Losung aus, dass es für die Union nur die Alternative Schwarz-Gelb gebe. Wenn dies nicht funktioniere, sehe er eine Große Koalition als Alternative an, da in der Großen Koalition die CDU bisher immer als Gewinner hervorgegangen sei. Die Pressekonferenz fand nicht mehr statt, die Pläne eines schwarz-grünen Bündnisses waren endgültig torpediert.

4   Mappus singt ein anderes Lied

Wie Mappus in der darauf folgenden Zeit, vor allem später als Ministerpräsident agiert, ist nichts weniger als ein harter Bruch der über 30 Jahre praktizierten und gepflegten politischen Kultur – Mappus sucht weder die weitere Annäherung noch den Dialog. Die Melodie von Schwarz-Grün beherrscht er nicht, mit einer Handbewegung wischt er weg, was seine Vorgänger in Jahrzehnten aufbauten. Mappus sieht die Grünen nicht als Alternative zum Koalitionspartner FDP, er tickt anders. Er sucht die klare Abgrenzung. Sein Politikstil ist ein anderer, es geht nicht um Dialog oder gar Konsens, sondern um Konfrontation. Und auch inhaltlich möchte er sich und die CDU nicht in die Nähe der Grünen rücken. So attackiert er in ungewöhnlich scharfer Form seinen eigenen Parteifreund, den Umweltminister Norbert Röttgen, als sich dieser gegen die Laufzeitverlängerung ausspricht.

Und nicht nur Mappus reißt damit im eigenen Land die Gräben auf, er zwingt auch Bundeskanzlerin Angela Merkel, die sich davor nie explizit gegen die Grünen gewandt hatte, eine Haltung gegen diese einzunehmen. Nur so kann sie die Strategie des wahlkämpfenden Mappus stützen. Im „Herbst der Entscheidungen", wie er von Angela Merkel in der Generaldebatte zum Bundeshaushalt 2011 ausgerufen wurde, schloss sich die Tür zu den Grünen. Dort erklärte sie die Landtagswahl zur Abstimmung über das Projekt „Stuttgart 21". Das war der Auftakt zur scharfen Abgrenzung zu den Grünen. Den Höhepunkt fand dies beim Bundesparteitag im November 2010 in Karlsruhe. Die Grünen seien doch nur Berufsprotestierer, findet Merkel, eine Jamaika-Koalition oder eine schwarz-grüne Koalition seien daher „Hirngespinste". Der Kampf gegen die „Dagegen-Partei" wurde vorher von Mappus eröffnet und kam auch in der Parteispitze an.

Zu diesem Zeitpunkt war klar, dass die schwarz-grüne Option, die in Baden-Württemberg so lange als ein gangbarer Weg schien, weiter entfernter war denn je. Der Konfrontationskurs brachte Mappus, Merkel und der CDU jedoch nicht den gewünschten Wahlsieg, sondern den Verlust der Landesregierung. Mit dem zweitschlechtesten Ergebnis ihrer Geschichte in Baden-Württemberg wird die CDU nach 58 Jahren an der Macht auf die Oppositionsbank verwiesen. Rot-Grün, welches in Baden-Württemberg nie ein realistisches Szenario gewesen war, zog in Form von Grün-Rot an der CDU vorbei.

Woran liegt das? Neben aktuellen Themen dürfte es vor allem das sich ändernde Wählerspektrum sein, welches die Grünen nach vorne gebracht hat. Einst als Nischenpartei gestartet, sind die Grünen, insbesondere in Baden-Württemberg, für viele Menschen zumindest eine wählbare Option. Die Partei ist sehr mobilisierungsfähig, sie ist im vorpolitischen Raum präsent, glaubwürdig und in den Kommunen breit verankert. So stellen sie in der Landeshauptstadt Stuttgart, die bis dato immer eine strukturell konservative Mehrheit hatte, seit den Kommunalwahlen 2010 die stärkste Fraktion.

5   Aus für lange Zeit

Inhaltlich galt die Energiepolitik der Union lange Zeit als ein großes Hindernis für eine Zusammenarbeit mit den Grünen. Noch während des Landtagswahl-kampfes in Baden-Württemberg änderte die Union ihren Kurs. Statt Laufzeitver-längerung wurde der schnelle Ausstieg zum Ziel konservativer Politik. Damit sollte dieses Streitthema ausgeräumt sein. Steigen die Chancen für Schwarz-Grün auf diese Weise? Trotz dieser inhaltlichen Glättung: Die rhetorische Abgrenzung der CDU von den Grünen ist stärker als je zuvor. Die konservativen Teile der Union, die sonst Richtung Grün zurückhaltend aufgetreten sind, schlagen mittlerweile harsche Töne an. Die Union ist inhaltlich zerrissen. Modernisierer treten gegen Traditionalisten an. Und letztere sehen eine Anti-Grünen Haltung als Schärfung des eigenen Profils. Dazu kommt, dass die Union zu sehr mit sich selbst beschäftigt ist, als dass sie die Möglichkeit hätte, sich ernsthaft um eine schwarz-grüne Perspektive kümmern zu können.

Sollte es bei der Bundestagswahl 2013 für ein gutes Ergebnis der Sozialde-mokraten reichen, und mit Peer Steinbrück als Kanzlerkandidat gibt es dafür gute Chancen, dann ist ein Bündnis zwischen SPD und Grünen die erste Option. Alle Spekulationen über Schwarz-Grün oder ein anderes Bündnis unter Beteiligung der Grünen sind damit weiter entfernt denn je. Die schwarz-grüne Melodie ist eben kein Evergreen, auch nicht in Baden-Württemberg.

Reinhard Mohr

Schwarz-grün ist die Haselnuss
Von denen, die auszogen, die Welt zu retten

Am Anfang war die SPD. Unsere Plage, unser Hauptfeind. Mitte der 70er Jahre des nun schon ziemlich vergangenen zwanzigsten Jahrhunderts verkörperte Bundeskanzler Helmut Schmidt eine Sozialdemokratie, mit der wir absolut nichts zu tun haben wollten. Mehr noch: Wir bekämpften sie aktiv, wo es nur ging. Wir, vergleichsweise undogmatische, aber radikale Linke der Frankfurter Sponti-Szene, sahen in den aktuellen Nachfolgern von Ferdinand Lassalle und August Bebel vor allem Technokraten der Macht, die das herrschende kapitalistische System allenfalls ein bisschen sozialverträglicher gestalten wollten, um etwa aufkommende Ansätze des Klassenkampfes, gar eines revolutionären Widerstands, im Keim zu ersticken. Sozialdemokraten waren also so etwas wie Integrationsbeauftragte des Kapitals, je nach Schärfe der Diktion „Büttel" oder „Helfershelfer" der Großkonzerne und Kapitaleigner. Klar, dass der Staatsapparat nichts als die Interessen dieser kapitalistischen Verwertungslogik vertrat.

Man muss heute, 35 Jahre später, an diese ideologisch-politische Konstellation erinnern, aus der letztlich die Partei „Die Grünen" hervorging, um zu ermessen, wie tief damals erst der Graben zwischen Grün und Schwarz, den einstigen Rebellen und der deutschen Christdemokratie, gewesen war. Frei heraus gesagt: Die CDU haben wir *nicht einmal ignoriert*. War die SPD zumindest als politischer Gegner oder Feind satisfaktionsfähig, so galt die CDU als Hort spießigreaktionärer Leute von vorgestern, mit denen man sich nicht näher beschäftigen musste, denn der Sturm der Geschichte würde sowieso alsbald über sie hinwegfegen. CDU, das waren Oma und Opa aus dem Krieg, Strauß, Kiesinger und Kohl mit Hornbrille, eine Mischung aus Alt-Nazis und autoritären Provinzfiguren mit dem Mief der 50er Jahre, uncool bis auf die morschen Knochen, verbrüdert mit oberschlesischen Vertriebenenfunktionären im Trachtenjankerl, feist und mit akkurat gezogenem Seitenscheitel: Deutschland peinlich Vaterland.

Wer die Galionsfiguren der heutigen Grünen in den politischen Talkshows sieht, könnte allzu leicht vergessen, aus welchem Milieu sie kommen. Dabei ist klar: Sie entstammen eben jener radikalen post-68er „Neuen Linken", die sich zwischen 1978 und 1980 zu einem großen Teil entschlossen hat, den Paradigmenwechsel von der Klassenfrage zur Gattungsfrage zu vollziehen, kurz: von Rot auf Grün zu schalten. Doch auch im Grün war lange Zeit noch sehr viel Rot. Die Rhetorik der „Basisdemokratie" und des „außerparlamentarischen Widerstands" war zwar nicht mehr explizit revolutionär und umstürzlerisch, aber immer noch galt das Gewaltmonopol des bürgerlichen Rechtsstaats als durchaus angreifbar – nicht nur theoretisch, sondern auch praktisch. „Militanz" war „vor Ort" immer noch angesagt oder wenigstens chic, und die Geste des ganz Anderen, Utopischen und Visionären beherrschte die grüne Kultur, dies- und jenseits der turbulenten Delegiertenversammlungen, über viele Jahre. Zugleich mischte sich immer wieder auch Skurriles in die großen Zukunftsentwürfe – vom fleißig strickenden Mann des selbstbestimmten Pullover-Fortschritts bis zur Debatte über Cannabisfreigabe und Kindersexualität. Kleine Pressure-Groups – berühmt-berüchtigt: die „Indianerkommune" aus Nürnberg – konnten ganze Versammlungen sprengen, und die Debatten über abseitige Anträge der „Basis" dauerten viele Stunden. Dabei haben die Grünen die deutsche Tradition der Geschäftsordnungsdebatte zu neuer Blüte gebracht, und selbst die „Fundis" um Jutta Ditfurth und Thomas Ebermann brillierten mit Filibustern, Finten und Fallen aller Art.

In der Unerbittlichkeit von Geschäftsordnungsantrag, Rotationszwang und Rednerliste ließen sich die „Alternativen" von keiner bürgerlichen Partei übertreffen. Selbst ein gewisser Trend zu alternativer Spießigkeit war unverkennbar, und wieder einmal zeigte sich, dass sich das Gute in Deutschland am Ende doch immer in ziemlich geordneten Bahnen durchsetzt. So chaotisch die Grünen begannen, so unberechenbar ihre Parteitage verliefen (die natürlich nicht so heißen durften), so zuverlässig und kalkulierbar präsentieren sie sich heute. Spätestens seit dem Auszug der Fundi-Gruppe um Jutta Ditfurth 1991 und trotz aller verbissenen Kämpfe um Grundorientierungen wie den Pazifismus und die endgültige Anerkennung der parlamentarisch-rechtsstaatlichen Prinzipien ist die Ökopartei der Vollbartzausel- und Lilalatzhosen-Phase entwachsen. Wer erinnert sich schon noch an das famose Modell der „Ökologischen Kreislaufwirtschaft", mit dem eine Ökonomie ohne materielles Wachstum konzipiert wurde, die sich gleichsam selbst genügt, ressourcen- und bedürfnisneutral. Eine Art perpetuum mobile im geschlossenen Gesellschaftsraum. Mit der Globalisierung geriet diese vermeintliche Alternative zur kapitalistischen Marktwirtschaft endgültig in Vergessenheit, und tatsächlich war sie einer der letzten Versuche, so etwas wie eine systematische Alternative zum weltweiten Kapitalismus zu formulieren, eine fürsorgliche Abschottung vor den vermeintlich zerstörerischen Kräften des Weltmarkts.

Im Laufe der 90er Jahre – zwischen 1990 und 1994 waren die Grünen gar nicht im Bundestag vertreten – setzte sich trotz eines weiter existierenden Verbalradikalismus jener stillschweigende Prozess fort, an dessen Ende die pragmatische Versöhnung der einstigen Systemgegner mit Marktwirtschaft und Kapitalismus stand. Ausgesprochen wurde dieser Tatbestand nicht wirklich, und immer noch reden die Spitzenleute der Grüne ungern über wirtschaftsfreundliche Reformen wie die „Agenda 2010" inklusive Hartz IV, an denen sie im rot-grünen Bund mit der SPD unter Kanzler Schröder aktiv mitgewirkt haben.

Bis heute haben es explizit marktwirtschaftlich argumentierende Mitglieder der Grünen nicht leicht. So sehr die Verbürgerlichung der einstigen Anti-Parteien-Partei bereits fortgeschritten ist – mit der unzweideutigen Affirmation des real existierenden Kapitalismus tut man sich immer noch schwer. Und dies, obwohl der grüne Reformismus genügend plausible Gründe, Motive und Aktivitäten vorweisen kann, ihn zu zähmen, also vor allem, ihn sozial- und umweltverträglicher zu gestalten.

Doch die Realität der Grünen besteht eben nicht nur in ihrer Programmatik und Rhetorik, sondern vor allem in ihrer alltäglichen Praxis. Und dort wirkt der Urstrom aller Verbürgerlichungstendenzen: Qualifizierte Berufstätigkeit in der globalisierten Welt, regelmäßige Begegnungen mit Zeitgenossen, die aus ganz anderen Welten kommen und ein Familienleben, das jede Menge Konfrontation mit der komplizierten Wirklichkeit bereithält. Sukzessive, Stück für Stück haben sich so die alten grünen Utopien vom radikalen Wandel abgeschliffen. Längst herrscht im grünen Milieu eine Mischung aus alltagstauglichem Pragmatismus, metaphysischen Hoffnungsresten und jener ökologisch durchhauchten Lebenswelt, in der sich Networking auf Latte Macchiato reimt und Feldenkrais auf Fuerteventura.

Warb einst die CSU mit dem Slogan „Laptpop und Lederhose", so lautet das Motto der großstädtischen Grünen-Milieus heute: „ipad und Bio-Ei". Schon spotten Beobachter über ein neues Spießertum, ein „Bionade-Bürgertum", das sich in der Öko-Nische eingerichtet hat und die Welt vor allem unter einem Gesichtspunkt betrachtet – ob sie denn das eigene Gewissen allzu sehr belastet. Nicht mehr Rebellion steht im Vordergrund, sondern Satisfaktion, die geistig-moralische Versöhnung mit den Zuständen, für die man sich einen intelligenten und möglichst schmerzfreien Modus Vivendi geschaffen hat: Kritisch, aber gemütlich. *Pro bono contra malum.* Immer dabei, aber niemals ganz drin. Es wird gebohrt, aber es tut nicht richtig weh. Weiches Wasser bricht den Stein. Die inneren Widersprüche dieses neuen „juste milieu", besonders aktuell nach dem Wahltriumph der Grünen in Baden-Württemberg, hat Johan Schloemann in der „Süddeutschen Zeitung" präzise formuliert:

> „Der global verbreitete urbane Lebensstil ist durch die Ökologie insgesamt in Frage gestellt: Mobilität durch Bildung, Pendelverkehr und Flugreisen, kapitalistische Produktvielfalt, Ästhetik des Konsums, Partizipation durch Wohlstand, leuchtende Städte, Massenmedien, der riesige Stromverbrauch des Internets, beheizte Wohnungen und warme Duschen – all das steht auf dem Spiel oder müsste massiv eingeschränkt werden, wenn die Gesellschaft tatsächlich radikal auf Nachhaltigkeit umgestellt würde. All jene, die das ein bisschen erkannt haben und zugleich aber den westlichen, modernen Lebensstil im Ganzen nicht so gerne aufgeben wollen, wählen Grün. Denn das gute ökologische Leben erfüllt gegenüber der Gesamtgesellschaft dieselbe Funktion wie die journalistischen Selbstversuche nach dem Muster ‚Ein halbes Jahr klimagerecht leben' oder die Aktionen, bei denen für eine Stunde das Licht ausgemacht wird – und dann wieder angestellt. Der unersättliche Kapitalismus, der unsere Lebensform garantiert, bildet den Hintergrund für das grüne Lebensgefühl der Mittelklassen; mit fundamentaler Umkehr hat das alles nichts zu tun. Man muss ja schließlich auch Geld verdienen. Deshalb wird auch gerne die Illusion genährt, aus derselben Wachstumsdynamik, die Ressourcen verbraucht, entstünden auch bald jene Erfindungen, die den Ressourcenverbrauch stoppen – und uns zugleich im Wesentlichen so weiterleben lassen wie bisher."

Auf diese Kritik angesprochen, antwortete der Patriarch immerwährender linksgrüner Utopien, Hans-Christian Ströbele, in derselben Zeitung: „Treiben wir es doch auf die Spitze: Es gibt Leute, die die großen Autos bauen, die wir nicht mehr wollen, weil sie umweltschädlich sind. Wollen wir denen wirklich übelnehmen, dass sie im Bioladen einkaufen, sich gegen Atomstrom entscheiden und den Müll sortieren? Wir sind doch alle in unserem Leben inkonsequent. Ich kaufe mir auch mal die Milch bei Edeka und nicht im Bioladen. Trotzdem tun wir etwas für die Umwelt und die Energiewende, weil wir meinen, dass sich die Gesellschaft in diese Richtung entwickeln muss."

Mag sein, dass gerade Sozialdemokraten an dieser Stelle nicht nur neidisch werden, sondern sogar wütend. Denn ihnen lasten die Wähler jene Widersprüche an, die sie den Grünen überwiegend durchgehen lassen. Schröders „Agenda 2010" hat die SPD regelrecht dezimiert, während die Grünen locker und fröhlich über die Niederungen der sozialen Realität hinweg zu schweben scheinen. Die jahrelangen Frontalangriffe der Linkspartei – „Hartz IV ist Armut per Gesetz!" – trafen praktisch nur die Sozialdemokraten, die als Verräter der sozialen Gerechtigkeit gebrandmarkt wurden. Auf den grünen Ratgeber „Anständig essen mit Hartz IV" wartet man dagegen bis heute.

Immer noch reimt sich das Echo auf die pathetische Frage „Wer hat uns verraten?" auf Sozialdemokraten – und nicht auf „Die Grünen". Die Ökopartei scheint geradezu quer zu jener traditionellen politischen Kampflinie zu agieren, die auch die politischen Talkshows dominiert hat. Für die hässlichen Überbleibsel des Klassenkampfes aus dem 20. Jahrhundert fühlen sie sich nicht zuständig. Lieber kümmern sie sich um die großen Zukunftsfragen: Klima, Ressourcen, Wasser, Naturschutz, Ernährung, Verkehr. Und um das möglichst rasche Ende der Atomenergie selbstverständlich, ihr Gründungsthema.

Als einzige Partei im Deutschen Bundestag verfügen die Grünen nicht nur über einen klar benennbaren Identitätskern, sondern auch über eine emotional aufgeladene Programmatik, die Vergangenheit, Gegenwart und Zukunft wie selbstverständlich verbindet. Während Sozial- und Christdemokraten an den Zerfallsprodukten ihres je historischen Erfolgs leiden – hier die Auflösung der alten Arbeiter- und Gewerkschaftsmilieus, dort die Auszehrung des katholisch geprägten konservativen Bürgertums –, profitieren die einstigen Rebellen von der Diffusion der ehedem geordneten Verhältnisse. Nicht nur die strukturelle Schwäche der „etablierten" Parteien kommt ihnen zupass, sondern auch die weiter wachsende Differenzierung, wenn man will: die Unübersichtlichkeit der gesellschaftlichen Verhältnisse insgesamt.

Paradoxerweise hilft den Grünen sogar jene überdrehte Stimmungsdemokratie, die von den Erregungsschüben und Hysterie-Attacken der digitalen Massenmedien maßgeblich beeinflusst wird. Sie sind beweglicher und weniger von überkommenen Traditionen beschwert als Konservative und Sozialdemokraten; gleichzeitig eignen sich ihre gleichsam „überparteilichen" Themen gut für die mediale Verstärkung in Zeiten einer immer weiter anwachsenden und sich beschleunigenden Informationsflut.

Angesichts der großen grünen Welle, die derzeit durchs Land schwappt, reibt sich manch einer die Augen, der sich noch an die alten Zeiten erinnert, als die Grünen über drei Prozent jubelten und dann gleich weiter über das „parlamentarische Bein" der außerparlamentarischen Protestbewegung diskutierten. Die Drei-Prozent-Partei ist nun die FDP und die SPD ist dabei, zum Juniorpartner degradiert zu werden. Ein grüner Kanzlerkandidat für die Bundestagswahlen 2013 ist kein Witz mehr, sondern eine denkbare Option. Angela Merkels CDU vollzieht unterdessen einen atemberaubenden Anti-Atomkraft-Schwenk, während selbst die FAZ sachte, aber unzweideutig den schwarz-grünen Weg in die Zukunft weist. Was einst als Tabu oder schwere politische Verirrung gegolten hatte, scheint nun als geradezu logische Konsequenz einer gesellschaftlichen

Entwicklung, in der sich die ehernen Gewissheiten der ideologischen Lager weitgehend aufgelöst haben.

Identität und Programmatik der beiden Volksparteien werden immer diffuser und austauschbarer. So stoßen die einst so kämpferischen Attacken der Grünen auf die etablierten Parteien in ein regelrechtes Vakuum. Auf die offensive Verteidigung urliberaler oder erzkonservativer Prinzipien ist kein Verlass mehr, wenn selbst Bannerträger eines heimattreuen und fortschrittsgläubigen schwäbischen Konservativismus wie Stefan Mappus im Handumdrehen Schwerter zu Pflugscharen schmieden und Windräder statt Atomkraftwerke versprechen. Die gute Nachricht dabei ist immerhin, dass solch skrupelloser Opportunismus am Ende doch bestraft wird.

Die schlechte Nachricht aber verheißt das Ende einer substantiellen politischen Auseinandersetzung. Wenn alles von jetzt auf gleich „verhandelbar" und umkehrbar ist, wenn auf *brandaktuell* frisierte Fernseh-Talkshows das konzentrierte Denken überholen und der Rhythmus von Tickermeldungen die politische Intelligenz formt, dann verlieren die Parteien ihre Funktion als Orte einer notwendigen gesellschaftlichen Debatte, Orte, an denen sich die komplizierte Selbstwahrnehmung des Gemeinwesens bildet, die Grundlage vernünftiger Entscheidungen.

Vor all diesen Tendenzen steht das ehemals linksgrüne Wähler-Ich der achtziger Jahre einigermaßen ratlos. Hatte man sich vor einigen Jahren noch mit Äußerungen über schwarz-grüne Koalitionen auf jeder besseren Party ins politisch (un)korrekte Abseits gestellt, so erregt man heute selbst mit grün-schwarzen Gedankenspielen kein Aufsehen mehr. Im Gegenteil: Ohne die Grünen gibt es, scheint's, gar keine politische Stabilität mehr in Zeiten, da selbst urbayerische CSU-Mitglieder zu Claudia Roth und Jürgen Trittin überlaufen. *Grün* wird zum Anker im Ozean der Opportunitäten und muss zugleich den Rollenwechsel vom ewigen Juniorpartner mit Hang zur Daueropposition zum bestimmenden Faktor erst verdauen.

Selbst erfahrene grüne Bundestagsabgeordnete fragen bang nach der großen gesellschaftlichen Verantwortung, die die Grünen jetzt übernehmen müssen, nicht nur metaphysisch, sondern ganz praktisch: Wer soll all die neuen Minister- und Staatssekretärsposten besetzen, zu schweigen von politischen Beamten, Abteilungsleitern, Landräten und stellvertretenden Bürgermeistern? So stehen den Grünen beinah alle Optionen offen, von Schwarz-Grün bis Grün-Rot, von Rot-Grün bis Grün-Schwarz, aber noch ist ihnen nicht klar, was das für sie selbst eigentlich bedeutet – vor allem für ihren bislang so stabilen „Identitätskern".

Motto: Erst wenn alle Atomkraftwerke abgeschaltet sind, werdet Ihr merken, dass Ihr Euch etwas Neues einfallen lassen müsst!

Sie haben es geschafft, das dicke Brett ist gebohrt: Die Grünen stehen in der Mitte der Gesellschaft und repräsentieren ihre Hoffnungen und Ängste geradezu idealtypisch. „Modell Deutschland" – Helmut Schmidts sozialdemokratische Wahlkampfparole von 1976 – könnte auch ihr Slogan sein. Mit uns zieht die neue Zeit.

Doch Achtung: Das Schicksal der Sozialdemokratie sollte ihnen eine Warnung sein. Die Rettung der Welt dauert länger, als man glaubt. Und sie kostet so viel Kraft, dass sogar „nachhaltige" Erfolge ihre eingebauten Verschleißerscheinungen entwickeln. Das „System" ist und bleibt unerbittlich.

Thomas Schmid

Wenn der Zenit überschritten ist

Schwarz-Grün wird kommen – aber nicht spannend werden, wie mancher glaubte

Alles drängt auf Schwarz-Grün zu. So jedenfalls sieht es vordergründig aus, seit sich die Grünen auf einem lang anhaltenden Höhenflug befinden und zum ersten Mal in der Geschichte der Bundesrepublik einen Ministerpräsidenten stellen. Die Themen der Grünen, der Atomausstieg vorweg, scheinen die Agenda zu bestimmen, zumindest haben sie alles Exotische und Revoluzzerhafte verloren, das ihnen einmal anhing. Die Grünen und ihr Programm sind, wie es so schön wie nebulös heißt, in der Mitte der Gesellschaft angekommen. Während die Grünen vor Kraft strotzen, kann man das von der Union, deren beide Parteien immerhin noch annäherungsweise Volksparteien sind, nicht sagen. Unter der Führung von Angela Merkel hat die CDU in den vergangenen Jahren viel getan, um das alte, erkennbare Profil der Partei abzuschleifen und fast vergessen zu machen. Die einen deuten das als Schwäche: Die CDU räume unter dem Druck des Zeitgeistes altbewährte Positionen, verrate die christlich-demokratische Seele und passe sich einem modernistischen Mainstream an. Die anderen deuten es als Stärke, wenigstens aber als eine sinnvolle, wenn nicht gar unumgängliche Antwort auf eine gründlich veränderte Gesellschaft, die mit der der 1950er und 1960er Jahre nicht mehr viel zu tun hat. Warum sollte eine derart runderneuerte Union nicht mit den Grünen zusammengehen, die einst zwar fast als Staatsfeinde begonnen hatten, sich nun aber als grün-bürgerliche Bastion der Staatsräson sehen?

Über Schwarz-Grün wird schon lange gemunkelt, wenn auch nur in theoriegeschwärzten Hinterzimmern. Schwarz-Grün gilt lange schon als sexy, zumindest spannend, aber auch frivol. Deswegen gab es – abgesehen von dem heutigen baden-württembergischen Ministerpräsidenten Winfried Kretschmann, der nun ironischerweise einer grün-roten Landesregierung vorsitzt – so gut wie niemanden, der offen für Schwarz-Grün eintrat. Bei den Grünen galt die Kombination nicht als exotisch, sondern als unmöglich – bis vor gar nicht so langer Zeit hat sich in der linken Öko-Partei die unsinnige, seit den frühen Tagen der Bundesrepublik gegenstandslose These gehalten, bei der CDU handele es sich um eine „rechte", reaktionäre, revanchistische und antisoziale Partei; von dieser geistigen Traditionspflege, die gut an den jahrzehntelang vorherrschenden intellektuellen Diskurs des Landes anknüpft, wollte man sich dann doch nicht verabschieden. Und umgekehrt hat man in der Union, besonders in der CSU, geradezu liebevoll das Bild von den angeblichen revoluzzernden Grünen gepflegt, die außen grün, innen aber rot oder gar tiefrot seien und prinzipiell nicht zu einer Partei passten, die Familie, Kirche, Ordnung und das Herkömmliche hoch hält. Jeder interessierte Beobachter konnte bei genauem Hinsehen natürlich erkennen, dass diese leidenschaftlich, zumindest hartnäckig gepflegte Gegnerschaft mit der Wirklichkeit nicht allzu viel zu tun hatte. Aber in einer Zeit, in der Distinktion immer wichtiger und zugleich immer schwerer wird, waren die Hauptakteure beider Parteien über zwei Jahrzehnte hinweg nicht bereit und sind es teilweise heute noch nicht, auf die schöne Feind-Folklore zu verzichten.

Das führte dazu, dass Schwarz-Grün nie das war, was es hätte sein können: ein Projekt. Während schon spätestens Mitte der 1980er Jahre, also ein Jahrfünft nach Gründung der Grünen, nicht nur in Hinterzimmern klar war, dass die Grünen Regierungsbündnisse mit der SPD anstreben und die SPD das irgendwann auch wird wollen müssen, fand alles schwarz-grüne im Halbdunkel des Unanständigen statt. Rot-Grün wurde frühzeitig strategisch angegangen, an ihren Kneipentischen ließen die Zampanos dieser Konstellation bis tief in die Nächte hinein nichts unversucht, dieses Bündnis zu erwägen, zu preisen, zur Kulturrevolution zu verklären, es vorzubereiten und sich in der neuen Personenkombination schon einmal zu üben. Als Rot-Grün 1998 – nachdem man geistig den Zenit längst überschritten hatte – in Bonn die Regierungsverantwortung übernahm, kannten sich die Akteure alle bestens, sahen sich am gleichen Strang ziehen und meinten, den Wind der Geschichte im Rücken zu spüren: Rot-Grün war mehr als einfach nur eine neue Regierung. Da kam ein Lebensgefühl, da kam – drei Jahrzehnte nach 1968 – der Wertewandel endlich an die Macht. So leer die Schubladen dann auch waren, so unbestimmt das rot-grüne Projekt tatsächlich war – die Rot-Grünen fühlten sich emphatisch als Vollstrecker eines historischen Auftrags, den sie lange schon im Sinn gehabt hatten. Gewissermaßen als die endgültige demokratische Instandbesetzung der Bundesrepublik, die zuvor noch immer nicht ihren angeblich restaurativen Anfängen gänzlich entkommen gewesen sei, wie es ein grüner Staatssekretär einmal inmitten der Debatte über Joschka Fischers Vergangenheit formulierte. Jedenfalls: Rot-Grün war ausdrücklich gewollt, war strategisch in Angriff genommen worden.

Nicht so Schwarz-Grün. Von Peter Müller über Ole von Beust bis hin zu Angela Merkel hat es niemanden in der CDU (von der CSU zu schweigen) gegeben, der diese Konstellation öffentlich wahrnehmbar angestrebt hätte. Selbst als es längst alle Schwalben von den Dächern pfiffen, dass in Hamburg schon bald eine schwarz-grüne Koalition möglich sein würde und Ole von Beust der ideale Erste Bürgermeister dieses Bündnisses wäre, war dem CDU-Politiker kein klares Wort in diese Richtung zu entlocken. Und auch in den von der Öffentlichkeit leidlich abgeschirmten planerischen Sphären der CDU rüstete sich niemand ernsthaft auf den schwarz-grünen Tag X. Man pflegte lieber die alte Mär von den grundlegenden Differenzen zwischen Union und Grünen. Dasselbe taten auch, fast ohne Ausnahme, die Grünen. Der einfache Gedanke, dass demokratische Parteien untereinander im Prinzip bündnisfähig sein müssen, war ihnen lange völlig fremd. Das hat mit der linken Tradition zu tun, in der sich die eigentlich doch konservative Umweltpartei selbst sah. Eines der Gerüchte, die sich am hartnäckigsten durch die Nachkriegsgeschichte gehalten haben, ist die Überzeugung, die Bundesrepublik Deutschland sei im Grunde eine restaurative Gründung gewesen und erst nach langen Auseinandersetzungen, die fast einem Kulturkampf ähnelten, sei es gelungen, das Land in die liberale, aufgeklärte Moderne zu hieven. Es soll hier nicht weiter darauf eingegangen werden, dass diese Sichtweise eine im Rückblick groteske Verkennung der frühen Bundesrepublik darstellt: Die Konservativen, Adenauer voran, welche die Bundesrepublik Deutschland aus der Taufe hoben, waren nicht Restaurateure, sondern insofern geradezu Revolutionäre, als sie erstmals zumindest einen Teil Deutschlands durch Westbindung und soziale Marktwirtschaft fest in der westlichen Welt verankerten (und es war damals eher die Linke, die Sonder- und dritte Wege im Auge hatte). Doch so wurde das vor allem von den meinungsbildenden Schichten lange nicht gesehen – weswegen sich über Jahrzehnte hinweg hartnäckig das Vorurteil hielt, bei der CDU und erst recht bei der CSU handele es sich um rückwärtsgewandte, reaktionäre, mehr oder minder ausdrücklich demokratiefeindliche Parteien. Jedes Kabarett lieferte am Band Kostproben dieser Sichtweise, die beim Publikum – auch der Übersichtlichkeit des Weltbildes wegen – stets sehr gut ankamen.

Gerade auch die frühen Grünen, die nicht zuletzt vom linken Sektenwesen der Zeit nach der Studentenbewegung geprägt waren, teilten dieses Weltbild. Im Gründungsjahr der Partei war Franz Josef Strauß Kanzlerkandidat der Union – viele im linken und grünen Lager sahen damals einen bajuwarischen Post- oder Präfaschismus herauf ziehen, schließlich verkörperte der im Umgang mit Minderheiten nicht eben zimperliche Strauß auf geradezu idealtypische Weise die Art von Persönlichkeit, die man links von der Mitte als den hässlichen Deutschen ansah, der sich in seinem Innersten angeblich mit der Demokratie nie angefreundet hatte. Diese schwere ideologische Hypothek machte es selbst realpolitisch orientierten Grünen außerordentlich schwer, hinter dem von Klaus Staeck und anderen gezeichneten Schreckensgemälde der Union das Parteienbündnis zu erkennen und zu würdigen, das zu entscheidender Zeit viel dazu beigetragen hat, dass das Experiment Bundesrepublik Deutschland so erfolgreich wurde. Hinzu kam obendrein, dass Grüne und Union in einem für die junge Partei geradezu identitätsbildenden Thema völlig überkreuz waren: Während das kategorische Nein auch zur friedlichen Nutzung der Atomkraft *den* Gründungsmythos der Grünen darstellt, waren CDU und CSU bis vor Kurzem die konservativen Volksparteien, die dem großen Fortschrittsversprechen, das einmal mit der Atomkraft verbunden gewesen war, viel abgewinnen konnten. Das alles erklärt, warum es – trotz halböffentlicher Pizza-Connections – nie zu ernsthaften Annäherungen zwischen Union und Grünen kam.

Hinzu kam, dass die Zeit politischer „Projekte" zu Ende zu gehen schien – gewissermaßen mit zehn bis 15 Jahren Verzögerung nach dem Fall des Eisernen Vorhangs und damit nach dem Ende jener alten Blockkonfrontation, die dem ideologischen Überschwang noch einmal Auftrieb gegeben hatte. Das galt im Grunde schon für Rot-Grün: Auch wenn leidenschaftlich dafür gestritten wurde, möglich wurde das Unternehmen erst, als die Wahlarithmetik es hergab und die SPD zur Kenntnis nehmen musste, dass die Grünen nicht entlaufene Kinder waren, die man wieder würde zurückholen können, sondern zu einem bleibenden Faktor in der Parteienlandschaft geworden waren. Die Bundesrepublik war schon immer eine pragmatische, nüchterne Veranstaltung. Ganz selten nur kam es vor, dass eine Regierung aktiv gewählt wurde (der wuchtigste Fall: Willy Brandts Sieg 1972). In der Regel wurden Regierungen, die sich abgenutzt hatten und unansehnlich geworden waren, abgewählt. Neue Konstellationen kamen nicht zustande, weil Strategen an ihnen gebastelt und geschraubt hätten, sondern einfach weil sie rechnerisch möglich geworden waren. Und im Zweifelsfall waren die Parteien fast immer bereit, um der Regierungsmacht willen Vorbehalte, auch schwere Vorbehalte, über Bord zu werfen. Wenn die Stunde schlug, war (fast) jede Konstellation möglich, war (fast) jeder zum Seitenwechsel bereit – allen voran die FDP. So gesehen kann es nicht verwundern, dass es – erst auf kommunaler Ebene – irgendwann doch zu schwarz-grünen Experimenten kam. Sie wurden nie angestrebt, sie ergaben sich einfach. Was nicht ausschloss, dass sie besonders in ihren frühen Stunden durchaus einen eigenen Charme entwickeln konnten. Gerade weil sie ungewohnt waren, gerade weil sie noch nicht Routine waren und miteinander unvertraute Welten aufeinander stießen, entstanden Neugier und manchmal auch die Lust auf das Neue. Insbesondere in der Anfangszeit solcher Bündnisse überschlugen sich beide Seiten geradezu im verwunderten Feststellen, wie sympathisch man einander im Grunde doch sei. Hüben wie drüben purzelten die Feindbilder.

Das hatte bei beiden Parteien unterschiedliche Gründe. Zwar waren die Grünen mit ihren radikalen Wurzeln, ihrem zumindest skeptischen Verhältnis zur herkömmlichen Familie, zu Staat, Kirche und Autorität dem durchschnittlichen CDU-Politiker nach wie vor suspekt: Lange hielt sich der Verdacht, die Grünen wollten die letzten Reste des Abendlandes schleifen. Aber eines war nicht zu übersehen: Im Streit Staat versus Gesellschaft standen die Grünen – ihrem partiellem Etatismus zum Trotz – eher auf der Seite der Gesellschaft. Am besten verkörpert das ein Begriff, der beiden Parteien gleichermaßen wichtig ist: der Begriff der Subsidiarität. Die Geschichte der Bundesrepublik war auch von der Auseinandersetzung geprägt gewesen, ob es mehr oder weniger Staat geben solle. In diesem Streit stand die SPD über Jahrzehnte hinweg verlässlich auf der Seite des expansiven Staates. Mit den Grünen war – gewissermaßen ergänzend zur FDP – eine Partei hinzugekommen, die keineswegs eindeutig im etatistischen Lager zu verorten war. So richtig diese Aussage ist, man muss sie doch zugleich auch wieder relativieren. Und das liegt daran, dass die Grünen seit ihrer Gründung ein eigentümliches Amalgam aus unterschiedlichen, oft einander widerstreitenden und manchmal sogar miteinander unvereinbaren Positionen und Ideen darstellen.

Es gab, das hat mit dem starken linken Unterstrom der Grünen zu tun, in der Partei immer auch einen Hang zum großen staatlichen Wurf, zu einem kräftigen Etatismus, zu einer bevormundenden Avantgardehaltung, die nicht immer ganz frei war von erziehungsdiktatorischen Anflügen. Insbesondere die frühen Programmentwürfe waren in hohem Maße präskriptiv. Aus den sozialistischen Traditionen hatten sie die Neigung übernommen, von außen gesellschaftliche Gesamtmodelle zu entwerfen und sich mit der Frage, wie das alles denn demokratisch-konsensual durchzusetzen sei, so gut wie gar nicht zu beschäftigen. Weil man sich exklusiv im Besitz der Wahrheit, der besseren Einsicht wähnte, sprach man anderen politischen Entwürfen gerne die Legitimität ab. (Ein Echo dieser Tradition ist noch in der gegenwärtigen Auseinandersetzung um das Stuttgarter Bahnhofsprojekt „S 21" zu vernehmen. Die Tatsache, dass das Projekt nicht putschistisch durchgesetzt, sondern in einem länger als 15 Jahre dauernden Verfahren vorangebracht wurde, das formal völlig korrekt verlief, spielt in den Äußerungen der Grünen zu „S 21" buchstäblich keine Rolle. Man weiß es einfach a priori besser.) Das passte natürlich weit besser zur SPD als zur Union. Denn diese war – aller Entschiedenheit in Grundsatzfragen wie Westbindung oder Familie zum Trotz – immer ein radikal anti-avantgardistisches Parteienbündnis gewesen.

Vielleicht war genau das das entscheidende Movens der CDU gewesen: Sie sollte eine vor allem pragmatische Partei sein, jenseits alter konfessioneller Streitlinien. Vor allem gehörte es zu ihrem Weltbild, den Bürger so zu nehmen, wie er ist, ihn also nicht erziehen, nicht zu besseren Einsichten führen zu wollen. Das hatte viel mit dem christlichen Weltbild zu tun, dem zufolge der alte Adam immer der alte Adam bleiben wird und es die Aufgabe der Politik ist, in einer unvollkommenen Welt möglichst tragbare, aber nie perfekte, sondern allenfalls zweitbeste Lösungen zu finden. Ein robuster Wirklichkeitssinn zeichnete die Union aus. In diesem Punkt war die alte CDU mit den Grünen vollkommen über Kreuz, beide Parteien lagen hier extrem weit auseinander. Der Hang zur Regelungswut stand gegen eine bewusst karge Idee von Regelungen, pädagogischer Eifer gegen Misstrauen gegenüber Weltverbesserern. Wo die Grünen am großen Plan bastelten, wollte man in der CDU die Leute eher machen lassen und so zu lassen, wie sie nun einmal sind. Wo die Grünen von Misstrauen gegenüber Familie und Privatheit geprägt waren, war man in der CDU entschieden dafür, die Familie als möglichst staatsfreie Zone und damit als Keimzelle der Gesellschaft zu erhalten. Die Beispiele ließen sich leicht fortsetzen. Noch immer stehen beide Parteien, wenn auch abgeschwächt, in diesen Traditionslinien. Und weil das so ist, passen sie in der Tat nicht umstandslos zusammen. Es gibt noch immer einen – inzwischen nicht mehr ganz so tiefen – ideologischen Graben, der sie trennt. Und die Exponenten beider Parteien haben – von Claudia Roth bis Markus Söder – durchaus Recht, immer einmal wieder darauf hinzuweisen. Es gibt zu Teilen eine schwarz-grüne Unverträglichkeit.

Andererseits aber auch nicht. Und das hat mit dem konservativen Unterstrom bei Union und Grünen zu tun. Das christliche Weltbild, das in der CDU inzwischen zu verblassen beginnt, war für die Partei lange Zeit weit mehr als ein unverbindliches Hintergrundgold gewesen. Es verpflichtete zu einer gewissen Langsamkeit. Es galt, bei aller Fortschrittsfreudigkeit, die Schöpfung zu bewahren. Entschieden anti-utopisch orientiert, nahm die Partei den Menschen, wie er ist. Das Herkömmliche war für die CDU nicht etwas, das überwunden werden musste – das Herkömmliche war das Gute, das Richtige, das durch lange Erfahrung Bewährte. Die CDU hatte immer ein feines Gespür für Modernisierungsprozesse, die drohten, die Menschen zu ängstigen. Es galt stets, dass auch die in der Partei ihre politische Heimat haben können, die das Tempo der Modernisierung überfordert. Mit Absicht war die CDU auch die Partei für die – wenn man so will – Fußkranken der Moderne. Hinzu kam, aus christlich-konservativer Tradition herrührend, eine Achtung vor der Natur und Schöpfung, die zu bewahren dem Menschen aufgetragen ist. Nicht alles machen, was gemacht werden kann, nicht alles verändern, was verändert werden kann: Dieser Imperativ, den die Grünen für sich reklamieren, war auch für die CDU bestimmend. Hier trafen sich beide Parteien. Es ist kein Zufall, dass in der Abtreibungsfrage oder beim Problem der Präimplantationsdiagnostik CDU und Grüne einander näher stehen als SPD und Grüne. Und schließlich gibt es dank der konservativen Unterströmung der Grünen auch dort einen Flügel, der unter dem Signum der Subsidiarität durchaus zur Staatsferne neigt. Die höhere Ebene soll sich nicht die Lösung von Aufgaben anmaßen, die gut und gerne und besser, weil kompetenter, auch eine Etage darunter gelöst werden können: Diese Überzeugung teilen Union und Grüne – und sind damit unter anderem beide viel stärker dem föderalistischen Prinzip verbunden als die zum Zentralismus neigende Sozialdemokratie und ebenso die Liberalen. Wie auch der Gedanke, man dürfe nicht auf Kosten zukünftiger Generationen wirtschaften und leben, beide Parteien verbindet. Das neue Zauberwort Nachhaltigkeit ist beiden Parteien vertraut und lieb. Auch wenn die Grünen heute – etwa in ihrem Regierungsprogramm für Baden-Württemberg – zumeist als Partei auftreten, die den starken, ja manchmal den fürsorglichen Staat will, sind sie auch eine Partei, die das Gute von unten, also aus der Gesellschaft kommen sieht und möchte, dass die Menschen ihre Angelegenheiten möglichst unter sich regeln und nicht alles und jedes auf den etatistischen Umweg schicken. Hier gibt es durchaus Berührungspunkte mit einer Union, der der altliberale Gedanke zumindest noch immer nicht ganz fremd ist, man müsse die Grenzen der Wirksamkeit des Staates eher enger als weiter ziehen.

Man sieht, die Sache ist vertrackt und kompliziert. Auf der Seite der Grünen liegt das daran, dass sie – wie gezeigt – in vielen Fragen doppelgesichtig sind. Weniger und mehr Staat, konservativ und linkstraditionell auf Umwälzung erpicht, für das Herkömmliche und für die „Überwindung" der herkömmlichen Familie usw. usw.: Immer passt nur eine Seite zur Union. Auf der Seite der Union ist die Sache weit weniger kompliziert. Das liegt daran, dass sie seit Jahren in einem für manchen Beobachter atemberaubenden Tempo dabei ist, ihr altes Profil abzulegen. Fast alles Revolutionäre, für das die Grünen einst leidenschaftlich kämpften, hat in abgemilderter Form inzwischen längst auch in der Union Platz gefunden. Nur nicht am Alten kleben, nur nicht als konservativ gelten, nur nicht sich dem machtvollen Wertewandel in den Weg stellen: Das scheint die Devise zu sein, der die Vorsitzende Angela Merkel nun schon geraume Zeit folgt. Diese CDU ist natürlich problemlos anschlussfähig in Richtung Grüne – es müssen nur noch ein paar Hindernisse, ein paar letzte Werteruinen weggeräumt werden.

Hinzu kommt, dass die CDU bis in ihre höchsten Ebenen hinauf mit den Grünen ganz persönlich und lebensweltlich konfrontiert wird – es gibt kaum einen „schwarzen" Funktionär mehr, der in seiner Familie nicht grünen Anschauungsunterricht erlebt hätte.

Und doch bleibt mehr als ein Rest von Reserve. Das hat ganz einfach mit den Traditionsbürden zu tun, die beide Parteien mit sich herumtragen. Die Unionsparteien wollen soweit doch Gründungsparteien der Bundesrepublik bleiben, dass sie ein gewisses Grundmisstrauen gegenüber der einstigen Revoluzzerpartei der Grünen nicht loswerden. Gegen den antiautoritären Impuls der Bewegung von 1968 gab es einen autoritätsbetonenden Gegenreflex der Union. Der ist noch immer wirksam, noch immer gelten die Grünen in der Kernzone der Union als letztlich unsichere Kantonisten. In einer Zeit, in der in der Union fast schon das Tafelsilber zum Verkauf steht, ist natürlich der Bedarf an Resten von Unterscheidbarkeit, ist der Bedarf an Distinktionsgewinnen groß. Das spricht gegen Schwarz-Grün. Und Ähnliches gilt auch für die Grünen. Die einstige Anti-Parteien-Partei ist eine ganz normale Partei geworden, sie hat auf ihrem langen Weg fast alle Gründungsprinzipien und -ideen aufgeben müssen. Da mag es tröstlich sein, in der Union wenigstens in Umrissen noch jene alte Partei zu sehen, die wie keine andere das verkörperte, was die Grünen vertreiben wollten: den angeblichen Muff einer angeblich restaurativen Republik. Auch das spricht gegen Schwarz-Grün.

In einer abenteuerlichen Volte hat sich die Union – sich auf verlorenem Posten wähnend – über Nacht von ihrer bisherigen Energiepolitik verabschiedet. Das ist, wie jeder weiß, ein kapitaler Sieg der Grünen, die damit zum ersten Mal mit Fug und Recht behaupten können, eine wirkliche Grundsatzentscheidung dieser Republik erfolgreich (und aus der Opposition heraus) mit langem Atem durchgedrückt zu haben. Um in die – freilich politisch entscheidenden – Niederungen möglicher Koalitionskalküle zu gehen: Damit ist ein wesentliches Hindernis auf dem Weg zu einer schwarz-grünen Koalition auf Bundesebene aus dem Weg geräumt. Frau Merkel muss davon ausgehen, dass ihr der angebliche Wunschpartner FDP nach der Bundestagswahl 2013 mangels Masse nicht mehr zur Verfügung stehen wird. Und sie wird ahnen, dass die SPD nicht noch einmal bereit sein wird, unter Unionsführung die zweite Geige in Berlin zu spielen: Das würde die SPD-Anhängerschaft wohl nicht mehr hinnehmen. Will sie also die – wahrscheinliche – rot-grüne Regierung verhindern, muss sie, die sich präsumptiv doch gar nicht gerne festlegt, das Bündnis mit den Grünen ins Auge fassen. (Das ändert freilich nichts daran, dass die Union – wie unter anderem mit der „Energiewende" bezweckt – weiterhin versuchen wird, den Grünen das Wasser abzugraben und sie zu entzaubern.) Es ist so banal wie es klingt: Sollte es in Berlin zu Schwarz-Grün kommen, dann nur, wenn die Zahlen es diktieren – wenn also Sozialdemokraten und Grüne zusammen keine Regierungsmehrheit zustande bekommen. Dann und nur dann wird es Schwarz-Grün geben. Und zwar mit jener geschäftigen Nüchternheit, die Politik – allen verbliebenen ideologischen Nebelschwaden zum Trotz – schon seit geraumer Zeit auszeichnet. Von „Projekt" keine Spur. Gottlob, denn das verspräche eine pragmatische, vom Überschwang der Ideen unbelastete Politik. Aber auch leider: Denn ein Bündnis zwischen der Gründungspartei der Bundesrepublik und der Partei, die einmal eben diese Republik verwerfen wollte, bedürfte durchaus einer guten und gedanklich unterfütterten Begründung und Ausrichtung.

Als noch in Bonner Tagen die Pizza-Connection – also der Versuch, Schwarz und Grün an einen freundschaftlichen Tisch zu bekommen – eine kurze Blüte hatte, sah das einen Moment so aus, als kämen hier auf paradoxe Weise die Richtigen zusammen. Die Bundesrepublik war eine bürgerliche Gründung gewesen, befördert von Persönlichkeiten, die viel Wandel, aber auch viel Kontinuität wollten. Dafür stand, breit und mächtig, die Union. Die Grünen waren – 30 Jahre später – auch eine bürgerliche Gründung: ein Verein von Bürgern freilich, der zusammen gekommen war, um der Republik ihren bürgerlichen Charakter auszutreiben. In ihren Zielen wie Feuer und Wasser, waren beide Parteien einander soziologisch doch von Anfang an näher, als sie dachten. Die CDU war die Partei gewesen, die von Anfang an die Bundesrepublik so wollte, wie sie dann wurde; die Grünen – als die Ausläufer der Studentenbewegung von 1968 – waren die Partei gewesen, die eine ganz andere Republik wollte, die das Werk der CDU gewissermaßen rückgängig machen wollte. Kämen beide zusammen, so wäre das – träumten einige – ein Akt der Versöhnung, der das Fundament dieser Republik noch fester, tragfähiger und sturmbeständiger machen würde als es ohnehin schon ist. Es war wohl übertrieben, derart überhöht von Schwarz-Grün zu philosophieren. Denn jetzt wäre dieses Bündnis ein ganz normales, ganz illusionsloses Bündnis. Die Versöhnung, an die da gedacht war, hat gesellschaftlich längst stattgefunden. Sie braucht die große öffentliche Bühne des politischen Akts nicht mehr. Denn es ist wie so oft in der Politik: Wenn Akteure am Zenit der Macht ankommen, haben sie geistig, programmatisch und kulturell ihren Zenit schon vor geraumer Zeit überschritten. So ist das Leben.

II. Milieus

Nikolaus Blome

Schwarz-Grün – die neue Große Koalition

„Schwarz-Grün" und kein Ende. Ganz gleich, wie Wahlen oder Umfragen ausgehen, kein Parteien-Tandem regt die Fantasie der Medien so sehr an wie Schwarz-Grün. Dabei handelt es sich um ein Parteienbündnis, das in Kommunen oft genug böse knirscht, auf Länderebene beim ersten Versuch sogleich an sich selbst gescheitert ist – und das auf Bundesebene Kanzlerin-amtlich als „Hirngespinst" abgetan ist. Trotzdem: „Schwarz-Grün" und keine Ende, auch in diesem Sammelband.

Es mag, ganz simpel, mit dem Reiz des Neuen zu tun haben, der naturgemäß auf alle politischen Medien wirkt, die der eingefahrenen Muster deutscher Partei-Koalitionen müde sind. Vielleicht ist Schwarz-Grün in einer an politischen Projekten denkbar armen Zeit tatsächlich das ‚Projekt' einzelner Blätter oder gar Journalisten. An beidem ist prima vista nichts Verwerfliches, auch wenn sich ein großer Teil der schwarz-grünen Strahlkraft aus einer Gegensätzlichkeit von Milieus und Herkommen speist, die in der tradierten Schärfe längst nicht mehr existiert. Diese seltsam angeschwärmte Gegensätzlichkeit existiert schon deshalb nicht mehr zwischen CDU/CSU und Bündnis 90/Die Grünen, weil sie gemeinsam satte Umfrage-Mehrheiten erreichen. Die Grünen würden in Umfragen nicht auf über 25 Prozent kommen, wären sie noch so anti-bürgerlich, wie sie einst waren. CDU/CSU wiederum sind längst nicht mehr so borniert in Sachen Zuwanderung oder Gesellschaftspolitik, wie am Beginn der Ära Merkel. Und das ewig polarisierende Streitthema Atom scheint sich nach der atemberaubenden Rolle rückwärts der Kanzlerin, nach der Abkehr von der Laufzeitverlängerung, ebenfalls von der Tagesordnung verabschiedet zu haben.

Was ist also dran an Schwarz-Grün, das offenkundig so anhaltend fasziniert? Ich meine: Das (inzwischen) Neue an Schwarz-Grün ist ihr Status als die eigentliche Große Koalition. Schwarz-Rot hat nach über 60 Jahren in dieser Rolle ausgedient. Damit fällt ein (weiterer) Vorhang für die Sozialdemokraten – sie haben es nur noch nicht recht gemerkt.

Die erkennbare Verschiebung der Parteienlandschaft, diese Neuverteilung der Rollen für die einzelnen Parteien, ist nicht an bestimmte Demoskopie-Werte gebunden oder die Frage, ob die Grünen in der Sonntagsfrage gerade knapp vor bzw. knapp hinter der SPD liegen. Oder ob sie wie in Bremen bei Landtagswahlen vor der CDU landen. Das sind Momentaufnahmen, erst recht angesichts der wachsenden Wechselfreudigkeit der Wähler. Wer sich aber Funktionsregeln und Daseinszweck einer Großen Koalition vor Augen führt, der kann erkennen: Schwarz-Grün kommt beidem bis auf weiteres wesentlich näher als es Schwarz-Rot noch täte oder Rot-Grün je könnte. Einige grundsätzliche und praktische Aspekte sollen das im Folgenden belegen:

1. Große Koalitionen verbinden sui generis einander fernstehende Milieus und Generationen. Union und SPD jedoch haben beide ihre größten Wählerpotentiale in wachsendem Maße bei Arbeitnehmern und Älteren. Wer von beiden sich die „Arbeiterpartei" nennen darf und wer von ihnen die Älteren am besten vertritt, ist spätestens seit jenem Moment verwischt, in dem sich der damalige NRW-Ministerpräsident Jürgen Rüttgers (CDU) als den eigentlichen „Arbeiterführer" im größten deutschen Bundesland bezeichnete – und die Wahlstatistik zum Beweis anführen konnte.

Die Grünen dagegen haben ihre größte Anziehungskraft in anderen Wählerschichten, gerade bei den Jüngeren, gerade bei den Freiberuflern. Ungeachtet des fortgeschrittenen Alters ihres Spitzenpersonals gelten die Grünen als „jung", als urban und irgendwie auf der Höhe der Zeit. Nicht umsonst sind die Grünen in Stadtstaaten oder großen (Uni-)Städten traditionell stark und heute oftmals mehrheitsfähig.

Heißt: Schwarz-Grün und nicht Schwarz-Rot lautet die Lösung, wenn eine Große Koalition der Zukunft aus einer Partei bestehen soll, die Ältere mehrheitlich für wählbar halten, und aus einer Partei, für die das bei den Jüngeren gilt. Sollten sich die m.E. unausweichlichen Verteilungskämpfe zwischen den Generationen verschärfen, kann nur ein solches Regierungsbündnis das Land zusammenhalten – so wie es sich für Große Koalitionen gehört.

2. Das gilt ebenso für Momente, in denen eine Krise von außen ins Land getragen wird. Dann sind Große Koalitionen dazu da, mögliche Protestgruppen innerhalb ihrer Milieus zu besänftigen, damit für politische Stabilität und für Mehrheiten bei unpopulären Beschlüssen zu sorgen. Das gelang der schwarz-roten Koalition während der Finanz- und Wirtschaftskrise ganz hervorragend. Zum Einen war die rasche Überwindung der Krise gerade auch ein Verdienst der Tarifpartner, Arbeitnehmer und Unternehmer, die sich in der schwarz-roten Koalition gleichermaßen gut vertreten sahen. Zum Anderen sicherte das Bündnis von SPD und

Union fast reibungslos die nötigen Mehrheiten bei milliardenschweren ad-hoc-Entscheidungen. Man stelle sich nur vor, eine SPD-geführte Bundesregierung hätte die Bankenverstaatlichung gegen den Widerstand einer Opposition aus Union und FDP durchsetzen müssen. Oder man stelle sich vor, Gewerkschaften und eine SPD-geführte Links-Opposition hätten eine liberal-konservative Regierung mit allzu populären Forderungen nach Krisen-Sondersteuern für Reiche in die Enge getrieben.

Kurzum: Auch dank der gelassen führenden Großen Koalition haben die politischen Ränder, vor allem die extreme Linke, nicht von der spektakulären Wirtschaftskrise profitiert. Die Mehrheit in Medien und Politik hatte das lange befürchtet; der damalige Bundespräsident Horst Köhler raunte in kleinen Kreisen sogar von der „größten Bewährungsprobe für die Demokratie in Deutschland seit dem Zweiten Weltkrieg".

Die kommenden Krisen jedoch werden anderer Natur sein – und sie werden eine andere Große Koalition erfordern, nämlich Schwarz-Grün. Wachsen wird der Mittelschichts-Protest gegen Europa ganz allgemein, gegen kostspielige Euro-Rettungen und das Gefühl, der deutsche Durchschnittsverdiener sei Zahlmeister Europas und Melkkuh der Nation zugleich. Populisten in der ganzen EU wurden von diesem Unmut in die Parlamente oder gar die Regierungen getragen. In Deutschland wird es Aufgabe vor allem der Union (vielleicht auch der FDP) sein, dieses Potential zu binden. Schafft es eine Anti-Europa-Partei in die Parlamente, rücken regierungsfähige Mehrheiten in weite Ferne.

Auf die Grünen wiederum kommt die Aufgabe zu, das Potential zu binden, das mit dem endgültigen Ausstieg aus der Atomkraft ihren Kristallisationskern verliert und nach neuen Gegnern suchen wird. Beim Protest gegen das Bahnhofs-Großprojekt „Stuttgart 21" hat sich bereits gezeigt, dass es sich dabei um Infrastruktur-Großprojekte handeln könnte. Im baden-württemberger Landtagswahlkampf hat man mit der Aushebelung jener parlamentarischen Mehrheiten gespielt, über die der erste grüne Ministerpräsident in Deutschland nun verfügt. Was Joschka Fischer als Außenminister einst gelang, nämlich die Grünen als Regierungspartei um die Jahrtausendwende „kriegstauglich" zu machen, muss 2011 in anderer Rollenverteilung bei Industrie- und Energiepolitik wiederholt werden. Dieses Mal können sich die Grünen bei unangenehmen Beschlüssen allerdings nicht mehr automatisch hinter einem stärkeren Koalitionspartner verstecken. Stattdessen müssen sie letztverantwortlich führen, notfalls auch gegen die eigene Gefolgschaft, die mehr als in anderen Parteien den direkten Durchgriff auf die Schalthebel für sich reklamiert. Aber auch ein noch so grünes Deutschland kommt nicht ohne Großprojekte aus und sei es nur für die so genannte „Energiewende".

Unter dem Strich ergibt sich also dieses Bild: Die Grünen sind als dritte politische Kraft in den Kreis der „Volksparteien" in Deutschland getreten. Wenn sich Union, SPD und eben Grüne auf Dauer in einem gemeinsamen Korridor von bundesweit 20 bis Mitte 30 Prozent der Stimmen bewegen, dann definiert sich der Begriff „Große Koalition" aber nicht mehr über den traditionell großen Vorsprung, den eine Große Koalition gegenüber dem Rest der Parteien in Umfragezahlen oder Bundestags-Mandaten hatte. Stattdessen wird sich dasjenige Bündnis „Große Koalition" nennen dürfen, das die oben genannten Kriterien in puncto Prinzipien und Funktion erfüllt. Entlang dieser Kriterien ist aber nicht mehr die SPD natürlicher Partner einer solchen Koalition sondern die Partei der Grünen – zusammen mit CDU/CSU.

Daraus folgt: Schwarz-grüne Koalitionen lassen sich auf Länderebene weiterhin immer wieder einmal versuchen. Über Erfolg oder Scheitern wird im wesentlichen nicht die Programmatik sondern das Führungspersonal entscheiden, so wie die Landesregierung in Hamburg nicht an der Schul- oder der Hafenpolitik gescheitert ist, sondern ihre entscheidende Klammer verlor, als Ole von Beust aus persönlichen Gründen sein Amt als Bürgermeister aufgab.

Anders im Bundestag: Schwarz-Grün ist kein „Hirngespinst", sondern die klar definierte parlamentarische Notlösung für turbulente Zeiten. Als solche, als Große Koalition, wird sie, wenn überhaupt, nur selten zustande kommen. So soll es sein.

Für die SPD bringt diese Perspektive einen weiteren Bedeutungsverlust mit sich. Bislang ist ihr Status als „Staatspartei", als Partei für große Koalitionen in verfahrenen Lagen, von den historisch schlechten Wahlergebnissen unbehelligt geblieben. Ein kurzer Blick zurück nach Sachsen beweist das: Dort wurde 2004 die Landesregierung aus CDU und Sozialdemokraten wie selbstverständlich „Große Koalition" genannt, obwohl die SPD einstellig (!) geblieben war.

Diese Zeiten sind vorbei. Schwarz-Grün markiert nunmehr den weitesten Bogen unter den existierenden Volksparteien in Deutschland und das ist wohl die Definition schlechthin für eine Große Koalition. Offen bleibt vorerst, ob sich daraus auch eine Rollen-Verschiebung im vormals rot-grünen Lager ergeben wird. Der erste grüne Ministerpräsident eines Bundeslandes kann ein Vorbote eines solchen Funktionstausches sein: die Grünen als Anker und die SPD als (starker) Mehrheitsbeschaffer.

Klar ist nur, dass mit der neuen Rolle der Grünen eine Illusion endgültig erledigt ist: Weder die CDU noch die SPD werden die Grünen je wieder in die eigenen Reihen zurückholen. Vielleicht waren die Grünen wirklich die „verlorenen Bürgersöhne", vielleicht tatsächlich „Fleisch vom Fleisch der Sozialdemokratie" – egal. Eine Volkspartei kann eine andere nicht wieder eingemeinden. Die Veränderung der politischen Landschaft durch die Grünen ist vielleicht noch nicht am Ende. Rückgängig machen lässt sie sich auf keinen Fall. Auch die Parteiengeschichte fließt nicht rückwärts.

Michael Borchard

„Es grünt so grün."
Wie bürgerlich sind die Grünen wirklich?

Sind die Grünen Volkspartei? Diese Frage, die nach dem Wahlsieg von Winfried Kretschmann in Baden-Württemberg allgegenwärtig in den deutschen Blättern war, hat die Ex-Grüne Jutta Ditfurth für sich schon längst klar beantwortet: Ja, sie sind eine Volkspartei und zwar eine, die sich in keiner Form von den anderen großen Volksparteien unterscheidet. Sie seien konservativ, ja mitunter sogar reaktionär geworden, lediglich auf der Straße gäben sie manchmal noch die wirkliche Opposition. „In Wirklichkeit verschärfen sie", so die streitbare Publizistin über ihre ehemalige politische Heimat, „gefesselt von Kapitalinteressen und Sachzwängen des Machterhalts in Aufsichtsräten, Regierungen und Parlamenten die Ausbeutung von Mensch und Natur". Die Philippika der erbitterten Kritikerin gipfelt in der Behauptung, die Grünen seien inzwischen ein „Motor des neokonservativen Rollbacks" geworden.

Die taz hat nicht ganz so viel ideologischen Schaum vor dem Mund und formuliert ihre Einschätzung etwas eleganter, aber die Richtung ist im Kern eine ähnliche: „Prima Klima, grüne Wirtschaft, Vereinbarkeit von Ökonomie und Ökologie, etwas mehr Bürgerbeteiligung und buntes Multikulti-Feeling. Das politische Wellnessprogramm für eine heile Mittelschichtswelt", so unkt das links-intellektuelle Berliner Leitmedium. Damit gehe man jetzt auf Stimmenfang. Je schwammiger man formuliere, desto erfolgreicher werde man: „Was zählt, ist einzig die Symbolik. Die Farbe Grün, der postkonventionelle Habitus, das akademisch-urbane Flair der karrierebewussten Führungsfiguren auf den Plakaten. Die Farbe Grün bedeutet nichts weiter als das Lebensgefühl eines gewissen Milieus, mit deren Hilfe sich die städtischen Subkulturen voneinander abgrenzen. Im Zentrum steht der symbolisch demonstrative Gebrauch von Dingen. Sie kommunizieren Zugehörigkeit und Distinktion."

In der Tat ist das Einkommen der Durchschnittsgrünen „ordentlich", der Anteil an Menschen mit Hochschulbildung, der Anteil an höheren Beamten und leitenden Angestellten über dem Schnitt. Die Kernklientel der Grünen wohnt in den Städten. Würden allein Menschen mit Hauptschulabschluss oder ohne jeden

Abschluss zur Wahl zugelassen, kämen die Grünen nicht mal in die Nähe der Fünf-Prozent-Hürde. Aber auch die These von einem herrschenden Lebensgefühl, das die Grünen in besonderer Weise aufnehmen, hat einiges für sich. Es sind nicht nur im negativen Sinne die Konfliktlinien, entlang derer sich die parteipolitische Positionierung abspielt, sondern es ist auch im positiven Sinne das Lebensgefühl, das die Orientierung prägt. Als die CDU als neue Partei in der Nachkriegszeit am politischen Firmament auftauchte, herrschte eine gewisse Sehnsucht nach politischer Harmonie, nach klarer Bindung an das, was man dann fortan „westliche Werte" genannt hat, nach Aufbruch zu Lebenschancen und Wohlstand. Der Union ist es relativ schnell gelungen, mit ihrer Politik eine Projektionsfläche für diese Wünsche zu bieten. Das erklärt zu großen Teilen den beispiellosen politischen Erfolg, den diese neue parteipolitische Bewegung in den Anfangsjahren der Republik verzeichnen konnte.

Heute sind die Sehnsüchte andere geworden: Ökologie, ein gesundes und umweltbewusstes Leben, das unbestimmte Gefühl, dass Wachstum nicht mehr der alleinige Motor für die Herstellung von Lebenszufriedenheit sein kann – all das sind Gefühle, die auch Wählerschaften, die weit über die Grünen hinausgehen, erfasst haben. Nun sind es die Grünen, so betont es der Göttinger Parteienforscher Franz Walter, die in größerem Maße von einem veränderten Lebensgefühl der Menschen profitieren. Mehr noch: Die Grünen werden – das Atomunglück in Fukushima hat diesen Eindruck eher noch verschärft – zunehmend als die „Sachwalter" für einen verantwortungsvollen Umgang mit den Lebens- und Umweltressourcen gesehen. Wenn das alles stimmt, müssten die Strategen, die schon seit Jahren von schwarz-grünen Verbindungen jenseits der Kommunen träumen, eigentlich in Jubelgeschrei ausbrechen. Aber nicht nur diese politischen Köpfe müssten in Freudentaumel geraten, sondern auch jene, die sich erhebliche Chancen ausrechnen, der jeweils anderen politischen Formation die Wählerinnen und Wähler abzujagen:

Die Grünen, indem sie den unentschlossenen CDU-Wählern zeigen, dass auch sie „gute Katholiken" sind, etwas von Wirtschaft verstehen und außenpolitisch von Vernunft und nationalen Interessen geleitet sein können.

Die Union, indem sie auf die tatsächliche oder vermeintliche „Bürgerlichkeit" der Grünen-Anhänger setzt und auf die wunderbare Lebenszyklusthese von Frank Bösch vertraut, der beobachtet hat, dass mit dem Alter die Orientierung an konservativen Wertvorstellungen auch bei jenen deutlich zunimmt, die in ihrer Jugend und Ausbildungszeit eher linken ideologischen Vorstellungen verhaftet waren. Sein „schwarz-grünes" Programm, so ließ Hermann Gröhe die Journalisten wissen, sei es, den Grünen die Wählerinnen und Wähler abtrünnig zu machen.

Bislang spricht die Mehrzahl der demoskopischen Erkenntnisse und auch der Wahlergebnisse gegen diese Hoffnungen. Bis zum Wahltag in Baden-Württemberg hat es signifikante Wanderungen von Wählern bei Landtags- und Bundestagswahlen zwischen den beiden Parteien nicht gegeben. Am Abend der Wahl im Südwesten stand allerdings fest, dass per Saldo immerhin knapp 90.000 Wähler von der CDU zu den Grünen gewandert sind. Auch wenn eine politische Schwalbe noch keinen dauerhaften Sommer für die Grünen ankündigen muss, so steht zu befürchten, dass zwischen den Grünen und der CDU so etwas wie das steht, was Biologieschüler im Unterricht als „semipermeable Membran" kennengelernt haben: Eine Barriere, die durchlässig ist, aber nur in eine Richtung: In diesem Fall von den „Schwarzen" zu den Grünen. Auch in solchen Kreisen, in denen die Stammwähler der CDU zu finden sind, gewinnen die Kernthemen der Grünen – Ökologie, nachhaltiges Wachstum etc. – an Bedeutung. Ob es der CDU gelingt, in ebensolchem Ausmaß in den „Wildgründen" der Grünen zu grasen, wie das offenbar umgekehrt zunehmend zu funktionieren scheint, bleibt abzuwarten.

Was steht hinter diesen Befunden? Warum ist „bürgerlich" am Ende dann doch nicht gleich „bürgerlich"? Die Tatsache, dass Menschen Wohnung an Wohnung leben, den gleichen Italiener besuchen und dort ihrer Vorliebe für gegrillte Dorade frönen, die gleichen Flugreisen in die Karibik buchen, mit dem gleichen Modell des großen geländegängigen hochpreisigen Autos die Kinder aus der zweisprachigen Kita abholen, bedeutet deshalb noch lange nicht, dass es sich um die gleichen Menschen handelt. Beide haben völlig unterschiedliche Ansichten zu Themen wie Geschlechtergerechtigkeit, innere Sicherheit, Grundlinien der Außen- und Sicherheitspolitik sowie insbesondere in der Bildungs- und Schulpolitik. Gehören die einen, die den Grünen ihre Stimme „schenken", mehr dem Milieu der „kritischen Engagierten" an, die sehr postmaterialistisch denken, so gehören die anderen, die der CDU vertrauen, eher dem Milieu der „Leistungsindividualisten" und der konservativen Etablierten an. Hinter diesen Einstufungen steht vor allem eine völlig unterschiedliche politische Sozialisation, die sich gravierend auswirkt.

Winfried Kretschmann, der mit seiner schwäbischen Behäbigkeit auf den ersten Blick wie ein „grün angestrichener Schwarzer" wirkt, ist ein Prototyp für diesen spezifischen Werdegang. Die Tatsache, dass er auf die konservativeren Wähler als jemand wirkt, der „aus ihrer Mitte" stammt, „Schützenkönig mit Lang- und Kurzwaffe, Wanderführer auf der Schwäbischen Alb und Mitglied im

Laizer Kirchenchor" ist, wie die Süddeutsche schreibt, kann nicht darüber hinwegtäuschen, dass auch Kretschmann, der 1979 die Grünen im Südwesten mitbegründet hat, alles andere als der typische Bürgerliche ist, sondern ein Politiker, der den beinahe „klassischen" Lebenslauf der Grünen und ihrer Anhänger vorweisen kann: Asta-Tätigkeit an der Uni Stuttgart, Engagement in der studentischen Gruppe „Roter Pfeil" und im Kommunistischen Bund Westdeutschland – eine Sozialisation in der Zeit der 68er, die er dann rückblickend als einen „fundamentalen politischen Irrtum" abgetan hat. Ebenfalls in der Studienzeit wird er Mitglied einer katholischen Studentenverbindung im CV, was für einen eher links orientierten Studenten durchaus ungewöhnlich ist. Schon 1980 wurde er in den Landtag von Baden-Württemberg gewählt.

Wenngleich er mit Wolf-Dieter Hasenclever zum kleinen „ökolibertären Zweig" der Grünen gehörte, war er nie ein Wanderer zwischen den „politischkonservativen" und den ökologischen Welten wie etwa ein Herbert Gruhl. Er war immer den Grünen klar zugehörig. Als Grundsatzreferent diente er dem hessischen Umweltminister Joschka Fischer. Seine ersten – aus dem linken Spektrum stammenden – Biographen, Peter Henkel und Johanna Henkel-Waidhöfer, unterstellen ihm, in Anlehnung an den beliebten Vorwurf an die Grünen, sie seien naive „Gutmenschen", eine fast an einen Kinderglauben erinnernde, hoffende Erwartung, dass alles verstehbar und verstanden wird, wenn nur alle Gutwilligen sich Zeit nehmen und Mühe geben." Die beiden Biographen haben diese Bemerkung auf die Entstehung des Koalitionsvertrages bezogen. Der zeigt dann auch kaum irgendwelche Brückenschläge zu eher konservativeren Vorstellungen. Das klare Bekenntnis zur Gemeinschaftsschule, die vor Ort entstehen und sich ausbreiten soll, ist Beleg für einen programmatischen Kurs, der grüne und nicht etwa grün-schwarze Politik verwirklicht.

Mit seinem Lebenslauf steht Winfried Kretschmann, so sehr er tatsächlich in Habitus, Haltung und Erscheinung eine Ausnahmefigur der Grünen ist, für viele andere. Das Milieu der Lehrer, der Rechtsanwälte, der Sozialberufe, der universitären Karrieren, der kreativen Berufe in Kunst und Design etc. bleibt eines der Leitmilieus der Grünen, aber eben auch der Leitmilieus unserer Gesellschaft. Es mag zutreffen, was Franz Walter gesagt hat, dass viele Grüne erst nach den „wilden Anfangszeiten" zur Partei gestoßen sind. Aber die Tatsache, dass viele Lebensläufe des politischen Spitzenpersonals nicht geradlinig sind, die Tatsache, dass viele Vertreter der grünen Eliten in Jugendtagen eine gewisse Nähe zu kommunistischen Bewegungen verspürt haben, macht die Grünen – nicht zuletzt im kommunalen Nahbereich, wo besonders herausragende Exponenten in den Parteien eher Seltenheitswert haben – allerdings auch interessanter. Zumal sich die Grünen liebevoll ironisch von irren radikalen Wirrungen der späten Siebziger und Achtziger distanzieren, aber keinesfalls zulassen wollen, dass die nachkommenden Generationen diese „fundamentalistischen Flegeljahre" denunzieren.

Winfried Kretschmann steht aber auch für das wachsende Problem, das die Grünen heute haben: Wenn man den gängigen politikwissenschaftlichen Definitionen folgt, dann sind die Grünen – um auf die Eingangsfrage dieses Beitrages zurück zu kommen – freilich keine Volkspartei. Sie teilen allerdings ein ganz wesentliches Dilemma dieser Volksparteien: Auseinanderstrebende und immer noch ideologisierte Flügel. Besonders sichtbar wird das in Berlin. Die Grünen-Sympathisanten, die in Dahlem oder Zehlendorf leben, haben mit den Grünen-Anhängern, die in Kreuzberg regelmäßig mit „Traumwerten" die linksgrüne Gallionsfigur Christian Ströbele auf ihren politischen „Schild" und in politische Mandate heben, so gut wie gar nichts zu tun. Als Renate Künast ankündigte, in Berlin als Spitzenkandidatin anzutreten, wiesen die Umfragen eine Unterstützung in der Berliner Bevölkerung von über 33 Prozent aus. Getrieben durch den eher linken Flügel der Berliner Grünen forderte sie unter anderem eine Ausdehnung der Tempo-30-Zonen auf alle Straßen und eine Beschränkung des Flughafens BBI in Schönefeld auf regionale und nationale Flüge. Bei der nächsten Sonntagsfrage waren es nur mehr 23 Prozent, die erklärten, sie werden die Grünen bei der nächsten Wahl unterstützen.

Die Flügel seiner Partei und die Grenzen der „neuen Bürgerlichkeit" der Grünen bekam auch der grüne „Shooting-Star" Boris Palmer, Oberbürgermeister von Tübingen, deutlich zu spüren. In einem internen Papier, das er im Juni 2011 dem Parteirat der Grünen vorgelegt hat, fordert er, über die Fokussierung auf die klassischen Themen der Grünen hinauszugehen. Darin schreibt er, dass grünes Wachstum nicht ausschließlich im eigenen Lager möglich sei. Seine Partei könne in relevantem Umfang Wählerschichten erschließen, die bislang bei der Union und bei der FDP zu finden seien. Um Neugrüne müsse man ganz bewusst werben und sich dafür auch verändern und programmatische Steine aus dem Weg räumen.

„Die Flügelung der Partei in ihrer heutigen Form steht einer Konsolidierung des Wachstums bei den Wählerinnen und Wählern entgegen", so Palmer. „Radikales Oppositionsgehabe" binde vielleicht die Kernwählerschaft, verschrecke aber neue Interessenten für die Partei. Grünes Wachstum gelinge „gewiss nicht durch ein klares linkes Profil". Man stelle den Ministerpräsidenten, „weil der konservativer ist als der Vorgänger von der CDU: bodenständig zuverlässig, anständig, vertrauenswürdig, maßvoll und besonnen." Man könne nicht mehr aus der Verantwortung büchsen. Die thematische Verbreitung der Partei reiche bei weitem noch nicht aus. Besonders auf dem Feld von Sicherheit und Ordnung, solider Finanzpolitik und Wirtschaftspolitik jenseits der ökologischen Modernisierung habe man Nachholbedarf. Besonders provokant für die grüne Parteiseele ist seine Feststellung, dass das uneingeschränkte Adoptionsrecht für homosexuelle Paare keine Forderung sei, mit der sich 25 Prozent der Deutschen gewinnen ließen. Alkoholverbote in Innenstädten gehören ebenso zu seinen Forderungen.

Dass sein Papier parteischädigend sei und Palmer den rechtspopulistischen „grünen Sarrazin" mache, waren noch die freundlicheren Kommentare in den Internetforen, die als Reaktion auf das Papier geäußert wurden. Der Parteirat selbst hat das Papier massiv abgelehnt und den Duktus der Thesen scharf verurteilt. Wie brüsk unter dem Strich dieser Vorstoß in Richtung einer programmatischen Neuorientierung unterdrückt worden ist, weist auf eine Tatsache hin: Alle Versuche, aus der gelegentlichen Zweckehe „schwarz-grün" so etwas wie eine ehrlich empfundene Liebesbeziehung und vielleicht -heirat zu machen, scheitern noch immer an einer gewissen Übermacht des linken Flügels der Partei, der sich nach wie vor mit der tatsächlichen oder vermeintlichen „Verbürgerlichung" der Partei schwer tut. „Die Grünen geben auch auf dem Weg, größer zu werden, ihre Kernpositionen und Werte nicht auf", reagiert die wahlkämpfende Renate Künast auf die Vorschläge Palmers alarmiert. Insofern liegt Palmer, wie Karsten Grabow in einer Studie über das Papier feststellt, völlig richtig: Das Wachstum (an Wählerinnen und Wählern) hat seinen Preis – und den scheinen weite Teile in der Partei und in ihrem Umfeld derzeit nicht bereit zu sein zu zahlen.

So unentschieden die Frage nach der Bürgerlichkeit der Grünen nach wie vor ist, so sehr wird sie die Kernfrage sein, die darüber entscheiden wird, ob der gegenwärtige Höhenflug der Grünen sich – womöglich auf etwas niedrigerem Niveau – fortsetzen oder ob er sein Ende finden wird. Weiteren Hinzugewinnen der Grünen auf der Seite einer bürgerlichen Klientel im Spektrum der CDU-Wähler und der Nichtwähler stehen allerdings neben der Frage der „aufmüpfigen" Basis auch noch andere Dinge entgegen: Das ist zum einen ihre – auch im Palmer-Papier angesprochene – noch immer in der Wahrnehmung der Wählerinnen und Wähler manifeste Verengung auf die umwelt- und energiepolitischen Themen. Zweitens ist, so Karsten Grabow, auffällig, dass bei den Grünen, die ja korrekt „Bündnis90/Die Grünen" heißen, die Frage nach der strategischen Neuausrichtung ein reines Westthema ist und sich auch dort eher auf die Wohlstandsregionen oder Großstädte konzentriert. Auch wenn das Wahlergebnis in Sachsen-Anhalt 2011 mit 7,1 Prozent beachtlich sei: Eine „breit im Bürgertum verankerte Partei" sehe anders aus.

Besonders bedeutend ist am Ende aber vor allem die Frage, ob die neue Rolle der Grünen als Partei, die auch nach eigener Definition mit allen anderen demokratischen Parteien mehr oder minder koalitionsfähig ist, sie in ein Dilemma führen wird: Opposition ist, um das Bonmot von Müntefering zu benutzen, nicht immer Mist. Die Rolle des Seniorpartners in Baden-Württemberg wird möglicherweise ein Stück weit zur „Entzauberung" der Partei beitragen: Bei den „Wertkonservativen", die feststellen werden, dass viele linksideologische Positionen eben doch Bestand in der Koalition haben werden, und bei den Aktivisten auf der anderen Seite, die sich vom ersten grünen Ministerpräsidenten den Durchbruch ihrer Positionen versprochen haben.

Das Potential der Grünen, als Scharnier zwischen Rot und Schwarz zu fungieren, mag, wie Franz Walter schreibt, die machtpolitischen Optionen „der Grünen vermehren, doch zugleich kann sie dann die programmatische Schärfe mindern, die politische Sprache verdünnen, die kulturelle Eindeutigkeit von ehedem vernebeln – und der Flair von Authentizität und Alternative wäre endgültig dahin." Insofern bleibt der Blick auf die Grünen und ihr bürgerliches Potential eine der ganz besonders spannenden politischen Zukunftsfragen.

Richard Herzinger

Der Tanz um die schwarz-grüne „Mitte"

Die „Mitte" ist eines der am meisten strapazierten Schlagworte im deutschen politischen Diskurs. In der „Mitte" zu sein – oder selbst „die Mitte" zu verkörpern –, den Extremen eine klare Absage zu erteilen beziehungsweise die radikalen politischen Ränder auszutrocknen, indem man ihre potenziellen Wähler einbindet, gehörte zu den zentralen Glaubensbekenntnissen demokratischer Nachkriegspolitik und bildete den Daseinsgrund der neuartigen „Volksparteien".

Grundsätzlich hat sich daran bis heute nichts geändert. Doch erfuhr die Semantik des Zauberworts „Mitte" im Laufe der Jahrzehnte eine Wandlung. Verstand man in der früheren westdeutschen Nachkriegsgesellschaft darunter eher den Schnittpunkt, in dem sich in die richtigen Bahnen gelenkte, eigentlich gegenläufige Klasseninteressen zum Wohle eines gemeinsamen Ganzen treffen sollen, wird sie spätestens seit Gerhard Schröders Proklamation der „Neuen Mitte" in den Neunziger Jahren wie ein eigenständiges, aktives gesellschaftliches Subjekt betrachtet – als so etwas wie die sozio-politische Kernformation der modernen Demokratie, die sich aus den Vernünftigen, Verantwortungsbewussten, Veränderungen gegenüber Aufgeschlossenen aus allen Schichten und Bereichen zusammensetzen und der gesamten Gesellschaft die zukunftsfähige Richtung vorgeben soll. Versuchten die „Volksparteien" ursprünglich, von einem festen Stammmilieu aus die „Mitte" zu definieren, sind ihnen diese geschlossenen Kernwählerschaften im Zuge größerer Ausdifferenzierung der Gesellschaft zunehmend abhanden gekommen. Sie ähneln jetzt eher Sammlungsbewegungen, die auf dem politischen Markt unterwegs sind, um in den volatilen Wählerschichten Unterstützer für ein von ihnen vorgestelltes Projekt anzuwerben.

Der Prototyp des Modells „Volkspartei" war die CDU/CSU. Nicht nur versöhnte sie den deutschen Konservatismus mit der bei ihm traditionell verhassten westlichen demokratischen Zivilisation und verband ihn mit Elementen des Liberalismus sowie der christlichen Soziallehre. Sie prägte mit ihren Vorstellungen von einer durch die Dominanz traditioneller Institutionen wie Kirche und Familie moralisch abgefederten Marktwirtschaft auch die gesamtgesellschaftliche Kultur in den ersten anderthalb Jahrzehnten der Bundesrepublik. Ihrem Ideal von „Mitte" entsprach ein quietistischer, in konservativen Wertvorstellungen verwurzelter „Mittelstand" aus kleinen Unternehmern, Beamten, Angestellten und Bauern, der den Zusammenhalt des Volksganzen moralisch gegen die „auflösenden" Tendenzen des Kapitalismus und ökonomisch gegen die Übermacht des Großkapitals absichern sollte. Über ihren Arbeitnehmerflügel und christliche Gewerkschaften suchte die Union aber auch Teile der Arbeiterschaft in das große Klassenbündnis einzubeziehen, das sie selbst als eine Art Nukleus des gesamten gesellschaftlichen Gefüges abspiegeln wollte.

Was nur in Maßen gelang, war für die Vertretung der Arbeiterklasse doch die SPD zuständig, die in dem Maße, wie sie sich von der alten marxistischen Klassenpartei selbst in eine „Volkspartei" verwandelte, der Union auch die Definitionsmacht über den Begriff der Mitte streitig machte. Der sozialdemokratischen Vorstellung gemäß basierte die „Mitte" auf einer selbstbewussten, qualifizierten Industriearbeiterschaft und einem mächtigen Gewerkschaftsapparat, deren Einfluss im Zuge des Ausbaus des Sozialstaats immer weiter anwuchs und ohne deren maßgebliche Mitwirkung keine größeren sozialpolitischen Weichenstellungen der Republik mehr möglich sein sollten. Zur Mitte gezählt wurden aber auch sozial eingestellte Unternehmer und Manager sowie eine technisch-wissenschaftliche Intelligenz, die diesen richtungsweisenden Anspruch der sozialdemokratischen Stammklientel akzeptierten. Die Modifikation dieser Vorstellung im Begriff der „Neuen Mitte" Gerhard Schröders reflektierte in den Neunziger Jahren eine tiefgreifende Veränderung, die den – von der Regierung Kohl grundsätzlich beibehaltenen – Rahmen des sozialpartnerschaftlichen Konsenses erschütterte: den Einbruch der Globalisierung und die tendenzielle Ent-Industrialisierung der Ökonomie. Daraus folgte ein Bedeutungsverlust der klassischen Arbeiterschaft, während andererseits ein neues „bürgerliches" Milieu aufkam, das größtenteils aus dem gebildeten Mittelstand stammte, durch die in der Folge der 68er-Bewegung entstandene Kultur der Umwelt- und Bürgerbewegungen geprägt wurde und im Verlauf der 1980er und 1990er Jahre an wichtige Schaltstellen vor allem im öffentlichen Dienst rückte. Dieses gesellschaftlich-kulturell besonders aktive Milieu veränderte nicht nur das kulturelle Angesicht der deutschen Gesellschaft insgesamt, sondern namentlich auch die Vorstellung vom „Bürgerlichen". Als bürgerliches Idealbild galt nun zunehmend nicht mehr der ordentliche, fleißige und unauffällige Zeitgenosse, dem „Ruhe die erste Bürgerpflicht" ist, sondern der gegenüber allen Mächtigen grundsätzlich misstrauisch und tendenziell aufmüpfige Mitdenker. Der hält „Kreativität" für einen Wert an sich, ist dem Leben gegenüber hedonistisch eingestellt, dabei aber besorgt um die Umwelt und die Lebensgrundlagen zukünftiger Generationen, achtet auf

„gesunde Ernährung" (möglichst „Bio") und will, durchaus auch durch finanzielle Opfer, sein Scherflein für die Belange der Schwächeren und Benachteiligten
rund um den Globus beitragen, um das gute Leben, das er sich leisten kann und
will, ohne schlechtes Gewissen genießen zu können.

Um diese veränderte „Mitte" des „post-industriellen Zeitalters" aufzufan-
gen, erweiterte die SPD in den 1990er Jahren ihren Markenkern „sozial" um den
Zusatz „ökologisch". Sie konnte aber noch nicht ahnen, dass es die Grünen sein
würden, die diese „neue Mitte" schließlich nicht nur kulturell, sondern in wachsendem Maße auch politisch repräsentieren würden, während die Sozialdemokratie einen heftigen Aderlass nach Linksaußen oder ins Nirwana der Nichtwäh-
lerschaft würde verkraften müssen. Damals aber hielt man die Grünen noch für
keine Konkurrenz auf Augenhöhe, sondern schrieb ihr gönnerhaft lediglich die
Rolle eines graswurzelhaften Anregers des ökologischen Bewusstseinswandels
zu, dessen Anstöße aber von den großen Parteien in konkrete, machbare Politik
umgesetzt werden müssten. Die Grünen lieferten dieser Vorstellung gemäß
gleichsam den unbearbeiteten Rohstoff der „sozial-ökologischen Modernisierung", der von der erfahrenen Sozialdemokratie politisch zu veredeln war – was
die Grünen auf Dauer überflüssig machen sollte. Doch mittlerweile gelingt es den
Grünen, die sich über die Jahre über Hochs und Tiefs zäh gehalten hatten, zunehmend, das Lebensgefühl immer breiterer Bevölkerungskreise zu repräsentieren und selbst in die Wählerbereiche der Union einzudringen.

Sicher ist zu erwarten, dass sie in dem Maße werden Federn lassen müssen,
wie sie wieder an Regierungen in Ländern oder gar im Bund beteiligt und gezwungen sein werden, auch unpopuläre Entscheidungen zu tragen – schon gar,
wenn sie wie in Baden-Württemberg den Regierungschef stellen. Doch legt man
ihnen, anders als den „alten Parteien", sogar zähneknirschendes, aber doch erstaunlich flinkes Räumen von ehernen Wahlkampfpositionen eher als Ausdruck
eines nimmer endenden Lernprozesses aus denn als rückgratlosen Opportunismus.

In den Grünen spiegelt sich nämlich das Selbstbild einer immer weniger an
feste Milieus und Überzeugungen gebundenen Gesellschaft wider, die immer
skeptischer gegenüber vermeintlich starren Institutionen und Identitäten, aber
immer aufgeschlossener für das „Learning by doing" wird. Dass die Grünen eine
eigenständige politische Strömung bilden, die nicht aus dem klassischen Ideolo-
gieschema sozialistisch-liberal-konservativ hervorging – dass sie sich also gewissermaßen selbst erfunden haben –, kommt diesem neuen gesellschaftlichen
Selbstbild entgegen. Obwohl ihre Führungspersonen zum Teil bereits abgebrüte

politische Schlachtrösser sind, haftet ihnen so noch immer ein Hauch von sympa-
thischem Dilettantismus und patentem Erfindergeist an.

Zwischen der einstigen Protestpartei und der einstmals braven bürgerlichen
Mitte hat sich ein paradoxer Annäherungsprozess vollzogen: Während die Grünen nach und nach verbürgerlichten, entdeckte die gesellschaftliche Mitte die
Freuden der Protestkultur für sich („Wutbürger"), und wenn auch nur in Form
des grassierenden Volkssports „Politikverdrossenheit". Die Grünen und ihre
Stammklientel wiederum sind zum bürgerlichen Mittelstand neuen Typs gereift
und vermitteln den rebellionsverliebten Bürgern die Sicherheit, mit ihren Anliegen verantwortungsbewusst und standesgemäß umzugehen. Denn mit der Revolte liebäugelt man zwar neuerdings in Deutschland, aber doch bitte schön in
sicheren, ausgleichenden, klimafreundlichen und umweltschonenden Bahnen.

Weil die Grünen mit einer gewissen Klebrigkeit Aufbegehrenslust mit Har-
moniebedürfnis verbinden und bei allem Anschein der Unkonventionalität doch
ein urdeutsches Bedürfnis nach Sicherheit und Geborgenheit bedienen, treffen sie
die Seele dieses Landes. Deshalb werden sie, wenn auch vielleicht nicht auf solch
hohem Niveau wie es in gegenwärtigen Umfragen der Fall ist, auf Dauer ein
richtungsweisender Faktor dieser Republik bleiben. Das sind sie bereits heute in
einem solchen Ausmaß, dass sie in der Frage des Atomausstiegs der Union mehr
oder weniger die Agenda diktieren konnten. Im Atomausstieg kommt genau jene
seltsame Symbiose aus Harmonisierung und Rebellionsgestus zum Ausdruck, die
von den Grünen wie von keiner anderen politischen Kraft ausgestrahlt wird.
Während der Abschied von der Atomkraft als „historischer nationaler Konsens"
gefeiert wird, an dem zu zweifeln fast schon als Ausschlussgrund aus der an-
ständigen, zurechnungsfähigen Gesellschaft gilt, fühlen sich die über alle Parteigrenzen hinweg zur großen Gesinnungsgemeinschaft im Dienste des Guten Ver-
einten doch allesamt als mutige Häretiker, die dem weltweit herrschenden
„Atom-Wahnsinn" nonkonformistisch die Stirn bieten. Fast fühlt man sich an
eine Szene aus einem Film der britischen Komikertruppe „Monty Python" erinnert. Darin skandieren die Anhänger eines fälschlicherweise für den Messias
gehaltenen Eigenbrötlers unisono im Chor: „Wir sind alle Individualisten!". Nur
ein einziger, isolierter Sonderling kräht trotzig: „Ich nicht!"

Manches spricht dafür, dass CDU/CSU und Grüne auf Dauer zu den beiden
Hauptkonkurrenten im Kampf um die verwandelte bürgerliche Mitte werden
könnten. Während sie sich derzeit auf fast unheimliche Weise einander annähern,
wird aber gerade deshalb die Rivalität zwischen ihnen längerfristig erheblich
zunehmen. Vor die größeren Probleme wird das fürs Erste die Union stellen.
Denn während sie sich im Abwehrkampf gegen die grüne Expansion auf das

neue bürgerliche Leitbild des aufstiegsorientierten, umwelt- und klimasensitiven, gesundheitsbewussten Großstädters fixiert, droht ihr jene große Wählergruppe wegzubrechen, die sich im neuen dominanten Diskurs der Erfolgreichen, Modernen und Toleranten nicht aufgehoben fühlen. Es handelt sich um die große, immer grimmiger murrende Gruppe, die vor allem um Ordnung und Sicherheit fürchtet, sich als steuerzahlende Melkkuh für Minderheitenprogramme und avantgardistische Zukunftsexperimente missbraucht und von der Migration als deutsche „Normalos" in die Ecke gedrängt fühlt. Es ist jenes ressentimentgeladene Milieu, das sich in der Sarrazin-Debatte zornig zu Wort meldete, aber von den gesinnungskorrekten Gralshütern einer „konstruktiven Integrationsdebatte" bald wieder übertönt wurde. In dem Maße, wie die CDU/CSU als traditionelle monopolistische Garantin von „Law and Order" und nationaler „Leikultur" diese Klientel nicht mehr erreichen kann, wächst die Wahrscheinlichkeit, dass es irgendwann doch zur Herausbildung einer populistischen Protestpartei kommt, die man in Deutschland bisher für undenkbar hielt.

Thomas Petersen

Das Trennende ist geblieben

Es gibt in der öffentlichen politischen Diskussion Spekulationen, die über Jahrzehnte hinweg immer wiederkehren, weil sie – so kann man annehmen – eine intellektuelle Attraktivität besitzen. Ein Beispiel dafür ist die Annahme, die politischen Kategorien „links" und „rechts" hätten sich überlebt. „An diesen verrotteten Wegmarken kann sich kein Mensch mehr orientieren"[1] schrieb Konrad Adam bereits vor 18 Jahren in der „Frankfurter Allgemeinen Zeitung". Und doch hört die Bevölkerung nicht auf, eben dies zu tun: Seit Jahrzehnten unverändert stufen sich die Befragten der Allensbacher Umfragen ohne Probleme selbst auf der Links-Rechts-Skala ein und ordnen diesen angeblich doch so nutzlosen Kategorien klare Inhalte zu – übrigens international übereinstimmend.[2] Der italienische Philosoph Norberto Bobbio bemerkte dazu einmal trocken, dass die Unterscheidung zwischen Links und Rechts immer von der Seite des politischen Spektrums für überholt erklärt werde, die sich gerade in der Defensive befände,[3] doch das erklärt den Reiz dieser Argumentation wohl nur zum Teil. Ein anderer Teil liegt vermutlich in der Aura der intellektuellen Überlegenheit, die sie umgibt. Gleichsam aus höherer Perspektive kann man das scheinbar Klare und Übersichtliche für ungültig erklären und verkünden, dass in Wirklichkeit alles ganz anders und vor allem viel komplexer sei. Auf einer gewissen logischen Ebene hat man damit auch stets recht, denn natürlich ist die gesellschaftliche Wirklichkeit *immer* komplexer als die Kategorien, mit denen man sie zu beschreiben versucht. Solche Aussagen lassen sich also nahezu risikolos treffen.

Ein wenig hat auch die These, schwarz-grünen Koalitionen gehöre die Zukunft, etwas von diesem intellektuellen Charme an sich: Sie bricht mit den vertrauten Kategorien, hat also den Reiz des Ungewohnten, und sie hat vordergründig einige Plausibilität. Da ist vor allem der Umstand zu vermerken, dass die Grünen die erste linke Partei sind, deren Wurzeln nicht in der Arbeiterschaft sondern im bürgerlichen Milieu liegen, und die sich deswegen nicht leicht in das seit dem 19. Jahrhundert tradierte Parteienspektrum – linke Arbeiterparteien auf der einen und liberale und konservative Parteien des Bürgertums auf der anderen Seite – einordnen lassen. Bis heute entziehen sich die Grünen deswegen bis zu einem gewissen Grad der Kategorisierung. Das Nachrichtenmagazin „Der Spiegel" fasste im Vorfeld der Koalitionsverhandlungen zwischen CDU und GAL in Hamburg im März 2008 die Situation wie folgt zusammen: „Wo also ist die Nische der Grünen? Die Antwort auf die Frage ist so kompliziert, weil die Wähler der Grünen [...] alles auf einmal sind: Weltverbesserer und Besserverdienende, konsumfreudige Hedonisten, die gewissenhaft ihren Müll trennen, arme Studenten und reiche Söhne, Fußgänger und Smart-Fahrer. 76 Prozent der grünen Wähler stufen sich als links ein, das sind mehr als die Anhänger der Linken. Dennoch hat die Partei eine betuchte Wählerschicht."[4] Dadurch, dass die Grünen ein wenig von allem in sich zu tragen scheinen, bilden sie eine gute Projektionsfläche für strategische Gedankenspiele aller Art. Gelegentlich beteiligen sie sich auch selbst daran, wenn dies taktisch vielversprechend erscheint. So sind in jüngster Zeit Versuche der Parteiführung zu beobachten, die Grünen als Partei eines neuen Liberalismus darzustellen.[5] Nur selten wird solchen Ansätzen in der Öffentlichkeit widersprochen und darauf hingewiesen, dass die wesentlichen Politikansätze der Grünen mit den Prinzipien des Liberalismus kaum in Übereinstimmung zu bringen sind.[6]

In der Vergangenheit erwiesen sich die Ankündigungen angeblich zu erwartender schwarz-grüner Bündnisse meist als ziemlich substanzlos. Als im Jahr 1995 eine Welle von Spekulationen über eine künftige schwarz-grüne Zusammenarbeit die öffentliche Diskussion bestimmte, konnte Renate Köcher dies mit wenigen Zahlen des Instituts für Demoskopie Allensbach als rein machstrategisch motiviertes Spiel entlarven. „Der Impuls für die seit Monaten geführte Diskussion", stellte sie fest, „kommt nicht aus der Bevölkerung."[7] Tatsächlich trennten die Anhänger von CDU/CSU und den Grünen Welten.

Heute dagegen lassen sich solche Überlegungen nicht mehr so leicht und eindeutig vom Tisch wischen wie damals, denn in der Zwischenzeit hat sich das politische Klima in Deutschland verändert. Als erstes ist hier natürlich die Tatsache zu erwähnen, dass in Hamburg ein schwarz-grünes Bündnis immerhin über zweieinhalb Jahre regiert hat, davon die ersten zwei Jahre bemerkenswert geräuschlos. Auch die „Jamaika"-Koalition im Saarland belegt, dass Schwarz-Grün zumindest auf Länderebene keine Utopie mehr ist. Die Ursache dieser Bündnisse ist – neben, wie man vermuten kann, taktischen Überlegungen auf beiden Seiten – eine Veränderung in der Parteienlandschaft, von der man annehmen muss, dass sie von dauerhafter Natur ist: Seit Jahrzehnten verlieren die Volksparteien langsam aber beharrlich an Rückhalt in der Bevölkerung, so dass die Zahl der Wahlergebnisse wächst, die die Parteien zwingt, Dreiparteien-Koalitionen einzugehen, um eine Mehrheit im Parlament zu erhalten, wenn nicht auf die Option einer großen Koalition zurückgegriffen werden soll.[8] Das bedeutet auch, dass die Zahl der Möglichkeiten wächst, Koalitionen über die traditionellen politischen Lagergrenzen hinweg zu schmieden. Dies ist in der Geschichte der Bundesrepublik Deutschland übrigens keine Premiere: In den 1950er Jahren war der Anteil der lagerübergreifenden Koalitionen an allen Landeregierungen deutlich größer, in den 1960er und 1970er Jahren immerhin nicht kleiner als heute. Erst mit der Herausbildung des Vierparteiensystems in den frühen 1980er Jahren sank er zeitweise auf Null.[9] Dennoch ist es nicht gewagt zu vermuten, dass die Zahl der lagerübergreifenden Koalitionen in den nächsten Jahren auf ein neues Niveau steigen könnte.

Die relative Schwächung der Volksparteien ist nicht, wie oft angenommen wird, als Resultat einer zunehmenden Politikverdrossenheit zu deuten, die die großen Parteien mehr als kleinere treffe[10], sondern als Zeichen von Veränderungen in der Gesellschaftsstruktur und nicht zuletzt der politischen Psychologie, denn das Potential der Volksparteien ist nicht annähernd so sehr geschrumpft, wie es die jüngsten Wahlergebnisse vermuten lassen. Der Anteil derer an der Bevölkerung, die sagen, sie könnten sich vorstellen, bei einer der kommenden Wahlen einmal die CDU/CSU zu wählen, hat sich seit Mitte der 1970er Jahre nicht wesentlich verändert. Dies zeigt eine Langzeitanalyse der Allensbacher Umfragen seit dem Jahr 1974. Seitdem ermittelt das Institut mit einer etwas komplizierten Frageserie die Parteisympathie und deren Festigkeit: Den Befragten werden Karten überreicht, auf denen die Namen der wichtigsten politischen Parteien stehen. Sie werden gebeten, die Karten nach Sympathie untereinanderzulegen: Nach oben kommt die sympathischste Partei, darunter die zweitsympathischste und so weiter. Danach werden die Befragten gebeten anzugeben, ob sie sich vorstellen könnten, bei einer der nächsten Wahlen auch einmal die Partei zu wählen, die sie an die zweite Stelle gelegt haben.

Mit den Antworten auf diese Fragen lassen sich die Anhänger jeder Partei in drei Gruppen einteilen: Als Stammanhänger lassen sich diejenigen bezeichnen, die die betreffende Partei an die erste Stelle setzen und auf Nachfrage sagen, sie könnten sich nicht vorstellen, die an zweite Stelle gesetzte Partei zu wählen. Randanhänger sind diejenigen, die die entsprechende Partei zwar an die erste Stelle Ihrer Parteisympathie setzen, sich aber durchaus vorstellen könnten, auch einmal die an zweiter Stelle genannte Partei zu wählen. Die dritte Gruppe kann man als potentielle Zuwanderer bezeichnen. Diese Befragten setzen die betreffende Partei an die zweite Stelle und sagen, sie könnten sich vorstellen sie zu wählen. Alle drei Gruppen zusammen bilden das „strategische Potential", den weitesten Kreis derjenigen, die eine Partei theoretisch erreichen kann, wobei in der Praxis das komplette Potential nie gänzlich ausgeschöpft wird.

Grafik 1 zeigt nun, dass das Gesamtpotential der CDU/CSU wie vor 30 Jahren bei etwa 50 Prozent liegt. Zurückgegangen ist lediglich der Anteil derjenigen, die sagen, sie könnten sich *nur* vorstellen, die Unionsparteien zu wählen, keine andere Partei käme für sie in Frage (Grafik 1). Ähnliches gilt – mit gewissen Abstrichen im Detail – für die SPD.[11]

Grafik 1: Stamm-, Randanhänger und das strategische Potential der CDU/CSU

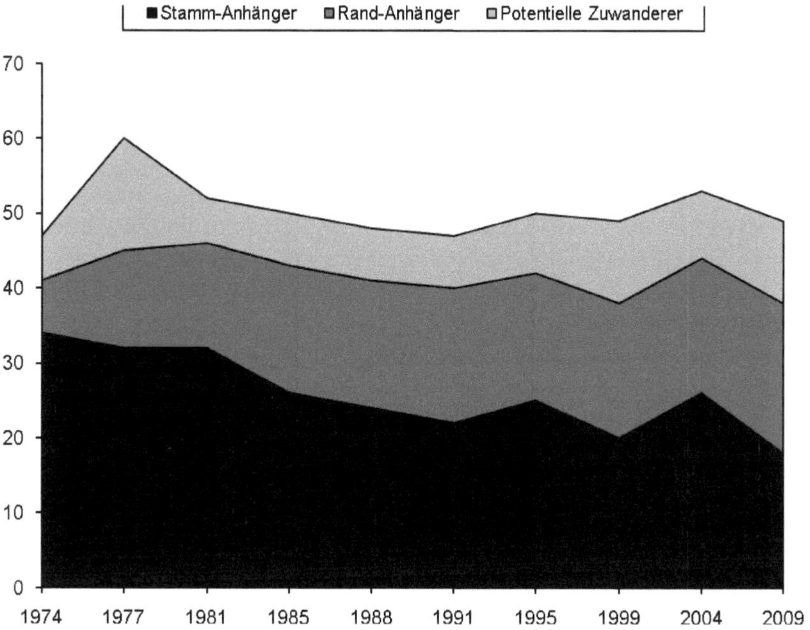

Quelle: Allensbacher Archiv, IfD-Umfragen

Die Zahl der an eine bestimmte Partei oder auch an ein bestimmtes politisches Konzept unauflöslich gebundenen Wähler ist also deutlich zurückgegangen, der Wähleraustausch zwischen den Parteien wächst.[12] Ob man für die eine oder andere politische Partei eintritt, ist weniger eine Glaubensfrage und mehr eine Frage der politischen Pragmatik geworden.[13] Folgt man den Argumenten der klassischen Untersuchung „The Civic Culture" von Gabriel Almond und Sidney Verba

aus dem Jahr 1959 über die internationale Entwicklung der Demokratieveranke-
rung, kann man es als ein Zeichen der Reifung einer Demokratie auffassen, wenn
sich die politischen Lager nicht mehr ganz so unversöhnlich gegenüberstehen,
wie dies noch vor Jahrzehnten der Fall war.[14] Und wenn eine solche Entwicklung
tatsächlich stattfindet, wäre es nur selbstverständlich, dass sich auch die
CDU/CSU und die Grünen aneinander annähern.

Doch ist eine solche Annäherung zwischen den Grünen und der CDU/CSU
tatsächlich nachweisbar? Folgt man dem Tenor der Medienberichterstattung der
vergangenen Jahre, kann man durchaus diesen Eindruck bekommen. Als Beispiel
kann hier die Berichterstattung des Nachrichtenmagazins „Der Spiegel" im
Vorfeld der Bildung der schwarz-grünen Koalition in Hamburg dienen, das dem
Thema bemerkenswert wenig Aufmerksamkeit widmete. Zwei zweiseitige Artikel am 11. Februar und 3. März über die Annäherungsversuche zwischen den
beiden Parteien[15] und eine allgemeine Betrachtung über aufweichende Fronten
zwischen den Parteien am 17. März waren alles. Am 31. März folgte noch ein
Artikel über Flügelkämpfe bei den Grünen, in dem die inzwischen laufenden
Hamburger Koalitionsverhandlungen mit eineinhalb Sätzen am Rande erwähnt
werden.[16] Erst einen Monat später veröffentlichte „Der Spiegel" wieder etwas zu
dem Thema: Eine einseitige Beschreibung der Versuche des Hessischen Ministerpräsidenten Roland Koch, mit den Grünen im Land Kontakt aufzunehmen.[17] Erst
der Abschluss der Hamburger Koalitionsverhandlungen war dem Nachrichtenmagazin wieder einen zweiseitigen Artikel wert.[18] Nun muss an dieser Stelle
betont werden, dass die politische Diskussion in diesen Monaten von einem anderen Thema, nämlich den Versuchen der hessischen Oppositionsführerin Andrea Ypsilanti, mit Hilfe der Linkspartei eine Koalition zu bilden, überlagert
wurde.[19] Dennoch ist die Zurückhaltung auffällig: Die sich anbahnende erste
Koalition aus CDU und den Grünen wurde behandelt, als sei sie etwas nahezu
Normales. Auch inhaltlich betonen die Artikel eher die Gemeinsamkeiten zwischen den Parteien als das Trennende, etwa mit wiederholten Verweisen auf die
damals bereits bestehende Zusammenarbeit in zwei Hamburger Bezirken. Die
kulturellen Gräben zwischen CDU und den Grünen, heißt es beispielsweise in
dem Artikel vom 11. Februar, seien „nicht überall tief. In den Bezirken Harburg
und Altona regieren sie zusammen und überbieten sich an Lob. ‚Es gibt Toleranz
und Offenheit auf beiden Seiten. Und Respekt, wie wir ihn unter Rot-Grün nie
erfahren haben' sagt Gesche Boehlich, GAL-Fraktionschefin in der Bezirksversammlung Altona. Uwe Szczesny, ihr Amtskollege von der CDU schwärmt: ‚Ich
wusste, auf die ist Verlass.'"[20] Der Leser gewinnt den Eindruck, es seien nicht

zuletzt gemeinsame bürgerliche Tugenden, die CDU und Grüne zusammenführten.

Doch die Behauptung, dass zwei Parteien sich aneinander annähern und teilweise gemeinsame Werte vertreten, belegt allein noch nichts. Es bedarf empirischer Forschung um zu prüfen, ob die Annahme begründet oder nur einleuchtend ist, ob die schwarz-grüne Koalition in Hamburg und die Jamaika-Koalition im Saarland Ausdruck einer substantiellen Veränderung im Parteiengefüge waren bzw. sind oder doch eher eine vor allem taktisch bedingte Episode. Die vorliegenden Ergebnisse deuten eher auf letzteres hin.

Dabei gibt es in der Tat Anzeichen dafür, dass die inhaltlichen Schnittmengen zwischen den Grünen und der CDU in den vergangenen Jahrzehnten größer geworden sind. Vor allem bei manchen wirtschaftspolitischen Themen stehen die Grünen den bürgerlichen Parteien nicht ferner als der SPD und der Linkspartei. Dies zeigt sich beispielsweise an den Ergebnissen einer vom Institut für Demoskopie Allensbach gestellten Frage zum Thema Marktwirtschaft. Bei dieser Frage bekommen die Befragten ein Bildblatt überreicht, das zwei Personen im Schattenriss zeigt. Jeder Person ist, wie in einem Comic, eine Sprechblase zugeordnet. In der einen Sprechblase steht: „Die Marktwirtschaft macht soziale Gerechtigkeit erst möglich. Ein Staat braucht viel Geld um Arme und sozial Schwache zu unterstützen, und dieses Geld hat er nur in einer gut funktionierenden Marktwirtschaft zur Verfügung." Die Gegenposition lautet: „Das sehe ich anders. Die Marktwirtschaft führt automatisch zu sozialer Ungerechtigkeit. Die Reichen werden immer reicher und die Armen immer ärmer." Die Befragten werden aufgefordert zu sagen, welcher der beiden Positionen sie eher zustimmen. Wie Grafik 2 zeigt sind die Anhänger der bürgerlichen Parteien in dieser Frage gespalten. Jeweils etwa die Hälfte stimmt der ersten und der zweiten Position zu, wobei die FDP-Anhänger mit 46 Prozent noch am ehesten die Meinung vertreten, dass Marktwirtschaft soziale Gerechtigkeit erst ermöglicht. Umgekehrt sagen deutliche Mehrheiten von 57 und 66 Prozent der SPD- und Linke-Anhängern, ihrer Ansicht nach führe Marktwirtschaft automatisch zu sozialer Ungerechtigkeit. Nur vergleichsweise kleine Minderheiten von 28 bzw. 18 Prozent widersprechen ausdrücklich. Die Grünen-Anhänger befinden sich in dieser Frage in der Mitte zwischen diesen beiden Blöcken. 47 Prozent von ihnen stimmen der zweiten Position zu, nicht viel mehr als bei den Anhängern von CDU/CSU und FDP, die erste Position vertritt immerhin ein Drittel der Grünen-Anhänger. Damit zeigen sich die Grünen zwar mehrheitlich skeptisch gegenüber der Marktwirtschaft, doch in dieser Frage hätte eine schwarz-grüne Koalition weniger Spannungen auszuhalten als eine große oder gar eine sozialliberale Koalition.

Grafik 2:   Einstellung zur Marktwirtschaft: Die Grünen liegen näher an CDU/CSU
               und FDP als die SPD

Frage: „Hier unterhalten sich zwei über Marktwirtschaft und soziale Gerech-
               tigkeit. Wer von beiden sagt eher das, was auch Sie denken, der obere
               oder der untere?" (Vorlage eines Dialog-Bildblattes)

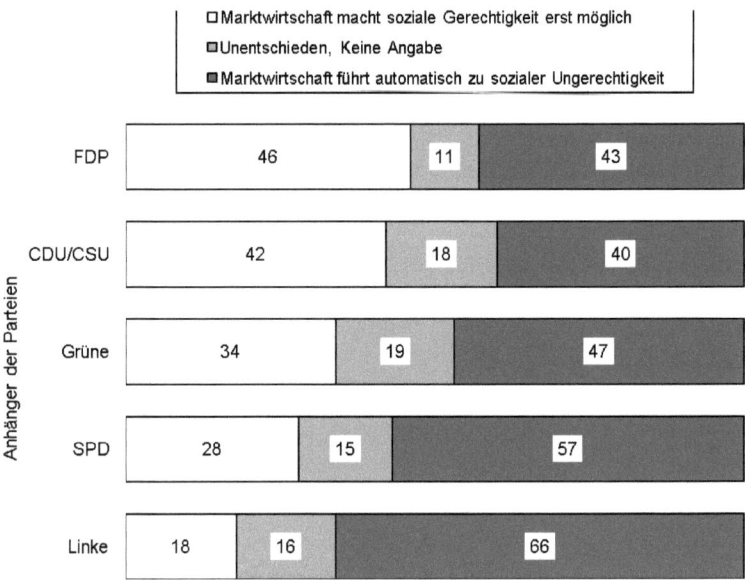

Quelle: Allensbacher Archiv, IfD-Umfrage Nr. 10029, November 2008

Ähnlich fällt das Ergebnis einer Frage aus, bei der die Einstellung zu den konkur-
rierenden Grundwerten Freiheit und Gleichheit ermittelt wurde. Auch hierbei
handelt es sich um eine Dialogfrage nach dem eben beschriebenen Muster. Das
erste zur Auswahl gestellte Argument lautet: „Ich finde Freiheit und möglichst
große Gleichheit, soziale Gerechtigkeit eigentlich beide wichtig, aber wenn ich
mich für eines davon entscheiden müsste, wäre mir die persönliche Freiheit am
liebsten, dass also jeder in Freiheit leben und sich ungehindert entfalten kann."
Dagegen wurde die folgende Aussage gestellt: „Sicher sind Freiheit und Gleichheit, soziale Gerechtigkeit wichtig. Aber wenn ich mich für eines davon entscheiden müsste fände ich eine möglichst große Gleichheit am wichtigsten, dass also

niemand benachteiligt ist und die sozialen Unterschiede nicht so groß sind." In dieser Frage, die eine Grundsatzentscheidung von großer gesellschaftlicher Bedeutung betrifft,[21] liegen die Grünen sogar näher an der CDU/CSU als an der SPD. Während die Anhänger von SPD und Linkspartei sich mit deutlichen Mehrheiten für die Gleichheit entscheiden, stimmt eine relative Mehrheit der Grünen-Anhänger zusammen mit den meisten Parteigängern von Union und FDP für die Freiheit (Grafik 3).

Grafik 3:   Freiheit oder Gleichheit? Die Grünen liegen zwischen dem linken und dem bürgerlichen Lager

Frage: „Hier unterhalten sich zwei, was letzten Endes wohl wichtiger ist, Freiheit oder möglichst große Gleichheit, soziale Gerechtigkeit. Wenn Sie das bitte einmal lesen. Welcher von beiden sagt eher das, was auch Sie denken?"

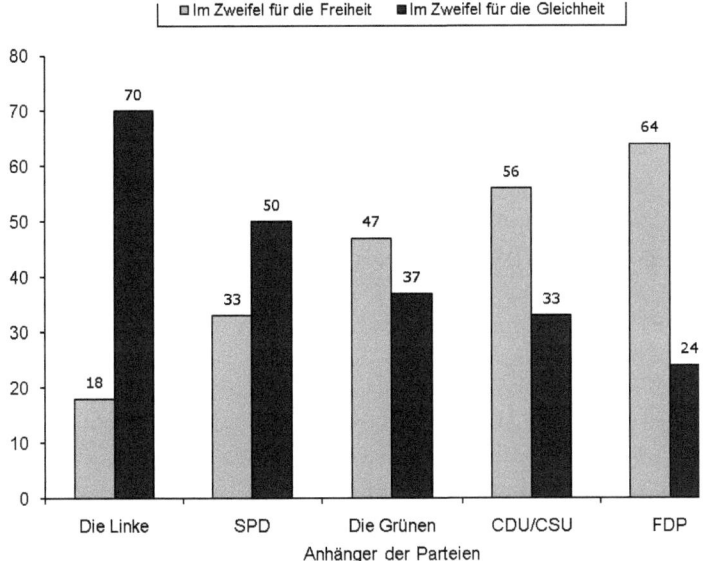

An 100 fehlende Prozent: Unentschieden oder keine Angabe.
Quelle: Allensbacher Archiv, IfD-Umfrage Nr. 10023, Juli 2008

Auch programmatisch lässt sich durchaus eine Annäherung zwischen den Unionsparteien und den Grünen beobachten, wobei vor allem die Grünen in den letzten zwei Jahrzehnten eine deutliche Wandlung durchgemacht zu haben scheinen. Der Politikwissenschaftler Thomas Bräuninger hat im Jahr 2008 eine umfangreiche Inhaltsanalyse der Wahlprogramme der Parteien vor Landtagswahlen seit Anfang der 1990er Jahre durchgeführt und für jedes Wahlprogramm festgestellt, in welchem Maße es als wirtschaftspolitisch links oder rechts sowie als gesellschaftspolitisch „progressiv" oder „konservativ" einzuordnen ist. Aus der Publikation der Ergebnisse in der „Politischen Vierteljahresschrift" geht nicht hervor, wie genau die Kategorien „links-rechts" und „progressiv-konservativ" definiert waren, doch da für alle Programme dasselbe Verschlüsselungsschema angewandt wurde, sind die Ergebnisse dennoch sehr aussagekräftig. Sie sind in Grafik 4 in vereinfachter Form am Beispiel Baden-Württembergs wiedergegeben. Man erkennt, dass sich die Parteien in der Zeit von 1992 bis 2006 aufeinander zubewegt haben. Nicht gleichmäßig, und auch nicht ausnahmslos, es gab in der Zwischenzeit auch Gegenbewegungen, die aus Gründen der Übersichtlichkeit hier nicht dargestellt, aber in Bräuningers Artikel dokumentiert sind. Doch alles in allem ist die Entwicklung eindeutig. Bräuninger schreibt: „Koalitionspolitisch auffällig ist der Weg zu wirtschaftspolitisch moderateren Positionen bei den Baden-Württembergischen Grünen. Gab es bereits nach den Landtagswahlen 1992 schon - letztlich erfolglose - Sondierungsgespräche zwischen den dort als ‚strukturkonservativ' geltenden Grünen und dem CDU-Landesverband, so gilt [..., heute, T. P.] die Bildung einer schwarz grünen Koalition in Baden-Wüttemberg als nicht unwahrscheinlich"[22]. Tatsächlich scheinen die Grünen nach dieser Analyse programmatisch von der Union nicht wesentlich weiter entfernt zu sein als von der SPD, in wirtschaftspolitischen Fragen stehen sie ihr sogar erheblich näher. Zu in der Tendenz ähnlichen, wenn auch nicht ganz so eindrucksvollen Ergebnissen kommt Bräuninger auch bei der Analyse der Bremer Wahlprogramme.[23] Franz Urban Pappi kommt in einer anderen Untersuchung mit ähnlichen Analysemethoden alles in allem ebenfalls zu dem Ergebnis, dass in wirtschaftspolitischen Fragen der Unterschied zwischen den Grünen und der CDU/CSU deutlich geringer ist als bei gesellschaftspolitischen Themen.[24]

Grafik 4: Die programmatischen Positionen der Parteien in Baden-Württemberg 1992 und 2006

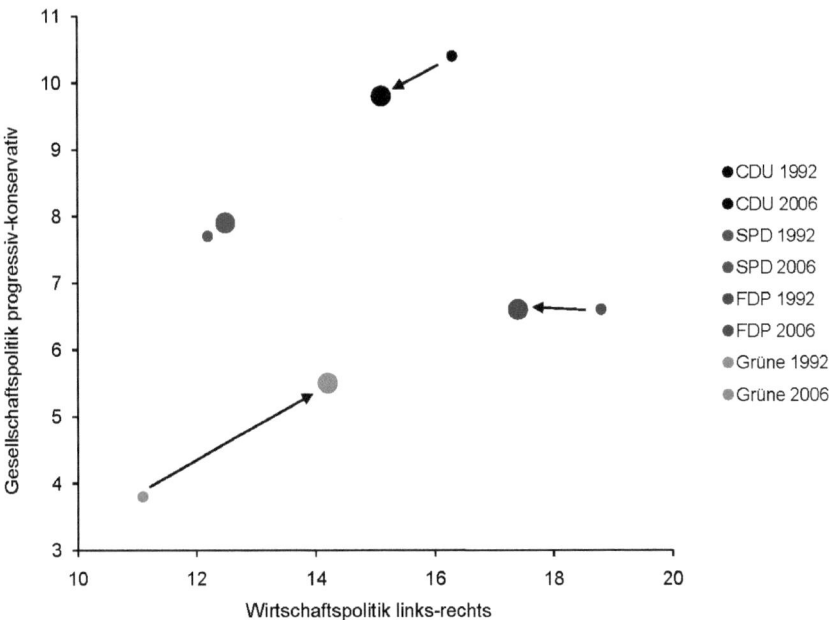

Quelle: Bräuninger 2008, S. 322; eigene, vereinfachte Darstellung

Anscheinend wird diese Veränderung von der Bevölkerung auch wahrgenommen. Im Jahr 1994 ließ das Institut für Demoskopie Allensbach in einer Repräsentativumfrage die Parteien auf einer hundertstufigen Links-Rechts-Skala einstufen, wobei 0 extrem links und 100 extrem rechts bedeutete. Damals ordneten die Befragten die CDU/CSU und die FDP durchschnittlich auf den Stufen 66 bzw. 56 ein, also etwas rechts von der Mitte. Die SPD wurde mit dem Wert von 39 knapp links von der Mitte platziert, die Grünen mit 32 deutlich links. Als die Frage im Jahr 2009 wiederholt wurde, hatte sich an der Einschätzung der CDU/CSU praktisch nichts geändert, SPD und FDP wurden nun etwas weiter rechts eingestuft als fünfzehn Jahre zuvor. Die größte Veränderung war aber bei den Grünen zu verzeichnen. Sie nahmen mit dem Durchschnittswert von 39 nun die Stelle ein, die eineinhalb Jahrzehnte vorher aus Sicht der Bevölkerung noch die SPD besetzte, waren also deutlich an die Mitte herangerückt (Grafik 5).

Grafik 5:   Einordnung der Parteien auf der Links-Rechts-Skala: Aus Sicht der
            Bevölkerung sind die Grünen der Mitte näher gerückt

Frage: „Parteien werden ja manchmal danach eingeteilt, ob sie links, in der
            Mitte oder rechts stehen. Ich habe hier ein Bildblatt, auf dem ein Band-
            maß aufgezeichnet ist. Könnten Sie danach einmal sagen, für wie weit
            links oder wie weit rechts Sie die folgenden Parteien halten?"

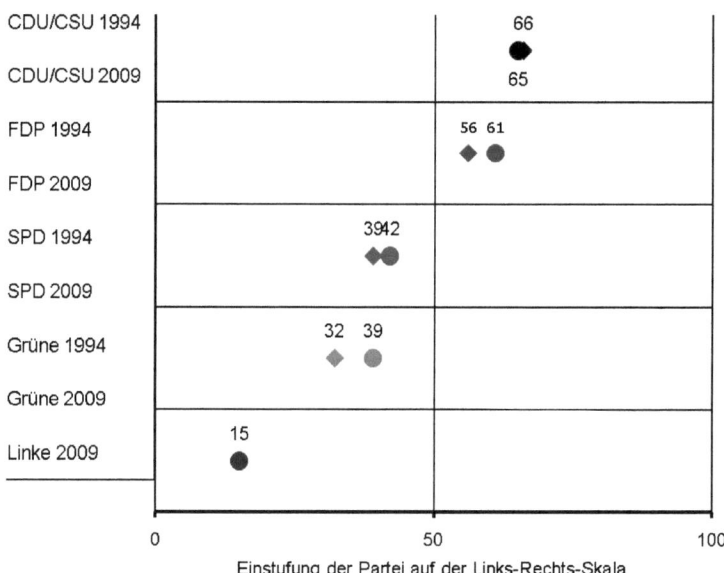

Quelle: Allensbacher Archiv, IfD-Umfragen Nr. 7056, 10046

Passend hierzu ist in den letzten Jahrzehnten auch die Zahl der CDU-Anhänger,
die sich vorstellen können, auch einmal die Grünen zu wählen, deutlich gestiegen
und umgekehrt. Während noch im Jahr 2000 nur 2 Prozent der Parteigänger der
Union sagten, unter Umständen kämen auch die Grünen für eine Wahl in Frage,
waren es im Jahr 2010 immerhin 9 Prozent. Bei den Grünen-Anhängern ist die
Wandlung noch etwas deutlicher: Im Jahr 2000 hielt keiner von ihnen die
CDU/CSU für wählbar, im vergangenen Jahr waren es 12 Prozent.
    Doch eben diese Zahlen zeigen auch, dass die Anhänger von CSU/CSU auf
der einen und der Grünen auf der anderen Seite sich zwar nicht mehr mit der

unversöhnlichen Feindseligkeit betrachten, die das gegenseitige Verhältnis noch vor ein, zwei Jahrzehnten kennzeichnete, dass sie letztlich aber immer noch, wie es Renate Köcher 1995 ausdrückte, „Welten" trennen. Denn der Umstand, dass inzwischen ein Zehntel der CDU/CSU- und der Grünen-Anhänger die jeweils andere Seite für wählbar hält, bedeutet natürlich auch, dass diese Option für die verbleibenden neun Zehntel noch immer indiskutabel ist. Die bereits oben beschriebene Frage nach der Rangordnung der Parteisympathien zeigt, dass die Grünen-Anhänger nach wie vor mit einer klaren Mehrheit auf die SPD als möglichen Koalitionspartner fixiert sind: 56 Prozent setzen die Sozialdemokraten an die zweite Stelle. Dann folgt mit 19 Prozent die Linkspartei. Die CDU/CSU ist, von 17 Prozent der Grünen-Anhänger als zweitliebste Partei genannt, damit nur die dritte Wahl (Tabelle 1). Rechnet man die Anteile der Grünen-Anhänger, die die SPD oder die Linke als zweitsympathischste Partei nennen, zusammen kommt man auf einen Wert von 75 Prozent. Drei Viertel der Grünen-Anhänger fühlen sich damit anscheinend nach wie vor eindeutig dem linken Lager zugehörig. Umgekehrt sind auch die Grünen für die Unionswähler die dritte Wahl (Tabelle 2). Dass die Berührungsängste in den letzten Jahren etwas geringer und die Überschneidungen der Parteianhängerschaften ein wenig größer geworden sind, lässt die Gegnerschaft im Kern anscheinend unberührt. Es ist, als seien die Ränder der Parteien ein wenig aufgeweicht, aber eine wirklich grundsätzliche Veränderung der Sichtweise auf die andere Seite ist bisher nicht zu erkennen.

Tabelle 1: Parteisympathie: Welche Parteien die Anhänger der Grünen an die zweite Stelle setzen

	1990* %	2000 %	2010 %
SPD	83	75	56
PDS / Die Linke	-	11	19
CDU/CSU	4	1	17
FDP	10	8	8
Andere Partei	3	5	-
	100	100	100
n =	106	105	377

* 1990 nur Westdeutschland. Basis: Grünen-Wähler
Quelle: Allensbacher Archiv, IfD-Umfragen Nr. 5036, 6099, 10062

Tabelle 2:   Parteisympathie: Welche Parteien die Anhänger der CDU/CSU an
                die zweite Stelle setzen

	1980	1990	2000	2010
	%	%	%	%
FDP	53	60	50	43
SPD	41	33	40	37
Die Grünen	6	4	4	16
PDS / Die Linke	-	-	2	4
Andere Partei	-	3	4	-
	100	100	100	100
n =	533	836	747	523

Quelle: Allensbacher Archiv, IfD-Umfragen Nr. 3192, 5036, 6099, 10062

Wie groß vor allem auf der Seite der Grünen-Anhänger die Abneigung gegenüber der CDU ist, zeigt sich besonders deutlich an den Ergebnissen einer Repräsentativumfrage unter der Hamburger Bevölkerung, die das Institut für Politikwissenschaft der Universität Hamburg im Vorfeld der Bürgerschaftswahl 2008
unternahm, also eben jener Wahl, aus der schließlich die erste schwarz-grüne
Landesregierung hervorgehen sollte. In dieser Umfrage wurde die Frage gestellt:
„Einmal angenommen, nach der Bürgerschaftswahl gäbe es nur drei Möglichkeiten, eine Regierung zu bilden, nämlich durch eine Koalition aus SPD, den Grünen
und der Linkspartei oder durch eine schwarz-grüne Koalition oder durch eine
große Koalition aus CDU und SPD. Welche der drei Möglichkeiten würden Sie
dann bevorzugen?" Die CDU-Anhänger bevorzugten unter diesen Bedingungen
mit 42 Prozent die große Koalition vor einer schwarz-grünen Koalition, für die
sich 29 Prozent aussprachen. Bemerkenswert ist das Antwortverhalten der Grünen-Anhänger. Sie entschieden sich mit einer deutlichen Mehrheit von 53 Prozent
für ein Bündnis mit SPD und der Linken. An zweiter Stelle der Präferenz folgte
dann, genannt von 29 Prozent, die große Koalition, also eine Regierungskonstellation, an der die eigene Partei gar nicht beteiligt gewesen wäre. Lediglich 12
Prozent sprachen sich für ein schwarz-grünes Bündnis aus (Tabelle 3). Das heißt,
im Zweifel zogen die Grünen Anhänger die Opposition einer Regierungsbeteiligung unter Führung der CDU vor. An diesem Ergebnis wird deutlich, dass an
der Basis der Grünen die Abneigung gegenüber der CDU/CSU weit größer ist als
es in der Berichterstattung zur damaligen Hamburg-Wahl zum Ausdruck ge-

kommen ist. Vermutlich ist sie auch größer als in der Führungsspitze der Partei. Als nach der Baden-Württembergischen Landtagswahl 2006 Sondierungsgespräche zwischen der CDU und den Grünen nach wenigen Tagen ergebnislos abgebrochen wurden, konnte man in manchen Medien lesen, die Gespräche seien gescheitert, weil ein solches Bündnis der CDU-Basis nicht zu vermitteln gewesen sei (z.B. Schwarz-Gelb im Ländle 2006). Angesichts dieses Umfrageergebnisses drängt sich die Frage auf, ob diese Deutung nicht die Lage auf den Kopf stellt: Vermutlich sind schwarz-grüne Bündnisse der Grünen-Basis erheblich schwerer zu vermitteln als der der CDU.

Tabelle 3: Kurz vor der Hamburger Bürgerschaftswahl 2008: Grünen-Anhänger zogen die Opposition einem schwarz-grünen Bündnis vor

Frage: „Einmal angenommen, nach der Bürgerschaftswahl gäbe es nur drei Möglichkeiten, eine Regierung zu bilden, nämlich entweder durch eine Koalition aus SPD, den Grünen und der Linkspartei oder durch eine schwarz-grüne Koalition oder durch eine große Koalition aus CDU und SPD. Welche der drei Möglichkeiten würden Sie dann bevorzugen?"

	Befragte insgesamt	Anhänger der		
		CDU	SPD	Grünen
	%	%	%	%
SPD / Grüne / Linke	25	-	45	53
Schwarz-Grün	25	29	20	12
Große Koalition	36	42	35	29
Unentschieden / Keine Angabe	14	29	-	6
	100	100	100	100

Quelle: Universität Hamburg, Institut für Politikwissenschaft, Repräsentativumfrage unter der Hamburger Bevölkerung Dez. 2007 / Jan./Feb. 2008

Es ist auffällig, dass die programmatische Bewegung zur Mitte, die in den Inhaltsanalysen der Wahlprogramme der Grünen zumindest in einigen Politikbereichen festgestellt werden konnte, und die, wie gesehen, auch die Wahrnehmung der Partei in der Bevölkerung beeinflusst, nicht von einer vergleichbaren Positionsänderung der Grünen-Anhänger selbst begleitet wird. So stufen sich die

Anhänger der Grünen auf der politischen Links-Rechts-Skala zwar näher zur
Mitte ein als sie vom Durchschnitt der Bevölkerung wahrgenommen werden,
doch dieses Muster ist bei den Anhängern aller Parteien zu beobachten und es ist
auch nicht auf die Frage nach der politischen Orientierung beschränkt: Bei Selbst-
auskünften neigt die Bevölkerung generell stark dazu, sich an der Mitte einer
vorgegebenen Skala zu orientieren.[25] Wichtiger ist der Befund, dass die Grünen-
Anhänger in ihrer politischen Selbsteinschätzung im Verlauf der letzten zwei
Jahrzehnte weniger deutlich nach rechts gerückt sind als dies von der Bevölkerung angenommen wird (Grafik 6).

Grafik 6:   Selbsteinstufung der Parteianhänger auf der Links-Rechts-Skala:Die
               Position der Grünen-Anhänger hat sich weniger verändert als das
               Image der Partei

Frage: „Parteien werden ja manchmal danach eingeteilt, ob sie links, in der
               Mitte oder rechts stehen. Ich habe hier ein Bildblatt, auf dem ein Band-
               maß aufgezeichnet ist. Wie würden Sie Ihren eigenen politischen
               Standort beschreiben, wo auf diesem Bandmass würden Sie sich selbst
               einstufen?"

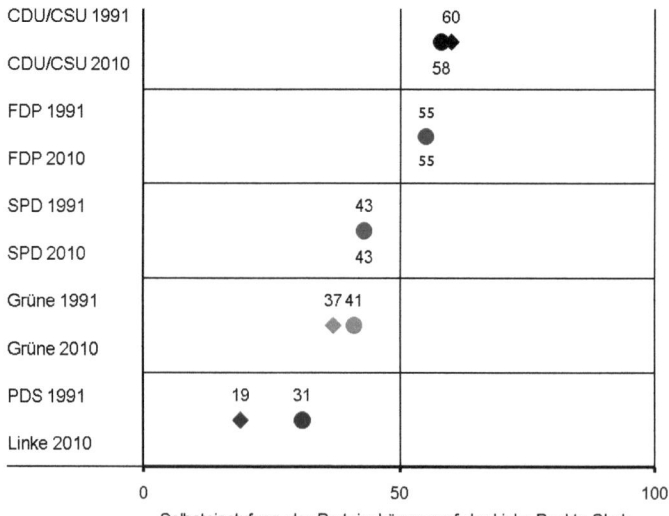

Quelle: Allensbacher Archiv, IfD-Umfragen Nr. 5047, 9011, 10063

Betrachtet man alle diese Ergebnisse gemeinsam, so kann man festhalten, dass zwar eine gewisse Annäherung von CDU/CSU und den Grünen festzustellen ist, doch diese Annäherung geht langsam und auf niedrigem Niveau vonstatten. Die offensichtliche gegenseitige Abneigung und die kulturellen Gräben, die beide Parteien trennen, mögen etwas weniger tief geworden sein, doch bis auf weiteres werden sie das dominierende Element der gegenseitigen Wahrnehmung bleiben. Betrachtet man die programmatische Diskussion auf der Seite der CDU, so scheinen auch nur wenige Teilnehmer der Debatte Schwarz-Grün als wirklich zukunftsweisende Perspektive anzusehen. Symptomatisch ist hier ein Aufsatz von Wolfgang Bergsdorf in der von der Konrad-Adenauer-Stiftung herausgegebenen Zeitschrift „Die Politische Meinung" über die künftigen Koalitionsoptionen im Bund aus dem Jahr 2009: Ausführlich beschäftigt sich Bergsdorf mit der Möglichkeit eines Linksbündnisses aus SPD, den Grünen und der Linkspartei, intensiv beleuchtet er die Rolle der FDP, selbst den Freien Wählern wird eine längere Passage gewidmet.[26] Die schwarz-grüne Option wird dagegen mit einem Satz abgehandelt: Hier fehle es noch an Erfahrungswerten auf Landesebene. Im darauffolgenden Satz wird das Wort „Kurzzeit-Koalition" indirekt auch auf das Bündnis in Hamburg angewandt, ohne es beim Namen zu nennen,[27] damit ist das Thema abgehakt. „Kurzzeit-Koalition." Der Begriff steht für eine rein taktische Betrachtung der Möglichkeit schwarz-grüner Zusammenarbeit, von einer Zukunftsvision ist keine Rede. Es sieht danach aus, als würde sich daran noch eine ganze Zeit lang nichts ändern.

Endnoten

[1] Konrad Adam: Ein abgeschlossenes Projekt. Jenseits von Links und Rechts, in: What's left. Prognosen zur Linken, Berlin 1993, S. 7-52, S. 52.

[2] Vgl. Elisabeth Noelle-Neumann: Die linken und die rechten Werte. Ein Ringen um das Meinungsklima, in: Karl Graf Ballestrem/Henning Ottmann (Hrsg.): Theorie und Praxis. Festschrift für Nikolaus Lobkowicz zum 65. Geburtstag, Berlin 1996, S. 244-267. Noelle-Neumann, Elisabeth: A Shift from the Right to the Left as an Indicator of Value Change: A Battle for the Climate of Opinion, in: International Journal of Public Opinon Research 10/1998, S. 317-334.

[3] Vgl. Norberto Bobbio: Die Linke und ihre Zweifel. Eine Bestandsaufnahme, in: What's left. Prognosen zur Linken, Berlin 1993, S. 9-24, S. 9.

[4] Per Hinrichs/René Pfister: Erhobenen Hauptes, in: Der Spiegel vom 03. März 2008, S. 52-53, S. 52.

[5] Vgl. „Unsere Arme sind weit geöffnet.", in: Handelsblatt vom 10. Januar 2011, S. 12-13.

⁶ Vgl. Jan Fleischhauer: Warum Grün nicht das neue Gelb ist, in: www.spiegel.de vom 17. Januar 2011; Wolfgang Clement: Das autoritäre Gen der Grünen, in: Handelsblatt vom 11. Januar 2011, S. 11.

⁷ Renate Köcher: Blendendes Farbenspiel. Die Anhänger von CDU und den Grünen trennen Welten, in: Frankfurter Allgemeine Zeitung vom 08. Februar 1995, S. 5.

⁸ Vgl. Ulrich Eith: Volksparteien unter Druck. Koalitionsoptionen, Integrationsfähigkeit und Kommunikationsstrategien nach der Übergangswahl 2009, in: Karl-Rudolf Korte (Hrsg.): Die Bundestagswahl 2009. Analysen der Wahl-, Parteien-, Kommunikations- und Regierungsforschung. Wiesbaden 2010, S. 117-129.

⁹ Vgl. Tim Spier: Das Ende der Lagerpolarisierung? Lagerübergreifende Koalitionen in den deutschen Bundesländern 1949-2009, in: Korte (Hrsg.): Die Bundestagswahl 2009, S. 296-317, S. 303.

¹⁰ Vgl. Oskar Niedermayer: Bürger und Politik. Politische Orientierungen und Verhaltensweisen der Deutschen. Wiesbaden 2005, S. 83.

¹¹ Vgl. Thomas Petersen: Das Potential der Volksparteien. Nicht nur Stammwähler und Randwähler bestimmen die Aussichten, in: Frankfurter Allgemeine Zeitung vom 30. September 2009, S. 5.

¹² Vgl. Rüdiger Schmidt-Beck: Politische Kommunikation und Wählerverhalten. Ein internationaler Vergleich, Wiesbaden 2000, S. 137-141.

¹³ Vgl. Wolfgang Rudzio: Das politische System der Bundesrepublik Deutschland, Wiesbaden 2006, S. 181-193.

¹⁴ Vgl. Gabriel Almond/Sidney Verba: The Civic Culture. Political Attitudes and Democracy in Five Nations, Princeton 1963, S. 429.

¹⁵ Vgl. Per Hinrichs/Gunther Latsch: Gefährliche Umarmung, in: Der Spiegel vom 11. Februar 2008, S. 34-35; Per Hinrichs/René Pfister: Erhobenen Hauptes, in: Der Spiegel vom 03. März 2008, S. 52-53.

¹⁶ Vgl. René Pfister: Zurück zu den Wurzeln, in: Der Spiegel vom 31. März 2008, S. 27-28.

¹⁷ Vgl. Matthias Bartsch: In der Steilkurve, in: Der Spiegel vom 14. April 2008, S. 39

¹⁸ Vgl. Per Hinrichs: Der geschmeidige Freiherr, in: Der Spiegel vom 21. April 2008, S. 32-33.

¹⁹ Vgl. Matthias Bartsch: „Dann sagen wir nix.", in: Der Spiegel vom 25. Februar 2008, S. 20-24; Matthias Bartsch: Partei der Erdbeben, in: Der Spiegel vom 10. März 2008, S. 24-29.

²⁰ Per Hinrichs/Gunther Latsch: Gefährliche Umarmung, in: Der Spiegel vom 11. Februar 2008, S. 34-35, S. 35.

²¹ Vgl. Thomas Petersen/Tilman Mayer: Der Wert der Freiheit. Deutschland vor einem neuen Wertewandel?, Freiburg 2005.

²² Thomas Bräuninger: Der Einfluss von Koalitionsaussagen, programmatischen Standpunkten in der Bundesrepublik auf die Regierungsbildung in den deutschen Ländern, in: Politische Vierteljahresschrift 49 (2008), S. 309-338, S. 323.

²³ Vgl. ebd., S. 322.

²⁴ Vgl. Franz Urban Pappi: Regierungsbildung im deutschen Fünf-Parteiensystem, in: Politische Vierteljahresschrift 50 (2009), S. 187-202.

²⁵ Vgl. Thomas Petersen: Das Feldexperiment in der Umfrageforschung, Frankfurt am Main 2002, S. 213-216.

[26] Vgl. Wolfgang Bergsdorf: Wer mit wem? Koalitionsperspektiven im Wahljahr 2009, in: Die Politische Meinung 473/2009, S. 45-48, S. 48.

[27] Vgl. ebd., S. 47.

Tilman Mayer

Zu Phantasie und Realität einer Patchworkkoalition

Eine Koalition einzugehen ist nicht das Problem. Auffällig ist die Phantasie, die sich in der Öffentlichkeit damit verbindet. Denn es kommt mit Schwarz-Grün zusammen, was nicht zusammen gehört, einerseits. Andererseits ziehen sich Gegensätze an. Man kommt miteinander aus, auf Zeit. Machtarithmetisch bedingt. Über Lagergrenzen hinweg. Und eben darin liegt der Reiz – sicherlich. Aber dieser Reiz vergeht: Schwarz-Grün ist eine Verbindung dritter Wahl. Sich hier in Phantasien zu verlieren ist naiv. Trotzdem: Warum sollte eine solche Koalition nicht funktionieren, wenn sie sein muss? Muss! Wenn nichts mehr geht, geht Schwarz-Grün. Dann eben doch.

Dennoch: Vieles steht einem derartigen – reizvollen wie reizbaren – Bündnis entgegen. Lagergrenzen existieren einfach; die Grünen stehen links davon, die CDU rechts davon. Befragte ordnen sich eindeutig auf der sogenannten Links-Rechts-Skala ein. Erkennbar bleiben Unterschiede und zwar Lagerunterschiede: Identitäten, Präferenzen, Richtung, Politikfeldspektrum, Sozialisation: alles bleibt different. Gemeinsamkeit kommt neuerdings auf, wenn von Bürgerlichkeit und sog. „neuer Bürgerlichkeit" die Rede ist. Bürgerliche Berufe bedeuten dabei jedoch keineswegs eine bürgerliche Einstellung, sogar gerade nicht, neubürgerlich gedacht. Lieber gepierct im Ohr als Krawatte um den Hals – so lässt es sich immer noch gern zuspitzen –, bloß nicht elitär, nur nicht förmlich auftreten. Besser ein alternatives Outfit – und dabei oft egalitärer scheinen als sein. Das jeweilige Lebensgefühl von Grün und von Schwarz ist ein anderes. Ein gemeinsamer Theaterbesuch eint noch nicht. Sorge um die Umwelt ok, aber mit welcher Verve: gegen den „Atomstaat", wie seit den 1970er Jahren die Grünen, oder die institutionell verankerte Umweltpolitik seit Walter Wallmann? Verhältnis zu Wachstum, Fortschritt, zur eigenen Kultur, Nation: grünes Brachland. Aber bei Schwarz sind nun die Abschaffung der Wehrpflicht und die Energiewende angesagt. Es bewegt sich etwas. Phantasie kommt auf.

Doch gibt es eine unpolitische Neigung in der grünen Anhängerschaft. Sie ist mehr als Bewegung zu charakterisieren, immer noch gegen sog. Etablierte, auch wenn die zur Partei gewordene Bewegung etabliert ist, ja regiert. Aber der oppositionelle *touch* ist da. Man muss gegen so vieles sein in dieser Gesellschaft. Und wenn es sein muss, Regierung hin oder her, kann auch bürgerinitiativ Radikalisierung stattfinden. Das Weltveränderungspathos vergangener Jahrzehnte schwelt fort. Gesellschaftskritik ist abrufbar. Doch der frühere Generationengegensatz ist relativiert, schon deshalb, weil man selbst ja in die ältere Altersklasse einrücken musste, auch wenn man sich äußerlich kaum verändern will. Regierung ja, wenn es sein muss, obgleich Bürgerinitiativen und Nichtregierungsorganisationen viel attraktiver sind. Aber Friedenspolitik und Entwicklungspolitik sind wichtig. Und vor Ort die Umweltpolitik. Alles andere muss sich eher rechtfertigen. Stimmen muss das grüne Lebensgefühl – das man sich allerdings erst einmal leisten können muss! Es ist das Lebensmodell einer Mittelklasse, deren Majorismus als verbindlich, Meinungsklima prägend vermittelt wird, besonders im Journalismus und in sog. Intellektuellenkreisen. Dieses Klima bedeutet, dass „man" Wachstum, Konsumismus, Industrialisierung skeptisch zu sehen hat und dass Entschleunigung angesagt ist.

Wer grün sozialisiert wurde, kann sich sicherlich über eine Pizza-Connection mit der anderen Seite treffen. Das toskanische Lebensgefühl – freier Blick zum Mittelmeer, unter dem Pflaster liegt der Sand – hat was! Aber der grüne und der schwarze Ideenkreis liegen programmatisch denn doch einfach weit auseinander. Aber bitte, Patchwork ist möglich.

Einem Lager anzugehören heißt nicht, ihm um jeden Preis verhaftet zu sein. Eben deshalb gibt es die grün-schwarze Phantasie. Die grüne Distanz zur SPD ist geringer als zur Union, aber auch sie gibt es natürlich. Und versagt die Sozialdemokratie als Volkspartei, als führende, polare Kraft im linken Lager, entsteht auch hier ein Muss an Neuorientierung. Denn Rot-Rot-Grün strapaziert denn doch, bei aller roten Vergangenheit, die Grüne gelegentlich mit sich tragen. Das „Bündnis 90" hat die West-Grünen schließlich auf einen anderen Kurs gebracht, als er zu Anfang der Grünen bestanden hat.

An dieser Stelle gilt es auch folgende Charakterisierung festzuhalten: Schwarz-Grün ist auf Bundesebene denkmöglich, weil die alten Gegensätze des Ost-West-Konflikt-Zeitalters nicht mehr innenpolitisch trennend wirken. Systemgegensätze, etwa eine antiamerikanische Stimmung oder eine pazifistische Äquidistanz zu den Weltmächten, belasten nicht mehr; sie wurden abgebaut. Um das klar herauszustreichen: Die Grünen von heute haben – unfreiwillig – abgerüstet; der alte neomarxistische Anstrich, bürgerlich zu sein, also das letzte, ist heute passé. Noch mehr ist zu betonen und selten ausgesprochen: Die Grünen haben sich im Laufe der Jahrzehnte klar nach rechts bewegt, was eigentlich einen

Vorwurf in der politischen Kultur der Bundesrepublik bedeutet, hier aber lediglich auf der Links-Rechts-Skala heißt, einen Weg in die Mitte eingeschlagen zu haben – und das erfolgreich, muss man sagen. Die Grünen heute haben also eine deutliche Selbstkorrektur hinter sich, z.T. nicht freiwillig, wenn man an sozialistische Anwandlungen denkt, die viele bewegt haben, ihnen aber – „Wir sind das Volk" – abgewöhnt wurden. Die Vergangenheit war weniger grün als rot, was sich auf die Literatur bezogen leicht nachweisen lässt.

Die wachsende Akzeptanz der neubürgerlichen Grünen in der Mitte des politischen Spektrums, obgleich noch im linken Lager angesiedelt, hat weitere beachtliche Gründe. Sprechen wir über die kulturelle Hegemonie. Dass bei der Landtagswahl in Baden-Württemberg 2011 neun Direktmandate errungen werden konnten, steht am Ende einer Entwicklung, die bürgerinitiativ begann, die Universitätsstädte erfasste und im journalistischen Milieu noch lange nicht ihr Ende findet, auch wenn dort ein „grüner" Anteil von 40 Prozent, von dem man las, doch bereits viel sagt über den Filter, der das Land überzieht und durch den hindurchzustoßen nicht-grünen Kräften, schwarzen und gelben, immer schwerer gelingt – eines der am meisten beschwiegenen Probleme der deutschen politischen Kultur. Dass der evangelische Kirchentag 2011 in Dresden fast als eine grüne Veranstaltung erscheinen musste, das gehört ins Bild der kulturellen Hegemonie. Beispiele: „Die grüne Dröhnung" (Die Zeit vom 11. November 2010) oder „Alles grün oder was?" (Die Zeit vom 31. März 2011). Damit zeigt sich ein Ergebnis, das im vorpolitischen Raum seinen Anfang nimmt. Wer ihn vernachlässigt, darf sich nicht wundern, wenn andere ernten. Wer nur die Intendanz besetzt, den bestraft das Leben.

Der Abgang vom neomarxistischen „Gedöns" der Anfangszeit hat die Grünen Einsatz gekostet, aber die grüne Karawane zog weiter und ließ viele Streitrösser turbulenter Tage zurück. Die KP-Vergangenheit mancher heute noch einflussreicher Personen ist zwar zu memorieren, mehr aber gilt es noch wahrzunehmen, wie sehr man sich im Unterschied zum anderen Lager selbst korrigieren, verändern und mittig nachrüsten musste, um Boden unter die Füße zu bekommen – den man allerdings jetzt reichlich hat. An einer Persönlichkeit wie Jürgen Trittin – dem „Bundeskanzler Trittin" (Wirtschaftswoche vom 31. März 2011) oder dem „Retro-Mann" (Die Welt vom 25. September 2010) – lässt sich vieles aufzeigen, was diesen Weg ausmacht. Er ist mit dem grünen Projekt, das weit draußen im linken Feld stand, mitgelaufen, hinein in die behaglichere Mitte, die er nun heftig, demagogisch talentiert, mitbestimmt. Früher betraf die K-Frage Kommunisten, heute heißt selbst für die Grünen die K-Frage: Kanzlerfrage! Dass sich da einer warm läuft, das war für die Union schon 1998 – zu spät – zu lernen, als sie Lafontaine ignorierte.

Schauen wir uns die Schwarzen einmal näher an. Bevor Schwarz-Grün für Grüne droht, muss man wissen, dass man dort sich gerade gegen die Etablierten und hier besonders gegen die Union zu profilieren gesucht hat und so sozialisiert wurde. Die CDU ist schlicht die andere Seite. Rot-Grün oder gar Grün-Rot heißt die Losung.

Phantasie findet sich mehr bei der Volkspartei CDU als bei den Grünen. Befragte Unionisten sind relativ stark an Grün interessiert – was für sich spricht. Machtpolitisch ist das legitim, denn dadurch wird eine Perspektive des Überlebens an der Macht aufgezeigt. Andererseits, so vehement vorgestellt, bedeutet dies einen Schwachpunkt: Warum denn nicht zuerst auf eigene Kraft und Stärke und argumentative Überlegenheit setzen? Der schielende Blick nach links ist verräterisch. Normalerweise würde man es dem Wahlabend überlassen, offenzulegen, was sich ergibt.

Die Unionswähler und -anhänger besitzen eine Lageridentität. Die politische Kultur der Unionsparteien ist viel stärker verantwortungsethisch angelegt, auch im außenpolitischen Bereich; die der Grünen ist mehr gesinnungsethisch. Pro Umwelt zu sein legitimiert viel. Bei den Grünen gibt es ideologische Flügel, Realos und Fundis, bei der Union gibt es Flügel entlang von volksparteilichen Politik- und Leistungsfeldern. Doch klar ist auch, dass die Identität der Merkel-CDU vagabundiert, was überhaupt das größte Problem dieser Partei aktuell zu sein scheint. Man spricht davon, die Partei sei entkernt. Entideologisierung ist zwar ein Hauptkennzeichen der modernen *catch-all-party*, die ihrem Namen Ehren macht. Aber wo lässt sich diese Partei 2010/2011 identitär verorten? Sicherlich, irgendwo in der Mitte, und etwas rechts davon. Es ist zwar sinnvoll, ein Kanzlerwahlverein zu sein, wenn diese Rechnung aufgeht, aber an sich erwartet die Anhängerschaft auch eine programmatische Sichtbarkeit, die nun, 2011 jedenfalls, von Nebel verhangen bleibt. Wer kümmerte sich um den erwähnten vorpolitischen Raum? Wer sorgt für eine tüchtige Elitenrekrutierung? Wo bleibt die kulturell-hegemoniale Arbeit? Fragen über Fragen, bedenkliche Fragen!

Das grüne Größenwachstum, das die Lagergrenzen zu übersteigen beginnt, setzt die Schwäche der bisherigen Volksparteien voraus, was an anderer Stelle weiterführend diskutiert wurde. Warum das Umweltthema in den Unionsparteien nicht zu einem Flügel ausgebaut wurde, bleibt rätselhaft. Der Anspruch einer Volkspartei liegt unter anderem darin, in sich eine Problemverarbeitungskompetenz entwickelt zu haben, die es ermöglicht, der Gesellschaft klare Ergebnisse zuzuführen. Das blieb aus. Aber immerhin: die energiepolitische Rochade der

Unionsparteien 2011 kann dazu führen, dass das Linksüberholen der Grünen honoriert wird. Zwar gilt das Original immer mehr, aber an der Geschichte des Liberalismus kann bestens abgelesen werden, dass dessen Arsenal sich auf alle Parteien verteilen ließ – und dem verbliebenen organisierten Liberalismus wenig zum Existieren übrig blieb.

Bevor nun auch über die CDU Urteile wie Vorurteile gesammelt werden, ein Hinweis auf die vielfach bemühten Stammwähler, die auch nicht mehr das sind, was sie einmal waren. Nein, vielleicht muss man das anders sehen: Die Stammwähler sind nicht länger Sklaven irgendwelcher Milieus oder Sozialisationen. Sie wollen schlicht ein ihrer nach wie vor bestehenden Richtung angemessenes Politikangebot haben, dem sie zustimmen können. Sie lassen sich nichts mehr abkaufen; nicht die Kohle, die Richtung muss stimmen, sonst richten sie sich selbst neu aus, z.B. effektiv dadurch, dass sie gar nicht wählen, denn sie haben ja keine Partei mehr, zu deren Stamm sie eigentlich gehören wollen. Treu bleiben sie sich dann als Nichtwähler. Zum Wechselwähler wird der Stammwähler, wenn sein durchaus lagerspezifisches Programm alternativ andernorts angeboten wird. Auch dann bleibt er seinem „Stamm" also irgendwie treu. Und diese Lage haben sich die Unionsparteien zu vergegenwärtigen.

Von „Grand Society" ist bei der Conservative Party in Großbritannien konzeptionell die Rede. Neuerdings macht unter Republikanern in den USA ein Buch von David Brooks Furore: „The Social Animal". In Berlin sucht man vergeblich nach einem Politikkonzept der Konservativen, die sich selbst schon gar nicht mehr so nennen wollen. Wer denkt überhaupt voraus in solchen Dingen? Gibt es ein Beratungsgremium, das sich den Kopf zerbricht? Gibt es Think Tanks, die Konzepte in diesem Lager, vielleicht sogar für Schwarz-Gelb gemeinsam bedenken? Rhetorische Fragen. Aber wichtige, decouvrierende. Von nichts kommt nichts. Meistens, wenn man an dieser Stelle der Diskussion angekommen ist, wird das sog. christliche Menschenbild angeführt – so, als ob konfessionelle Fragen aufgeworfen seien und nicht politische.

Auf der anderen, der grünen Seite, ist programmatisch schon immer ein Kessel Buntes, Patchwork, angesagt. Die Grünen sind weniger grün als bunt, was keine Stärke bedeuten muss. Der Union hilft das allerdings nichts. Die Union müsste in die Wiedergewinnung ihrer Strahlkraft investieren, was sie aber nicht tut oder anscheinend kaum kann. Dabei steht nach 1990 ihr Ideenkreis eigentlich gut da; er hat Konservatives, Soziales, Liberales, Nationales unter dem Dach der christdemokratischen Idee gesammelt; die CDU müsste eigentlich damit punkten können.

Ein weiteres Phänomen der Union des 21. Jahrhunderts liegt im freiwilligen Abgang von Führungspersönlichkeiten, was symbolische Bedeutung hat. Der zeitgleiche Rückgang von Wählerstimmen und Rückzug von leitenden Politikern stellt ein Alarmzeichen für die CDU dar. Gerade ein womöglich lagerübergreifendes Bündnis benötigte eine gefestigte Volkspartei. Die Erfahrung mit schwarz-grünen Bündnissen zeigt: Nur gestandene Unionspolitiker können grün. Sonst wird man ausgesaugt. Im Vorfeld von Schwarz-Grün Entspannungspolitik („Wandel durch Annäherung") zu betreiben, könnte sich deshalb – wie damals vor 1989 – als einseitige Annäherung erweisen. Diese Erfahrung musste auch die SPD mit den Grünen machen („Der grüne Vampirismus", Spiegel Online vom 21. Februar 2011). Dem politischen Aderlass wäre also vorzubeugen und zwar durch eine scharfe Analyse der Grünen. „Heimat by Claudia Roth" (Die Welt vom 24. April 2011), ein öko-zentrierter Umbau der Republik, würde Deutschland verändern. Eigenes Profil tut Not. Vor allem, um ein Themenfeld herauszugreifen: Wie lässt sich Energiesicherheit garantieren und zwar aus eigenem technologischem Know-how heraus? Darauf erwartet man eine Antwort von einer großen Volkspartei. Dass es wie in einem Entwicklungsland überhaupt denkmöglich wird, dass es zu Stromabschaltungen kommt, sagt schon viel aus.

Die politischen und ökonomischen Turbulenzen seit 2008 sind objektiv gewaltig und den Flieger durch diese Unwetter hindurchzunavigieren erfordert einiges. Aber in der Politik zählt nun mal nur der Erfolg. Eine Kette von dramatischen Niederlagen, besonders in NRW und Baden-Württemberg, lässt große Zweifel aufkommen. Und es kommt entscheidend auf die Führungen in Demokratien an, in denen Bindungen stets neu erworben und gefestigt werden müssen. Die Flucht ins Grüne ist keine ins Idyll. Überhaupt ist jede Fluchtbewegung schon Symptom der Krise. Auch die Sozialdemokratie hat sich noch nicht von dieser Welt verabschiedet. Und auch dem Liberalismus blieben Aufgaben zu lösen in einer überregulierten Gesellschaft. Koalitionäre Perspektiven!

Kehren wir zurück zur schwarz-grünen Phantasie. Phantasie an die Macht? 68er-Zeiten sind vorbei, und die Verhältnisse ändern sich. In der Bilanz gesehen dreifach. Mit einem schwarz-grünen Bündnis 2013 würde ein Resozialisierungsprozess der Grünen abgeschlossen, d.h. eine Reintegration ehemals radikaler, devianter politischer Kräfte ins Zentrum des gouvernementalen Geschehens in Deutschland. Nach dem Einzug in den Deutschen Bundestag und der ersten Regierungsbeteiligung 1998 käme ein Prozess zum Abschluss, der seinen Ursprung in der 68er Alternativ-Szene fand, die sich über Bewegungen und Bürgerinitiativen und eine Anti-Parteien-Partei äußerte. Dieser Rechtsschwenk zum Realismus bedeutete eine Systemintegration, die schließlich sogar das Phänomen einer neuen Bürgerlichkeit kreierte, also Zustände, von denen man sich 30, 40 Jahre zuvor gerade hatte entfernen wollen. Die Rückkehr führt allerdings nicht zurück in alte Zustände. Die gesamte Gesellschaft hat sich nicht zuletzt eben auch durch diese Entwicklung verändert. Insofern wäre ein schwarz-grünes Bündnis der Abschluss eines politischen Integrationsprozesses. Ob es danach zu einem Niedergang der Union oder der Grünen oder zu einer weiteren Koexistenz kommt, kann noch nicht prognostiziert werden. Das Risiko für die Grünen liegt darin, dass Regierungsbeteiligung für sie zu Abspaltungen führen kann. Der Atomkompromiss des Jahres 2011 stellt eigentlich eine Vision, ein Projekt dar, das eine schwarz-grüne Zusammenarbeit hätte ergeben können. Nun ist diese Idee bereits Wirklichkeit. Insofern stellt sich die Frage nach einer belastbaren schwarz-grünen Vision.

A. Ein schwarz-grünes Bündnis hat auch etwas von dem geschilderten Charakter einer Versöhnung und insofern einer Annäherung. Deshalb löst es vielleicht die erwähnte Phantasie aus.

B. Exkurs: Ein Annäherungsprozess ergibt sich theoretisch auch im rot-roten Parteienspektrum, jedenfalls früher oder später und dort sogar organisatorisch. Die Beendigung der Spaltung der sog. Arbeiterbewegung, die eine Parteienabspaltung in eine extremistische Formation umsetzte, könnte sich ebenfalls als Fernwirkung des Endes des Ost-West-Gegensatzes anbahnen, wenn von den Parteispitzen her eine Annäherung als möglich angesehen wird. Gegenwärtig ist eine derartige Fusion noch Phantasie.

C. Im bürgerlich-konservativen Segment des Parteienspektrums stellt sich am stärksten die Frage, wie eine Wiederannäherung der Nicht-Wähler angegangen werden kann und ob sie möglich ist und ob ein schwarz-grünes Bündnis nicht sogar nochmals desintegrierend wirkt. Wie – und ob! – ein derartiges Bündnis Deutschland voran bringt, das müsste ge- und erklärt werden. Lebensgefühle müssten ineinander greifen können. Ob eine schwarz-grüne Koalition als Wohlfühlkoalition für Deutschland eine passende Option wäre, wäre angesichts des demographischen Wandels und der weltweiten und europäischen Finanzturbulenzen zu erörtern. Vielleicht stellt sich deshalb eine dritte Konstellation ein.

Die Ökologie und alles, was damit zu tun hat, wird längst zum Gemeingut im Parteiensystem. Alle Parteien grünen auf. Für die Union könnte sich – falls die Energiesicherheit tatsächlich gesichert wäre, Belastungen stand hielte und technologisch ein postnuklearer Aufbruch stattfände – der sog. Atomausstieg als Befreiungsschlag erweisen, der ihr dann zu neuer Kraft verhilft. Auch weil sie glaubhafter Ökologie und Ökonomie zusammendenken kann und insofern die besseren Karten in Händen hält. Hieraus ergeben sich Koalitionsoptionen, darunter schwarz-grüne. Eine Koalition einzugehen ist nicht das Problem. Aber nur die Phantasie auf ein Patchwork-Projekt auszurichten, wäre nicht ratsam. „Öko" können viele, regieren schon weniger. Und auf die Spitze kommt es an.

Franz Walter

Riskante Überbürgerlichkeit

Politische Lager bilden sich gesellschaftlich und politisch nicht ohne tieferen Grund. Sie bergen vielmehr lange, prägende historische Erfahrungen der sozialen Gegensätze, vor allem der kulturell aufgeladenen, dadurch von den Akteuren oft genug mit Verbitterung erinnerter Konfrontationen verbunden.[1] Daher sind neue Lagerkonfigurationen keineswegs einfach taktisch herzustellen, nicht allein aus Gründen vermehrter Machtoptionen oder arithmetischer Möglichkeiten von oben einzuleiten.

*

Im Lagerdenken sind viele Aktivisten der CDU/CSU groß geworden. Und es waren keine schlechten Zeiten, die sie dabei erlebten. Denn die Christdemokratie konstituierte, so jedenfalls ihre Eigen-Interpretation, das Lager der Mitte, der Bürgerlichen, der Vernünftigen, all jener grundsoliden Menschen von Ordnung und Recht. Die anderen hingegen waren die Chaoten, die Systemfeinde, Gegner von Moral und Gesittung. Mandatsträger, Funktionäre und Mitglieder der christlichen Union hatten über Jahrzehnte ihr Selbstwertgefühl daraus gezogen, dass sie sich ganz selbstverständlich als Teil und Ausdruck dieser Mitte und Mehrheit der bundesdeutschen Gesellschaft fühlten, auch fraglos fühlen durften. Denn so hatten sie es seit den 1950er Jahren bis weit in die Regierungszeit von Helmut Kohl im Alltag oft genug real erfahren. Die Intellektuellen konnten maliziös lästern, die Journalisten mochten sich über intellektuelle Unzulänglichkeiten der biederen CDU-Anführer kritisch auslassen – das Volk in seiner Majorität schätzte dennoch Rhetorik und Auftritt der Adenauers, Erhards und Kohls, nicht zuletzt gerade *wegen* ihrer Kleinbürgerlichkeit, *wegen* ihres Patriarchalismus, *wegen* ihrer Bindung an Provinz und Brauchtum. Die CDU war *die* Partei der Mitte, *die* Partei des juste milieus, *die* Partei der Mehrheitsmentalität.

Von Adenauer bis Kohl war Wahlkampf für die Lager-Christdemokraten eine klare, im Grunde einfach geschnittene Aufgabe: Man hatte den roten Gegner mit scharf zugeschnittenen Attacken in die Ecke zu treiben und das Bürgertum durch düstere Andeutungen über drohende Gefahren des Chaos und Eigentums-verlusts in Furcht und Schrecken zu setzten.[2] Und man konnte mit großer Zuver-lässigkeit kalkulieren, auf diese Weise die eigenen Reihen zu schließen, das Wahlvolk von der Mitte bis rechts hinter sich zu scharen – und „Sozen", „Grüne", „68er" am Wahlsonntag ordentlich zu demütigen. Das Rezept ging über Jahr-zehnte auf, schien überhaupt probat für ewige Zeiten zu sein. Jedenfalls: Über Jahrzehnte war die Christdemokratische Union eine bemerkenswert weit gefasste und höchst erfolgreiche soziale Allianz, die sich ganz betont in der „Mitte" der Gesellschaft platzierte. Diese Allianz blieb beisammen, da sich alle Segmente des gesellschaftlichen Bündnisses zustimmend in einem Set von Wertewelten wieder-fanden: Religion, Familie, Fleiß, Ordnung, Staatstreue, Heimat etc.[3]

*

Indes: Die Werterebellion der 1960er/70er Jahre, die aus dem akademischen Nachwuchs der bildungsbürgerlichen Mitte hervorging, nagte an diesem Be-stand, unterspülte ihn schließlich im Laufe der folgenden Jahrzehnte. Die neuen Kohorten in der Schicht der „Gebildeten" siedelten sich – erstmals im 19. und 20. Jahrhundert – mehrheitlich im linken Spektrum an, orientierten sich dann ab 1980 zunehmend an den Grünen. Das markierte den ersten Riss im bürgerlichen La-ger. Ein Jahrzehnt später verabschiedeten sich auch die hochagilen, oft nun reli-gions-, heimat- und familienlosen jungen Wirtschaftsbürger von den eher traditi-onalistischen, frommen, ehetreuen und sesshaften Kleinbürgern älterer Facon. So spaltet sich das bürgerliche Lager auf, nach Generationen, Lebensstilen und Wertvorstellungen, welche zuvor doch die Klammer zwischen den Disparitäten bildeten. Eine normative Integrationsformel existierte jetzt nicht mehr, die das neu heterogenisierte Bürgertum noch hätte einigen und christdemokratisch sammeln können.

Das wirkt auf die Politik der Union zurück, der es mehr und mehr misslang, einen Wertebogen vom klassischen Sozialkatholizismus ihres Kolping-Milieus über die verblassende Deutschnationalität älterer Semester bis hin zum betrieb-samen, global changierenden Individualbürgertum der jungen Generation zu schlagen.[4] Und die Union konnte in den Kampagnen, in Wahlkämpfen nicht mehr mit der selbstverständlichen Mehrheitsfähigkeit ihres Wertekanons rech-nen. Im Gegenteil. Gerade explizite Lagerwahlkämpfe gingen jetzt reihenweise verloren. Das wurde schockartig deutlich, als ausgerechnet der Matador der polarisierenden Angriffstechnik im Wahlkampf, Roland Koch, eben damit 2008 seinen Abstieg einleitete, der 2010 in seinen kompletten Ausstieg aus der Politik

mündete. Koch hatte 12 Prozentpunkte verloren und das vor allem in der bürgerlichen Mitte. Je gebildeter sich die Wählerschaft zusammensetzte, desto höhere
Einbußen hatte die CDU zu bilanzieren. Die Mitte hatte sich gewandelt, war jetzt
anders mittig als in den Gründerjahrzehnten der Republik, war differenzierter,
moderner, wohl auch reflexiver in ihren Einstellungen und Verhaltensweisen
geworden, war nicht mehr zuvorderst durch Gefühligkeit, Heimattümelei,
Mittelstandsschmeicheleien, Anti-Sozialismus-Apokalypsen und Herd-Heim-
chen-Heimeligkeiten parteipolitisch zu konditionieren. Nur: Die CDU hatte es
lange nicht wahrgenommen, auch nicht wahrhaben wollen, dass Mitte und Bürgertum nicht mehr selbstverständlich so dachten und handelten wie sie, die
Christdemokraten, selbst. Und als es ihr dämmerte, griff sie in ihrer strategischen
Ratlosigkeit des Eigenen auf die Taktik der asymmetrischen Demobilisierung
zurück. Hatte man selbst Probleme mit der Aktivierung der sympathisierenden
Bataillone, dann musste man eben so vorgehen, dass auch der Gegner nicht in
Aktion zu kommen vermochte.[5]

*

Das traf die Sozialdemokraten. Aber es wurde zur Chance der Grünen. Diese
hatten, anfangs kaum bemerkt, in vielerlei Hinsicht das Erbe der CDU übernommen. Sie standen auf einmal für Kontinuität, auch im Personal, für Stetigkeit und
Berechenbarkeit statt Chaos und Richtungskämpfe, gleichsam so wie die CDU
der Adenauer-Jahre. Und wie die CDU der 1950er Jahre setzten die Grünen auf
Bewahrung, warnten vor den Gefahren des modernen Lebens, bedienten sich
politisch durchaus der Ängste der Mitte. Und: Das „Ö" der Ökologie vermochte
offenkundig die Nachfolge des „C" der Christdemokraten anzutreten. Natur
fungierte als neuer Sinnstifter.[6] Man konnte und kann damit wunderbar konservativ auftreten, ohne dadurch altbürgerlich oder gar reaktionär zu wirken. Natur
ist schützenswert, ist gegen die Hybris der Modernisierungsarchitekten zu verteidigen. Natur, Umwelt, Bio fließen auf diese Weise in eine neue Integrationsformel der mittlerweile gar nicht mehr so neuen Mitte zusammen. Und die Grünen figurieren seither als politische Repräsentantin dieser neuen Bürgerlichkeit.

Inzwischen ist keine Partei in soziologischer Perspektive bürgerlicher als die
Grünen.[7] Ihre Anhänger beziehen in Deutschland die höchsten Gehälter; ihre
Fürsprecher steigen häufiger als alle anderen zu langen und ausgiebigen Ur-
laubsreisen in die Flugzeuge dieser Welt. Die Grünen sind die Partei der Beamten
und Angestellten im höheren öffentlichen Dienst, der Empfänger von E- und
A-15- wie W3-Gehältern. Nur hier kamen sie in etwa auf den (ihnen von vielen

Seiten großmütig attestierten) Umfang einer Volkspartei, soweit man deren Größe – wie früher üblich – bei 40 Prozent plus x ansetzt. Bei den Landtagswahlen in Baden-Württemberg am 27. März 2011 lagen die Grünen in der Gruppe der Beamten mit 35 Prozent klar an der Spitze aller Parteien. Zugleich ist der Anteil von Unternehmern in ihrem Elektorat im Laufe der letzten Jahre signifikant angewachsen. Schon bei den Europawahlen 2004 belegten die Grünen in der Gruppe der Selbständigen den zweiten Platz, hinter der Union, ebenso wie zuletzt in Baden-Württemberg, da sie dort die Stimmen von knapp einem Drittel der Selbständigen erhielten, während sich die klassische Repräsentantin dieser Sozialgruppe in dieser Region, die FDP also, mit 10 Prozent der Voten zu bescheiden hatte.[8] Dagegen fielen die Werte der Grünen in den Quartieren der Arbeiter und Arbeitslosen signifikant ab.

Grob soziologisch betrachtet, stehen die Grünen in der gesellschaftlichen Hierarchie da, wo sich zuvor, schon seit dem 19. Jahrhundert, die Liberalen sicher platziert hatten: in der arrivierten Mitte der besser Gebildeten und besser Verdienenden. Schaut man noch ein Stückchen differenzierter hin, dann wird man gar konstatieren müssen, dass die Grünen mittlerweile mindestens die freidemokratischen Bürger hinter sich gelassen haben, da die grüne Wählerschaft beim Erwerb von hochangesiedelten Bildungszertifikaten weit bessere Ergebnisse erzielen konnte als die Zugehörigen des liberalen Gegenübers, auch der CDU. Bei den formal Hochgebildeten kamen die Grünen zuletzt bei den Landtagswahlen etwa in Baden-Württemberg auf 34 Prozent der Stimmen, die CDU lag drei Prozentpunkte dahinter, während die Freien Demokraten mit 6 Prozent weit abgeschlagen das Schlusslicht unter allen Landtagsparteien bildeten. Bei den formal Niedriggebildeten reüssierten die Grünen mit 13 Prozentpunkten erheblich weniger, blieben weit unter ihrem allgemeinen Landesdurchschnitt; dagegen kam das „altbürgerliche Lager" aus CDU und FDP bei den unterbürgerlichen Schichten mit Hauptschulabschluss (und weniger) auf eine absolute Mehrheit von 54 Prozent. Nur jenseits des Bürgertums waren die Parteien des alten Bürgertums folglich mehrheitsfähig, was in der Tat anzeigt, welche Transformation sich aus historischer Perspektive während der letzten Jahre vollzogen hat, dazu: wie wenig Soziologie hier und Deutung/Zuschreibung dort noch sinnvoll miteinander korrespondieren. Und die Grünen-Wählerschaft zwischen Rostock und Leipzig, also in den „neuen Bundesländern", hat die Bildungsbürgerlichkeit der Ökopartei während der vergangenen Dekade gar ein beträchtliches Stück weiter ausgebaut. Zwischen den Grünen und der Schicht der Arbeiter ist die Fremdheit im Osten hingegen so ausgeprägt wie nirgendwo sonst; in dieser Gruppe haben Künast und Co. weiterhin Mühe, die Fünfprozenthürde zu meistern.

*

Kein Wunder mithin, dass seit Jahren etliche Erhebungen hervorbringen, dass die postmaterialistischen Menschen der Republik im Grunde vollauf zufrieden sind mit den Verhältnissen, mit ihren eigenen gegenwärtigen Lebensumständen, den weiten Zukunftsaussichten für sie selbst. Eine Göttinger Untersuchung zu den Demonstrationen in Stuttgart gegen den unterirdischen Bahnhof brachte 2010 ebenfalls ans Licht, dass es sich hier überwiegend um den Protest hoch saturierter Menschen handelte, die sich mit ihren persönlichen Einkommens-, Wohn- und Freizeitverhältnissen außerordentlich zufrieden zeigten.[9] So zufrieden wie die grüne Klientel ist keine soziokulturelle Lebenswelt sonst in Deutschland. Das ist gut verständlich. Etliche sind verbeamtet. Das Einkommen ist ordentlich und nicht selten besser. Die ausgeübten Berufe sind meist interessant und durchaus selbstbestimmt.[10] Der durchschnittliche grüne Anhänger hat somit tatsächlich wenig Anlass, Klage über sein Los zu führen. Und er tut es auch nicht. Schließlich ist er mit dem Alter ja auch vernünftiger geworden. Früher schien ihm alles schwarz oder weiß zu sein. Jetzt erscheinen ihm die Dinge farblich gemischter. Geben sich Demoskopen und Sozialforscher auf Erhebungsreisen in die verschiedenen Lebenswelten der Republik und landen dann bei den Sympathisanten der Grünen, so machen sie stets die immergleiche Erfahrung: Grün-Anhänger entscheiden sich bei der Beantwortung der vorgelegten Fragen nicht gerne für „stimme voll zu" oder „stimme gar nicht zu". Sie lieben mehr als alle anderen Bevölkerungsteile die Antwort „teils-teils".[11]

*

Daher: Im Antagonismus zu dieser Gesellschaft stehen die Grünen nicht. Im Gegenteil, sie haben sich seit den späten 1990er Jahren zur Republikpartei schlechthin gewandelt. Vor einiger Zeit ergab eine Umfrage, dass niemand die deutsche Gesellschaft als so gerecht verfasst empfindet wie die Sympathisanten dieser Partei. Der Durchschnittsgrüne möchte es nicht mehr so radikal, sieht sich nicht mehr so extrem. Jetzt hält er es – wie diejenigen Bürger, die er vor 25 Jahren noch verächtlich als Spießer verspottet hat – lieber mit Maß und Mitte. Der Durchschnittsgrüne innerhalb der Wählerschaft will gar keinen grundlegenden ökologisch-sozialen Wechsel in der deutschen Gesellschaft. Insofern ist er überaus froh, dass man mittlerweile ökologische Gesinnung mit ökonomischen „Sachargumenten" in schöner Harmonie verbinden kann, dass die Zukunft des Industrie- und Exportlandes Deutschland mit „ökologischen Innovationen" steht und fällt, weshalb antikapitalistischer Furor letztlich in dieser Gruppe nicht mehr als zeitgemäß gilt.[12] Schon 2004, als die Republik in Düsternis und Protest über und gegen die Hartz IV-Reformen verfiel, fühlte sich nur eine einzige Lebenswelt ganz überwiegend im guten Einvernehmen mit der eigenen Partei, war einverstanden mit den Leistungen der Regierung und natürlich mit den damaligen, sonst höchst umstrittenen Sozialreformen des Schröder-Kabinetts: die grüne.

Dagegen ist nirgendwo sonst in den letzten Jahren, was merkwürdigerweise allseits unthematisiert bleibt, der Vorbehalt gegen einen *weiteren* Ausbau der sozialen Rechte für die unteren Schichten so groß geworden wie bei den Postmateriellen; selbst im Anhang der Freien Demokraten ist der Argwohn gegen zunehmende Sozialstaatlichkeit nicht so massiv ausgeprägt wie hier. In der Skepsis gegen staatliches Engagement in privaten Unternehmen steht die grüne Klientel sowieso ganz in der Reihe mit Schwarzen und Gelben – und ist weit von Rot-Rosé entfernt. Und der Anteil von Skeptikern gegen einen staatlich begründeten Mindestlohn ist im Grünen-Anhang, was ebenfalls hartnäckig ignoriert wird, exakt so hoch wie im Lager der Union – und differiert in dieser Frage ebenfalls überdeutlich von den Wähler der Sozialdemokratie und der Linken. All das würde unzweifelhaft dafür sprechen, das alte bürgerliche Lager in absehbarer Zukunft um das grüne Neubürgertum zu erweitern.

Schließlich hatte sich bereits in der Schlussphase der rot-grünen Ära selbst der genuin bürgerliche Teil der CDU an die Grünen gewöhnt. Selbst hier, bei den traditionell deutschnationale Eliten im Konservativismus, fand man seinerzeit mindestens klammheimlich Bewunderer von Joschka Fischer, den früher demonstrativ antibürgerlichen Frankfurter Straßenpartisan.[13] Denn sie durften in ihm und seiner verqueren Lebensgeschichte den Triumph des Willens feiern, die Überlebensfähigkeit des starken Einzelnen in der wilden Natur des wölfischen politischen Machtkampfes, den harten Jungen, der den postheroisch verweichlichten Deutschen zumindest wieder ein Stück weit den militärischen Interventionismus beibrachte. Unter Epigonen von Carl Schmitt konnte man in trunkenen nächtlichen Stunden zuweilen verblüffende Elogen auf die triebhaften Machtinstinkte Fischers hören. Im gemäßigten Bürgertum war man am Ende ebenfalls mit Fischer versöhnt. Seine Biografie war ihnen schließlich unwiderlegbarer Beweis für ihre unerschütterliche bürgerliche Anthropologie geworden: Man mochte als Jugendlicher radikal und links sein, doch das hielt nicht an, wenn man älter wurde, im Beruf Erfolge aufwies, Familien gründete. Letzten Endes mithin würden sie alle vernünftig werden, konservativ, staatstragend, ordentlich gekleidet, das Eigentum achtend. So hatten es die konservativen Väter schon Ende der sechziger Jahre ihren rebellierenden Kindern prophezeit. Sie hatten zweifelsohne

Recht behalten. Die verlorenen Söhne kehrten stets zurück. Wie man sieht: Selbst der grimmige Jürgen Trittin.

In der Tat: Mit Fischer waren die Grünen in der Mitte der Gesellschaft „angekommen". Und in diesem Prozess waren sie erheblich arrivierter geworden. Der Kern der grünen Anhängerschaft hat privilegierte Positionen erreicht und goutiert sie nun, dabei mehr und mehr ohne das früher noch leise mitschwingende schlechte Gewissen. Das Rebellionsmilieu von 1983, als noch zwei Drittel der Grün-Wähler ohne Erwerb war, hat sich im nachfolgenden Vierteljahrhundert zum Elitenmilieu gewandelt und ist bis in das Jahr 2011 hinein zum Statusmilieu der domestiziert alternativ Eingerichteten und Gutsituierten mutiert. Bei den Bundestagswahlen 1987 war die grüne Partei in der Gruppe der Selbständigen auf nicht einmal ein Prozent gekommen; seit 2002 aber bilden die Selbständigen – hinter der Beamtenschaft – die zweitstärkste Gruppe im Grünen-Elektorat.

Das alles drückte sich überdies im Habitus und Stil aus. Die früheren Divergenz im Look und Auftreten zwischen den Jungbürgern konservativer Facon und Jungbürgern linkslibertärer Manier haben sich gänzlich abgeschliffen. Der ehemalige Aktivist des Kommunistischen Bundes, Jürgen Trittin, ist mittlerweile keineswegs schlechter gekleidet als, sagen wir, Philipp Rösler, Christian Lindner oder Daniel Bahr. Man wird überhaupt die größte Mühe haben, auf den Versammlungen von Grünen irgendwelche Exemplare einer demonstrativen Gegenkultur zu finden. Schmuddelkinder sind die in die Jahre gekommenen Ökos längst nicht mehr. Sie haben vielmehr – vergleicht man es mit der langen und mühseligen Dauer des Integrationsprozesses der jahrzehntelang unversöhnlich als Außenseiter behandelten Vertreter der sozialistischen Arbeiterbewegung – in erstaunlich kurzer Zeit ihren Aufstiegs- und Adaptionsprozess hinter sich gebracht.

*

Aber mehr noch: Die Grünen gehören nicht nur zum deutschen Bürgertum, sie verkörpern vielmehr gar dessen elitäre Ausprägung. Doch gerade darin liegt das Problem für neue bürgerliche Bündnisse, da die Christliche Union in ihrer Gesamtheit eben sehr viel weniger bürgerlich ist, sehr viel weniger modern, urban, postindustriell, sozial privilegiert und säkularisiert. Die Heimaten der Union liegen stattdessen im ländlichen Bereich, in kirchennahen Schichten, bei Zugehörigen des primären Sektors, bei älteren Menschen und (auch) gering verdienenden Bürgern.

Die Grünen hingegen sind die großstädtische Partei schlechthin. Ihre Wähler arbeiten dienstleistend, sind überwiegend entkonfessionalisiert. Im grünen Umfeld gilt, als Beispiel, die Zustimmung zur nahezu beliebigen Erweiterung der Europäischen Union als pure kosmopolitische Selbstverständlichkeit; an der Basis der Union überwiegt demgegenüber die Furcht davor und die Abwehr dagegen. Und so weiter.[14] So sind also die materiell überdurchschnittlich ausgestatteten, hochgebildeten, exklusiv individualistisch durchwirkten Lebenskreise der Grünen mittlerweile zu abgehoben, zu elitär, ja: zu bourgeois für das weit grasverwurzeltere, kleinbürgerliche, formal weniger qualifizierte *juste milieu* der Christdemokraten. Hinzu kommt: Distinktion ist ein wichtiges Elixier im Leben der Grünen-Anhängerschaft: Anders sein, sich abheben, unterscheiden[15] – nicht zuletzt von den Schichten im unteren Drittel, von den „kleinen Leuten". Darauf wird im libertär-ökologischen Neubürgertum Wert gelegt.

Nicht zuletzt dieser Elitismus der Grünen hatte bereits die Sozialdemokraten während der Koalition Schröder-Fischer von den Arbeitern entfremdet, was nicht die einzige, aber doch eine wesentliche Ursache für die verheerenden Niederlagen der SPD bei zahlreichen Landtagswahlen und den Verlust der Regierungsführung in Saarbrücken, Wiesbaden, Hamburg, Hannover, Düsseldorf war. Dergleichen müsste ähnlich auch die Union fürchten, sollte sie dereinst den Tanz mit den Grünen aus der Beletage der deutschen Gesellschaft wagen. Denn weiten Teilen der Bevölkerung gelten die Grünen nun einmal als Partei arrivierter Menschen, die in puritanischer, doch höchst doppelzüngiger Manier Wasser predigen, in ihren schicken Altbauwohnungen währenddessen aber edle Rieslinge und Burgunder schlürfen. In postmateriellen Lebenswelten kauft man Bio; während die „kleinen Leute" im Lidl oder bei Aldi ihre Besorgungen erledigen. Eine wissenschaftliche Studie der beiden Forscher Nina Bazar und Chen-Bo Zhong, im Frühjahr in der Fachzeitschrift Psychological Science unter dem Titel „Do Green Products Make Us Better People?"[16] erschienen, brachte hervor, was das für wenig wünschenswerte Folgen haben kann. Kunden von Bioläden verhalten sich, so jedenfalls das Ergebnis der aufwendigen Untersuchung, im sonstigen Sozialleben keineswegs besser, altruistischer oder solidarischer. Im Gegenteil: Sie benehmen sich oft, weil ihnen der Öko-Bio-Bonus das zu gestatten scheint, rücksichtsloser als der Rest. Und: mit der Ehrlichkeit nimmt es die Öko-Klientel nicht sehr genau. Denn man hat zuvor durch den Einkauf ungespritzten Obstes gezeigt, dass man zu den besseren Menschen gehört. Deswegen sind Grüne, Postmaterialisten, Bioladenkunden, ist das Neubürgertum gerade in den redlichen Kleine-Leute-Quartieren besonders unbeliebt.

Insofern ist jede Koalition mit ihnen für eine Volkspartei mit plebejischen Traditionen und noch verbliebenen Sozialverwurzelungen auch in den Untergeschossen der Gesellschaft ganz unzweifelhaft riskant. Das gilt auch für Schwarz-Grün.

Endnoten

[1] Vgl. nach wie vor Rainer Mario Lepsius: Parteiensystem und Sozialstruktur. Zum Problem der Demokratisierung der deutschen Gesellschaft, in: Gerhard Albert Ritter (Hrsg.): Die deutschen Parteien vor 1918. Köln 1973, S. 56-80.

[2] Vgl. hierzu besonders Frank Bösch: Die Adenauer-CDU. Gründung, Aufstieg und Krise einer Erfolgspartei 1945-1969, Stuttgart/München 2001, S. 139ff.

[3] Vgl. Frank Bösch: Macht und Machtverlust. Die Geschichte der CDU, Stuttgart/München 2002, S. 191ff.

[4] Vgl. hierzu und im Folgenden ausführlicher Franz Walter: Baustelle Deutschland. Politik ohne Lagerbindung, Frankfurt am Main 2008, S. 138ff.

[5] Vgl. hierzu Albrecht von Lucke: Zehn Jahre Merkel und das Dilemma der CDU, in: Blätter für deutsche und internationale Politik 4/2010, S. 5ff.

[6] Vgl. hierzu auch Hans-Martin Schönherr-Mann: Natur – die neue Religion, in: Psychologie Heute 9/2010, S. 28-32.

[7] Vgl. auch Thomas Poguntke: Die Bündnisgrünen nach den Bundestagswahlen 2001. Auf dem Weg zur linken Fusionspartei?, in: Oskar Niedermayer (Hrsg.): Die Parteien nach der Bundestagswahl 2002, Opladen 2003, S. 87-107, S. 91.

[8] Vgl. Hauptabteilung Politik und Beratung der Konrad-Adenauer Stiftung: Landtagswahlen in Baden-Württemberg am 27.3.2011, abgerufen auf http://www.kas.de/wf/doc/kas_22380-544-1-30.pdf?110329145528, [4.7.2011].

[9] Vgl. Jonas Rugenstein/David Bebnowski: Wer, wie, was, warum? Ein Erklärungsversuch des Phänomens „Stuttgart 21", in: Cornelia Hildebrandt/Nelli Tügel (Hrsg.): Der Herbst der Wutbürger. Soziale Kämpfer in Zeiten der Krise, Berlin 2010, S. 28ff.

[10] Vgl. auch Martin Kroh/Jürgen Schupp: Bündnis 90/Die Grünen auf dem Weg zur Volkspartei, in: Wochenbericht des DIW Berlin Nr.12/2011, S. 2ff.; abgerufen auf http://www.diw.de/documents/publikationen/73/diw_01.c.369952.de/11-12-1.pdf, [9.4.2011].

[11] Hierzu und im Folgenden mit weiteren Belegen Franz Walter: Gelb oder Grün? Kleine Parteiengeschichte der besserverdienenden Mitte in Deutschland, Bielefeld 2010, S. 91ff.

[12] Vgl. auch Ingolfur Blühdorn: Narratives of Self-Delusion: Towards a Critical Theory of the Politics of Unsustainability. Conference paper presented at the 2009 Annual Meeting of the American Political Science Association Toronto, Canada, 2-6 September 2009, S. 6.

[13] Vgl. hierzu auch Franz Walter: Charismatiker und Effizienzen, Frankfurt am Main 2009, S. 325ff.

[14] Vgl. Christian Lorenz: Schwarz-Grün auf Bundesebene – Politische Utopie oder realistisches Bündnis?, in: Aus Politik und Zeitgeschichte 35-36/2007, S. 33ff.; vgl. auch Rita Mül-

ler-Hilmer: Schnittstellen und Bruchstellen zwischen den Lagern, in: Grüne Akademie der Heinrich-Böll Stiftung (Hrsg.): Lagertheorien und Lagerpolitik, Berlin 2004, S. 17f.

[15] Insgesamt hierzu auch Ingolfur Blühdorn: Nachhaltigkeit und postdemokratische Wende, in: Vorgänge 2/2010, S. 44-54.

[16] Nina Mazar/Chen-Bo Zhong: Do Green Products Makes Us Better People?, in: Psychological Science 21 (4), 2010, 494-498.

III. Inhalte

Kurt Biedenkopf

Schwarz-Grün – hat das Rezept Zukunft?

Christa Thoben wurde im Sommer 1985 von der Zeitung Die Welt gefragt, ob sie sich ein Bündnis der CDU mit der Partei Die Grünen vorstellen könne. Die damalige stellvertretende Vorsitzende der CDU-Fraktion im Landtag von NRW antwortete sinngemäß, sie könne sich ein derartiges Bündnis nur vorstellen, wenn die Grünen bereit wären, das Machtmonopol des Staates zu akzeptieren. Diese Feststellung löste im Konrad-Adenauer-Haus in Bonn einen Sturm der Empörung aus und kostete die weitsichtige Politikerin die Wahl als Vorsitzende ihrer Fraktion.

*

Die Zeiten haben sich geändert. Die Grünen haben inzwischen auf allen drei Ebenen – in den Kommunen, in Bundesländern und im Bund – mitregiert. Sie haben deshalb auch keine Probleme mehr, das Machtmonopol des Staates anzuerkennen. Darüber besteht inzwischen Konsens, wenngleich er, wie in der Causa Stuttgart 21, nicht unbegrenzt belastbar ist. Manchmal meldet sich noch die grüne Vergangenheit zurück, wenn auch in erratischen Formen.

Die Zeiten haben sich jedoch auch noch in anderer Hinsicht geändert. Die Leitbotschaft der Grünen, dereinst provokativ in das politische Establishment getragen, ist inzwischen zum Allgemeingut geworden; ein großer, auf unsere kurzlebige Zeit bezogen beinahe historischer Erfolg. Ihr politisches Alleinstellungsmerkmal ist ihnen damit allerdings abhanden gekommen. Die Grünen sind zu einer „normalen" Partei geworden. Zunehmend zu Hause im politischen Geschäft, das sie und ihr Nachwuchs inzwischen ebenso beherrschen wie ihre politischen Wettbewerber Union, SPD und FDP. Sie sind in „die Politik" integriert.

Damit teilen sie mit den anderen Parteien eine Veränderung der politischen Landschaft, die auch für die hier behandelte Frage bedeutsam ist. Sie sind, was die Inhalte ihres selbst gestellten politischen Auftrages angeht, ebenso offen wie ihre Wettbewerber. Wobei offen soviel bedeutet wie inhaltsarm. Im Prinzip kann deshalb jeder mit jedem koalieren. Die Scharfkantigkeit der politischen Auseinandersetzungen, die noch die 1970er Jahre prägte, wurde in der Folgezeit und bis heute durch einen konturlosen aber mächtigen Mainstream abgeschliffen. Auf ihm navigieren die politischen Parteien mehr oder weniger ziellos, aber mit umso größerem Eifer. Früher oder später werden auch die Linken soweit sein; vielfach sind sie es bereits dort, wo sie an der Regierungsmacht teilhaben und diese Teilhabe nicht durch riskante Experimente der Eindeutigkeit gefährden wollen. Warnende Vorbilder dienen dabei als Rechtfertigung programmatischer Dürftigkeit.

An die Stelle prinzipieller politischer Zielvorstellungen, die als Maßstab dienen konnten für die Ordnung der Vielfalt der politischen Meinungen und Absichten und für die Verträglichkeit der eigenen Positionen mit anderen politischen Richtungen ist eine Politik getreten, die sich für sich in Anspruch nimmt, pragmatisch und damit fortschrittlich zu sein. Sie habe, so heißt es, die ideologische Konfrontation der Vergangenheit überwunden. Was sich unter dem Vorzeichen eines neuen Pragmatismus als Fortschritt ausgibt, hat jedoch wenig mit der Überwindung ideologischer Verengungen der Politik zu tun. In Wirklichkeit geht es um die „Befreiung" von inhaltlichen Bindungen, die sich aus ordnungspolitischen Grundsatzentscheidungen ergeben. Als Fortschritt begrüßt wird der Verzicht auf die Begrenzungen politischer Gestaltungsräume. Das heißt, auf Vorstellungen, die eine nachhaltige Ordnung des Ganzen anstreben. Die sind jedoch unverzichtbar, wenn es darum geht, neue politisch relevante Sachverhalte in einem inneren Zusammenhang zu sehen, aus ihnen Antworten auf neue Entwicklungen und Erfahrungen abzuleiten und so in Umbruchzeiten ein Mindestmaß an innerer Kohärenz des politischen Handelns zu gewinnen.

Fehlt es an derartigen Orientierungen, verkommt pragmatische Politik zu einem weitgehend zusammenhanglosen Strom von Interventionen. Mit ihnen wächst die Widersprüchlichkeit des Handelns der politischen Akteure und der Eindruck der Bevölkerung, die linke Hand wisse nicht länger, was die Rechte wolle und niemand habe mehr einen wirklichen Durchblick. Das Fahren auf Sicht – oder das „muddling through" – wird zum Normalzustand.

Die Frage, welcher der beiden Alternativen sie bei politischen Entscheidungen den Vorzug geben, haben die Deutschen im Laufe der letzten fast 20 Jahre unterschiedlich beantwortet. Allensbach-Umfragen aus den Jahren 1992, 1998 und 2009 machen den Wandel ihrer Einstellungen deutlich. 1992 hielten 50 Prozent der Befragten die Orientierung an Prinzipien für wichtiger. 33 Prozent sprachen sich für pragmatische Lösungen aus. 1998 votierten nur noch 27 Prozent für die Treue zu Prinzipen. 56 Prozent gaben raschen pragmatischen Lösungen den Vorzug. Im Jahre 2009 war die Schar der Prinzipientreuen auf 23 Prozent geschmolzen. Knapp zwei Drittel zogen rasche, pragmatische Maßnahmen vor.

Setzt man für Prinzipientreue den Begriff Ordnungspolitik und für die schnelle pragmatische Lösung den Begriff Intervention, dann wird die grundsätzliche Bedeutung deutlich, die dieser Veränderung der politischen Einstellung der Bevölkerung zu politischen Entscheidungen zukommt. Im Jahre 1992 konnten sich die politisch Verantwortlichen auf die Unterstützung der Bevölkerung verlassen, wenn sie sich bei der Bewältigung schwieriger politischer Probleme an ordnungspolitischen Grundsätzen orientierten. Ihre Grundsatzentscheidungen bewegten sich im Rahmen der Ordnung des Ganzen. Sie widersprachen deshalb auch nicht vergleichbaren Entscheidungen, die in anderen Bereichen der gesamtstaatlichen Ordnung getroffen wurden.

Trotz der Vielzahl und Vielfalt politischer Einzelentscheidungen und Maßnahmen blieb die generelle Richtung der Entwicklung gewahrt, in der sich die Republik und der Staat bewegten. Sicher wurden auch pragmatische Entscheidungen getroffen. Sie machen einen wesentlichen Teil des politischen Tagesgeschäfts aus. Aber ihre Inhalte respektierten die ordnungspolitischen Prinzipien und damit die Grundsätze der gesamtstaatlichen Ordnung. Die damit verbundene Begrenzung pragmatischen politischen Handelns half nicht nur, sonst drohende Widersprüchlichkeiten zu verhindern. Sie unterstützte auch den Wunsch der Bürger nach Verstetigung des politischen Handelns und seiner Vorhersehbarkeit.

1998 konnten die Politiker, gleich welcher Partei, jedoch nicht länger mit der Unterstützung oder dem Verständnis der Bevölkerung rechnen, wenn sie die vielfachen, von organisierten Interessen und ebenso zahlreichen Besitzständen geforderten Interventionen mit Hinweis auf ihre ordnungspolitische Unzuträglichkeit zurückweisen wollten. Heute werden Versuche, der Ordnungspolitik den Vorrang zu sichern, kaum noch unternommen.

Wer es dennoch wagt, muss mit dem Widerstand der betroffenen Besitzstände und damit rechnen, dass er für seine Bemühungen, interessenpolitische Forderungen an den Grundsätzen der Gesamtordnung zu messen, bei den Wählern keine ausreichende Unterstützung findet. Schröder hat es mit seiner Agenda 2010 versucht. Aber seine Entscheidungen fanden bereits wenige Jahre später in seiner eigenen Partei keine nachhaltige Unterstützung mehr. So verzichtet man eben – auch mit Hinweis auf derartige Beispiele – auf eine ordnungspolitische Bindung der Politik und lobt den gegenwartsbezogenen Pragmatismus. Die Risiken ordnungspolitischer Folgerichtigkeit oder, anders ausgedrückt, ihre politischen Kosten erscheinen den heute Regierenden zu hoch.

Was wir schon seit Jahrzehnten erleben ist der Sieg eines weder durch eine erkennbare Ordnung, noch durch Prinzipien oder durch innere Schlüssigkeit gebundenen Pragmatismus. Die Folgen lassen sich ebenfalls seit Jahrzehnten – und losgelöst von den jeweiligen Regierungsmehrheiten – besichtigen. Statt die politische und kulturelle Leistung einer freiheitlichen Gesamtordnung zu respektieren, stochern Hunderte staatlich berufener oder selbsternannte Instanzen mit einer unübersehbaren Zahl von Einzeleingriffen in dieser Ordnung herum, um unter Berufung auf bisher geübte Praxis, politische Notwendigkeiten, unabweisbare Bedürfnisse, berechtigte Forderungen oder schlicht auf gut Glück bestimmte Ergebnisse zu erzielen.

Diese wachsende Flut von Interventionen wiederum schlägt sich nieder in einer wachsenden Zahl von Sondergesetzen und -regelungen. Selbst die Verfassung bleibt davon nicht verschont. Sie überdeckt die ursprünglichen gesetzlichen Zwecke und Intentionen, verwischt die eigentlichen ordnungspolitischen Zielsetzungen und erzeugt ein ständig wachsendes Gestrüpp von Widersprüchlichkeiten. Viele der betroffenen gesetzlichen Normen haben inzwischen einen Grad von Unverständlichkeit erreicht, der es nahe legt, sie wie Normen zu behandeln, die nicht veröffentlicht wurden, also nichtig sind.

So ist es nicht verwunderlich, dass Regierungserklärungen nach Regierungserklärungen, gleich welcher politischen Ausrichtung, Abhilfe versprechen. Kommissionen zur Entbürokratisierung des Dickichts aus Normen, Geboten, Subventionen, Leistungen, Zuweisungen oder Abgaben werden berufen. Sie legen Gutachten und Berichte vor, machen Änderungsvorschläge und empfehlen Maßnahmen. Dessen ungeachtet nimmt die Regelungsdichte in unserem Gemeinwesen ständig zu – und mit ihr ihre Widersprüchlichkeit.

*

Für die uns gestellte Frage ist dieser Befund in mehrfacher Hinsicht von Bedeutung:

1. Zum einen entzieht sich politisches Handeln durch Interventionen ohne ordnungspolitische Begrenzung oder Prinzipien einer Darstellung durch Parteiprogramme, die diesen Namen verdienen. Was sich heute als Grundsatzprogramme der Parteien anbietet, hat längst den ursprünglichen Auftrag derartiger Dokumente aus den Augen verloren: Auskunft zu geben über die Grundideen und Ziele, die die Partei als politische Gemeinschaft Partei ausmachen; ihr Handeln im konkreten Falle aus der politischen Gesamtschau ableitbar und verständlich werden zu lassen; schließlich als Plattform zu dienen für den verfassungsrechtlichen Auftrag der Partei, die vielfachen politischen Einstellungen, Erwartungen

und Interessen zu bündeln und so politisch handhabbar und wirksam werden zu lassen.

Keine der fünf Parteien, die sich in jüngerer Vergangenheit zu Koalitionen auf Bundesebene verbunden haben, verfügen gegenwärtig über ein Grundsatzprogramm, aus dem sich die Positionen ableiten lassen, die eine Koalition mit einer der anderen Parteien ausschließen. Sie sind zu Ansammlungen allgemeiner, meist unverbindlicher oder lediglich intentionaler Aussagen verkümmert. In ihnen kommt vor allem zum Ausdruck, was die Partei in der jeweiligen politischen Situation für zustimmungsfähig hält, auch über die eigenen Parteigrenzen hinaus. Mit anderen Worten: die Grundsatzprogramme können nicht länger politische Loyalitäten begründen oder nachhaltige Bindungswirkungen auslösen. Sie folgen in der Regel dem Trend des Zeitgeistes, minimieren durch ihre Unverbindlichkeit mögliche Widerstände und Abneigungen, halten sich flexibel genug, um in Koalitionsverhandlungen auch wieder aufgegeben zu werden, wenn die Lage es gebietet – und werden in der Regel noch nicht einmal von den Funktionsträgern der Partei selbst gelesen.

Der Wandel der Grundsatzprogramme zu zeitgebundenen Erklärungen muss keineswegs ein Nachteil sein. In ihm kann auch zum Ausdruck kommen, dass die gängigen politischen Themen einen Grad der Reife und allgemeinen Akzeptanz erreicht haben, den man als politischen Grundkonsens über die Antworten bezeichnen kann, die derzeit auf der politischen Bühne gegeben werden. Oder zumindest als stille Verständigung darüber, dass es sich um Antworten handelt, die ihre praktische politische Bedeutung verloren haben, jedoch für die Bedienung nostalgischer Positionen ebenso wichtig bleiben wie für die unverzichtbaren politischen Scheingefechte.

2. Das heißt aber auch: Aussagen zu möglichen Koalitionsverbindungen lassen sich jedenfalls dann nicht aus den bisherigen „programmatischen" Positionen potentieller Partner ableiten, wenn es um die Fülle der Herausforderungen geht, vor die uns der Umbruch in Europa und der Welt täglich auf Neue stellt. So fehlt es an ernsthaften, von bestehenden Denk- und Organisationsstrukturen losgelösten Debatten über Wege zur Bewältigung der demographischen Revolution. Die Dimensionen der Veränderungen in Europa, der westlichen Welt und der Weltbevölkerung, die als Folge des demographischen Umbruchs auf uns warten, sind in der Tat gewaltig. Durch das politische Tagesgeschäft und die auf die Gegenwart bezogene interventionistische Politik werden sie jedoch verdrängt. Deshalb kann auch die Bevölkerung mangels aufklärender politischer Diskurse keinen Zugang zu ihnen finden.

Dabei werden sie im wahrsten Sinne des Wortes alle Bereiche der Politik, mehr noch, des Lebens der Deutschen und der Europäer unmittelbar beeinflussen. Und das in einer Weise, die die Menschen als ungerechte Begrenzungen, die Verweigerung von Besitzständen und insgesamt als unakzeptabel wahrnehmen und ablehnen werden, wenn sie nicht rechtzeitig auf sie vorbereitet worden sind. Treten die Folgen der neuen Wirklichkeiten dann unvermittelt in das Leben der Gemeinschaft, wird sichtbar, dass die politische Führung an ihrer wichtigsten Führungsaufgabe gescheitert ist: die Aufklärung der Bevölkerung als Voraussetzung gemeinsamen Handelns.

Die demographische Revolution und ihre unwiderruflichen Konsequenzen ist zwar der wichtigste, aber keineswegs der einzige Sachverhalt, an dem sich die Folgen einer unzureichenden, an den Aufgaben von morgen orientierten politischen Führung darstellen lassen. Dass Herr Sarrazin mit seinem Buch über das Thema Einwanderung und Islam einen derartigen Erfolg erzielen konnte, ist nicht zuletzt darauf zurück zu führen, dass er ein Tabu brach, das der politische Diskurs durch seine Weigerung hatte entstehen lassen, sich des Themas zielgerichtet und wirkungsvoll anzunehmen. Unsere Schul- und Ausbildungsdebatten arbeiten sich seit Jahren an organisatorischen und institutionellen Fragen ab, ohne sich ernsthaft damit zu beschäftigen, wie es gelingen kann, die Inhalte des Unterrichts wirkungsvoll auf die großen Themen von morgen auszurichten oder die wachsende Zahl der Schulabbrecher nennenswert zu reduzieren. Dabei handelt es sich hier – gerade angesichts der demographischen Entwicklung – um eine zentrale Zukunftsfrage. Debatten über Rentengarantien für die Eltern der geburtenstarken Jahrgänge verlieren an Bedeutung angesichts der Tatsache, dass in diesen Jahrgängen auf drei „Eltern" nur zwei Kinder kommen – und dies seit den späteren 70er Jahren.

Gleichwohl ist es bis heute nicht gelungen, zielführende Antworten auf die Frage zu geben, wie ein Zusammenbruch des jetzigen Rentensystems vermieden werden kann, ohne die nächste Generation Erwerbstätiger zu überlasten und damit ihrer sozialen Motivation zu berauben. Wie der unsinnige Streit um die Verlängerung der Lebensarbeitszeit demonstriert, ist es bisher nicht einmal gelungen, über den politischen Diskurs zu den eigentlichen Problemen zu finden. Wie Galbraith vor vielen Jahren bemerkte: die leidenschaftlichsten Auseinandersetzungen werden über Fragen geführt, die längst entschieden sind. Denn keiner der Kombattanten muss mehr damit rechnen, dass dem anderen etwas Neues einfällt. Vielfach werden unsere Debatten in dieser Gewissheit ausgetragen – nicht nur bei der Rente mit 67.

3. Wenn nun weder die Analyse der Grundsatzprogramme, noch die vertiefte Behandlung der eigentlichen Zukunftsfragen Auskunft darüber geben kann, ob wir früher oder später mit einer schwarz-grünen Koalition rechnen können: welche anderen Gesichtspunkte können dann weiterhelfen? Wohl nur die Frage nach den Bedingungen, die gegeben sein müssen, damit es sowohl für die Union wie für die Grünen aussichtsreich erscheint, sich mit dem Ziel zu verbinden, gemeinsam eine Mehrheit zu erringen.

Dass sich derartige Bedingungen einstellen, halte ich durchaus für möglich. Allerdings sollte man ihre Komplexität nicht unterschätzen. Denn drei Übereinstimmungen müssen zusammen treffen: 1. Die Chemie unter den Führungen der beiden Parteien muss stimmen. Das ist auf kommunaler Ebene weit eher erreichbar als in Berlin oder einer Landeshauptstadt. Dass die schwarz-grüne Koalition in Hamburg scheiterte, hat in meinen Augen keine prinzipielle Bedeutung. 2. Es muss eine inhaltliche Übereinstimmung in Kernfragen der Zukunftsgestaltung geben. Sie muss ausgelöst und getragen werden von einer gewachsenen Überzeugung in der Bevölkerung, dass diese Kernfragen bewältigt werden müssen, auch wenn dies zu Eingriffen in hergebrachte Denk- und Interessenstrukturen führt. 3. Die inhaltliche Übereinstimmung muss frei sein von dem Verdacht, wiederum nur taktischen Zielen zu dienen. Das lässt sich zum Beispiel dadurch erreichen, dass die handelnden Führungspersonen bereit sind, ihr politisches Schicksal mit der Entwicklung und Durchsetzung der gemeinsamen Politik zu verbinden.

Es ist meine Überzeugung, dass die Bevölkerung – und damit die Wähler – den Versuch, die wirklichen Probleme unserer Zeit politisch zu lösen, nur unterstützen wird, wenn die Führung bereit ist, für die Richtigkeit ihres Weges mit ihrem politischen Schicksal, oder weniger dramatisch, mit ihrem Amt einzustehen. Und dies gilt nicht nur für Schwarz-Grün.

Claus Leggewie

Zu spät
*Abgang eines Hirngespinsts in drei kurzen Akten**

1 Realpolitik

Natürlich geht Schwarz-Grün. Die Kombattanten, die im letzten Jahr im Brustton der Überzeugung von „Hirngespinsten" und „fehlenden Schnittflächen" redeten, werden nach der jeweils nächsten Wahl selbstverständlich bereit sein, Kanzlerin Merkel genau wie ein Ministerpräsident aus der Union, das Kontaktverbot mit Blick auf den ominösen Wählerwillen aufzuheben und, schweren Herzens versteht sich, jede Machterhaltungschance zu nutzen. Auch die Grünen werden dazu, auch unter öffentlich demonstrierten Schmerzen und aus Staatsräson, bereit sein.

Schwarz-grün als Option in petto zu haben und wahrzunehmen ist für Parteipolitiker übrigens nicht unmoralisch, es ist ihre Stellenbeschreibung. Sie täten nur gut daran, die nervtötende Ausschlusseritis zu unterlassen – das füllt pseudo-politische Talkshows, erschwert aber eine zügige Regierungsbildung. Um es deutlich zu sagen: Dieses Land will vernünftig regiert werden.

Gescheitert ist Schwarz-Grün trotzdem. Aber nicht erst mit dem Bruch der ersten Landeskoalition im Stadtstaat Hamburg, sondern genau wie alle anderen Patentrezepte aus der Koalitionsküche – das rot-grüne Projekt der sozial-ökologischen Modernisierung, das schwarz-gelbe Anti-Projekt zur Verteidigung bürgerlicher Stagnation. Die beiden Lager, die sich nach dem Scheitern der Hamburger Lokalregierung und dem Stuttgarter Bürgeraufstand reflexhaft wiedervereint haben, bieten Deutschland kein Zukunftsprogramm. Rot-Grün, nach Lage der Dinge nur unter Einschluss der mehr oder weniger geläuterten postkommunistischen Linken möglich, wird Rückzugsgefechte gegen den Untergang des europäischen Wohlfahrtsstaats führen. Schwarz-Gelb, das an die Ängste vor dem Zusammenbruch eben dieses Wohlfahrtsstaates appelliert, wird sich damit

---

* Der Beitrag wurde am 1. März 2011 abgeschlossen.

zwangsläufig dem Rechtspopulismus anverwandeln. Dieses Trauerspiel ist auf der europäischen Bühne längst im Gange.

2 Schwarz-grünes Projekt

Schwarz-Grün war einmal eine Hoffnung – auf den Ausstieg aus dem Industrialismus, der seine Schattenseiten mit Zukunftsausbeutung kaschiert hat; das Lebenselixier wirtschaftlichen Wachstums wurde mit Staatschulden und mit einer Naturzerstörung bezahlt, deren Folgen kommenden Generationen aufgebürdet wurden. Ein schwarz-grünes „Projekt" hätte vor zwanzig, dreißig Jahren genau darin bestanden, sich demgegenüber im besten Sinne konservativ zu verhalten, also „die Schöpfung" (christlich) zu bewahren und „Nachhaltigkeit" (säkular) nicht allein beim Schuldenmachen zu praktizieren. Was konservativ erschien, wäre in Wahrheit höchst progressiv gewesen – es hätte mehr Zukunft ermöglicht.

So ungleich der Ausgangspunkt im christlichen Milieu und in der Ökoszene auch war, darin hätte eine wahrhaft radikale Alternative menschen- und lebensfreundlicher Politik bestanden. Im Gründungsmagma der Grünen mit Kelly und Gruhl, Beuys und Schily war dies ebenso präsent wie in konservativen Schichten. Ökologisch wäre eben nicht links oder rechts gewesen, sondern vorn.

Gewählt hat die Union Helmut Kohls die Allianz mit dem Wirtschaftsliberalismus samt der damit verbundenen willentlichen Perforation des Sozialstaates und der schamlosen Anbiederung an den Rechtspopulismus. Was heute in der CDU/CSU und um sie herum als „konservativ" thematisiert wird, nämlich irgendetwas Gedönsartiges mit Familie, Leitkultur und Glauben, ist für die Beantwortung der aktuellen Problemlagen und die Zukunftsaufgaben ziemlich irrelevant.

Und wo die Modernisierer der Union noch etwas zu sagen haben, folgen sie dem Mainstream, der mittlerweile grün ist. Die Versöhnung von Ökologie und Ökonomie, etwa im koalitionstaktisch halbierten Energiekonzept Norbert Röttgens, gründet sich in der Hoffnung auf ein nunmehr grünes Wachstum. An der Basis der Union bleibt das blanke Ressentiment gegen das grüne Milieu und die Verbundenheit mit der Großindustrie. Und bei vielen Wählern und Funktionären der Grünen ist es spiegelverkehrt.

3 Rien ne va plus

Ein schwarz-grünes Regierungsbündnis ist zum Scheitern verurteilt, weil es kein Fundament mehr hat in gemeinsamen Aufgaben einer nachhaltigen Politik. Die

Sollbruchstellen sind nicht zufällig Großprojekte wie Stuttgart 21, der Nuklear-komplex und seit Jahrzehnten bis zum Überdruss traktierte bildungspolitische System- und Statusfragen (Gymnasium versus Gesamtschule).

Dahinter steckt mehr: das generelle Versagen der Volksparteien, überhaupt noch innovative, nicht klientelverhaftete Mitglieder an sich zu binden. Die Union hat die von den Sozialdemokraten vorexerzierte Kernschmelze noch vor sich, weder eine national-populistische Partei noch eine wie auch immer radikal-christliche Pro-Life-Abspaltung werden sich ewig verhindern lassen.

Die Grünen, durchaus auf dem Weg zur Volkspartei neuen Typs, können derzeit mobilisieren, weil sie dem bürgerlichen Milieu eine politische Heimat bieten und weil sie als politische Föderation interne Konflikte in diverse Unterab-teilungen abschieben können – die Schwulen reklamieren das Ehegatten-Splitting für sich, das die Steuerpolitiker gerade abschaffen wollen, Industriepolitiker planen Windparks, gegen welche die Naturschützer aufbegehren, und so weiter. Als Regierungspartei, erst recht auf der Bundesebene und auf Augenhöhe mit dem jeweiligen Koalitionspartner, wird das kaum noch gut gehen.

Meine Schlussfolgerung aus diesem Abgesang ist gleichwohl optimistisch, weil es außerparlamentarische Kräfte gibt und in den Parlamenten neue Konstel-lationen möglich sind. Erstens kristallisiert sich eine neue Form der Netzwerkpo-litik heraus, die aktive Kräfte nachhaltiger Politik aus den jeweiligen Aktionsfeldern (Energie, Mobilität, Ernährung etc.) ohnehin nicht mehr als Mit-glieder einplanen kann, sondern ihnen bestenfalls noch den Service intermediärer Organisationen anbietet, nämlich Interessen programmatisch zu bündeln und Interessenkoalitionen auf Zeit zu schmieden. Die Politik ist schon lange nicht mehr in der Parteipolitik.

Zweitens wird es auch nicht länger gehen, dass man von Koalitionen vier, fünf Jahre lang sozusagen in Geiselhaft genommen werden kann. Nachhaltige Politik ist in diesem Land längst mehrheitlich, von den Wertpräferenzen und Einstellungen sowieso und oft auch als virtuelle Stimmenmehrheit in den Parla-menten. Für eine alternative Agrarpolitik zum Beispiel hat man eine satte Mehr-heit, die von CSU bis Linken reicht, die aber mit Rücksicht auf die Lagerinteres-sen niemals so abstimmen darf.

Die Rettung von Schwarz-Grün läge also in der weitgehenden Aufhebung der Koalitions- und Fraktionsdisziplin, die ad hoc-Koalitionen der Nachhaltig-keitspolitik erlaubt, und in der Aufgabe des absoluten Führungsanspruchs der Parteien, der ihnen – nur scheinbar paradox – mehr Spielraum geben würde.

Oswald Metzger

Schwarz-grüner Esprit

Das waren noch Zeiten in Bonn am Rhein, als junge Bundestagsabgeordnete der Grünen und der CDU regelmäßig in den Keller eines Edel-Italieners eilten, um sich konspirativ zur Pizza-Connection zusammenzufinden. Heute sind sie – auf beiden Seiten, aber getrennt – auch innerparteilich oder in Regierungsämtern etabliert: als Parteivorsitzende, Minister, Staatssekretäre oder Fraktionsgeschäftsführer.

Damals hatte Schwarz-Grün Esprit, weil sich die Grünen nichts sehnlicher als bürgerliche Akzeptanz wünschten, obwohl sie sich einst mit antibürgerlicher Attitüde gegen die konservativen Altparteien – insbesondere die Union – aufgelehnt hatten. Der Charme der Annäherungen bestand im Bonn der 1990er Jahre darin, dass er unverbindlich war, sich eher auf den entspannten persönlichen Umgang als auf die inhaltlich-programmatischen Schnittmengen bezog. Grüne und Schwarze hatten viel zu lachen bei diesen Treffs, während man im Grünen Realo-Lager damals den Sozialdemokraten, mit denen der rot-grüne Machtwechsel vorbereitet wurde, mehr oder weniger deutlich vorhielt, dass man „mit denen ja nicht einmal ein Bier trinken kann". Die Sozialdemokraten beäugten die grüne Konkurrenz misstrauisch. Man hielt sie für verlorene Söhne und Töchter der SPD, denen man die Abspaltung persönlich übel nahm.

Dabei waren die Grünen, wenn man die Wahlergebnisse im Nachgang analysiert, schon fast von Anbeginn an ein merkwürdiges Wählerphänomen. Schon zu den Zeiten, als sich linke Fundamentalisten („Fundis") und eher pragmatisch orientierte Realpolitiker („Realos") in aller Öffentlichkeit untereinander erbitterter bekämpften als die politische Konkurrenz, erzielten die Grünen in den gut situierten Wohnquartieren der Städte und Gemeinden oft ihre besten Wahlergebnisse. Die selbsternannte „Antiparteien-Partei" reüssierte auch in den Nobelvierteln, nicht nur in den studentischen Universitäts-Milieus. Viele Grüne entstammten gut bürgerlichen Elternhäusern, emanzipierten sich in ihrer persönlichen Sturm-und-Drang-Phase von ihren Familien, um sich im Laufe ihres Lebenszyklus dann doch immer stärker wieder dem einst verhassten bürgerlichen Habitus anzunähern. Der schwarz-grüne Esprit bestand schon immer zum Teil aus der Auseinandersetzung und schließlich Versöhnung mit der eigenen Herkunft.

Die politisch-programmatische Annäherung der Grünen an die marktwirtschaftliche Ordnung und an die Zwänge der immer knapper werdenden finanziellen Ressourcen fand ebenfalls in der ersten gesamtdeutschen Bundestagsfraktion in Bonn am Rhein in den Jahren 1994 bis 1998 statt. Die linksgrünen Fundi-Mehrheiten in der Bundestagsfraktion gehörten mit dem Scheitern der westdeutschen Grünen bei der Wiedervereinigungswahl 1990 endgültig der Vergangenheit an. Bereits die acht Bündnis-Grünen Abgeordneten aus dem Wahlgebiet Deutschland-Ost prägten in der ersten gesamtdeutschen Wahlperiode einen deutlich pragmatischeren und konstruktiveren Stil im Parlament. Erst recht nach dem erfolgreichen gesamtdeutschen Wiedereinzug in den Bundestag eroberten sich grüne Finanz-, Wirtschafts- und Sozialpolitiker (Christine Scheel, Margareta Wolf, Andrea Fischer), die der neue Fraktionsvorsitzende Joschka Fischer großzügig gewähren ließ, weil er um die strategische Bedeutung dieser harten Themen für die Regierungsakzeptanz der Grünen wusste, ganz schnell Akzeptanz in der Fachöffentlichkeit, bei Verbänden und schließlich auch in der medialen Wahrnehmung. In jenen Jahren erkämpften sich die Grünen den Ruf, reformorientierter und marktwirtschaftlicher zu agieren als die Sozialdemokraten. Damals gab es beispielsweise das erste offizielle Treffen der Grünen Bundestagsfraktion mit dem Bundesverband der deutschen Industrie (BDI) unter der Führung von Hans-Olaf Henkel. Die Senkung der Spitzensteuersätze („Petersberger Steuerreform") der konservativ-liberalen Bundesregierung fand damals auch Zustimmung bei Grünen Fachpolitikern. Das Konzept einer „nachhaltigen Finanzpolitik", in der die Ächtung der Staatsverschuldung im Interesse der nachwachsenden Generationen formuliert wurde, fand Mehrheiten nicht nur in der Bundestagsfraktion, sondern schließlich auch in der Parteiprogrammatik. Selbst der demografische Abschlagsfaktor in der Rentenversicherung, den Union und FDP gegen den erbitterten Widerstand der SPD und der Gewerkschaften durchsetzten, wurde von Teilen der Grünen im Bundestag mehr oder minder offen befürwortet. Ich selbst nannte in jenen Tagen „Schwarz-Grün" in der taz ein „Projekt für das nächste Jahrhundert". Doch dagegen regte sich in der Partei massiver Widerstand, weil die Union eben doch der emotionale Klassenfeind war.

Dabei waren die programmatischen Annäherungen nie größer als in jener Zeit. Noch in den ersten Tagen nach dem Regierungswechsel im Jahr 1998, als Sozialdemokraten und Grüne mit ihrer Koalition die Ära Helmut Kohl beendeten, war gerade in der Wirtschaft kaum Angst vor den Grünen als Regierungspartei zu spüren: im Gegenteil. Die Ökopartei wurde eher als Reformantreiber denn als Bremser eingestuft. Als nach dem kurzen Gastspiel von Oskar Lafontaine als Finanzminister dessen Nachfolger Hans Eichel zum Kassenwart der rot-grünen Regierung aufstieg, war die Grünen-Bundestagsfraktion für seine anfängliche Konsolidierungsstrategie der wichtigste Bündnispartner im Regierungslager. Das Wording der grünen Haushaltspolitik aus der Bonner Oppositionszeit wurde plötzlich zur Marketing-Headline von Eichels „nachhaltiger Finanzpolitik". Plötzlich formulierte auch ein SPD-Finanzminister, dass „die exorbitante Staatsverschuldung ein Raubzug auf Kosten unserer Kinder und Enkel ist, die deren künftige Freiheit massiv einschränkt." Erst zur Mitte der ersten rot-grünen Legislaturperiode verlor die Konsolidierungsstrategie ihren Kompass. Denn SPD-Kanzler Gerhard Schröder begann im wirtschaftlichen Erfolg des Sommers 2000 plötzlich zu glauben, dass eine Politik der „ruhigen Hand" ihm die Wiederwahl eher sichere als eine Fortsetzung der ambitionierten Konsolidierungs- und Reformpolitik.

Mit dieser Kehrtwende der offiziellen Regierungspolitik ging auch bei den Grünen eine schleichende programmatische Re-Sozialdemokratisierung einher. Für die Finanz- und Haushaltspolitiker wurde die Luft wieder dünner in Fraktion und Partei. „Wir dürfen uns nicht zu Tode sparen" wurde zur neuen alten Vokabel der Wiedergeburt der wohlfahrtsstaatlichen Volksbeglückung. Auch die Grünen wollten jetzt ihre Wähler nicht länger mit dem ökologischen Nachhaltigkeitspostulat „Weniger ist mehr!" gewinnen. Nein, jetzt sollte plötzlich wieder die Losung „Wer bietet mehr!" gelten. Ich selbst spürte die Veränderung am Klima des innerparteilichen Wettbewerbs, als ich bei der Nominierung zur Bundestagswahl 2002 auf dem Listenparteitag in Freiburg scheiterte.

Die zweite rot-grüne Legislaturperiode zeichnete sich durch ein Paradoxon aus: Nicht die Grünen waren in der Regierung länger Reformmotor, sondern der sozialdemokratische Kanzler Gerhard Schröder gab im Frühjahr 2003 plötzlich den Takt mit seiner „Agenda 2010" vor, den bisher einschneidendsten Arbeitsmarktreformen in der Geschichte unseres Landes. Die Grünen als Koalitionspartner waren in jenen Tagen beim Kanzler weniger gefragt als die Oppositionsparteien Union und FDP, die den Bundesrat beherrschten. Die Grünen waren in der Lieblingsrolle des Kanzlers: Sie waren maximal Kellner in der Bundesregierung. Am brutalsten wurden sie vorgeführt, als Schröder nach einer Serie von SPD-Wahlniederlagen, die allgemein als Folge der Agenda 2010-Reformpolitik interpretiert wurden, am Abend der verlorenen SPD-Vorherrschaft in Nordrhein-Westfalen vorgezogene Bundestagswahlen ankündigte. Nicht einmal der grüne Vizekanzler Joschka Fischer wurde von dieser Entscheidung vorab informiert.

Und genau diese bitteren Kellner-Erfahrungen in der rot-grünen Regierungszeit, diese strategische Abhängigkeit von der SPD, diese erlebte und erlittene rot-grüne „Nibelungentreue" machte dann in den Jahren der anschließenden Großen Koalition machtpolitisch möglich, was programmatisch, wenn man Parteitagsbeschlüsse zum Maßstab der politischen Schnittmengen zwischen Koalitionspartnern erhebt, weniger passte als Jahre zuvor. In Hamburg brach das schwarz-grüne Eis erstmals und im Saarland kam wenig später eine Jamaika-Koalition zustande. Denn befreit von ihrer Regierungsverantwortung wurden die Grünen programmatisch wieder großzügiger, spendierten dem Volk eine Vielzahl sozialpolitischer Versprechungen, kündigten neue Steuererhöhungen auf breiter Front an. In den Bundestagswahlprogrammen 2005 und 2009 summierten sich die Grünen Wahlversprechen auf Mehrausgaben von jeweils rund 100 Milliarden Euro: wohlfahrtsstaatliche Volksbeglückung pur! Die marktwirtschaftlich-liberale Handschrift wurde programmatisch deutlich kleiner. Dafür wuchsen die Koalitionsoptionen, weil sich in einem sich verfestigenden Fünf-Parteien-Parlament die alten Lagermehrheiten nicht länger zu halten schienen.

Doch damit sind wir am aktuellen Ende einer Entwicklung, die wieder neue Blüten treibt. Jetzt stellen die Grünen plötzlich einen Ministerpräsidenten aus ihren Reihen (in Baden-Württemberg), jetzt überflügeln sie in einem Landesparlament (in Bremen) plötzlich die „Volkspartei" CDU und degradieren sie zur drittstärksten Kraft.

Rot-Grün ist wieder die Option der Wahl – oder muss es eher Grün-Rot heißen? Die Union ist orientierunglos wie nie, weil sie „Schwarz-Grün" ihrerseits zum „Hirngespinst" erklärt, obwohl kein Mensch derzeit noch eine Machtperspektive für die Christdemokraten erkennen kann, wenn diese eine grüne Koalitionsoption prinzipiell ausschließen. Die Grünen sind da grundsätzlich entspannter und genießen derzeit ihren Höhenflug. Und manchmal entscheiden die Erwartungshaltungen einer immer bürgerlicher werdenden Wählerschaft stärker als ihre Parteifunktionäre, in welche Richtung sich eine Partei faktisch entwickeln muss. Die Grünen haben die Wahl: Wenn sie in Verantwortung verantwortungsvoll handeln, werden sie tendenziell eher noch stärker. Betreiben sie aber eine „Nach mir die Sintflut-Strategie!", die sich vor allem auf dem Themengebiet der Finanzpolitik manifestiert, dann werden sie schneller entzaubert als viele und vor allem sie selbst glauben. Rot-Grün in Nordrhein-Westfalen ist auf diesem Themenfeld das Negativ-Vorbild! Womöglich ist Grün-Rot in Baden-Württemberg der programmatische Kontrast zur schrankenlosen Verschuldungsorgie im größten deutschen Bundesland.

Folgen die Grünen der baden-württembergische Linie, dann muss sich die Union warm anziehen, vor allem dann, wenn sie die Grünen nach wie vor als potentiellen Partner desavouiert. Dabei müsste in der baden-württembergischen Union doch längst die Erkenntnis reifen: Hätten wir 2006 mit den Grünen im Stuttgarter Landtag koaliert, dann könnte heute noch ein CDU-Ministerpräsident in Stuttgart regieren. Denn damals waren die Grünen im Ländle zu Schwarz-Grün bereit. Doch die Union, vor allem der jetzt gescheiterte Ministerpräsident Stefan Mappus, verweigerte die damals historische neue Bündniskonstellation, als er als CDU-Fraktionschef seinen eigenen zögerlichen Ministerpräsidenten Günther Oettinger ausbremste. Statt Schwarz-Grün regiert jetzt Grün-Rot. Und die Union muss eine Rolle lernen, die sie seit 58 Jahren in Baden-Württemberg nie gelernt hat: Denn sie kennt alles außer Opposition.

Auch der Wechsel auf Bundesebene wird mit jedem Tag wahrscheinlicher, wenn die Union betriebsblind weiter auf die konservativ-liberale Machtkarte setzt, die aber nicht mehr sticht.

Stefan Reinecke

Das schwarz-grüne Versprechen

Warum die schwarz-grüne Erzählung so verheißungsvoll klingt, nebst ein paar nüchternen Einwänden

Kurz nach der Jahrtausendwende erschienen eine Reihe von Biografien und Romanen, in denen meist Autoren der 68er Generation über ihre Eltern und Großeltern schrieben. Harald Martenstein verfasste mit „Heimweg" einen melancholischen Roman über einen imaginären Großvater, der ein schillerndes Leben führte und nebenbei an der Ostfront Kriegsverbrechen beging. Uwe Timm, in grauer Vorzeit mal DKP-Parteigänger, schilderte in „Am Beispiel meines Bruders" einfühlsam seinen an der Ostfront gestorbenen Bruder. Ähnliche Stoffe verhandelten Reinhard Jirgl in seinem dunklen Vertreibungsroman „Die Unvollendeten", und Wibke Bruhn in „Meines Vaters Land", einer nicht-fiktionalen Rekonstruktion ihrer Familiengeschichte. Ulla Hahn zeigt in dem Roman „Unscharfe Bilder" eine Tochter, die eher nachsichtig mit der NS-Vergangenheit ihres Vaters umgeht. In dem Roman „Ein unsichtbares Land" verwendete Stephan Wackwitz Aufzeichnungen seines oberschlesischen Großvaters, um sich der eigenen Familiengeschichte romanhaft zu nähern.

Bemerkenswert bei diesen Texten ist, dass die Gut-Böse-, Schuld-Unschuld-Zuordnungen darin systematisch verschwimmen. Der harte Ton der Anklage gegen die Generation der Nazi-Eltern ist verflogen und einer gewissen lebensklugen Altersmilde gewichen. Man ist bereit, viele Seiten zu sehen. Manche Sozialpsychologen witterten damals in dieser Welle generationeller Versöhnungsliteratur schon die Gefahr eines rundgeschliffenen und gemütlichen deutsch möblierten Geschichtsbildes. So weit muss man nicht gehen. Aber es ist unübersehbar, dass diese Texte mehr als eine literarische Mode waren. Sie waren Sonden, die eine Temperaturveränderung im Gefühlshaushalt der Bundesrepublik anzeigten. Die Perspektive der vormals zornigen und längst aufs Rentenalter zusteuernden 68er auf ihre Elterngeneration hatte sich verschoben. Das Bild, das von den Eltern und Großeltern gezeichnet wird, ist nicht distanzlos, aber doch voller Bemühen um Verständnis. Man konnte diese Texte durchaus als eine Bewegung der Vergegenwärtigung lesen, in denen eine doppelte Historisierung geschah. Indirekt wurden die NS-Zeit und 1968, verstanden als Chiffre für einen ödipal aufgeladenen Generationskonflikt in der postfaschistischen Republik, kurzgeschlossen und gemeinsam stillgelegt. Die Generationsschlachten und Zerwürfnisse, die die politischen Mentalitäten der Bundesrepublik seit den späten 1960er Jahren bis zur Jahrtausendwende entscheidend geprägt hatten, lagen im milden Abendlicht.

Was hat das mit Schwarz-Grün zu tun? Eine Menge. In gewisser Weise entspricht Schwarz-Grün der Stimmungslage dieser Texte. Schwarz-Grün ist das politische Symbol für die bundesrepublikanische Generations-Versöhnung. Es ist der Handschlag der politischen Erben von Kurt Georg Kiesinger und Rudi Dutschke, von der Partei, die für den Wiederaufbau der Republik und die Kontinuität der NS-Eliten stand und den Erben der Protestbewegung, die unter anderem dagegen militant rebelliert hatte. Es ist die Koalition der bundesrepublikanischen Staatspartei par excellence mit der früheren Anti-Parteien-Partei, an deren Wiege Spontis und halbwegs geläuterte Maoisten standen. Es ist eine Art späte Familienzusammenführung nach dem Generations-Riss, der seit 1968 die bundesdeutschen Eliten durchzog.

Genau deshalb wurde Schwarz-Grün lange nicht als normale Koalition empfunden, sondern als etwas Besonderes. Schwarz-Grün war mehr als eine Koalition, die aus den üblichen graumäusigen, praktischen Erwägungen, aus Machtinteresse oder sozialen Klientelismus geschlossen wurde. Schwarz-Grün hatte, vor allem so lange es ein unerfüllter Wunsch war, einen gewissen Thrill, einen symbolischen Überschuss. Dieses Bündnis markierte, wenn auch mit fortschreitender Zeit ausbleichend, eine Etappe im bundesrepublikanischen Familienroman. Ihm haftete ein Sinnversprechen an. Und so etwas gibt der politische Normalbetrieb, in dem hart um eine neue Straßenbahn, Schulreformen oder einen halbwegs ausgeglichenen Haushalt gerungen wird, selten her. Als sich in Hamburg die erste schwarz-grüne Regierung auf Länderebene anbahnte, illustrierte die taz, in deren Redaktion es eine starke Pro-Schwarz-Grün-Fraktion gibt, dies auf ihrem Titel mit einer Piratenfahne. Das sollte zeigen: Schwarz-Grün, die Koalition der Konservativen mit der Partei der aufgeschlossenen Besserverdienenden, sollte ein Hauch von Freibeuterei und Grenzgängertum umwehen.

Diese Fahne ist nach dem Scheitern von Schwarz-Grün in Hamburg rasch ausgebleicht, auch das Pathos der späten Familienzusammenführung wirkt 2011 recht verwittert. Es schwingt irgendwie noch mit. Eine schwarz-grüne Regierung wirkt noch immer anders, aufregender als Schwarz-Gelb oder eine Große Koalition. Doch diese Differenz schrumpft mit der Erkenntnis, dass sich die Grünen in eine normale Partei verwandelt haben. Einen ordentlichen Korruptions- oder Steuerhinterziehungsskandal, den Union, SPD und FDP auf dem Kerbholz haben, gibt es mit grünem Personal zwar noch nicht. Spitzenpolitiker, die sich nach ihrer Politkarriere als Lobbyisten für RWE oder Nahrungsmittelkonzerne eine goldene Nase verdienen, allerdings schon.

Es gibt noch eine zweite, mit der ersten verkoppelten, sinnstiftende Erzählung, die sich um Schwarz-Grün rankt. Sie hat den Vorteil, etwas gegenwärtiger zu wirken. Man kann sie nüchtern Angleichung der Lebensstile nennen – oder etwas aufgepumpt: eine doppelte pädagogische Erzählung. In der Union gibt es manche, die Schwarz-Grün für den Endpunkt einer gelungen Resozialisierung der Ex-Alternativen deuten. Früher hätten die Grünen viel unrealistischen Unfug im Sinn gehabt, sie wollten das Volk zu ökologisch korrektem Verhalten erziehen, den Spritpreis auf 5 Mark anheben, Mallorcaflüge faktisch verbieten – eine Spätfolge ihrer Herkunft aus linken Sekten, in denen aggressive Besserwisserei und roher Idealismus herrschten. Die Union, die sich nun nicht mehr als erbitterter Gegner der Grünen versteht, sondern eher als freundlicher Pädagoge, hat indes den Weg der Grünen zu Maß und Mitte befördert. Denn aufgeweckte Unions-Politiker wussten ja: Wenn die Grünen in die Jahre kommen, das Bankkonto wächst, verfliegen die Pubertätsflausen. Sie werden pragmatisch und achten, wie es bürgerliche Politiker eben tun, darauf, dass der Laden läuft und die Kundschaft zufrieden ist. Ende der Familienfehde. Der kluge Liberale Burkhard Hirsch hatte schon 1983, als die Grünen mit Norwegerpulli und Turnschuhen den Bundestag enterten und viele in der Unionsfraktion darauf mit stumpfer Wut reagierten, bemerkt, dass da „die zweite Generation aus den Villenvierteln" anrücke.

Die Grünen haben eine Art spiegelverkehrte Erzählung. So wie sich manche Unionspolitiker als Katalysatoren der bürgerlichen Reifung der Grünen verstehen, so halten sich manche Grüne für Helfer auf dem steinigen Weg der Union zu den urbanen Lebenswirklichkeiten. Die Grünen sind in diesem Bild die Agenten, die der Union in einem mühsamen Erziehungsprozess das Engstirnige, den latenten Rassismus, die Verachtung von Minderheiten wie Schwulen, die Fixierung auf das patriarchale Familienmodell, überhaupt das Altdeutsch-Nationale ausgetrieben haben. Und die Grünen tragen via Bündnis mit der Union ihr Schlüsselprojekt – den ökologischen Umbau – in die Mitte der Gesellschaft. Und das ist, in grüner Lesart, nur konsequent: Dieser Umbau ist eine derartig tief greifende Umwälzung, dass er nicht gegen die traditionell der Union nahestehenden Machteliten, sondern nur mit ihnen gelingen kann. Eine schwarz-grüne Bundesregierung wäre in diesen beiden Perspektiven die Besiegelung dieser Anstrengung: eine Koalition von altem und neuem Bürgertum, in der die Partei des alten das Antiquierte, die Partei des neuen ihre Jugendsünden überwunden haben.

Für diese Konversion gibt es Indizien. Auch die Grünen bekennen sich zu Schuldenbremse und Haushaltsdisziplin. In Stuttgart regiert 2011 ein grüner Konservativer. Währenddessen hat sich die Union unter Merkel kulturell modernisiert, Schwulenrechte anerkannt, die Familienpolitik ein bisschen entrümpelt und nach dem Irrläufer der Atom-Laufzeitverlängerung die Energiewende eingeleitet. Der Stahlhelm-Flügel fristet, katalysiert durch den Rauswurf von Martin Hohmann 2003, ein kümmerliches Dasein am Rande. Und sogar in NRW, wo die Grünen traditionell als links gelten, war 2010 die schwarz-grüne Kabinettsliste, so hört man, schon fertig. Dass es dann doch knapp für Rot-Grün reichte, lag an Rüttgers Skandalen. Läuft also nicht früher oder später alles zwingend auf Schwarz-Grün im Bund hinaus?

Nicht ganz. Wenn man den luftigen Raum der politischen Erzählungen und Lebensstile verlässt und sich über die Parteiprogramme beugt, sieht die Sache etwas anders aus. Es gibt zwar – ein Nebeneffekt der Katastrophe von Fukushima – in der Atompolitik eine entschiedene Rolle rückwärts der Union, die einen wesentlichen Stolperstein für eine schwarz-grüne Annäherung beiseite räumt. Schwarz-Grün hätte, das ist unübersehbares Argument für dieses Bündnis, mit dem Ausbau der regenerativen Energie ein Großprojekt.

Doch wenn man die sozial- und steuerpolitischen Ziele inspiziert, springen krasse Gegensätze ins Auge. Die Grünen wollen einen Mindestlohn von 7,50 Euro, die Union ist mehrheitlich dagegen und will per Kombilohn lieber Niedrigverdiener subventionieren. Das wiederum ist mit den Grünen nicht zu machen, weil, so das grüne Gegenargument, Arbeitgeber auf Staatskosten erst recht Löhne drücken würden. Die Grünen wollen, dass Hartz-IV-Empfänger 420 Euro bekommen und mit weniger Sanktionen bedrängt werden; mit der Union, die zäh mit der SPD einen Hartz-IV-Kompromiss verhandelt hat, ist das nicht drin. (Die Grünen haben, aus Protest gegen die Union, den Verhandlungstisch verlassen.) Diese Reihe lässt sich fortsetzen: Die Union möchte an den 400 Euro-Jobs lieber nichts ändern, die Grünen, die einst mit der SPD zusammen die Türen für Minijobs und prekäre Beschäftigung weit geöffnet haben, wollen diesen Fehler korrigieren und den Niedriglohnsektor wieder drastisch einschränken. Viele Grüne wettern gegen die Schwächung der Gewerkschaften, die Aushöhlung des Flächentarifvertrages und sinkende Reallöhne. In der Union ist es – jenseits des Sozialflügels und der CDA jedenfalls – kaum vorstellbar, da zu folgen.

Auch in der Gesundheits- und Steuerpolitik liegen Welten zwischen Schwarz und Grün. Die Grünen möchten in der Gesundheitspolitik eine Bürgerversicherung einführen, in die auch Selbständige, Beamte und gut verdienende Angestellte einzahlen sollen. Die Beitragsbemessungsgrenze soll, so auf dem Freiburger Parteitag beschlossen, auf 5500 Euro steigen – eine spürbare Belastung der oberen Mittelschicht. Die Union hingegen will die privaten Krankenkassen unbedingt erhalten und polemisiert gegen die Bürgerversicherung gelegentlich als Einführung des Sozialismus im Gesundheitswesen.

Ganz und gar gehen die Vorstellungen auseinander, ob höhere Steuern sinnvoll sind. Die Grünen fordern, dass auch Freiberufler wie Architekten und Ärzte Gewerbesteuer zahlen sollen und der Spitzensteuersatz auf 45 Prozent steigt. Die Union hingegen will Besserverdienende nicht mehr belasten. Und das Abschmelzen des Ehegattensplittings, das die Grünen sich auf die Fahne geschrieben haben, ist vor allem für Konservative in der Union ein rotes Tuch. Zum einen weil die Reicheren nicht mehr zahlen sollen, zum zweiten weil damit in einem Doppelschlag das Familienideal der Konservativen unter Beschuss genommen würde.

Man kann diese lange Reihe von recht schroffen Unverträglichkeiten noch fortsetzen und kommt – von der Vermögensabgabe bis zur Erbschaftssteuer – zum immer gleichen Resultat. In den harten Verteilungsfragen ziehen Schwarz und Grün jeweils am anderen Ende des Seils. Dabei geht es nicht nur um einen Dissens in Sachfragen, den man durch geschickte Verhandlungen ausräumen kann, sondern um zwei deutlich verschiedene Konzepte: Die Union hat zwar die Idee einer neoliberalen Revolte in den Sozialsystemen, der sie vor 2005 anhing, an den Rand gedrängt – doch ein Umbau wie er den Grünen vorschwebt, Richtung Umverteilung von oben nach unten, ist für sie unvorstellbar. All das erinnert die Union genau an jenen linkssozialdemokratischen Etatismus, vor dem sie die Republik und ihre eigene Klientel doch seit Jahrzehnten in einem nie endenden Abwehrkampf zu retten versucht.

Nun mag man einwänden, dass Papier geduldig ist und keine Koalitionsegierung tut, was die Parteien vorher angekündigt haben. Die Union hat zudem eine starke sozialstaatliche Traditionslinie. Beim Mindestlohn lassen Machtpragmatiker um Merkel im Frühjahr 2011 erste Luftballons steigen, um zu testen, ob das schroff-fundamentale Nein der Union zu einem flächendeckenden Mindestlohn auf ewig Bestand haben muss. Denn nachdem es nun schon in neun Branchen Mindestlöhne gibt und es noch mehr werden, ist es da nicht klug die Bastion, die sowieso nicht zu halten sein wird, besser jetzt gleich zu räumen und nebenbei ein freundliches Signal an die Grünen zu senden? Die Grünen wiederum haben eine gewisse Finesse darin entwickelt, in der Opposition gerade solche Forderungen zu erheben, die ihre eigene Wählerschaft massiv belasten würden. Die grüne Klientel goutiert diese Forderungen durchaus, weil sie ja dem Gemeinwohl nutzen und es ein erhebendes Gefühl ist, zu Opfern bereit zu sein, die den sozialen Zusammenhalt der Gesellschaft stützen. Allerdings kann es sein, dass die grünen Anhänger diese Forderung weit mehr mögen als deren Umsetzung. Es ist möglich, dass das moralische Hochgefühl prompt verfliegt, sobald die grün wählenden Lehrer, Ärzte und Beamte jeden Monat ein paar Hundert Euro weniger auf dem Konto hätten.

Die Probe aufs Exempel steht noch aus. Doch selbst wenn man den Grünen ein bemerkenswertes Maß an Dehnbarkeit, ja Doppelmoral in Umverteilungsfragen unterstellt, bleibt der Befund, dass in der Steuer- und der Sozialpolitik bei Schwarz-Grün harte Gegensätze aufeinander prallen. Hinzu kommt, dass die Grünen gerade in einer Koalition mit der Union darauf achten müssen, nicht als reine Öko- und Energiewende-Partei wahrgenommen zu werden, der das Soziale völlig gleichgültig ist. Es ist sicher, dass SPD und Linkspartei die bürgerliche Koalition an dieser Seite angreifen werden – und den Grünen mit Wonne mannigfach uneingelöste Wahlversprechen unter die Nase reiben.

Kurzum: Auch die geschicktesten politischen Handwerker könnten kaum verhindern, dass dies das kaum reparable Leck des schwarz-grünen Regierungsschiffes wäre. Brauchbare Kompromisse sind schwer vorstellbar. Denn auch die Erzählungen von Union und Grünen liegen in diesem Ressort quer. Die Union folgt der „rechten Erzählung", dass sich Leistung lohnen muss und Gutverdienende keinesfalls zu arg belastet werden dürfen, die Grünen sind – jedenfalls in ihrem Selbstbild – weitgehend einem linken Gerechtigkeitsversprechen verpflichtet. In der rot-grünen Regierung hatten sie noch das unverdiente Glück, dass Kanzler Schröder mit der Agenda 2010 alle Pfeile auf sich zog, während die Grünen, die Hartz IV durchwinkten, tun konnten, als hätten sie damit nichts zu tun. Dies wird sich mit Schwarz-Grün nicht wiederholen.

Für die Union ist die Aussicht, mit Schwarz-Grün neben Schwarz-Gelb und der Großen Koalition über eine dritte Machtoption zu verfügen, verlockend. Die Union ist inhaltlich auch flexibler als die SPD. Sie ist keine Programmpartei, die sich, wie die SPD, früher mal die grundsätzliche Verbesserung der Welt auf die Fahnen geschrieben hatte und periodisch an der Erinnerung daran leidet. Der Vorwurf, hehre Grundsätze zu verraten, zündet in der Union viel, viel weniger als in der SPD. Pointiert gesagt: In der Union reicht es zu regieren, die SPD muss genau wissen warum, um nicht unglücklich zu werden.

Doch auch aus der Perspektive der Union gibt es ein paar gravierende Hindernisse auf dem Weg zu Schwarz-Grün im Bund. Das Scheitern von Schwarz-Grün in Hamburg, das bei der Senatswahl im Februar 2011 komplett zu Lasten der CDU ging, hat gezeigt, wo die Gefahr liegt. Auch wenn man bei dem Wahl-desaster den Rückzug des populären Ole van Beust in Rechnung stellt – schon die Mini-Schulreform, die die Selektion im dreigliedrigen System um zwei Jahre nach hinten verschieben sollte, war für die CDU-Klientel zu viel. Die Lehre, die Schwarz-Grün-Anhänger und -Gegner in der Union daraus gleichermaßen gezo-gen haben lautet, dass die CDU den Grünen nie mehr zu viele Kompromisse in Bereichen anbieten darf, die den Markenkern der Union berühren.

Will sagen: Die Aussicht auf Schwarz-Grün im Bund, das die Energiewende zu ihrem Projekt macht, ist schillernd, aber sie wäre für die Union ein Wagnis. Das sinnstiftende Projekt dieser Koalition wäre ein grünes. Umso härter wird die Union, in wohl verstandenem Eigeninteresse, bei Symbolthemen – Steuern, Ge-sundheit, Hartz IV, aber auch dem Türkei Beitritt der EU, der inneren Sicherheit und der Migrantenpolitik – das Konservative, Leistungsorientierte betonen und den Grünen nichts gönnen wollen. Von den entschlossen Postideologischen in der Union, die Angela Merkels kühlen Pragmatismus bewundern, hört man, dass es zwar nur noch eine Frage der Zeit ist, bis die Union den Mindestlohn und den EU-Beitritt der Türkei als letztlich notwendig akzeptiert. Wer das bezweifelt, bekommt zu hören, dass vor 15 Jahren niemand je geglaubt hätte, dass eine ost-deutsche Kanzlerin, offen schwule Bürgermeister und der Atomausstieg bald zur christdemokratischen Normalität gehören würden.

Doch es ist verzwickter. Denn für die Union schlummert gerade in einem Bündnis mit den liberalen, lebensweltlich hedonistischen Grünen ein Risiko. Die unter Angela Merkel im Verborgenen vollzogene Anpassung der verzopften Christdemokraten an die modernen urbanen Milieus könnte aus der Balance geraten. Unter Merkel ist es der Union gelungen, in zentralen Fragen sogenannter weicher Ressorts – etwa Gleichberechtigung, Elterngeld, Vereinbarkeit von Beruf und Familie – recht geräuscharm den Anschluss an den Zeitgeist wiederherzu-stellen. Anders als Gerhard Schröder, der mit der Agenda 2010 und Hartz IV die Traditionskompanie in der eigenen Partei brüsk vor den Kopf stieß, hat Merkel diesen Prozess bislang ohne viel Schrammen über die Bühne gebracht.

Allerdings sind auch bei der Union Erosionserscheinungen sichtbar. So ver-liert die Union bei Wahlen sukzessive in ihren Hochburgen und katholischen Kernmilieus. Hier zeigt sich eine strukturelle Ähnlichkeit zum Niedergang der SPD. Dort war es das schrumpfende gewerkschaftliche Milieu, das die Schröder-SPD auf dem Weg in die Mitte einfach zurück ließ. Die Union hat ein ähnliches Problem mit dem kirchlichen Milieu, das noch dramatischer als das gewerk-schaftliche an Größe verliert. In der Union kann man gewissermaßen einen Agenda-2010-Effekt in Superzeitlupe beobachten. Er verläuft ohne spektakuläre

Parteiaustritte, wie den von Oskar Lafontaine. Am Horizont ist auch keine ernsthafte Bedrohung durch eine neue Rechtspartei zu erkennen. Doch genauso wie die bei der SPD werden bei der Union, wenn auch langsamer, die Hochburgen geschliffen. In Bayern hat die CSU die Alleinregierung verloren, in Baden-Württemberg die CDU nach 58 Jahren die Macht. Die Stammwähler bleiben bei Wahlen öfter mal zu Hause.

Auch der benefit, den Merkels Modernisierungskurs einbringt, scheint mitunter fraglich. Die Schlussfolgerung aus der mit Edmund Stoiber verlorenen Wahl 2002 lautete, dass die Union gegen die urbanen Milieus keine Wahl gewinnen kann. Vor allem junge Frauen in Großstädten rückten in den Blick der Union. Doch nachhaltig erfolgreich ist diese Strategie nicht. Die herben Niederlagen in Hamburg und Bremen 2011 zeigten, dass die CDU kein Mittel gegen die Grünen findet. Sich an diese urbanen Milieus anzuschmiegen, ist jedenfalls keine Garantie für Erfolge.

Und Angela Merkels Modernisierung hat auch eine Schattenseite: Das Personal wirkt dünner und uniformer als früher. Einen rechten Flügelmann, der die traditionschristdemokratische Klientel trotz neumodischer Irritationen wie Windparks, Elterngeld und Gleichstellungsgesetzen an die Partei bindet, gibt es in der Union 2011 nicht.

Unter der nach außen glatten Oberfläche zeigen sich auch in der CDU-Mitgliedschaft Risse. Eine Studie der Konrad-Adenauer-Stiftung von 2007 zufolge besteht die Partei aus vier abgrenzbaren Gruppen. Erstens: die liberalen Aufgeschlossenen, die relativ jung und kirchenfern sind, in Großstädten wohnen und sich selbst eher links verorten. Zweitens: die Traditionsbewussten, oft über 60 Jahre alt und im dörflichen Raum zu Hause, wenig akademisch gebildet, kirchlich gebunden und verständnislos gegenüber arbeitenden Müttern oder der Homoehe. Drittens: die Marktwirtschaftsorientierten, überdurchschnittlich gebildet, leistungsfixiert und laut Selbsteinschätzung rechts. Und viertens die Christlich-Sozialen, die gesellschaftspolitisch konservativ sind, etwa stark gegen die Homo-Ehe, aber für einen starken Sozialstaat.

Bemerkenswert ist, dass nur 17 Prozent der CDU-Mitglieder zu den liberalen Aufgeschlossenen zählen – während die gesellschaftspolitisch konservativ Eingestellten (Traditionsbewusste 26 und Christliche-Soziale 25 Prozent) dreimal so viele Anhänger haben. Die Marktwirtschaftsorientierten, mit 32 Prozent die größte Gruppe, sind gesellschaftspolitisch eher diffus.

Das bedeutet: Stabile Sympathien für eine schwarz-grüne Koalition hätte in der CDU nur die kleine, wenn auch aktive und ausdrucksstarke Gruppe der liberalen Aufgeschlossenen. Ein schwarz-grünes Bündnis würde die bis jetzt erfolgreich herunter gedimmten Widersprüche der Modernisierung der Union in den letzten zehn Jahren ins Scheinwerferlicht rücken. Dabei würden die inneren Fliehkräfte in der Union sichtbar. Und um die zu bändigen, müsste sich die Union von den Grünen deutlich abgrenzen. Wie das zu dem vermittelnden Politikstil von Angela Merkel passen soll, ist auch eine Frage wert.

Ergo: Schwarz-Grün ist nicht unmöglich. Aber wenn es so kommt, wird es eine labile Koalition unter Dauerspannung. Denn dieses Bündnis wird auf die Grünen und die Union wie ein Enzym wirken und vorhandene Spaltungs- und Zersetzungsprozesse zu Tage fördern und beschleunigen. Bei den Grünen wird der bislang geschickt verhüllte Widerspruch, gleichermaßen eine Art Öko-FDP zu sein und lauthals Umverteilungs- und soziale Gerechtigkeitsrhetorik zu pflegen, in den Vordergrund rücken. Bei der Union ist die Lage noch heikler. Denn die von Angela Merkel weitgehend ohne Begründungen und neue sinnstiftende Symbole inszenierte stille Modernisierung hat das traditionelle Wertegefüge in der CDU erschüttert, ohne eine neue Erzählung an dessen Stelle zu setzen. Dabei, schreiben die Politikwissenschaftler Mark T. Fliedauf und Leonard Novy, wäre für die Union ein solides Wertefundament „unabdingbar, um große Transformationsprojekte wie die Energiewende zu meistern". Schwarz-Grün hingegen kann für die Anhängerschaft der Union schlaglichtartig den Preis erhellen, den die CDU für ihre Verwandlung unter Merkel gezahlt hat.

Es ergibt eben ein schiefes Bild, wenn man nur die grünen Pragmatiker und liberalen CDU-Wähler in Köln oder dem Frankfurter Nordend sieht, die im gleichen Bioladen einkaufen, ihre Kinder in den Religions- statt in den Ethikunterricht schicken und abends in die gleiche Oper gehen. Zur Wirklichkeit gehören auch die medial weniger ausgeleuchteten provinziellen Ecken, von Fulda bis zum Emsland, in denen die habituellen Grenzmarkierungen zwischen Schwarz und Grün noch sichtbar sind.

Und: Kann man sich wirklich vorstellen, dass Alexander Dobrindt und Claudia Roth in den Talkshows der Republik mal gemeinsam den neuen Hartz-IV-Satz verteidigen werden?

IV. Erfahrungen

Hubert Kleinert

Voraussetzungen und Grenzen schwarz-grüner Optionen

In den vergangenen Jahren hat eine politische Machtoption wachsende öffentliche Aufmerksamkeit erlangt, die noch zu Beginn der 1990er Jahre jenseits kommunaler Ausnahmekonstellationen unmöglich schien: Ein Bündnis von Union und Grünen. Was in den 1990er Jahren in Rathäusern und Landratsämtern vornehmlich an Rhein und Ruhr erstmals breiter in Erscheinung trat, ist nach der Jahrtausendwende auch in andere Regionen der Bundesrepublik Deutschland vorgedrungen. Saarbrücken, Köln, Kassel, dann Kiel, Duisburg, Essen, Frankfurt, Wiesbaden, Aachen, Bonn, neuerdings Darmstadt – die Zahl der schwarz-grünen Verbindungen in den Kommunen wuchs beträchtlich. Wohl haben nicht alle Verbindungen lange gehalten. Da und dort sorgten Konflikte der Koalitionspartner für ein Ende, häufiger waren es die Wähler, die beim nächsten Urnengang neue Konstellationen herbeiwählten. Nur selten endete die Zusammenarbeit mit derart spektakulären Krächen, dass daraus verallgemeinerungsfähige Negativschlüsse hätten gezogen werden können.

Auch wenn nicht allen dieser kommunalen Bündnisse dauerhafter politischer Erfolg beschieden war: Wo das eine Bündnis wieder zerbrach, kam bald anderswo ein neues hinzu. So schien es lange Zeit, als sei Schwarz-Grün eine Bündnisoption mit Zukunft – auch über die kommunale Ebene hinaus. Entsprechend groß war die bundesweite Aufmerksamkeit, als im Frühjahr 2008 in Hamburg das erste schwarz-grüne Bündnis auf Länderebene geschlossen wurde. Viele sahen darin nicht nur einen hanseatischen Sonderfall, sondern auch einen Testlauf für den Bund. Mit dem als „Jamaika-Koalition" apostrophierten Bündnis von Union, Grünen und FDP im Saarland kam im Herbst 2009 ein zweites Bundesland hinzu. Dabei hatten sich die Grünen in Saarbrücken jetzt sogar ausdrücklich gegen eine von den Mehrheitsverhältnissen her ebenso mögliche rot-rot-grüne Allianz entschieden.

Seither freilich haben sich die schwarz-grünen Zukunftsperspektiven wieder verdunkelt. Die nach der Bundestagswahl 2009 veränderte politische Gesamtkonstellation hat den Graben zwischen Union und Grünen bundesweit sichtbar vertieft, zugleich Rot-Grün in der Opposition einander wieder nähergebracht. Vor allem aber haben der Wahlausgang in Nordrhein-Westfalen und das Scheitern der Koalition in Hamburg als politische Trendwende gewirkt. Nachdem bis kurz vor dem Wahltag Rot-Grün in Düsseldorf so gut wie ausgeschlossen, Schwarz-Grün dagegen durchaus möglich schien, hat der Stimmungsumschwung an Rhein und Ruhr nicht nur Jürgen Rüttgers die Tour gründlich vermasselt. Dass an die Stelle eines möglichen schwarz-grünen Probelaufs für Berlin im größten und wichtigsten Bundesland der Bundesrepublik Deutschland eine Neuauflage der in Düsseldorf erst 2005 abgewählten rot-grünen Koalition getreten ist, hat Wirkungen weit über Düsseldorf hinaus. Nur wenig später haben die Abstimmungsniederlage der Hamburger Koalitionäre im Plebiszit um die Gemeinschaftsschule und der Rückzug des populären Bürgermeisters Ole von Beust die Sollbruchstellen des Hamburger Bündnisses spektakulär offen gelegt. Nachdem die Koalition im Hamburger Rathaus unter von Beusts Nachfolger Alhaus noch einige Wochen weitergeführt worden war, zogen schließlich die vom bundesweiten Umfragehoch für ihre Partei abgekoppelten Hamburger Grünen Anfang Dezember die Reißleine und kündigten die Zusammenarbeit mit der Union auf. Die vorgezogene Neuwahl bescherte der Union einen regelrechten Absturz in der Wählergunst. Auch für die Grünen hat sich der Koalitionsbruch nicht ausgezahlt: Ihr Kalkül, von einer schwarz-grünen in eine rot-grüne Koalition im Hamburger Rathaus zu wechseln, ist nicht aufgegangen. Zum großen Profiteur des schwarz-grünen Scheiterns wurden die Sozialdemokraten, die erstmals seit Jahrzehnten die Hansestadt wieder alleine regieren können.

Auch das Jamaika-Bündnis im Saarland hat bislang nur wenig Furore machen können. Und auch hier könnte der Rückzug von Ministerpräsident Müller als Menetekel und Signal für ein vorzeitiges Aus gedeutet werden. Bundesweit hat der Herbst 2010 mit dem Beschluss der Bundesregierung zur Verlängerung der Laufzeiten der bundesdeutschen Atomkraftwerke eine neue schwarz-grüne Eiszeit eingeläutet. Während selbst die grünen Oberrealos in Baden-Württemberg, für die Schwarz-Grün schon Anfang der 1990er Jahre kein Tabuthema mehr war und die noch bei der Landtagswahl 2006 ein solches Bündnis angesteuert hatten, als Wortführer beim Kampf gegen das umstrittene Großprojekt „Stuttgart 21" Erinnerungen an die grüne Gründer- und Frühzeit aufkommen lassen, versuchte die Union im Herbst 2010, die zwischendrin zum möglichen Koalitionspartner von morgen hochkomplimentierten Grünen wieder in die Ecke der Verweigererpartei zu rücken, die im Zweifel gegen alles seien. Mit höchst bescheidenem Erfolg allerdings, wie sich am spektakulären Wahlerfolg der Grünen bei den von der Atomkatastrophe in Fukushima folgenreich beeinflussten Landtagswahlen in Baden-Württemberg und der Bildung einer grün-roten Landesregierung deutlich gezeigt hat.

Ist also der Charme von Schwarz-Grün schon verbraucht, noch ehe dieses Bündnis überhaupt eine ernsthafte Option für den Bund werden konnte? Zeigt sich jetzt, dass das in den Feuilletonspalten bemühte „soziokulturelle schwarz-grüne Milieu" in Wahrheit nur in der Einbildung einiger ihrer journalistischen Liebhaber existiert? War das alles nur ein Modethema? Sind auch die stärker in die Mitte gerückten, arrivierten und etablierten Grünen eben doch eine Linkspartei, die Welten von der Union trennt? Gibt es für sie – jedenfalls überregional – am Ende doch nur eine wirklich realistische Machtoption an der Seite der Sozialdemokraten? Kommen auch für die Union von morgen neben der FDP überregional allenfalls die Sozialdemokraten als Koalitionspartner in Betracht? Zeigt das Hamburger Beispiel, dass jenseits kommunaler Ausnahmen Mehrheitsbildungen jenseits der angestammten politischen Lager doch nicht funktionieren? Stehen wir gar am Anfang einer neuen politischen Lagerbildung, die in Wahrheit die alte ist? Und was bedeutet vor diesem Hintergrund der spektakuläre Positionswechsel der Union in der Atom- und Energiepolitik nach Fukushima?

So töricht jede Betrachtung wäre, die davon ausginge, dass das schwarz-grüne Scheitern in Hamburg und die neuerdings wieder vertieften Gräben im Bund ohne weiterreichende Auswirkungen bleiben können, so wenig sollten die derzeitigen politischen Stimmungslagen zur bloßen Wiederkehr der altvertrauten politischen Frontlinien überhöht werden. Die rot-grünen Stimmungsmehrheiten in der „Sonntagsfrage" haben mehr mit der Schwäche der derzeitigen Bundesregierung als mit der Attraktion der entsprechenden politischen Alternative zu tun und das grüne Umfragehoch der letzten Monate beantwortet noch nicht die Frage nach einer realistischen Machtoption auch für eine deutlich gewachsene Ökopartei. Zumal mit dem Schwenk der Union in der Energiepolitik das bis dahin wichtigste Hindernis für eine schwarz-grüne Zusammenarbeit im Bund abgeräumt ist. Dass Union und Grüne als die klassischen Antagonisten der Bonner Republik einander soweit annähern konnten, dass Bündnisdiskussionen mehr als reine Phantastereien werden konnten, ist an Voraussetzungen und Bedingungen geknüpft, die nicht einfach verschwunden sind, weil sich die Regierung Merkel schwer tut, die Landtagswahl in Nordrhein-Westfalen einen lange nicht erwarteten Ausgang genommen hat und das Bündnis in Hamburg krachend gescheitert ist. Entsprechend soll es hier zunächst darum gehen, genauer nach den Voraussetzungen für die schwarz-grüne Bündnisdiskussion der letzten Jahre zu fragen. Unter welchen Bedingungen konnte und kann es zu solchen Allianzen kommen? Was sind die Motive der Beteiligten? Was die Risiken? Wie sehen es die jeweiligen Anhängerschaften? Unter welchen Bedingungen können solche Bündnisse funktionieren, unter welchen nicht? Abschließen soll diese Betrachtung mit einer Prognose für die absehbare Zukunft.

1   Zur Geschichte des schwarz-grünen Verhältnisses

Als die Grünen vor mehr als dreißig Jahren entstanden, sah sich die große Mehrheit der Gründergeneration als natürlichen Antagonisten der Union. Wohl spielte bei der Entstehung der Partei die Abgrenzung und Abnabelung von einer damals maßgeblich von Helmut Schmidt verkörperten SPD eine besondere Rolle und sah sich der grüne Mainstream der Frühzeit als „Alternative zu allen etablierten Parteien". Doch während über Formen der parlamentarischen Zusammenarbeit mit der SPD in den Kindertagen der Grünen wenigstens noch gestritten werden konnte, schien der fundamentale Gegensatz zur Union derart klar, dass darüber, von Einzelmeinungen abgesehen, gar nicht einmal breiter debattiert wurde. Die Union, das war der eigentliche Gegner, ja schlimmer, der Feind.

Diese Sicht fand sich spiegelbildlich auch im Blick der Union auf die Grünen. Für die übergroße Mehrheit der Unionsanhänger jener Zeit repräsentierten die frühen Grünen eine gefährliche Abirrung des Zeitgeistes, von dem fraglich schien, ob er überhaupt dem Rahmen des demokratisch Tolerierbaren und Respektierbaren zuzurechnen wäre. Rupert Scholz wollte die Grünen 1983 als verfassungsfeindlich verbieten lassen. Als 1985 die erste rot-grüne Koalition in Hessen zustande kam, sah die CDU die Industrie scharenweise aus Hessen auswandern. Im gleichen Jahr erschien eine Dokumentation der Union über die „Kader der Grünen", in der die Partei als linksextremistische Vereinigung zur Zerstörung der Staats- und Verfassungsordnung der Bundesrepublik „enttarnt" werden sollte. Entsprechend gestaltete sich auch der Umgang der beiden Parteien miteinander im parlamentarischen Alltag dieser Jahre.

Die besondere Tiefe dieses Gegensatzes zur Union war bei den frühen Grünen eine unmittelbare Konsequenz der politischen Prägung ihrer Gründergeneration. Die allermeisten Protagonisten dieser Gründergeneration hatten ihre ersten politischen Sozialisationserfahrungen unmittelbar in oder doch im Nachklang zur 68er-Protestbewegung gemacht. Diese aber verstand sich in besonderer Weise als radikale Opposition zum „CDU-Staat" – so der Titel eines 1969 vielbeachteten Buches. Sie unterstellte diesem Staat einen fundamentalen Mangel an gelebter republikanisch-demokratischer Diskussionskultur und attackierte heftig die als „verlogen" betrachtete Wohlstands- und Leistungsideologie der Älteren. Aus ihrer Sicht lugte hinter der angeblich nur als Fassade dienenden demokratischen

Institutionenkultur ein autoritärer Staat hervor, der, nur oberflächlich demokratisiert, noch viele Einsprengsel des braunen Ungeists der Vergangenheit aufweise. Als Hauptverantwortliche und Hauptrepräsentantin dieser so gedeuteten bundesdeutschen Nachkriegsordnung galt die CDU und – schlimmer noch – die CSU.

Diese Sicht, die in der Tiefe des Generationsbruchs der 1960er Jahre wurzelt, hat den Blick der erst links und dann grün-links geprägten Protestkultur der 1970er Jahre auf die Union maßgeblich geprägt. Diese Protestkultur aber war die wichtigste Wurzel der Grünen.

Spiegelbildlich dazu entwickelte sich in der Union das Bild von der neuen Linken und schließlich auch das der Grünen. In ihrer Wahrnehmung verschwammen die Grenzen zwischen linker Systemkritik, Protestkultur und Terrorismus ebenso wie die zwischen ökologisch orientierten Bürgerinitiativen und militanten Bauplatzbesetzern. Ob Hermann Lübbe und Karl Korn intellektuell gehaltvoll die diskursive Verflüssigung von Grundwerten des Gemeinwesens aus dem Geist der Hessischen Rahmenrichtlinien für Deutsch und Gemeinschaftskunde heraus interpretierten oder Franz Josef Strauß gegen die geistigen Helfershelfer des Terrorismus polterte – hier war ein regelrechter Kulturkampf im Gange, der bis in die 1980er Jahre weiterwirkte. Sahen die einen in Richard von Weizsäcker den intellektuellen Exoten in einem tiefschwarzen Verein von Rechten und Reaktionären, so war für die Gegenseite die ganze Protestkultur und schließlich auch die Entstehung der Grünen vor allem das ärgerliche Produkt eines von der Sozialdemokratie tolerierten Verfalls der Staatsautorität und einer „Verwahrlosung" vor allem der Hochschulen.

Derart vorgeprägt, blieben sich Union und Grüne bis weit in die zweite Hälfte der achtziger Jahre hinein in tiefer Abneigung verbunden. Wohl war diese Abneigung nicht frei von Hasslieben: Schließlich waren es oft die eigenen Söhne und Töchter, die so aus der Art geschlagen schienen. Aber die kulturelle Trennlinie zwischen grün und schwarz blieb hermetisch.

Trotz aller wertkonservativen Beiklänge des Großthemas Ökologie und trotz aller Einflüsse von Aktivisten im grünen Gründungsprozess, die nicht der Tradition der Neuen Linken zuzurechnen waren, haben sich die Grünen von Anfang an eindeutig als Linkspartei verstanden. Eine Linkspartei neuen Stils freilich, deren Entstehung in erster Linie aus dem gesellschaftlichen Konfliktfeld zu verstehen ist, das die Werteforschung als Konflikt von materialistischen und postmaterialistischen Haltungen beschrieben hat. Für die im Wohlstand aufgewachsene Generation der damals Jungen standen nicht mehr Wirtschaftswachstum und Innere Sicherheit im Vordergrund, nicht mehr Pflicht- und Akzeptanzwerte wie

Fleiß, Ordnung und Gehorsam, sondern individuelle Entfaltung, Partizipation, kulturelle und ästhetische Fragen. Von diesem Wertegerüst aus erfolgte die Adaption der historisch eher konservativ konnotierten „Sorge um die natürliche Umwelt".

Gerade die frühen Grünen waren besonders von dieser radikal-libertären Werteorientierung des Postmaterialismus geprägt, der einen breiten gesellschaftlichen Resonanzboden besaß. Hierarchien und Autoritäten waren out, Selbstbestimmung und extreme Toleranz waren in. Radikale Zivilisationskritik und die Suche nach Entwicklungspfaden jenseits der bekannten Wachstumsphilosophien, radikale Abrüstung, gepaart mit tief sitzenden Ressentiments gegenüber Amerika, Emanzipation der Frauen, Offenheit gegenüber alternativen Lebensformen und anderen sexuellen Orientierungen, ein heute naiv anmutendes Ideal von Grass-Roots-Basisdemokratie, dazu ein bisschen Sozialismus im Sinne gewerkschaftsnaher Umverteilungsprogramme, meist noch etwas radikalisiert – das waren die frühen Grünen. Radikalökologisch, pazifistisch, ein bisschen sozialistisch, vor allem aber fundamentalliberal und nicht-etatistisch.

Ihr natürlicher Antipode musste die Union sein. Denn sie war die Partei des Materialismus, der Marktwirtschaft, der Autorität, vor allem der Staatsautorität. Sie war die Partei der klassischen Tugenden, der Pflicht- und Akzeptanzwerte. Sie achtete auf Konvention und Moral, auf Nationalstolz und Amerikafreundschaft. Die Union warnte vor kultureller „Überfremdung", betonte die Notwendigkeit verbindlicher Werte und sah sich seit 1968 im Widerstand gegen eine um sich greifende gesellschaftliche Libertinage. Kurz: Sie sah sich als Verfechterin einer wohlanständigen Bürgerlichkeit, die deutschen Aufbaufleiß gegen die verqueren, romantisierenden und vermeintlich oft spinnerten Weltbilder der Jungen zu verteidigen suchte.

Gewiss konnte man auch damals schon neben Gegensätzen auch programmatische Berührungspunkte finden: Subsidiarität, Dezentralisierung, Entstaatlichung, die zentrale Rolle des Individuums. Doch diese Begriffe wurden in den jeweiligen Kernmilieus beider Parteien mit ganz unterschiedlichen weltanschaulichen Vorstellungen vom Menschen, seiner Abkunft und seinen Bindungen verknüpft. So war die beiderseitige Abneigung auch tief in den jeweiligen Wertvorstellungen und Gesellschaftsbildern verankert.

Seit der zweiten Hälfte der 1980er Jahre hat sich dann das Verhältnis von Union und Grünen allmählich verändert. Dabei haben verschiedene Faktoren eine zentrale Rolle gespielt.

1. Die Gründergeneration der Grünen ist pragmatischer geworden. Mit dem eigenen parlamentarischen Erfahrungszuwachs, mit dem lebensgeschichtlichen Prozess des Älterwerdens und den damit verbundenen Erfahrungen, mit der Etablierung der Partei im gesellschaftlichen Institutionengefüge, ihrem stärkeren Hineinwachsen in die Mitte der Gesellschaft, kurz, mit dem eigenen Erfolg und der eigenen Karriere haben sich Sichtweisen verändert, sind Programme realistischer geworden und hat die Union ihren Schrecken von einst allmählich verloren. So sind aus ursprünglich fast feindlich zu nennenden politischen Lagern im Kulturkampf gewöhnliche politische Konkurrenten geworden.

2. Die Grünen repräsentieren heute vornehmlich ein etabliertes Linksbürgertum, das sich durch eine besondere Betonung ökologischer, liberaler und sozialer Werthaltungen auszeichnet, für das aber auch die Realitäten des Erwerbslebens eine deutlich größere Rolle spielt als das bei den Grünen der 1980er Jahre der Fall war. Gleichzeitig ist die Partei inzwischen viel stärker Machterwerbs- und Gestaltungspartei als Gesinnungspartei geworden. Entsprechend spielen Machterwerbsstrategien im Denken besonders der Parteieliten eine weit größere Rolle als in der Frühzeit der Grünen, werden Erfolg oder Misserfolg vornehmlich an Machterwerbschancen und Stimmenanteilen gemessen. Das hat auch Konsequenzen für die Hermetik der Abgrenzung gegenüber den politischen Konkurrenten.

3. Die scharfe Konfliktlinie Materialismus/Postmaterialismus, die die 1970er und frühen 1980er Jahre so geprägt hatten, hat sich in den Folgejahrzehnten deutlich abgemildert. Den konventionellen Materialisten der 1970er Jahre gibt es heute ebenso deutlich seltener wie seinen direkten, unmittelbaren Antipoden. Insoweit wurzelt die politische Pragmatisierung der Grünen auch in ihrer Anhängerschaft. Dasselbe gilt umgekehrt auch für die Union.

4. Die CDU hat einen Generationswechsel durchgemacht, mit dem eine Veränderung der prägenden Sozialcharaktere verbunden ist. Die jüngeren und mittelalten Vertreter der Partei schleppen nicht mehr das Gepäck des Kulturkampfes gegen die Neue Linke mit sich. Sie haben sich in Habitus und Stil den Generationsgenossen der Grünen ebenso angepasst wie diese sich ihnen. Sie selbst sind von der Fundamentalliberalisierung mitgeprägt, die die deutsche Gesellschaft in den Jahren und Jahrzehnten nach 1968 erlebt hat.

5. An die Stelle der ideologischen Überfrachtung rot-grüner Bündnisse als „historische" Bündniskonstellationen mit erheblichem gesellschaftsverändernden oder gar systemkritischen Potentialen in der rot-grünen Frühzeit ist – vor allem bei den Grünen – ein politischer Realismus getreten, der in parlamentarischen Mehrheitsbildungen pragmatisch zu handhabende Zweckbündnisse sieht, deren Nutzen eher graduell zu unterscheiden ist. Hier haben ernüchternde und z.T. desillusionierende Erfahrungen in der rot-grünen Regierungspraxis auf allen möglichen Ebenen eine wichtige Rolle gespielt. So hat sich ein gewisser „Abnabelungsprozess" der Grünen von der SPD vollzogen. Zwar stehen sich beide Parteien programmatisch weiterhin deutlich näher als Union und Grüne. Doch haben die Grünen inzwischen deutlich an politischer Stärke und Eigenständigkeit hinzugewonnen. Dies hat auch mit gesellschaftlichen Strukturveränderungen zu tun, die der Sozialdemokratie wesentliche Teile ihres ursprünglich „natürlichen" Wählerklientels genommen haben und die Partei in den letzten Jahren häufiger als zunehmend ort- und richtungslos erscheinen ließen. Die Grünen hingegen profitieren von der Verbreitung stärker postmaterialistisch geprägter Werthaltungen und Lebensstile insbesondere in ihrer großstädtisch geprägten Wählerschaft, vom Bedeutungsgewinn ökologischer Fragen auf der politischen Agenda und einer insgesamt liberaler gewordenen Grundstimmung der Gesellschaft. Umgekehrt lassen sich die klassischen Anliegen der Sozialdemokratie – vor allem das Großthema der sozialen Gerechtigkeit – weniger gut organisieren als früher. Die SPD ist schwächer geworden. Das konnte nicht ohne Konsequenzen bleiben für die strategischen Überlegungen der Grünen.

6. Mit den Folgen der weltgeschichtlichen Epochenwandels von 1989/90 haben sich auch ideologische Frontlinien verschoben. Obgleich die politische Geographie von links und rechts einige Bedeutung behalten hat, weil ein duales Deutungsmuster die einfachste Grundform für die Konstruktion eines politischen Raumes darstellt, haben sich die ideologischen Gegensätze deutlich abgeschliffen. Sozialismus als positiver politischer Bezugspunkt ist stärker diskreditiert – gerade bei den Grünen. Das Denken in politischen Systemalternativen ist weithin verschwunden. Die libertäre Umdeutung des Links-Begriffes hat sich nach 1989 beschleunigt. Dass die Grünen statt ökosozialistischer Gesellschaftsbilder jetzt ein linksliberales Freiheitsverständnis reklamieren, hat den Umgang mit den Grünen für die Union leichter werden lassen. Und die Abstände in der politischen Selbstverortung auf der links-rechts-Achse durch die Anhänger von Schwarz und Grün sind nicht nur geringer geworden, sondern haben sich gegenüber 1990 etwa halbiert.

7. Gleichzeitig haben die Jüngeren in der Union den Anschluss an den modernen Zeitgeist gesucht und zum Teil auch gefunden. In der Wahrnehmung vieler zentraler gesellschaftlicher Problemlagen hat sich eine Annäherung von Union und Grünen vollzogen. Sichtbarste Ausnahme dabei war noch bis zum Reaktorunglück von Fukushima die Atomenergie, wobei sich hier die Haltung der Union nun vollends gewandelt hat. Die Grünen sind Marktwirtschaftler geworden und die Union vertritt ein neues Verständnis von Geschlechterrollen und Familienpolitik. Wo sich in der rot-grünen Ära vor einem Jahrzehnt konfrontative Zuspitzungen zwischen Union und Grünen vor allem bei „lebensweltlichen" Themen wie gleichgeschlechtliche Lebensgemeinschaften, Familienbild und Leitkultur ergeben haben, haben sich diese Gegensätze mittlerweile deutlich abgeschliffen. So sind aus fundamentalen politischen Differenzen eher graduelle Unterschiede geworden.

8. In der jüngeren und mittelalten Generation fehlt auf beiden Seiten das kulturell tief verankerte Feindbild. Statt ideologischer Aufladung und missionarischem Eifer bestimmt ein Pragmatismus des „Machertums" das eigene Selbstverständnis auf beiden Seiten. Es gibt jenseits der Atompolitik heute kaum noch ein Thema, an dem Wertekonflikte in einem „Entweder-oder-Schema" ausgetragen werden. Wie überhaupt Politik heute mehr als Beruf und weniger als Berufung verstanden wird – auf allen Seiten.

9. Diese Veränderungen, die seit Anfang der 1990er Jahre deutlich spürbar geworden sind, haben auch zu einer allmählichen Pragmatisierung der Bündnisfrage geführt. Aus der kulturell tief verwurzelten Unmöglichkeit wurde sukzessive eine vielleicht nicht naheliegende, aber auch nicht mehr ausgeschlossene Möglichkeit. Was bei der „Pizza-Connection" um die Mitte der 1990er Jahre noch den Hauch des spektakulären Tabubruchs besaß – regelmäßige Gesprächskontakte von jüngeren Politikern beider Seiten zur politischen Entspannung und nüchternen Bestandsaufnahme von politischen Berührungspunkten und Gegensätzen –, wurde mehr und mehr zur politischen Normalität.

10. Wesentlich gefördert wurde all dies durch die im letzten Jahrzehnt deutlich sichtbar gewordenen Veränderungen im Parteiensystem. Die Ausfransung des Parteiensystem durch das Hinzutreten neuer einflussreicher Akteure, die damit verbundenen Schwierigkeiten parlamentarischer Mehrheitsbildung nach dem angestammten Muster der politischen Lagerbildung, vor allem aber die nachlassende gesellschaftliche Verankerung der alten Volkspartei SPD als dem vermeint-

lich „natürlichen" Koalitionspartner der Grünen haben die Auflockerung früher hermetischer Grenzen gefördert. Unterstützt und z.t. abgestützt werden solche Entwicklungen auch durch wachsende Flexibilität einer insgesamt schwindenden Wählerschaft, die nicht nur zu Verdruss und Wahlenthaltung neigt, sondern auch zu Stimmungsausschlägen früher unvorstellbaren Ausmaßes. Zwar sind die Wählerschaften von Union wie Grünen in ihrer strategischen und taktischen Flexibilität hinter den politischen Akteuren selbst zurückgeblieben. Doch grundsätzlich unvermittelbar in die eigenen Anhängerschaften hinein sind solche Allianzen nicht mehr – auf der kommunalen Ebene lässt sich das inzwischen sogar empirisch leidlich untermauern. Dabei wird die künftige Stärke der SPD für die Zukunftschancen von Schwarz-Grün von entscheidender Bedeutung sein.

2   Zur Bedeutung schwarz-grüner Bündnisse

Ende 2009 existierten in der Bundesrepublik Deutschland etwa 70 schwarz-grüne Bündnisse auf kommunaler Ebene. Die Form dieser Bündnisse ist unterschiedlich: Teilweise handelt es sich um erklärte Koalitionen, die auf der Basis schriftlich fixierter Vereinbarungen zusammenarbeiten. Bei einem knappen Viertel dieser Bündnisse ist auch die FDP beteiligt. Hier wird von „Jamaika-Bündnissen" gesprochen, ein Begriff, der sich nach der Bundestagswahl im Herbst 2005 bundesweit durchgesetzt hat.

Ein Schwerpunkt solcher Bündnisse liegt in Nordrhein-Westfalen, was angesichts der eher linken Traditionen der Grünen in diesem größten Bundesland eher etwas überrascht. Allerdings kann NRW dennoch nicht als „Kernland von schwarz-grün" betrachtet werden, wie das eine Untersuchung aus 2008 nahe legt.[1] Vielmehr lag Ende 2009 Niedersachsen mit etwa 25 schwarz-grünen Verbindungen numerisch an der Spitze. Danach folgen NRW und Hessen mit ca. 20 bzw. 15 solcher Verbindungen. Bei dieser Betrachtung der regionalen Verteilung sind freilich die unterschiedlichen Kommunalverfassungen zu berücksichtigen. So gibt es in Süddeutschland in den Rathäusern keine klassischen Parteienkoalitionen.

Freilich zeigt sich eine besondere Rolle von NRW dann, wenn man die größeren Städte in den Blick nimmt, die schwarz-grün regiert werden oder in jüngerer Zeit zumindest eine Weile regiert wurden. In Aachen, Bonn und Essen gibt es schwarz-grüne Verbindungen. Köln war die erste schwarz-grüne Millionenstadt.

Auffällig stark verbreitet ist Schwarz-Grün auch in den hessischen Großstädten. So wird die Mainmetropole Frankfurt schon seit Jahren von einem schwarz-grünen Bündnis regiert, das von den Wählern in der Kommunalwahl vom 27. März durch das Anwachsen des grünen Stimmenanteils auf 27 Prozent und das Absacken der oppositionellen SPD auf den dritten Platz eindrucksvoll bestätigt worden ist. Die Geschicke der Landeshauptstadt Wiesbaden wurden lange von einer Jamaika-Koalition bestimmt. Dieselbe Mehrheitskonstellation findet sich in der Universitätsstadt Giessen. Im benachbarten Landkreis Marburg-Biedenkopf existiert Jamaika schon seit 2001. Auch Kassel hatte eine längere schwarz-grüne Periode. Auch wenn zu erwarten steht, dass sich schon aufgrund der bundespolitischen Konstellation mit der Kommunalwahl im März einige Verschiebungen ergeben werden: Im Stammland von Rot-Grün ist Schwarz-Grün lange schon keine exotische Ausnahme mehr. Und in Nordrhein-Westfalen existierten Ende 2009 ungefähr genauso viele schwarz-grüne wie rot-grüne Bündnisse.

Allerdings ist die Geschichte von Schwarz-Grün in den deutschen Kommunen keine reine Erfolgsgeschichte. In Saarbrücken hielt die Zusammenarbeit nur zwei Jahre, in Oldenburg gar nur wenige Wochen. In Köln haben die Wähler der Union 2004 so empfindliche Verluste beschert, dass die Fortsetzung von Schwarz-Grün schon dadurch unmöglich geworden war. In Kassel zerbrach die Zusammenarbeit am Streit um den Ausbau des Flughafens Kassel-Calden. In Kiel ist Schwarz-Grün inzwischen ebenso wieder Geschichte geworden wie in Mülheim, wo 1994 das erste schwarz-grüne Bündnis in einer deutschen Großstadt überhaupt geschmiedet worden war.

Gleichwohl lässt sich sagen, dass aus den Ausnahmefällen der frühen 1990er Jahre heute eine im kommunalen Rahmen weit verbreitete politische Bündnisoption geworden ist, die je nach politischer Konstellation, Problemlagen und handelnden Akteuren ernsthaft geprüft und gegebenenfalls auch angesteuert wird. Zwar hat Schwarz-Grün häufig den Status einer Art „Reserveoption", die dann in Betracht und häufiger auch zum Zuge kommt, wenn die Mehrheitskonstellation Schwarz-Gelb ebenso wenig zulässt wie Rot-Grün. Doch selbstverständlich ist das auf kommunaler Ebene keineswegs.[2] So haben sich die Grünen in Darmstadt mit ihrem Oberbürgermeister Partsch aus der Position der stärksten Fraktion im Stadtparlament heraus für ein Bündnis mit der CDU entschieden, obgleich auch eine rot-grüne Allianz rechnerisch gut möglich gewesen wäre.

3   Bedingungen für Erfolg oder Misserfolg auf kommunaler Ebene

Allgemeine Bedingungen für Erfolg bzw. Misserfolg auf kommunaler Ebene lassen sich nur schwer ermitteln. Dazu sind die jeweiligen lokalen Gegebenheiten zu unterschiedlich. Freilich zeigt das Studium des insgesamt lückenhaften Materials, das schwarz-grüne Bündnisse eher selten an spektakulären Großprojekten scheitern, die die beiden Partner voneinander trennen. Wohl gibt es diese Beispiele: Der Fall Kassel ist oben schon angesprochen worden. In Oldenburg ist die Zusammenarbeit an einem Shoppingcenter neben dem Schloss gescheitert.

Aber solche Ursachen sind eher die Ausnahme. In Frankfurt z.B. sind die unterschiedlichen Positionen der Partner zum Ausbau des Flughafens beim Abschluss des Koalitionsvertrags kein unüberwindliches Hindernis gewesen und haben die Stabilität des Bündnisses in den vergangenen Jahren nicht wesentlich belastet. Deutlich häufiger sind dagegen schwarz-grüne Verbindungen an veränderten politischen Mehrheiten als Folge eines neuen Wählervotums bei nachfolgenden Kommunalwahlen gescheitert, weil die Mehrheiten für eine Fortsetzung der Zusammenarbeit nicht mehr gegeben waren. Beispiele dafür liefern Köln und Kiel. Dies mag als Hinweis auf mögliche Akzeptanzprobleme von schwarz-grün in der Wählerschaft zu deuten sein. Angesichts der jeweils sehr unterschiedlichen örtlichen Bedingungen, der Einflussnahme von bundespolitischen Stimmungslagen auf Kommunalwahlergebnisse sowie der Tatsache, dass sich auch eine ganze Reihe von vom Wähler bestätigte Bündnisse finden lassen, sind solche Schlüsse aber keineswegs zwingend.

Eher lässt sich sagen, dass bei Kontinuität erheblich unterschiedlicher Wertepräferenzen und politischer Prioritätensetzung in der Wähler- wie auch der Mitgliedschaft beider Parteien – bis heute messen nur wenige Unionswähler Umweltfragen hohe Priorität für ihre Wahlentscheidung zu, während es bei den Grünen genau umgekehrt ist – beide Seiten in aller Regel ein hohes Maß an Pragmatismus im Umgang auch mit schwierigen Konfliktthemen beweisen. Die lange verbreitete Auffassung, unterschiedliche Sichtweisen über die Gewichtung umweltpolitischer gegenüber wirtschaftspolitischen Zielsetzungen oder gravierende Differenzen etwa in der Migrations- und Integrationspolitik ließen eine dauerhafte Zusammenarbeit nicht oder nur schwer zu, lässt sich so nicht halten. Grundsätzlich verschiedene Grundhaltungen zu inhaltlichen Fragen sind nur im Ausnahmefall Ursache für Unmöglichkeit bzw. das Scheitern solcher Bündnisse. Programmatische Unvereinbarkeiten stehen demnach Schwarz-Grün nicht zwangsläufig im Wege. Hier spielen natürlich der Generationswechsel in der Union, ihre Öffnung zu einer neuen Frauen- und Familienpolitik, ihre offenere Haltung zum Umgang mit sexuellen Minderheiten, die Veränderungen in der Integrationspolitik sowie die gewachsene Offenheit der Partei gegenüber ökologischen und energiepolitischen Fragen eine ebenso förderliche Rolle wie der Etablierungs- und Pragmatisierungsprozess der Grünen. Hinzu kommt, dass im kommunalen Rahmen ideologisch-symbolische Überladungen von Politik normalerweise von geringerer Bedeutung sind als in der Landes- oder Bundespolitik.

Viel eher entscheiden der Umgang mit Differenzen und die politischen Kommunikationsstrategien der Partner nach innen wie nach außen über Erfolg oder Misserfolg. Dies gilt schon für die Startphase. Die Grünen haben sich in den meisten Fällen da als stabiler Faktor solcher Bündnisse erwiesen, wo es ihnen schon im Vorfeld gelungen war, durch ihre Binnenkommunikation in der eigenen Anhängerschaft eine große Mehrheit vom Sinn dieses Weges zu überzeugen. Die Union hat aufgrund ihrer anders gelagerten Tradition deutlich weniger interne Kommunikationsprobleme. Traditionell ist hier die Bereitschaft der Mitglied- wie auch der Anhängerschaft, der Entscheidung der Parteieliten zu folgen, viel stärker ausgeprägt als bei den Grünen. Freilich steigt damit auch das Risiko, in Krisensituationen oder bei Folgewahlen abgestraft zu werden. Die Bedeutung dieser Kommunikationsprobleme lässt sich gut am Kölner Beispiel zeigen, wo es ganz offensichtlich Missmanagement und Personalquerelen in der Union waren, die dafür sorgten, dass Schwarz-Grün 2004 wieder abgewählt wurde. Auch in Hamburg waren die Akzeptanzprobleme der schwarz-grünen Bildungspolitik in der Unionsanhängerschaft offensichtlich weit größer als es die parteiinterne Kommunikation der CDU sichtbar werden ließ. Hier ist die geringe Partizipationsneigung in der Union und ihrem Umfeld der Partei auf die Füße gefallen.

Eine den Erfolg von Schwarz-Grün begünstigende Bedingung ist das überraschend häufig geschilderte Klima von Korrektheit und Fairness im beiderseitigen Umgang. Solche Angaben kontrastieren mit den zahlreichen grünen Erzählungen von koalitionärem Dauerstress mit anstrengenden und schwierigen Sozialdemokraten, denen Fairness und Kompromissbereitschaft gegenüber ihrem grünen Partner gefehlt habe. Besonders oft werden solche Geschichten in Nordrhein-Westfalen erzählt. Hier ist die lange Hegemonie einer überragenden Sozialdemokratie einschließlich ihres eher herablassenden Verhältnisses gegenüber dem landespolitischen Koalitionspartner Grüne fraglos eine der wichtigen Ursachen für die im kommunalen Rahmen verbreitete Neigung zu Schwarz-Grün gewesen. Eine sowohl aus Sicht der Grünen wie auch der der Union oft „arrogant" wirkende SPD hatte bei beiden den Eindruck einer Anmaßung hinterlassen, die die Leidtragenden umso leichter zusammenbringen konnte. Mitunter wird das angenehme und faire Klima von Schwarz-Grün auch da gelobt, wo das Bündnis inzwischen längst gescheitert ist. Die größere Distanz der beiden Partner ist offenbar nicht nur Problem, sondern trägt mitunter umgekehrt auch zur Erleichterung der Zusammenarbeit bei. Schließlich wissen beide Partner, dass sie sich nicht unbedingt auf den gleichen Feldern profilieren müssen. Das erleichtert es insbesondere der Union, gegenüber den Grünen mit manchmal erstaunlichen Zugeständnissen aufzuwarten. Dass freilich auch der Manövrierraum der Union nicht unbegrenzt ist, zeigt der Blick auf das Scheitern in Hamburg.

4   Akzeptanzprobleme für Schwarz-Grün

Lange ist in der Wahlforschung die Auffassung vertreten worden, dass es schwer bis unmöglich sein werde, in den Wählerschaften von Union und Grünen jenseits kommunaler Sonderfälle eine ausreichende Akzeptanz für Schwarz-Grün zu finden. Tatsächlich existieren in den Wählerschaften der beiden Parteien nach wie vor deutliche Trennlinien. In der Einstufung auf der links-rechts-Achse (0=ganz links, 10=ganz rechts) werden SPD und Grüne nah beieinander als Parteien links von der Mitte gesehen, während die CDU leicht rechts von der Mitte eingeordnet wird. Grüne und CDU trennen dabei über zwei Punkte. Während im Gesell-schaftsbild der CDU-Anhänger Leistung knapp vor Solidarität rangiert, ist es bei den Grünen-Wählern deutlich umgekehrt. Eine übergroße Mehrheit präferiert Solidarität. Wo CDU-Wähler Wirtschaft und Arbeitsmarkt für die wahlentschei-denden Fragen halten und Umweltpolitik dabei unter ferner liefen rangiert, ste-hen für die Grünen-Wähler Umwelt und soziale Gerechtigkeit im Vordergrund. Insoweit stehen sich SPD und Grüne deutlich näher als Union und Grüne.

Diese Grundorientierungen haben sich lange auch in den Haltungen der je-weiligen Wählerschaften zu operativen politischen Entscheidungen wiederfinden lassen. Ob es um Umwelt- und Energiepolitik ging, um Fragen der Ausländer- und Migrationspolitik, der Geschlechtergleichheit, des Minderheitenschutzes oder der Außen- und Sicherheitspolitik: In aller Regel lagen hier die Auffassun-gen von Unions- und Grünen-Wählern weit auseinander.

Freilich sind hier in den letzten Jahren auch Annäherungen feststellbar. Die Unionsanhänger sind in Fragen der Toleranz z.B. gegenüber gleichgeschlechtli-chen Lebensgemeinschaften deutlich offener geworden und befürworten in ihrer Mehrheit jetzt auch ein moderneres Geschlechterrollenmodell. Umgekehrt sind Anhänger der Grünen in Fragen der inneren Sicherheit etwas in die Mitte ge-rückt, befürworten konsequente Terrorismusbekämpfung und haben sich von den Multikulti-Idyllen als Leitbild von Integrationspolitik gelöst. Die Annähe-rungen in der Energiepolitik sind oben schon angesprochen worden. Überhaupt zeigt die Entwicklung über längere Zeiträume auch, dass die politischen Distan-zen insgesamt geringer geworden sind. Vor zwanzig Jahren war der Abstand zwischen CDU und Grünen auf der links-rechts-Achse noch etwa doppelt so groß. Die Grünen sind in der Einschätzung der Wählerschaft stärker in die Mitte, die Union ist etwas nach links gerückt.

Auch in die Koalitionspräferenzen der Wählerschaft haben sich in den letzten zwanzig Jahre Veränderungen ergeben: War die Anzahl derer, die vor zehn Jahren Schwarz-Grün als erste Koalitionspräferenz angaben, noch verschwindend gering und ist diese Zahl noch bis vor einigen Jahren im einstelligen Bereich geblieben, so hat sich das mittlerweile verändert: Vor der vergangenen Bundestagswahl war an vielen Stellen der Gesellschaft eine bis dahin unvorstellbare Sympathie für Schwarz-Grün zu verspüren. In Nordrhein-Westfalen nannten kurz vor den Landtagswahlen vom 8. Mai immerhin 20% der Wähler Schwarz-Grün als ihre Lieblingsoption für die kommende Landesregierung (Rot-Grün 42%, Schwarz-Gelb 31%).[3] Soweit die Anhängerschaften von schwarz und grün gesondert befragt wurden, zeigt sich hier zwar ein uneinheitliches Bild, doch ist die Tendenz einer wachsenden Befürwortung solcher Allianzen in den letzten zehn Jahren eindeutig. Zwar überwiegen in der Grünen-Anhängerschaft bis heute praktisch immer die Befürworter von Rot-Grün und ist der Mehrheit der Unionsanhänger die FDP als Koalitionspartner lieber. Doch auf beiden Seiten ist die Offenheit für Schwarz-Grün deutlich gewachsen. Die Krise der FDP wird dabei die Offenheit der Unionsanhänger mit einiger Sicherheit weiter wachsen lassen.

Allerdings spielen bei solchen Fragen auch die jeweils für realistisch gehaltenen Konstellationen eine erhebliche Rolle. So lag etwa die Zahl der schwarzgrün-Befürworter in der Grünen-Wählerschaft im Saarland schon 2004 bei 44%, während sie in Hamburg im gleichen Jahr nur 28% erreichte.[4] Keine Frage, dass Rot-Grün bzw. Schwarz-Gelb den jeweiligen Anhängerschaften bis heute leichter zu vermitteln ist, während Schwarz-Grün auf landes- oder gar bundespolitischer Ebene für beide Seiten mit erheblichen Risiken verbunden ist. Aber grundsätzlich unüberschreitbare Akzeptanzgrenzen gibt es nicht mehr.

Dies wird auch gestützt durch die Beobachtung, dass in einer insgesamt fluideren Wählerschaft der Wähleraustausch zwischen Union und Grünen zunimmt. Wohl ist die Wählerwanderung zwischen SPD und Grünen noch immer deutlich stärker ausgeprägt. Aber alle Analysen der gewachsenen Neigung zur Wahl der Grünen aus den letzten Monaten und Jahren zeigen auch, dass ein nicht unbeträchtlicher Teil dieser Wähler von der Union zu den Grünen wandert. Die Zahlen von Infratest-Dimap aus dem September 2010 etwa zeigen, dass zu diesem Zeitpunkt etwa 300.000 CDU-Wähler von 2009 jetzt die Grünen wählen mochten.[5]

Dabei lässt sich im Blick auf die Grünen deutlich zwischen verschiedenen Wegen zu schwarz-grünen Bündnissen differenzieren. Eine offensive Strategie des „Lagerwechsels" von rot zu schwarz ist auf überregionaler Ebene für die Grünen weiterhin gefährlich, weil sie die Grünen-Wählerschaft hochwahrscheinlich auseinanderreißen würde. Sie würde sowohl die klassische Kernwählerschaft der Grünen stark verunsichern als auch einen erheblichen Teil der in den letzten Jahren neu hinzugekommenen Wähler, die vielfach frühere SPD-Wähler sind, abschrecken. Eine solche Strategie kann demnach für die Grünen nicht in Betracht kommen. Dagegen ist eine defensiv angelegte Strategie, die mit der Alternativlosigkeit von Mehrheitskonstellationen im Rücken auf die Überzeugungskraft machtpragmatischer Argumente setzt, weit eher vermittelbar. Dies gilt insbesondere für die süddeutschen Bundesländer, wo die Grünen der Sozialdemokratie seit längerem schon die Rolle als eigentlicher Oppositionspartei streitig machen. Insoweit wäre Baden-Württemberg 2006 das Bundesland mit den besten Voraussetzungen für Schwarz-Grün gewesen. Dass es ausgerechnet hier zu der vor wenigen Jahren noch für fast unmöglich gehaltenen grün-roten Mehrheit gekommen ist, liegt eigentlich gar nicht auf der Linie der längerfristigen politischen Entwicklungstrends im „Ländle".

Sicher tun beide Seiten gut daran, nach wie vor vorhandene Akzeptanzprobleme nicht zu unterschätzen. Dass ein nicht unerheblicher Teil der Unions-Anhängerschaft in Hamburg trotz aller Popularität des Ole von Beust das schwarz-grüne Bündnis mit einigem Unmut betrachtete, hatte schon das schwache Bundestagswahlergebnis der CDU in Hamburg gezeigt. Hochwahrscheinlich ging es dabei in erster Linie um den Unmut, den die Zugeständnisse der Union an die Grünen in der Schulpolitik ausgelöst hatten. Umgekehrt blieben die Umfragewerte der Hamburger Grünen seit längerem deutlich hinter dem Umfragehoch der Bundespartei zurück. Das Wahlergebnis vom 20. Februar hat diesen Trend bestätigt. Dass es auch anders geht und demzufolge aus dem Hamburger Beispiel keine generalisierenden Schlüsse gezogen werden sollten, zeigt das Frankfurter Beispiel.

Offensichtlich steht allerdings ein „lagerübergreifendes" Bündnis wie das von Union und Grünen unter einem besonderen Erfolgsdruck. Wenn solche Erfolge ausbleiben bzw. nicht hinreichend kommuniziert werden können, wenn gar das wichtigste Prestigeprojekt in einem öffentlichen Desaster endet (Volksabstimmung zur Gemeinschaftsschule), wenn dann zugleich auch noch die wichtigste Symbol- und Führungsfigur einer solchen Allianz ausfällt bzw. das Weite sucht, ist ein Scheitern fast vorprogrammiert. Das heißt aber auch, dass sich das Hamburger Beispiel anderswo keineswegs zwingend wiederholen muss.

5 Schwarz-Grün: Kein historisches Bündnis einer neuen Bürgerlichkeit, aber pragmatische Reserveoption für beide

Früher hermetische Lagergrenzen sind offener geworden, der Antagonismus von materialistischen und post-materialistischen Werthaltungen hat sich abgeschliffen, die Parteien haben sich einander angenähert, die jüngere und mittelalte Politikergeneration steht nicht mehr im Banne von Kulturkämpfen, die CDU ist moderner, die Grünen sind bürgerlicher geworden. Ökologische Themen sind inzwischen derart zu gesellschaftlichem Allgemeingut geworden, dass das den Grünen eine gewisse Reputierlichkeit auf allen Seiten einträgt. Zugleich ist das Parteiensystem vielgestaltiger und sind Mehrheitsbildungen schwieriger geworden, was zu größerer strategischer Flexibilität auf allen Seiten zwingt. Das sind die Bedingungen, die Schwarz-Grün möglich gemacht haben. Das ist es aber auch schon: Ein darüber hinaus reichendes „soziokulturelles schwarz-grünes Milieu" als Stütze eines neuen „historischen Bündnisses" ist nicht auszumachen.[6] Keine mediale Erfindung, aber eine politische Überhöhung ist es, Schwarz-Grün als „historische Chance" der Versöhnung von Ökonomie und Ökologie zu beschreiben.

Vielmehr sind Beweggründe und Chancen schwarz-grüner Optionen in erster Linie Funktionen des Machtpragmatismus auf beiden Seiten unter den Bedingungen einer beiderseitigen Sicht als normale politische Konkurrenten. Oder anders ausgedrückt: Kulturelle und programmatische Differenzen haben sich ausreichend „gradualisiert", damit machtpragmatische Argumente eine entscheidende Rolle gewinnen können. Für die Union macht es großen Sinn, sich jenseits der FDP und einer ebenso vorhandenen wie stets umstrittenen Möglichkeit zur Großen Koalition eine weitere Koalitionsmöglichkeit zu erschließen. Für die Grünen gilt dies umgekehrt fast noch mehr. Hatten sie früher über viele Jahre mit der Rollenzuschreibung als eines „ökologischen Flügels" der SPD außerhalb der Partei zu kämpfen gehabt, der – wenn überhaupt – eine machtpolitische Option nur als Juniorpartner an der Seite der Sozialdemokraten haben konnte, so hat sich dies inzwischen folgenreich verändert. Das ist auch eine Folge der öffentlichen Debatte um Schwarz-Grün. Mit der strategischen Öffnung dieser Machtoption, mit der Debatte um Alternativen zu Rot-Grün, ist für die Grünen nicht nur ein öffentlicher Ansehensgewinn verbunden, sondern auch eine Stärkung ihres Profils als eigenständiger politischer Kraft. Das aber sichert nicht nur Beachtung und Selbstbewusstsein, sondern auch die Chance, in künftigen Koalitionen eine andere, stärkere Rolle spielen zu können als die im „Beiboot" der SPD, wie das für rot-grüne Verbindungen der Vergangenheit lange charakteristisch war. Das gilt auch für die Neuauflagen von Allianzen mit den Sozialdemokraten.

So markiert die strategische Öffnung der Grünen zu Schwarz-Grün auch eine neue Etappe in ihrer Parteigeschichte. Denn erst mit diesem Ausbruch aus der „babylonischen Gefangenschaft" an der Seite der SPD hat die Partei jene Unabhängigkeit im parteipolitischen System gewonnen, die ihren politischen Manövrierraum und ihre Durchsetzungschancen erheblich vergrößert hat. Solange die Optionen für die Grünen alternativlos schienen, konnten die Sozialdemokraten in vielen Fällen grüne Unterstützung als gewissermaßen garantiert ansehen. Und sie haben das auch häufiger getan und damit ihre grünen Partner bis zur offenen Missachtung gequält. Diese Arbeitsteilung von „Koch und Kellner" wird auch dann nicht wiederkehren, wenn es ein Comeback für Rot-Grün auch auf Bundesebene geben sollte.

Daraus freilich erwächst keine neue Koalitionspräferenz. Ob Schwarz-Grün demnächst wieder neue Chancen haben wird, entscheidet sich allein an Wähleranteilen, Mehrheitskonstellationen, programmatischen Schnittmengen und handelnden Personen. Die Machterwerbs- und Einflusschance wird dabei im Vordergrund stehen. Auf beiden Seiten.

Und die größere politisch-programmatische Nähe von rot und grün wird bleiben. Freilich wissen auch die Grünen, dass lange noch nicht klar ist, ob der Abstieg der einstigen Volkspartei SPD gestoppt ist und diese eine realistische Chance haben wird, als führende Kraft einer bundespolitischen Opposition neue Anziehungskraft und gesellschaftliche Ausstrahlung zu erlangen. Trotz Hamburg und mancher Umfragehochs erscheint eine rot-grüne Mehrheit zur Bundestagswahl 2013 durchaus fraglich.

So wird Schwarz-Grün in nächster Zeit eine Art Reserveoption der Grünen bleiben, die in Betracht kommt, wenn die rot-grüne Wunschoption nicht geht. Genauso könnte die Union das sehen – wenn nicht die Imperative des Regierungshandelns und die Notwendigkeiten des Koalitionsalltags allerhand Treueschwüre zugunsten der FDP und etliche Polemik gegenüber den Grünen erforderlich machen würde.

Die Entwicklungen der letzten Monate haben freilich gezeigt, dass der Zauber von Schwarz-Grün auch begrenzt ist. Aufladungen wie die von der „Rückkehr der verlorenen Söhne und Töchter" mögen biographisch da und dort relevant sein, tragen aber zur Erklärung der politischen Prozesse nicht viel bei. Und Hamburg zeigt, wie schmerzhaft ein riskantes politisches Projekt scheitern kann. Dennoch wird es kein bloßes Zurück in die Ära von Rot-Grün geben. Dazu sind auch die Bedingungen im Fünfparteiensystem viel zu kompliziert.

6 Eine Prognose

Schwarz-Grün ist derzeit eher „out". Von den Ländern her geht der Trend eher wieder zu neuen rot-grünen Allianzen – was angesichts der schwarz-gelben Bundesregierung, und der Eigenheiten unseres politischen Systems mit der seit vielen Jahren bekannten Neigung der Wählerschaft, die Regierenden bei Regionalwahlen im Laufe der Legislaturperiode abzustrafen, so überraschend nicht ist. Erst recht nicht angesichts der heute üblichen Fluktuationen in der Wählergunst. Längerfristig bedeutsamer sind aber zwei andere Entwicklungen:

1. Trotz faktischer Tolerierungszusammenarbeit in NRW und gemeinsamer Oppositionsrolle im Bund ist ein wachsender Trend zur rot-rot-grünen Block- bzw. Lagerbildung nicht zu erkennen. Eher spricht Einiges dafür, dass der Weg einer parlamentarischen Normalisierung der Linkspartei mit der Folge neuer Bündnisoptionen von links nicht vorankommt. Gleichzeitig stoßen Ausstrahlung und Attraktion der Linkspartei an Grenzen. Eine neuerliche Einschließung der Grünen in ein „linkes Lager" ist nicht zu erkennen.

2 .Offen bleibt die Frage nach der Zukunft der Sozialdemokratie. Zwar ist die Partei in Hamburg erstmals seit langem wieder in den Bereich von Wähleranteilen vorgedrungen, wie sie für die Volkspartei SPD in früheren Zeiten charakteristisch waren. Doch ob dies als Zeichen eines sozialdemokratischen Wiederaufstiegs gedeutet werden kann, der die Partei jene bundesweite Ausstrahlungskraft zurückbringen kann, die Voraussetzung wäre für das aussichtsreiche Ansteuern einer Neuauflage von Rot-Grün im Bund, steht einstweilen dahin. Schließlich zeigt die anhaltende Stagnation der Partei in Süddeutschland, dass keineswegs sicher ist, ob ihr Hamburger Comeback mehr anzeigt als eine Momentaufnahme unter den besonderen Bedingungen einer gescheiterten Vorgängerregierung in einem Stadtstaat mit starker SPD-Tradition.

Vor allem diese Frage aber wird die Zukunft schwarz-grüner Optionen entscheidend beeinflussen. Mit einiger Sicherheit werden sowohl Grüne wie die Union bis zum nächsten Wahltermin im Bund eher Trennungslinien als Gemeinsamkeiten betonen. Dafür sorgt schon die Rollenverteilung im Reichstag. Doch am Ende werden es die Wähler sein, die über die Zukunftschancen von Schwarz-Grün befinden. Und weil die Chancen auf eine Wiederwahl von Schwarz-Gelb anhaltend ebenso schlecht stehen wie die Chance der Union auf Selbstbehauptung als stärkster Partei umgekehrt gut sind, ist es keineswegs unwahrscheinlich, dass Schwarz-Grün zwar nicht angesteuert wird, am Ende aber doch eine Rolle spielen kann bei der Mehrheitsbildung nach 2013. Nicht die oppositionelle Rhetorik von heute wird über die Mehrheitsbildung in zwei Jahren entscheiden, sondern der nüchterne Blick auf die nach dem Wahlergebnis möglichen politischen Mehrheitsbildungen. Jedenfalls wird die Neuauflage einer Großen Koalition dann keineswegs so alternativlos sein wie in 2005.

Endnoten

[1] Vgl. Katharina Ober: Schwarz-grüne Koalitionen in nordrhein-westfälischen Kommunen. Erfahrungen und Perspektiven, Baden-Baden 2008, S. 19.

[2] Vgl. unveröffentlichtes Vortragsmanuskript des Verfassers bei der gemeinsamen Veranstaltung von Konrad-Adenauer-Stiftung und Heinrich-Böll-Stiftung zu Schwarz-Grün in den Kommunen am 13. November 2009 in Königswinter.

[3] Vgl. Ursula Feist/Hans-Jürgen Hoffmann: Die nordrhein-westfälische Landtagswahl vom 9. Mai 2010: Vom Abwarten zur Kehrtwende, in: Zeitschrift für Parlamentsfragen 4/2010, S.766-787, S. 772f.

[4] Vgl. Rita Müller-Hilmer: Schnittmengen und Bruchstellen zwischen den Lagern, in: Grüne Akademie der Heinrich-Böll-Stiftung (Hrsg.): Lagertheorie und Lagerpolitik, Berlin 2004, S. 14-21.

[5] Umfrage von Infratest-dimap vom September 2010.

[6] Vgl. dazu auch die Beiträge von Thomas Petersen und Franz Walter in diesem Band.

Fabian Blumberg

Schwarz-Grün als bürgerliches Projekt
Warum CDU und Grüne auf kommunaler Ebene koalieren[1]

1 Einleitung und theoretische Vorüberlegungen

Seit 2003 treffen sich in unregelmäßigen Abständen Kommunalpolitiker von CDU und Bündnis 90/Die Grünen[2] auf Einladung der Konrad-Adenauer-Stiftung und der Heinrich-Böll-Stiftung zum gemeinsamen Gedankenaustausch. Was die Teilnehmer eint, sind ihre Koalitionserfahrungen: Sie arbeiten oder arbeiteten gemeinsam in einem schwarz-grünen Bündnis. Fazit eines Teilnehmers im Jahre 2004: Schwarz-Grün bedeute die Zusammenführung zweier bürgerlicher Parteien. Bezogen war die Aussage keineswegs auf die in Feuilletons und vereinzelt der Politikwissenschaft geäußerte These, bei Schwarz-Grün handle es sich um ein „bürgerliches Projekt" und die koalitionsgewordene Philosophie einer „neuen Bürgerlichkeit". Sie bezog sich allein auf die Praxis der Zusammenarbeit auf kommunaler Ebene. Bei allem feuilletonistischen Sexappeal und aller interpretatorischen Breite, die der Begriff der „neuen Bürgerlichkeit" haben kann: „Bürger" – ob ausgesprochen oder nicht – eint der Wille, ein selbstverantwortliches und für das Gemeinwohl engagiertes Leben zu führen. Und das vollzieht sich nicht primär in Programm- oder Projektdebatten, sondern zuallererst dort wo Politik gestaltet wird – auf der kommunalen Ebene.

Zur Annäherung zwischen Union und Grünen kam es in den vergangenen Jahren weniger auf programmatischer, elektoraler und personeller, sondern auf der tendenziell pragmatischen und sachbezogenen kommunalen Ebene. In der ersten Studie zur schwarz-grünen Zusammenarbeit auf kommunaler Ebene, die auch noch vierzehn Jahre nach ihrem Erscheinen das Standardwerk zum Thema Schwarz-Grün ist, hat Jürgen Hoffmann 1997 36 schwarz-grüne Bündnisse auf kommunaler Ebene für den Zeitraum 1984-1996 identifiziert.[3] Eine Arbeitstabelle der Konrad-Adenauer-Stiftung gab für 2009 62 Bündnisse an, in denen CDU und Grüne zusammenarbeiten. Dabei handelt es sich in der Mehrzahl der Fälle um

kleine und mittelgroße Städte. Koalitionen in Großstädten treten vermehrt auf, so
in Mühlheim an der Ruhr (1994-1999), Köln (2003-2004), Kassel (2003-2005), Essen
(2004-2009) oder Gießen (Schwarz-Grün-Gelb 2006-2011). Weitere Beispiele ließen
sich anfügen.

Der vorliegende Aufsatz fragt nach den Faktoren, die eine Koalitionsbildung
zwischen CDU und Grünen auf kommunaler Ebene bedingen. Warum entstehen
schwarz-grüne Koalitionen auf kommunaler Ebene? Im Fokus des Interesses
stehen zwei Beispiele schwarz-grüner Koalitionsbildungen: Frankfurt am Main
2006 und Hamburg-Altona 2004.

Zur Analyse der Fallbeispiele wurde ein „forschungsleitendes Gerüst an
Annahmen oder an allgemeinen Kategorien"[4] entwickelt, das im empirischen Teil
angewendet wurde. Mit diesem mehrdimensionalen Ansatz sollen theoretische
Annahmen der Koalitionstheorien, arithmetische Variablen und politische Variablen sinnvoll verbunden werden.[5] Eine Auseinandersetzung mit formalisierten
Koalitionstheorien findet an dieser Stelle nicht statt.[6] Der Autor folgt diesbezüg-
lich Uwe Jun: „Indem Politik auf operationalisierbare bzw. mathematisierbare
Spielvorgänge verkürzt wird, wird der Blick auf reale politische Interessen und
die politischen Systembedingungen eher verstellt. Vielmehr sollten Studien zur
Koalitionsbildung theoretische und empirische Elemente in ein sinnvolles Kom-
plementärverhältnis rücken."[7] Das hier angewendete Analyseraster bestand aus
folgenden Variablen:

- *Rechtliche Rahmenbedingungen*: Unter rechtlichen Rahmenbedingungen werden die verfassungsrechtlichen Vorgaben gefasst, die die Größe und Zusammensetzung von Koalitionen determinieren können. Ob Parteien auf
  kommunaler Ebene durch die Aussicht auf Ämter und die Durchsetzung
  politischer Vorhaben zur Koalitionsbildung motiviert werden, hängt zunächst davon ab, ob diese Anreize überhaupt auf kommunaler Ebene bestehen.[8] Welche Anreize bieten sich für Parteien, eine Koalition einzugehen?
- *Struktur und Spezifika des Parteiensystems*: Strukturmerkmale und Spezifika
  eines Parteiensystems bedingen und begünstigen je nach Ausprägung eine
  Koalitionsbildung. Die hier untersuchten Fälle sind, wenngleich in unter-
  schiedlichem Maße, als kommunale Konkurrenzdemokratien zu kennzeich-
  nen. Die Parteien spielen die zentrale Rolle; es besteht eine personelle, inhaltliche und prozedurale Parteipolitisierung der jeweiligen Ebene.[9] Folgende Merkmale sollen die Parteiensystemanalyse leiten:[10]
  - o *Format*: Einen ersten Hinweis auf mögliche Koalitionsbildungen gibt
       die Anzahl der in der parlamentarischen Kammer vertretenen Partei-

en. Hieraus ergibt sich allerdings nur ein erster Hinweis, ob Koalitionsbildungen wahrscheinlich sind, um eine Mehrheit zu bilden.

o Fragmentierung: Das Format sagt noch nichts über die Größenverhältnisse zwischen den Parteien sowie die Frage, ob viele oder wenige Koalitionsmöglichkeiten bestehen, aus. Dass etwa in einem Parlament mit einem hohen Format auch vielerlei Koalitionsoptionen bestehen, muss nicht der Fall sein, wenn zwei elektoral starke Parteien das Gesamtsystem dominieren. Genauere Angaben lassen sich daher mit der effektiven Anzahl an Parteien vornehmen, die die Größe aller Parteien berücksichtigt.

o Asymmetrie: Besteht in einem Mehrparteiensystem ein asymmetrisches Verhältnis zugunsten einer Partei, wird die Bildung einer Koalition häufig um diese Partei erfolgen; sie wird wenigstens eine wichtige Rolle bei möglichen Koalitionsbildungen spielen.

o Wahlergebnis: Schließlich sollen die Stärkeverhältnisse zwischen den Parteien zum Zeitpunkt der Koalitionsbildung einen ersten Hinweis auf mögliche Koalitionsbildungen geben. Dabei ist v. a. zu analysieren, ob mehrere Koalitionsmöglichkeiten bestehen, die rechnerisch über eine Mehrheit verfügen.

- *Bisheriges Verhältnis der Parteien zueinander/Koalitionserfahrungen*: Im Zusammenhang bzw. auf Basis der Parteiensystemanalyse sollen Aussagen zu bisherigen Koalitionsmustern und Koalitionserfahrungen vorgenommen werden. Wie war das Verhältnis zwischen den Parteien vor der Koalitionsbildung geprägt? Wurden gemeinsame Erfahrungen gesammelt?

- *Akzeptanz bei Wählern, Anhängern und semiinternen Akteuren*: Ob eine Koalitionsvariante überhaupt in Betracht kommt und eine Koalition schließlich gebildet wird, hängt einerseits von den Parteieliten ab, andererseits von der (antizipierten) Akzeptanz der Koalition bei Wählern und Anhängern. Parteien, die sich in Wahlkämpfen klar mit programmatischen Positionen und nicht mit pragmatischen Positionen der Mitte profilieren, gehen davon aus, dass sie von ihren Wählern daran gemessen werden, ob sie ihre Positionen durchsetzen. Geht eine Partei jedoch eine Koalition ein, die Kompromissbereitschaft voraussetzt, muss sie die Lücke zwischen ursprünglicher Programmatik und Koalitionshandeln erklären und eventuell mit Stimmeneinbußen rechnen.[11] Neben Wählern und Anhängern haben auch „semiinterne Akteure", wie einer Partei nahe stehende Medien, Verbände oder Bürgerinitiativen, Einfluss auf die Entscheidung über eine Koalitionsbildung.[12]

- *Verhältnis der Parteieliten zueinander*: Neben der Haltung der Wähler und Anhänger zu einer Koalition kann auch das persönliche Verhältnis der handelnden Akteure zueinander als Faktor der Koalitionsbildung relevant werden. Josef Anton Völk hält in diesem Sinne fest: „Sachliche Gegensätze werden durch persönliche Disharmonien verstärkt, und persönliche Sympathien vermögen es oft, sachliche Differenzen zu überdecken."[13] Auch die bisherigen Untersuchungen zu schwarz-grünen Koalitionen auf kommunaler Ebene weisen diesem Faktor einen wichtigen Stellenwert bei.[14]
- *Inhaltliche Differenzen und Gemeinsamkeiten/Koalitionsverhandlungen*: Zentral für das Zustandekommen einer Koalition sind schließlich die inhaltliche Nähe zwischen den Parteien und die Möglichkeit, Differenzen in Kompromisse zu überführen. Parteien werden bis zu der Grenze Kompromisse eingehen, ab der Wähler und Anhänger eine Koalition als „Verrat" an den Grundsätzen der Partei ansehen würden.[15] Neben der inhaltlichen Dimension der Koalitionsverhandlungen ist schließlich zu fragen, wie etwaig zu besetzende Ämter verteilt werden.[16]

2 „Kein großer Aufreger" – Die schwarz-grüne Koalitionsbildung in Frankfurt am Main 2006

Als die Grünen 1981 erstmals in den Frankfurter Römer einzogen, wurde ihre ablehnende Haltung gegenüber dem damals von der CDU dominierten Magistrat anschaulich: In weißen Kitteln, mit Gasmasken und Atemschutzbinden gekleidet, trugen sie den Protest in die Stadtverordnetenversammlung. Vor dem Rednerpult von CDU-Oberbürgermeister Walter Wallmann demonstrierten sie gegen dessen Stadtplanungspolitik, die die Grünen als zu hochhausfreundlich kritisierten.[17] Die Aversionen zwischen CDU und Grünen wurden in Frankfurt sinnfällig. Im einstigen „revolutionären Dorfzeltlager" und der „Sponti-Hochburg" Frankfurt, in der sich eines der Gründungszentren der Grünen bildete[18], war eine Zusammenarbeit zwischen CDU und Grünen lange Zeit undenkbar. Die Grünen verfolgten in ihrer Gründungsphase einen Kurs, der Koalitionen von vornherein ausschloss.[19] „Früher haben die CDU-Stadtverordneten die Grünen gehaßt. Zwischen den beiden Parteien und ihren Anhängern lag ein Meer aus Abneigung und Vorurteilen. Die Grünen, das waren für die Konservativen Revoluzzer, Systemveränderer, Chaoten […]. Umgekehrt sahen die Grünen in der CDU die Partei der Reaktion, des Kapitals, des dumpfen Spießertums."[20]

Die Frankfurter Grünen nehmen heute moderate Positionen der Mitte ein und verfolgen einen realpolitischen Kurs.[21] Die CDU versteht sich ihrerseits als

Partei der Mitte und „moderne Großstadtpartei"[22]. Das Verhältnis zwischen den Parteien hat sich jedenfalls so weit geändert, dass die schwarz-grüne Koalitionsbildung 2006 „kein großer Aufreger" mehr sein sollte, so die beteiligten Akteure.

Die Strukturmerkmale des Frankfurter Parteiensystems zeigen im Längsschnittvergleich einen Wandel zum pluralistischen System – ausgelöst durch rückläufige Stimmenanteile der Großparteien und steigenden Zuspruch für kleinere Parteien. Für Frankfurt und Hessen insgesamt lässt sich eine lange Phase der SPD-Dominanz konstatieren. Im „roten Hessen" konnte die SPD, mit Unterbrechungen, jahrzehntelang Mehrheiten bei Landes- und Kommunalwahlen auf sich vereinen und war tief verwurzelt.[23] Dies gilt auch für Frankfurt. 1989 bilden SPD und Grüne die erste gemeinsame Koalition. Die Koalitionsbildung liegt in der vergleichsweise starken Akzeptanz und elektoralen Stärke der Grünen in der Frankfurter Wählerschaft begründet, die sich seit ihrem erstmaligen Einzug in die Stadtverordnetenversammlung als dritte Kraft etabliert und behauptet haben.[24]

Die Pluralisierung des Frankfurter Parteiensystems hat sich mit den Kommunalwahlen 2001 und 2006 fortgesetzt, womit sich das Parteiensystem insgesamt, auch durch die nicht vorhandene Fünf-Prozent-Hürde, durch ein hohes Format und eine hohe Fragmentierung kennzeichnet.[25] Nach der Kommunalwahl 2006 waren elf Parteien in der Stadtverordnetenversammlung vertreten. Mit dem Wahlergebnis 2006 ist ein erster Erklärungsfaktor der schwarz-grünen Koalitionsbildung gegeben: Eine von den Parteien favorisierte Zweiparteien-Koalition zwischen einer Groß- und einer Kleinpartei war im Frankfurter Stadtparlament 2006 nur zwischen CDU und Grünen möglich. Und so argumentierte der damalige Parteivorsitzende Olaf Cunitz einen Tag nach der Wahl, Schwarz-Grün sei „rechnerisch die einzige Möglichkeit" und „alternativlos"[26]. Rot-Grün hätte ebensowenig über eine Mehrheit verfügt wie eine Ampelkoalition.

Schwarz-Grün war für die handelnden Akteure und die Parteien 2006 kein wirkliches Novum mehr. Bereits nach den Kommunalwahlen 2001 war rechnerisch, letztlich aber nicht politisch, eine Koalition zwischen CDU und Grünen möglich, die auch die FDP umfassen sollte. Die Parteien hatten damals einen 88-Punkte umfassenden Koalitionsvertrag erarbeitet, der bei den Grünen mit knapper Mehrheit angenommen worden war. Ein Kleiner Parteitag der CDU hatte das Bündnis ebenfalls akzeptiert. Allerdings traf die Grünen-Führung 2001 noch auf „beachtliche Widerstände"[27] in der Partei und konnte erst „nach einem kräftezehrenden Ringen mit der Basis"[28] eine Zusammenarbeit mit der CDU eingehen.[29] Die Koalition scheiterte nach einem Tag.[30]

Mit diesem ersten Versuch konnten beide Parteien jedoch 2006 auf einen bereits ausgearbeiteten Koalitionsvertrag aufbauen. Auch die 2001 noch mangelnde

Vertrauensbasis zwischen den Parteien hatte sich – v. a. durch die Zusammenarbeit im Viererbündnis aus CDU, SPD, Grünen und FDP, das sich nach der gescheiterten Koalitionsbildung 2001 bildete und bis 2006 hielt – allmählich heraus-
gebildet. In den Jahren 2001 bis 2006 bestand ein kollegiales Verhältnis und es
war nicht unüblich, sich auch außerhalb formeller Runden zu treffen. Beide Parteien erfuhren den künftigen Partner als zuverlässig, ehrlich und sachorientiert.
Adjektive, die CDU und Grüne beim Blick auf die SPD vermissten.[31] CDU-
Oberbürgermeisterin Petra Roth erklärte exemplarisch: „Dass wir uns angenähert
haben, liegt […] auch an gewachsener Sympathie und vor allem am Vertrauen. In
den vergangenen Jahren hat sich aus der Viererzusammenarbeit von CDU, SPD,
Grünen und FDP eine schwarz-grüne Vertrauensbasis entwickelt. Die Grünen
halten Absprachen ein."[32] Weitere Erfahrungswerte konnten auf der Ebene der
Ortsbeiräte gesammelt werden. Dort hatten Grüne und CDU vereinzelt zusammengearbeitet und positive Erfahrungen gesammelt. Die dortigen Vertreter bestätigten, dass die Zusammenarbeit mit CDU bzw. Grünen oftmals verlässlicher
sei als mit der SPD.[33] Nach den Kommunalwahlen waren Anhänger und Wähler
der Parteien jedenfalls vorbereitet; Gespräche zwischen CDU und Grünen seien
„kein Kulturschock mehr"[34] gewesen und eine schwarz-grüne Koalition traf
„niemanden mehr unvermutet"[35], so Olaf Cunitz.

Trotzdem wurde in der Anhängerschaft der Frankfurter Grünen Skepsis
und vereinzelt Ablehnung gegenüber einer schwarz-grünen Koalition deutlich
formuliert. Die Kritik an einer Zusammenarbeit richtete sich u. a. auf die Entwicklung der Grünen selbst. So erklärte z. B. die langjährige Frankfurter Grünen-
Politikerin Gerlinde Schütte ihren Austritt aus der Partei mit einer „Verbürgerlichung" der Grünen: „Die Partei verfolgt mittlerweile eine wertkonservative Politik. […] Es ist schon seit längerem festzustellen, dass die Grünen immer bürgerlicher werden. Für mich ist das ein richtiger Rechtsruck und ich bin ja mal in die
Partei eingetreten, weil es für mich eine linke Partei war. Das sind die Grünen
heute einfach nicht mehr."[36] Ähnlich warnte Ralf Harth, Gründungsmitglied der
hessischen Grünen, vor Schwarz-Grün und attestierte den Frankfurter Grünen
„Hinterzimmerpolitik, miese Deals und Machtteilhabe um jeden Preis"[37]. Derart
lautete auch die Kritik „semiinterner Akteure", insbesondere der Gegner des
Flughafenausbaus und der Gegner des Baus des Riederwaldtunnels. Sie kritisierten v. a., die Grünen hätten ihre Programmatik der Aussicht auf Machtbeteiligung untergeordnet.[38] Künftig würden die ehemals mit den Grünen opponieren-
den Gruppen diesen ihre elektorale Unterstützung versagen.[39] Vor diesem Hintergrund warnten vereinzelt Grüne, es sei in einem Bündnis mit der CDU mit
Stimmeneinbußen zu rechnen. Die Grüne Jugend erklärte exemplarisch, es werde

bei einer derartigen Koalition zu einem „Imageverlust" kommen.[40] Diese Stimmen waren nicht die Ausnahme. Sehnsucht nach Rot-Grün und Skepsis bzgl. inhaltlicher Differenzen in den Bereichen Videoüberwachung, freiwilliger Polizeidienst und Flughafenausbau wurden formuliert.[41] Auch eine Umfrage vor der Wahl sowie die Panaschierverflechtungen bei der Wahl legen nahe, dass die jeweilige Parteibasis der klassischen Farbenlehre anhing.[42]

Akteure, denen tendenziell ein hoher Einfluss auf die CDU zugesprochen wird, äußerten sich kaum zur Koalitionsbildung, weder positiv noch negativ.[43] Im Vergleich zu den Grünen wurde auf Seiten der CDU weniger Kritik und Skepsis an einer Zusammenarbeit mit den Grünen in der Anhängerschaft formuliert. Widerstand des konservativen Parteiflügels, wie 2001, wurde kaum öffentlich und auch nicht erwartet.[44] In der Fraktion war eine Präferenz für Schwarz-Grün vorherrschend.[45] Stimmen aus der Frankfurter Jungen Union und den Ortsbeiräten legen ein sehr nüchternes und pragmatisches Abwägen nahe, in dem die Frage im Mittelpunkt stand, in welcher Konstellation die Partei am meisten durchsetzen könne.[46] Die CDU stand vor den Alternativen große oder schwarzgrüne Koalition. Anhand eines Fragenkataloges hatte sie während der Sondierungsgespräche nach den größten inhaltlichen Schnittmengen gesucht. Ergebnis: Es gab mehr Übereinstimmungen mit den Grünen als mit der SPD. Zudem sei bei der SPD, mit der die CDU ursprünglich eine Koalition eingehen wollte, nicht der Wille erkennbar gewesen, ernsthaft zu verhandeln. „Wir haben von der SPD keine klaren Signale für eine Koalition erhalten"[47], so der damalige Frankfurter CDU-Kreisvorsitzende Udo Corts. Die Sondierungsgespräche mit den Grünen wurden dagegen von CDU-Seite als „ernsthaft und sachlich" bezeichnet. Die Landes- oder Bundesparteien hielten sich mit Kommentierungen der schwarzgrünen Koalitionsbildung in Frankfurt zurück.[48]

Inhaltlich nahmen CDU und Grüne in den Koalitionsverhandlungen Ausklammerungen vor und bildeten mehrere Kompromisse, so bei Projekten wie dem Riederwaldtunnel, der Verlängerung einer U-Bahnstrecke im Frankfurter Norden oder dem Flohmarkt am südlichen Mainufer. Für das von der CDU geforderte Parkhaus unter dem Main wurde zwischen den beiden Parteien keine Einigung erzielt. Die CDU konnte sich mit ihrer Forderung nach einer Senkung der Gewerbesteuer durchsetzen. Beide Parteien einigten sich in der Bildungspolitik, in der von vornherein keine größeren Differenzen bestanden, auf eine Erhöhung der Betreuungsplätze für unter Dreijährige und darauf, das letzte Kindergartenjahr künftig kostenlos zu halten. Die CDU konnte sich mit ihrer Ursprungsforderung nach einer Ausweitung der Videoüberwachung nicht durchsetzen, allerdings mit dem Vorhaben, einen freiwilligen Polizeidienst einzuführen.[49]

Insgesamt vollzog sich die inhaltliche Annäherung tendenziell ohne größere Hindernisse. Es gab unüberbrückbare Differenzen wie den Flughafenausbau und für beide Parteien innerparteilich schwer zu vermittelnde Kompromisse wie den Bau des Riederwaldtunnels auf Seiten der Grünen und der Verbleib des Flohmarkts am Mainufer für die CDU. In beiden Parteien, v. a. aber bei den Grünen, führten die Kompromisse und Ausklammerungen zum Vorwurf des „Verrats an den Grundsätzen".

So ist die schwarz-grüne Koalitionsbildung weniger durch den Faktor „programmatische Nähe" bedingt worden. Inhaltlich handelte es sich, wie die Akteure betonen, um einen pragmatischen Zusammenschluss, der von den Beteiligten sehr nüchtern etwa als „Pakt der Pragmatiker"[50], „Arbeitsgemeinschaft für praktische Politik"[51] oder „Koalition des Realismus, des Machbaren und des Möglichen"[52] bezeichnet wurde. Letztlich waren es die Strukturmerkmale des Parteiensystems und das Verhältnis zwischen den Parteieliten, die die Koalitionsbildung ermöglichten. Das Wahlergebnis 2006 ließ nur Schwarz-Grün als Zweiparteienkoalition einer Groß- und einer Kleinpartei zu. Für die Grünen war es die einzige Perspektive, an einer Koalition beteiligt zu werden. Einer Koalition, mit der in der Stadtverordnetenversammlung effektiv Politik gestaltet werden konnte. Anders als etwa im Fall Hamburg-Altona bieten die rechtlichen Rahmenbedingungen in Frankfurt unmittelbar Anreize. Die Aussicht auf Ämter und die Möglichkeit Politikinhalte durchsetzen zu können, war gegeben.[53] Die CDU hatte zwar eine Präferenz für die Große Koalition. Diese war aber nicht realisierbar, da die Forderungen der SPD jenseits eines inhaltlichen Horizonts lagen, den die CDU bereit war, einzugehen. Auf Seiten der Grünen bildete der arithmetische Druck den entscheidenden Faktor, der für eine Koalitionsbildung mit der CDU angeführt wird. Wäre rechnerisch eine rot-grüne Koalition möglich gewesen, hätten die innerparteilichen Präferenzen dieser Option gegolten. Diese Faktoren überwogen in der Gesamtschau die Risiken, denen sich die Parteien und die Parteieliten in Frankfurt zweifelsohne gegenübersahen. Der Vergleich der Wähler- und Anhängerschaften und ihrer Koalitionspräferenzen sowie die Äußerungen semiinterner Akteure beider Parteien haben gezeigt, dass es zwar tendenziell zur Normalisierung zwischen den beiden Frankfurter Parteien gekommen war. Ohne den arithmetischen Druck des Wahlergebnisses hätten sich die Koalitionspräferenzen beider Parteien aber an der klassischen Farbenlehre – Rot-Grün und Schwarz-Gelb – orientiert.

3 Wohlwollende Förderung durch den CDU-Senat – Die schwarz-grüne Koalitionsbildung in Hamburg-Altona 2004

Was Mitte der 1990er Jahre noch von Altonaer Grünen-Politikern als „esoterisch-phantastische Erscheinung"[54] in das Reich der Unmöglichkeiten verbannt wurde, realisierten Altonaer CDU und Grün-Alternative Liste (GAL) Ende Juni 2004: Es konstituierte sich die erste schwarz-grüne Koalition auf Bezirksebene. „Ausgerechnet", so die taz, „in der einstmals roten Arbeiterhochburg"[55]. Dabei kennzeichnete sich die Zusammenarbeit zwischen den Parteien im Bezirk bis dahin durch wechselnde Partnerschaften. Zwar gab es die „klassischen" und von den Parteien auch als „normal" bezeichneten Koalitionsmuster Rot-Grün und eine kurze bürgerliche Koalition zwischen CDU, FDP und Schill-Partei von 2003 bis 2004. Beide Koalitionsmöglichkeiten waren aber in ihrer Kohärenz brüchig und nicht von Dauer. Entweder wurden Spannungen zwischen den Parteien, insbesondere zwischen SPD und GAL, deutlich, oder aber es reichte rechnerisch nicht für eine Koalition aus CDU und FDP.

Im „einst roten Altona" konnte die SPD zwar von 1957 bis 1974 absolute Mehrheiten bei den Bezirksversammlungswahlen auf sich vereinen. Eine dominante Stellung hat die SPD in Altona jedoch nie eingenommen. Seit 1974 gleichen sich die Stimmenverhältnisse zwischen den beiden Großparteien SPD und CDU an. Mit dem erstmaligen Einzug der GAL 1982 erhöhen sich Format und Fragmentierung. Seit 1991 steigt auch die elektorale Stärke anderer Kleinparteien in Altona. Die GAL hat sich seit ihrem erstmaligen Einzug in die Bezirksversammlung mit Wahlergebnissen von bis zu 21 Prozent als dritte Kraft vor der FDP etabliert. Schon aufgrund ihrer elektoralen Stärke kommen sie rechnerisch eher als Koalitionspartner infrage. 2004 war die FDP nicht in der Altonaer Bezirksversammlung vertreten. Die GAL erlangte mit zehn Mandaten nur zwei weniger als die SPD und eine Zweiparteienkoalition war rechnerisch zwischen SPD und CDU, SPD und Grünen sowie CDU und Grünen möglich.[56]

1993 bildete sich in Altona die erste rot-grüne Koalition in Hamburg, die von beiden Parteien auch als Test für die Bürgerschaftsebene gesehen wurde. Innerhalb dieser ersten formellen rot-grünen Koalition, die bis 1997 bestand, kam es jedoch zu zahlreichen Problemen zwischen SPD und GAL. Die GAL wurde mehrmals von ihrem Koalitionspartner übergangen, es kam zu inhaltlichen Differenzen der rot-grünen Koalitionäre und Spannungen zwischen den Parteieliten.[57] In der Wahlperiode 1997-2001 wurde mit wechselnden Mehrheiten gearbeitet. 1999 formierte sich als Abspaltung der Hamburger GAL die Wählervereinigung „Regenbogen – Für eine neue Linke", der sich auch der damalige Fraktionsvorsitzende der Altonaer GAL und weitere Mitglieder der Altonaer GAL-Fraktion anschlossen. Damit schied die GAL als Mehrheitsbeschaffer für CDU oder SPD in der Altonaer Bezirksversammlung aus.[58] In dieser Zeit kam es aber verstärkt zur partiellen Zusammenarbeit zwischen CDU und GAL, vor allem im Jugendhilfebereich und der Stadtplanung.

In der Wahlperiode 2001-2004 konnte die Altonaer CDU mit FDP und Schill-Partei in Altona eine Mehrheit bilden, der sich die FDP jedoch zunächst verweigerte. Erst 2003 kam es zur Zusammenarbeit zwischen den drei Parteien, nachdem der von der SPD gestellte Bezirksamtsleiter vom Senat abgesetzt worden war. Die Hamburger CDU hatte, um die FDP in Altona zur Zusammenarbeit zu bewegen, einen FDP-Politiker für das Amt vorgeschlagen, der von den drei Parteien gewählt wurde. Neben der Wahl des Bezirksamtsleiters gegen den Willen von SPD und Grünen einigten sich die Parteien in einem „Vertrag zur Zusammenarbeit" auch auf politische Projekte, die v. a. die Verkehrs- und Stadtentwicklungspolitik betrafen und bei den Grünen auf Widerstand trafen.[59] Es bildete sich in dieser kurzen Phase ein Antagonismus aus Mehrheits- und Oppositionsfraktionen, in dem sich CDU/FDP/Schill-Partei und SPD/GAL mit gegensätzlichen Konzepten gegenüberstanden.[60] Allerdings kam es weiterhin zu Gesprächen zwischen CDU und Grünen und gemeinsam verabschiedeten Anträgen. Eine punktuelle Zusammenarbeit hat es auch in der Zeit von 2001 bis 2004 gegeben. Bereits 2003 sprachen sich vereinzelt Mitglieder und Politiker der Altonaer GAL dafür aus, sich für die schwarz-grüne Option zu öffnen.[61] Diese Stimmen blieben aber eher die Ausnahme. Rot-Grün wurde als natürliche Option bezeichnet und die GAL sprach sich auch vor den Wahlen 2004 für eine Koalition mit der SPD aus.

Zwar wäre rechnerisch nach der Wahl 2004 auch eine rot-grüne Koalition möglich gewesen. Nach Sondierungsgesprächen, die die Grünen mit SPD und CDU führten, kam es aber nur zwischen CDU und Grünen zu Koalitionsverhandlungen. Die Angebote der SPD seien wenig substantiell und wenig ernsthaft verlaufen.[62] Maßgeblich für die Entscheidung der GAL-Mitgliederversammlung, Koalitionsverhandlungen nur mit der CDU aufzunehmen, sei die „Ernsthaftigkeit des Angebots der CDU"[63] gewesen.

Voraussetzung dieser Ernsthaftigkeit sind die rechtlichen Rahmenbedingungen, in denen Politik auf Bezirksebene gestaltet wird. Die Kompetenzen der Bezirksversammlung sind gering und die Gestaltungsmöglichkeiten hängen vom Wohlwollen des Senats ab.[64] Die Hamburger CDU hatte bei den Bürgerschaftswahlen 2004 die absolute Mehrheit erreicht und dominierte den Senat mit CDU-Bürgermeister Ole von Beust. Dieser ließ den Parteiverbänden in den Bezirken zwar offiziell freie Hand, kommentierte mögliche Koalitionen zwischen CDU und GAL aber nicht nur sehr positiv und wohlwollend,[65] sondern griff auch faktisch in die schwarz-grüne Koalitionsbildung in Altona ein und förderte mögliche Koalitionen zwischen CDU und GAL auch in anderen Bezirken.

Zu diesem Eingreifen gehörte beispielsweise die persönliche Zusage des Bürgermeisters, die Arbeit der Koalition zu fördern, die in einem persönlichen Gespräch zwischen Bürgermeistern und Vertreter der Bezirks-CDU und -GAL gegeben wurde. Zu den inhaltlichen Zusagen gehörten die Finanzierung einer Kommunaltrasse für den Busverkehr sowie die Sicherung eines Stadtteilarchivs. Der damalige CDU-Gesundheitsstaatsrat sagte die finanzielle Sicherung eines Drogenkonsumraumes zu, die zwar haushaltsneutral geschehen sollte, aber ebenfalls vom Senat finanziert werden musste. Der Staatsrat begründete seine Zusage nicht inhaltlich, sondern mit der Absicht, so die schwarz-grüne Koalitionsbildung fördern zu können. Inhaltlich bewertete er das Projekt als „wenig sinnvoll".[66] In mehreren Punkten wie dem verantwortungsvolleren Umgang mit der Drogenszene, einer Mitsprache bei der anstehenden Verwaltungsreform und der Berücksichtigung von GAL-Anliegen bei der Stadtplanung hatten die Fachbehörden ihre Unterstützung zugesagt. Projekte, die auch im Koalitionsvertrag niedergelegt wurden. In den Bereichen Verkehr und Stadtentwicklung wurden mehrere Kompromisse erzielt (z. B. Einführung Tempo 30-Zone, Einsetzung einer Planungswerkstatt zur weiteren Entwicklung einer Straße, Entwicklung eines brachliegenden Bahnhofsgeländes, Illuminierung des Altonaer Rathauses). Im Vergleich der Positionierungen der Parteien in der Vergangenheit war die CDU in größerem Maße zu Kompromissen bereit; die Zugeständnisse der CDU wurden von Altonaer Bezirkspolitikern als „immens" bezeichnet.[67]

Die strategische Ausrichtung der Hamburger CDU für die Bürgerschaftswahlen 2008 – Vermehrung der Koalitionsoptionen und Vorbereitung einer schwarz-grünen Koalition auf Landesebene – bildeten einen wesentlichen Erklärungsfaktor der Koalitionsbildung auf Altonaer Bezirksebene 2004. Die Bezirks-CDU konnte den institutionellen Vorteil, den die rechtlichen Rahmenbedingungen boten, nutzen. Szczesny erklärte etwa während der Sondierungsgesprächen von Altonaer SPD und GAL: „Solange die Union in der Bürgerschaft die absolute Mehrheit hat, ist eine rot-grüne Koalition in der Bezirksversammlung nur begrenzt beschlussfähig."[68] Und während der Sondierungsgespräche, die die GAL mit CDU und SPD führten, erläuterte Matti Lembke: „Rot-Grün hat Priorität. Ein Vorteil von Schwarz-Grün in Altona wäre aber, dass die CDU auch im Hamburger Rathaus entscheidet. Mit der SPD könnten wir nur Forderungen an den Senat stellen, aber kaum etwas durchsetzen."[69] So begründete die Altonaer GAL ihre

Entscheidung für Schwarz-Grün auf ihrer Homepage: „Ausschlaggebend war die große Ernsthaftigkeit der Angebote der CDU, der direkte Draht zur Landesregierung und die damit verbundenen finanziellen Zusagen, um grüne Projekte realisieren zu können."[70] Auch wenn es eine Präferenz für die klassischen Kombinationen gegeben hat: Weder in Mitgliedschaften der CDU noch der Grünen kam es zu größeren Unmutsbekundungen. Die Zusammenarbeit wurde an der Basis beider Parteien mehrheitlich begrüßt.

4   Vergleichende Schlussbetrachtung

Warum entstehen schwarz-grüne Koalitionen? Die Ergebnisse der vergleichenden Analyse legen ebenso wie bestehende Studien zu anderen schwarz-grünen Koalitionen auf kommunaler Ebene nahe, dass eine Koalition zustande kommt, wenn

- eine Pluralisierung des Parteiensystems stattgefunden hat. Sind die klassischen Optionen rechnerisch nicht realisierbar, kann sich dies positiv auf das Zustandekommen auswirken. Dass im Fall Frankfurt eine Zweiparteienkoalition rechnerisch nur zwischen CDU und Grünen möglich war, bildete den wohl wichtigsten Faktor der Koalitionsbildung. Eine arithmetische Zwangsläufigkeit bestand allerdings in Hamburg-Altona nicht; es wäre rechnerisch eine rot-grüne Koalition möglich gewesen. In Duisburg bildete sich 2004 eine schwarz-grüne Minderheitenkoalition, um die 56jährige SPD-Vorherrschaft in der Stadt zu brechen. Die Arithmetik muss nicht der entscheidende Faktor sein;

- ein gemeinsamer Wille besteht, die Beteiligung der SPD, die von Union und Grünen auf kommunaler Ebene oftmals als arrogant und überheblich wahrgenommen wird, an einer Koalitionsregierung zu verhindern;

- beide Parteien eine Verbreiterung ihrer Bündnisoptionen vornehmen wollen. Die viel zitierte Befreiung aus der „babylonischen Gefangenschaft" gilt sowohl für die Grünen als auch für die CDU – aus strategischen wie aus inhaltlichen Gründen;

- vor den Koalitionsbildungen ein Prozess der Annäherung stattgefunden hat, in dem sich die Parteieliten kennenlernten, mögliche Aversionen und persönliche Animositäten abgebaut und eine Vertrauensbasis gelegt werden konnte;

- nicht programmatische Beliebigkeit, aber ein beiderseitiger Wille zum Kompromiss besteht. Bei unüberbrückbaren programmatischen Differenzen müssen die Parteien bereit sein, diese auszuklammern;
- wenn die Parteieliten bereit sind, Verantwortung in einer bei Parteimitgliedern und -anhängern möglicherweise zunächst unpopulären Koalitionsvariante zu übernehmen und die innerparteiliche Arbeit der Diskussion und des Erklärens wahrzunehmen.

Seit Mitte der 1980er Jahre arbeiten CDU und Grüne auf kommunaler Ebene in unterschiedlichen Formen zusammen. Schwarz-grüne Koalitionen werden gebildet, scheitern an Gegensätzen zwischen den beiden Parteien, können nach der Wahlperiode aufgrund des Wahlergebnisses neu aufgelegt werden oder werden vom Wähler derart abgestraft, dass eine Neuauflage nicht möglich ist. So sprachen sich CDU und Grüne im Kölner Rat aufgrund der guten Erfahrungen, die sie in der anderthalbjährigen Zusammenarbeit gesammelt hatten, vor den Kommunalwahlen 2004 für eine Fortführung der Koalition aus. Das Wahlergebnis ließ eine Neuauflage aber nicht zu. Anders verhält es sich im Fall Hamburg-Altona. Dort kam es 2008 zur Neuauflage der schwarz-grünen Koalition und in der Bürgerschaft konstituierte sich das erste schwarz-grüne Bündnis auf Landesebene in Deutschland. Auch in Frankfurt kam es nach der Kommunalwahl 2011 zur Neuauflage.

Die Neuauflagen werden damit begründet, dass das vertraglich Vereinbarte abgearbeitet wurde, ein beiderseitiger Wille zur konstruktiven, problemlösungsorientierten Zusammenarbeit besteht und ein Grundvertrauen sowie ein besonders gutes zwischenmenschliches Klima bestehen. Die Erfahrungen auf kommunaler Ebene legen den Schluss nahe, dass Schwarz-Grün nicht ein „bürgerliches Projekt" sein könnte, sondern seit den 1980er Jahren ein bürgerliches Projekt ist; ein Projekt zweier lösungsorientierter Parteien, deren Protagonisten Bürgerlichkeit insofern programmatisch ausbuchstabieren, als dass sie Bürgerlichkeit ganz selbstverständlich mit Verantwortungsübernahme und Handlungswillen praktisch übersetzen.

Endnoten

[1] Der vorliegende Aufsatz basiert auf der Diplomarbeit des Autors, die 2008 am Otto-Suhr-Institut für Politikwissenschaft der Freien Universität Berlin erarbeitet wurde. Dank gilt den Gutachtern, Herrn Prof. Dr. Oskar Niedermayer und Prof. Dr. Richard Stöss sowie den

Interviewpartnern: Uwe Becker, Fraktionsvorsitzender der CDU in der Stadtverordneten-versammlung Frankfurt a. M. (Es werden die Positionen angegeben, die die Interviewten zum Zeitpunkt der jeweiligen Koalitionsbildung inne hatten), Gesche Boehlich, Fraktions-vorsitzende der Grün-Alternativen Liste in der Bezirksversammlung Hamburg-Altona, Olaf Cunitz, Parteivorsitzender Bündnis 90/Die Grünen in Frankfurt a. M., Prof. Dr. Dieter Kan-tel, Fraktionssprecher Bündnis 90/Die Grünen im Rat der Stadt Duisburg, Rolf Kiesendahl, Duisburger Lokalredakteur Westdeutsche Allgemeine Zeitung, Thomas Remlein, Lokalre-dakteur Frankfurter Neue Presse, Uwe Szczesny, Fraktionsvorsitzender der CDU in der Bezirksversammlung Hamburg-Altona und Petra Vogt, Fraktionsvorsitzende der CDU im Rat der Stadt Duisburg.

[2] Bündnis 90/Die Grünen werden im Folgenden als die Grünen bezeichnet.

[3] Vgl. Jürgen Hoffmann: Schwarz-grüne Bündnisse in der Kommunalpolitik – Gründe, Erfahrungen, Folgerungen, Interne Studien der Konrad-Adenauer-Stiftung 135/1997, Sankt Augustin 1997, S. 59-66.

[4] Joachim K. Blatter/Frank Janning/Claudius Wagemann: Qualitative Politikanalyse, Wies-baden 2007, S. 30.

[5] Vgl. Geoffrey Pridham: Koalitionsregierungen und Parteiensysteme in Westeuropa: Ein lange vernachlässigtes Forschungsgebiet, in: Peter Haungs/Eckhard Jesse (Hrsg.): Parteien in der Krise, Köln 1987, S. 31-36.

[6] Vgl. hierzu insbesondere Heinz Rausch: Ein neuer »Phönix aus der Asche«? Anmerkun-gen zur formalisierten Koalitionstheorie, in: Civitas 14/1976, S. 74-98; Detlef Nolte: Ist die Koalitionstheorie am Ende? Eine Bilanz nach 25 Jahren Koalitionsforschung, in: Politische Vierteljahresschrift 2/1988, S. 230-251; Uwe Jun: Koalitionsbildung in den deutschen Bun-desländern, Opladen 1994 sowie Dirk Schönrock: Koalitionsbildung nach dem Mehrheits-prinzip? Baden-Baden 1997.

[7] Jun: Koalitionsbildung in den deutschen Bundesländern, S. 64.

[8] Vgl. Colin Mellors: Sub-national Government, in: ders./Bert Pijnenburg (Hrsg.): Political Parties and Coalitions in European Local Government, London/New York 1989, S. 1-14.

[9] Vgl. zur Frage der Parteipolitisierung der kommunalen Ebene v. a. Lars Holtkamp: Kom-munale Konkordanz- und Konkurrenzdemokratie, Wiesbaden 2008. Der Grad der Parteipo-litisierung variiert, in den hier untersuchten Fällen kann aber eine Entscheidungsmaxime des gütlichen Einvernehmens, wie sie konkordanzdemokratische Systeme prägen, ausge-schlossen werden. Die These, dass schwarz-grüne Koalitionen auf kommunaler Ebene zustande kommen, weil Parteien und Parteienwettbewerb auf dieser Ebene keine Rolle spielen, gilt in ihrer Pauschalität für die analysierten Fälle nicht.

[10] Vgl. im Folgenden Oskar Niedermayer: Zur systematischen Analyse der Entwicklung von Parteiensystemen, in: Oscar W. Gabriel/Jürgen W. Falter (Hrsg.): Wahlen und politische Einstellungen in westlichen Demokratien, Frankfurt am Main 1996, S. 19-49, S. 20-31 sowie Oskar Niedermayer: Parteiensystem, in: Eckhard Jesse/Roland Sturm (Hrsg.): Demokratien des 21. Jahrhunderts im Vergleich. Historische Zugänge, Gegenwartsprobleme, Reformper-spektiven, Opladen 2003, S. 261-288, S. 263-271.

[11] Vgl. Kaare Strøm/Wolfgang C. Müller: Political Parties and Hard Choices, in: dies. (Hrsg.): Policy, Office, or Votes? Cambridge 1999, S. 1-35, S. 8-9 sowie Ian Budge/Michael

Laver: Office Seeking and Policy Pursuit in Coalition Theory, in: Legislative Studies Quarterly 4/1986, S. 485-506, S. 495-496.

[12] Vgl. Abram De Swaan: Coalition Theories and Cabinet Formations. A study of formal theories of coalition formation applied to nine European parliaments after 1918, Amsterdam 1973, S. 86.

[13] Josef Anton Völk: Regierungskoalitionen auf Bundesebene, Regensburg 1989, S. 113.

[14] Vgl. z. B. Niko Switek: Schwarz-Grün in Köln. Die Zusammenarbeit von CDU und Bündnis 90/Die Grünen im Kölner Stadtrat, Interne Studie Nr. 4 der Konrad-Adenauer-Stiftung, Oktober 2005, S. 21 sowie Katharina Ober: Schwarz-grüne Koalitionen in nordrhein-westfälischen Kommunen. Erfahrungen und Perspektiven, Baden-Baden 2008, S. 51-52.

[15] Vgl. Paul V. Warwick: Do Policy Horizons Structure the Formation of Parliamentary Governments?, in: American Journal of Political Science 2/2005, S. 373-387, S. 373 sowie Budge/Laver: Office Seeking and Policy Pursuit in Coalition Theory, S. 499.

[16] Vgl. Michael Laver/Norman Schofield: Multiparty Government. The Politics of Coalition in Europe, Oxford 1990 S. 167-186.

[17] Vgl. Thomas Remlein/Joachim Geiger/Dieter A. Graber: Wie grün sind die Grünen noch?, in: Frankfurter Neue Presse vom 15. Mai 2006.

[18] Vgl. Hubert Kleinert: Die Grünen in Hessen, in: Wolfgang Schröder (Hrsg.): Parteien und Parteiensystem in Hessen, Wiesbaden 2008, S. 161-183, S. 161-162.

[19] Vgl. Hubert Kleinert: DIE GRÜNEN in Hessen, in: Dirk Berg-Schlosser/Alexander Fack/Thomas Noetzel (Hrsg.): Parteien und Wahlen in Hessen 1946-1994, Marburg 1994, S. 133-166, S. 133-137.

[20] Hans Riebsamen: Ein Bündnis mit dem Bürgerschreck von einst, in: Frankfurter Allgemeine Zeitung vom 07. April 2006.

[21] Vgl. Thomas Remlein/Joachim Geiger/Dieter A. Graber: Grüne Kraft & Machthunger, in: Frankfurter Neue Presse vom 16. Mai 2006.

[22] Unter diesem Begriff fasste der zum Zeitpunkt der Koalitionsbildung als Fraktionsvorsitzender der Frankfurter CDU amtierende Uwe Becker u. a. die Unterstützung von Familien und „unterschiedlichen Lebensgemeinschaften" sowie den Ausbau von Betreuungsmöglichkeiten für Kinder, insbesondere die Ganztagsbetreuung und Betreuungsmöglichkeiten für unter Dreijährige. „Der Christopher-Street Day gehört inzwischen genauso zur Lebenswirklichkeit wie ein breites Angebot an Unterhaltungs- und Freizeitaktivitäten von den Traditionsfesten […] bis hin zum Nachtleben in Frankfurts Clubs." Vgl. Uwe Becker: Der Weg zur Großstadtpartei, in: Frankfurter Neue Presse vom 23. August 2004.

[23] Vgl. Wolfgang Schroeder: Die hessische SPD zwischen Regierung und Opposition, in: ders. (Hrsg.): Parteien und Parteiensystem im Wandel. Vom Vier- zum Fünfparteiensystem? Wiesbaden 2008, S. 77-106, S. 78-82 sowie Jochen Führer/Thomas Noetzel: Die Landtags- und Kommunalwahlen in Hessen, in: Dirk Berg-Schlosser/Alexander Fack/Thomas Noetzel (Hrsg.): Parteien und Wahlen in Hessen 1946-1994, Marburg 1994, S. 239-261, S. 249-250.

[24] Vgl. Konrad Schacht: Ist Frankfurt eine CDU-Hochburg?, in: Wolfgang Schroeder (Hrsg.): Parteien und Parteiensystem im Wandel. Vom Vier- zum Fünfparteiensystem? Wiesbaden 2008, S. 361-370, S. 363.

[25] Der Fragmentierungsindex betrug 2006 4,50, was den höchsten Wert seit 1946 bildete.

[26] Zitiert nach Associated Press-Meldung vom 27. März 2006: In Frankfurt stehen Zeichen auf Schwarz-Grün.

[27] Mechthild Harting: 2001 hielt Schwarz-Grün einen Tag, in: Frankfurter Allgemeine Zeitung vom 07. April 2006.

[28] Ebd.

[29] Vgl. Gerhard Kneier: Die Grünen stritten wie in alten Zeiten, Associated Press-Meldung vom 19. Juni 2001.

[30] In den Parteien und der Presse werden unterschiedliche Gründe für dieses Scheitern vorgebracht: Die Wahl eines Abgeordneten der Republikaner zum ehrenamtlichen Stadtrat mit Stimmen der CDU oder der FDP, die Wahl eines SPD-Mitglieds in die Verbandskammer des regionalen Planungsverbands mit Stimmen der Grünen, der Widerstand prominenter Parteimitglieder der Grünen und der CDU gegen eine Zusammenarbeit von CDU und Grünen. Vgl. u. a. Claus-Jürgen Göpfert: Neuer Anlauf für Schwarz-Grün? in: Frankfurter Rundschau vom 09. März 2006 sowie ders./Tanja Kokoska: Frankfurter Übungen, in: Frankfurter Rundschau vom 28. März 2006.

[31] Vgl. Claus-Jürgen Göpfert: „Es wurde nicht getrickst". Grüne blicken auf CDU und verweisen auf faire Kooperation, in: Frankfurter Rundschau vom 30. März 2006.

[32] Petra Roth: Ich vertraue den Grünen, Interview mit die Tageszeitung (taz) vom 15. Mai 2006.

[33] Vgl. u.a. Claus-Jürgen Göpfert: „Es wurde nicht getrickst". Grüne blicken auf CDU und verweisen auf faire Kooperation, in: Frankfurter Rundschau vom 30. März 2006.

[34] Zit. nach Associated Press-Meldung vom 31. März 2006: Frankfurt auf dem Weg zu schwarz-grüner Koalition.

[35] Zit. nach Claus-Jürgen Göpfert/Tanja Kokoska: Frankfurter Übungen, in: Frankfurter Rundschau vom 28. März 2006.

[36] Gerlinde Schütte: Die Grünen werden immer bürgerlicher, Interview mit Frankfurter Rundschau vom 17. März 2006.

[37] Zit. nach Artikel: Offener Brief. Grüner der ersten Stunde warnt vor Schwarz-Grün, in: Frankfurter Rundschau vom 24. März 2006.

[38] Vgl. Artikel: Flughafenausbau. Gegner sehen bei Grünen einen „Eiertanz", in: Frankfurter Rundschau vom 12. April 2006.

[39] Vgl. Claus-Jürgen Göpfert/Jutta Ochs: Grüne stimmen für Schwarz-Grün, in: Frankfurter Rundschau vom 10. Mai 2006 sowie Klaus-Peter Klingelschmitt: Schwarz-Grün kommt, Ökos gehen, in: Die Tageszeitung vom 11. Mai 2006.

[40] Vgl. ddp-Meldung vom 31. März 2006: Pragmatische Positionen – Die Frankfurter Grünen stimmen für eine Zweckehe mit der CDU und sprechen sich Mut zu.

[41] Vgl. Claus-Jürgen Göpfert/Martin Müller-Bialon/Jutta Ochs: Grüne streben Koalition mit CDU an, in: Frankfurter Rundschau vom 28. März 2006.

[42] Vgl. Artikel: CDU weit vorn – klares Nein zum Viererbündnis, in: Frankfurter Allgemeine Zeitung vom 11. Februar 2006 sowie Stadt Frankfurt am Main (Hrsg.): Stadtverordnetenwahl 2006 in Frankfurt am Main, S. 31-34.

[43] Vgl. Platow-Brief vom 05. Mai 2006: Frankfurter Wirtschaftsabend.

[44] Vgl. Göpfert/Müller-Bialon/Ochs: Grüne streben Koalition mit CDU an.

[45] Vgl. Artikel: Becker als CDU-Fraktionschef unumstritten – doch es rumort, in: Frankfurter Rundschau vom 04. April 2006.

[46] Vgl. Artikel: Schwarz-Grün: „Das wird keine Liebesheirat", in: Frankfurter Allgemeine Zeitung vom 29. März 2006.

[47] Zit. nach ddp-Meldung vom 06. April 2006: Frankfurter CDU will mit Grünen über Koalition verhandeln.

[48] Vgl. ddp-Basisdienst vom 23. März 2006: Künast: Türen stehen offen für Schwarz-Grün sowie Carsten Fiedler: Schwarz-Grün in Frankfurt möglich, in: Die Welt vom 28. März 2006.

[49] Vgl. CDU Frankfurt: Für alle, die Frankfurt noch besser machen wollen: Wahlprogramm zur Kommunalwahl 2006, abrufbar unter http://www.cduffm.de/bilder/programme/ Wahlprogr_lang.pdf (abgerufen am 15.07.2008); Bündnis 90/Die Grünen Frankfurt: Auf Grün kommt es an. Unser Programm zu Kommunalwahl 2006, abrufbar unter http://www.gruene-partei-frankfurt.de/osts/gruenes-cms.de/httpdocs/userspace/HE/kv_ frankfurt/Dateien/kwp2006.pdf (abgerufen am 15.07.2008) sowie CDU Frankfurt / Die Grünen Frankfurt: Koalitionsvertrag. CDU + Die Grünen Frankfurt am Main 2006 – 2011, abrufbar unter http://www.cduffm.de/bilder/programme/Koalitionsvertrag.pdf (abgerufen am 15.07.2008).

[50] Matthias Arning: Pakt der Pragmatiker, in: Frankfurter Rundschau vom 09. Februar 2008.

[51] Olaf Cunitz, zit. nach Joachim Geiger: CDU will Bündnis mit den Grünen, in: Frankfurter Neue Presse vom 07. April 2006.

[52] Petra Roth: Koalition des Realismus, in: Frankfurter Rundschau vom 14. Juni 2006.

[53] Zu den Aufgaben der Stadtverordnetenversammlung zählen u. a. der Erlass der Haushaltssatzung und die Festsetzung des Investitionsprogramms, die Zustimmung zu überplanmäßigen und außerplanmäßigen Ausgaben, die Festsetzung öffentlicher Abgaben und privatrechtlicher Entgelte, die Veräußerung von öffentlichen Einrichtungen und wirtschaftlichen Unternehmen sowie die Beteiligung an diesen und die Übernahme von Bürgschaften. Vgl. Hessische Gemeindeordnung (HGO) sowie Ulrich Dreßler: Die kommunale Selbstverwaltung, in: Bernd Heidenreich/Klaus Böhme (Hrsg.): Hessen. Land und Politik, Stuttgart 2003, S. 273-294.

[54] Jürgen Oetting: Schwarz-Grün ist machbar, Herr Nachbar, in: Die Tageszeitung vom 03. März 1995.

[55] Sven-Michael Veit: Schwarz-Grün wird das rote Altona, in: Die Tageszeitung vom 21. Juni 2004.

[56] Vgl. Helmut Bilstein (Hrsg.): Staat und Parteien im Stadtstaat Hamburg, Hamburg 1996, S. 163 und 167; Statistisches Amt für Hamburg und Schleswig-Holstein: Wahlverhalten. Analyse der Wahlen zur Bürgerschaft und zu den Bezirksversammlungen am 29. Februar 2004, Hamburg 2004; http://www.statistik-nord.de/fileadmin/download/wahlen/ bezirke_bez01_sitze.pdf (abgerufen am 01.07.08) sowie Statistisches Amt für Hamburg und Schleswig-Holstein: Wahldatenbank seit 1965, aufrufbar unter: http://www.statistik-nord.de/fileadmin/wahldb/index.php?site=votedb_extsearch (abgerufen am 01.07.08).

[57] Vgl. z. B. Sannah Koch: SPD legt Kuckucksei, in: Die Tageszeitung vom 30. März 1995; Heike Haarhof: Beziehungsknatsch in Altona, in: Die Tageszeitung vom 03. November 1995; Heike Haarhof: Wirtschaftspolitischer Dilettantismus, in: Die Tageszeitung vom 06.

Fabian Blumberg

April 1996; Heike Haarhof: Feixen in Altona, in: Die Tageszeitung vom 12. August 1996 sowie Heike Haarhof: Auf die Plätze, fertig, Chaos, in: Die Tageszeitung vom 15. August 1996.

[58] Vgl. Wiebke Spannuth: Die Regenbogen-Gruppe will 2001 zur Wahl antreten, in: Die Welt vom 21. August 1999 sowie Artikel: Der Regenbogen: Anfang und Zukunft, in: Die Tageszeitung vom 13. Mai 2000.

[59] Vgl. Marco Carini: Beton, Asphalt und Polizei, in: Die Tageszeitung vom 13. März 2003.

[60] Vgl. z. B. Artikel: Streit ums Ortsamt, in: Hamburger Morgenpost vom 11. Juli 2003 sowie Matthias Onken: Vergeudung? 100.000 Euro für vier Parkplätze, in: Hamburger Abendblatt vom 22. Januar 2004.

[61] Vgl. z. B. Matti Lembke: Krieg, Schönheit, Harmonie, Interview mit Die Tageszeitung vom 01. November 2003.

[62] So Gesche Boehlich, zit. nach Martin Kopp/Oliver Schirg: Bürgermeister will schwarz-grünen Probelauf für 2008, in: Die Welt vom 29. April 2004.

[63] Zit. nach Gernot Knödler: Altona grünt schwarz, in: Die Tageszeitung vom 29. April 2004.

[64] Der Senat überträgt Aufgaben auf die Bezirke. Die Bezirke haben keine eigenen Haushaltspläne und kein Einnahmeerhebungsrecht. Die Beschlüsse der Bezirksversammlung können vom Senat verworfen werden. Vgl. Helga Kutz-Bauer/Gerhard Fuchs: Kommunalpolitik in Hamburg, in: Andreas Kost/Hans-Georg Wehling (Hrsg.): Kommunalpolitik in den deutschen Ländern, Wiesbaden 2003, S. 120-130, S. 125 sowie Hans Peter Bull: Recht der Verwaltungsorganisation und des Verwaltungshandelns, in: Wolfgang Hoffmann-Riem/Hans-Joachim Koch (Hrsg.): Hamburgisches Staats- und Verwaltungsrecht, 3. Aufl., Baden-Baden 2006, S. 89-146.

[65] Vgl. Jens Meyer-Wellmann: Modellversuch Schwarz-Grün, in: Hamburger Abendblatt vom 29. April 2004.

[66] Zit. nach Marco Carini: Schwarz-Grün auf Droge, in: Die Tageszeitung vom 10. Juni 2004.

[67] Vgl. Sascha Balasko: Altona macht ernst: Schwarz-Grün, in: Hamburger Morgenpost vom 29. April 2004.

[68] Zit. nach Artikel: Spannung in den Bezirken: Wer mit wem?, in: Hamburger Abendblatt vom 06. März 2004. Siehe auch Sascha Balasko: Altona macht ernst: Schwarz-Grün, in: Hamburger Morgenpost vom 29. April 2004.

[69] Zit. nach Jens Meyer-Wellmann: Katerstimmung und Dankesworte, in: Hamburger Abendblatt vom 06. März 2004.

[70] Zit. nach Matthias Schmoock: Koalition in Altona: CDU kommt GAL entgegen, in: Hamburger Abendblatt vom 21. Juni 2004.

Niko Switek

Kommunales Bündnis mit Signalwirkung
Die schwarz-grüne Koalition in Köln 2003-2004[1]

1 Einleitung

Als die Grünen sich in den 1980er Jahren gründeten, hätten die Differenzen zu den Unionsparteien in Selbstverständnis, Programm, Personal und Organisation wohl kaum größer ausfallen können – eine Zusammenarbeit lag weder für die Akteure selbst noch für Beobachter im Bereich des Vorstellbaren. Trotz dieser konfliktbehafteten Ausgangssituation nahmen die Berührungsängste mit der Zeit ab: Die schwarz-grüne Koalition in Hamburg und die Jamaika-Koalition im Saarland illustrieren eindrücklich, wie weit sich das Verhältnis inzwischen normalisiert hat. Ein wichtiger Faktor dieser Annäherung waren die zahlreichen Kooperationen und Koalitionen auf kommunaler Ebene – von denen sich besonders viele in Nordrhein-Westfalen bildeten.[2] Unter diesen sticht vor allem die schwarz-grüne Koalition im Kölner Stadtrat hervor (2003-2004), die als erstes solches Bündnis in einer Millionenstadt bundesweit mediale Aufmerksamkeit auf sich zog. Sie wurde als eine Art Lackmustest gesehen, ob die Zusammenarbeit von Union und Grünen auch auf Länderebene möglich ist.

Dieser Aufsatz beleuchtet das schwarz-grüne Experiment in Köln. Folgende Fragen strukturieren die Auseinandersetzung mit der ungewöhnlichen Konstellation: Warum kam es in Köln zu einer schwarz-grünen Koalition? Wie gestaltete sich die Zusammenarbeit im Stadtrat – welche Konflikte gab es, woran entzündeten sich diese und wie wurden sie beigelegt? Wie endete die Koalition und wie bewerten die Akteure das Experiment?

Um diese Fragen beantworten zu können, müssen zunächst einige kurze Ausführungen zum besonderen institutionellen Rahmen der kommunalen Ebene sowie der Rolle von Parteien und Koalitionen in der Kommunalpolitik gemacht werden. Anschließend werden die Parteienlandschaft in Köln sowie die Besonderheiten der Kommunalwahl 1999 als Rahmenbedingungen erläutert. Die eigentliche Betrachtung der schwarz-grünen Zusammenarbeit gliedert sich in zwei Blöcke: Zunächst wird den Gründen für das Zustandekommen der ungewöhnlichen Konstellation nachgegangen, sowie Koalitionsverhandlungen und -vertrag näher beleuchtet. Danach wird die Ratsarbeit der Koalitionäre betrachtet, wobei zunächst das alltägliche Koalitionsmanagement, d.h. die inner- und zwischenparteiliche Abstimmung, betrachtet sowie entsprechend der Fragestellung exemplarisch ein zentraler Konflikt herausgegriffen und der Fokus auf den Umgang mit diesem gelegt wird.

Datengrundlage der Arbeit sind leitfadengestützte Gespräche mit Politikern beider Parteien. Befragt wurden Partei- und Fraktionsvorsitzende sowie weitere Teilnehmer der Verhandlungsdelegationen, da diese über privilegierte Informationen über die partei- und koalitionsinternen Entscheidungsprozesse verfügen.[3] Die Mitgliederzeitschriften der Kölner Parteien sowie die Pressemeldungen der beiden Ratsfraktionen wurden ausgewertet und der Kontext über lokale Medien (Kölner-Stadt-Anzeiger, Die Tageszeitung, StadtRevue, WDR) und überregionale Presse erschlossen. Darüber hinaus stellten die Konrad-Adenauer- und die Heinrich-Böll-Stiftung dankenswerterweise Material zur Verfügung. Die kommunalpolitischen Rahmenbedingungen wurden anhand des politikwissenschaftlichen Forschungsstands erarbeitet, die ebenfalls im Hinblick auf koalitionstheoretische Erörterungen herangezogen wurde.

2   Parteien und Koalitionen in der Kommunalpolitik

Die zentralen Institutionen der kommunalen Selbstverwaltung sind der Rat, die eigenständige Verwaltungsbehörde und der Bürgermeister. Der Rat als gewählte Vertretungskörperschaft ist das zentrale Organ und entscheidet im Rahmen der kommunalen Kompetenzen über alle Fragen politischer, rechtlicher, wirtschaftlicher und kultureller Natur. Strenggenommen ist er jedoch kein Parlament sondern im Sinne einer verantwortlichen Vertretung der Bürgerschaft Teil der Verwaltung. „Der Rat ist im Kern nicht Gesetzgeber, sondern Organ der Exekutive: er trifft die wichtigsten Verwaltungsentscheidungen – allerdings, da er ein gewählter Körper ist, nach politischer, das heißt an Wahlen und Wahlterminen orientierter Rationalität."[4] Die Verwaltung bereitet die Entscheidungen der Vertretungskörperschaft vor, führt deren Beschlüsse durch und erledigt die laufenden Geschäfte. Die Leitung beider Institutionen liegt beim Bürgermeister, dessen Stellung je nach Kommunalverfassung variiert. Er wird nach Vorgabe der meisten Gemeindeordnungen direkt gewählt, durch seine unmittelbare Legitimation kommt ihm eine herausgehobene Rolle zu.[5]

Demnach kennen die Kommunalverfassungen keinen Dualismus von Regierung und Opposition und bieten eigentlich keine Grundlage für die Bildung von

Koalitionen. Doch mit der Ausweitung des Parteienwettbewerbs auf die kommunale Ebene ergab sich eine Diskrepanz von fixierten Regeln und politischer Realität. Die Parteien transportieren die Spielregeln höherer föderaler Ebenen und damit an Konkurrenz orientierte Handlungsmuster. Die ‚Parlamentarisierung‘ der Ratsarbeit ist die Norm.[6]

Die Parteipolitisierung der kommunalen Ebene fällt allerdings je nach betrachteter Gemeinde unterschiedlich aus und hängt von drei Faktoren ab: Gemeindegröße, Typ der Gemeindeverfassung und politischer Kultur.[7] Die zentrale Variable ist die Größe: „Mit zunehmender Gemeindegröße verringert sich der Anteil der freien Wähler an den Gemeinderatsmandaten, gehören die Hauptverwaltungsbeamten und die Beigeordneten einer politischen Partei an [...], finden allgemeinpolitische Debatten in Gemeinderäten statt, tendiert die Ratsarbeit zunehmend in Richtung Parlamentarisierung: mit entsprechendem Debattenstil, Vorentscheidung in Fraktionen, Abstimmungen nach Mehrheiten und Minderheiten.“[8] Zwar wird diese Entwicklung häufig negativ als Parteipolitisierung der originär sachorientierten Kommunalpolitik bewertet, doch auch auf dieser Ebene müssen Entscheidungen getroffen werden, die sich nicht einfach aus Sachzwängen ergeben: „Erst die Wahl zwischen einander ausschließenden Handlungsalternativen macht [...] aus der kommunalen Selbstverwaltung mehr als Verwaltung, den Vollzug von Sachzwängen oder das Nachvollziehen von Entscheidungen, die von anderen auf staatlicher oder wirtschaftlicher Ebene bereits getroffen wurden.“[9] Darüber hinaus strukturieren die Parteien die Kommunalwahlen, indem sie den Wählern ein kohärentes Gesamtprogramm anbieten: „Im Schlüsselbereich der Stadtentwicklung beispielsweise, wo die Bereiche Wohnen, Verkehr, Umwelt, Kultur und Soziales sowie kommunale Beschäftigungs- und Wirtschaftsfördermaßnahmen aufeinander abgestimmt werden müssen, ist der gesamtgesellschaftliche Politikansatz der Parteien unverzichtbar.“[10] Partei- und Kommunalpolitik sind somit kein zwingender Antagonismus. In größeren Gemeinden sind Parteien zentraler Faktor der politischen Willensbildung und Parteipolitik wichtigster Schlüssel zum Verständnis des Geschehens im kommunalen Handlungssystem.[11]

Dennoch bleibt das kommunalpolitische Geschehen konkordanzdemokratisch akzentuiert, die Konfliktlinien sind schwächer ausgeprägt. Der Politikstil in der Kommunalpolitik ist „eher harmonistisch, auf Interessenausgleich bedacht“[12]. Hinzu kommen die begrenzten Kompetenzen der Gemeindekörperschaften: Die Kommunalverwaltung nimmt viele von Bund oder Land übertragene Aufgaben wahr und auch bei den Selbstverwaltungsaufgaben ist nur ein Teil freiwilliger Natur.

Vor diesem Hintergrund wird deutlich, dass auf kommunaler Ebene einerseits niedrigere Hürden für Koalitionen existieren und Experimente leichter gewagt werden können, andererseits andere Rationalitäten als auf Landes- oder Bundesebene bestehen.

3   Kölner Parteienlandschaft und Ausnahmewahl 1999

„Köln ist einerseits eine stark katholisch geprägte Stadt mit einer traditionell konservativ-bürgerlichen Klientel und andererseits eine große Industriestadt mit einem sozialdemokratischen Arbeitermilieu."[13] Lange Zeit war die SPD stärkste Partei in Köln. 1956 und 1961 erreichte sie 46 Prozent, in den beiden nächsten Wahlen erlangte sie die absolute Mehrheit und von 1975 bis 1994 erhielt sie stets Ergebnisse über 40 Prozent. Die CDU erreichte anfangs Resultate um die 40 Prozent, 1989 kam sie auf nur 30,5 und 1994 auf 33,9 Prozent. Die Grünen traten 1979 das erste Mal zu einer Kommunalwahl in Köln an und erreichten vier Prozent. „Mit dem Strukturwandel – dem Wegbrechen großer Industriebetriebe, dem Erstarken des Dienstleistungssektors, der Ansiedlung vieler Medienunternehmen – bildete sich auch soziologisch eine neue Wählerschicht. Besonders in der Kernstadt gewannen die Grünen an Potential."[14] 1984 gelang ihnen der Sprung auf 10,8 Prozent. Die Grünen legten danach stetig zu, 1989 erhielten sie 11,7 und 1994 16,2 Prozent der Stimmen.

Anders als in anderen Städten Nordrhein-Westfalens, wo Sozialdemokraten und Grüne gemeinsam die CDU ablösten, war Rot-Grün in Köln keine Selbstverständlichkeit. Die Grünen fühlten sich von der SPD nicht ernst genommen und beklagten deren Unzuverlässigkeit: „Sie haben sehr oft klare Zusagen und Vereinbarungen nicht eingehalten."[15] Der Kurs der Sozialdemokraten, für unterschiedliche Vorhaben Mehrheiten mit verschiedenen Partnern zu organisieren, verärgerte die Grünen. „Es gibt hier eine lange Erfahrung, die andere grüne Fraktionen vielleicht nicht so haben. Es ist so, dass die Affinität der Kölner Grünen zur SPD auch emotional tiefe Brüche erlebt hat. Brüche durch 15 Jahre Negativ-Erfahrung mit der Kölner SPD, geprägt durch drei gescheiterte Kooperationsverhandlungen und dann die Affären. Das schafft eine große Ernüchterung."[16]

Die Dominanz der SPD und ihre geringe Kompromissbereitschaft führten dazu, dass CDU und Grüne sich in bestimmten Bereichen annäherten. In der Wahlperiode von 1994 bis 1999 gab es bei einigen Themen schwarz-grüne Absprachen. „Schon in diesen Jahren waren die Gespräche mit der CDU erfrischend unbelastet. Man war bemüht Schnittmengen zu finden, und versuchte nicht, den jeweils anderen von den eigenen Positionen zu überzeugen."[17] Erleichtert wurde die Annäherung dadurch, dass die grünen Strömungen, die gerade über Koalitionsfragen heftige Konflikte austrugen, allgemein auf kommunaler Ebene und speziell bei den Kölner Grünen geringere Bedeutung haben: „Die Mentalität war immer mehr pragmatischer und weniger durch ideologische Konflikte behaftet."[18]

So wie die Grünen in Köln ein für die Gesamtpartei untypisches Bild der Geschlossenheit abgaben, sehen sich auch die Christdemokraten in einer gewissen Distanz zum Mainstream ihrer Partei: „Die Kölner CDU ist sicher nicht typisch für die Bundes-CDU, die waren immer etwas liberaler. Ein bisschen großstädtischer halt."[19] Anders als bei den Grünen war jedoch für die Kölner Christdemokraten ein Flügeldualismus bestimmend: Es existierte eine Gruppe um den Bezirks- und Parteivorsitzenden, Landtagsabgeordneten sowie kulturpolitischen Sprecher der Fraktion Richard Blömer, dem ein Flügel um den Fraktionsvorsitzenden und Bundestagsabgeordneten Bietmann gegenüberstand.[20] Immer wieder entzündeten sich Kontroversen an dieser parteiinternen Konfliktlinie. Erst mit dem Rücktritt Blömers vom Amt des Parteivorsitzenden aufgrund einer Spendenaffäre und Bietmanns Aufgabe des Fraktionsvorsitzes sowie seines Ratsmandates – jeweils nach heftigem Druck aus der eigenen Fraktion – ging die bestimmende Wirkung des Konflikts zwischen den beiden Gruppen zurück. Dass die Spaltung nachwirkte, verdeutlicht aber der Ausgang der Wahl des Nachfolgers: Karl-Jürgen Klipper erhielt 21 Stimmen, 19 Fraktionsmitglieder votierten gegen ihn.[21]

Kurz vor der NRW-Kommunalwahl 1999 stolperte der Kölner SPD-Spitzenkandidat für das Amt des Oberbürgermeisters, Klaus Heugel, über einen Aktien-Skandal.[22] Als direktes Resultat verlor die SPD nicht nur die Bürgermeisterwahl, sondern stürzte insgesamt in der Wählergunst massiv ab. Sie erhielt mit 30,3 Prozent der Stimmen 12,2 Prozentpunkte weniger als bei der Wahl 1994 und fuhr ihr schlechtestes Ergebnis in Köln seit 1946 ein. „Und weil die Hälfte der Kölner gar nicht gewählt hat, ist es zwar ein triumphaler, aber auch seltsamer 45-Prozent-Wahlsieg für die CDU, ohne signifikanten Zugewinn bei der absoluten Stimmenzahl."[23] Die Grünen erreichten 15,7 Prozent. Die CDU erhielt 43 Sitze im Rat, die SPD 29 und die Grünen 15. Die FDP war mit vier Ratsmitgliedern vertreten, die PDS stellte zwei und die Republikaner einen.

Eine Besonderheit ergab sich bei der OB-Wahl, da der knapp gegen die grüne Kandidatin gewählte CDU-Mann Harry Blum kurz nach der Wahl verstarb. In der Neuwahl siegte der Christdemokrat Fritz Schramma, der damit ein Mandat für die restliche Amtszeit seines Vorgängers und die nächste Wahlperiode (insgesamt neun Jahre) erhielt. Schramma war allerdings nicht Wunschkandidat sondern Kompromisslösung: „Weil keiner der beiden damals mächtigen Männer in der Kölner CDU, Rolf Bietmann und Richard Blömer, dem anderen den Vortritt für eine Kandidatur lassen wollte, durfte Schramma antreten."[24]

Nach der Wahl bildeten CDU und FDP eine Koalition: Zusammen kamen sie auf 47 der 94 Sitze, mit der Stimme des Oberbürgermeisters erreichten sie exakt die absolute Mehrheit. Das erfüllt die koalitionstheoretischen Annahmen, insofern die kleinste mögliche Mehrheit (*minimal winning*) gewählt wurde und bei den beiden Parteien des bürgerlichen Lagers von einer ausreichenden inhaltlichen Schnittmenge auszugehen ist.[25] Nach der vorherrschenden Stellung der SPD und ihrer Strategie der wechselnden Mehrheiten bedeutete das schwarz-gelbe Bündnis auf Grundlage einer Koalitionsvereinbarung erstmals eine klare Einteilung in Regierung und Opposition.[26]

Interessanterweise wurde diese Trennung teilweise ausgehebelt durch die Weiterführung der gelegentlich praktizierten Zusammenarbeit von CDU und Grünen in Form einer schriftlich fixierten Kooperationsvereinbarung. Die Bündnisgrünen interpretierten ihr zum vierten Mal zweistelliges Wahlergebnis als Wählerauftrag, aktiver die Kölner Stadtpolitik mitzugestalten. In der Vereinbarung wurden einzelne, konkrete Punkte angeführt, in denen die beiden Parteien zusammenarbeiten wollten. Damit über die Form der Zusammenarbeit keine Missverständnisse entstehen, explizierte die Präambel: „CDU und Grüne sind sich bewusst, dass die vorliegende Vereinbarung keine Koalition darstellt, sondern eine Form der punktuellen Zusammenarbeit."[27]

Diese Kooperation endete im Juni 2001, als CDU und FDP planten, einen Teil des gravierenden Haushaltdefizits durch den Verkauf der städtischen Wohnungsbaugesellschaft zu decken.[28] Die Grünen lehnten den Verkauf ab und engagierten sich in einem breiten Bündnis gegen die Veräußerung. Der Druck zeigte Wirkung: Trotz der im Grunde genommen vorhandenen Mehrheit der schwarz-gelben Koalition lehnte der Rat mit 47 zu 46 Stimmen den Verkauf in geheimer Abstimmung ab. Beim zweiten Versuch im Januar 2003 scheiterte Schwarz-Gelb erneut.[29] Nach der zweiten Abstimmungsniederlage erklärten CDU und FDP ihre Koalition für beendet.

4 Von der Krise zum Experiment: Schwarz-grüne Koalitionsbildung

4.1 Informelle Absprachen und Anknüpfung an Kooperationsvertrag

Das Ende der schwarz-gelben Koalition kam für die Grünen nur bedingt überraschend. Die Union hatte bereits kurz nach der ersten Abstimmungsniederlage informell bei den Bündnisgrünen nachgefühlt, ob eine Zusammenarbeit vorstellbar wäre. „An Silvester hatten wir das erste Mal eine Besprechung in der Fraktion. Wo dann ganz nebulös und groß und geheimnisvoll getan wurde, wir sprechen jetzt über eine Koalition mit der CDU."[30] Die grünen Ratspolitiker zeigten sich durchaus interessiert an einer Zusammenarbeit. Man wollte legitimiert durch das starke Wahlergebnis endlich in die ‚Regierungsverantwortung' und gestaltend in der Kölner Kommunalpolitik tätig sein. „Wir haben ihm [Bietmann] signalisiert, dass wenn CDU und FDP scheitern, [...] dass wir dann bereit sind, in die Verantwortung zu gehen und mit der CDU eine Politik der nachhaltigen und sozial gerechten Haushaltssanierung zu machen."[31] Vor der zweiten Abstimmungsniederlage stand so gut wie fest, dass es den Versuch einer schwarzgrünen Koalition geben würde: „Einen Tag vor der zweiten Abstimmung waren wir [Moritz und Bietmann] auf der Prinzenproklamation, da haben wir im Flur drüber gesprochen, und da hat er gesagt, er wird dann auf jeden Fall den Grünen eine Koalition anbieten."[32]

Die Christdemokraten befanden sich somit in einer äußerst komfortablen Situation. Wenn der Verkauf gelänge, hätte man das eigene Konzept zur Sanierung des Haushalts durchgesetzt und könnte weiter mit der FDP regieren. Auf der anderen Seite bot sich die Möglichkeit, erstmals in einer Millionenstadt eine Zusammenarbeit zwischen CDU und Grünen aus der Taufe zu heben und bundesweit auf sich aufmerksam zu machen. Die einzige rechnerische Alternative einer Großen Koalition hätte für die CDU eine deutliche Machtteilung bedeutet. Die Grünen wiederum hätten durch den Verzicht auf Schwarz-Grün der in der Wählergunst tief gefallenen SPD wieder an die Macht verholfen: „Man hätte die zusammengetrieben und da haben wir gesagt, das kann nicht unser Ziel sein."[33]

Der nach der Kommunalwahl 1999 geschlossene Kooperationsvertrag beförderte das Zustandekommen der schwarz-grünen Koalition: „Da es dieses Vorgeplänkel mit der Zwölf-Punkte-Kooperation schon gab, war das für uns in keiner Weise tabu, mit der CDU auch enger zusammenzuarbeiten."[34] Auch für die Union erleichterte die Kooperation den Einstieg in die Koalition: „[...] aus dem Zusammenspiel kannte man sich eben auch und dann weiß man, was kann man dem anderen zumuten, an Themen, an Entgegenkommen und wo ist wirklich die Grenze. [...] Das war schon gut eingespielt."[35] Schließlich konnte man in den Koalitionsverhandlungen an die im Kooperationsvertrag festgelegten Inhalte anknüpfen: „Bündnis 90/Die Grünen und CDU haben heute in der zweiten Verhandlungsrunde die Eckdaten der bereits abgeschlossenen Kooperationsvereinbarung von 1999 überprüft und dazu Übereinstimmungen bezüglich notwendiger Ergänzungen erzielt."[36]

4.2 Koalitionsverhandlungen und Koalitionsvertrag

CDU und Grüne nahmen die Koalitionsverhandlungen am 17. Januar 2003 auf, indem sie sich zunächst auf eine Tagesordnung und das Personal für die Koalitionsgespräche einigten. Die CDU saß mit sechs Mitgliedern am Verhandlungstisch: Die Fraktion war neben dem Vorsitzenden Bietmann durch den Vize Klipper und die Geschäftsführerin Grah vertreten, die Partei entsandte ihren Chef Blömer, seine Stellvertreterin sowie eine Beisitzerin. Für die Grünen verhandelten die Fraktionsvorsitzende Moritz und ihr Stellvertreter Frank sowie die beiden Parteisprecher Penner und Imre.[37]

   Diese Koalitionsrunde verhandelte die Hauptlinien und Personalfragen, während die Sprecher der Fraktionen die expliziten Inhalte und Ziele der schwarz-grünen Koalition in den Fachbereichen festlegten. Traten Konflikte bei den Sachthemen auf, landeten die entsprechenden Punkte in der Koalitionsrunde. War man auch hier nicht in der Lage, eine Lösung zu finden, wurde das Problem vertagt: „So Themen die klammert man dann aus."[38]

   Bündnis 90/Die Grünen gingen mit zwei zentralen inhaltlichen Forderungen in die Verhandlungen. Sie bestanden auf den Verzicht der Veräußerung der Wohnungsbaugesellschaften und forderten stattdessen einen strikten Sparkurs. Die zweite Forderung bezog sich auf einen Kurswechsel in der Asyl- bzw. Flüchtlingspolitik. Die Union erfüllt diese beiden Forderungen und machte damit den Weg für die Verhandlungen frei.

   Ein entscheidendes Streitthema waren die unterschiedlichen Vorstellungen über den Umgang mit einer Pferderennbahn im Kölner Norden. Die Union beharrte in den Verhandlungen auf einer Bebauung eines Teils der weitläufigen Parkanlage, was für die Grünen ein Dilemma darstellte: Sie hatten sich stets für eine Erhaltung der „grünen Lunge" ausgesprochen, vor allem der grüne Bezirksverband des betroffenen Stadtviertels wollte sich keinesfalls auf einen Kompromiss einlassen. Doch da die Pläne für Bietmann oberste Priorität besaßen und die

Grünen ihre beiden zentralen Forderungen durchgesetzt hatten, gab man nach – was zu heftigem internen Streit und einigen Parteiaustritten führte.[39] „Rennbahn schlucken war schwierig, vor allem weil die [Fraktionsvorsitzende] Moritz sich da selber im Bundestagswahlkampf viel zu weit aus dem Fenster gehängt hat. Und meinte nur über ihre Leiche, da gibt es so ein Zitat von ihr. [...] Das ging auch nicht ohne Gesichtsverlust."[40] Allerdings existierte hinter den Kulissen hierzu eine informelle Absprache: Man verständigte sich auf eine Kompensation. Doch bergen entsprechende Vereinbarungen immer ein gewisses Risiko – sie bleiben an die handelnden Akteure geknüpft.

Zu Konflikten kam es auch bei den Personalfragen. Die Beteiligung der Grünen an der Stadtspitze war eine perspektivische Entscheidung, denn inhaltliche Vereinbarungen könnten nach einem Scheitern des Experiments rückgängig gemacht werden, aber ein städtischer Beigeordneter wird für acht Jahre gewählt.[41] Dabei herrschte grundsätzliche Übereinstimmung über eine Beteiligung der Grünen am Stadtvorstand: „[...] die Tatsache, dass wir eine grüne Beigeordnete stellen werden, war nicht strittig. Die Frage welchen Zuschnitt das Dezernat haben wird, war nicht so einfach zu lösen."[42] Die Grünen forderten das Dezernat für Stadtentwicklung – einen der einflussreichsten Posten, beziehungsweise alternativ das Amt des Schuldezernenten. Die CDU bot den Grünen das Sozialdezernat an. „Das waren mit die härtesten Verhandlungen in der Koalitionsrunde."[43] In der grünen Fraktion rumorte es kräftig, da man der Meinung war, in Zeiten des Sparens könne man sich mit dem Sozialdezernat nur unbeliebt machen. Dennoch sah die grüne Fraktionsvorsitzende hier mehr Vor- als Nachteile: „Da habe ich mich durchgesetzt und dann haben wir eine Sozialdezernentin gekriegt [...]."[44] Der gefundene Kompromiss beinhaltete die teilweise Neuordnung des Dezernats sowie eine Besetzung des Stadtentwicklungsdezernats in gegenseitigem Einvernehmen.

Die Verhandlungsergebnisse wurden in einem Koalitionsvertrag fixiert: „wir haben dann aber auch beide, CDU und wir, gesagt, dann machen wir eine richtig enge Zusammenarbeit, wo wir alles miteinander absprechen, vergleichbar mit einer Koalition auf Landesebene [...]."[45] Für die Grünen spielten bei der Entscheidung für einen formalen Vertrag strategische Überlegungen eine Rolle. Einerseits stellt ein Koalitionsvertrag ein Disziplinierungsinstrument dar: „In Konflikten während der Legislaturperiode ist der Hinweis auf klare Regelungen der Vereinbarung ein Drohpotential, das vor allem dem strukturell unterlegenen kleinen Koalitionspartner zugute kommen kann."[46] Andererseits sollte der Vertrag dem Juniorpartner eine gewisse Absicherung für den unpopulären Sparkurs liefern: „Wir wollten schon etwas stärker eingebunden sein, wollten hinterher nicht so dastehen, dass wir letzten Endes für die Sparpolitik mit geprügelt werden, aber Dinge, die uns wichtig sind, dann doch nicht durchsetzen können."[47] Zudem konnten beide Koalitionspartner die Kommunikationsfunktion eines solchen Vertrages nutzen: Man legte Parteimitgliedern und Wählern Inhalte und Zielrichtungen der ungewöhnlichen Zusammenarbeit dar – der Text fungiert als eine Art gemeinsame Regierungserklärung.

Dementsprechend fällt der Koalitionsvertrag durch seine ausführliche und allgemeine Präambel auf. „Die Vereinbarung sei der erste Versuch, ‚die Grundwerte der Christdemokraten und die Grundüberzeugungen der Grünen in Einklang zu bringen' und biete ‚Diskussionsstoff für eine über Köln hinausreichende Debatte', warb CDU-Fraktionschef Rolf Bietmann für die neue Kölner Farbenlehre."[48] Man wollte ein Signal setzen, indem man über thematische Absprachen zur Kölner Stadtpolitik hinaus gemeinsame Grundlagen formulierte und damit ein Fundament für eine Annäherung der beiden Parteien schaffen. Die Koalitionäre betonten dabei vor allem zwei Punkte: Die Parallelen des grünen ökologischen Gedankengutes und des christlichen Gebots zur Bewahrung der Schöpfung sowie die gemeinsame kritische Haltung gegenüber zu viel staatlicher Intervention, verbunden mit der Forderung nach mehr Eigenverantwortung.

Trotz der schwierigen Absprachen über die groben Linien eines Sparhaushaltes und die unterschiedlichen Vorstellungen über Personalfragen äußerten sich alle Teilnehmer positiv über die Verhandlungen: „Da gab es kein Krach oder Messerwerfen oder so was. Das war sehr sachlich. Wir kannten uns alle und wussten, was wir voneinander in den Gesprächen zu halten haben, also die persönliche Wertschätzung war da."[49]

Der Koalitionsvertrag wurde am 4. Februar 2003 unterzeichnet. Die Grünen billigten den Vertrag auf einer Mitgliederversammlung am 17. Februar mit einer deutlichen Mehrheit.[50] Die beiden grünen Parteisprecher zeigten sich überrascht über die unerwartet hohe Zustimmung, hatte sie doch bis zuletzt eine gewisse Unsicherheit über die Haltung der Basis zum schwarz-grünen Experiment gequält: „Es war nicht klar, was dabei raus kommt."[51] Am 25. Februar stimmten auf einem Parteitag der CDU 425 von 430 Delegierten für das schwarz-grüne Bündnis.

4.3 Einfluss von Bundesebene und medialer Druck

Eine Einflussnahme von Vertretern der Landes- oder Bundespartei auf die Koalitionsentscheidung und -gespräche verneinten zwar alle Gesprächspartner, bei der CDU findet sich jedoch eine offensichtliche Ausnahme hiervon: Der Fraktionsvorsitzende hatte am Anfang der Verhandlungen der schwarz-grünen Koalition in Köln eine Signalwirkung zugesprochen: „Ein solches schwarz-grünes Modell könnte Vorbildcharakter für Land und Bund haben."[52] Eine solche Aussage passte den Parteistrategen der Bundespartei nicht, weshalb die CDU-Bundesvorsitzende bei ihren Kölner Parteikollegen intervenierte: „Als Angela Merkel am vergangenen Freitag zum Hörer griff, um den Kölner CDU-Chef Richard Blömer anzurufen, geschah dies auch nicht, um sich nach dem Wetter am Rhein zu erkundigen. Denn ohne es gewollt zu haben, hatten die Christdemokraten in der Domstadt ihrer Parteichefin eine bundesweite Debatte beschert, die dieser unmittelbar vor den Landtagswahlen in Hessen und Niedersachsen überhaupt nicht ins Kalkül passt."[53] Dieser sprach von nun an nur noch von einer „Zweckgemeinschaft in einer schwierigen Situation"[54]. Die Grünen hatten sich von Anfang an zurückgehalten – aus ähnlichen Überlegungen über die Auswirkungen auf Wähler und Basis der Gesamtpartei. Man sprach stets nur von einer Not- oder Zweckgemeinschaft unter spezifischen lokalen Gegebenheiten. „Die Notgemeinschaft war eine Sprachregelung für die eigene Basis. Von den Leuten die verhandelt haben, haben einige immer gedacht, das ist durchaus mehr als nur eine Notgemeinschaft. Aber man war ja in einem Legitimationsproblem auch gegenüber der eigenen Basis zu vertreten, warum gehen wir mit einer Partei zusammen, die uns programmatisch viel ferner ist als die SPD beispielsweise. Die Notgemeinschaft war einfach eine sehr plausible Erklärung."[55]

Nicht ohne Grund mussten die Akteure sehr darauf achten, wie sie sich äußerten: Das Medieninteresse an den Verhandlungen war außergewöhnlich groß. Anders als sonst verfolgten einige Wochen überregionale Presse und Fernsehen intensiv die Kölner Kommunalpolitik. Einerseits gründete sich das Medienecho auf die Premiere für ein solches Bündnis in einer Millionenstadt. „Wir, der Parteivorstand, [...] waren uns immer im Klaren darüber, dass das schon eine ganz schöne Strahlkraft hat [...]."[56] Andererseits wurde die Problematik durch einen Streit in der rot-grünen Landesregierung in Nordrhein-Westfalen verschärft, so dass Politiker und Medien mit einer gewissen zusätzlichen Neugierde die Blicke auf das Kölner Experiment richteten: „In der Landespolitik schwankt das rot-grüne Bündnis nämlich wieder einmal, weil die Öko-Partei erhebliche Bedenken gegen den Bau der geplanten Metrorapid-Strecke zwischen Düsseldorf und Dortmund geltend macht. [...] Über den Kulissen, hinter denen nach einem Kompromiss gesucht wird, schwebt nun der in Köln zum Abflug bereitstehende schwarz-grüne Ballon."[57]

5   Kompromisse und Konflikte: Die schwarz-grüne Ratsarbeit

5.1 *Inner- und zwischenparteiliche Willensbildung und Entscheidungsfindung*

Wie im Koalitionsvertrag vereinbart, arbeiteten CDU und Grüne eng zusammen und sahen sich einer Opposition der anderen Parteien gegenüber. In der Regierungszeit der schwarz-grünen Koalition im Stadtrat stellten die Fraktionen von Bündnis 90/Die Grünen und CDU alle Anträge gemeinsam und immerhin fast die Hälfte der schwarz-grünen Anträge wurden nur mit den Stimmen der beiden Koalitionspartner gegen den Rest des Rates angenommen. In der Zusammenarbeit bestätigten sich die im Vorfeld gemachten positiven Erfahrungen. Anders als die SPD hielte sich die Union nach Meinung der Grünen an Absprachen und zeigte sich – auch und gerade bei Konflikten – stets an einer Fortführung der Zusammenarbeit interessiert. „Der Weg war in der Regel, dass man von den Gemeinsamkeiten her argumentiert hat und nicht von den Unterschieden her. Von daher ist das in einer sehr positiven Atmosphäre geschehen."[58] Schwierig war es nach Ansicht der Grünen, sich mit der CDU in den Themenbereichen Flüchtlingspolitik und Frauenpolitik auf eine gemeinsame Linie zu einigen. Die Akteure der Union sahen inhaltlich vor allem Schwierigkeiten bei der Verkehrspolitik. Wenn sich die fachpolitischen Sprecher nicht einigen konnten, wurde der Dissens auf einer höheren hierarchischen Ebene verhandelt: „Das ist sozusagen die Eskalationsabfolge: also Fachsprecher, Geschäftsführer und dann Vorstände im Koalitionsausschuss."[59] Konflikte entstanden aber nicht nur aufgrund divergierender Positionen der Ortsparteien: „Was immer problematisch ist, wenn die Bundes- oder Landespolitik versucht Einfluss zu nehmen auf die Kommunalpolitik. Wir haben eine Landesregierung, die rot-grün ist, wir haben eine Bundesregierung, die rot-grün ist. Da, wo wir vielleicht sehr schnell zu einer Lösung kommen würden, ist es durch diese Verknüpfung etwas schwieriger, zu einer Lösung zu kommen."[60]
   Erschwert wurde die schwarz-grüne Zusammenarbeit durch die unterschiedlichen Wege der innerparteilichen Entscheidungsfindung. Bei der CDU besitzt der Fraktionsvorstand eine starke Stellung und kann in bestimmten Fällen auch autonom entscheiden. Die Grünen hingegen gestehen den einzelnen Fachbereichen stärkere Kompetenzen zu. „Es gibt natürlich Unterschiede im Stil. [...] Wo sich die CDU dran gewöhnen musste: wie laufen bei uns Entscheidungsprozesse."[61] Die grünen Ideale von Basisdemokratie und Transparenz bedingen un-

terschiedliche Politikvorstellungen und -stile: „Wir haben sowieso eine heftigere Debattierkultur."[62] Bei den Grünen stehen die Fraktionssitzungen allen Partei-mitgliedern offen. Da mehr Akteure mit einbezogen werden, können sich Ent-scheidungen verzögern. Das fordert eine gewisse Einsicht beim Koalitionspart-ner: „Man muss das akzeptieren. Man kann eben keine Entscheidung hinkriegen, dass man anruft und sagt, so wir brauchen jetzt eine Entscheidung, wir wollen das jetzt gerne so und so machen. Dann sagen die Grünen, zu Recht, und für uns dann inzwischen auch nachvollziehbar, tut uns leid [...]."[63] Trotz der eliten- und führungskritischen Haltung der Parteibasis ist der Einfluss des Fraktionsvorstan-des seit den radikaldemokratischen Anfängen aber stetig gewachsen: „Die Struk-turen sind natürlich bei den Grünen so geworden, dass die Führungen stärker sind, als sie früher waren."[64]

5.2 Machterosion in der CDU und Streit um Hochhausbau

Treibende Kraft bei der Union hinter dem schwarz-grünen Experiment war der Fraktionsvorsitzende Bietmann. Die Grünen sahen in ihm einen zuverlässigen Partner, der seine Zusagen einhält und in seiner Fraktion durchsetzen kann. „Der CDU-Fraktionsvorsitzende Bietmann ist eigentlich ein unideologischer Typ und angenehmer Verhandlungspartner."[65] Der Strömungsdualismus in der Union zwischen Bietmann und Blömer geriet allerdings nach der Kommunalwahl 1999 ins Wanken, da sich durch das hervorgehobene Amt des Oberbürgermeisters ein dritter Pol in der Partei etablierte. Der öffentlichkeitswirksame Posten bietet dem unmittelbar legitimierten Amtsinhaber die Möglichkeit, sich von seiner Partei zu emanzipieren.[66] Schramma war alles andere als ein glühender Befürworter des schwarz-grünen Bündnisses. Der Zwist mit dem Oberbürgermeister belastete das Verhältnis von grüner Ratsfraktion und Verwaltung, da Schramma als Verwal-tungschef über Blockademacht verfügte: „Die Verwaltung hat nicht mitgespielt und die Verwaltung verfügt aber über die Fachkompetenz, die sie eigentlich den Mehrheitsfraktionen zur Verfügung stellen muss."[67] Vor allem bei den Haus-haltsverhandlungen erwies sich das als Manko: „das war sehr sehr schwierig, die großen Linien in diesen Sparhaushalt reinzubringen, weil aus dem OB-Büro ve-hement gegen geschossen wurde."[68] Die Aktionen Schrammas sorgten auch in seiner eigenen Partei für Unmut. Man warf ihm vor, mit seiner konfrontativen Art die Kooperation unnötig zu verkomplizieren.

Die Situation spitzte sich zu, als Bietmann nach anhaltender Kritik an seiner Doppelrolle als Fraktionsvorsitzender im Rat und Bundestagsabgeordneter sowie erhöhtem Druck aus den eigenen Reihen erklärte, sich nach den Haushaltsverhandlungen auf sein Bundestagsmandat konzentrieren zu wollen. „Probleme bereitete uns vor allem ein fraktionsinterner Machtwechsel, der begleitet war von den üblichen Ränkespielen und zeitweise die Handlungsfähigkeit der CDU lähmte."[69] Sein Nachfolger Klipper besaß zwar einen guten Draht zur grünen Fraktionsvorsitzenden aus der gemeinsamen Zeit im Stadtentwicklungsausschuss, ihm fehlte aber der Rückhalt in der eigenen Fraktion. „In der CDU gibt es jetzt ein Machtvakuum und man hat richtig gemerkt, [...] wie es wackelt. Wie Klipper noch sehr stark seine Rolle finden musste und auch überhaupt nicht wusste, auf wen er sich innerhalb seiner CDU verlassen konnte."[70] Die Grünen beklagten eine mangelnde Konzentration der Christdemokraten auf Sachthemen und den Verschleiß ihrer Energien in parteiinternen Intrigen und persönlichen Konkurrenzkämpfen. „Es gibt sehr viele Machtspiele."[71] Obwohl sich die innerparteiliche Machtbalance noch einmal durch den Rücktritt des Parteichefs Blömer wegen einer Spendenaffäre verschob, gelang es Klipper nicht, seine Position zu festigen. Im Sommer 2004 kam es zu einem Eklat: Die Berufung eines neuen Kulturdezernenten scheiterte an internen Unstimmigkeiten in der CDU. Kurz darauf zog Klipper die Konsequenzen und trat zurück. „Wieder einmal bestätigte sich angesichts der Intrigen der letzten Tage ein weit verbreiteter Spott: Die Kölner CDU ist der Libanon des Westens."[72]

Ein zentraler Streitpunkt, an dem sich exemplarisch sowohl die Schwierigkeiten als auch die Konfliktlösungsstrategien der Koalitionspartner zeigen lassen, war der geplante Bau eines Hochhauses am rechten Rheinufer. In den Koalitionsverhandlungen hatte man den Dissens über das Gebäude mit einer informellen Absprache gelöst. „Die Hochhaus-Geschichte war nicht so genau fixiert. Dahinter steckte der Gedanke, da lassen wir uns etwas Spielraum."[73] Doch die Absprache war an Bietmann geknüpft, nach dessen Rücktritt beharrte die Union auf der Fertigstellung des Gebäudes in der ursprünglichen Höhe. Das lehnten die Grünen ab, sie befürchteten negative Auswirkungen auf das Stadtbild. Da der inhaltliche Schwerpunkt der Arbeit der Fraktionsvorsitzenden beider Parteien in der Stadtentwicklung lag, waren die beiden Akteure, die eigentlich für die Kommunikation zwischen den Ratsfraktionen und die Streitbeilegung zuständig sind, selbst in den Konflikt eingebunden. In einem ersten Versuch, den Konflikt beizulegen, einigte man sich auf die Einberufung eines Symposiums mit Architekten und Stadtplanern. Die Experten sollten über mögliche Auswirkungen einer Fertigstellung des Gebäudes diskutieren. Der Oberbürgermeister untergrub aber eine Konfliktbeilegung: „Das Symposium [...] hat um zehn Uhr begonnen und sollte bis 18 Uhr gehen, und um zwölf trat der OB vor die Presse – da hatten gerade mal ein paar Leute gesprochen – und sagte, die Experten haben gesagt, das

Hochhaus ist überhaupt kein Problem, da müssen sich die Grünen bewegen, und wenn die sich nicht bewegen, machen wir das eben mit den anderen Parteien."[74] Das war nicht mit seiner Partei abgesprochen und brüskierte die Grünen erneut. Keine der beiden Seiten wollte nachgeben. Die Koalition stand kurz vor dem Bruch.

> „Die Angelegenheit war durch wochenlange Diskussionen letztlich festgefahren, dass praktisch der Konflikt auf der Fachebene Stadtentwicklung nicht mehr auflösbar war, so dass sich die Mitglieder des Koalitionsausschusses insgesamt eingeschaltet haben, so z.B. Bürgermeister Müller und ich [Frank]. Wir haben nach einem Weg gesucht, wo nicht eine Seite als Verlierer da steht, sondern beide Pluspunkte aufweisen können. Dies entsprach auch der Beratung in der grünen Fraktion. Dadurch ist der Bebauungsstopp für ein Teilgelände der Rennbahn zustande gekommen. [...] So fanden wir einen schwierigen Kompromiss, auch wenn der Bau des LVR-Hochhauses gegenüber dem Dom für uns sehr schmerzhaft ist. [...] Schließlich sind hier zwei Dinge miteinander verknüpft worden, die eigentlich keinen ursächlichen Bezug haben. Es wird so eine politische Paketlösung gebildet, die eine Fortsetzung der gemeinsamen Arbeit ermöglicht."[75]

Der Konflikt wurde durch ein Koppelgeschäft gelöst. Der Turm wird in der ursprünglich vorgesehenen Höhe gebaut, aber zugleich geht die geplante Bebauung der Rennbahn in Weidenpesch in ein Mediationsverfahren. „In diesem ganzen Geflecht blieb uns eigentlich nichts anderes übrig, als zu sagen, ok, da haben wir mit der Rennbahn einen großen Erfolg erreicht, und können das gegenüber der Basis verkaufen, dafür müssen wir dann die Hochhaus-Bebauung abnicken."[76]

5.3 Kommunalwahl 2004 und Ende der Koalition

Trotz der Schwierigkeiten mit dem Oberbürgermeister und Problemen bedingt durch die mangelnde Geschlossenheit der Union setzten die Grünen auf eine Fortführung des schwarz-grünen Bündnisses nach der Wahl. Man bewertete die Zusammenarbeit als geglückten Testlauf und ging davon aus, dass die Christdemokraten in der nächsten Ratsperiode ihre innerparteilichen Konflikte in den Griff bekommen würden. Bei der Entscheidung über den Hochhausbau – der größten Koalitionskrise – hatte man nach Auffassung beider Seiten nach einer harten Auseinandersetzung einen tragfähigen Kompromiss finden können. Die Union traf eine ähnliche Bewertung der Kooperation mit den Grünen: „CDU-Fraktionschef Josef Müller bezeichnete die schwarz-grüne Zusammenarbeit als erfolgreich."[77] Die als Notlösung klassifizierte Koalition sollte zu einem regulären Bündnis für eine vollständige Ratsperiode ausgebaut werden.

Doch das Ergebnis der Wahl machte den Plänen einen Strich durch die Rechnung: Die CDU verlor über zwölf Prozentpunkte und kam nur noch auf 32,7 Prozent. Die SPD erreichte knapp unter 31 Prozent, die Grünen steigerten sich leicht und kamen auf 16,5 Prozent. Überraschend stark legte die FDP zu, die auf 7,4 Prozent kam. Mit 29 Mandaten blieb die CDU stärkste Fraktion. Die SPD kam auf 28 Ratsmitglieder, die Grünen auf 15 und die FDP auf sieben. Nach den zweistelligen Verlusten der CDU bei der Kommunalwahl verfügten CDU und Grüne im Rat nur noch über 44 der 90 Sitze.

Einzelne Ratspolitiker der Union interpretierten das Wahlergebnis als Quittung für das ungewöhnliche Experiment: In Teilen der bürgerlichen Wählerschaft habe es offensichtlich Irritationen über Schwarz-Grün gegeben.[78] Die Zusammenarbeit habe sich im Hinblick auf die eigene Wählerschaft nicht ausgezahlt. Entscheidend für die Stimmenverluste waren aber wohl zwei andere Faktoren: Erstens waren nach dem untypisch schwachen Ergebnis der SPD bei der vorhergehenden Wahl die sozialdemokratischen Wähler wieder zu den Urnen gegangen. „Das politische Kräfteverhältnis hat sich nach der Analyse der städtischen Wahlforscher nach der ‚Ausnahme-Wahl' 1999 wieder normalisiert."[79] Zweitens hatte sich die Union durch die parteiinternen Querelen nicht als zuverlässige und verantwortungsbewusste „Regierungspartei" empfohlen. Der Parteiführung war es nicht gelungen, nach dem Rückzug der beiden bestimmenden Akteure Bietmann und Blömer einen wirksamen Konsolidierungskurs einzuschlagen und die innerparteiliche Machtbalance wiederherzustellen.

6   Schluss

Das schwarz-grüne Experiment fußt zunächst auf den besonderen Rationalitäten kommunaler Koalitionen: Die Gestaltungsmöglichkeiten in der Kommunalpolitik sind begrenzt. Die zu treffenden Entscheidungen sind weniger ideologieanfällig und die kommunale Nähe verpflichtet die Handelnden zu einer verstärkt pragmatischen Politik. Die Rahmenbedingungen ermöglichen eine Politik unterhalb tief greifender ideologischer Differenzen – partikularen innerparteilichen Strömungen und ideologischen Richtungsstreitigkeiten kommt weniger Bedeutung zu.

Darüber hinaus liegen dem Kölner Experiment einige spezifische lokale Gegebenheiten zu Grunde. Dazu zählen erstens die untypische Schwäche der lange bestimmenden SPD sowie zweitens die leidvollen Erfahrungen der Grünen mit den Sozialdemokraten in gescheiterten Koalitionsverhandlungen oder mit nicht eingehaltenen Absprachen. Hinzu kommt, dass die Kölner Grünen eine bürgerlich geprägte Partei sind und die CDU in Köln über einen liberalen und großstädtischen Charakter verfügt.

Ein zentraler Punkt für das Zustandekommen des schwarz-grünen Bündnisses war allerdings die langsame und teilweise informelle Vorbereitung, die einer schrittweisen Annäherung den Boden bereitete. Mit dem Kooperationsvertrag war die erste Hürde genommen und ein Grundstein für eine festere Zusammenarbeit gelegt. Größere Unstimmigkeiten blieben daher beim Koalitionsschluss aus, beide Parteien bekamen eine hohe Bestätigung für das Bündnis von ihrer Parteibasis. Gleichzeitig nutzten die Koalitionäre geschickt den Charme des Neuen, der die ungewöhnliche Konstellation umgab. Das Bündnis wurde als unkonventionelle Antwort auf eine schwierige Haushaltsnotlage präsentiert.

Die Ratsarbeit gestaltet sich grundsätzlich harmonisch und bis auf die zu erwartenden kritischen Politikfelder blieben größere inhaltliche Konflikte aus. Die Abstimmung bzw. Konfliktlösung geriet da ins Schlingern, wo sie die internen Machtkonflikte der CDU berührten. Problematisch war vor allem der Rückzug des CDU-Fraktionsvorsitzenden, durch den das vormals stabile Machtgleichgewicht in der CDU durcheinander geriet.

Welche Auswirkungen hatte die Koalition in Köln auf das Verhältnis von Grünen und Union insgesamt? Zwar lassen sich die Ergebnisse der Fallstudie nicht verallgemeinern, doch einige Tendenzen sind zu erkennen. Die lokale Zusammenarbeit der beiden Parteien markiert einen wichtigen Schritt zur Normalisierung des Verhältnisses. „Durch die Intensivierung der kommunalpolitischen Zusammenarbeit zwischen der CDU und dem Bündnis 90/Die Grünen ist das lokale Parteiensystem in der Bundesrepublik Deutschland in den vergangenen Jahren stark in Bewegung geraten."[80] Die kommunale Ebene eignet sich besonders dazu, Vorurteile zwischen den Parteien aufzubrechen und neue Kooperationsformen zu testen. Die Grünen sind im Kontakt mit der CDU überrascht, dass hier Vereinbarungen eingehalten werden und man in Verhandlungen auf gleicher Augenhöhe agiert. „Wer in der Situation ist, Verhandlungsernst und Verhandlungstreue der Sozialdemokraten hinreichend erlebt zu haben, sucht oft genug mit unwiderstehlichem inneren Drang nach Alternativen."[81] Die Lernprozesse auf kommunaler Ebene haben eindeutige Konsequenzen für die Länderebene – weswegen es nicht überrascht, dass die am Experiment beteiligten Kölner Kommunalpolitiker in der Folge gefragte Gesprächspartner sind.

Endnoten

[1] Der Aufsatz ist die Kurzfassung einer Magisterarbeit, die vom Autor 2004 an der Katholischen Universität Eichstätt-Ingolstadt verfasst wurde.

[2] Vgl. Jürgen Hoffmann: Schwarz-grüne Bündnisse in den Kommunen: Modell für Bund und Länder?, in: Zeitschrift für Parlamentsfragen 28 (1997), S. 628-649.

[3] Vgl. Michael Meuser/Ulrike Nagel: Experteninterview, in: Dieter Nohlen (Hrsg.): Lexikon der Politik, Band 2: Politikwissenschaftliche Methoden, München 1994, S. 123.

[4] Gerhard Banner: Kommunale Steuerung zwischen Gemeindeordnung und Parteipolitik, in: Die Öffentliche Verwaltung 9/1984, S. 365.

[5] Vgl. David Gehne: Bürgermeisterwahlen in Nordrhein-Westfalen, Wiesbaden 2008.

[6] Vgl. Horst Kanitz: Grundlagen praktischer Kommunalpolitik, Heft 1: Bürger & Gemeinde, Sankt Augustin 1994, S. 63.

[7] Vgl. Hans-Georg Wehling: „Parteipolitisierung" von lokaler Politik und Verwaltung. Zur Rolle der Parteien in der Kommunalpolitik, in: Hubert Heinelt/Hellmut Wollmann (Hrsg.): Brennpunkt Stadt: Stadtpolitik und lokale Politikforschung in den 80er und 90er Jahren, Basel 1991, S. 149-166.

[8] Ebd., S. 158.

[9] Kanitz: Grundlagen praktischer Kommunalpolitik, S. 63.

[10] Everhard Holtmann: Parteien und Wählergruppen in der Kommunalpolitik, in: Oscar Gabriel/Oskar Niedermeyer/Richard Stöss (Hrsg.): Parteiendemokratie in Deutschland, Opladen 2002, S. 410.

[11] Vgl. Banner: Kommunale Steuerung zwischen Gemeindeordnung und Parteipolitik, S. 368.

[12] Hans-Georg Wehling: Parteien und Koalitionsbildung in den Kommunen, in: Roland Sturm/Sabine Kropp (Hrsg.): Hinter den Kulissen von Regierungsbündnissen, Baden-Baden 1999, S. 165.

[13] Barbara Moritz: Schwarz-Grün am Dom: Zusammenführung der bürgerlichen Familie?, in: Kommunalpolitische Infothek der Heinrich-Böll-Stiftung, online http://www.kommunale-info.de/index.html?/Infothek/1855.asp (1.4.2004).

[14] Ebd.

[15] Interview mit Jörg Penner, Parteisprecher Bündnis 90/Die Grünen Köln.

[16] Interview mit Jörg Frank, stellv. Fraktionsvorsitzender Bündnis 90/Die Grünen im Rat der Stadt Köln.

[17] Moritz: Schwarz-Grün am Dom.

[18] Interview mit Jörg Frank, Bündnis 90/Die Grünen.

[19] Interview mit Petra Grah, Geschäftsführerin der CDU im Rat der Stadt Köln.

[20] Vgl. Erwin Scheuch/Ute Scheuch: Cliquen, Klüngel und Karrieren. Über den Verfall politischer Parteien. Eine Studie. Reinbek bei Hamburg, 1992.

[21] Vgl. Peter Berger: Blömer scheitert mit Putschversuch gegen Klipper, in: Kölner Stadt-Anzeiger vom 31. Juli 2003, S. 9.

[22] Vgl. Hans Leyendecker: Affäre um Insidergeschäfte mit Aktien: OB-Kandidat Heugel wirft das Handtuch, in: Süddeutsche Zeitung vom 30. August 1999, S. 2.

[23] Evelyn Roll: Köln und die Kommunalwahl: „Da liegt noch Interessantes an": Beton trocknet eher als Tränen, in: Süddeutsche Zeitung vom 14. September 1999, S. 3.

[24] Hans-Jörg Heims: Am anderen Ufer des Klüngels, in: Süddeutsche Zeitung vom 18. August 2004, S. 3.

[25] Für eine Übersicht der Faktoren, die eine Koalitionsbildung beeinflussen, unter besonderer Einbeziehung strategischer Gesichtspunkte vgl. Niko Switek: Neue Regierungsbündnisse braucht das Land! Die strategische Dimension der Bildung von Koalitionen, in: Zeitschrift für Politikberatung 2/2010, S. 179-183.

[26] Vgl. Ralf Drescher: Das Abstimmungsverhalten der Fraktionen im Rat der Stadt Köln – Vom Konsens- zum Konkurrenzmodell?, Magisterarbeit an der Universität zu Köln, Seminar für Politische Wissenschaft, Lehrstuhl Prof. Wessels (Unveröffentlichtes Manuskript) 2001, S. 57.

[27] Zwölf-Punkte-Programm für die Wahlperiode 1999 – 2004, http://www.gruenekoeln. de/pages/rat/presse/991004.htm (30.3.2004)

[28] Vgl. Andreas Damm: Die Unternehmen GAG und Grubo, in: Kölner Stadt-Anzeiger vom 7. Januar 2003, S. 12.

[29] „Es wird [...] vermutet, dass die Abweichler aus den Reihen der CDU stammen, Abgeordnete also, die Bietmanns Allmacht störte." Hans-Jörg Heims/Christoph Schäfer: Kölner Experiment, in: Süddeutsche Zeitung vom 24. Januar 2003, S. 10.

[30] Interview mit Csilla Imre, Parteisprecherin Bündnis 90/Die Grünen Köln.

[31] Interview mit Jörg Frank, Bündnis 90/Die Grünen.

[32] Interview mit Barbara Moritz, Fraktionsvorsitzende Bündnis 90/Die Grüne im Rat der Stadt Köln.

[33] Interview mit Jörg Frank, Bündnis 90/Die Grünen.

[34] Interview mit Jörg Penner, Bündnis 90/Die Grünen.

[35] Interview mit Petra Grah, CDU.

[36] Pressemitteilung der Fraktionen CDU und Bündnis 90/Die Grünen im Rat der Stadt Köln, 20. Januar 2003.

[37] Die beiden Parteivorsitzenden heißen bei den Kölner Grünen Parteisprecher.

[38] Interview mit Petra Grah, CDU.

[39] Vgl. Steffi Machnik: Rücktritt aus Protest gegen Schwarz-Grün, in: Kölner Stadt-Anzeiger vom 11. Februar 2003, S. 15.

[40] Interview mit Csilla Imre, Bündnis 90/Die Grünen.

[41] Vgl. Pascal Beucker/Frank Überall: Ein Grüner unter Schwarzen, in: Die Tageszeitung vom 31. Januar 2003, S. 8.

[42] Vgl. Csilla Imre: Das grüne Sozialdezernat: Eine echte Herausforderung, in: Mach Et – Mitgliederzeitung Bündnis 90/Die Grünen Kreisverband Köln 192 (2003), S. 5.

[43] Interview mit Jörg Penner, Bündnis 90/Die Grünen.

[44] Interview mit Barbara Moritz, Bündnis 90/Die Grüne.

[45] Interview mit Jörg Penner, Parteisprecher Bündnis 90/Die Grünen Köln.

[46] Gudrun Heinrich: Kleine Koalitionspartner in Landesregierungen, Opladen 2002, S. 55.

[47] Interview mit Jörg Penner, Bündnis 90/Die Grünen.

48 Pascal Beucker/Frank Überall: Neue Kölner Farbenlehre, in: Die Tageszeitung vom 5. Februar 2003, S. 7.

49 Interview mit Petra Grah, CDU.

50 Ja: 85; Nein: 19; Enthaltungen: 3.

51 Interview mit Csilla Imre, Bündnis 90/Die Grünen.

52 Rolf Bietmann, zitiert nach Pascal Beucker: Köln macht jetzt in Schwarz-Grün, in: Die Tageszeitung vom 15. Januar 2003, S. 7.

53 Heims/Schäfer: Kölner Experiment, S. 10.

54 Andreas Damm: Startschuss zum schwarz-grünen Bündnis, in: Kölner Stadt-Anzeiger vom 24. Januar 2003, S. 11.

55 Interview mit Jörg Penner, Bündnis 90/Die Grünen.

56 Interview mit Csilla Imre, Bündnis 90/Die Grünen.

57 Hans-Jörg Heims: Schwarz-Grün, alaaf, in: Süddeutsche Zeitung vom 31. Januar 2003, S. 3.

58 Interview mit Walter Reinarz, Parteivorsitzender CDU Köln.

59 Interview mit Jörg Frank, Bündnis 90/Die Grünen.

60 Interview mit Walter Reinarz, CDU.

61 Interview mit Barbara Moritz, Bündnis 90/Die Grünen.

62 Ebd.

63 Interview mit Petra Grah, CDU.

64 Interview mit Jörg Penner, Bündnis 90/Die Grünen.

65 Barbara Moritz, zitiert nach Carsten Kempf: „Votum für das soziale Köln", in: Süddeutsche Zeitung vom 15. Januar 2003, S. 48.

66 Vgl. Gehne: Bürgermeisterwahlen in Nordrhein-Westfalen.

67 Interview mit Barbara Moritz, Bündnis 90/Die Grünen.

68 Interview mit Csilla Imre, Bündnis 90/Die Grünen.

69 Interview mit Barbara Moritz, Bündnis 90/Die Grünen.

70 Interview mit Csilla Imre, Bündnis 90/Die Grünen.

71 Barbara Moritz, zitiert nach Frank Überall: „Man weiß nie, wie verlässlich die CDU ist", in: Die Tageszeitung vom 15. Juli 2004, S. 1.

72 „Allerdings gibt es inzwischen einen Unterschied: In dem lange Zeit vom Bürgerkrieg gezeichneten Nahost-Staat herrscht jetzt Ruhe." Hans-Jörg Heims: Kabalen in Köln, in: Süddeutsche Zeitung vom 17./18. Juli 2004, S. 8.

73 Interview mit Jörg Penner, Bündnis 90/Die Grünen.

74 Interview mit Jörg Penner, Bündnis 90/Die Grünen.

75 Interview mit Jörg Frank, Bündnis 90/Die Grünen.

76 Interview mit Jörg Penner, Bündnis 90/Die Grünen.

77 Ebd.

78 Vgl. Peter Berger/Andreas Damm: Alle sprechen über die große Koalition, in: Kölner Stadt-Anzeiger vom 27. September 2004, S. 17.

79 Matthias Pesch: Protest nach jahrelanger Wahlabstinenz, in: Kölner Stadt-Anzeiger vom 28. September 2004, S. 30.

[80] Jürgen Hoffmann: Schwarz-grüne Bündnisse in der Kommunalpolitik, KAS Interne Studien Nr. 135, Sankt Augustin 1997.
[81] Reinhard Kaiser: Schwarz-Grünes, in: Andere Zeiten 1/1995, S. 32.

Peter Finger / Philipp Lerch

Schwarz-grüne Perspektiven in Bonn
Auf der Suche nach einer modernen Großstadtpolitik für das 21. Jahrhundert

1 Aus dem italienischen Gewölbe ans Bonner Tageslicht

Über Jahre hinweg trafen sich in regelmäßigen Abständen acht bis fünfzehn junge Bundespolitiker und warfen den Blick über den Tellerrand ihrer schwarzen und grünen Parteibücher. Was Mitte der 1990er Jahre im „Ristorante Sassella" in Bonn-Kessenich als Tabubruch begann und vom damaligen CSU-Generalsekretär Bernd Protzner wortgewaltig als einflussreiche „Pizza Connection" ungewollt aufgewertet wurde, war weniger Verschwörung denn zaghaftes Abtasten. Altvordere beider Parteien beobachteten die schwarz-grünen Lockerungsübungen ihres politischen Nachwuchses aufmerksam bis misstrauisch. Helmut Kohl, Juliane Weber, Friedrich Bohl und Eduard Ackermann wunderten sich eines Abends, wer da an ihrem Tisch vorbei in der benachbarten Restaurantküche verschwand. Gastwirt Tartero erinnert sich genau, wie ihn der Bundeskanzler anschließend ungläubig fragte: „Giorgio, wo wollen denn die Küken hin?" Der Weg führte sie an lombardischen Schinken und Vorratsschränken entlang, dann eine schmale Aluminiumstiege hinunter, vorbei am eisigen Kühlraum und um mehrere Ecken in einen rustikal eingerichteten Weinkeller. Noch heute stehen dort 15 Stühle, einige Kerzen und unzählige Flaschen in offenen Mauervorsprüngen aus norditalienischem Bruchstein. Ins Auge fällt aber vor allem der vier Meter lange Massivholztisch aus einem Sägewerk des fernen Valtellina. Nicht minder weit hergeholt erschien dem politischen Bonn wohl damals die ungewöhnliche Konstellation, in der man sich hier unter Tage versammelte. Die Akzeptanz einer schwarz-grünen Koalition auf Bundesebene bei zwei Dritteln der Unions- und immerhin einem Drittel der Grünen-Wählerschaft – so das Ergebnis einer Umfrage des Meinungsforschungsinstituts TNS Emnid im Juni 2011 – waren seinerzeit undenkbar. Ein Grund mehr für Tartero, Journalisten und anderen Neugierigen lange Zeit keinen Einblick in sein Refugium zu gewähren. Privat

und geschützt sollten die „schwarz-grünen Küken" hier miteinander sprechen –
und in Ruhe seine Gerichte genießen können. Recht unpolitisch sei es damals
zugegangen, berichtet zwar Eckart von Klaeden (CDU). Auch Volker Beck (Grüne) erinnert sich eher an kollegiale und freundliche denn strategisch-
perspektivische Zusammenkünfte. Dennoch trugen die fröhlichen Abendessen –
nicht zuletzt dank der zunehmenden medialen Aufmerksamkeit – zur Entkrampfung parteipolitischer Fronten bei. Auch wenn damals nicht von einer Keimzelle,
geschweige denn Geburtsstunde neuer Koalitionsoptionen die Rede sein konnte,
stellten die vertrauensbildenden Treffen in Bonn – unter anderem zwischen Norbert Röttgen, Hermann Gröhe, Ronald Pofalla und Armin Laschet auf der einen
sowie Cem Özdemir, Andrea Fischer, Matthias Berninger und Margareta Wolf
auf der anderen Seite – einen wichtigen Baustein im schwarz-grünen Normalisie-
rungsprozess der vergangenen Jahrzehnte dar.

Knapp 15 Jahre nach den ersten Zusammenkünften der inzwischen größtenteils einflussreichen politischen Akteure ließen die Vorsitzenden der Bonner
Ratsfraktionen von CDU und Grünen im „Sassella" ihre ersten erfolgreich beendeten Koalitionsverhandlungen Revue passieren: Die Grünen hätten ideologische
Scheuklappen abgelegt und die CDU habe erkannt, dass sie sich bei den Themen
Umweltschutz, Kinderbetreuung und Bürgerbeteiligung bewegen müsse, resü-
mierten sie selbstkritisch, zählten Gemeinsamkeiten auf und zeigten sich positiv
überrascht von den erzielten Ergebnissen. Insgesamt 42 Seiten und konkrete
Vorhaben bis in das Jahr 2014 umfasst die schwarz-grüne Koalitionsvereinbarung
aus Bonn. Die Partei- und Fraktionsvorsitzenden unterzeichneten sie am 14. Dezember 2009 feierlich im Alten Rathaus – exakt 2,9 Kilometer entfernt von dem
berüchtigten Gemäuer am Karthäuserplatz, in dem Pizzagerichte übrigens noch
nie auf der Speisekarte gestanden haben.

Doch wie genau kam es in Bonn zu einer schwarz-grünen Koalition? Wie reagierten die Mitglieder der Parteien – handelt es sich um ein „Elitenprojekt" oder
wird das Modell breit getragen? Welche Leitgedanken wurden entwickelt, welche gemeinsamen Handlungsfelder erschlossen? Wie entstand der Koalitionsvertrag? Wo liegt Verbindendes, wo Trennendes und wie wird damit im politischen
Alltag umgegangen? Kann von einem dauerhaften Projekt mit Modellcharakter
gesprochen werden oder bleibt es doch nur eine „Eintagsfliege"? Welche Perspektiven und Leitbilder entwickeln Strahlkraft? Auf diese und andere Fragen
sollen Antworten gegeben und die Zusammenarbeit von CDU und Grünen in der
Bundesstadt Bonn chronologisch nachgezeichnet werden.

2   Der Weg zu schwarz-grünen Koalitionsverhandlungen: Neues für Bonn wagen

Bereits das Ergebnis der Bonner Kommunalwahl 2009 erforderte ein Nachdenken über neue koalitionspolitische Optionen und die Emanzipation von klassischen Bündnispartnern. Immerhin waren im Stadtrat weder ein schwarz-gelbes noch ein rot-grünes Mehrheitsbündnis möglich. Da die Voraussetzungen für Koalitionsverhandlungen auf kommunaler Ebene höchst unterschiedlich und von sehr individuellen Faktoren abhängig sind, erscheint zunächst ein Blick auf die kommunalpolitische Geschichte beider Parteien in der Bundesstadt lohnenswert. Die Bonner CDU blickte etwa – mit Ausnahme der Kommunalwahl 1999 – auf eine langjährige Entwicklung sinkender Stimmenanteile zurück. Hinzu kamen die Erfahrungen aus einer Koalition mit der SPD unter einer sozialdemokratischen Oberbürgermeisterin in den Jahren 2006 bis 2009, in der die CDU verhältnismäßig wenige öffentlich wahrgenommene Akzente setzen konnte. So riet der Kreisvorstand der Bonner CDU bereits am Tag nach der Kommunalwahl 2009 von einer Neuauflage dieses Bündnisses ab und empfahl im Einvernehmen mit der Stadtratsfraktion, Sondierungsgespräche mit den Grünen und der FDP aufzunehmen. Auf einer außerordentlichen Kreismitgliederversammlung bekräftigten die Christdemokraten schließlich nicht nur ihr Ziel, als stärkste Fraktion eine stabile Ratsmehrheit anführen zu wollen, um die SPD-geführte Stadtverwaltung aktiv zu kontrollieren. Sie baten zugleich den Kreis- und Fraktionsvorstand, in Koalitionsgesprächen mit der FDP, dem Bürger Bund, vor allen Dingen aber mit den Grünen, „die Bildung einer neuen bürgerlichen und zukunftsfähigen Koalition vorzubereiten. Bald stand fest, dass es auf schwarz-grüne Verhandlungen hinaus laufen würde. Da sich dieses Zweier-Bündnis auf eine komfortable eigene Mehrheit würde stützen können, ließ die FDP kein gesteigertes Interesse an einer Jamaika-Koalition erkennen. Gleichwohl zeigte sie sich aufgeschlossen für eine vertrauensvolle Zusammenarbeit mit dem Mehrheitsbündnis – schließlich bestanden belastbare Verbindungen, außerdem deuteten sich in zwei von vier Stadtbezirken Koalitionen bzw. lockere Kooperationsmodelle unter Beteiligung der Liberalen an.

Auch die Grünen hatten schlechte Erfahrungen mit der SPD gemacht: Bereits nach zwei Jahren scheiterte die nach der Kommunalwahl 2004 begonnene Zusammenarbeit. Aus Sicht der Grünen war es keine Koalition auf Augenhöhe. Vielmehr entstand der Eindruck, dass sich die SPD im Rollenverständnis von „Koch und Kellner" gefiel.

Als besonders hilfreich erwies sich bei den schwarz-grünen Annäherungen, dass führende Vertreterinnen und Vertreter von CDU und Grünen im Stadtrat sowie in den Bezirksvertretungen und Ausschüssen seit Jahren ein gutes persönliches Verhältnis aufgebaut und über Wahlkämpfe hinweg erhalten hatten. Wechselseitiger Respekt und gegenseitige Achtung können nicht hoch genug für die gemeinsame politische Arbeit eingeschätzt werden. Vor diesem Hintergrund gab es für CDU und Grüne sehr vielschichtige Motive, die ausgetretenen partei- und koalitionspolitischen Pfade zu verlassen und Neues zu wagen.

3   Die Entwicklung der schwarz-grünen Koalitionsvereinbarung 2009-2014

Die ersten informellen Sondierungsgespräche zwischen CDU und Grünen fanden in den Wochen nach der Kommunalwahl, also noch während des durchaus konfrontativen Bundestagswahlkampfes statt. Auf gemeinsame Erfahrungswerte aus erprobten Bündnissen konnten sich die Beteiligten nicht stützen. Dennoch herrschte von Anfang an eine sachorientierte, vertrauensvolle Atmosphäre. Fast drei Monate lang trafen sich die späteren Koalitionspartner zu wöchentlichen Sitzungen. Paritätisch besetzte Arbeitskreise unter der Leitung von jeweils einem Fachpolitiker beider Parteien entwickelten konkrete Ziele und Eckpunkte zu den Themen „Wirtschaft, Finanzen und Haushalt", „Kinder, Jugend und Familie", „Schule", „Soziales und Integration", „Umwelt", „Stadtplanung und Verkehr", „Kultur", „Bürgerbeteiligung", „Internationales und Wissenschaft" sowie „Sport". Sowohl Fraktionsmitglieder als auch interessierte Parteimitglieder nahmen an den Beratungen teil. Erarbeitete Gemeinsamkeiten und erkannte Kontroversen wurden begleitend diskutiert und bewertet von einem Gremium, das sich im Wesentlichen aus den schwarz-grünen Partei- und Fraktionsspitzen zusammensetzte. Der Verhandlungsgruppe gelang es in einem offenen Dialog, klare politische Ziele zu formulieren, Konfliktpotentiale zu benennen und gleichsam vorsorgend faire, für beide Seiten vertretbare Kompromisse auszuarbeiten. Als übereinstimmende oder miteinander verknüpfbare Themenfelder stellten sich insbesondere die Haushaltskonsolidierung, die Vereinbarung von ökonomischen mit ökologischen Zielen und eine stärkere Beteiligung der Bürgerinnen und Bürger heraus. Kontrovers wurden vor allen Dingen größere Verkehrsprojekte sowie konkrete Erschließungs- und Bauvorhaben diskutiert.

Unbeeindruckt vom medialen Druck und den Unterstellungen politischer Mitbewerber, Schwarz-Grün sei bei den Verhandlungen offenbar auf mehr Widersprüche denn Übereinstimmungen getroffen, setzten die späteren Koalitionspartner ihre Abstimmungsgespräche bis Dezember 2009 fort. Als Ergebnis entstand eine ebenso umfangreiche wie detaillierte Vereinbarung, die erheblich über bisherige Kontrakte in anderen Großstädten hinausgeht – etwa im Bereich Finanzen und Beteiligungen. Am 12. Dezember 2009 billigten die Mitgliederversammlungen von CDU und Grünen das Verhandlungsergebnis mit großen Mehrheiten. Bei nur drei Gegenstimmen und drei Enthaltungen stimmten knapp 300 anwesende CDU-Mitglieder für den Koalitionsvertrag. Zuvor hatten die christdemokratischen Verhandlungsführer anhand konkreter Beispiele die „schwarze Handschrift" in den Vereinbarungen dargestellt und insbesondere auf den vereinbarten Vorrang einer Haushaltskonsolidierung im Interesse künftiger Generationen hingewiesen. Als Verbindung zwischen Schwarz und Grün sowie als Kompass für zukünftig gemeinsam zu treffende Entscheidungen wurde die Nachhaltigkeit im Sinne wirtschaftlicher Leistungsfähigkeit, sozialer Verantwortung und ökologischer Tragfähigkeit hervorgehoben. Auch die Sprecherin der Grünen betonte zeitgleich auf einer Mitgliederversammlung ihres Kreisverbandes, dass es sich um einen Koalitionsvertrag handele, „mit dem Nachhaltigkeit common sense" werde. Sie unterstrich das „grüne Profil" des Vertrages und warb für das Bündnis mit den Worten: „Dieser Weg erfordert Mut. Aber dieser Weg ist es wert, gegangen zu werden". Auch sie bilanzierte eine „desaströse Haushaltssituation", in der es ein „Weiter so in der Finanzpolitik nicht geben" könne. Schließlich stimmten die Grünen mit einer deutlichen Mehrheit von 32 Ja-Stimmen bei 8 Gegenstimmen und 3 Enthaltungen für den Koalitionsvertrag. Der Öffentlichkeit und den Medien wurde die Vereinbarung in einer gemeinsamen Pressekonferenz der schwarz-grünen Partei- und Fraktionsspitzen vorgestellt.

4   Vom Mehrheitsbündnis zur schwarz-grünen Gestaltungskraft

Über Anspruch und Wirklichkeit von Koalitionsverträgen wird aus guten Gründen trefflich gestritten. Bewähren sich also die Vereinbarungen der schwarz-grünen Koalition im politischen Alltag? Setzt das Bündnis im Bonner Stadtrat seine ambitionierten Vorhaben um? Arbeitet es formulierte Ziele konsequent ab und reagiert es geschlossen auf neue Herausforderungen?

   Nach anderthalb Jahren kann positiv Bilanz gezogen werden: Eine verlässliche Zusammenarbeit auf Augenhöhe hat sich fest etabliert. Die Fraktionsvorsitzenden und Fraktionsgeschäftsführer pflegen den direkten Kontakt ohne formalistische Hürden und die Geschäftsstellen befinden sich in einem täglichen Dialog. Jeden Montag findet eine Koalitionsrunde statt, in der die Sitzungen der verschiedenen Ratsgremien vorbereitet sowie Probleme offen angesprochen und mögliche Konflikte einer Lösung zugeführt werden. Regelmäßig kontaktieren sich die Sprecherinnen und Sprecher von CDU und Grünen aus den verschiedenen Ausschüssen, verfassen – durchaus auch spät abends oder am Wochenende – Gemeinschaftsanträge und organisieren fraktionsübergreifende Beratungen der Facharbeitskreise. Die Sitzungsdichte und der Abstimmungsaufwand sind hoch und strapazieren mitunter die Grenzen des ehrenamtlichen Engagements. Zwar darf der Abstimmungsbedarf zweier selbstbewusster Koalitionspartner auch auf kommunaler Ebene nicht unterschätzt werden; auch ergeben sich zusätzliche Beratungstermine aus der Konstellation einer schwarz-grünen Ratsmehrheit auf der einen und eines SPD-Oberbürgermeisters auf der anderen Seite. Aber vor allen Dingen war das Bündnis mit außergewöhnlichen Herausforderungen wie dem Bauskandal um das World Conference Center Bonn (WCCB) sowie der angespannten Finanzlage konfrontiert.

Von Beginn an war allen Beteiligten klar, dass die Haushaltsberatungen die größte Bewährungsprobe für die Koalition darstellen würden. Mit einem umfangreichen Antrag zum Haushalt 2010 stellte Schwarz-Grün schließlich seine Handlungsfähigkeit unter Beweis. Erstmals wurde das System des Neuen Kommunalen Finanzmanagements (NKF) genutzt, um eine Konsolidierung des Haushalts einzuleiten. Auch mit Blick auf die Jahre 2011 bis 2015 gelang es der neuen Ratsmehrheit, einen Haushalt mit eigenen politischen Akzenten zu gestalten und zu verabschieden – mit millionenschweren Einsparungen wurde ein „Nothaushalt" vermieden, der der finanziellen Eigenständigkeit der Stadt Bonn ein Ende gesetzt hätte. Bonn darf sich somit neben Köln und Düsseldorf zu den letzten Großstädten in Nordrhein-Westfalen zählen, die weiterhin ohne Haushaltssicherungskonzept und unabhängig von der Kommunalaufsicht eigenverantwortlich ihre „Kasse" führen können. Ehrgeiziges Ziel bleibt aber weiterhin die „schwarz-grüne Null", ein in Ertrag und Aufwand ausgeglichener Haushalt, bis 2015.

Darüber hinaus verdeutlichen über 30 schwarz-grüne Pressekonferenzen und 108 gemeinsame Pressemitteilungen in den ersten 18 Monaten der Zusammenarbeit die Bereitschaft zur intensiven Kommunikation und abgestimmten Außendarstellung. Naturgemäß ergeben sich im politischen Alltag auch unterschiedliche Schwerpunktsetzungen der beiden Partner. 26 von 27 CDU-Stadtverordneten haben ihren Wahlkreis direkt gewonnen und fühlen sich folglich besonders den örtlichen Anliegen verpflichtet, während 13 der 15 grünen Stadtverordneten über die Liste gewählt sind und sich überwiegend an ihren Fachthemen orientieren. Bisher wurden jedoch in den allermeisten Fällen tragfä-

hige Kompromisse gefunden, so dass spätestens zu den Sitzungen des Hauptaus-
schusses und des Stadtrates ein gemeinsames Abstimmungsverhalten erzielt war.
Beide Partner achten darauf, sich gegenseitig nicht zu übervorteilen. In einigen
Fällen vereinbarten Schwarz und Grün getrennte Abstimmungen, um „faule
Kompromisse" zu vermeiden. Dies wurde im Vorfeld fair besprochen und in den
Auswirkungen kalkuliert. Im Wesentlichen handelte es sich um Anträge oder
Resolutionen zu landes- und bundespolitischen Themen, mit denen SPD und
Linke die Koalition gerne „vorgeführt" hätten. Durch das authentische Abstim-
mungsverhalten der Koalitionspartner wurde vermieden, kleinste politische
Nenner zu konstruieren oder sich um jeden Preis bei Themen einigen zu müssen,
die nicht unmittelbar für die Stadt relevant sind. Diesen offenen und zugleich
selbstbewussten Umgang mit divergierenden Standpunkten begrüßten auch die
Mitglieder beider Parteien ausdrücklich. Zugleich gelang es den politischen Mit-
bewerbern zu keinem Zeitpunkt, zwischen die Bündnispartner einen „Keil zu
treiben" – auch nicht während des nordrhein-westfälischen Landtagswahlkamp-
fes im Frühjahr 2010. Die vereinbarten Grundlinien der kommunalen Politik
wurden schließlich immer und durchgängig gemeinsam vertreten. Auf Grund
dieser Erfahrungen empfiehlt es sich gerade bei kommunalen Bündnissen, im
Bedarfsfall zwischen den verschiedenen politischen Entscheidungsebenen zu
trennen und sich nicht um jeden Preis für eine Einigung zu „verkämpfen". Ohnehin sollten sich Rathaus-Koalitionen an den Entscheidungen vor Ort orientieren – dies wird auch von den Bürgerinnen und Bürgern mehrheitlich erwartet.

Bei der Schulpolitik zahlte sich aus, dass die Bonner CDU zwar ihre Leitlinie
„Individuelles Fördern und Fordern" in besonderer Weise in einem differenzierten Schulsystem verwirklicht sieht, der Strukturdebatten aber überdrüssig war
und eine plurale Schullandschaft sowie die Einrichtung einer fünften Gesamtschule befürworten konnte. Die Kommunalpolitiker der Grünen bestanden ihrerseits nicht auf der Einführung neuer Schulformen oder -experimente. Somit orientierte sich Schwarz-Grün – wie im Koalitionsvertrag vereinbart – zuvorderst
am Wohl der Schülerinnen und Schüler, am Elternwillen und der Wahrung von
Schulvielfalt. In diesem Kontext setzte sie Vorhaben um, die in Bonn lange Zeit
ergebnislos diskutiert worden waren; so wurden sozialere und familienfreundli-
che Elternbeiträge für Kindertagesstätten eingeführt sowie ein kostenfreies war-
mes Mittagessen in Schulen und Kindergärten ermöglicht.

Der pragmatische Zugang zu vielen Themen sollte sich nicht nur für das
Koalitionsbündnis als ein gangbarer Weg erweisen, sondern fand auch in den sie
tragenden Parteien Zustimmung. Deren Spitzen nahmen ohnehin weiter an Ab-
stimmungsrunden ihrer Fraktionen teil – eine so genannte „Große Koalitionsrun-

de" wurde fest institutionalisiert. Mitunter führten sogar die Kreisverbände von CDU und Grünen gemeinsame Veranstaltungen durch; ihre umweltpolitischen Arbeitskreise trafen sich etwa im Zusammenhang mit dem geplanten „Renaturierungsprojekt Siegaue" oder warben gemeinsam für die Pflanzung zusätzlicher Straßenbäume. Ähnliche Kooperationen sollen auch mit den schwarz-grünen Mehrheitsbündnissen in der Region ausgebaut werden – im Besonderen mit dem benachbarten Rhein-Sieg-Kreis.

Die schwarz-grüne Ein-Jahres-Bilanz stellten Partei- und Fraktionsspitzen im Dezember 2010 gemeinsam der Presse und Öffentlichkeit vor. Es konnten viele Erfolge vermeldet werden – zum Beispiel bei der Haushaltsführung, Wirtschaftsförderung, Umweltpolitik, Beteiligung der Bürgerinnen und Bürger, Integrationspolitik, Stadtplanung oder der Einrichtung einer lokalen Energieagentur. In anderen Bereichen setzten die Koalitionspartner im Einvernehmen durchaus unterschiedliche Prioritäten. So legte die CDU großen Wert auf zusätzliche nächtliche Kontrollen des städtischen Ordnungsaußendienstes in allen Fußgängerzonen und Parks zur Erhöhung der Sicherheit und Sauberkeit, zusätzliche Mittel zur Beseitigung von Farbschmierereien sowie einen verschärften Bußgeldkatalog bei Vandalismus, und Verstößen gegen den Natur- und Umweltschutz. Die Grünen hingegen hatten sich besonders stark für Bonn als nordrhein-westfälische „Fahrrad-Hauptstadt 2020" und die Überarbeitung des Integrierten Freiraumsystems als Planungsgrundlage für eine klimagerechte Stadtentwicklung eingesetzt. Erkennbare Nuancen bei der Schwerpunktsetzung sind und bleiben gewollte Kennzeichen einer dynamischen Zusammenarbeit. Die Bürgerinnen und Bürger, die anderen Parteien, der Oberbürgermeister und die Stadtverwaltung, aber auch Skeptiker in den eigenen Reihen, nahmen mehr oder weniger überrascht zur Kenntnis, dass sich Schwarz-Grün keinesfalls als „Spreu vor dem Winde" entpuppte und haben sich mittlerweile fest auf den Bestand der Koalition eingestellt – jedenfalls für die aktuelle Wahlperiode bis 2014.

5 „Modellcharakter Schwarz-Grün" für eine moderne Großstadtpolitik?

Die Bonner schwarz-grünen Erfahrungen der ersten anderthalb Jahre sind positiv. Für eine gemeinsame politische Zukunft – auch in anderen Kommunen – wird es darauf ankommen, ein dauerhaftes Fundament für beide Partner zu formulieren. Zwei wichtige Fragen lauten: Haben CDU und Grüne über den Tag hinaus wirksame Ideen für eine moderne Großstadtpolitik im 21. Jahrhundert? Wie kann ein Leitbild, wie können längerfristige Ziele für die gemeinsame Arbeit aussehen? Die nachfolgenden Anregungen aus der Bonner Perspektive können einen Ansatz bilden:

Wirtschaft und Umwelt verbinden: CDU und Grüne haben über Jahrzehnte getrennt und exklusiv über erfolgreiches Wirtschaften einerseits und Umweltschutz andererseits diskutiert. Als Partner müssen sie deutlich machen, dass nur das Miteinander von Ökonomie und Ökologie ein nachhaltiger und profitabler Weg für die Zukunft ist. Gerade auf der kommunalen Ebene können viele Potentiale für ein ressourcenschonendes Wirtschaften gehoben und die Abkehr von einem verbrauchenden Wachstumsverständnis eingeläutet werden. Exemplarisch sei hingewiesen auf eine – von Schwarz-Grün in Bonn vorangetriebene – umweltfreundliche Verkehrsträgerpartnerschaft, eine dezentral ausgerichtete Versorgung mit erneuerbaren Energien, eine kreislauforientierte Abfallwirtschaft, auf Luftreinhaltepläne, Lärmkartierungen und Flächenschutz. Entscheidend für ein schwarz-grünes Leitbild wird sein, im Rahmen der marktwirtschaftlichen Ordnung eine umwelt- und ressourcenschonende Wirtschaftsweise zu entwickeln, klare Ziele zu benennen und diese Ziele konsequent in die Realität umzusetzen.

Verhältnis von Individuum und Staat: Ein zweites Kernelement schwarzgrüner Zusammenarbeit kann ein ähnliches Verständnis vom Verhältnis zwischen Individuum und Staat sein. Der Staat soll und kann nicht alles regeln. Wenn CDU und Grüne auf die Entfaltung des einzelnen Menschen setzen, kann daraus eine gemeinsame Philosophie „wohlverstandener Freiheit" erwachsen – jenseits einer missverstandenen egoistischen und entsolidarisierenden Freiheitsideologie einerseits sowie einer entmündigenden Staatsorientierung andererseits. Gerade die Kommunalpolitik ist in der Lage, zu einer fruchtbaren Balance zwischen individueller Freiheit und gesellschaftlicher Solidarität beizutragen. Angefangen bei der Jugendhilfe über die Familien- und Integrationspolitik bis hin zur Wirtschafts- und Kulturförderung lassen sich schwarz-grüne, von anderen Ansätzen unterscheidbare, Orientierungspunkte ableiten.

Teilhabe der Bürgerinnen und Bürger: In einer modernen demokratischen Gesellschaft möchten die Bürgerinnen und Bürger nicht nur alle fünf Jahre bei Wahlen an der Kommunalpolitik beteiligt werden. Sie erwarten die Einbindung in politische Entscheidungsprozesse und sind bereit, selbst mitzugestalten. Dies hat Schwarz-Grün in Bonn mit der Einführung neuer Formen der Mitarbeit am städtischen Haushalt erfolgreich und mit europaweit vorbildlicher Beteiligung aufgegriffen. CDU und Grüne können aus ihren Grundüberzeugungen und ihrem Staatsverständnis heraus glaubwürdig für eine umfassende Beteiligung und Teilhabe der Bürgerinnen und Bürger am kommunalpolitischen Geschehen eintreten – gemäß dem Motto: „Mischen Sie sich ein – es ist Ihre Stadt".

Intergenerative Gerechtigkeit herstellen: Der kommunale Haushalt ist ein
Schlüsselelement für eine nachhaltige Stadtentwicklung. Schwarz-Grün kann sich
überzeugend für die Erhaltung des von den vorhergehenden Generationen über-
nommenen Eigenkapitals einsetzen und den Haushalt mit eben diesem Ziel kon-
solidieren. Dazu bedarf es eines finanzpolitischen Leitbilds, strategischer Ziele
und plausibler Kennzahlen. Mit dem „wirkungsorientierten Haushalt" leitet
Schwarz-Grün in Bonn eine neue Ära der Haushaltswirtschaft ein. Die drei strategischen Ziele der Haushaltswirtschaft sind ein „chancengerechtes, familien-
freundliches Bonn", ein „nachhaltiges Bonn" sowie der Gesichtspunkt „Wohlbe-
finden", der unter anderem Aspekte wie Kultur, Gesundheit und Sicherheit umfasst. Als Querschnittsthemen kommen die regionale Zusammenarbeit und die
Beteiligung der Bürgerinnen und Bürger hinzu. Ziel des wirkungsorientierten
Haushalts ist eine verantwortungsvolle Haushaltskonsolidierung, mit der bis
zum Jahr 2015 der Verbrauch des Eigenkapitals gestoppt sein soll.

6   Genügend Perspektiven für Schwarz-Grün

Grundsätzlich gibt es für schwarz-grüne Bündnisse genügend politische Fundamente, genug gemeinsame, langfristige Ideen und hinreichend Aufgaben für eine
dauerhafte politische Zusammenarbeit. Voraussetzung ist, dass beide Seiten
historische Fronten hinter sich lassen und aktiv ein gemeinsames Verständnis
von moderner Politik im 21. Jahrhundert formulieren. Die Leitgedanken Subsidiarität, Schöpfungsverantwortung und Enkelgerechtigkeit bieten dabei jedenfalls
kluge Anhaltspunkte. Wenn ein gutes persönliches Verhältnis zwischen den
Akteuren, Einigungswille und Geduld hinzukommen, können schwarz-grüne
Bündnisse dauerhaft erfolgreich arbeiten und Wahlen gewinnen. Als intellektuelle Gegensätze verstehen sich CDU und Grüne auf kommunaler Ebene schon
lange nicht mehr. Zudem liegen die Hürden für eine schwarz-grüne Koalition
hier niedriger als auf Landes- und Bundesebene, da erfahrungsgemäß die Mehrzahl der Entscheidungen ohnehin fraktionsübergreifend getroffen wird. Nicht
unterschätzt werden sollte, dass erfolgreiche Verantwortungsgemeinschaften
stets eine gewisse Strahlkraft entfalten. Wer hätte schließlich in den 1990er Jahren
vorausgesagt, wie sich die „Küken" aus Bonn-Kessenich und ihre „connections"
weiterentwickeln würden?

Katharina Fegebank

Schwarz-Grün in Hamburg
Ein Wagnis, das vorzeitig beendet wurde

Eine gewisse zeitliche und emotionale Distanz zu bestimmten Ereignissen schärft nicht nur den Blick, sondern kann auch die nötige Klarheit in der Analyse und den Konsequenzen schaffen. Die Enttäuschung innerhalb der Partei war groß, als am Wahlabend, dem 20. Februar 2011, die Balken bei den Hochrechnungen nicht höher gehen wollten als auf 11,2 Prozent. Zwar konnten sich die Grünen im Vergleich zum Bürgerschaftswahlergebnis von 2008 (9,6 Prozent) leicht verbessern und blieben im Gegensatz zum verlassenen Koalitionspartner, der eine erdrutschartige Niederlage bei der Bürgerschaftswahl erlitt, stabil. Aber eines ist völlig klar: Wir sind hinter unseren eigenen Erwartungen deutlich zurück geblieben und haben unsere Wahlziele verfehlt: Wir wollten unser bisher bestes Ergebnis einer Bürgerschaftswahl (1997 13,7 Prozent) erreichen oder gar übertreffen und gemeinsam mit der SPD ein Bündnis eingehen, um nach dem Austritt aus der schwarz-grünen Koalition wieder mitzuregieren. Gerade vor dem Hintergrund des „durch die Decke gehenden" Bundestrends, der die Grünen seit vielen Monaten auf einem Allzeithoch sieht, und der überdurchschnittlichen hohen Umfragewerte für die GAL, wie die Grünen in Hamburg heißen, war der Wahlausgang insgesamt enttäuschend.

Doch gerade in dieser Niederlage liegt auch die Chance, für eine kritische Reflektion der schwarz-grünen Regierungszeit, des Koalitionsbruchs und des Wahlkampfes bzw. der Wahlkampfstrategie, um den Weg für einen neuen grünen Kurs zu ebnen. Um zu bestimmen, wo man hin will, sollte man wissen, wo man steht und wie man dorthin gekommen ist. Diese Zäsur ist der richtige Zeitpunkt für die GAL, die Kristallisationspunkte, Konflikte und Entscheidungen zu benennen, die zu einem Glaubwürdigkeitsverlust grüner Politik geführt haben und die das abnehmende Vertrauen in die Regierungsfähigkeit der GAL begründen. Wir wollen aus den Erfahrungen der Vergangenheit lernen und in einer breit angelegten Diskussion neue Handlungsperspektiven und -spielräume für die Grünen in Hamburg entwickeln. Dabei geht es auch darum, die Art, wie Entscheidungen getroffen wurden, die innerparteilichen Beteiligungsmöglichkeiten und die Wahrnehmung und Wirkung unserer Politik in der Stadt unter die Lupe zu nehmen. Gleichzeitig gehört auch ein Blick auf unsere Strategiefähigkeit und unser Konfliktmanagement zur Analyse, genauso wie die Frage, wie wir zukünftig an Werten und Leitlinien orientierte politische Projekte und Ideen entwickeln, die in Zeiten „doppelter Mehrheiten" – neben der parlamentarischen Mehrheit müssen auch die Bürgerinnen und Bürger mehrheitlich von einem Vorhaben überzeugt sein – den Praxistest bestehen und eine Chance auf Umsetzung haben.

1 Das schwarz-grüne Wagnis als Wegbereiter grüner Eigenständigkeit

Der Schritt, ein schwarz-grünes Bündnis einzugehen, war mutig. Die Grünen in Hamburg haben auf Landesebene einen neuen Weg eingeschlagen, der Bündnisoptionen jenseits des bis dato klassischen Lagerdenkens eröffnet hat. Dass Schwarz-Grün tatsächlich funktionieren kann, hat das Bündnis in den ersten zwei Jahren unter Beweis gestellt und damit gerade die Grünen für neue Wählerschichten interessant gemacht. Die Entscheidung für Schwarz-Grün war aber nicht nur taktischer Natur. In dieser Koalition konnten die Grünen – zumindest im Koalitionsvertrag – deutlich mehr grüne Inhalte umsetzen als es zu damaliger Zeit mit der SPD möglich gewesen wäre.

War diese Variante lange Zeit für die Mehrheit der grünen Mitgliedschaft aber auch für unsere Wählerschaft undenkbar, war nach der Wahl 2008 für die GAL aufgrund der fehlenden Mehrheit für das präferierte rot-grüne Bündnis und des vorherigen Ausschlusses von Rot-Rot-Grün keine andere Regierungsoption realisierbar. Mit der Entscheidung der GAL diesen neuen Weg zu wagen, ist auch bundesweit eine Debatte über eine neue Eigenständigkeit der Grünen, die sich bei der Suche nach Koalitionspartnern ausschließlich an Inhalten und nicht alter „Lagerzugehörigkeit" orientiert, angestoßen worden. Und in der Folge sind sowohl die Grünen im Saarland als auch in Schleswig-Holstein ohne eindeutige Koalitionsaussage in den Wahlkampf gezogen und haben damit den Weg grüner Eigenständigkeit weiter verfolgt – ohne Wählereinbußen einzubüßen.

2 Vorbereitung auf Regierungsverantwortung – Oppositionsjahre 2004 - 2008

Betrachtet man die Oppositionsjahre von 2004 bis 2008 wird klar, dass sich die GAL mit themenübergreifenden, sehr ambitionierten Projekten, die überwiegend

244   Katharina Fegebank

in Arbeitsgruppen in der Fraktion entwickelt wurden und dann über Parteitage Eingang in die Parteiprogrammatik gefunden haben, ernsthaft auf eine Regierungsbeteiligung vorbereitet hat. Die GAL war von dem politisch-strategischen Anspruch getragen, sich neben dem grünen Alleinstellungsmerkmal der Umwelt- und Klimapolitik weitere Kompetenzfelder zu erarbeiten, die die Grünen als moderne Großstadtpartei mit einem inhaltlichen Angebot an die Bürgerinnen und Bürger aufstellen sollte. Unter dem Leitbild der „Kreativen Stadt", die auf den drei „Ts" Talente, Toleranz, Technologie fußte, war die GAL neben dem „9machtklug"-Bildungsprojekt noch im Bereich der Verkehrs- und Mobilitätspolitik mit „Entspannt mobil", der Kultur- und Wirtschaftspolitik mit „Neue Jobs durch neue Energien" und „Hafen der Ideen", der Integrations- und Bürgerrechtspolitik mit der „Formel Vielfalt", dem sozial- und stadtentwicklungspolitischen Konzept „Viertel vor – ankoppeln statt abhängen" aber auch einem nachhaltigen Haushaltskonzept inhaltlich gut aufgestellt für die Wahl 2008.

3   Das Moorburg-Wahlversprechen: Glaubwürdigkeitsfalle im Wahlkampf

Das Wahlziel der Grünen damals war klar: Die CDU-Alleinregierung von Ole von Beust beenden. Dass dies möglich sein sollte, zeichnete sich schon in den Umfragen vor der Wahl ab. Die CDU ahnte dies und musste sich auf einen Koalitionspartner vorbereiten. Eine programmatische Annäherung zu uns war offensichtlich, spielten doch sukzessive grüne Themen wie Umwelt- und Klimaschutz und Integrationspolitik eine große Rolle bei der CDU. Die FDP war nicht in der Verfassung, ein möglicher Koalitionspartner zu werden, eine große Koalition nicht sonderlich beliebt.

Obwohl die ideologischen Abneigungsreflexe zwischen CDU und GAL nicht mehr so stark waren, war unser Kurs jedoch inhaltlich wie strategisch klar abgesteckt. Die Landesmitgliederversammlung (Parteitag) hatte im Herbst 2007 eine Präferenz für ein rot-grünes Bündnis ausgesprochen, eine Botschaft, die auch unseren Wahlkampf bestimmt hat. Allerdings prophezeiten die Umfragen ebenfalls fast durchgängig, dass es für Rot-Grün nicht reichen würde. Unser Wahlkampf war hier jedoch sehr klar und zugespitzt. Er konnte in der Wahrnehmung der Öffentlichkeit vor allem mit dem „Kohle-von-Beust"-Plakat punkten, das von der Botschaft begleitet war, dass wir im Falle einer wie auch immer gearteten Regierungsbeteiligung die von Ole von Beust erteilte Vorabgenehmigung zum Bau des Kohlekraftwerkes Moorburg zurücknehmen und das Kraftwerk damit stoppen würden. Damit haben wir ein Versprechen gegeben, dass wir in der

Regierungszeit nicht halten konnten. Diese Botschaft im Wahlkampf hat uns in einem unserer Kernfelder nur wenige Monate später in eine Glaubwürdigkeitskrise gebracht, die dazu geführt hat, dass sich Teile unserer Stammklientel von uns abgewendet haben.

Die Vorahnung, dass es nur für Schwarz-Grün reichen könnte und sich das fehlende klare Dementi, haben dazu geführt, dass wir dafür einen hohen Preis zahlen mussten: Teile unserer Wählerschaft haben sich von der GAL abgewendet, und wir erreichten nur 9,6 Prozent (interessanterweise haben wir nach dem neuen Wahlrecht Erststimmen- und Bezirksversammlungsergebnisse, die teilweise 4-6 Prozentpunkte und mehr darüber lagen). Trotz des schwachen Ergebnisses hatten wir relativ schnell die Gewissheit, dass die GAL trotzdem Wahlsiegerin war, denn unser Ziel, an der Regierung beteiligt zu werden, sollte sich in den folgenden Monaten erfüllen. Auch wenn sich Stammwähler bzw. die klassischen Rot-Grün- Wähler von uns abgewendet haben, konnten wir gerade im bürgerlichen Milieu neue Sympathisanten gewinnen.

4 Koalitionsverhandlungen und Koalitionsvertrag

Sagten wir noch im Wahlkampf, dass „eine Koalition mit der CDU aufgrund der fehlenden inhaltlichen Schnittmenge derzeit nicht möglich sei", zeigte sich bei den Koalitionsverhandlungen sehr schnell, dass die Christdemokraten, allen voran Bürgermeister Ole von Beust und der Parteivorsitzende Michael Freytag, eine außerordentliche inhaltliche Flexibilität an den Tag legten, um die Machtoption Schwarz-Grün tatsächlich zu realisieren. Dabei haben drei Dinge essentiell dazu beigetragen, die Akzeptanz in der Mitgliedschaft für ein schwarz-grünes Bündnis wachsen zu lassen:

4.1 Die guten Verhandlungsergebnisse – ein Koalitionsvertrag mit deutlich grüner Handschrift

Wir haben so erfolgreich verhandelt, dass wir einen Großteil unseres Wahlprogramms tatsächlich auch in den Koalitionsvertrag bringen konnten. Große Projekte wie der detailliert formulierte Kompromiss zur Schulreform bzw. zur Einführung der Primarschule oder die Einführung einer Stadtbahn, große Behörden mit grünaffinen Zuschnitten, mit denen wir unsere Ideen und Projekte zur Umsetzung bringen wollten oder auch geplante Vorhaben, wie z.B. jenes, den Bau des Kohlkraftwerkes durch die Übernahme der Behörde für Stadtentwicklung und Umwelt (BSU) zu verhindern. Für eine 10-Prozent-Partei ein nicht abzulehnendes Gesamtpaket, das aber gleichzeitig auch stadtweit wie in der Mitgliedschaft hohe –wie sich im Nachhinein herausstellte – zu hohe Erwartungen an unsere Regierungsbeteiligung weckte.

4.2 Verhandeln auf Augenhöhe und Emanzipation von der SPD

Die Akteure, die von 1997-2001 an der rot-grünen Regierung beteiligt gewesen sind, wiesen auf den Parteitagen und Mitgliederabenden immer wieder darauf hin, wie sehr sich die CDU in Haltung, Stil und Ergebnis von der damaligen SPD unterschied. Das beschriebene Misstrauen zwischen SPD und GAL und die zahlreichen negativen Erfahrungen, die man im Laufe der Jahre mit der SPD immer wieder sammeln musste, gab es in den Verhandlungen mit der CDU nicht. Sich vom Gängelband der SPD zu lösen und nach den Jahren der „babylonischen Gefangenschaft" den Weg einer neuen Eigenständigkeit zu gehen, hatte seinen Reiz. Diese Haltung hat allerdings auch dazu geführt, dass die Atmosphäre zwischen SPD und GAL in den zweieinhalb Jahren schwarz-grüner Regierungszeit so vergiftet war, dass ein konstruktives Miteinander kaum möglich war und uns dies auch im Wahlkampf ein ums andere Mal in Erklärungsnot brachte. „Ein Verhandeln auf Augenhöhe, das von Ehrlichkeit, Verlässlichkeit und Freundlichkeit geprägt war" – das waren Statements, die aus der 8-köpfigen Verhandlungsgruppe der GAL zu vernehmen waren. Hier zeigte sich auch, dass es einer stabilen personellen Konstellation bedurfte, um das Wagnis mit der CDU einzugehen – einer stabilen Architektur, die das Experiment nicht sofort zum Einstürzen brachte. Wie wichtig dies sein sollte, zeigte sich dann im Sommer 2010, nachdem der Architekt des Bündnisses auf Seiten der CDU, Ole von Beust, seinen Rücktritt erklärte und die Koalition ins Wanken brachte.

4.3 Die breite Einbindung und Beteiligung der Partei

Die Partei ist von Beginn an am Entscheidungsprozess beteiligt und entscheidet abschließend nach Abwägung aller Argumente. Eine Mitgliederversammlung hat über die Aufnahme von Sondierungsgesprächen entschieden, eine weitere gab nach ausführlichen Berichten grünes Licht für die Aufnahme von Koalitionsverhandlungen, über die wiederum bei mehreren Mitgliederabenden intern und vertraulich berichtet wurde. Dazu kamen zahlreiche Einzelgespräche mit Kreisvorständen und inhaltliche Rückkopplungen mit Sprechern und Mitgliedern der Landesarbeitsgemeinschaften, aber auch mit den Bezirkspolitikern, die auf bezirklicher Ebene gute Erfahrungen mit schwarz-grünen Bündnissen gemacht haben (Altona und Harburg). Obwohl es am Ende bei der Mitgliederversammlung über die Annahme des Koalitionsvertrages immer noch Zweifler und Kritiker gab, so hat sich doch die übergroße Mehrheit der grünen Mitgliedschaft für ein Bündnis mit der CDU ausgesprochen.

5 Die Regierungszeit: Hohe Erwartungen – tiefe Enttäuschung

Die mit den Verhandlungserfolgen einhergehenden Erwartungen haben in der Folge der Regierungszeit immer wieder zu Enttäuschungen und Frustmomenten geführt, etwa wenn klar wurde, dass einige der von grüner Seite angestrebten (Groß)Projekte nicht umzusetzen waren und diese Ziele aber gerade die politischen Blickfänge und Richtgrößen waren, an denen wir unseren Regierungserfolg messen wollten oder an denen wir von Öffentlichkeit und Wählerschaft gemessen wurden.

Haben wir tatsächlich geglaubt, dass alles, was wir der CDU in Koalitionsverhandlungen abringen konnten, auch tatsächlich in einer Legislaturperiode umgesetzt werden und als grüner Erfolg in der Stadt oder zumindest in der Wahrnehmung der Bevölkerung sichtbar sein könnte? Offensichtlich ja, warnende und mahnende Worte, sich zu übernehmen, zu viel zu wollen und an Widerständen und politischen Realitäten zu scheitern, wurden zumindest nicht laut geäußert. Eine Erwartungssteuerung bzw. Kurskorrekturen in Richtung Mitgliedschaft aber auch gegenüber der Öffentlichkeit hat es nicht gegeben. Wir haben den Koalitionsvertrag bestimmt, haben uns dadurch stark gefühlt, sind aber immer wieder an die Grenzen des Machbaren und Durchsetzbaren gestoßen. Wir konnten bis zuletzt die eigene parteiinterne Diskrepanz zwischen dem Anspruch an klare, radikale und zugespitzte Projekte als Merkmal grüner Glaubwürdigkeit und dem Scheitern genau dieser Ziele, wenn sie nicht in die veränderten politischen Rahmenbedingungen (z.B. Volksgesetzgebung) eingebettet sind oder einigen Fällen schlichtweg an den Bedürfnissen und Problemen der Bevölkerung vorbei gehen, überbrücken. Aber gerade die Fokussierung auf Großprojekte hat den Blick für die zahlreichen kleinen Erfolge grüner Regierungsbeteiligung getrübt. Diese sind im Meer der Erwartungen an die große Veränderungs- und Gestaltungskraft der GAL völlig untergegangen und haben im Endeffekt dazu geführt, dass allerorten der Vorwurf laut wurde: Ihr habt doch gar nichts erreicht – getreu dem Motto: „Als Tiger losgesprungen und als Bettvorleger gelandet".

Richtig ist aber auch, dass uns der Umfang des Regierungsprogramms an den Rand unserer Kapazitäten gebracht hat. Es umzusetzen, wäre schon in „normalen" Zeiten eine gewaltige Herausforderung gewesen. Wir aber haben nicht in normalen Zeiten regiert, sondern inmitten der größten Finanz- und Weltwirtschaftskrise seit Jahren. Wegbrechende Steuereinnahmen in Milliardenhöhe, die HSH Nordbankkrise, zwei Konjunkturpakete und zwei Haushaltskonsolidierungsklausuren haben viel Kapazität und Kraft gebunden, die sicher bei der strategischen Planung und der Kommunikation gefehlt haben.

6 Volksgesetzgebung – für Akzeptanz werben und Mehrheiten im Volk gewinnen

Bei aller Unterstützung für die von uns angestoßene und positiv begleitete Verankerung der Volksgesetzgebung in der Hamburgischen Verfassung haben wir die Konsequenzen eines gesteigerten Anspruchs an politischer Mitbestimmung der Bevölkerung nicht ausreichend in unser politisches Handeln übersetzt. Wir brauchen im Sinne der doppelten Mehrheit nicht mehr nur eine Zustimmung des Parlaments für unsere politischen Vorhaben, sondern auch den Rückhalt der Mehrheit der Bevölkerung und nicht nur von 10 Prozent der Bevölkerung (unsere Kernwählerschaft). Gerade unsere Großprojekte, die Einführung der Primarschule aber auch einer Stadtbahn stellen tiefe Einschnitte in die bisherigen Strukturen der Hamburger Bildungslandschaft und der Mobilitätspolitik dar. Grundlage für die Umsetzung wäre das Schaffen von Akzeptanz gewesen, zumindest aber der Abbau von Ängsten in den betroffenen Bevölkerungsgruppen. Bei diesen Beispielen haben wir es (bisher) nicht geschafft, die Mehrheit der Hamburgerinnen und Hamburger zu überzeugen. So wie wir die Gestaltungsreichweite unserer Projekte überschätzt haben, hatten wir auch eine falsche Wahrnehmung von der Verankerung unserer Ideen in der Gesellschaft.

Wir müssen auch daran arbeiten, dass die Entwicklung von Lösungen für die Probleme von heute und morgen – und dies sollte auch weiterhin eine Maxime grüner Politik sein – zukünftig gemeinsam mit den Bürgerinnen und Bürgern erfolgt. Eine Idee muss künftig viel stärker als bisher mit unterschiedlichen gesellschaftlichen Akteuren diskutiert und rückgekoppelt werden. Beteiligungsverfahren beginnen nicht mit der Anmeldung eines Bürgerbegehrens sondern weit davor. Wenn, wie im Falle der Primarschulreform, zwar regionale Schulentwicklungskonferenzen eingerichtet werden, diese aber nur über das „wie" aber nicht mehr über das „ob" entscheiden, dann wirkt dies gerade auf die Betroffenen wie eine „Scheinteilhabe". Und wenn wir in grünen Kreisen völlig einig über die

Notwendigkeit einer Sache sind, heißt es noch lange nicht, dass diese Notwendigkeit auch – wie im Falle der Primarschulreform – von den beteiligten Eltern, Lehrern und Schülern sowie vom Rest der Hamburger Bevölkerung geteilt werden. Hier kreisen wir immer noch zu sehr um uns selbst und nehmen Kritik von außen nicht ernst genug, um im Handeln auch entgegensteuern zu können.

7 Grünes Regierungshandeln – Zusammenspiel der Akteure

Grünes Regierungshandeln ist durch das enge Zusammenspiel zwischen Senatoren, Fraktion und Parteivorstand bestimmt worden. Auch wenn jeder Akteur seine eigene Rolle wahrgenommen hat, so lässt sich insgesamt feststellen, dass die Zusammenarbeit von einem großen Vertrauen in die Kompetenzen und Gestaltungskraft der einzelnen Personen geprägt war und wir tatsächlich bei allen wichtigen Entscheidungen eng zusammenstanden. Das war auf der einen Seite sicher erforderlich, denn sonst hätten wir bestimmt unter diesen schwierigen Rahmenbedingungen der Regierungsbeteiligung (das erste schwarz-grüne Bündnis, das nicht nur in Hamburg sondern auch bundesweit für große Aufmerksamkeit sorgte; eine Wirtschafts- und Finanzkrise, die unbeliebte Entscheidungen verlangte und unsere finanziellen Handlungsspielräume drastisch verringerte) schon im „eigenen Laden" viel früher Schiffbruch erlitten. Auf der anderen Seite hat das Fehlen von offenen Auseinandersetzungen sicher auch dazu geführt, dass wir unser Handeln und die Wirkung unserer Politik in die Partei und in die Öffentlichkeit hinein keiner ständigen kritischen Überprüfung unterzogen haben.

Die dienstäglichen Senatsvorbesprechungen haben das wöchentliche Regierungsgeschäft und anstehende Entscheidungen vorbereitet. Hier war kein Platz und keine Zeit für strategische Debatten – die Sitzungen waren eher von kurzfristigem Entscheidungsdruck bestimmt. Der eigens eingerichtete Strategiekreis, der monatlich tagte, um in der Runde der Senatoren, Fraktions- und Parteispitze sowie der Bundestagsabgeordneten unsere mittel- und langfristigen politischen Perspektiven, Handlungsoptionen und Strategien zu besprechen und ggf. Kurskorrekturen oder ein Umsteuern in wichtigen politischen Fragen vorzubereiten, konnte seinem Anspruch nicht immer gerecht werden. Nur allzu häufig wichen strategische Debatten der Diskussion um unmittelbar zu treffende Entscheidungen aus und blieben daher auf der Strecke. Dabei hätten wir diesen Raum gebraucht, um tatsächlich bestimmte Szenarien besser zu durchdenken und eine Reflektionsmöglichkeit zu entwickeln, die für die gesamte Wahrnehmung der GAL nach außen wichtig gewesen wären.

Als Landesvorstand hätten wir diese Rolle sicher stärker einfordern und wahrnehmen müssen. Allerdings stellte sich die Regierungsbeteiligung aus Sicht des Landesvorstandes als ein „Dauerausnahmezustand" dar. Die Erwartungen an den Landesvorstand und unser eigener Anspruch – die Regierungsarbeit kritisch zu begleiten und immer wieder auf den Prüfstand zu stellen, ein Gegengewicht zu den starken SenatorInnen zu sein, die programmatische Weiterentwicklung der GAL voran zu bringen und neue Themen zu setzen in enger Verzahnung mit den Mitgliedern der Partei und der Stadtgesellschaft sowie die Kommunikationsstrukturen innerhalb der Partei zu verbessern und nach außen zu stärken – konnten schon deshalb nicht erfüllt werden, weil wir viel mehr als erwartet in der Rolle des Konfliktmanagers standen: die Genehmigung des Kohlekraftwerkes Moorburg, die Auseinandersetzung um die Primarschulreform, der Volksentscheid, schwer zu vermittelnde Sparbeschlüsse (Kita-Gebührenerhöhung), häufige Personalwechsel bei einem immer fragiler werdenden Koalitionspartner, der Rücktritt des Ersten Bürgermeisters, die Debatte um Fortsetzung der Koalition, Auflösungserscheinungen und kommunikative wie inhaltliche Desaster im Herbst 2010 (Kultursparbeschlüsse), der Bruch der Koalition, vorgezogene Neuwahlen und Wahlkampf. Bei all diesen Ereignissen waren wir als „Feuerwehr" gefragt und standen unter enormem Druck, die Regierungsbeteiligung zu einem Erfolg zu machen.

An vielen Stellen hätten wir deutlichere Kritik am Handeln auch grüner Behörden äußern müssen. Der von Basismitgliedern häufig gespürte „Entfremdungseffekt" zwischen Parteibasis und Führung in Senat, Fraktion und Landesvorstand ist auch deshalb zustande gekommen, weil sich interessierte und besorgte Parteimitglieder oftmals nicht ausreichend informiert und in die Entscheidungen einbezogen fühlten. Der Vorwurf vom „Raumschiff" oder Kritik an der „Wagenburgmentalität" einzelner Behörden ist immer gefallen.

Mitgliederabende zu aktuellen aber auch zu zukünftig entscheidenden Themen, Besuche in den Kreisverbänden, die Teilnahme und Diskussionen an und mit Landesarbeitsgemeinschaften waren die zentralen Instrumente des Landesvorstandes, um die Mitgliedschaft zu erreichen.

Eins ist noch wichtig zu erwähnen: Zu allen wichtigen Fragen haben Parteitage mit einer öffentlichen Auseinandersetzung im Vorwege und mit Raum für intensive Debatte stattgefunden. Entscheidungen sind nicht von oben verordnet worden – wie es gelegentlich heißt – sondern auf Landesmitgliederversammlungen gemeinsam getroffen worden.

8   Die doppelte Zäsur – Verlorener Volksentscheid und Rücktritt von Ole von Beust

Im Nachhinein zu sagen, wir hätten die Koalition bereits im Sommer 2010 verlassen müssen, wäre aus den Erfahrungen der Monate nach dem Beschluss zur Fortsetzung der Koalition sicher konsequent. Klar ist, dass es sich um eine doppelte Zäsur handelte, die uns vor die schwierige Frage gestellt hat, ob wir den Glaubwürdigkeits- und Vertrauensverlust der ersten zwei Regierungsjahre, vor allem aber die Identifikation von Schwarz-Grün mit Ole von Beust mit einem völlig anderen, in der Stadt unbeliebten ehemaligen Innensenator auffangen können. Wir haben auf Inhalte gesetzt, die uns in die Pflicht genommen haben, nicht einfach die Flinte ins Korn zu werfen. So einfach die Bedingungen waren, die wir an eine Fortsetzung der Zusammenarbeit mit CDU stellten, so schwierig waren diese von der neuen Mannschaft umzusetzen. Es dauerte nicht lange, bis wir das feststellen mussten. Allen voran fehlte es an einer gemeinsamen Idee, einer Geschichte, die die Sinnhaftigkeit und Notwendigkeit einer schwarz-grünen Regierung veranschaulicht. Die Verbindung von „Ökonomie und Ökologie" aus dem Mund des neuen Bürgermeisters wirkte da wenig weitreichend und mit Inhalten leider in keiner Weise unterfüttert.

Das Klima verschlechterte sich nach der Entscheidung im August zwischen den Koalitionspartnern rasant, die Spannungen und Konflikte wurden immer offensichtlicher. Die Nachfolger der zurückgetretenen CDU-Senatoren entwickelten sich zu einer Gefahr für den Fortbestand der Koalition. Die Umsetzung der Sparbeschlüsse, gerade im Kulturbereich, war inhaltlich nicht zu vermitteln und entpuppte sich ohne die Einbeziehung der Kulturlandschaft als kommunikativer Super-GAU. Eine weitere bundespolitische Entfremdung zwischen CDU und Grünen hatte natürlich auch Auswirkungen auf ein geschlossenes Agieren der Koalition, gerade vor dem Hintergrund der sozial-, arbeitsmarkt- und energiepolitischen Debatten im Land. Auch die Bürgerinnen und Bürger wurden spürbar unzufriedenen mit ihrer Landesregierung, die nicht mehr als zuverlässig und verantwortlich wahrgenommen wurde. „Gutes Regieren" sah wahrlich anders aus – dies hat der SPD eine gelungene Steilvorlage für ihre mantra-artige und sehr erfolgreiche Wahlkampfstrategie geliefert.

Es lief nicht rund – gefühlt und sichtbar – aber einen für alle nachvollziehbaren und sichtbaren „Knackpunkt", um die Koalition zu verlassen, hat uns die CDU nicht geboten. Lediglich das Gefühl, die Reißleine ziehen zu müssen, um nicht in dem Sog der sich im freien Fall und personeller Auflösung befindlichen

CDU mitgerissen zu werden, hat auf ein vorzeitiges Ende der Koalition hinge-
deutet.

Daher hat ein vermeintlich banaler Auslöser – nämlich ein weiterer Rücktritt
eines Finanzsenators – die Grundlage für unsere Entscheidung auf der Fraktions-
klausur Ende November dargestellt, auf der wir durchaus kontrovers über Zeitpunkt und Begründung diskutiert haben. Als Landesvorstand haben wir mehrfach eine weitreichendere Strategie eingefordert, die über den Schritt des Koaliti-
onsaustritts hinaus einen Weg für unser Auftreten und unsere Kommunikation
im Wahlkampf, unsere politischen Ziele und unsere Handlungsoptionen aufzeigen sollte. Über die tatsächliche Entscheidung hinaus haben wir allerdings keine
gemeinsame Idee entwickeln können, wie die Folgemonate erfolgreich bestritten
werden sollten. Dies sollte sich im Wahlkampf rächen. Trotz einer spürbaren
Erleichterung in der Stadt und in Teilen der Mitgliedschaft über diesen Schritt
herrschte gerade bei den GAL-Mitgliedern eine große Verwunderung über Zeitpunkt und die fehlenden äußeren Anzeichen für die Entscheidung.

9   Wahlkampf im Stile einer Regierungspartei

Schon am Tag nach der Entscheidung begann der Wahlkampf für uns, obwohl zu
dem Zeitpunkt die Partei noch gar nicht über das Ende der Koalition diskutiert
und entschieden hatte. Die einsame Entscheidung von Fraktion, SenatorInnen
und Parteiführung ist im Nachhinein nicht in der Sache, aber im Verfahren zu
Recht zu kritisieren.

Eine Strategie, eine „Geschichte", mit der wir einen Aufbruch hätten signali-
sieren können, konnte nicht gefunden werden. Stattdessen mussten wir binnen
kürzester Zeit ein Programm entwickeln, dass den Bürgerinnen und Bürgern
verdeutlichen sollte, warum wir – die gerade eine Koalition verlassen hatten –
schnurstracks in die nächste Koalition, diesmal mit der SPD, hinein gewählt werden sollten. Die Argumentation, dass wir aus Verantwortung für die Stadt das
Bündnis mit der CDU verlassen haben, um aus Verantwortung für die Stadt in
einer anderen Konstellation wieder mitzuregieren, verfing nicht. Die anfänglich
hohen Umfragewerte waren der kurzfristigen Erleichterung über das Ende von
Schwarz-Grün geschuldet, nicht aber einer erwarteten Gestaltungsfähigkeit grüner Politik.

Vor dem Hintergrund dieser Wieder-Regieren-Wollen-Argumentation haben wir auch einen Wahlkampf im Stile einer Regierungspartei gemacht. Die
Ausgangssituation war ohne Frage keine einfache:

- die zahlreichen Wahlkreisversammlungen und Listenaufstellungen im Lichte des neuen Wahlrechts haben uns an den Rand unserer organisatorischen Kapazitäten gebracht;
- die Programmentwicklung im Land und in den Bezirken hat in der innerparteilichen Aufstellung und Debatte viel Zeit und Kraft gebunden, das alles in einem sehr kurzen Zeitraum;
- im Umgang mit dem neuen Wahlrecht waren wir noch nicht so geübt, was in einigen Kreisverbänden zu stärkeren Auseinandersetzungen zwischen den Kandidaten geführt hat, als es bisher der Fall gewesen ist;
- eine „zerbröselte" CDU, die kein wirklicher Gegner für die SPD im Wahlkampf sein konnte und sollte;
- eine starke, geschlossen auftretende SPD, die durch eine spürbar ausgeprägte Wechselstimmung und eine klare Strategie des „guten Regierens" schon im Wahlkampf nach der absoluten Mehrheit zu greifen schien.

Allerdings haben wir es versäumt, unsere eigenen Fehler aus dem Regierungshandeln zu benennen und daraus Konsequenzen für unsere Wahlkampfstrategie abzuleiten. Es ist uns bis zum Ende nicht gelungen, eine klare Botschaft zu senden, warum Hamburg eine starke GAL braucht, warum die Hamburgerinnen und Hamburger uns wählen sollen.

Aus den Erfahrungen der Regierungszeit heraus war es zwar richtig, keine neuen Großprojekte zu fordern und die Fehler des vorherigen Wahlkampfes zu wiederholen. Aber Glaubwürdigkeit über die Aussicht der Verhinderung einer SPD-Alleinregierung wieder zu erlangen, ist nicht gelungen. Dies hatte zur Folge, dass der Wahlkampf beizeiten etwas verzagt wirkte. Aus Angst davor, Fehler zu machen, galt das Gebot der Zurückhaltung anstelle der von der GAL bekannten Attacke. Unterschiedliche Vorstellungen und Einschätzungen von der Art, wie der Wahlkampf in bestimmten Situationen zu führen sei, führten dann auch dazu, dass gute Ideen nicht in die Tat umgesetzt wurden. Der Wahlkampf hat sehr stark in den Wahlkreisen stattgefunden, weil eine gemeinsame grüne Linie für einzelne Kandidaten nicht erkennbar war. Die Wahlkreisergebnisse lagen auch bei dieser Wahl wieder deutlich über den Landeslistenstimmen, so dass sich schon die Frage stellt, ob den Menschen vor Ort mehr Vertrauen entgegen gebracht wird als der Partei als Ganzes. Leider konnten wir im Wahlkampf den Menschen keine ausreichend guten Gründe liefern, warum sie uns wählen sollen.

10 Schlussfolgerungen und Handlungsempfehlungen

Eine schwarz-grüne Koalition einzugehen, war richtig. Wir haben damit nicht nur eine Debatte über die Grenzen Hamburgs hinaus angestoßen, sondern sind auch für neue Wählermilieus interessant geworden und konnten viele unserer Forderungen zumindest im Koalitionsvertrag mit der CDU durchsetzen. Aktuell zeigt sich erneut sehr deutlich, dass die Frage nach grüner Eigenständigkeit weiterhin diskussionsbestimmend ist. Das ist sicher auch ein Verdienst der Grünen in Hamburg.

Mit dem Ergebnis der Regierungszeit können wir an vielen Stellen nicht zufrieden sein und müssen die Zeit in der Opposition jetzt dazu nutzen, die Weichen für grüne Politik in Hamburg neu zu stellen. Aus den Erfahrungen der Regierungsbeteiligung können und müssen wir lernen: Wir sollten die bisherigen Diskussions-, Vernetzungs- und Entscheidungsstrukturen in der GAL beleuchten und verbessern. Wir brauchen eine Debatte über eine bessere Verzahnung unserer innerparteilichen Kommunikationswege. Eine Partei, deren Mitgliederzahlen in den letzten Jahren von 1200 auf über 1600 Mitglieder gewachsen ist, muss in ihren Strukturen und Angeboten auch auf dieses Wachstum vorbereitet sein. Die Potenziale, die dort schlummern, sind der Schatz dieser Partei. Informieren ist das eine, echte Beteiligungsmöglichkeiten online und offline zu nutzen das andere. Das heißt auch, dass die Debattenkultur – und damit ist auch die Kultur des Widerspruchs gemeint – wieder stärker gefördert und eingefordert werden muss. Es stellt eine Bereicherung dar und führt am Ende zu besseren Ergebnissen, wenn die eigene Meinung oder Positionen von anderen „quergebürstet" wird. Im Regierungshandeln ist vieles zu schnell und zu undurchsichtig entschieden worden. Orte der innerparteilichen Auseinandersetzung sind daher wichtig. Wir müssen den Umgang mit dem neuen Wahlrecht innerparteilich thematisieren und vor dem Hintergrund der Diskrepanz zwischen Wahlkreis- und Landeslistenstimmen überlegen, wie wir dieses für uns als GAL insgesamt besser nutzen können.

Wir müssen unser Ohr wieder stärker bei den Menschen haben. Mussten wir in der schwarz-grünen Regierungszeit feststellen, in manchen Fragen an den eigentlichen Problemen der Stadt vorbei regiert zu haben, ist es für grüne Glaubwürdigkeit und das Zurückgewinnen von Vertrauen sehr wichtig, zu wissen, welche Themen und Probleme zurzeit die Menschen bewegen. Dazu müssen wir uns wieder stärker mit den Initiativen, Verbänden und Vereinen vernetzen und eine aktive Bürgergesellschaft mitentwickeln. Das trägt zu einer besseren Verankerung vor Ort bei und hilft bei der (Weiter)Entwicklung von Ideen für ein neues politisches Programm.

Wir müssen uns gemeinsam fragen, wie wir eine Vorstellung davon entwickeln, wie die Partei in vier bzw. acht Jahren aussehen soll, wie wir als Partei weiterhin „anders" als die Anderen sein können. Wir wollen weiter eine Veränderungspartei sein und mit diesem Anspruch auch eine Orientierung geben sowie unsere Visionen vom Zusammenleben in der Gesellschaft weiterentwickeln. Nur auf gesellschaftliche Mehrheiten zu schielen wäre fatal, weil damit unsere eigenen Ideen und Impulse verwässert und mit dem politischen Einheitsbrei vermengt werden würden.

Nichtsdestotrotz müssen wir uns ehrlich die Karten legen, wenn es um die Durchsetzbarkeit unserer Forderungen geht. Veränderte gesellschaftliche Realitäten, z.B. verbindliche Volksentscheide, aber auch das Einfordern der Bürger von echter und früher Beteiligung, verlangen von uns, dass wir klar in der übergeordneten Zielsetzung sind und gleichzeitig in der konkreten Umsetzung eine höhere Anpassungsbereitschaft zeigen – im Sinne eines visionären Pragmatismus. Wir scheuen die Auseinandersetzung um die besten Lösungen nicht, aber müssen zukünftig – stärker als bisher – auch die Möglichkeit des Scheiterns einkalkulieren. Mit dieser Haltung kann es uns gelingen, den hohen Erwartungen, die an uns gestellt werden, die wir selbst an uns stellen, gerecht zu werden, ohne dabei in neue Glaubwürdigkeitsfallen zu tappen.

Florian Gathmann

Schwarz-Grün in Hamburg
Zweckgemeinschaft ohne Herz

Schwarz-Grün in Hamburg, das war purer Pragmatismus: Die CDU wollte auf keinen Fall mit der SPD regieren, die Grünen unbedingt die Opposition vermeiden. Eine gemeinsame Kultur, einen schwarz-grünen Geist gab es nie – nur einen Ole von Beust, der den Laden zusammenhielt. Als der weg ging, brach unter Nachfolger Christoph Ahlhaus alles zusammen.

1 Prolog

Hamburg, 17. Januar 2011, Neujahrsempfang des CDU-Ortsverbandes Blankenese. Es ist ein bemerkenswerter Auftritt von Christoph Ahlhaus, dem amtierenden Ersten Bürgermeister der Freien und Hansestadt Hamburg. Ein Auftritt, der viele Zuhörer in der Pausenhalle der Blankeneser Gorch-Fock-Schule daran zweifeln lässt, ob sie die vergangenen zweieinhalb Jahre in der gleichen Stadt zugebracht haben wie der Redner. „Die Grünen sind die Partei der Ideologen, Blockierer und Neinsager", sagt Ole von Beusts Nachfolger. Ist das nicht derselbe Ahlhaus, der vor wenigen Wochen noch verkündet hatte, die Koalition mit den Grünen[1] unbedingt fortsetzen zu wollen? Das Rumoren im Saal scheint jedenfalls auch dem Bürgermeister nicht verborgen zu bleiben, wenig später lässt er seine Zuhörer wissen, die Grünen hätten „hervorragend und verlässlich mit der CDU regiert".[2] Willkommen im Parallel-Universum der Hamburger CDU.

Ein bisschen leichter haben es in diesen Tagen, da der Hamburger Bürgerschafts-Wahlkampf in die entscheidende Runde geht, die Grünen: Für sie ist das Thema CDU längst abgehakt. Und noch glauben die Grünen, anders als der bisherige Koalitionspartner, kaum Schaden an der Liaison genommen zu haben. Einen Monat später, am Wahlabend, stehen beide als Verlierer fest: Die CDU fährt an diesem 20. Februar 2011 mit 21,9 Prozent das schlechteste Ergebnis ihrer Hamburger Geschichte ein, verliert beinahe die Hälfte im Vergleich zur Wahl 2008. Die Grünen gewinnen immerhin leicht dazu – aber ihr Ergebnis von rund elf Prozent bleibt deutlich unter den Hamburger Umfragewerten und weit unter den Bundeszahlen. Noch schmerzhafter für die Grünen: Die Partei findet sich nach Auszählung der Stimmen in der Opposition wieder, weil ihr Wunsch-Koalitionär SPD mit beinahe 50 Prozent der Stimmen alleine regieren kann.

Es ist der Abend des schwarz-grünen Katzenjammers in Hamburg, während die Sozialdemokraten um ihren künftigen Bürgermeister Olaf Scholz eine wundersame Wiederauferstehung feiern. Und Ole von Beust sitzt entspannt in seiner Wohnung auf Sylt.

2 Die Analyse

Als an einem freundlichen Apriltag 2008 im Kaisersaal des Hamburgischen Rathauses der schwarz-grüne Koalitionsvertrag unterzeichnet wird, ist selbst der nüchterne Ole von Beust vom Pathos ergriffen, von einem „neuen politischen Weg" für die Stadt spricht der Hamburger Bürgermeister. Die Republik schaut gespannt Richtung Alster und Elbe, selbst aus Asien sind Kamerateams gekommen,[3] um dem Gründungsmoment der ersten schwarz-grünen Koalition eines deutschen Bundeslandes beizuwohnen.

Und in Berlin frohlockt man sowohl bei der CDU im Konrad-Adenauer-Haus wie in der Grünen-Parteizentrale: Mit dem Bündnis in Hamburg, so die Vorstellung der Bundesstrategen, werden beide Seiten endlich ihre Optionen auch faktisch erweitern. Schwarz-Grün – offenbar eine Win-Win-Situation.

Im Frühjahr 2011 ist die Wirklichkeit eine andere: Die CDU dürfte in Hamburg Jahre brauchen, um wieder auf die Beine zu kommen. Und auch für die Grünen liegt eine gemeinsame Koalition in weiter Ferne, nicht nur angesichts der Schwäche der bei der Wahl abgestürzten Christdemokraten. Genauso ist der Vorbild-Charakter für andere Länder oder sogar den Bund dahin, von dem die Parteichefs Angela Merkel und Cem Özdemir träumten. Manche Kommentatoren gehen nach der Hamburg-Wahl noch einen Schritt weiter: Sie erklären das Modell Schwarz-Grün für gescheitert. So schreibt Michael Spreng, Journalist und ehemaliger Wahlkampf-Chef von Edmund Stoiber bei seiner Kanzlerkandidatur 2002, in seinem Blog „Sprengsatz": Die CDU müsse nun erkennen, „dass die vermeintlich zusätzliche Machtoption ein Irrweg war".[4] Was ist in Hamburg schiefgelaufen in diesen zweieinhalb Jahren?

2.1 *Ole von Beust*

Eine Antwort auf diese Frage, möglicherweise die entscheidende, hat mit Ole von Beust zu tun. Von Beust dürfte im Nachhinein von seinen Parteifreunden als sehr ambivalente Figur erinnert werden. Denn einerseits beendete er 2001 die jahrzehntelange SPD-Herrschaft in der Hansestadt und eroberte für die CDU drei Jahre später sogar die absolute Mehrheit in der Bürgerschaft. Zum anderen geht von Beust in die Hamburger Geschichte als ein Bürgermeister ein, der nach dem Motto regierte: „Wat mut, dat mut."[5] Dieser unverhohlene Pragmatismus des CDU-Politikers vertrug die rechtspopulistische Schill-Partei[6] als Koalitionspartner genau wie ein paar Jahre später die Grünen.

Sicher, seine Partei wusste Ole von Beust immer hinter sich, zu machthungrig waren die Hamburger Christdemokraten nach der langen Oppositionszeit. Hauptsache Regieren: Das galt für den Bürgermeister wie den Rest seiner Partei.[7] Als der CDU-Landesparteitag im Mai 2008 über den schwarz-grünen Koalitionsvertrag zu entscheiden hatte, gab es keine einzige Gegenstimme, lediglich eine Enthaltung. Aber was ist der Preis, den die Hamburger CDU für die blinde Gefolgschaft an von Beust bezahlt hat?

Ein bisschen Herzblut war beim Bürgermeister nämlich schon vorhanden für die schwarz-grüne Koalition – ganz anders, als in weiten Teilen seiner Partei. Weil die FDP es nicht ins Parlament geschafft hatte und er eine Koalition mit der SPD vermeiden wollte, blieben nur die Grünen. Aber von Beust hatte auch Lust auf diese Regierung. „Dies ist kein Experiment, sondern eine Chance"[8], sagte der Bürgermeister zum Koalitions-Start. Er, der Inbegriff des liberalen, urbanen und unideologischen Christdemokraten, schien wie geschaffen für den Job des schwarz-grünen-Regierungschefs. Von Beust zeigte, für alle sichtbar spätestens im Frühjahr 2010, dass er für dieses Bündnis zu einer Menge bereit war: Der Widerstand gegen die von den Grünen vorangetriebene Schulreform für längeres gemeinsam Lernen war da so laut geworden, dass es in der Stadt zu knirschen begann. Die Gegner der Reform wollten sich von einem Volksentscheid partout nicht abbringen lassen und diese Gegnerschaft traf vor allem die CDU. Es waren viele ihrer traditionellen Wähler, in den wohlhabenden Vororten, gerade in Blankenese, die sich plötzlich von den Christdemokraten verraten fühlten. Und der Bürgermeister? Ließ sich nicht von dem Vorhaben abbringen.

Während sich die Umfragewerte für ihn und seine Partei bedenklich nach unten entwickelten, ging von Beust in die Offensive: Man müsse in der Politik auch mal unpopuläre Entscheidungen treffen und diese durchziehen, so die Botschaft des Bürgermeisters. Die eigene Klientel reagierte empört, von Beust legte sogar noch nach: „Da wird teilweise so kleinmütig diskutiert", sagte er bei einer Veranstaltung. „Ole aus der Krachmacherstraße"[9] nannte ihn daraufhin die „Frankfurter Rundschau". Mancher in der CDU dürfte da schon geahnt haben, welche Katastrophe sich anbahnte. Sie kam dann in Etappen: Am 18. Juli schmetterten die Hamburger per Volksentscheid die Schulreform ab, noch am selben Tag kündigte Ole von Beust seinen Rückzug an. Begründung: „Alles hat seine Zeit."[10] Nun würde er jedenfalls noch mehr Zeit für seine Wohnung auf der Nordsee-Insel Sylt und schönere Dinge als die zuletzt nervige Politik haben. Zunächst schluckten die Grünen die Nachfolge-Regelung, trotz einigen Unmuts: Christoph Ahlhaus, bis dahin Innensenator, wurde von der Bürgerschaft zum neuen Bürgermeister gewählt. Doch schon am 28. November hatten es sich die Grünen anders überlegt – sie kündigten das Bündnis. Mit dem Argument, man sähe keine gemeinsame inhaltliche und personelle Basis mehr für die Koalition.

Schwarz-Grün, das wurde in diesem Moment endgültig klar, war die Koalition des Ole von Beust gewesen. Ohne ihn wurden plötzlich die Differenzen wie durch ein Brennglas sichtbar. Und ohne von Beust war die Hamburger CDU nach zweieinhalb Jahren Schwarz-Grün am Ende: Einige Tage nach dem Koalitions-Aus in Hamburg, am 1. Dezember, veröffentlichte die Forschungsgruppe Wahlen für die CDU die Horrorzahl von 22 Prozent – ein paar Monate später landete sie bei der Bürgerschaftswahl ziemlich genau bei diesem Ergebnis.

Ole von Beust hat seine Partei in Hamburg wieder groß gemacht – aber er ist auch mitverantwortlich für ihren fürchterlichen Absturz, weil er seine Partei rücksichtslos in das Bündnis mit den Grünen führte. Kurt Kister hat das in der „Süddeutschen Zeitung" am Samstag vor der Bürgerschaftswahl folgendermaßen auf den Punkt gebracht: Der überraschende Erfolg der SPD hänge vor allem damit zusammen, „dass sich die CDU unter ihrem Freiherrn von Beust charmant und so konsequent um ihre Identität regiert hat, dass man heute zwar weiß, was die CDU alles nicht mehr ist, aber leider keine Ahnung hat, was sie noch ist."[11]

2.2 Die Inhalte

In den Wahlkampf zur Bürgerschaft 2008 gingen die Grünen mit drei großen Schlagworten: Keine Elbvertiefung, Moorburg verhindern und längeres gemeinsames Lernen. Das funktionierte bis zum Wahltag bestens, um sich klar von der CDU abzugrenzen, die jeweils das Gegenteil verfolgte. Als sich allerdings am Abend des 22. Februar 2008 heraus kristallisierte, dass man mit dem politischen Gegner von eben regieren könnte – da hatten vor allem die Grünen ein Problem.

Was folgte, war ein wochenlanger Verhandlungsmarathon mit der CDU, über hundert Stunden saßen die Parteispitzen zusammen, bis schließlich der 65-seitige Koalitionvertrag vorlag. Zwischendurch hatten sich beide Parteien immer wieder der Zustimmung ihrer Basis versichern müssen. Es waren mühsame Wochen, insbesondere wegen der Causa Moorburg: Was tun mit dem noch von der CDU-Alleinregierung geplanten Kohlekraftwerk an der Elbe? Moorburg sei mit den Grünen „nicht zu machen", hatte Spitzenkandidatin Christa Goetsch vor der Wahl immer wieder betont, „dann gehen wir eben hocherhobenen Hauptes in die Opposition".[12] Schließlich einigte man sich in den Koalitionsverhandlungen darauf, das Projekt von der zuständigen Behörde unter Aufsicht der künftigen grünen Stadtentwicklungssenatorin Anja Hajduk nochmals prüfen zu lassen – in der Hoffnung, es so verhindern zu können. Selbst von Beust glaubte damals, so versicherten es jedenfalls Senatskanzlei-Kreise, das Kraftwerk am Ende nicht bauen zu müssen.

Doch es kam anders: Zähneknirschend musste Hajduk im September 2008 eingestehen, dass an dem Kohlekraftwerk kein Weg mehr vorbei führe. Ein Desaster für die Grünen. Inzwischen sind die Bauarbeiten weit vorangeschritten, schon 2012 soll Moorburg nach Angaben des Betreibers Vattenfall ans Netz gehen. Eigentlich war ab diesem Zeitpunkt die Koalition bereits tot. Denn nachdem schon das grüne Wahlkampf-Ziel Nummer 1 zu platzen drohte, nämlich die Elbvertiefung zu verhindern, war nun mit dem Moorburg-Desaster auch Ziel 2 dahin. Damit war klar: Um eine fundamentale Schulreform würde die CDU nicht herum kommen, um die Grünen nicht komplett unglaubwürdig zu machen. Zudem konnten sich Schulsenatorin Goetsch und ihre Partei auf den Koalitionsvertrag berufen. Das war der Anfang vom schwarz-grünen Ende.

Wie groß der Widerstand gegen die Schulreform schließlich sein würde, schien auch in der CDU damals noch niemand zu ahnen. Doch sechs gemeinsame Jahre in der Grundschule, danach das sechsjährige Gymnasium oder die Stadtteilschule – das wollte die Mehrheit der Hamburger ganz offensichtlich nicht. Und wohl am wenigsten die Mehrheit der CDU-Wählerschaft. „Die Reform verletzte die Kern-DNA der Christdemokratie"[13], schrieb das „Hamburger Abendblatt" nach dem Volksentscheid im Juli 2010.

Dass Ole von Beust am Ende mit offenem Visier für die Schulreform kämpfte, machte die Sache im Grund genommen noch schlimmer: Das Votum gegen die Reform war damit auch ein Votum gegen den Bürgermeister, der am Tag des Volksentscheids seinen Rückzug aus der Senatskanzlei ankündigte. Ohne Schulreform und von Beust war der schwarz-grünen Koalition endgültig die Geschäftsbasis entzogen. Der Not-Bürgermeister Ahlhaus konnte dies zu keinem Zeitpunkt kaschieren, schließlich zogen die Grünen die Notbremse.

2.3 Die fehlende gemeinsame Kultur

Wenn früher irgendwo von Schwarz-Grün die Rede war, fiel rasch das Wort von der Pizza-Connection. Damit ist eine Runde seinerzeit junger Bundestagsabgeordneter von CDU und Grünen gemeint, die sich in der damaligen Hauptstadt Bonn regelmäßig in einem italienischen Restaurant traf – darunter der heutige Bundesumweltminister Norbert Röttgen, CDU-Generalsekretär Hermann Gröhe und Grünen-Chef Cem Özdemir. Die Treffen hätten „etwas Magisches"[14], schwärmte Özdemir damals. Man kam zusammen, um sich besser kennenzulernen, um sich auszutauschen. Später, nach dem Umzug in die neue Hauptstadt Berlin, traf man sich in einem französischen Restaurant im Stadtteil Kreuzberg. Kein Wunder, dass sich die meisten immer noch bestens verstehen, auch wenn bis heute nichts aus einer schwarz-grünen Koalition auf Bundesebene geworden ist. Die soziale Basis dafür, auch eine gewisse kulturelle Nähe, hat man jedenfalls geschaffen. Und in Hamburg?

Als der neue schwarz-grüne Senat am 7. Mai 2008 in der Bürgerschaft vereidigt wurde, gab man sich zwar betont harmonisch, die Regierungsmitglieder bekamen von der CDU-Fraktion Gummibärchen in schwarz und grün geschenkt. Es war viel demonstrative gute Laune zu beobachten bei den künftigen Partnern. Aber Nähe? In Wirklichkeit war da bis zum Regierungsstart nicht viel. Selbst Angela Merkel dürfte aus ihrer Vor-Kanzler-Zeit mehr Kontakt zu Bundestagsabgeordneten von den Grünen gehabt haben als Ole von Beust zu seinen späteren grünen Senatoren. Was bei von Beust aber auch damit zu tun hatte, dass er als Politiker grundsätzlich wenig Nähe zu anderen politischen Akteuren suchte und zuließ.[15] Dass die steife Hamburger CDU und ihren neuen Partner wenig verband, hat zudem mit der besonderen Geschichte der GAL zu tun haben.[16] Bis in die frühen Neunziger hatten sich die Grünen in der Hansestadt besonders dogmatisch und anti-bürgerlich geriert.

Nun also eine gemeinsame Koalition – zum Glück konnte wenigstens Michael Freytag, damals CDU-Landeschef und Finanzsenator des schwarz-grünen Bündnisses, Kontakte zum neuen Partner vorweisen.[17] Freytag hatte Christa Goetsch bei einer gemeinsamen Bildungsreise 1997 kennengelernt, zwei Jahre darauf war man schon beim Du.[18] „Das sind Leute, die sich bei allen Konflikten stets menschlich-persönlich harmonisch verhalten", sagte Freytag zum Regie-

rungsstart über die neuen Partner, die Grünen seien „voller inhaltlicher Leidenschaft".

Bei den Grünen wiederum galt die frischgebackene Stadtentwicklungs-
Senatorin Anja Hajduk, zuvor Bundestagsabgeordnete der Grünen, als CDU-
Kennerin – sie hatte ab und an bei den Treffen der französischen Pizza-
Connection in Berlin mit am Tisch gesessen. Nur: Da war von den neuen Hamburger Senats-Kollegen der CDU niemand dabei gewesen. Und die Bundestagsabgeordnete Krista Sager, grüne Oberreala und bestens mit den Christdemokraten verdrahtet, war zwar bei den Koalitionsverhandlungen anwesend, aber sie
blieb in Berlin.

Sicher, dass CDU und Grüne in Hamburg beinahe bei Null anfangen mussten, schien zunächst nicht ins Gewicht zu fallen. „Es war keine Liebesheirat, doch
die Beziehung hat sich als stabil erwiesen und der Ton zwischen beiden Partnern
ist entspannt" [19], schrieb die „Welt am Sonntag" zur Ein-Jahres-Bilanz. Wer sich
umhörte, bekam von CDU und Grünen lange Zeit zu hören, wie verlässlich und
angenehm die andere Seite agiere. Ganz anders als früher bei den Sozialdemokraten, hieß es bei den Grünen gerne; von der CDU würde man lange nicht so arrogant behandelt. Selbst nach knapp zwei Jahren gemeinsamer Regierung war im
Hamburger Abendblatt noch zu lesen, Schwarz-Grün könne als „das harmo-
nischste Bündnis der vergangenen beiden Jahrzehnte durchgehen."[20] Und die
FAZ schrieb: „Nie hat es in einem rot-grünen Bündnis so viel Vertrauen gegeben
wie jetzt zwischen CDU und GAL."[21]

Tatsächlich gab es wenig innerkoalitionäre Reibung bis ins Jahr des Volksentscheids zur Schulreform. Aber dafür sorgte weniger die Nähe der schwarz-
grünen Partner, sondern wohl vor allem der kluge und umsichtige Chef der Senatskanzlei, Volkmar Schön. Als der gemeinsam mit Ole von Beust zum 25. August 2010 abtrat, wurde das sofort offensichtlich. „Die Absprachen waren nicht
mehr belastbar",[22] so erinnert sich die zweite Bürgermeisterin Christa Goetsch an
die folgenden Monate bis zum Koalitionsbruch, das Regierungschaos wurde
immer schlimmer. Vom Geist der Koalition sei am Ende nichts mehr übrig gewesen, hieß es von vielen Grünen. Die Wahrheit ist wohl: Dieser Geist war zu keinem Zeitpunkt vorhanden – es hat nur kaum einer gemerkt.

2.4 Die Bundespolitik

Das Credo der Berliner Parteizentralen lautet: Entscheidungen über Koalitionen
in den Ländern fällen die jeweiligen Landesverbände. Das stimmt mitunter, zuletzt war dies am Beispiel Saarland zu beobachten: Dort entschieden sich die

Grünen für eine Jamaika-Koalition mit CDU und FDP, obwohl dies in Berlin auf wenig Verständnis traf. Doch klar ist auch, dass die Landesverbände nicht im luftleeren ideologischen Raum agieren. Und so ist das vorzeitige Ende der schwarz-grünen Hamburger Koalition wohl auch mit der veränderten bundespolitischen Stimmungslage des Jahres 2010 zu erklären.

2010 – das war zunächst das Jahr der atompolitischen Kampfansage von Merkels schwarz-gelber Regierung. Mit der Verlängerung der AKW-Laufzeiten hakte das Bündnis zwar formal nicht mehr als ein im Koalitionsvertrag festgeschriebenes Vorhaben ab, doch für die Atomkraftgegner in Deutschland wirkte es wie ein Aufputschmittel. Und bei den Grünen, die das Nein zur Atomkraft als eine Art Gründungs-Gen verstehen, sorgte es für eine Mobilisierung wie in den 1980er Jahren. Das alte Feindbild funktionierte wieder: Schwarz-Gelb als Büttel der Energie-Riesen, zehntausende gingen dafür auf die Straßen.

Parallel dazu entwickelte sich in Stuttgart wegen des geplanten Umbaus des dortigen Hauptbahnhofs eine massive Protestwelle, die ebenfalls besonders stark von der Grünen-Klientel getragen wurde.[23] Der Widerstand gegen Stuttgart 21 bedeutete für die Grünen eine weitere Polarisierung gegenüber der CDU, auch wenn sie sich zunächst gegen deren baden-württembergischen Ministerpräsidenten Stefan Mappus richtete. Doch als Angela Merkel sich die Grünen im Bundestag höchstpersönlich vorknöpfte und ihnen wegen des S-21-Protests in der Haushalts-Debatte vom 15. September die Leviten las,[24] war der schwäbische Bahnhof endgültig ein Bundesthema.

Dazu kommt: Die Grünen sind auf dem Weg dazu, eine kleine Volkspartei zu werden. Immer weiter stiegen die Umfragezahlen, bis auf 25 Prozent schaffte man es beim Forsa-Institut im Herbst 2010. Die Union reagierte und rief die Grünen nun sogar zum politischen Hauptgegner aus.[25]

Zwei Tage später beendeten Hamburgs Grüne die Koalition mit der CDU: Von Beust weg, keine inhaltlichen Erfolge und dann auch noch diese Großwetterlage im Bund – eigentlich konnte das in diesem Moment niemanden mehr überraschen. Dass die Hamburger Grünen bei dieser Entscheidung auch auf die guten Umfragezahlen schielten, dürfte ein weiterer Grund für den Koalitionsbruch gewesen sein, auch wenn sie dies bis heute bestreiten.

3   Epilog

Es ist ein Luxusproblem, das Hamburgs neuen Bürgermeister Olaf Scholz nach der Bürgerschaftswahl plagte: knapp zwei Dutzend Senatoren- und Staatsräte dank der absoluten SPD-Mehrheit zu benennen – nicht ganz so einfach angesichts der dünnen sozialdemokratischen Personaldecke in Hamburg.[26] Unterdessen stürzten bei CDU und Grünen die bisherigen Spitzenleute mitunter ins Bodenlose: Christoph Ahlhaus hatte im Rennen um den künftigen CDU-Vorsitz ebenso das Nachsehen wie der bisherige Landeschef Frank Schira, der wiederum auch seinen Job an der Spitze der Bürgerschaftsfraktion verlor. Bei den Grünen durfte Anja Hajduk wenigstens als Fraktionsvize weiter machen, Ex-Vizebürgermeisterin Christa Goetsch war nur noch einfache Abgeordnete.

Schwarz-Grün in Hamburg – ein Fiasko? Nicht für Ole von Beust. Die Koalition sei „kein Fehler gewesen"[27], sagte er noch wenige Tage vor der Hamburg-Wahl bei einem seiner seltenen Auftritte. Und deshalb müsse Schwarz-Grün auch künftig eine Option für seine Partei sein. Mit dieser Position war er in der CDU ziemlich einsam im März 2011 – nicht nur in Hamburg.

Endnoten

[1] Die Grünen nennen sich in Hamburg Grün-Alternative Liste (GAL), im weiteren Verlauf dieses Textes werden sie allerdings der Verständlichkeit halber immer die Grünen genannt.

[2] Gunther Latsch: Der Interimsbürgermeister, in: DER SPIEGEL vom 31. Januar 2011, S. 36-37.

[3] Vgl. SPIEGEL ONLINE vom 17. April 2008: „Freunde auf Zeit".

[4] „Sprengsatz" (http://www.sprengsatz.de) vom 21. Februar 2011: „Das Ende von Schwarz-Grün".

[5] SPIEGEL ONLINE vom 18. Februar 2008: „Der Mit-allen-Regierer".

[6] Die rechtspopulistische Schill-Partei war benannt nach dem ehemaligen Hamburger Richter und Politiker Ronald Barnabas Schill. Von 2001 bis 2004 war sie Koalitionspartner der CDU-geführten Senatsregierung unter von Beust.

[7] Vgl. SPIEGEL ONLINE vom 7. Mai 2008: „Frühlingsgefühle in Hamburg".

[8] Welt am Sonntag vom 21. Februar 2010: „So viel Harmonie war noch nie".

[9] Frankfurter Rundschau vom 21. April 2010: „Ole aus der Krachmacherstraße".

[10] SPIEGEL ONLINE vom 18. Juli 2010: „Ole von Beust gibt Rücktritt bekannt".

[11] Süddeutsche Zeitung vom 21. Februar 2011: „Deutscher Alltag".

[12] SPIEGEL ONLINE vom 27. September 2008: „Die Grünen und ihr unvermeidlicher Moorburg-Wortbruch".

[13] Hamburger Abendblatt vom 20. Juli 2010: „Die Lehren des 18. Juli".

[14] Frankfurter Rundschau vom 16. Dezember 2010: „Schwarz-Grün ist gegessen".

[15] Vgl. STERN vom 28. Januar 2008: „Wann haben Sie geweint?".

[16] Vgl. Ludger Volmer: Die Grünen: Von der Protestbewegung zur etablierten Partei – Eine Bilanz, v.a. S. 158-162.

[17] Freytag trat zum 1. März 2010 als CDU-Chef und zum 17. März 2010 als Finanzsenator zurück.

[18] Vgl. SPIEGEL ONLINE vom 16. März 2008: „Schwarz-grüne Spitzen demonstrieren Nähe – und fremdeln doch".

[19] Welt am Sonntag vom 3. Mai 2009: „Eine sehr glückliche Vernunftehe".

[20] Hamburger Abendblatt vom 27. Februar 2010: „Regierung merkwürdig unentschlossen. Dem Bündnis fehlt die zündende Idee".

[21] Frankfurter Allgemeine Zeitung vom 9. März 2010: „Hamburg – ein Modell?".

[22] Süddeutsche Zeitung vom 29. November 2010: „Lauter kleine Tröpfchen und ein heftiger Guss".

[23] Vgl. die Studie von Mitarbeitern des Göttinger Politologen Franz Walter zur Soziologie des S-21-Protests: http://www.demokratie-goettingen.de/aktuelles/explorative-studie-zu-den-protesten-gegen-stuttgart-21/.

[24] Vgl. Die Welt vom 16. September 2010: „Dann muss es eben Streit sein".

[25] Vgl. Die Welt vom 25. November 2010: „Merkel stellt klar: Der Gegner sind jetzt die Grünen".

[26] Vgl. SPIEGEL ONLINE vom 22. Februar 2011: „Senat, verzweifelt gesucht".

[27] Die Welt vom 11. Februar 2011: „Ole von Beust: Schwarz-Grün war kein Fehler".

Peter Müller

Politik neu denken
Eine Zwischenbilanz der Jamaika-Koalition im Saarland

Seit einigen Jahren wirbt das Saarland mit dem Slogan „Wir fangen schon mal an!" Gemeint ist damit: Wenn der richtige Zeitpunkt gekommen ist, eine neue Idee umzusetzen, dann tun wir das – und warten nicht ab, bis auch andere soweit sind. So schlugen die Landesvorsitzenden von CDU, FDP und Bündnis90/Die Grünen, als sie am 9. November 2009 in der saarländischen Staatskanzlei ihren Koalitionsvertrag unterschrieben, damit auch ein neues Kapitel in der bundesdeutschen Parteiengeschichte auf. Zum ersten Mal kam in einem deutschen Bundesland das zustande, was man in Anlehnung an die politische Farbenlehre eine „Jamaika-Koalition" nennt. Zum ersten Mal übernahmen drei Parteien mit höchst unterschiedlichen Programmatiken und Mitgliederstrukturen gemeinsam die Verantwortung für die Bildung einer Landesregierung. Vorausgegangen waren mehr als zwei Monate der Sondierungen und Koalitionsverhandlungen, der innerparteilichen Diskussionen und schließlich der Beschlussfassungen auf den Landesparteitagen.

1 Die Entstehung der schwarz-gelb-grünen Koalition im Saarland: Von der Idee zum Vertrag

Bei der Landtagswahl am 30. August 2009 hatten die Wählerinnen und Wähler eine Konstellation herbeigeführt, die es in dieser Form im Saarland noch nicht gegeben hatte. Insgesamt hatten fünf Parteien den Einzug in den saarländischen Landtag geschafft und keine dieser fünf Parteien hatte eine absolute Mehrheit inne. Da die Mehrheitsverhältnisse zudem weder eine schwarz-gelbe noch eine rot-grüne noch eine rot-rote Koalition zuließen und da die Saar-SPD zu Verhandlungen über eine große Koalition nicht bereit war, blieben als realistische Möglichkeiten nur noch eine rot-rot-grüne und eine schwarz-gelb-grüne Koalition übrig. In beide Richtungen wurden unmittelbar nach dem Wahltag Sondierungen aufgenommen.

Zwar galt das Saarland schon seit längerem als eines derjenigen Bundesländer, in denen politische Beobachter die Voraussetzungen für eine Kooperation
zwischen CDU und Bündnis 90/Die Grünen am ehesten gegeben sahen. Trotzdem waren diese Sondierungen natürlich begleitet von skeptischen Fragen – auch
innerhalb der CDU: „Kann ein solches Modell funktionieren? Was heißt das für
die CDU? Müssen wir nicht zu große Zugeständnisse machen?" Für die CDU
kam es bei den Sondierungsgesprächen deshalb vor allem darauf an zu prüfen,
ob mit den potentiellen Partnern eine Weiterführung der erfolgreichen Arbeit der
letzten zehn Jahre möglich wäre. Das Saarland war in der Regierungszeit der
CDU zu einer der wachstumsstärksten Regionen der Bundesrepublik geworden.
Der Strukturwandel wurde auf der Basis einer Innovationsstrategie konsequent
umgesetzt. Wir hatten die Weichen gestellt für ein demografiefestes und sozial
gerechtes Bildungsangebot. Die Förderung von Familien und Kindern stand im
Mittelpunkt unserer Sozialpolitik. Und wir hatten uns zur Konsolidierung des
Haushaltes auf die Einhaltung fester Regeln zur Begrenzung und Vermeidung
öffentlicher Schulden verpflichtet. Von Anfang an war für uns klar, dass es nur
dann eine schwarz-gelb-grüne Koalition geben könnte, wenn die politische
Handschrift der CDU weiterhin erkennbar bleiben und die großen Linien der
Modernisierung unseres Landes beibehalten würden.

In den von allen drei Parteien mit ernsthaftem Interesse geführten Sondierungen zeigte sich schon bald, dass es in vielen Punkten einen Konsens zwischen
den Gesprächspartnern gab, der zu einer tragfähigen Plattform für ein gemeinsames Regierungshandeln entwickelt werden konnte. Was die strittigen Punkte
anging, gewannen die Sondierungspartner die Überzeugung, dass hier in den
meisten Fällen sinnvolle Kompromisse möglich waren und sich ein breiter und
überzeugender Korridor für das politische Handeln eröffnen ließ. Auch bei den
wenigen verbliebenen unverrückbaren Forderungen zeichnete sich ab, dass sie
die wechselseitige Zumutbarkeitsgrenze nicht überschreiten würden.

Für Kenner der saarländischen Politikszene war diese Entwicklung nur begrenzt überraschend. Denn gerade für eine Zusammenarbeit zwischen der CDU
und Bündnis90/Die Grünen gibt es im Saarland bessere Voraussetzungen als in
vielen anderen Bundesländern. Das hat mit der Kleinräumigkeit des Landes und
seiner Sozialstruktur zu tun. Die sozialen Milieus, aus denen die Parteien ihre
Mitglieder rekrutieren, grenzen sich hier nicht streng voneinander ab. Auch die
Kommunikation zwischen den politischen Akteuren hat in unserem Bundesland
eine große Intensität, die sich in anderen Bundesländern so nicht beobachten
lässt. Man kennt sich im Saarland und man schätzt sich auch über Parteigrenzen
hinweg. So entsteht ein politisches Binnenklima, das getragen wird von großem

wechselseitigen Respekt, von einer gemeinsamen Verantwortung für die Entwicklung des Landes und einer Kultur der Ermöglichung von Lösungen. Eine wichtige Rolle spielen dabei auch die historischen Erfahrungen in der wechselvollen Geschichte des Landes. Sie haben dazu geführt, dass die Menschen hier dem ideologischen Denken eher abgeneigt sind und stattdessen stärker auf einen gesunden Pragmatismus, auf Ausgleich und auf Harmonie setzen. Diese besondere saarländische Mentalität hat die Bildung einer schwarz-gelb-grünen Allianz sicher begünstigt.

Eine der wichtigsten Voraussetzungen für das Zustandekommen der Jamaika-Koalition im Saarland dürfte zudem gewesen sein, dass es keine politischen Essentials gab, in der die Partner gegensätzliche Positionen vertraten. Das betraf im Saarland vor allem die Haltung zum Steinkohlebergbau. Die künftigen Koalitionspartner Bündnis 90/Die Grünen, FDP wie auch die CDU hatten bereits Mitte der 1990er Jahre in der für das Saarland zentralen Frage des Steinkohlebergbaus vergleichbare Vorstellungen. Alle drei Parteien waren sich – im Gegensatz zur SPD – einig, dass das sozialverträgliche Auslaufen des Steinkohlebergbaus wesentliche Voraussetzung für die dringend notwendige Beschleunigung des Strukturwandels war. Auch bei Großprojekten – etwa im Verkehrsbereich – gibt es im Saarland zwischen Bündnis 90/Die Grünen und dem bürgerlichen Lager nur begrenztes Konfliktpotential – im Wesentlichen wegen der gegebenen infrastrukturellen Ausgangssituation. Und speziell im Bereich der Energiepolitik liegen die grünen Positionen im Saarland näher bei der CDU als bei der SPD.

Entscheidend war schließlich, dass alle drei Parteien in einem solchen Bündnis eine einmalige Chance für die politische Kultur weit über die Landesgrenzen hinaus sahen; die Chance nämlich, eine alte und nicht mehr zeitgemäße ideologische Blockbildung zu überwinden und die ökonomischen, ökologischen und sozialen Kompetenzen der drei Parteien in einem neuen schwarz-gelb-grünen Projekt zu bündeln. Ökonomie, Ökologie und soziale Sicherheit sollten – so sahen es alle Seiten – nicht mehr gegeneinander ausgespielt und als sich gegenseitig ausschließende politische Zielvorstellungen gesehen werden. Ganz im Gegenteil erforderte es die Dimension der aktuellen und künftigen politischen Herausforderungen, alle drei Bereiche als integrale Bestandteile eines geschlossenen nachhaltigen Politikmodells zu betrachten. Trotzdem – oder gerade deshalb – waren sich alle Seiten einig, dass nicht die ideologische Leidenschaft, sondern die politische und pragmatische Vernunft die treibende Kraft in einer schwarz-gelb-grünen Regierung sein würde. Jamaika, das war allen Beteiligten von Anfang an klar, würde keine Liebesheirat werden, sondern eine Vernunftehe.

Vor dem Hintergrund dieser gemeinsamen Einschätzungen entschlossen sich CDU, FDP und Bündnis 90/Die Grünen, in Koalitionsverhandlungen einzutreten. Hier war es Ziel aller Partner, möglichst konkrete und detaillierte Vereinbarungen zu treffen. Dies zum einen, um bei innerparteilichen Diskussionen und schließlich den Beschlussfassungen auf den Landesparteitagen belastbare Aussagen zu haben. Zum anderen aber auch, um das alltägliche Regierungsgeschäft von Interpretationsfragen zu entlasten, die dann entstehen, wenn Koalitionsvereinbarungen von vagen Formelkompromissen und oberflächigen, unpräzisen Vereinbarungen geprägt sind. Dieses allseitige Interesse an klaren Vereinbarungen hat zu langen und intensiven Koalitionsverhandlungen mit zahlreichen beteiligten Fachleuten aus den drei Parteien geführt, die dann im November 2009 erfolgreich zum Abschluss gebracht und deren Ergebnisse im Koalitionsvertrag festgehalten wurden.

2 Der Koalitionsvertrag von CDU, FDP und Bündnis 90/Die Grünen im Saarland: Präzise Regelungen für eine effiziente Regierungsarbeit

Der Koalitionsvertrag trägt den Titel „Neue Wege für ein modernes Saarland. Die Zukunft nachhaltig gestalten" und ist ein Vertragswerk von über neunzig Seiten, in dem klar und detailliert die gemeinsame Politik der kommenden Jahre definiert wurde. Die gemeinsame Philosophie des Jamaika-Projektes im Saarland haben die beteiligten Partner in der Präambel formuliert. Dort heißt es u.a.: „Wir – CDU, FDP und Grüne im Saarland – sind gemeinsam der Überzeugung, dass wir mit dem vorliegenden Koalitionsvertrag den Kompass besitzen, um unserem Land den richtigen Weg in die Zukunft zu weisen. Wir begreifen die Koalition unserer drei Parteien als ein gemeinsames schwarz-gelb-grünes Projekt, das mehr ist als die Summe von politischen Kompromissen: Wir sind überzeugt, dass dieses Projekt dazu beiträgt, politische Gegensätze in unserem Land zu überwinden, die Menschen zusammen zu führen und ein breites gesellschaftliches Bündnis zur ökonomischen, ökologischen und sozialen Erneuerung des Saarlandes zu schmieden."

Entscheidend für die CDU war dabei, dass ihre Regierungspolitik der vergangenen zehn Jahre in ihren Grundzügen über das Jahr 2009 weitergeführt werden konnte. Das galt zunächst für den ökonomischen Strukturwandel und die Fortsetzung unseres Wachstums- und Modernisierungskurses für die Saarwirtschaft. Das klare Bekenntnis zum Industrieland Saarland mit Schwerpunkt auf

der Stahl-, Maschinenbau- und Automobilindustrie, der sozialverträgliche Ausstieg aus dem Steinkohlebergbau, die aktive Mittelstandsförderung, der Abbau
von bürokratischen Hürden und Auflagen, die Förderung von Existenzgründun-
gen, die Unterstützung von Handel, Gewerbe und Dienstleistungen, die Weiterentwicklung der Innovationsstrategie, der forcierte Ausbau unserer Hochschulen
zu Kompetenzzentren in den modernen Zukunftstechnologien, die Förderung
des Wissens- und Technologietransfers und schließlich die Bedeutung des Saarlandes als Standort einer modernen Energiewirtschaft: All das waren Kernforde-
rungen von unserer Seite, die ohne Abstriche im Koalitionsvertrag festgeschrie-
ben wurden.

Hinzu kam das massive Interesse der CDU an der Fortsetzung einer insgesamt sehr erfolgreichen Arbeitsmarktpolitik im Saarland. Immerhin hatte es das
Saarland in den Jahren zuvor geschafft, die Arbeitslosigkeit massiv zurückzuführen. Zählte man im Saarland 1999 im Jahresdurchschnitt noch über 50.000 Arbeitslose, so betrug diese Zahl im November 2009 nur noch 37.000 – und dies
mitten in der Finanz- und Wirtschaftskrise. War das Saarland 1999 der westdeutsche Flächenstaat mit der höchsten Arbeitslosigkeit, so hatten 2009 nur noch
Bayern, Baden-Württemberg, Hessen und Rheinland-Pfalz weniger Arbeitslose
als das Saarland. Bei den Ausbildungsplätzen lag unser Bundesland sogar an der
Spitze im Bundesländervergleich. Neben der guten Konjunktur in der Stahl- und
Automobilindustrie war diese positive Entwicklung auch zahlreichen arbeits-
marktpolitischen Maßnahmen der Landesregierung zu verdanken, die sich vor
allem auf die Bekämpfung der Jugend- und Altersarbeitslosigkeit konzentriert
hatten. Diesen Kurs ungebrochen fortzusetzen, war eine weitere conditio sine qua
non, die auch so von unseren Verhandlungspartnern akzeptiert wurde. Gleiches
galt auch für die Haushaltspolitik. Hier sollte der strikte Sparkurs, den die alte
Landesregierung all die Jahre eingehalten hatte, unmittelbar nach der Bewältigung der Finanz- und Wirtschaftskrise streng nach den Maßgaben der Schuldenbremse wieder aufgenommen werden. Das hieß, dass ab 2011 das jährliche
Haushaltsdefizit um 10 Prozent reduziert werden muss. Auch insoweit haben wir
mit den Partnern von FDP und Bündnis 90/Die Grünen Einvernehmen erzielt.

Insgesamt war es der CDU in den Koalitionsverhandlungen gelungen, in
den Kernbereichen der bisherigen Landespolitik die Kontinuität sicher zu stellen.
Das galt auch für wichtige Handlungsfelder im Bereich der Schulpolitik. Die von
der alten CDU-Landesregierung eingeleiteten Maßnahmen zur Verbesserung der
Struktur und der Qualität der schulischen Bildung – vom achtjährigen Gymnasium bis zu den neu eingeführten zentralen Abschlussprüfungen beim Erwerb des
mittleren Bildungsabschlusses – werden von den Koalitionspartnern mitgetragen.

Verhandlungsbedarf gab es bei der Weiterentwicklung der Schulstruktur im Saarland. Hier war die CDU angetreten mit dem klaren Anspruch, für alle Kinder gleiche Bildungschancen in einem durchlässigen Schulsystem zu schaffen – und dies ohne eine Absenkung des Bildungsniveaus und ohne eine Infragestellung des Gymnasiums. Demgegenüber setzten Bündnis 90/Die Grünen auf einen Umbau des Schulwesens hin zu einer Gemeinschaftsschule, auf der alle Schulabschlüsse bis zum Abitur nach 13 Jahren absolviert werden können. In den Verhandlungen ist es gelungen, diese beiden diametral entgegengesetzten Standpunkte auf ein gemeinsames Modell hin zu entwickeln. Die Einigung bestand in der Schaffung eines „Zwei-Säulen-Modells", in dem zwei Schulformen nebeneinander existieren: zum einen das Gymnasium, in dem das Abitur nach zwölf Schuljahren absolviert werden kann; zum andern eine Gemeinschaftsschule ab Klasse sechs, in der die Realschulen und Gesamtschulen zusammengeführt werden und auf dem das Abitur nach dreizehn Jahren erworben werden kann. Zur Verlängerung des gemeinsamen Lernens – eine Kernforderung der Grünen – sollte der Unterricht in der fünften Klasse für alle Schüler in die Grundschule verlagert werden, sofern es dafür die notwendige verfassungsändernde Mehrheit im Landtag und eine breite gesellschaftliche Akzeptanz gäbe. Zudem wird das dritte Kindergartenjahr zum Vorschuljahr umgewandelt werden. Dieser „Schulkompromiss" wurde von allen Partnern insofern als zukunftsweisend angesehen, als er die gegensätzlichen gesellschaftlichen Erwartungen und Forderungen hinsichtlich unseres Schulsystems gleichermaßen erfüllte und damit geeignet ist, auf Dauer eine Befriedung der Schulpolitik zu gewährleisten. Darüber hinaus verständigte man sich darauf, das Bildungswesen grundsätzlich von Einsparungen auszunehmen. Die „demographische Rendite" soll in den Schulen bleiben und zur Verbesserung der Bildungsqualität genutzt werden. Schwieriger gestalteten sich die Verhandlungen über die Abschaffung der Studiengebühren, die von der Vorgängerregierung eingeführt worden war. Für die Grünen handelte es sich um ein Essential, was von der CDU und der FDP im Interesse des Gesamtprojektes unter Beibehaltung von Studiengebühren für Langzeitstudenten letztlich akzeptiert wurde.

In der Energiepolitik einigte man sich auf einen forcierten Ausbau der erneuerbaren Energien mit dem Ziel, ihren Anteil am Stromverbrauch bis zum Jahr 2020 auf 20 Prozent zu steigern, wobei allerdings der Bau von neuen und modernen fossilen Kraftwerken nicht ausgeschlossen wurde. Am Ausstieg aus dem Steinkohlebergbau im Jahr 2012 wurde festgehalten. Hinsichtlich des Ausstiegs aus der Atomwirtschaft auf Bundesebene einigte man sich darauf, im Bundesrat gegen jegliche Laufzeitverlängerungen der Atomkraftwerke zu stimmen.

Hinzu kamen eine Reihe von Vereinbarungen zum besseren Klima-, Um-
welt- und Naturschutz, die Änderungen etwa im Landesjagdgesetz, in der Wald-
bewirtschaftung und in der Landesentwicklungsplanung notwendig machen.
Hier gab es natürlich einzelne Forderungen, die insbesondere bei den Jägern auf
wenig Gegenliebe stießen. Ähnlich verhielt es sich mit dem Nichtraucherschutz,
den Bündnis 90/Die Grünen weit über das von uns ein Jahr zuvor verabschiedete
Nichtraucherschutzgesetz hinaus verschärft sehen wollte. So sehr Forderungen
solcher Art von Seiten der Grünen bei einem Teil der CDU- Wählerschaft wenig
Begeisterung hervorrufen, so sehr sind sie jedoch weit davon entfernt, den zentralen Grundsätzen christdemokratischer Politik zuwiderzulaufen. Dies galt letztlich für alle Kompromisse, die sowohl die FDP als auch die CDU eingegangen
sind.

3   Zwischenbilanz nach einem Jahr: Jamaika funktioniert!

Die Erwartungen, die von Seiten der CDU in die schwarz-gelb-grüne Koalition
gesetzt wurden, haben sich bis heute weitestgehend erfüllt. Entgegen der vielfach
geäußerten skeptischen Prognosen über die Stabilität der neuen Koalition, kann
man nach über einem Jahr des gemeinsamen Regierens feststellen: Die Jamaika-
Koalition im Saarland funktioniert. Sie zeigt sich handlungsfähig, geschlossen
und stabil. Die Zusammenarbeit der Akteure ist vertrauensvoll. Wo Dissens besteht, sucht man konstruktiv nach Lösungen. Die in der Koalitionsvereinbarung
angekündigten Akzente für eine ökonomische, ökologische und soziale Weiterentwicklung des Landes wurden gesetzt.
Insbesondere zeigt sich bereits in diesem ersten Jahr, wie wichtig ein detailliert ausgearbeiteter Koalitionsvertrag ist, in dem strittige Fragen von vornherein
geklärt wurden. Wie von uns erhofft und erwartet, erweisen sich die detaillierten
Koalitionsverhandlungen als eine lohnende Investition in eine weitgehend rei-
bungslose Regierungsarbeit. Diese wird zudem gefördert durch eine – wie ich zu
behaupten wage – bundesweit einzigartige Kommunikationskultur innerhalb
einer Regierungskoalition. So tagt nicht nur regelmäßig der Koalitionsausschuss,
in dem die Spitzen der Parteien und Fraktionen zusammenkommen. Parallel
hierzu tagen auch die Fraktionen in gemeinsamen Sitzungen, so dass auch die
Abgeordneten und die Fraktionsmitarbeiter unmittelbar am Koalitionsgeschehen
beteiligt sind. Hinzu kommt eine Vielzahl unmittelbarer Kontakte zwischen allen
Beteiligten. Auf diese Art und Weise können Missverständnisse und Irritationen
schnell ausgeräumt und sich anbahnende Konfliktfelder früh eruiert und einge-
grenzt werden.

Es ist genau diese „Unternehmenskultur" innerhalb der Jamaikakoalition, die sich als Garant für eine vertrauensvolle Zusammenarbeit und hohe Stabilität erweist und die es uns ermöglicht hat, zahlreiche im Koalitionsvertrag vereinbarte Maßnahmen bereits im ersten gemeinsamen Regierungsjahr umzusetzen. So hat die Jamaika-Koalition ihr Versprechen einer konsequenten Bildungsvorrangpolitik gehalten, die allen saarländischen Schülern und Schülerinnen – unabhängig von ihrer sozialen Herkunft – gleiche und gute schulische und berufliche Chancen eröffnen soll. Deshalb hat die Landesregierung den Bildungsbereich von den generellen Einsparquoten ausgenommen, den Bildungetat um fünf Prozent gesteigert und den demografiebedingten Rückgang beim Lehrerbedarf nicht zu Einsparungen genutzt, sondern zu Qualitätsverbesserungen. In diese Richtung zielt auch eine neue G 8-Stundentafel und die Einführung eines flächendeckenden Förderunterrichts für Kinder mit Lese- und Rechtschreibschwäche bis Klasse 9. Gleichzeitig haben wir die Betreuungsangebote in schulischen Bereich stark ausgebaut: Um wie vorgesehen das dritte Kindergartenjahr zum Vorschuljahr weiter zu entwickeln, wird es ab dem Schuljahr 2011/2012 ein Kooperationsjahr Kindergarten-Grundschule geben, das bereits in diesem Schuljahr in zahlreichen Grundschulen und Kindertageseinrichtungen modellhaft praktiziert wird. Auch die Vorschläge der Regierung für eine Schulstrukturreform liegen auf dem Tisch. Künftig soll es im Saarland ein 2-Säulen-Modell für die allgemeinbildenden Schulen im Lande geben: die Gemeinschaftsschule, an der alle Abschlüsse bis zum Abitur (13 Schuljahre) erworben werden können und das Gymnasium, an dem wie bisher in zwölf Schuljahren das Abitur möglich ist. Schüler und Eltern haben dabei ein Höchstmaß an Wahlfreiheit. Deshalb ist bereits seit Anfang 2010 die verbindliche Schullaufbahnempfehlung nach Ende der Grundschulzeit abgeschafft worden. Hinsichtlich des gemeinsamen 5. Grundschuljahres zeigte sich, dass sowohl die notwendige breite gesellschaftliche Akzeptanz als auch die Mehrheit für eine Verfassungsänderung fehlten. Das Projekt wird daher nicht weiterverfolgt.

Auch bei der Intensivierung einer nachhaltigen ökologische Entwicklung hat die neue Landesregierung wichtige Akzente gesetzt. Die Stärkung des Tierschutzes durch die Einführung eines Verbandsklagerechts, mehr Standorte für Windkraftanlagen durch die Änderung des Landesentwicklungsplans Umwelt und mehr Mittel für den öffentlichen Personennahverkehr sind erste Schritte auf diesem Weg. Mit Hochdruck arbeitet die Regierung derzeit am Masterplan „Neue Energie", der für die kommenden Jahrzehnte Perspektiven einer nachhaltigen Energieversorgung aufzeigen soll, die den Belangen des Klimaschutzes, der Wirtschaftlichkeit und der Versorgungssicherheit Rechnung trägt. Aber auch mit umweltverträglichen Verkehrskonzepten, wie etwa dem Vernetzungsmodell Elektromobilität, dem Radverkehrswegplan und dem Nachtbussystem schafft die schwarz-gelb-grüne Koalition Grundlagen, um ihre ehrgeizigen Klimaschutzpläne zu erreichen.

Die Nagelprobe für das gemeinsame Regierungshandeln der Jamaika-Koalition war schließlich die Verabschiedung des Landeshaushaltes. Der Haushalt 2011, der erste unter dem Diktat der Schuldenbremse, war ein Kraftakt, den alle Koalitionspartner gemeinsam stemmten, obwohl die Verminderung des Haushaltsdefizits um zehn Prozent schmerzliche Einschnitte und harte Sparmaßnahmen bei alle Beteiligten erforderte. Zur Einhaltung der Schuldenbremse war ein Sparpaket von rund 80 Millionen Euro notwendig. Davon sollen rund 30 Millionen Euro bei den Personalausgaben und 20 Millionen Euro bei Baumaßnahmen gespart werden. Weitere rund 30 Millionen Euro werden in der Verwaltung, bei den Landesämtern und durch Strukturmaßnahmen bei der Sozialhilfe eingespart. Ausgenommen von den Sparmaßnahmen bleibt wie vereinbart der Bildungsbereich. So stellt die Landesregierung allein für den Bereich der Hochschulen in den nächsten drei Jahren zusätzlich rund 35 Millionen Euro zur Verfügung.

4   Schwarz auf Gelb und Grün: Die Handschrift der CDU in der Jamaika-Koalition

Bei der öffentlichen Bewertung der Arbeit der schwarz-gelb-grünen Koalition im Saarland ist zu bedenken, dass Drei-Parteien-Koalitionen bei den Wahlberechtigten in Deutschland nach wie vor einen schweren Stand haben. Dadurch wird eine Tendenz verstärkt, die in einem Kommentar der WELT einmal auf die Formel gebracht wurde: „Wer regiert, verliert". Gemeint ist damit die Erfahrung, dass die Ergebnisse des Regierungshandelns häufig besser sind als ihre öffentliche Wahrnehmung und Würdigung. Bei Koalitionsregierungen wird dieses Grundthema zudem in der Variante gespielt, dass einzelnen Partnern mehr oder weniger Durchsetzungsfähigkeit bei der Umsetzung der eigenen Positionen bescheinigt wird. Das war auch im Saarland nicht anders. In ersten Kommentierungen wurde von den Medien zuweilen die „grüne Handschrift" in der saarländischen Jamaika-Koalition betont. Doch je länger die neue Regierung im Amt ist, desto mehr zeigt sich, dass sich das christdemokratische „Bohren dicker Bretter" mit Leidenschaft und Augenmaß politisch auszahlt.

Dies gilt zunächst für die Wirtschaftspolitik. Die Stärkung des Wirtschaftsstandortes ist eines der Hauptanliegen der neuen Landesregierung. Dazu war es notwendig, den dramatischen konjunkturellen Einbruch im Krisenjahr 2009 zu bewältigen. Dies ist erfolgreich gelungen. Die saarländische Wirtschaft ist wieder auf dem Weg nach oben – und das schneller als in den meisten anderen Bundesländern. Dieser wirtschaftliche Boom strahlte auch auf den Arbeitsmarkt aus. Obwohl das Saarland überdurchschnittlich von den Auswirkungen der Wirtschafts- und Finanzkrise betroffen war, hat das Land jetzt mit aktuell rund 38.000 Arbeitslosen wieder das Vorkrisenniveau erreicht. Auch die Ausbildungsplatzbilanz fällt positiv aus. Alle Jugendlichen sind versorgt; es gibt mehr offene Stellen als Bewerber. Insgesamt zeigt sich: Mit der Verlängerung der Kurzarbeitergeldregelung, dem 270 Mio. umfassenden Konjunkturpaket des Landes und des Bundes sowie dem Kompetenzcenter „55 plus" hat die neue Landesregierung die richtigen Rahmenbedingungen gesetzt, um die Wirtschafts- und Finanzkrise vernünftig zu überstehen.

Das christdemokratische Profil ist auch deutlich sichtbar im Bereich der inneren Sicherheit. Hier tun wir nach wie vor alles dafür, dass das Saarland eines der sichersten Bundesländer bleibt, u.a. indem wir die Ausstattung der Polizei ständig modernisieren. Auch in der Sozialpolitik der Landesregierung sind die Schwerpunkte der CDU unverkennbar. So ist für uns Armut in einem reichen Land nicht hinnehmbar. Bereits in der letzten Legislaturperiode hatten wir deshalb eine Studie zur Armut im Saarland in Auftrag gegeben. Die Ergebnisse wurden in den letzten Monaten in einen Handlungsplan integriert. Um zur Eindämmung der Armut vor allem bei Kindern und Jugendlichen gezielt Maßnahmen ergreifen zu können, hat die Landesregierung zusätzlich eine entsprechende Untersuchung in Auftrag gegeben. Zentrales Anliegen unserer Politik ist es, den Teufelskreis aus materieller Armut, Ausgrenzung und Resignation zu durchbrechen. Gleichzeitig sind die Maßnahmen zur Stärkung junger Familien erweitert und verbessert worden. Auch bei der Verbesserung der Integration von Zuwanderern mit dem besonderen Schwerpunkt auf der frühen Sprachförderung bereits vor Eintritt ins Schulalter, den Maßnahmen im Bereich der Pflege von Alten und Behinderten, der Politik für eine wohnortnahe und bedarfsgerechte Gesundheitsversorgung, den Präventionsprojekten gegen Sucht-, Kriminalitäts- und Gesundheitsgefährdung sowie der Maßnahmen zur Senkung der Schulabbrecherzahlen hatte die alte CDU-Landesregierung bereits Weichen gestellt, die im Kern auch in der neuen Koalition gelten.

Das gilt auch für die Einhaltung der Schuldenbremse. Sparpolitik ist nicht populär, aber unumgänglich. Umso wichtiger ist es für uns, dass gerecht gespart wird. Vor diesem Hintergrund haben wir uns im Saarland mit den Koalitionspartnern auf den Grundsatz verständigt, dass starke Schultern mehr tragen müssen als schwache – ein Grundsatz, der zum Grundinventar christdemokratischen Gedankenguts gehört. Neben Einnahmeverbesserungen durch eine moderate Anhebung der Grunderwerbsteuer setzten wir deshalb den Schwerpunkt der Einsparungen bei den Personalausgaben in der Landesverwaltung, im Baubereich und in den allgemeinen Verwaltungsausgaben. Hinzu kam die Einführung einer sozialverträglichen Beitragsstaffelung für das bis dahin beitragsfreie dritte Kindergartenjahr, für die Schülerbeförderungskosten und für die Elternbeiträge in den Ganztagsschulen. Auf diese Art ist es gelungen, trotz Ausgabensteigerungen im Bildungs- und Sozialbereich im ersten Jahr der Schuldenbremse deren Vorgaben zu erfüllen. Mit der Einrichtung einer Haushaltsstrukturkommission, in der Vertreter aus Politik, Wirtschaft und Arbeitnehmerschaft gemeinsam mit der Landesregierung nach vertretbaren und vernünftigen Einsparmöglichkeiten suchen, greift die Landesregierung auf Sachverstand zurück, der ein breites Spektrum der Gesellschaft repräsentiert. Für die Landesregierung führt an der Schuldenbremse als Ausdruck praktizierter Generationengerechtigkeit und des Prinzips der Nachhaltigkeit kein Weg vorbei: feste Regeln zur Haushaltskonsolidierung verhindern, dass zu hohe öffentliche Schulden der jungen Generation ihre Zukunftschancen rauben.

5   Fazit

Die veränderte gesellschaftliche Wirklichkeit hat zu einer Neustrukturierung der politischen Landschaft geführt. Dieser Veränderung kann sich die Politik nicht entziehen, weil sie von den Wählerinnen und Wählern ausgeht und sich in den Sitzverteilungen der Parlamente niederschlägt – nicht nur im Saarland. Für die Politik ergibt sich daraus die Verpflichtung, eingespielte Verhaltensmuster und vordergründige Selbstverständlichkeiten des politischen Betriebes auf den Prüfstand zu stellen. So muss Politik mehr als bisher im Dialog und im Austausch mit den Bürgerinnen und Bürgern sowie den unterschiedlichen gesellschaftlichen Gruppen geplant und vollzogen werden. Und bei der Suche nach stabilen und handlungsfähigen Regierungsbündnissen ist ein ideologisches Lagerdenken, das die Gesellschaft mit virtuellen Trennlinien durchziehen, nicht mehr zeitgemäß: Wir können die Probleme von morgen nicht mit den Konzepten von gestern lösen. Genau darin liegt eine Chance neuer politischer Bündnisse: Sie können vielfältige Kompetenzen und Sichtweisen zusammenzuführen zu anderen und besseren politischen Lösungen. Im Saarland haben wir damit schon mal angefangen. Und wir sehen: Es geht.

Christoph Hartmann

Jamaika im Saarland
Ein Blick auf das koalitionäre Konfliktmanagement

Schon am Wahlabend der Landtagswahl im Saarland am 30. August 2009 kristallisiert sich mit den ersten Hochrechnungen heraus, dass das Saarland nur durch eine Koalition regiert werden kann. Unter der Vielzahl der rechnerisch denkbaren Koalitionen verbleiben drei, die nicht schon im Vorfeld der Wahl ausgeschlossen worden sind: die Große Koalition zwischen CDU und SPD, ein rot-rot-grünes Linksbündnis und eine Koalition zwischen CDU, FDP und Grünen – kurz Jamaika[1] genannt. Allerdings wird die Große Koalition nur noch für den Fall in Betracht gezogen, dass keines der Dreierbündnisse zu Stande kommt.[2]

Von den übrigen möglichen Bündnissen setzt sich am Ende Jamaika durch – obwohl noch lange Zeit nach der Wahl Rot-Rot-Grün von den Medien erwartet wird. Vorausgegangen ist ein Verhandlungsmarathon, wie er wohl selten vor einer Regierungsbildung stattfand. Diese dauert über zwei Monate. In dieser Zeit werden die Weichen für eine konstruktive Zusammenarbeit innerhalb der Koalition gestellt und die Basis für ein funktionierendes Konfliktmanagement geschaffen. Am 9. November 2009 unterzeichnen die Landesvorsitzenden von CDU, FDP und Bündnis 90/Die Grünen den bundesweit ersten Koalitionsvertrag einer Jamaika-Koalition auf Landesebene.

Das Fünfparteiensystem, das sich mittlerweile auch in den westdeutschen Bundesländern wiederfindet[3], wirkt sich auch auf die Regierungsbildung im Saarland aus. Karl-Rudolf Korte spricht von einem „asymmetrischen, changierenden Fünfparteiensystem [...] mit weitreichenden Konsequenzen sowohl für die Regierungsbildung im Bund als auch in den westdeutschen Ländern"[4]. Die Folge: „Jenseits der Großen Koalition sind entlang der tradierten parteipolitischen Lager keine Bündnisse mehr kalkulierbar mehrheitsfähig."[5]

Auch die Wahlentscheidung der Saarländer stellt die Politik vor die Aufgabe, eine Koalition außerhalb der tradierten Bündniskonstellationen zu finden. Erfahrungsgemäß bergen solche Bündnisse erhebliches Konfliktpotenzial.[6] Die Herausforderung bei der Regierungsbildung besteht darin, ein Bündnis zu schaffen, das sich als politisch handlungsfähig erweisen wird – im Hinblick sowohl auf

die politische Entscheidungsfindung als auch auf die personelle Zusammensetzung, die Inhalte und deren Umsetzung. Die Handhabung der sich aus einer
solchen Koalition ergebenden Konflikte ist entscheidend für den dauerhaften
Bestand von Koalitionen. Das Konfliktmanagement der Jamaika-Koalition soll
daher Gegenstand der folgenden Ausführungen sein.

1   Konfliktmanagement – eine Notwendigkeit bei Koalitionen

Unter Konfliktmanagement versteht man gemeinhin die „Feststellung, Steuerung
und Regelung von Konflikten durch spezifische Handhabungsformen [...]."[7] Im
Rahmen der folgenden Ausführungen soll es dabei aber nicht nur um das Konfliktmanagement im oben beschriebenen Sinne (Wie gehen die Parteien mit bestehenden Konflikten oder Konfliktpotenzialen um?) gehen, vielmehr soll die
Fragestellung durch den Aspekt der Konfliktprävention ergänzt werden (Wie
kann die Zusammenarbeit der Koalitionspartner organisiert werden, um Konflikte zu vermeiden?).

Konfliktmanagement ist Teil jeder Koalition, allerdings sind die Anforderungen hieran bei einer Jamaika-Koalition höher. Parteien werben unter anderem
mit konkurrierender Programmatik um die Gunst der Wähler. Wenn sich mehrere Parteien dazu entschließen, gemeinsam Regierungsverantwortung zu übernehmen, bergen schon die vorhandenen Divergenzen in den Inhalten Konfliktpotenzial. Bei Jamaika erhöht sich dieses weiter durch die programmatische Bandbreite.

In diesem Umfeld kommt der Verständigung auf eine gemeinsame inhaltli-
che Linie und der Umsetzung derselben eine besondere Bedeutung zu. Keine
Partei möchte lediglich als Mehrheitsbeschaffer wahrgenommen werden. Jede
Partei möchte möglichst viel von ihrer Programmatik durchsetzen und damit
dafür sorgen, dass sie als Partei sowohl für ihre Anhänger als auch für potenzielle
Wähler sichtbar bleibt.

Neben der programmatischen Bandbreite birgt Jamaika als Dreier-Koalition
besondere Risiken im Hinblick auf die Stabilität. Dreier-Koalitionen sind besonders fragil, denn Koalitionen haben zwischen den Koalitionspartnern konstrukti-
onsbedingte Sollbruchstellen, in denen Spaltkräfte wirken können. Je mehr Partner eine Koalition aufweist, desto mehr Sollbruchstellen gilt es im Auge zu behalten. Doch nicht nur dieser horizontale Aufbau birgt Konfliktpotenzial. Auch die
Einbindung und Zustimmung der Parteigremien auf der vertikalen Achse innerhalb der beteiligten Parteien erfordern einen hohen Abstimmungsbedarf bei unterschiedlicher emotionaler Involvierung der Parteimitglieder in das Koalitions-

geschehen. Eine Regierungskoalition ist nur dann stabil, wenn die beispielsweise im Koalitionsausschuss gefundenen Kompromisse von der jeweiligen Parteibasis mitgetragen werden. Das setzt voraus, dass von Seiten der Parteispitze für einen ausreichenden Informationsfluss gesorgt wird.

Auch exogene Faktoren beeinflussen die Stabilität. Bei den hiesigen Koalitionsverhandlungen ist das beispielsweise die Verschuldung des Saarlandes und die im Rahmen der Schuldenbremse eingegangene Verpflichtung, das strukturelle Haushaltsdefizit in zehn Jahren auf Null zurückzuführen. Das erfordert drastische Einschnitte, die die Handlungsspielräume der Koalitionäre einengen und die Koalition zusätzlich belasten können.

Ohne Strategien der Konfliktvermeidung und -lösung können diese Konfliktpotenziale eine enorme Sprengkraft für den Bestand einer Koalition entwickeln. Mit Jamaika auf Landesebene betreten wir Neuland. Es gibt deshalb keine Blaupausen für die Organisation einer solchen Zusammenarbeit. Zwar gab es bisher mit den beiden Ampelkoalitionen in Bremen (1991 bis 1995) und Brandenburg (1990 bis 1994) bereits Dreierkoalitionen unter Beteiligung von FDP und Grünen, die allerdings beide vorzeitig scheiterten. Ebenso ging die schwarz-grüne Koalition in Hamburg (2008 bis 2010) vorzeitig in die Brüche.

Als Vorbild können diese Koalitionen daher nicht dienen, schon gar nicht im Hinblick auf ein erfolgreiches Konfliktmanagement. Streit, Alleingänge, mangelhafte Kommunikation, persönliche Animositäten, nicht eingehaltene Absprachen sowie das Fehlen einer belastbaren inhaltlichen Basis sind für das Scheitern dieser Koalitionen verantwortlich.[8] Hinzu kommt, dass eine zerstrittene Außendarstellung von der Bevölkerung auf Dauer nicht goutiert wird. Der erste Streit setzt meist eine Eskalation in Gang, bei der am Ende alle Beteiligten die Verlierer sind.[9] Die Profilschärfung der einzelnen Partner darf deshalb nicht auf Kosten der übrigen erfolgen, weil das unweigerlich zu einem Koalitionsproblem, zu Zerstrittenheit und zu negativer Außendarstellung führt. Die Koalition muss stattdessen als Einheit wahrgenommen werden, die das Land gemeinsam nach vorne bringt.

Die Schlüsse, die daraus zur Bildung von Jamaika gezogen werden, lauten:

- Bei den **Inhalten** muss sich jeder Koalitionspartner wiederfinden können, sonst wird das zur Destabilisierung der Koalition beitragen.
- Erforderlich ist ein **Koalitionsvertrag**, der möglichst viele voraussehbare Streitfragen im Vorhinein klärt und die gemeinsamen Ziele und Positionen möglichst detailliert festhält. Die Basis dafür ist im Saarland durch umfassende Sondierungsgespräche und **Koalitionsverhandlungen**, mit der Maßgabe Gründlichkeit vor Schnelligkeit gelegt.

- Mit den handelnden **Personen** muss eine vertrauensvolle Zusammenarbeit möglich sein.
- Kommunikation und Zusammenarbeit müssen funktionieren.

Auf die einzelnen Punkte wird im Folgenden näher eingegangen werden.

2 Inhalte

Die Bestimmung einer Schnittmenge – im Sinne einer Suche nach gleichen inhaltlichen Positionen – ist nicht mehr hinreichend für eine Koalitionsbildung. Zur „Suche nach ideologischen Überschneidungen"[10] gesellt sich nun auch die Suche nach sinnvollen „programmatischen Ergänzungen"[11]. Karl-Rudolf Korte vergleicht diese neue Form der Zusammenarbeit zwischen Koalitionspartnern in Analogie zu Unternehmenszusammenschlüssen mit einer Art ‚Holding': „Allianzübergreifend sind [...] mehrere Partei-Unternehmen verbunden. Die Holding profitiert von den Unterschieden in den Einzelgesellschaften. Sie [...] kann so große Unterschiede unter ein Dach bringen."[12]

Die von Korte beschriebene Situation gibt es auch im Saarland. Der Spitzenkandidat der Grünen, Hubert Ulrich, stellt schon im Vorfeld der Landtagswahl Bedingungen an die möglichen Koalitionen Jamaika und Rot-Rot-Grün, die die inhaltlichen Schnittmengen deutlich reduzieren. In einem Zeitungsinterview noch während des Wahlkampfes macht er das Jamaika-Bündnis davon abhängig, dass „wir [...] eine wirklich andere Umwelt- und Klimapolitik gekoppelt [...] mit einer dezentralen Energieversorgung hinbekämen, wenn wir eine sozial gerechte und moderne Bildungspolitik einschließlich der Abschaffung der Studiengebühren umsetzen können, wenn wir einen echten Nichtraucherschutz durchsetzen können, dann ist das [Jamaika, Anm. d. Verf.] eine genauso diskutable Variante wie etwa Rot-Rot-Grün. [...] Die Inhalte machen es."[13]

Aber auch für Rot-Rot-Grün stellt Ulrich Bedingungen. Im selben Interview sagt er: „[...] in zwei Bereichen hakt es: Oskar Lafontaine will den Bergbau weiterführen, das wird es mit uns nicht geben. Und dann die Familienpolitik, die für meine Begriffe fast schon reaktionär ist."[14] Außerdem sieht er die „destruktive Europapolitik"[15] der Linken als Hürde an auf dem Weg zu Rot-Rot-Grün.[16]

Betrachtet man die Bedingungen, die an die Bildung von Jamaika geknüpft werden, so verbergen sich hinter jedem dieser Stichpunkte parteipolitische Hürden, die nicht so ohne weiteres genommen werden können. Jeder der Partner muss Zugeständnisse eingehen. Exemplarisch seien die folgenden Beispiele genannt: So muss sich die FDP im Rahmen der Koalitionsverhandlungen von der

Liberalisierung der Ladenöffnung und der Wahlfreiheit für die Gastronomen im Bereich des Nichtraucherschutzes verabschieden. Die Grünen müssen auf die bildungspolitische Forderung nach längerem gemeinsamem Lernen bis zum 9. Schuljahr verzichten. Im Rahmen der Koalitionsverhandlungen wird zwar noch ein weiteres gemeinsames 5. Grundschuljahr zugebilligt, aber auch das ist mittlerweile gescheitert. Die CDU muss zugunsten von mehr Bürgerbeteiligung ihren Widerstand gegen Volksbegehren aufgeben und auf die automatisierte Kfz-Kennzeichenerfassung verzichten.

Diese Auswahl an unterschiedlicher Positionierung zeigt, dass die gemeinsame politische Basis erst definiert werden muss. Dazu sind Kompromisse und Zugeständnisse von allen Beteiligten erforderlich. Am Ende kann sich jeder Verhandlungspartner im Koalitionsvertrag wiederfinden. Ganz entscheidend aber ist die Verständigung im Bereich Finanzen, denn der gemeinsame politische Wille muss sich letztendlich auch im Landeshaushalt abbilden lassen. Vor dem Hintergrund der Verschuldung des Saarlandes entscheiden sich die Koalitionspartner daher dazu, an der Schuldenbremse festzuhalten.[17]

Aus liberaler Sicht gibt es jedoch mit den Koalitionspartnern auch eine Vielzahl von Überschneidungspunkten. Diese finden sich in fast allen Politikbereichen. Im Hinblick auf Bürgerrechte sind die Ziele der Liberalen und Grünen im Saarland nahezu deckungsgleich. Das betrifft vor allem den Datenschutz, Onlinedurchsuchungen, die automatisierte Kfz-Kennzeichenerfassung, die präventive Telekommunikationsüberwachung und die Videoüberwachung. Auch die Forderung nach einem sofortigen Bergbauausstieg wird von Grünen und Liberalen gleichermaßen vertreten.

Zu den politischen Zielen, die CDU und Liberale gemeinsam verfolgen, zählt beispielsweise die Absicherung des Gymnasiums in der saarländischen Verfassung. Beide sprechen sich gegen eine Initiative zur Einführung eines Mindestlohnes aus und setzen sich für verbesserte steuerliche Rahmenbedingungen für den Mittelstand ein.

3   Koalitionsvertrag und Koalitionsverhandlungen

Eine Lehre aus dem Scheitern der Bremer Ampelkoalition lautet, „alle Streitfragen bereits in den Koalitionsverhandlungen zu klären und detaillierte Positionen im Koalitionsvertrag festzuhalten."[18]

Die für Jamaika besondere Herausforderung, die programmatische Bandbreite in einen präzisen Vertrag zu fassen, der den Fahrplan für die gemeinsame Regierungszeit vorgibt, besteht nun darin, schon während der Verhandlungen möglichst umfassend die Konfliktpotenziale zu identifizieren und darüber hinaus auch die entsprechenden Lösungen bereits im Koalitionsvertrag aufzuzeigen. Entsprechend aufwendig gestalten sich die Verhandlungen. Schon bei den Sondierungsgesprächen wird deshalb außergewöhnlich präzise auf Detailfragen eingegangen. Dort wird im Kreis der Spitzenkandidaten festgelegt, wo Verhandlungsspielräume liegen und welche Positionen aus jeweiliger Parteisicht unverrückbar sind. Das Ziel ist, einen Koalitionsvertrag zu schmieden, bei dem sich die Handschrift jedes einzelnen Koalitionspartners deutlich wiederfindet.

Allein die Sondierungsgespräche dauern sechs Wochen – eine ungewöhnlich lange Zeit, um auszuloten, mit welchen Parteien Koalitionsverhandlungen geführt werden sollen. Daran lässt sich ablesen, dass es sich die Verhandlungspartner nicht einfach machen und der Detaillierungsgrad weit über das übliche Maß von Sondierungsgesprächen hinausgeht. So umfasst etwa das entsprechende Ergebnisprotokoll der späteren Koalitionspartner 15 eng beschriebene DIN-A4-Seiten. Somit ist Transparenz hergestellt, mit welcher der beiden Optionen, Jamaika oder Rot-Rot-Grün, welche Politik zu realisieren ist. Auf Basis des von den Landesvorsitzenden der Jamaika-Koalition unterzeichneten Papiers entscheiden sich die Grünen auf ihrem Landesparteitag am 11.10.2009 mit 78 Prozent der Stimmen zugunsten von Jamaika und gegen Rot-Rot-Grün.[19] Aufgrund der Sondierungsgespräche ist der Rahmen für die nachfolgenden Koalitionsverhandlungen zwischen CDU, FDP und Grünen vorgegeben. Die weitere Abstimmung erfolgt in acht Arbeitsgruppen, die sich aus Vertretern der beteiligten Parteien zusammensetzen.

Nach weiteren vier Wochen ist so der erste Koalitionsvertrag einer Jamaika-Koalition auf Landesebene erarbeitet. Damit liegt die Gesamtverhandlungsdauer bei zehn Wochen (zum Vergleich: die Verhandlungen zur Bildung einer schwarz-gelben Bundesregierung im Jahr 2009 dauerten insgesamt drei Wochen; Sondierungsgespräche im Vorfeld hatten sich hier erübrigt, da beide Koalitionspartner eine Koalitionsaussage zugunsten von Schwarz-Gelb schon im Vorfeld der Bundestagswahl getroffen hatten und diese Koalition auch nach der Wahl rechnerisch möglich war). Der Jamaika-Koalitionsvertrag zeichnet sich durch einen besonders hohen Detaillierungsgrad aus. Er ist so präzise, dass er nicht laufend hinterfragt werden muss; so umfassend, dass er lückenlos zu allen landespolitisch relevanten Themen Stellung bezieht; so ausgewogen, dass sich jeder Koalitionspartner darin wiederfindet.

4 Personen

Wenn Inhalte die Stabilität einer Koalition beeinflussen, dann gilt das insbesondere auch für die handelnden Personen – sowohl im positiven als auch im negativen Sinne. Inhalte können das Entstehen der Jamaika-Koalition allein nicht erklären.

Karl-Rudolf Korte analysiert im Jahr 2010 mit den Worten: „Es ist [...] weniger die Logik von Lagern oder Problemen, die zu einer potenziellen Koalition führt, sondern das personale Arrangement der Spitzenakteure. Dabei dreht es sich nicht um Grade von Sympathiewogen. Vielmehr stehen die zentralen politischen Ressourcen im Zentrum: Vertrauen, Verlässlichkeit, Wertschätzung, Integrität, Respekt. [...] Die Namen Hubert Ulrich (Grüne) [und] Oskar Lafontaine (Die Linke) [...] stehen dabei stellvertretend für Verhandlungsspielräume, die sich erweiterten bzw. verengten, weil sie mit diesen Personen existenziell und individuell verknüpft waren. Insofern gründet dieser strategische Koalitions-Kontext nicht primär auf gemeinsamen Interessen oder Ideen, sondern auf Personen, die sich trauen und deshalb eine gemeinsame politische Zukunft anstreben."[20]

Wie wichtig Personalfragen sind, erweist sich schon in den Sondierungsgesprächen. So zeigt sich der Grünen-Landeschef, Hubert Ulrich, besorgt im Hinblick auf zwei Abgeordnete der Linken, die noch wenige Monate zuvor für die Grünen Politik gemacht haben – in einem Fall sogar als Landtagsabgeordnete.[21] Die Verlässlichkeit dieser beiden Abgeordneten wertet Ulrich als „ein großes Problem bei der Mehrheitsbildung"[22]. Aus Sicht der Grünen wird weiteres Vertrauen in Die Linke zerstört, als Oskar Lafontaine sein Mandat im Deutschen Bundestag zugunsten des Linken-Fraktionsvorsitzes im saarländischen Landtag aufgibt und die Grünen als deren potenzielle Koalitionspartner dieses noch während der Sondierungsgespräche aus der Presse erfahren müssen.[23] Ulrich sieht das als „absoluten Affront gegen Rot-Rot-Grün"[24].

Dagegen arbeiten die Akteure der Jamaika-Koalition vertrauensvoll zusammen. Man kennt sich aus langjähriger politischer Tätigkeit, bei der man bereits die Erfahrung gemacht hat, dass einmal getroffene Absprachen auch eingehalten werden. Außerdem hat Ministerpräsident Peter Müller mit seiner großen Erfahrung als Regierungschef entscheidend zum Zustandekommen der Koalition beigetragen, die heute noch hiervon profitiert.

Zusammenfassend kann man sagen: Das Personaltableau bei Jamaika passt und das Spitzenpersonal von Jamaika bringt die von Korte geforderten Ressourcen Vertrauen, Verlässlichkeit, Wertschätzung, Integrität und Respekt mit.

5   Politische Zusammenarbeit und Kommunikation

Als „nicht nachahmenswert"[25] bezeichnet Bundeskanzlerin Angela Merkel den Diskussionsstil in der schwarz-gelben Koalition Mitte 2010. Bei der Diskussion um die Einführung der Kopfpauschale beschimpfen sich FDP und CSU wechselseitig mit den Begriffen „Wildsau"[26] und „Gurkentruppe"[27]. Die Aktion provoziert eine Reaktion und setzt einen rhetorischen Schlagabtausch der Koalitionspartner in der Öffentlichkeit in Gang.

Dies zeigt, dass eine stabile Koalition eine gut funktionierende Kommunikation braucht. Denn trotz eines umfassenden Koalitionsvertrages besteht weiterhin Abstimmungsbedarf, bis der gemeinsam formulierte politische Wille schließlich in Gesetze gefasst ist. Bei Jamaika wird in der Sache hart und unter Ausschluss der Öffentlichkeit verhandelt, bis man sich auf eine Position verständigt hat. Wenn die Meinungsbildung aber abgeschlossen ist, wird diese Position auch geschlossen nach außen vertreten. Das unterscheidet Jamaika zum Beispiel von den Ampelkoalitionen der frühen 90er Jahre.

Die Entscheidungsfindung erfolgt dabei in verschiedenen Gremien. Die wichtigsten sind der Koalitionsausschuss und der Ministerrat (Kabinett), die regelmäßig tagen. Während der Ministerrat über konkrete Gesetzentwürfe und über sonstige schriftliche Vorlagen abstimmt, behandelt der Koalitionsausschuss grundlegende Fragen, die einer Konsensfindung bedürfen. Er setzt sich zusammen aus Vertretern der Regierung, der Landtagsfraktionen und der Parteien und bildet den vertikalen Zusammenschluss zwischen Regierung, Parlament und Koalitionsparteien. Der Koalitionsausschuss ist innerhalb des Konfliktmanagements das Instrument, das operativ die Koalitionsarbeit begleitet, für die Feinabstimmung unter den Koalitionären sorgt und im Konfliktfall Konsens herbeiführt.

Diesem Zweck dienen auch die „Verabredungen zur politischen Zusammenarbeit"[28], denen im Koalitionsvertrag ein eigenes Kapitel gewidmet ist. Dort werden Prinzipien festgelegt, die Konflikte vermeiden sollen. Solche Absprachen sind fester Bestandteil von Koalitionsverträgen. Die wohl bekannteste ist das Gebot, sich der Stimme im Bundesrat zu enthalten, wenn in Bundesratsangelegenheiten keine Übereinkunft über das Abstimmverhalten erzielt werden kann. Diese Absprache findet sich in den meisten Länderkoalitionsverträgen – auch bei Jamaika.[29]

In allen übrigen Angelegenheiten verständigen sich die Koalitionspartner auf das Konsensprinzip – und nicht etwa auf das Mehrheitsprinzip. Wechselnde Mehrheiten sollen damit vermieden werden, und im Landtag (im Plenum und in den Ausschüssen) sowie im Ministerrat wird kein Koalitionspartner überstimmt. Gesetzentwürfe, Anfragen und Anträge werden erst eingebracht, wenn zuvor Einvernehmen hergestellt wurde.[30]

6 Eine (Zwischen-)Bilanz

Für das Zustandekommen der Jamaika-Koalition müssen von allen Seiten teilweise schmerzhafte Kompromisse eingegangen werden. Außerhalb dieser Kompromisse existiert aber auch eine hinreichend breite inhaltliche Schnittmenge, die als Fundament dient, auf dem die Koalition aufbauen kann. Jenseits dieser Schnittmenge gibt es Themen, mit denen sich das Profil der Koalitionspartner schärfen lässt. Gerade diesem Punkt wird anfangs nicht genügend Beachtung geschenkt. Konfliktpotenzial entwickelt sich deshalb aus einer Ecke, aus der man es am wenigsten erwartet: aus den eigenen Reihen.

Jeder Koalitionspartner hat mehr oder weniger mit Vorwürfen der eigenen Anhänger zu kämpfen, bei denen es darum geht, zu kompromissbereit in den Koalitionsverhandlungen gewesen zu sein. Teile der Basis klagen darüber, dass sich die eigenen politischen Positionen nicht ausreichend in der Koalitionspolitik wiederfinden. Durch mehr Transparenz und eine bessere Informationspolitik innerhalb der Parteien können diese Vorwürfe entkräftet werden. Die eigenen Anteile an der gemeinsamen Koalitionspolitik müssen in der parteiinternen Kommunikation besser herausgearbeitet werden. Darüber hinaus werden Politikfelder, die für einen Koalitionspartner als identitätsstiftend wahrgenommen werden, stärker zur Profilschärfung eingesetzt. Bei den Liberalen ist das die Wirtschaftspolitik, bei den Grünen die Umweltpolitik.

Mittlerweile arbeitet die Jamaika-Koalition im Saarland knapp zwei Jahre zusammen. Von den skizzierten Startschwierigkeiten einmal abgesehen, kann eine durchweg positive Bilanz gezogen werden. Die Instrumente des Konfliktmanagements, allen voran der Koalitionsausschuss, arbeiten effizient und geräuschlos. Gleiches gilt für die Abstimmung der Regierungsarbeit innerhalb des Kabinetts.

Jeder Koalitionspartner ist bisher bereit, für das Funktionieren der Koalition seine ideologischen Scheuklappen ein Stück weit abzulegen. Damit hat sich dem Saarland die einzigartige Chance eröffnet, trennendes politisches Denken zu überwinden. An seine Stelle ist eine gemeinsame Politik der ökonomischen, ökologischen und sozialen Modernisierung getreten, auf die man sich im Koalitionsvertrag verständigt hat. Die Agenda, die sich die Koalitionäre vorgenommen haben, wird Punkt für Punkt abgearbeitet. Nach außen tritt die Koalition mit einer Stimme auf. Beim Abstimmungsverhalten der Koalitionäre kann Konsens erzielt werden. Koalitionsgefährdende Alleingänge bleiben aus. Das auf Prävention ausgerichtete Konfliktmanagement innerhalb der Jamaika-Koalition hat sich bewährt.

Bei der Frage, ob Jamaika nun eine Option für andere Bundesländer oder sogar für die Bundesebene ist, muss man sich vor Augen führen, dass besondere Faktoren im Saarland zusammengekommen sind, die sich nicht einfach auf andere Gegebenheiten übertragen lassen. Aufgrund des Fünfparteiensystems wird Jamaika noch häufiger als Option diskutiert werden (siehe Hessen und NRW). Ob diese Option dann auch gezogen werden wird, wird auch davon abhängen, wie sich das Projekt Jamaika im Saarland entwickeln wird. Die bisher gemachten Erfahrungen zeigen: Wenn Inhalt, Koalitionsvertrag, Personen und Kommunikation stimmen, kann es funktionieren. Zumindest für die Wahlkämpfe der Zukunft sollte man deshalb Jamaika nicht ausschließen.

Endnoten

[1] Die Begriffe *Jamaika* und auch *Jamaika-Koalition* werden auch im Folgenden als Synonym für die Koalition zwischen CDU, FDP und Bündnis 90/Die Grünen verwendet.

[2] Vgl. Guido Peters: Landtags-Parteien auf der Suche nach Koalitions-Partnern, in: Saarbrücker Zeitung vom 10. September 2009.

[3] Am Stichtag 30. Juni 2011 waren bundesweit in 13 von 16 Landesparlamenten mindestens fünf Parteien vertreten.

[4] Karl-Rudolf Korte: Neue Qualität des Parteienwettbewerbs im „Superwahljahr", in: Aus Politik und Zeitgeschichte 38/2009, S. 3-8, S. 3.

[5] Ebd.

[6] Vgl. die frühzeitig beendeten Ampelkoalitionen in Bremen (1991-1995) und Brandenburg (1990-1994) sowie die gescheiterte schwarz-grüne Koalition in Hamburg (2008-2010).

[7] Gabler Verlag (Hrsg.): Gabler Wirtschaftslexikon, Stichwort: Konfliktmanagement, URL: http://wirtschaftslexikon.gabler.de/Archiv/85839/konfliktmanagement-v5.html, abgerufen: 2. März 2011.

[8] Vgl. Gordon Repinski: Ampelkoalitionen: Gescheitert an der Piepmatz-Affäre, in: www.spiegel.de vom 1. Februar 2008 sowie Ohne Verfasser: GAL beendet schwarz-grüne Koalition, in: www.spiegel.de vom 28. November 2010.

[9] Vgl. hierzu beispielsweise die Auseinandersetzung zwischen CSU und FDP im Zusammenhang mit der Einführung der Kopfpauschale. Näheres unter „ Politische Zusammenarbeit und **Kommunikation**".

[10] Karl-Rudolf Korte: Die Konsensmaschine stottert, in: Die Zeit 43/2008 vom 16. Oktober.

[11] Ebd.

[12] Ebd.

13 SZ-Sommergespräch: Grünen-Landeschef Hubert Ulrich im Interview mit Oliver Schwambach, in: Saarbrücker Zeitung vom 11. Juli 2009.

14 Ebd.

15 Guido Peters: Grüne setzen hohe Hürden für Linksbündnis, in: Saarbrücker Zeitung vom 2. September 2009.

16 Vgl. ebd.

17 Die Entscheidung des Verfassungsgerichtshofes für das Land Nordrhein-Westfalen vom 15. März 2011 über die Verfassungswidrigkeit des rot-grünen Landeshaushaltes (Aktenzeichen: VerfGH 20/10) bestätigt die Koalitionäre in dieser Auffassung.

18 Vgl. Repinski: Ampelkoalitionen: Gescheitert an der Piepmatz-Affäre.

19 Vgl. Guido Peters: Saar-Grüne machen Weg für erste Jamaika-Koalition im Bund frei, in: Saarbrücker Zeitung vom 12. Oktober 2009.

20 Karl-Rudolf Korte: Wie bilden sich zukünftig Koalitionen? – Antworten aus der politikwissenschaftlichen Theorie, in: Das Ende der Volksparteien? – Analysen & Auswege, Forschungsjournal Neue Soziale Bewegung 1/2010, Jg. 23, S. 27-30, S. 29f.

21 Vgl. Peters: Grüne setzen hohe Hürden für Linksbündnis.

22 Ebd.

23 Vgl. Guido Peters: Lafontaine düpiert die Grünen an der Saar, in: Saarbrücker Zeitung vom 10. Oktober 2009.

24 Ebd.

25 Matthias Bartsch/Petra Bornhöft/ Ulrike Demmer u. a.: Die Trümmerfrau, in: Der Spiegel 24/2010 vom 14. Juni, S. 20-29, S. 28.

26 Ebd.

27 Ebd.

28 Ohne Verfasser: Neue Wege für ein modernes Saarland – den Fortschritt nachhaltig gestalten, Koalitionsvertrag für die 14. Legislaturperiode des Landtages des Saarlandes (2009-2014), S. 91, URL: http://www.fdpsaar.de/images/cms/download/files/Koalitionsvertrag-Saarland.pdf, abgerufen: 15.2.2011.

29 Vgl. ebd., S. 93.

30 Vgl. ebd., S. 91-93.

Adolf Kimmel

Jamaika im Saarland
„Ein neues Kapitel in der Parteiengeschichte der Bundesrepublik"?[1]

1   Das Wahlergebnis: „Herbst der Volksparteien" im Sommer

Die Wahl zum saarländischen Landtag vom 30. August 2009 hatte folgendes Ergebnis: CDU 34,5% (-13), SPD 24,5% (-6,3), FDP 9,2% (+4,0), Grüne 5,9% (+0,3), Linkspartei 21,3% (2004 noch nicht angetreten), Sonstige 4,5% (-6,4).

Die seit 1999 allein regierende CDU blieb die deutlich stärkste Partei, musste aber geradezu dramatische Verluste hinnehmen. Seit der Rückgliederung des Saarlandes war es ihr zweitschlechtestes Ergebnis.[2] Der Rückgang der SPD war zwar nur halb so groß, aber die Partei hatte schon 2004 erhebliche Einbußen hinnehmen müssen (-13,6). Es war ihr schlechtestes Ergebnis bei einer Landtagswahl überhaupt. Die im Saarland traditionell schwache FDP konnte ihren Stimmenanteil fast verdoppeln, während sich die im Saarland ebenfalls schwachen Grünen auf niedrigem Niveau behaupteten. Die Überraschung war das unerwartet gute Ergebnis der erstmals bei einer Landtagswahl antretenden Linkspartei. Sie verdankte ihren Triumph vor allem dem im Saarland immer noch sehr populären früheren Ministerpräsidenten Oskar Lafontaine, dem es gelang, viele Wähler, die von der SPD enttäuscht und nicht mehr zur Wahl gegangen waren, wieder zu mobilisieren.[3] Mit seinen nun fünf Fraktionen (2004 hatte es erstmals vier gegeben[4]) bietet der Landtag ein für die Saarländer ungewohntes Bild.

Mit diesem Wahlergebnis waren drei Koalitionen rechnerisch und politisch denkbar: Rot-Rot-Grün, Jamaika oder die Große Koalition. Während es seit 1985 nur Alleinregierungen einer Partei – CDU oder SPD – gegeben hatte, erreichte nun nur noch die Zweierkoalition der beiden Wahlverlierer eine Mehrheit. Die SPD hatte der Großen Koalition schon im Wahlkampf eine deutliche Absage erteilt und das Angebot des Ministerpräsidenten und CDU-Landesvorsitzenden Peter Müller am Wahlabend zu Gesprächen wurde mit Gelächter quittiert. Blieben also nur die beiden Dreier-Bündnisse, die bisher noch in keinem Bundesland zustande gekommen waren. Es würde also in jedem Fall nicht nur für das Saarland eine politische Premiere geben.

2 Der lange Weg nach Jamaika: Sondierungsgespräche und Koalitionsverhandlungen

Da die Grünen vor der Wahl weder eine explizite Koalitionsaussage beschlossen noch sich zu einer klaren Präferenz bekannt hatten, hing es von ihnen ab, welches der beiden Dreierbündnisse zustande kommen würde. Gewiss ist in einem Fünf-Parteien-System ein hohes Maß an Flexibilität der Parteien nötig, um Blockaden nach einem nicht eindeutigen Wahlausgang zu vermeiden, aber es ist doch wünschenswert, dass die Parteien eine Präferenz erkennen lassen, damit der Wähler nicht „die Katze im Sack kaufen" muss. Hat er gar keinen Einfluss mehr auf die parteipolitische Zusammensetzung der künftigen Regierung und spielt sich die Koalitionsbildung unter dem Ausschluss der Öffentlichkeit ab, so droht die Politikverdrossenheit zuzunehmen und die Wahlbeteiligung weiter zu sinken.

Die Zurückhaltung der Führung der Grünen in dieser Frage ist allerdings verständlich, denn ihre Sympathisanten sind gespalten und eine Festlegung auf eine Seite – und sei es nur in der abgeschwächten Form einer Präferenz – hätte eine Abwendung eines Teils ihrer Wähler zur Folge haben können. Für eine Partei, die die Umfragen konstant bei 5% sahen, hätte dies wiederum – wie schon 1980, 1985, 1990 und 1999 – bedeuten können, nicht im Landtag vertreten zu sein. Allerdings gab es unter den Grünen-Anhängern eine klare Präferenz für den SPD-Landesvorsitzenden Heiko Maas als Ministerpräsidenten im Vergleich zu Peter Müller (59:29).[5] Bei der Vorstellung des Wahlprogramms der Grünen am 15. Mai erklärte der Landesvorsitzende Hubert Ulrich, mit der SPD gebe es „die größten Schnittmengen". Im Wahlprogramm selbst heißt es, das Saarland brauche „nach zehn Jahren konservativer Regierung [...] dringend einen Wechsel. Die mit absoluter Mehrheit regierende CDU ist verbraucht, sie bedrückt die Menschen durch rücksichtslose Machtausübung, missachtet Bürgervoten und verhält sich obrigkeitsstaatlich [...] Wir Grüne wollen dem Saarland eine bessere Zukunft bieten. Dazu ist es erforderlich, die CDU-Regierung abzulösen." Insofern musste der Eindruck entstehen, die Grünen favorisierten ein Zusammengehen mit der SPD und nicht mit der „verbrauchten" CDU.

Allerdings ließen die Umfragen keinen Zweifel daran, dass Rot-Grün allein keine Mehrheit erreichen würde, dass dazu ein dritter Partner nötig war: die FDP oder die Linkspartei. Ulrichs Erklärung – vor und vor allem nach der Wahl –, dass seine Aussage, er wolle Heiko Maas als Ministerpräsidenten, nur für die

Ampel, also mit der FDP, gemeint sei, kann zwar als eine Präferenz verstanden werden, aber da eine solche Koalition – abgesehen davon, dass SPD und FDP inhaltlich in vielen Fragen ziemlich weit auseinander lagen – nie eine realistische Chance auf die Mehrheit hatte,[6] konnte sie kaum als eine ernsthafte Option gelten, sondern erscheint eher als ein Ablenkungsmanöver, eine Verschleierung. Seine Versicherung, die Grünen würden keinen Kandidaten der Linken –„weder Oskar Lafontaine noch einen anderen" – zum Ministerpräsidenten wählen, war zwar überflüssig, denn eine solche Wahl stand nie zur Debatte, aber sie deutet schon auf das Hindernis hin, das Rot-Rot-Grün im Wege stand: das Verhältnis zwischen den Grünen und der Linkspartei.

Im Wahlkampf balancierte Ulrich geschickt zwischen den beiden Optionen Jamaika und Rot-Rot-Grün, sodass er keine Gruppierung seiner kleinen Partei verprellte. Einmal erklärte er, dass Jamaika „eine genauso diskutable Variante wäre wie Rot-Rot-Grün", wenn die Grünen damit wichtige inhaltliche Forderungen durchsetzen könnten. Dagegen seien die Unterschiede bei einer Rot-Rot-Grünen Koalition „auf dem Papier […] gar nicht so groß", denn „die Linkspartei hat ja vieles bei der SPD und bei uns aus den Programmen abgeschrieben". Es hake aber in zwei Bereichen: beim Bergbau, den Oskar Lafontaine weiterführen wolle, und bei der Familienpolitik, „die für meine Begriffe fast schon reaktionär ist".[7] Die Differenzen in den beiden genannten Feldern erschienen aber wesentlich leichter überbrückbar als jene mit der CDU, teils auch der FDP in der Bildungs- sowie in der Umwelt-, Klima- und Energiepolitik. Jamaika sei folglich „inhaltlich […] sehr, sehr weit weg"; es bestünden noch „ganz hohe Hürden".[8]

Die Grünen stellten zwar die Inhalte ihres Wahlprogramms in den Mittelpunkt ihres Wahlkampfes, aber dieser war doch eindeutig gegen die CDU gerichtet, die als der politische Gegner erschien – freilich ohne dabei alle Türen zuzuschlagen – und mit der ein verbindendes Thema nicht erkennbar war. Die CDU stellte die „rot-rote Gefahr" in den Mittelpunkt ihres Wahlkampfes, während sie die Grünen, die programmatisch zu dieser „Linksfront" gehörten – namentlich in der Bildungspolitik – durch Nichterwähnung bewusst oder unbewusst schonte. Dadurch verbaute auch die CDU nicht ein eventuelles Zusammengehen mit den Grünen. Die SPD als der bevorzugte künftige Partner blieb dagegen von Angriffen der Grünen verschont. So erscheint es nicht verwunderlich, dass Rot-Rot-Grün weithin als die wahrscheinlichste künftige Regierungskoalition galt, auch wenn es insbesondere Ulrich immer vermied, sich auf sie festzulegen. Als sie nach dem Wahlausgang auch rechnerisch möglich war, waren sich die Medien bundesweit nahezu einhellig darüber einig, dass sie auch kommen werde. Selbst aus der Grünen-Führung gab es Stimmen, die als klare Stellungnahme gegen

Jamaika verstanden werden konnten, ja mussten.[9] Auch die Saar-SPD schien sich ihrer Sache sicher zu sein, denn Maas erklärte noch am Wahlabend, es sei „sehr, sehr wahrscheinlich, dass die SPD mit in der Regierung sein wird", was nur heißen konnte, dass er nach Ablehnung der Großen Koalition Rot-Rot-Grün als die nächste Regierungskoalition betrachtete. Nachdem auch die Bundes-Führung der Grünen ihre Präferenz unverhohlen zum Ausdruck gebracht hatte,[10] schienen die Weichen eindeutig auf Rot-Rot-Grün gestellt, auch wenn sie dem saarländischen Landesverband freie Hand ließ. Allerdings konnte dem aufmerksamen Beobachter nicht entgehen, dass Ulrich, der starke Mann der Saar-Grünen, weiterhin jede Festlegung vermied und die Jamaika-Option nach wie vor nicht ausschloss. Er erklärte sogar, dass er sich durch die – von ihm erbetene – Schützenhilfe durch die SPD[11] nicht zu Rot-Rot-Grün verpflichtet fühle.[12]

Dass sich die Grünen schließlich für die kaum erwartete Jamaika-Lösung entschieden, kann man ihnen zwar nicht als einen Wortbruch à la Ypsilanti vorhalten, aber es ist nachvollziehbar, dass den Grünen und insbesondere Ulrich Wählertäuschung vorgeworfen wurde, wobei freilich Selbsttäuschung oder Wunschdenken mitspielten. Die rasche Absage der SPD an die Große Koalition war sicher ein taktischer Fehler, denn nun hatte sie gegenüber den Grünen nicht mehr die Drohung mit einer möglichen anderen Option in der Hand.

Nach der Wahl waren die Grünen jedenfalls in der Schlüsselposition, sie waren die „Königsmacher", wie Ulrich schon im Wahlkampf mit einer gewissen Selbstzufriedenheit erklärt hatte. Es hing von ihnen ab, ob die nächste Landesregierung von der CDU oder der SPD geführt wurde, ob Peter Müller weiter in der Staatskanzlei residieren würde oder ob er seinen Stuhl für Heiko Maas würde räumen müssen. In den Wochen nach der Wahl fand eine Reihe von Sondierungsgesprächen vor allem auf Betreiben der Grünen statt. Da sie die Koalitionsfrage offen gelassen hatten, war es logisch, dass sie mit allen anderen Parteien redeten.[13] Dabei traten, nicht überraschend, die weitgehenden Übereinstimmungen zwischen der SPD und den Grünen zutage. Auch Ulrich hob wiederholt „die relativ hohe Kompatibilität" hervor, insbesondere in der wichtigen Bildungspolitik, für die die Länder ein hohes Maß an Zuständigkeit besitzen. So ist durchaus verständlich, dass noch am Ende der Gespräche mit der SPD und den Grünen Anfang Oktober manche Medien „Erste Signale für Rot-Rot-Grün im Saarland", eine Annäherung zwischen den drei Parteien zu erkennen glaubten.[14]

Auch wenn der selbstbewusste und gewiefte Taktiker Ulrich[15] den Preis bei den Brautwerbern für die Grünen möglichst hoch treiben, also möglichst viel von den eigenen Vorstellungen durchsetzen wollte, muss man nicht zuletzt aus der Perspektive der schließlich zustande gekommenen Koalition konstatieren, dass er aus noch zu erläuternden Gründen wohl nicht einmal eine Präferenz für Rot-Rot-Grün hatte, sondern von vornherein die Jamaika-Option vorzog,[16] vorausgesetzt die CDU und die FDP bewegten sich inhaltlich so weit auf die Grünen zu, dass deren Parteitag diesem Bündnis zustimmen würde. In der Tat zeigten, nach der Bundestagswahl,[17] die CDU und in ihrem Gefolge die FDP ein Entgegenkommen in einem Ausmaß, das kaum für möglich gehalten wurde und die sich auch im Koalitionsvertrag niederschlugen (s.u.). Auch das personelle Angebot übertraf mit zwei Schlüsselministerien, dem Bildungsministerium und einem aufgewerteten Umweltministerium die Erwartungen.

Mit diesem verführerischen Verhandlungsergebnis fiel es Ulrich, der bereits in den vorangehenden Wochen unter den Delegierten des künftigen Parteitages für seine Präferenz nachhaltig „geworben" hatte und dessen Ortsverein Saarlouis allein mehr als ein Drittel der Delegierten stellt, leicht, den Landesparteitag am 11. Oktober 2009 davon zu überzeugen, Koalitionsverhandlungen nur mit der CDU und der FDP aufzunehmen.[18] Zudem nahm er möglicher Kritik innerparteilicher Gegner den Wind aus den Segeln, als mit Simone Peter und Klaus Kessler zwei von ihnen Ministerämter erhielten. Die Entscheidung Lafontaines, dessen Person für viele Grüne und vor allem für Ulrich ein rotes Tuch war, den Fraktionsvorsitz im Bundestag aufzugeben und sich dauerhaft im Saarland zu engagieren, war für die Entscheidung der Grünen zwar nicht mehr ausschlaggebend, hat aber zum überraschend eindeutigen Abstimmungsergebnis beigetragen.

Da die wochenlangen Sondierungsgespräche die wichtigsten Fragen schon vorgeklärt hatten, konnten die Koalitionsverhandlungen relativ rasch abgeschlossen werden. Dem in der Nacht vom 4. auf den 5. November unterzeichneten 93-seitigen Koalitionsvertrag stimmten die Parteitage der CDU am 6., die der FDP und der Grünen am 7. November mit sehr großen Mehrheiten zu (90% bei den Grünen). Am 10. November wurde Peter Müller mit allen Stimmen seiner Koalitionsabgeordneten zum Ministerpräsidenten gewählt. Am 17. November gab er im Landtag seine Regierungserklärung ab und präsentierte sein neues Kabinett, dem vier Minister von der CDU und je zwei von der FDP und den Grünen angehören.

3 Motive: Macht, Menschen, Geld?

Warum kam nicht die allgemein erwartete rot-rot-grüne Koalition zustande, sondern Jamaika? Die Frage richtet sich zwar in erster Linie an die Grünen, aber auch für die anderen Parteien ist sie von Belang. Zunächst gilt es festzuhalten, dass alle im Landtag vertretenen Parteien danach strebten, sich an der Regierung zu beteiligen. Es ist nachvollziehbar, dass die CDU trotz herber Verluste als die immer noch mit Abstand stärkste Partei nicht auf die Oppositionsbänke wechseln wollte. Nachdem die SPD eine Große Koalition rasch abgelehnt hatte, blieb nur noch Jamaika. Neben dem legitimen Bestreben, an der Regierung zu bleiben und sie zu führen, gab die CDU als Motiv immer an, man dürfe das Saarland nicht der „rot-roten Gefahr ausliefern". Die Motivlage bei der FDP sieht ganz ähnlich aus. Sie versteht sich als Regierungspartei und die einzige Möglichkeit, nach 25 Jahren in der Opposition wieder an die Regierung zu kommen war für sie Jamaika. Da also die beiden Parteien keine Regierungsalternative zu Jamaika hatten, mussten sie den Grünen große Zugeständnisse machen, um sie von einem Zusammengehen mit der SPD und der Linken abzuhalten, wenn sie sich nicht auf den Oppositionsbänken wiederfinden wollten. Die SPD favorisierte klar eine rot-rot-grüne Koalition. In dieser Koalition würde sie den Ministerpräsidenten stellen und dann deutlich mehr von ihren Vorstellungen durchsetzen können als in einer Großen Koalition, zumal die inhaltlichen Schnittmengen mit der Linken und den Grünen größer waren als mit der CDU. Auch die Linke verstand sich mit ihrem sehr guten Wahlergebnis als Regierungs- und nicht als Oppositionspartei. Ihre Wunschkoalition, auf die sie auch im Wahlkampf setzte, war allerdings Rot-Rot, also nur mit der SPD. Sie war aber auch bereit, sich an Rot-Rot-Grün zu beteiligen und dafür auch die notwendigen Kompromisse einzugehen (z.B. beim Bergbaustopp).

Besonders beneidenswert, aber auch schwierig war die Lage für die Grünen, da sie als einzige Partei für die beiden Dreier-Koalitionen in Frage kamen und auch benötigt wurden. Allerdings waren ihre Anhänger in der Koalitionsfrage gespalten.[19] Es wurde schon darauf hingewiesen, dass es in Sachfragen nur sehr geringe Unterschiede zwischen der SPD und den Grünen gab und dass das Verhältnis zwischen ihrem Führungspersonal gut war. In der gemeinsamen Oppositionszeit hatten sie bereits eng zusammengearbeitet, so dass man fast von einer „Koalition in der Opposition" sprechen konnte. Ihre Wunschkoalition war Rot-Grün und ihr Wunschkandidat als Ministerpräsident war Heiko Maas.[20] Das Problem war die Linkspartei, wie Ulrich nicht müde wurde zu unterstreichen. Zu ihr gab es gewisse inhaltliche Differenzen, die aber kein unüberwindliches Hindernis darstellten, zumal die Linke nach der Wahl in der umstrittenen Bergbaufrage Entgegenkommen zeigte und den vorgesehenen Ausstieg 2012 akzeptierte, ihn lediglich möglichst sozialverträglich gestalten wollte. Ausschlaggebend waren persönliche Gründe. Die Beziehungen zwischen den Saar-Grünen und Oskar Lafontaine sind notorisch schlecht.[21] Als SPD-Ministerpräsident hatte Lafontaine die Grünen nie als möglichen Koalitionspartner umworben, sondern sie bekämpft oder als *quantité négligeable* links liegen gelassen. Seine Politik hatte dazu beigetragen, die Grünen, für die das Saarland sozialstrukturell ohnehin ein schwieriges Terrain ist, lange Zeit unter der 5%-Marke zu halten. Auch im letzten Wahlkampf schonte Lafontaine die Grünen nicht. Er hielt eine Mehrheit allein von SPD und Linken für möglich, wenn die Grünen an der 5%-Hürde scheitern würden.[22] Zudem hielt er Ulrich für einen unsicheren Kantonisten und war davon überzeugt, er ziehe Jamaika in jedem Fall Rot-Rot-Grün vor. Der Wahlkampfslogan der Linken: „Wer grün wählt, wird sich schwarz ärgern" brachte diese Einschätzung überdeutlich zum Ausdruck. Er war auch geeignet – und gedacht –, den linken Flügel der Grünen dazu zu bewegen, die SPD (oder sogar die Linkspartei) zu wählen. Verständlicherweise entstand bei den Grünen der Eindruck, Lafontaine wolle sie aus dem Landtag drängen, wolle sie „plattmachen" (Ulrich).[23] Die überraschende Erklärung Lafontaines – zwei Tage vor dem Parteitag der Grünen, der entscheiden sollte, mit welchen Parteien Koalitionsverhandlungen aufgenommen werden sollten –, den Fraktionsvorsitz im Bundestag aufzugeben und sich künftig stärker und dauerhaft im Saarland, nämlich als Fraktionsvorsitzender, zu engagieren, brachte bei Ulrich das Fass zum Überlaufen. Lafontaines Rückkehr sei „eine absolute Belastung"; er wolle sich offenbar als „Neben-, wenn nicht als Über-Ministerpräsident" installieren und er habe „keinerlei Vertrauen zu diesem Mann und zu dieser Partei".[24]

Neben Lafontaine gab es für die Grünen, namentlich für Ulrich persönlich, eine weitere personelle Hypothek: Barbara Spaniol, Mitglied der Linken-Fraktion. Frau Spaniol war bis August 2007 eines der drei Mitglieder der Grünen-Fraktion im Landtag und wechselte dann zur Linken, blieb aber (nun fraktionslose) Abgeordnete. War sie schon dadurch für die Grünen eine Reizfigur, so betrachtete sie Ulrich als Abgeordnete einer Fraktion, mit der die Grünen eine Koalition bilden sollten, als inakzeptabel, als „ein Problem", für das die Linke eine Lösung finden, d.h. ihr Ausscheiden aus der Fraktion erreichen müsse.[25] Der Hintergrund für Ulrichs vehemente Ablehnung: Barbara Spaniol ist die Ehefrau von Andreas Pollak, früheres Mitglied der Grünen, 1994-1999 im Landtag und mehrere Jahre im Parteivorstand, und – vor allem – innerparteilicher Rivale Ulrichs. Aufgrund verschiedener Affären und innerparteilicher Grabenkämpfe besteht zwischen beiden seit längerem ein Verhältnis, das nur noch als erbitterte Feindschaft bezeichnet werden kann. Ulrich hält die beiden Abgeordneten Spaniol und Ralf Georgi[26] für „fremdgesteuert" (von Pollak[27]). Dadurch sei die Stabilität einer knappen rot-rot-grünen Mehrheit und somit auch die der Regierung gefährdet. Das Argument wirkt zumindest teilweise vorgeschoben, denn gerade nach der Rückkehr Lafontaines und seiner Wahl zum Fraktionsvorsitzenden konnte man erwarten, dass seine unbestrittene innerparteiliche Autorität – schließlich verdankt die Linke ihr sehr gutes Wahlergebnis in erster Linie ihm[28] – die Fraktionsdisziplin hätte gewährleisten können. Auch wenn Ulrichs Feindschaft gegenüber Pollak durchaus aufrichtig ist und er mit niemanden aus dessen Umgebung mehr etwas zu tun haben will, drängt sich doch auch der Eindruck auf, dass er das Argument besonders stark machte, um eine von ihm ernsthaft wohl gar nicht gewollte rot-rot-grüne Koalition, deren Ablehnung inhaltlich kaum zu begründen war, scheitern zu lassen.

Oder war es das Geld? Ist die Jamaika-Koalition „auf nicht demokratisch legitimierte Weise zustande gekommen", sondern „zusammengekauft" worden, wie Lafontaine behauptet? Zusammengekauft von einem ebenso einflussreichen wie undurchsichtigen Großunternehmer mit ebenso vielfältigen wie guten, freundschaftlichen Beziehungen zu wichtigen Politikern verschiedener Parteien, einem „Strippenzieher", der lieber als eine Art grauer Eminenz hinter den Kulissen agiert als im Licht der Öffentlichkeit? Die Rede ist von Hartmut Ostermann,[29] einem Selfmademan, Vorsitzender des Aufsichtsrates der Victor's Gruppe, zu der u.a. eine Hotelkette und Pro Seniore, die größte Pflegeheimkette Deutschlands, gehören. Das verzweigte Unternehmen hat insgesamt 11.000 Beschäftigte, davon 1.100 im Saarland.

Ostermann ist, für einen Großunternehmer eher ungewöhnlich, auch politisch aktiv: Er ist in Saarbrücken Vorsitzender des mitgliederstärksten Ortsvereins der FDP im Saarland. Mit dieser Funktion sind aber seine Rolle und sein Einfluss in der FDP und der gesamten saarländischen Politik nicht erfasst. Dem bescheidenen Posten in der Partei hat er es nicht zu verdanken, dass er Mitglied der FDP-Delegation bei den Verhandlungen über die Bildung der Jamaika-Koalition war und auch Mitglied des Koalitionsausschusses ist, dem Steuerungsgremium der Koalition. Ostermanns politisches Gewicht leitet sich her aus seinem Geld und seinem überparteilichen politischen Netzwerk, das wiederum mit seinem Unternehmen zusammenhängt. So waren die drei Fraktionsvorsitzenden der Jamaika-Parteien, die mit Ostermann am Verhandlungstisch saßen, früher bei ihm beschäftigt oder über den Sport eng mit ihm verbunden.

Mit seinem Geld geht der Millionär recht freigebig um: Er ist Mäzen vor allem im kulturellen und sportlichen Leben (Hauptsponsor des 1. FC Saarbrücken) und er zeigt sich gegenüber den saarländischen politischen Parteien überaus spendabel, allerdings mit erheblichen Unterschieden.[30] Dass er seine eigene Partei unterstützt, ist nicht ungewöhnlich. Ungewöhnlich ist aber die Summe von 368.000 Euro in den vergangenen zehn Jahren für eine so kleine Partei.[31] Da der Landesverband nach den Worten seines damaligen Vorsitzenden „fast pleite" war, muss man daraus schließen, dass ihn Ostermann gerettet hat und dass er spätestens seitdem in der Partei eine zentrale Rolle spielt.[32] Die CDU (45.000 Euro) und die SPD (30.000 Euro) wurden weit weniger großzügig bedacht. Die Linke ging ganz leer aus.

Die Grünen erhielten für ihre Verhältnisse (1.182 Mitglieder am 31.12.2008) geradezu fürstliche 57.000 Euro, die größte Einzelspende, die sie bisher verbuchen können. Ist schon die Summe auffällig, so ist es vor allem der Zeitpunkt, zu dem die Spende floss: 47.500 Euro wurden im Wahljahr 2009 gespendet, davon 38.000 Euro nur sechs Wochen vor der Wahl. Die Spende, die Ulrich selbst eingeworben hatte, deckte 20% der Kosten des Wahlkampfes. Ulrich behandelte die Spende mit äußerster Geheimhaltung. Er informierte lediglich drei ihm besonders vertrauenswürdige erscheinende und ihm nahestehende Parteifunktionäre. Seine Ko-Vorsitzende weihte er nicht ein. Bei der Entscheidung über Jamaika wussten die Parteitagsdelegierten noch nichts, denn Ulrich lüftete auf wiederholtes Nachfragen erst im Frühjahr 2010 das Geheimnis.

Es liegt zwar kein Verstoß gegen das Parteiengesetz vor – erst Spenden ab 50.000 Euro pro Jahr müssen sofort veröffentlicht werden – aber Ulrichs Heimlichtuerei wirft ebenso Fragen auf wie die Großzügigkeit des FDP-Mitglieds Ostermann gegenüber den Grünen. Die Vermutung (auch von Ulrich selbst geäußert), Ostermann habe den Grünen, die sich nahe an der 5%-Hürde befanden und finanziell offenbar klamm waren, zum Einzug in den Landtag verhelfen wollen, erscheint plausibel, denn der Unternehmer, der von den Jusos und der SPD kommt, versteht sich immer noch als Sozial-Liberaler.[33] Da es weder für die Ampel, seine Wunschkoalition, noch für Schwarz-Gelb reichen würde, wollte er wenigstens Jamaika fördern, um die Linke nicht an die Regierung kommen zu lassen, zumal diese schon Anspruch auf das Wirtschaftsministerium angemeldet hatte. Ein Scheitern der Grünen an der 5%-Klausel hätte durchaus zu einer rotroten Koalition führen können. Die unausgesprochene Erwartung Ostermanns, Jamaika zu bilden und nicht Rot-Rot-Grün dürfte Ulrich, den man als guten Bekannten Ostermanns bezeichnen kann, klar gewesen sein, denn „wer Geld gibt, erwartet irgendwann auch eine Dividende".[34] War er noch frei in seiner Entscheidung, selbst wenn er eine Präferenz für Rot-Rot-Grün gehabt haben sollte?[35] Fühlte er sich nicht dem spendablen Mäzen auch persönlich zu Dank verpflichtet? Schließlich hatte er in einer für ihn offenbar schwierigen finanziellen Lage Beschäftigung in einem Unternehmen gefunden, an dem Ostermann beteiligt und dessen wichtigster Kunde er war.[36] Und wie hätte sich der Parteitag der Grünen entschieden, wenn er informiert gewesen wäre?

Die Causa Ostermann hat noch einen anderen Aspekt. Am 23. Oktober 2009, also während der Koalitionsverhandlungen, wurden fünf Steuerverfahren gegen ihn eingestellt. Liegt lediglich ein zufälliges zeitliches Zusammentreffen vor und haben Steuerverwaltung und Staatsanwaltschaft völlig unabhängig vom politischen Geschehen gearbeitet? Oder hat „Ostermann sich politischen Einfluss zwecks Steuernachlass erkauft?"[37] Geht es also um Korruption? Ein von der Fraktion der Linken beantragter und am 11. September 2010 eingesetzter Untersuchungsausschuss soll „aufklären, ob es eine unternehmerische Einflussnahme auf die Regierungsbildung des Saarlandes nach den Landtagswahlen 2009 gab".[38] Der Nachweis der „Käuflichkeit" konnte bisher nicht erbracht werden; die Einstellung der Steuerverfahren wurde bereits vor der Landtagswahl beschlossen.[39]

4 Koalitionsvertrag und Regierungsbildung: Es grünt so grün...

Nachdem der Landesparteitag der Grünen mit großer Mehrheit die Aufnahme von Koalitionsverhandlungen mit der CDU und der FDP beschlossen hatte und die Ergebnisse der Sondierungsgespräche als Grundlage und Eckpunkte für diese Verhandlungen festgelegt wurden, war es nicht mehr überraschend, dass der Koalitionsvertrag und die Regierungsbeteiligung eine ebenfalls große Zustimmung fanden (117 von 130 Delegierten auf dem Parteitag vom 7. November 2009). Die Zustimmung wurde wesentlich erleichtert durch die außerordentlich großzügige inhaltliche und personelle Berücksichtung grüner Anliegen und Wünsche.

Obwohl die schwächste Partei der Koalition erhielten sie mit gerade einmal drei Abgeordneten zwei von acht Ministerien, genauso viele wie die deutlich stärkere FDP. Noch dazu sind es die neben, wenn nicht vor dem Finanzministerium gewichtigsten: das Bildungsministerium und ein um die Zuständigkeiten für Energie und Verkehr erheblich aufgewertetes Umweltministerium. Auf keinem anderen Politikfeld sind bekanntlich die Länderkompetenzen so groß wie im Bildungsbereich. Da dieses Ressort zudem von den durch die äußerst angespannte Haushaltslage des Landes und die Schuldenbremse notwendigen Einsparungen ausgenommen, sein Anteil an den Ausgaben sogar von 25% auf 30% erhöht werden soll, bietet es wie kein anderes Möglichkeiten, zu gestalten und sich zu profilieren (freilich auch, sich bei Lehrern, Eltern und Schülern durch manche Entscheidung unbeliebt zu machen). Die Selbstverleugnung der CDU ging sogar soweit, dass sie mit Klaus Kessler, dem langjährigen Landesvorsitzenden der

GEW (1992-2009), einen besonders scharfen und streitbaren Kritiker ihrer bisherigen Politik akzeptierte.

Liest man den Koalitionsvertrag ohne zu wissen, welche Parteien ihn abgeschlossen haben, so würden sicher die allermeisten auf Grün-Rot tippen. Kaum jemand würde vermuten, dass es sich um eine von der CDU geführte Koalition handelt. Schon rein quantitativ ist der Einfluss der Grünen erkennbar: Fast die Hälfte des Textes von 85 Seiten (ohne die Abschnitte „Präambel" und „Verabredungen zur politischen Zusammenarbeit") betrifft die beiden Ressorts, die sie innehaben, während der Abschnitt „Finanzen" auf gerade einmal drei (!) Seiten beschränkt ist. Es versteht sich, dass die den Grünen besonders am Herzen liegenden Themen Bildung und Umwelt sozusagen mit grüner Tinte geschrieben sind. Insbesondere in der Bildungspolitik hat die CDU eine ganze Reihe bisher von ihr vertretener Positionen geräumt: Abschaffung der von der CDU eingeführten Studiengebühren; Einrichtung „echter" Ganztagsschulen; längeres gemeinsames Lernen durch ein fünftes Grundschuljahr, das mit einem „obligatorischen Schulvorbereitungsjahr" eine pädagogische Einheit bildet;[40] Zusammenführung von Gesamtschulen und Erweiterten Realschulen zu einer Gemeinschaftsschule (mit allen Abschlüssen), die als Alternative neben dem Gymnasium die zweite Säule des nun zwei-, nicht mehr dreigliedrigen Bildungssystems bildet; beim Übergang auf eine weiterführende Schule nur noch ein Beratungsgespräch anstelle einer verpflichtenden Laufbahnempfehlung – um nur die wichtigsten Neuerungen (aus CDU-Sicht) zu nennen.

Das Kernthema der Grünen, die Ökologie, wird bereits in der Präambel als ein Leitwert anerkannt, wenn es heißt, die Regierung wolle „Umwelt- und Klimaschutz umfassend in Regelmechanismen der Marktwirtschaft integrieren". Entschiedene Förderung der erneuerbaren Energien; sehr ehrgeizige Senkung des Treibhausgasausstoßes; Absage an neue Großkraftwerke; natürlich die Bekräftigung des endgültigen Ausstiegs aus dem Kohlebergbau im Saarland zur Jahresmitte 2012[41], sind zentrale Punkte. Die Absage an die Verlängerung der AKW-Laufzeiten ist zwar ohne praktische, aber für die Grünen von hoher symbolischer Bedeutung.[42] Auch der Vorrang für den öffentlichen Nahverkehr, während bei der Straßen-Infrastruktur „nur noch einzelne Ergänzungen nötig" erscheinen, ist hier zu erwähnen. Weitere von den Grünen durchgesetzte Forderungen betreffen die Verschärfung des Nichtraucherschutzes sowie die Streichung des Finanzvorbehalts und die Absenkung der Quoten bei Volksbegehren und Volksentscheid. Wenn Peter Müller erklärt, jede Partei finde sich im Koalitionsvertrag wieder, so muss man hinzufügen: die Grünen in stärkerem Maße als ihre beiden stärkeren Partner. Dies ist auch der Eindruck der befragten Bürger.[43] Auch wenn man berücksichtigt, dass manche Vorhaben noch unter – vor allem finanziellem – Vorbehalt stehen, sind die geradezu triumphierenden Kommentare Ulrichs, dass die Grünen in einem Koalitionsvertrag noch nie so viel von den eigenen Vorstellungen durchgesetzt haben, durchaus begründet. Selbst die Führung der Bundespartei, die der Koalition reserviert bis ablehnend gegenübergestanden hatte, anerkennt den Erfolg der saarländischen Grünen.[44] Zweifellos hat die ziemlich grüne Färbung des Koalitionsvertrages erheblich dazu beigetragen, dass die Zustimmung des Landesparteitages die für die Grünen ungewöhnliche Quote von 90% erreichte. Freilich: Auch mit Rot-Rot-Grün hätten die Grünen ähnlich viel, wenn nicht noch mehr durchsetzen können.[45]

Ohne die Inhalte des Koalitionsvertrages und die personelle Berücksichtigung der Grünen bei der Regierungsbildung relativieren zu wollen und ohne die Spannungen zu Lafontaine und der Linkspartei zu unterschätzen, muss doch noch einmal auf die Rolle Hubert Ulrichs hingewiesen werden. Ohne seine durchsetzungsstarke – und umstrittene[46] – Persönlichkeit (nicht zufällig wird er auch „der Panzer" genannt), seinen Machtinstinkt, sein taktisches Geschick und seine ideologische Offenheit, Flexibilität – seine Gegner sprechen von Beliebigkeit – wäre die Fahrt nach Jamaika zweifellos viel schwieriger geworden, vielleicht wäre sie nie ans Ziel gekommen.

5 Jamaika nach einem Jahr: eine Zwischenbilanz

Der Start der Jamaika-Koalition rief bei den Saarländern kaum Begeisterung hervor.[47] Auch wenn aus der Umfrage nur wenige Wochen nach dem Amtsantritt der neuen Regierung ein nur sehr vorläufiges Urteil herausgelesen werden kann, so muss doch festgehalten werden, dass von einem „Zauber", der jedem Neuanfang innewohnen soll, nichts zu spüren war, dass es so etwas wie Aufbruchstimmung nicht gegeben hat. Die Mehrheit (61%) hielt wenig von der neuen Regierung. Nur unter den CDU-Anhängern überwog die positive Beurteilung (52%). Dass die Grünen trotz ihrer Erfolge bei den Koalitionsverhandlungen ein negatives Votum abgeben (54% finden die Koalition weniger gut oder schlecht), deutet auf Unterschiede zwischen der Basis und den aktiven Parteimitgliedern (Delegierten) hin. Die Jamaika-Parteien hätten ihre knappe Mehrheit vom August verloren; sie liegen nun gleichauf mit der Opposition (jeweils 48%). Die CDU kommt auf nur 32%, ihrem schlechtesten Wert seit ihrer Regierungsübernahme im September 1999. Die Grünen legen dagegen auf 7% zu. In diesen Zahlen spiegelt sich zumindest teilweise das Ergebnis der Koalitionsverhandlungen. Die Grünen gelten als die Partei, die sich mit ihren Forderungen am stärksten durchgesetzt hat, während es der CDU ein Teil ihrer Anhänger offenbar übelnimmt, dass sie den Grünen so weit entgegen gekommen ist, denn nur 23% meinen, ihre Partei habe sich besonders gut durchgesetzt (gegenüber 32% bei den Grünen). Während die Linke an Zustimmung einbüßt (aber sie schneidet bei Umfragen immer schlechter ab als bei Wahlen), ist die SPD die Gewinnerin der Umfrage. Sie legt auf 29% deutlich zu. Haben die Saarländer Mitleid mit der Partei, die ein Opfer der Zwistigkeiten zwischen den Grünen und der Linken wurde?

Nach einem Jahr konnten die Saarländer ihr Urteil immerhin schon auf eine Zwischenbilanz der Jamaika-Regierung gründen. Ihr Urteil fällt wenig schmeichelhaft aus.[48] Nur ein Viertel ist mit ihr zufrieden, während drei Viertel sie weniger oder gar nicht gut finden. In der Sonntagsfrage wäre die Koalition nun abgewählt. Zwar hält sich die CDU bei 32% und die Grünen steigern sich sogar auf 9%, aber die FDP würde mit 4% den Einzug in den Landtag verpassen. Die SPD liegt mit 34% seit 11 Jahren wieder vor der CDU und Rot-Rot hätte nun eine Mehrheit, denn die Linke liegt bei 17%. Landes- wie bundespolitische Faktoren erklären das Ergebnis der Umfrage. Der bundespolitische Trend macht der CDU und vor allem der FDP zu schaffen, während die Grünen davon profitieren, allerdings unterdurchschnittlich. Das erste Jahr der neuen Regierung war von grünen Themen geprägt und ihre beiden Minister sind am engagiertesten. Ihr Aufwärtstrend fiele noch deutlicher aus, aber das geringe Ansehen ihres Landesvorsitzenden bremst ihn (nur 21% sind mit Ulrich zufrieden). Der Absturz der Saar-FDP hängt primär mit dem innerparteilichen „Tohuwabohu" zusammen, das im November 2010 zum Rücktritt des Landes- und des Fraktionsvorsitzenden führte. Der Gewinn der Saar-SPD scheint sowohl aus der Unzufriedenheit mit der Regierungspolitik zu resultieren wie im Ansehen ihres Vorsitzenden begründet zu sein. Mit seiner Arbeit zeigt sich immerhin die Hälfte der Befragten zufrieden, während Ministerpräsident Peter Müller nur noch auf 40% kommt.

Die Umfrage ermittelt die größte Unzufriedenheit mit einer Landesregierung seit 1999. Welche Aspekte der Regierungspolitik rufen nach einem Jahr eine so kritische Beurteilung durch die Saarländer hervor? Der Bundestrend allein reicht als Erklärung nicht aus. Auch der Hinweis auf einige noch nicht abgeschlossene Vorhaben und auf Störungen von außen, die mit der Regierungspolitik direkt zwar nichts zu tun haben, ihre Wahrnehmung aber beeinträchtigen, kann allenfalls teilweise überzeugen.

Bereits die Regierungsbildung erregte Unmut. Die Rücksicht auf die Koalitionsarithmetik führte dazu, dass die neue Regierung einen Minister und zwei Staatssekretäre (sowie einige Stellen in der Ministerialbürokratie) mehr zählte.[49] In einer Zeit, in der immer wieder auf leere Kassen und die Schuldenbremse

verwiesen wird, um schmerzliche Kürzungen – auch im Sozialbereich – zu rechtfertigen, muss eine derartige, in der Sache nicht zu begründende Ausweitung des
Regierungspersonals Ärgernis erregen. Hinzu kommen weitere, auch vom Landesrechnungshof gerügte Fälle, die einen sorgfältigen Umgang mit Steuergeldern
vermissen lassen bzw. die mangelhafte Kontrolle ihrer Verwendung anzeigen.[50]
Auch die von den Grünen durchgesetzte Verschärfung des Rauchverbots wird
von einer Mehrheit abgelehnt. Ob das Scheitern der vom Grünen-Minister betrie-
benen Reformen im Schulsystem (fünfte Grundschulklasse, als einziges Bundesland)[51] zur schlechten Beurteilung beigetragen hat, ist schwer zu sagen. Da die
Vorhaben bei Eltern, Lehrern und Schülern überwiegend auf Ablehnung stießen,
hätte ihre Realisierung vermutlich noch größere Unzufriedenheit hervorgerufen.
Auf die innerparteilichen Auseinandersetzungen in der FDP wurde schon hingewiesen. Schließlich dürften die deutlich gesunkenen Popularitätswerte des
Ministerpräsidenten auf das Ansehen der Regierung abgefärbt haben. Während
er in der CDU-Alleinregierung als dynamisch und entscheidungsfreudig auftreten konnte, ist er nun in stärkerem Maße auf die Rolle es Moderators verwiesen,
der sich um oft nur mühsam zu erreichende Kompromisse bemühen muss. Die
harschen Verluste bei der Wahl haben ihn sichtlich getroffen und wohl auch eine
unübersehbare Amtsmüdigkeit mit sich gebracht. Sein geplanter Wechsel zum
Bundesverfassungsgericht dürfte aber, anders als der Rückzug von Ole von Beust
in Hamburg, keine Auswirkungen auf den Bestand der Koalition haben. FDP wie
vor allem die Grünen wollen mit der neuen Regierungschefin, der bisherigen
Sozial- und Familienministerin Annegret Kramp-Karrenbauer, der beliebtesten
saarländischen Politikerin, genauso zusammenarbeiten wie mit Peter Müller.[52]

6 Saarländische Besonderheit oder Bündnis mit Modellcharakter für Deutschland?

Die Jamaika-Koalition im Saarland ist das erste Regierungsbündnis dieser Art in
Deutschland auf Länderebene. Eröffnet sich damit im flexibler gewordenen Fünf-
Parteien-System eine neue Koalitionsvariante oder hat man es nur mit einer saarländischen Besonderheit zu tun? Die Frage stellt sich vor allem für die CDU,
zumal aufgrund der Schwäche ihres traditionellen Koalitionspartners, der FDP,
Mehrheiten im Bund wie in den Ländern schwieriger zu erreichen sein werden.
So ist es nicht verwunderlich, dass vor allem Unionspolitiker wie der Ministerpräsident oder der saarländische Innen- und Europaminister Stephan Toscani
den „Modellcharakter" der Saar-Koalition „für die Parteienlandschaft in Deutschland" hervorheben.[53] Bundespolitiker begrüßten zwar, dass Peter Müller für die

CDU eine weitere politische Option auf Länderebene eröffnet habe, betonen aber, dass Jamaika kein Modell für den Bund sei.[54]

Für die Grünen kann es eine verlockende Option sein, da der Inhalt des Koalitionsvertrages eine deutlich grüne Handschrift aufweist (wie auch die Bundespartei betont) und die personelle Berücksichtigung bei der Regierungsbildung sehr großzügig ist. Aber ist von der CDU in anderen Bundesländern ein ähnliches Entgegenkommen zu erwarten? Ist es bei Problemen, die auf der Bundesebene zu entscheiden sind, möglich? Verständlicherweise erklärte Ulrich Jamaika für „ein historisches Projekt im Saarland, auch für den Bund". Den Parteitagsdelegierten, die über die Aufnahme von Koalitionsverhandlungen mit der CDU und der FDP zu beschließen hatten, sagte er, sie nähmen „eine Koordinatenverschiebung im politischen System"[55] vor. Ob aus eigener Einsicht oder auf einen Wink aus Berlin hin – wenige Tage später relativierte er seine Aussage, indem er den Modellcharakter von Jamaika nur für andere Bundesländer gelten lassen wollte, für den Bund aber noch ausschloss.[56] Die Bundesführung der Grünen sieht nämlich in der neuen Koalitionsformel eine autonome Entscheidung der saarländischen Grünen, die aber „keine Signalwirkung für die Bundesebene hat".[57]

Aus der Analyse des saarländischen Falles ist zu entnehmen, dass hierfür nicht allgemein politische, sondern persönliche, spezifisch saarländische Faktoren ausschlaggebend waren. Hinzu kommt, dass die Art und Weise, wie die Koalition bei den Grünen durchgesetzt wurde, mit wenig Transparenz und nicht gerade mit einem Übermaß an innerparteilicher Demokratie, auch kaum Vorbildcharakter haben dürfte. Schließlich wirkt auch die eher dürftige Zwischenbilanz der Koalition, die nicht nur von den Saarländern sehr kritisch gesehen wird, nicht beispielgebend.

Waren nach der von der schwarz-gelben Koalition im Herbst 2010 beschlossenen Laufzeitverlängerung der Kernkraftwerke die Beziehungen zwischen den Grünen und den Unionsparteien noch eingefroren, so erscheinen schwarz-grüne Perspektiven heute – nach der energiepolitischen Wende der Regierungskoalition und dem Ausstiegsbeschluss, dem auch die Grünen zustimmten – als nicht mehr völlig verdunkelt. Allerdings müssen einer rot-grünen Koalition die größeren Chancen eingeräumt werden. Die beiden Parteien stehen sich inhaltlich in Vielem näher als Union und Grüne. Zudem besteht zwischen der SPD und den Grünen (nach den gegenwärtigen Umfragen) ein ziemlich ausgeglichenes Kräfteverhältnis, das für die Grünen attraktiver ist als der deutlich schwächere Juniorpartner der Union zu sein.[58] Die Entwicklung des Parteiensystems in den nächsten Jahren wird zeigen, ob die saarländische Jamaika-Koalition tatsächlich eine Zäsur für die

Entwicklung des deutschen Parteiensystems bedeutet oder ob es sich nur um eine Fußnote handelt.

Endnoten

[1] So Ministerpräsident Peter Müller nach der Einigung über die Bildung der Koalition, zit. nach: Saarbrücker Zeitung vom 6. November 2009. Der Aufsatz beruht auf der Presseberichterstattung, insbesondere der Saarbrücker Zeitung und des Saarländischen Rundfunks, auf Gesprächen mit Politikern, die an den Entscheidungen beteiligt waren sowie eigenen Beobachtungen.

[2] Nur 1990 schnitt sie mit 33,4% noch schlechter ab. Bei dieser Wahl erreichte die SPD mit dem Kanzlerkandidaten Oskar Lafontaine mit 54,4% ein Rekordergebnis. Wahlanalyse: Jürgen R. Winkler: Die saarländische Landtagswahl vom 30. August 2009, in: Zeitschrift für Parlamentsfragen 41 (2010), S. 339-355.

[3] Die Linke profitierte am meisten von der gestiegenen Wahlbeteiligung (+12,1%).

[4] Die Spaltung der CDU wie der SPD in den ersten Jahren nach der Rückgliederung in je eine Partei, die für das Saarstatut und eine, die dagegen war, ist dabei nicht berücksichtigt.

[5] Nach dem von Infratest-Dimap ermittelten Saarlandtrend vom April 2009, in: www.sronline/nachrichten/2720/905479-print.html (23.4.2009).

[6] Der Saarlandtrend vom April 2009 sah sie bei 43%.

[7] Interview in der Saarbrücker Zeitung vom 11./12. Juli 2009.

[8] Saarbrücker Zeitung vom 31. Juli 2009.

[9] So erklärte die Ko-Vorsitzende und Landtagsabgeordnete Claudia Willger-Lambert: „Das [Jamaika] wäre eine schwierige Sache, die ich mir auch schwer vorstellen kann."

[10] Cem Özdemir betonte, dass es wegen der inhaltlichen Vorstellungen „leichter wird mit der SPD als mit der CDU". Renate Künast erklärte: „Wir werden nicht mit einem neoliberalen Schiff nach Jamaika fahren". Besonders drastisch äußerte sich Claudia Roth: „Eines schließe ich aus: dass wir Mehrheitsbeschaffer sind für eine Politik, die keine Mehrheit bekommen hat, die krachend verloren hat."

[11] Zwar lehnte die SPD eine Leihstimmenkampagne für die Grünen ab, aber auf drängende Bitten Ulrichs warb Maas auf der Wahlabschlusskundgebung der SPD am 27. August 2009 für die Grünen als „verlässlichen Partner". Deshalb habe er „kein Interesse daran, dass die Grünen besonders geschwächt werden". Zit. nach Wilfried Voigt: Die Jamaika Clique. Machtspiele an der Saar, Saarbrücken 2011, S.8ff. Das nach Abschluss des Manuskripts erschienene Buch des ehemaligen SPIEGEL-Journalisten enthält eine Fülle von Informationen, die auf vielen Gesprächen vor allem mit Politikern aus allen Parteien beruhen. Auch wenn sie plausibel erscheinen, sind sie nicht immer nachprüfbar.

[12] Interview in der Süddeutschen Zeitung vom 2. September 2009: „Das Problem ist die Linkspartei".

[13] Auch die SPD traf sich mit allen anderen, während es zwischen CDU und FDP auf der einen, der Linken auf der anderen Seite zu keinem Treffen kam.

[14] Titel in der Online-Ausgabe des Handelsblatts vom 2. Oktober 2009; so auch die Online-Ausgabe des Stern vom gleichen Tag.

[15] Vgl. ausführlich über seine Persönlichkeit und seine Karriere im saarländischen Landesverband der Grünen das Kapitel „Panzer und Grünzeug" bei Voigt: Die Jamaika Clique, S. 89-152.

[16] Gerüchten zufolge soll es bereits vor der Wahl eine Absprache mit Peter Müller, zu dem Ulrich ein gutes persönliches Verhältnis hat, gegeben haben. Zu ihrer schon auf die 1990er Jahre zurückgehende gegenseitigen Annäherung vgl. Voigt: Die Jamaika Clique, S. 140f.

[17] Die Parteien wollten, am stärksten die Grünen, keine Entscheidung vor der für den 27. September angesetzten Bundestagswahl, da eine Jamaika-Lösung ihre Wähler irritieren konnte.

[18] 117 der 150 Delegierten stimmten zu.

[19] Es sei dahingestellt, ob das von Ulrich im Interview in der Süddeutschen Zeitung (Anm. 12) erwähnte Verhältnis (49% der Grünen-Wähler für Jamaika, 46% für Rot-Rot-Grün) die Präferenzen tatsächlich genau widerspiegelt.

[20] Nach dem Saarlandtrend vom April 2009 (Anm. 5) wünschten sich 54% eine Regierung von SPD und Grünen und 59% würden den Landesvorsitzenden der SPD als Ministerpräsidenten wählen, nur 29% Peter Müller.

[21] Ein Indiz kann man in der Antwort auf die – allerdings fiktive – Frage sehen, wen die Grünen als Ministerpräsidenten wählen würden: Müller oder Lafontaine. 41% entschieden sich für Müller, 40% für Lafontaine, vgl. ebd.

[22] Tatsächlich erreichten die beiden Parteien zusammen mit 45,8% einen größeren Stimmenanteil als CDU und FDP (43,7%).

[23] Die SPD intervenierte bei der Linkspartei, die daraufhin ihre Angriffe auf die Grünen mäßigte.

[24] Spiegel-Online vom 9. Oktober 2009 und FAZ.NET vom 11. Oktober 2009.

[25] Eine „Lösung" wurde entweder nicht gesucht oder nicht gefunden.

[26] Georgi wechselte ebenfalls von den Grünen zur Linken und ist mit Pollak beruflich und privat eng verbunden.

[27] Der Arzt wurde inzwischen wegen Abrechnungsbetrug zu einer mehrjährigen Haftstrafe verurteilt. Das Urteil ist noch nicht rechtskräftig, die Verteidigung kündigte Revision an.

[28] Dies auch das Ergebnis der Analyse von Johannes N. Blumenberg/Manuela S. Kulick: Der geliebte Verräter – Zum Einfluss von Spitzenkandidaten auf das Wahlverhalten am Beispiel der saarländischen Landtagswahl 2009, in: Zeitschrift für Parlamentsfragen 41 (2010), S. 803-817.

[29] In der Presse: Michael Jungman: Der Ex-Genosse, das Geld und die Macht, in: Saarbrücker Zeitung vom 17. März 2010; Marc Widmann: Ostermanns ganz große Koalition, in: Süddeutsche Zeitung vom 22. Januar 2010; Hans Leyendecker/Nicolas Richter/Marc Widmann: Zur Sache, Schätzchen, in: Süddeutsche Zeitung vom 15. April 2011; Peter Dausend: Duzen und Schmieren, in: Die Zeit vom 15. April 2010. Instruktiv das detaillierte und kritische Kapitel „Das Patronat des O." bei Voigt: Die Jamaika Clique, S. 37-88.

[30] Die folgenden Zahlenangaben nach der Berichterstattung der Saarbrücker Zeitung, besonders vom 4. und 9. März 2010.

31 Die Saar-FDP hatte am 31. Dezember 2008 gerade einmal 1590 Mitglieder; 2009 waren es immerhin schon 1826. Zahlen nach Zeitschrift für Parlamentsfragen 41 (2010), S. 427.

32 Für Lafontaine ist sie nur noch eine „Filiale des Ostermann-Konzerns", zitiert nach Saarbrücker Zeitung vom 8. März 2010.

33 In einem langen Interview in der Zeitschrift FORUM vom 7. Januar 2011 (S. 32-45), vertritt er eine Reihe von Positionen, die alles andere als klassisch wirtschaftsliberal sind.

34 So der Fraktionsvorsitzende (und innerparteiliche Kontrahent Ulrichs) der Grünen im Saarbrücker Stadtrat, zit. nach Saarbrücker Zeitung vom 6. März 2010.

35 Vgl. den Kommentar in der Saarbrücker Zeitung vom 9. März 2010: Oliver Schwambach: Von der Unfreiheit eines Grünen.

36 Nach dem Ausscheiden der Grünen und auch von Ulrich selbst aus dem Landtag nach der Landtagswahl 1999 war er ab 2001 in diesem Unternehmen als Marketingleiter beschäftigt. Nach seiner Wahl in den Bundestag 2002 und 2004 in den saarländischen Landtag reduzierte er die Beschäftigung auf halbtags. Erst am 1. Oktober 2009, als die Sondierungsgespräche schon weit fortgeschritten waren, zog er sich ganz zurück. Strittig ist, wie viel Ulrich dort für sein monatliches Salär von 1.500 € tatsächlich gearbeitet und ob es sonstige Vergünstigungen gegeben hat, Voigt (Die Jamaika Clique, S. 83) gibt an, Ulrich habe „hochgerechnet insgesamt mehr als 235.000 Euro brutto" erhalten.

37 So die Frage von Oliver Schwambach: Die Antwort heißt Öffentlichkeit, in: Saarbrücker Zeitung vom 24. August 2010. Vgl. auch den Kommentar des Chefredakteurs der Saarbrücker Zeitung Peter Stefan Herbst: Das saarländische Ostermann-Dilemma, in: Saarbrücker Zeitung vom 13./14. Februar 2010.

38 Antrag vom 9. September 2010; Landtags-Drucksache 14/274.

39 Vgl. den Bericht der Saarbrücker Zeitung vom 28. April 2011.

40 Fünf Jahre sind ein Kompromiss. Die Grünen hatten sechs Jahre gefordert, worüber die CDU wenigstens „nachdenken" will.

41 Es soll sogar geprüft werden, ob er in Deutschland schon 2012 erfolgen kann – während sich die Bundeskanzlerin in Brüssel dafür stark macht, dass die Kohlesubventionen noch bis 2018 gezahlt werden dürfen.

42 Eine Enthaltung im Bundesrat, zu der es kommt, wenn eine Einigung innerhalb Koalition nicht gelingt, wirkt ja bereits wie eine Ablehnung. Das Hartz IV-Reformgesetz musste daher in den Vermittlungsausschuss.

43 Im Saarlandtrend vom Dezember 2009 (www.sr-online.de/nachrichten/2720/1000619-print.html; 22.12.2009) erklären 39%, die Grünen hätten sich am stärksten durchgesetzt, 26% meinen das von der CDU und 18% von der FDP.

44 Özdemir nach Abschluss der Sondierungsgespräche: „Das, was uns da versprochen wurde, das gab es bislang nirgendwo [...] Das ist [...] das Gegenteil von dem, was Herr Müller bislang als Ministerpräsident im Saarland gemacht hat." Zit. nach Spiegel Online vom 12. Oktober 2009.

45 Das geht aus einem Vergleich der Sondierungsprotokolle hervor, in: Saarbrücker Zeitung vom 24./25. Oktober 2009.

46 Daniel Cohn-Bendit hält ihn für eine „zweifelhafte Persönlichkeit", nennt ihn gar einen „Mafioso".

[47] Das Folgende nach dem Saarlandtrend vom Dezember 2009 (Anm. 43).

[48] Saarlandtrend vom November 2010: www.sr-onkline.de/nachrichten/1209/1138263-print.html. (10.11.2010).

[49] Wobei zu berücksichtigen ist, dass der Ministerpräsident gleichzeitig das Justizressort übernommen hat, um nicht noch mehr Kritik hervorzurufen.

[50] Vor allem der Freizeitpark „Gondwana – Das Praehistorium" auf dem Gelände der ehemaligen Grube Reden. Damit befasst sich ein Untersuchungsausschuss des Landtages. Auch die äußerst großzügige Spesenpraxis des Vorstands der Stiftung Saarländischer Kulturbesitz wurde vom Landesrechnungshof scharf gerügt. Er ist inzwischen suspendiert; die Staatsanwaltschaft ermittelt wegen Korruptionsverdacht. In beiden Fällen hat der zuständige Minister seine Aufsichtspflicht in einer allzu laschen Weise wahrgenommen.

[51] Für diese Reform wie auch die Einrichtung der Gemeinschaftsschule sind Verfassungsänderungen, die eine Zwei-Drittel-Mehrheit erfordern, nötig. Da weder die SPD noch die Linke für das fünfte Grundschuljahr stimmten, ist das auch von Fachleuten als „problematische Insellösung" gesehene Vorhaben gescheitert. In der Frage der Gemeinschaftsschule unterstützt die Linke überraschenderweise die Regierung, nachdem diese ihr die gewünschten Zugeständnisse gemacht hatte. Die Verfassungsänderung wurde am 15. Juni 2011 beschlossen.

[52] Am 28. Mai 2011 wurde Annegret Kramp-Karrenbauer vom Landesparteitag der CDU mit 95,6% der Delegiertenstimmen bereits zur neuen Landesvorsitzenden gewählt.

[53] FAZ.NET vom 11. Oktober 2009 und Saarbrücker Zeitung vom 4. November 2010.

[54] So der damalige hessische Ministerpräsident und CDU-Vize Roland Koch und der bayerische Ministerpräsident und CSU-Vorsitzende Horst Seehofer, vgl. Spiegel Online vom 12. Oktober 2009.

[55] FAZ.NET vom 12. Oktober 2009.

[56] Interview in der Frankfurter Allgemeinen Sonntagszeitung vom 17. Oktober 2009.

[57] So die Parteivorsitzenden in FAZ.NET vom 11. Oktober 2010. Ähnlich Renate Künast in SPIEGEL ONLINE vom 13. Oktober 2009.

[58] So ziemlich unverblümt Jürgen Trittin in der Süddeutschen Zeitung vom 15. Juni 2011.

Herbert Vytiska

Komplementär oder Steigbügelhalter?
Schwarz-grüne Optionen in Österreich

Die christ- ebenso wie die sozialdemokratischen Volksparteien in Europa stecken in Identitätskrisen. Viele von ihnen haben auch mit ihren traditionellen Koalitionspartnern Probleme. Alleinregierungen sind aber fast ausgeschlossen (außer es gibt ein extrem mehrheitsförderndes Wahlrecht). Um nicht von den Hebeln der Macht Abschied nehmen zu müssen, sind daher neue Kooperationen gefragt, die vom herkömmlichen politischen Denkschema abweichen.

In den 66 Jahren der Zweiten Republik wurde Österreich beinahe 40 Jahre von einer rot-schwarzen Koalition regiert. Es gab auch schwarze wie rote Alleinregierungen, eine rot-blaue ebenso wie eine schwarz-blaue Regierung (wobei blau die Farbe der Freiheitlichen ist). Beinahe hätte es auch schon eine rot-grüne Koalition gegeben. Was damals noch als fast unmöglich erschien, wurden die Grünen doch lange Zeit bloß als eine rote Dissidentengruppe gesehen. Zumal sie sich selbst durchaus in der Rolle eines Mehrheitsbeschaffers für die Sozialdemokraten gefielen.

Rot-Grün ist aber heute nicht mehr die einzige Wahl. Zeigt sich doch, dass gerade die Kombination von sozialer Marktwirtschaft mit grüner Philosophie viel Phantasie ergeben würde und in der Regierungsarbeit zu interessanten, spannenden Entwicklungen führen könnte. Fast in Vergessenheit geraten ist, dass es genau genommen dazu die ordnungspolitische Basis schon gibt. Es war ein christlich-demokratischer Politiker aus Österreich, der bereits 1987 das Modell der öko-sozialen Marktwirtschaft entwarf.

Dass es zu Schwarz-Grün kommt, verlangt allerdings auch, dass es sich mathematisch rechnet. Angesichts der hohen, noch immer wachsenden Zahl von Wechselwählern ein nicht unrealistisches Unterfangen. Zu Schwarz-Grün gibt es übrigens in Bezug auf die Österreichische Volkspartei (ÖVP) noch eine eigene Vor-Geschichte. Ein Omen vielleicht?

1   Schwarze Partei vor grünem Hintergrund

Die ÖVP wurde erst nach dem Zweiten Weltkrieg gegründet. Bewusst wurde 1945 darauf verzichtet, die alte christlich-soziale Partei, die von 1893 bis 1934 bestand, wiederzubeleben. Wollte man doch eine breite Volks- und eine soziale Integrations-Partei schaffen, die sich zwar dem christlich-demokratischen Gedankengut, auch der christlichen Soziallehre verpflichtet fühlt, die aber – wie es im Salzburger (Grundsatz)Programm von 1972 formuliert wurde – *„offen für Christen und für alle ist, die sich aus anderen Beweggründen zu einem humanistischen Weltbild bekennen"*. Im Gegensatz dazu war nämlich die alte christlich-soziale Partei ein konfessionelles Bündnis, was sich allein schon darin zeigte, dass von 1921 bis 1930 ein Prälat, nämlich Ignaz Seipel, Vorsitzender der Partei war, der sogar von 1921 bis 1924 sowie von 1926 bis 1929 das Amt des Bundeskanzlers ausübte. Aus der schwarzen Soutane leitete sich auch ab, dass im Volksmund Politiker, die der christlich-sozialen Partei angehörten, einfach „die Schwarzen" genannt wurden.

Da schwarz sich als Plakatfarbe nicht wirklich eignet, war bis herauf in die 1970er Jahre Grün die Parteifarbe der ÖVP, noch lange bevor überhaupt so genannte grüne Parteien entstanden. Bereits in dieser Zeit wurden in der Volkspartei (unter dem damaligen Obmann Karl Schleinzer) so genannte „Pläne zur Lebensqualität" entworfen. Gleich der erste von insgesamt vier Bänden widmete sich dem Kapitel „Umwelt". Damit sollte signalisiert werden, dass man sich nicht nur mit Umweltfragen beschäftigte, sondern auch ein Sensorium für wichtige Fragen des Lebensgefühls (auf das in der Zeit nach der Zerstörung durch den Zweiten Weltkrieg und dem darauffolgenden Wiederaufbau vergessen worden war) hatte. Das ist deshalb wichtig festzuhalten, weil die Volkspartei damals, salopp gesagt, den Ruf hatte, eine „Betoniererpartei" zu sein. Die Zeit nach Kriegsende, die Zeit des Wiederaufbaus, hatte es notwendig gemacht, zu betonieren. Straßen wurden quer durch das Land gebaut, in den Städten wuchsen die Wohnhausanlagen empor (jede Gemeinde wünschte sich als Statussymbol einen Wolkenkratzer), in den Alpen wurden Staudämme errichtet, um das Land mit Energie zu versorgen. Für diesen Aufbau des Landes, für das österreichische Wirtschaftswunder (eine Folge des nach Bundeskanzler Julius Raab und Finanzminister Reinhard Kamitz benannten „Raab-Kamitz-Kurses", der sich am Müller-Armack'schen Ordnungsmodell der sozialen Marktwirtschaft orientierte) waren maßgeblich Politiker der Volkspartei verantwortlich. Die ÖVP stellte in den Regierungen bis 1970 die Bundeskanzler, die Minister für Wirtschaft, für Bauten, für Finanzen.

2 „Betoniererpartei" als sozialpolitischer Schrittmacher

Österreich, 1945 zerbombt und ausgeblutet, so sehr, dass es 1948 bei der Vergabe der Marshall-Plan-Mittel noch als nicht (über)lebensfähig angesehen wurde, schaffte es in einem beispiellosen Kraftakt, innerhalb einiger Jahrzehnte zu einem der demokratisch gefestigsten, sozial vorbildhaftesten und wirtschaftlich stärksten Länder Europas aufzusteigen. Ein Aufstieg, den der Schriftsteller Gerhard Fritsch in berührende Worte goss:„ […] dieses Land ohne Namen, tot und begraben, ist zum Leben erwacht". Trotz des europaweit grassierenden Modernisierungsfiebers und Technisierungswahns, hatte man schon frühzeitig erkannt, dass es bei allem Willen und der Notwendigkeit zum Wiederaufbau, zum Setzen neuer zukunftsweisender Akzente auch darum gehen musste, wertvolle Schätze des Landes, von einer unberührten Natur bis hin zu den kulturellen Zeugen einer großen Geschichte, zu bewahren, zu pflegen und nicht mutwillig zu zerstören, Visionen für eine bessere Welt zu entwickeln.

Nach außen hin war die ÖVP eine Wirtschafts-, eine „Betonierer-Partei". Gleichzeitig aber war sie dank des gesellschaftspolitisch besonders engagierten Arbeitnehmerflügels ein sozialpolitischer Schrittmacher, setzte Initiativen, die die Basis für den Ausgleich zwischen den relevanten gesellschaftlichen Gruppen legten, ein krisensicheres Netz der Vorsorge (was bis herauf in die Jetzt-Zeit oft als soziale Hängematte missverstanden wird) schufen. Hier liegt sicher eine Wurzel dafür, dass die ÖVP später einmal – mehr als andere Zentrumsparteien in Europa – auch für „Grün"-Themen, und das nicht erst ab dem Zeitpunkt, da dies unumgänglich wurde, empfänglich sein sollte.

3 Das österreichische Modell einer sozialen Partnerschaft

Der Hang zu so genannten „großen Koalitionen" ist ein besonderes Charakteristikum des österreichischen politischen Systems. In der Zwischenkriegszeit standen sich das christlich-soziale Lager und die Sozialdemokratie geradezu feindlich gegenüber. Das Resultat war eine eskalierende gesellschaftspolitische Konfrontation, die Ausschaltung des Parlaments 1934 mit dem Übergang zu einem Ständestaatsystem, das mit dem Einmarsch Hitlers abrupt endete. Plötzlich fanden sich jene roten wie schwarzen Politiker, die zuvor einander in den 1920er und 1930er Jahren noch verbal bekriegt hatten, in den nationalsozialistischen KZs wieder. Sie saßen einander nicht gegenüber als Beklagte und Ankläger, sondern nebeneinander in den Kerkern als Opfer des nationalsozialistischen Terrorregimes. Und hier passierte das, was sich nach dem Zweiten Weltkrieg als das „österreichische

Modell" einen Namen machen sollte. Die Politiker von Rot und Schwarz schwo-
ren sich in den KZs darauf ein, nach dem Ende des Krieges das Miteinander und
nicht mehr das Gegeneinander zu suchen. Als der Spuk des „tausendjährigen
Reiches" zu Ende war, man in die ausgeblutete Heimat zurückkehrte, fast hoff-
nungslos vor den Trümmern stehend ans Werk ging, kam es zur Gründung der
so genannten „Sozialpartnerschaft", eine Zusammenarbeit bzw. ein kooperatives
Bündnis der Interessensvertretung der Wirtschaft mit jener der Arbeitnehmer,
also der Wirtschaftskammer mit dem Gewerkschaftsbund. Diese „soziale Partnerschaft", die im Gegensatz zum Modell des Klassenkampfes steht, wurde übrigens von Karl von Vogelsang, einem katholischen Philosophen, schon Ende des
19. Jahrhunderts angedacht.

Bei den ersten Wahlen 1945 erzielte die Volkspartei – damals auch für Insi-
der überraschend – die absolute Mehrheit. Sie hätte allein regieren können, form-
te aber eine Koalition mit der Sozialistischen Partei, wie sich damals die österreichischen Sozialdemokraten nannten, die zwar noch das Prinzip des Klassenkampfes in ihrem Parteiprogramm verankert hatten, sich allerdings in der Praxis
im Laufe der Zeit davon immer mehr entfernten.

Das Bekenntnis zu einer Koalitionsregierung hatte gute Gründe. Indem man
heikle Sozialfragen zuvor am grünen Tisch verhandelte, vermied man nicht nur
Arbeitskämpfe und Streiks (Österreich ist das Land mit den geringsten Streik-
stunden), sondern man konnte auch stark, mit einer Stimme gegenüber den Be-
satzungsmächten auftreten. So wurde vor allem den Sowjets die Lust vertrieben,
ähnlich wie in den östlichen Nachbarländern, Marionettenregierungen einzusetzen, Volksdemokratien zu dekretieren oder – wie in Deutschland – das Land in
zwei Hälften zu teilen.

4   Ende der Großen Koalition – Aufbruch in eine neue Zeit

Diese Große Koalition war ein Erfolgsrezept. Allerdings, je länger sie dauerte,
umso mehr Sand geriet ins Getriebe, kam es zu gegenseitigen Blockaden, weil
sich die beiden Regierungsparteien wechselseitig nicht über den Weg trauten.
Der Wähler sorgte für den Bruch, indem er 1966 der Volkspartei die absolute
Mehrheit schenkte und diese auch die Chance für die Bildung einer Alleinregierung nutzte, um dem Reformstau ein Ende zu bereiten. Am allgemeinen Kon-
sensklima, eine Folge der „Sozialpartnerschaft", die eine Art Nebenregierung
war, änderte dies wenig. Egal ob nun die Sozialpartner eine gemeinsame Regierung bildeten oder nicht.

Diese Konse(h)nssucht ging so weit, dass der bei den Wahlen 1970 für die SPÖ erfolgreiche Bruno Kreisky zunächst den unterlegenen Josef Klaus sogar noch zu einer Regierungsbildung überreden wollte, aber von diesem einen Korb bekam. Gut für die Demokratie. Denn die Verbannung von der Regierungs- auf die Oppositionsbank leitete auch einen Reformprozess bei der Volkspartei ein. Zunächst löste der Abschied von der Macht (immerhin trug man 25 Jahre Verantwortung für den Neubeginn, für den Wiederaufbau, für den Staatsvertrag, der Freiheit und Unabhängigkeit gebracht hatte, für einen fühl- und sichtbaren Wohlstand) eine Diskussion über eine inhaltliche Neuorientierung aus. Es waren so genannte „junge Löwen", die neue politische Ziele und Inhalte zu formulieren begannen. An die Spitze des Arbeitnehmerflügels trat Alois Mock, der alles daran setzte, die Volkspartei zur „natürlichen politischen Heimat der Arbeitnehmer" zu machen. Die ÖVP begann ihr soziales Profil neu zu schärfen, nicht immer zur Freude des Wirtschaftsflügels.

Die Offenheit der Volkspartei für neue gesellschaftspolitische Entwicklungen zeigte sich bei vielen Persönlichkeiten der neuen politischen Generation. So wechselte Erhard Busek aus dem Generalsekretariat des Wirtschaftsbundes zur Wiener Landespartei, wo er alles andere als ein Betonierer war. Vielmehr gab er der Stadtpartei ein – heute würde man sagen – grünes Image. Er schenkte Umweltschutzproblemen besondere Aufmerksamkeit, engagierte sich für neue Formen des bürgernahen Kontaktes, zeigte sich offen für Ideen und Visionen von Künstlern, Intelektuellen, brachte – gar nicht zur Freude des Establishments – mit so genannten „bunten Vögeln" neues Leben in die Partei, versuchte alte verkrustete Strukturen aufzubrechen. Seine neue Wien-Philosophie schlug sich übrigens in weiterer Folge auch in einem atmosphärischen, kulturellen „Lifting" der Bundeshauptstadt nieder, die lange Zeit – bedingt durch den Eisernen Vorhang – eine Endstation des freien Westens war. Und so auch wirkte. Es war just der politische Konkurrent in der Person von Helmut Zilk, der als Bürgermeister jene Ideen umsetzte, die die ÖVP zuvor kreiert hatte.

5   Die Geburt des Modells einer öko-sozialen Markwirtschaft

Nicht nur im städtischen Bereich tat sich etwas, begann das Durchlüften der gesellschaftlichen Räume. Sixtus Lanner entwickelte die Philosophie vom „ländlichen Raum", vermittelte damit der Bauernschaft, die als Folge der Industrialisierung und Kommerzialisierung sprichwörtlich den Boden unter den Füßen zu verlieren begann, neue Hoffnung, zeichnete einen erfolgreichen Weg in die Zukunft. Wenngleich Fußnoten, wie jene, im Landwirt einen „Landschaftsgärtner"

zu sehen, milde belächelt wurden, so verbarg sich dahinter mehr. Diese Gedanken, in der Landwirtschaft mehr als bloß eine Nahrungsmittelindustrie zu sehen,
gipfelten schließlich darin, das Ordnungsmodell der sozialen Marktwirtschaft
den neuen Anforderungen anzupassen. Die Forderung lautete, keinem blinden
Fortschrittsglauben anzuhängen, sondern das Augenmerk verstärkt auf den
Schutz der natürlichen Um- und Lebenswelt zu legen, Problemlösungen nicht
künftigen Generationen zu überlassen, sondern rechtzeitig zu verhindern, dass
die Ressourcen des Lebensraumes Welt und Natur „verprasst" werden. Zu einem
Zeitpunkt, da gerade die Grünbewegung ihre ersten Erfolge feierte, Mandate in
den gesetzgebenden Körperschaften eroberte, wurde – 1987 – von Josef Riegler
(kurzfristig auch ÖVP-Vorsitzender und Vizekanzler) der Begriff der „öko-
sozialen Marktwirtschaft" geprägt und ein Programm ausgearbeitet. Das war
kein Feigenblatt, mit dem sich die ÖVP einen Green-Touch zulegen wollte. Das
war ein deutliches Bekenntnis:

> „Die Menschheit lebt nicht vom ‚Kapital' der Naturschätze und nicht von den ‚Zinsen'
> der Erträge, welche uns die Natur schenkt. Wir stehen vor der Herausforderung, wie
> wir ein würdevolles Leben für alle Bewohner der Erde ermöglichen. Wir müssen den
> Ressourcen- und Energieverbrauch drastisch reduzieren. Um dieses Ziel zu erreichen,
> sind quantitative Vorgaben, ähnlich den Klimazielen, und eine dritte industrielle Re-
> volution notwendig. Viele Bereiche müssten neu ausgerichtet werden. Dies kann nur
> gelingen, wenn wir massiv in Forschung, Entwicklung und Bildung inklusive Be-
> wusstseinsbildung der Bevölkerung investieren. Wer hier die Nase vorne hat, wird
> gewinnen, wer zögert wird als Verlierer übrig bleiben."

Wenngleich sich auch die Europäische Demokratische Union (damals die Dach-
organisation der christlich-demokratischen und konservativen Zentrumsparteien)
zu diesem Modell bekannte, es wurde zu rasch vom politischen Tagesgeschäft an
den Rand gedrängt, fand nur noch in Sonntagsreden Erwähnung. Dabei wäre es
eine richtungsweisende Antwort auf viele aktuelle Herausforderungen. Bloß, *„ihr
fehlt auf europäischer Ebene noch immer"* – wie es Hermann Kroll-Schlüter, der wie
ein Wanderprediger für die öko-soziale Marktwirtschaft wirbt – *„eine Schar
glaubwürdiger Politiker, die es ernst meinen, die nicht auf die Gesellschaft schielen sondern nach bestem Wissen und Gewissen handeln"*.

Immerhin, in diesem Programm widerspiegelt sich nicht nur eine intensive
und ehrliche Beschäftigung mit den Gedanken des Umweltschutzes durch die
Volkspartei, sondern auch eine sukzessive Öffnung und Aufgeschlossenheit
gegenüber den Grün-Ideen. Die Partei-Denker hatten erkannt, dass Wachstum
allein die Welt von morgen nicht sichert.

6 Jugend und Frauen als die grüne Triebfeder

Im Zuge des Reformparteitages 1972 machte die Volkspartei Schluss mit dem Drei-Bünde-System. Gleichberechtigt mit dem Arbeitnehmer-, dem Wirtschafts- und dem Bauernbund wurden jeweils eine eigene „Teilorganisation" für die Jugend, die Frauen und die Senioren geschaffen. Es waren dann in weiterer Folge vor allem die Jungen und die Frauen, die Druck auf die Partei ausübten, um zu erreichen, sich umweltbewusster in der Politik zu geben. Den Worten folgten die Taten. Unter den Demonstranten gegen den Bau eines Kraftwerkes zwischen Wien und Bratislava, zur Erhaltung der Donau-Auen fanden sich auch junge Schwarze, so der damalige Obmann der Jungen ÖVP und heutige Europaparlamentarier Othmar Karas, der wie kein anderer der aktiven ÖVP-Politikerriege darauf verweisen kann, dass er kein Trittbrettfahrer ist sondern aus Überzeugung sich seit seinem Auftreten auf der politischen Bühne nebst Europa insbesondere auch für Demokratie-Fragen und das nachhaltig engagiert.

Die Öffnung der Volkspartei gegenüber grünen Gedanken und Ideen passierte gerade in jener Zeit, da in Österreich eine rote Alleinregierung (von 1970 bis 1983) und anschließend (bis 1986) eine rot-blaue Koalition amtierte. Was zeigt, dass Oppositionsjahre eine wichtige Zeit der inhaltlichen Regenerierung, der programmatischen Neubesinnung sein können.

Als 2000 die ÖVP an die Hebel der politischen Macht an den Ballhausplatz (Sitz des Bundes- und Vizekanzlers) zurückkehrte, waren viele von der Sehnsucht nach der Wiederauflage einer Großen Koalition beseelt. Dabei hatte etwa der frühere deutsche Bundeskanzler Helmut Kohl, dessen Zuneigung zu Österreich nicht nur in dem Sommer-Urlaub am Wolfgangsee bestand, seinen österreichischen Freuden geraten, sich doch vom Allheilmittel der großen rot-schwarzen Koalition zu lösen und es auch einmal mit einer kleinen (schwarz-blauen) Koalition zu versuchen.

7 EU-Dialog mit der Opposition schafft Vertrauensbasis

1987 hatte Alois Mock sehr ernsthaft mit dem Gedanken gespielt, erstmals eine schwarz-blaue Koalition zu zimmern, musste aber davon Abstand nehmen, weil er zum damaligen Zeitpunkt nie und nimmer eine Zustimmung durch den Parteivorstand erhalten hätte. Rückblickend betrachtet war der groß-koalitionäre Relaunch wahrscheinlich sogar ein richtiger Schritt. In Österreich gab es schon eine zaghafte Diskussion, wie man sich der EU annähern könnte, was allerdings immer wieder mit dem Argument abgetan wurde, dass die UdSSR dem neutralen

Österreich die Annährung an die „kapitalistische" EG nie und nimmer gestatten würde. Dass 1989 schließlich Österreich in Brüssel um die Aufnahme von Beitrittsverhandlungen ansuchen konnte, war ein Erfolg der Großen Koalition. Bundeskanzler Franz Vranitzky war es gelungen, die damals noch europakritische SPÖ vom Gedanken eines Beitritts zur Europäischen Gemeinschaft zu überzeugen. Und es war Mock, der nicht nur diesen Annäherungsprozess an die EG betrieb (sich so den Titel eines „Mr. Europa" erwarb), sondern sich auch um die Oppositionsparteien bemühte. Sowohl zur FPÖ wie insbesondere auch zu den Grünen gelang es ihm, ein Vertrauensverhältnis aufzubauen. Ende der 1980er Jahre war – wie in den Zeiten von 1945 bis 1955, also bis zum Abschluss des Staatsvertrages – die Große Koalition richtig und wichtig, weil sie in staatsexistentiellen Fragen den breitest möglichen Konsens sicherstellte.

Erst 2000 brachte Wolfgang Schüssel das Kunststück zustande, die großkoalitionäre Kette auseinander zu brechen – und das aus der denkbar schlechtesten Position. Hatte doch zuvor die Volkspartei das miserabelste Ergebnis ihrer Geschichte eingefahren, war erstmals auf den dritten Platz zurückgefallen und von Jörg Haiders FPÖ überholt worden. Normalerweise wirft man als Spitzenkandidat in einer solchen Situation das Handtuch, geht die Partei selbstredend in Opposition. Tatsächlich manövrierte sich die SPÖ bei den Regierungsverhandlungen ins „Out". Schüssel erkannte die Chance, nicht nur eine kleine Koalition mit der FPÖ zu bilden, sondern erhielt sogar, obwohl nur dritter, den Bundeskanzler zugestanden.

8   Die erste reale Chance für eine schwarz-grüne Regierung

Nach einem inneren Zerwürfnis in der FPÖ kam es allerdings bereits 2002 wieder zu Neuwahlen, bei denen die Wähler den erfolgsverwöhnten Blauen, die sich seit 1986 auf einem steten Höhenflug befanden, einen Denkzettel verpassten. Mit dem Effekt, dass sie auf den dritten Platz zurückfielen und nur knapp vor den Grünen zu liegen kamen. Die Volkspartei hingegen wurde erstmals nach 34 Jahren wieder die Nummer 1 bei einer Nationalratswahl. Schüssel nutzte die Chance, eine völlig neue Koalitionsvariante anzudenken. Nämlich Schwarz-Grün, nachzulesen in seinen Aufzeichnungen (erschienen unter dem Titel „Offengelegt" 2009 im Ecowin-Verlag, Salzburg):

> „Tatsache ist, dass Van der Bellen, seine Stellvertreterin Eva Glawischnig und auch
> einige Klubmitglieder …. die Regierungsbeteiligung unbedingt wollen. In den Ver-
> handlungen gelingen am Anfang auch überraschende Einigungen. In Summe sind es

fast 1,5 Milliarden Euro, die den Grünen zur Verfügung stehen sollen, damit sie in den Kernbereichen Integration, Umwelt und Bildung die grüne Handschrift erkennbar machen können. Dafür sollen die Grünen jene Projekte mittragen, die der ÖVP wichtig sind. Alle grünen Abgeordneten wollen beim angebotenen Volumen von 1,5 Milliarden Euro etwas für ihren Sachbereich herausholen, es gibt parteiinterne Verteilungskämpfe."

Die schwarz-grünen Verhandlungen scheitern an der Zerrissenheit der Grünen, an der inneren Befindlichkeit mancher ihrer Protagonisten. Die Chance, in Europa politische Geschichte zu schreiben, war damit vertan. Rückblickend stellen sich politische Beobachter die Frage, ob es Schüssel wirklich ernst mit Schwarz-Grün war oder ob dies nur ein taktisches Spiel darstellte, um die FPÖ gefügig zu machen und zu einem möglichst niedrigen Preis zurück ins Regierungsboot zu holen? Wie auch immer, eines muss man zugestehen, in den Jahren von 2000 bis 2006 wurde von Schwarz-Blau eine Fülle von Reformen durchgezogen. Reformen, zu denen Große Koalitionen sich nicht durchringen hätten können und von denen die seit 2009 im Amt befindliche rot-schwarze Koalitionsregierung nur träumen kann. Eine Einschränkung muss bei Schwarz-Blau gemacht werden: Durch das Fehlen eines personalpolitischen Reservoirs auf Seiten der FPÖ, der zu viele Personalbesetzungen zugestanden wurden, handelte man sich auch so manche unnötigen Probleme ein, die einen schalen Nachgeschmack hinterließen. Schwarz-Grün hätte vielleicht nicht nur Phantasie bei der Politikgestaltung, sondern auch interessante, unkonventionelle Persönlichkeiten in Spitzenpositionen gebracht.

9   Der Vorteil so genannter „kleiner Koalitionen"

Koalitionen zwischen annähernd gleich großen Parteien haben mit dem Problem zu kämpfen, dass in einer Zeit, da grundsatzpolitische Konturen bei den Parteien immer verschwommener werden, nur noch kurzlebige Schlagzeilen zählen. Und sie leiden darunter, dass die Koalitionspartner bei einem immer kleiner werdenden Stammwähleranteil weitgehend um dasselbe Publikum rittern. Kleine Koalitionen hingegen haben den Vorteil, dass der kleinere Partner oft nur für seine Wählerklientel eine Art Nischenpolitik verfolgen muss, während sich der größere Partner voll auf das Spektrum Mitte konzentrieren kann. Dementsprechend brachten auch die Jahre von 2000 bis 2006 einen großen Reformschub, weil die ÖVP ihre zentralen Anliegen und Konzepte durchbringen konnte.

Die 2005 erfolgte Spaltung der FPÖ in einen orangenen Haider-Flügel – auch BZÖ (Bündnis Zukunft Österreich) genannt – und einen blauen Restbestand führte letztlich zum Ende der schwarz-blauen Regierung, wobei die ÖVP auch noch mit abgestraft und wieder auf den zweiten Platz zurückversetzt, aber nicht von den Futtertrögen der Macht verdrängt wurde. Abermals suchte man in einer Großen Koalition Zuflucht.

Die Begeisterung der Wählerschaft für diese Regierungsform ist ziemlich verflogen. In den Umfragen zur Halbzeit der Regierung trifft man nicht mehr auf zwei Großparteien, sondern nur auf drei Mittelparteien, die zwischen 20 und 30 Prozent schwanken. Die Grünen gehören diesem Klub noch nicht an, liegen sie doch mit etwa 12 Prozent deutlich darunter. Sozialdemokraten, Volkspartei und Freiheitliche liefern einander beinahe ein Kopf-an-Kopf-Rennen, einmal hatte die eine, dann wieder die andere Partei die Nase vorne. Nach dem Tode Haiders ringt sein BZÖ mit der Existenz, die alten Blauen hingegen haben sich unter dem neuen Frontmann H.C. Strache mehr als gefangen, konzentrieren sich fast nur auf eine Double-Issue-Politik (mit den zentralen Schwerpunkten einer Anti-Euro- und Anti-Ausländer-Politik), spielen aber in der Top-Liga mit. Wer immer eine Koalition mit der FPÖ eingehen würde, müsste sich mit der FPÖ in der Mitte um ein sehr ähnliches Wählerklientel bemühen. Denn die FPÖ „bedient" nicht nur die Schichten am rechten Rand, sondern vor allem jene, die von jener Art von Politik, wie sie SPÖ und ÖVP betreiben, enttäuscht sind. Das sind die Arbeiter auf der roten, der so genannte Mittelstand auf der schwarzen Seite.

10   „50 + 1" als die entscheidende Regierungsformel

Eine Koalition mit den Grünen könnte Sinn geben, auch weil es zwischen schwarzer und grüner Wählerklientel weit weniger Deckungsflächen gibt. Würde dem nicht die Formel   „50 +1" entgegenstehen. Eine Formel, die umgelegt auf die Politik besagt, dass eine Koalitionsregierung nur funktionieren kann, wenn sie über die Mehrheit verfügt, und das sind nun einmal 50 Prozent der Mandate plus eine weitere Stimme.

Die „große" Koalition, die, wenn es nach den Umfragen geht, keine mehr ist (weil es eben, wie vorhin geschildert, derzeit nur mehr drei Mittelparteien gibt), hat sich – wie es scheint – überlebt. Damit aber stellt sich die Frage, was mit den Grünen ist? Die Zeiten, da sie ihre Rolle primär als eine Oppositionsbewegung gegenüber dem Establishment sahen, sind vorbei. Mittlerweile lechzen auch die Grünen danach, in Regierungen zu sitzen. Nur in welcher?

Rot-Schwarz ist müde. Schwarz-Blau könnte über die 50-Prozent-Marke kommen. Rot-Blau ist nicht ausgeschlossen. Rot-Orange-Grün wäre denkbar, weil Orange sich aus Gründen des nackten Überlebens von Blau absetzen muss. Und Schwarz-Grün? Das scheitert derzeit an der „50+1"-Vorgabe. Was nicht ist, kann aber noch werden. 1983, als die Grünen ins politische Geschehen eintraten, verzeichnete man in Österreich 10 Prozent Wechselwähler und 8 Prozent Spätentscheider. Bei den letzten Nationalratswahlen war dieser Anteil auf 28 beziehungsweise 32 Prozent geradezu explodiert (so die „Wahlanalyse 2008" von Fritz Plasser und Peter Ulram). Keine Frage, der Spielraum für Wählerbewegungen ist gegeben, fast jede Konstellation sollte möglich sein. Warum nicht vielleicht Schwarz-Grün?

11 Der Beginn der Grünbewegung in Österreich

Ein wenig zeitversetzt gegenüber Westeuropa und hier vor allem Deutschland sind auch die 1970er Jahre in Österreich von gesellschaftlichen Veränderungen gekennzeichnet. Es geht nicht mehr nur um ungebremstes Wirtschaftswachstum, um einen Fortschritt um jeden Preis, sondern die Menschen werden nachdenklicher. Begriffe wie „Quality of life" rücken in das Bewusstsein der Öffentlichkeit, finden Nachhall in politischen Programmen (siehe zum Beispiel die ÖVP-„Pläne zu Lebensqualität"). Bürgerinitiativen entstehen, um sich – vorerst vor allem im lokalen, kommunalen Bereich – gegen von oben verfügte Maßnahmen, so etwa Bauvorhaben, die in die unmittelbare Lebensumwelt eingreifen, zur Wehr zu setzen.

Eine wirkliche Massenbewegung setzt freilich erst mit dem Bau des Kernkraftwerkes Zwentendorf im Tullnerfeld (50 km Luftlinie vom Wiener Stadtzentrum entfernt) ein. Allerdings, es bedarf einer Sickerzeit. Anfang April 1972 wird mit dem Bau begonnen. Zunächst läuft alles nach Plan und ohne größere Aufregung ab. Der 1976 von der SPÖ-Alleinregierung Kreisky vorgelegte Energieplan sieht – nach der Fertigstellung von Zwentendorf – sogar den Bau von zwei weiteren AKWs vor.

Zum ersten Eklat, der eine Art Kettenreaktion auslöst, kommt es im Zuge der Anlieferung der Brennstäbe. Wenige Stunden vor dem Heiligen Abend des Jahres 1977 genehmigt die Gesundheitsministerin die Anlieferung der Brennstäbe. Der SPÖ-Klubobmann kündigt noch Parteigespräche an, da wird vorzeitig in einer Nacht- und Nebelaktion die Anlieferung der Brennstäbe angeordnet. Die Opposition, allen voran die ÖVP, fühlt sich brüskiert.

Die ÖVP (zu diesem Zeitpunkt mehrheitlich noch ein Befürworter der Atomkraft) verlangt von der Regierung Auskunft. Gleich die erste Frage trifft den Kern und lautet: „*Ist die Sicherheitsfrage für Atomkraftwerke nach Meinung der Bundesregierung gelöst?*" Die SPÖ (der Gewerkschaftsflügel ist massiv für die Fertigstellung und Inbetriebnahme des AKW) lehnt eine Zusammenarbeit mit der ÖVP ab. Nach endlosen Diskussionen ringt man sich zu einer Volksabstimmung durch. Kreisky verbindet diese im Glauben an seine Popularität mit seinem politischen Schicksal und erklärt, sollte das Plebiszit ein mehrheitliches Nein bringen, würde er zurücktreten. Kreisky verspekuliert sich – in Bezug auf das Atom-Votum. Innerhalb der SPÖ gibt es insbesondere unter den Jungen eine wachsende Zahl von Atomskeptikern. In der ÖVP können sich selbst Atombefürworter nicht durchringen, über ihren Schatten zu springen und Kreisky ihre Stimme zu geben, nur damit er die Volksabstimmung gewinnt. Die Inbetriebnahme von Zwentendorf wird am 5. November 1978 denkbar knapp aber doch mit 50,47 Prozent abgelehnt. Zwentendorf bleibt das einzige 1:1-Modell eines Atommeilers, Kreisky tritt nicht zurück und gewinnt auch 1979 (nachdem sich die Wähler bereits bei der Volksabstimmung abreagieren konnten) die Nationalratswahlen.

12 Atomkraft, Gigantomanie – nein danke

„Atomkraft – Nein danke" wird zu einem Credo breiter Kreise der Bevölkerung, das sowohl bei ÖVP- wie SPÖ-Wählern auf Widerhall stößt. Österreich wird zu einem atomkritischen Land. Was sich übrigens – Jahrzehnte nach der Volksabstimmung – in der medialen Berichterstattung in den Zeitungen wie im Radio und im TV über die Katastrophe rund um das japanische Atomkraftwerk Fukushima zeigte. Diese nämlich fiel, im Vergleich zu Staaten, in denen AKWs zur Deckung des Strombedarfs in Betrieb sind, weitaus kritischer und intensiver aus.

Keine vier Jahre nach dem Zwentendorf-Plebiszit steht der nächste Proteststurm an. Diesmal geht es um Gigantomanie, nämlich den Bau eines Konferenzzentrums bei der UNO-City. Für die ÖVP ist dies, wie es deren damaliger Generalsekretär Michael Gaff einmal formuliert, ein „Probegalopp". Heute würde man das Motiv dieses Volksbegehrens wahrscheinlich gar nicht mehr verstehen, weil sich Wien längst zu einer der führenden Konferenzstädte der Welt entwickelt hat, Veranstaltungsplätze für Großkonferenzen einfach als Notwendigkeit gesehen werden. Damals freilich ging es um die Verschwendung von Steuergeldern (die Baukosten beliefen sich auf 3,5 Mrd. Schilling, das sind heute rund 255 Mio. Euro) und den Drang zur Gigantomanie. Mit 1.361.562 Unterschriften, die dem Aufschrei Folge leisten, ist das Volksbegehren gegen das Konferenzzentrum bis heue das Größte, das es je in Österreich gegeben hat. Die sozialistische Regierung ließ sich davon nicht beindrucken, wischte alle Einwände vom Tisch und ließ das Bauwerk errichten.

Wenngleich hinter dem Volksbegehren gegen den Bau des Konferenzzentrums handfeste politische Überlegungen standen, die Stimmungsmache gegen Großprojekte war damit geweckt. Umso mehr, als man ein deutliches Votum der Öffentlichkeit ignoriert, sich über den Bürgerwillen einfach hinweg gesetzt hatte.

Nachdem das Kernkraftwerk Zwentendorf nicht in Betrieb gehen durfte, musste sich Österreich nach neuen Energiequellen umsehen. Im Vordergrund stand dabei – weil die sauberste Form der Energiegewinnung – der weitere Ausbau der Wasserkraft. 1983 wurde der Bau eines Kraftwerks bei Hainburg zum „bevorzugten Wasserbau" durch die oberste Wasserrechtsbehörde erklärt. Fast gleichzeitig hatte „WWF Österreich" die Kampagne „Rettet die Auen" gestartet, um vor dem Eingriff in ein besonders erhaltungswürdiges Stück Natur, vor der Zerstörung der Donauauen östlich von Wien zu warnen.

13 Hainburg führt zum Ein- und Aufstieg der Grünen

Es bildete sich eine Allianz von besorgten Politikern und politisch denkenden Menschen. Und eine Gruppe von besonders Engagierten entschied sich, um die entsprechende mediale Aufmerksamkeit zu erreichen, für eine originale Form des Aktionismus und lud zu einer „Pressekonferenz der Tiere". Dabei traten auf: der SPÖ-Gewerkschafter Günther Nenning als „roter Auhirsch", der Wiener ÖVP-Stadtrat Jörg Mauthe als Schwarzstorch, der Chef der FPÖ-Jugend Hubert Gorbach als Blaukehlchen, der Schriftsteller Peter Turrini als Rotbauchunke und ÖVP-Jugendobmann Othmar Karas als Kormoran. Um den Kraftwerksbau zu verhindern, wurde beschlossen, ein Volksbegehren zu starten, wobei man den populären Nobelpreisträger Konrad Lorenz als Frontmann gewann.

Die Parteizentralen, von Rot bis Schwarz, verkannten und unterschätzten die Bewegung, die da im Entstehen begriffen war. Man tat das Engagement des roten Gewerkschafters als das eines „Wurschtels" ab. Nicht anders die Reaktion in der ÖVP, wo es namhafte Kreise gab, die nicht schon wieder eine Blockade erleben wollten und wenig Verständnis für die Aktivitäten des eigenen Jugend-Obmannes zeigten.

Die Entwicklung nahm trotzdem ihren Lauf. Es kam zu Demonstrationen, im Dezember 1984 zu einer Besetzung des Bauareals. Die Regierung ließ sich das zunächst nicht gefallen, erklärte die Au zum Sperrgebiet, der SPÖ-Innenminister ließ die Polizei ausrücken. Der Protest war nicht zu stoppen, der Polizeieinsatz schlug sich in Sympathie für die Au-Besetzer um, die Regierungstaktik geriet ins Kreuzfeuer der Kritik. Schließlich blieb der SPÖ-FPÖ-Koalitionsregierung, die die Verantwortung für das Vorgehen trug, nichts anderes übrig, als einen Rodungs- und damit in letzter Konsequenz auch einen Baustopp zu verhängen. Heute ist die Hainburger Au Teil eines Nationalparks.

Mit Hainburg beginnt der eigentliche Aufstieg der Grünen in Österreich. Bereits Ende der 70er Jahre gab es erste Bemühungen so genannter Basis-Aktivisten, um eine grüne Bewegung ins Leben zu rufen, eine Alternative zu den etablierten Parteien aufzustellen. Aber erst im Herbst 1982 wurde eine Alternative Liste (ALÖ) gegründet, die sich aus Personen formierte, die der Anti-AKW-, Dritte Welt-, Friedens- und Frauenbewegung sowie "studentischen Linken" sowie der Gruppe Revolutionärer Marxisten angehörten.

14 Grüne Wurzeln finden sich links und rechts

Die Grünbewegung in Österreich hatte freilich nicht nur Wurzeln im linken, sozialistischen Spektrum. Auch im bürgerlich-konservativen Bereich gab es Überlegungen, die traditionellen Parteiwege zu verlassen, auf eine grüne Philosophie zu setzen. Hier waren die Akteure vor allem Personen, die sich Parolen wie „Small ist beautiful" und einem „ökologischen Humanismus" verpflichtet fühlten. Im März 1982 – vor der (linken) ALÖ - wurden die (eher bürgerlichen) „Vereinigten Grünen" (VGÖ) aus der Taufe gehoben.

Charakteristisch für Österreich ist, dass die Grünbewegung zunächst aus zwei verschiedenen Parteien bestand. Eine setzte sich aus überzeugten Umweltschützern zusammen, die eher der schwarzen Wählerschaft zuzuzählen waren. Die andere umfasste linke Fundamentalisten, die Grün als Vorwand nahmen, um sich gegen den schleichenden Abschied der SPÖ von der marxistischen Doktrin zur Wehr zu setzen.

Im Grunde genommen ist diese Zweiteilung der Grünen bis heute erhalten geblieben. Da gibt es eher konservative Wähler, die von einer grünen Welt träumen und da gibt es progressive, ja auch radikale Wähler, die den totalen Umbruch und eine Politik wollen, für die die Ökologie nur Vorwand für eine Umverteilung in der Gesellschaft ist. Waren bei der Gründung beide Teile annähernd gleich stark, so hat sich das Gewicht mittlerweile hin zum linken Flügel verschoben, der sich heute allerdings weniger fundamentalistisch und mehr pragmatisch gibt. Nur, bis heute haben die Grünen mit dem Problem zu kämpfen, dass sie sich oft in Grundsatzfragen nicht einig sind, tagelang basis-demokratische Diskussionen führen und sich so selbst die Chance nehmen oder entgehen lassen, gestalterisch etwas bewirken zu können.

15 Ein Bauer – der erste Grüne in einem Landtag

Nachdem zu Beginn keine Zusammenarbeit von ALÖ und VGÖ zustande kam, traten sie bei den Nationalratswahlen 1983 getrennt an und landeten mit 1,36 beziehungsweise 1,93 Prozent einen veritablen politischen Bauchfleck. Nur in Vorarlberg gelang der Grünbewegung bereits im Oktober 1984 unter Kaspanaze Simma, einem etwas verschroben wirkenden Landwirt aus dem Bregenzerwald, mit 13 Prozent der Wählerstimmen ein überraschender Erfolg und damit erstmals ein Parlamentseinzug, wenn auch nur in einen Landtag.

Just die Frau des Chefredakteurs des sozialistischen Zentralorgans „Arbeiter-Zeitung" Freda Meissner-Blau, die sich selbst als eine Vordenkerin der „umweltpolitischen Widerstandsbewegungen" verstand und deshalb auch von der SPÖ getrennt hatte, schaffte die Zusammenführung der beiden Grün-Flügel und damit am 23. November 1986 mit 4,8 Prozent der Wählerstimmen den erstmaligen Einzug der Grünen in den österreichischen Nationalrat.

Mit ausschlaggebend für diesen Wahlerfolg war der Reaktorunfall in Tschernobyl Ende April 1986, der in der Bevölkerung das Gefühl der Machtlosigkeit gegenüber einer außer Rand und Band geratenen Technologie und das Verlangen, sich dagegen zu wehren, wachsen ließ.

Die Wahlen 1986 verhalfen den Grünen zum erfolgreichen Sprung ins Parlament, ließen aber gleichzeitig auch die Freiheitlichen massiv erstarken. Diese Beinahe-Parallelität ist insofern von Bedeutung, weil sich ja beide politische Bewegungen auch als Protestparteien verstehen und daher gemeinsam (wenn auch mit unterschiedlichen Vorzeichen) um das immer größere Potential der Protestwähler bemühen.

Von 1949, als die Freiheitlichen erstmals als eigene Partei antreten durften, bis herauf in die Mitte der 1980er Jahre erreichten sie zwischen 5 und maximal 7 Prozent der Stimmen. Erst als Jörg Haider in den Ring gestiegen war, eine populistische Politik ohne Wenn und Aber verfolgte, nahm ihr Stimmenanteil stetig und kräftig zu. Demgegenüber vollzog sich der Aufstieg der Grünen nicht so rasant und verzeichnete schon gar nicht diese Höhenflüge (was vielleicht auch an den Persönlichkeiten gelegen sein mag, die da agierten). Beide Großparteien mussten bei den Wahlen in den 1990-er Jahren Federn lassen, die SPÖ verlor vor allem an die Grünen. Der FPÖ-Zulauf vermasselte der ÖVP die Chance, die zu diesem Zeitpunkt angeschlagene SPÖ zu überholen.

16 Junge, Maturanten, Akademiker – die grüne Zielgruppe

Die Grünen, die sich 1987 zunächst auf *Grüne Alternative* (GA) tauften und seit 1993 offiziell unter der Bezeichnung *Die Grünen – Die grüne Alternative* (GRÜNE) firmieren, schafften es nie, bei Nationalratswahlen vom vierten Platz wegzukommen. Sie mussten sich immer mit einem Platz hinter den Freiheitlichen zufrieden geben. Erst 2006 übersprangen sie die 10-Prozent-Marke. Zwei Jahre später gab es bereits wieder einen leichten Rückschlag, um – laut demoskopischer Erhebungen – in Folge der Ereignisse rund um das japanische AKW Fukushima im März 2011 wieder mehr Zulauf zu erhalten.

Bei ihrem ersten Antreten gegen die etablierten Parteien punkteten die Grünen vor allem bei den jungen Wählern (unter 30) und in der Alterskategorie der bis zu 44 jährigen sowie generell bei Frauen und Männern mit höherer Schulbildung bzw. Universitätsabschluss. Übrigens bei jenen, die beruflich viel mit Grün zu tun haben, also den Landwirten, konnten die Grünen nie wirklich Fuß fassen und schafften damals wie heute bloß ein Prozent.

Die Wählerschaft der Grünen hat sich innerhalb von bald 28 Jahren in etwa verdoppelt. In den Wählerstromanalysen finden sich vor allem Zuläufe von der SPÖ, aber auch von der ÖVP. In Bezug auf das Profil haben sich die Grünen nicht wesentlich geändert. Die Stagnation ist vor allem bei den Wechselwählern erkennbar. Verzeichnete man 1983, als erstmals die Grünen parlamentswirksam wurden, insgesamt gerade 10 Prozent Wechselwähler, so war diese Zahl bei den letzten Wahlen – wie bereits erwähnt – auf 28 Prozent hochgeschnellt. Die Grünen konnten von dieser Entwicklung der Wechselbereitschaft nicht profitieren. Nur 12 Prozent ihrer Stimmen erhielten sie zuletzt von Wechselwählern. Bei der FPÖ waren dies hingegen 28 Prozent.

Auch bei den Jungwählern waren die Grünen bei den letzten bundesweiten Wahlen kein Stimmenmagnet. Überraschenderweise hatte die ÖVP bei den Wählern unter 30 mit 20 Prozent die Nase sogar vor der SPÖ, die ebenso wie die Grünen gerade noch 14 Prozent ansprach. Dass hingegen der Spitzenkandidat der Freiheitlichen, H.C. Strache, 33 Prozent der Jungwähler anzog, lies bei Schwarz, Rot und Grün die „Alarmglocken läuten".

Ideologisch trennen die FPÖ und die Grünen Welten. Das zeigt die Themenanalyse. Sieht man von den zwei Motiven, primär den Spitzenkandidaten zu wählen oder eingefleischter Stammwähler zu sein, ab, so votierten 35 Prozent für die FPÖ, weil sie für eine härtere Ausländerpolitik eintritt, 14 Prozent, weil sie gegen den Asylmissbrauch kämpft. Ganz anders die Motive, wenn es darum geht, die Grünen zu wählen. Hier war und ist der Umwelt- sowie Klimaschutz mit 33 Prozent das dominierende Moment, gefolgt mit 10 Prozent der Wähler, die sich für eine menschlichere Ausländerpolitik aussprachen. Bei SPÖ und ÖVP – so die Analyse des letzten Bundeswahlganges – waren Umwelt- und Klimaschutz als wichtiges politisches Anliegen (noch) nicht in den vorderen Rängen zu finden. Bei der SPÖ wünschten sich 17 Prozent der Wähler das Eintreten für die Anliegen kleiner Leute und 10 Prozent zeigten sich in Sorge um die soziale Gerechtigkeit. Bei der ÖVP ausschlaggebend war mit 21 Prozent das Vertrauen in eine verlässliche Politik sowie mit 18 Prozent das Verlangen nach einer kompetenten Wirtschaftspolitik. Das sind freilich Werte, die sich laufend ändern können, die ständig Trends, Stimmungen und Ereignissen unterliegen.

17 Wie sieht die Situation in Österreich aktuell aus?

Die Grünen waren in ihrer Anfangszeit ziemlich regierungsresistent. Sie wollten oder taten jedenfalls so, als würden sie sich mit dem Schicksal einer Oppositionspartei zufrieden geben. Tatsächlich schafften sie bislang auch noch keine Beteiligung an einer Bundesregierung, was nicht heißt, dass sie nicht schon auf einer Regierungsbank hätten Platz nehmen können. Das erste Angebot dafür erhielten sie bekanntlich 2002 von der ÖVP. Was nicht auf Bundesebene gelang, kam aber mittlerweile bereits auf Regional- und Kommunalebene zustande.

Den Anfang machte Oberösterreich, ein Bundesland mit einer besonders ausgeprägten Industrialisierung, wo Landeshauptmann Josef Pühringer nach der Landtagswahl 2003 eine Regierungsvereinbarung mit den Grünen abschloss und damit die erste schwarz-grüne Koalition auf Länderebene bildete. Die Koalition mit dem grünen Landesrat Rudi Anschober funktionierte so gut, dass die ÖVP diese auch nach den Landtagswahlen 2009, wiewohl sie die Hälfte der Mandate und die Mehrheit an Regierungssitzen errang, fortsetzte. Ein wichtiges Zeichen für Glaubwürdigkeit und Beständigkeit.

Als erste Landeshauptstadt erhielt Bregenz eine schwarz-grüne Stadtregierung, nicht ganz freiwillig. Ging doch das Duell zwischen SPÖ und ÖVP nur sehr knapp für den amtierenden Bürgermeister Markus Linhart aus. Das Bündnis mit den Grünen war für die Schwarzen der Rettungsring, um weiter die Stadt am Bodensee regieren zu dürfen. Nach Ablauf der Legislaturperiode streute man aber einander Blumen: „Schwarz-Grün kommt gut", „Die Grünen haben den Beweis der Regierungsfähigkeit erbracht" hieß es, von einer „Zusammenarbeit mit Handschlagqualität" war die Rede. Der Wähler war überzeugt, honorierte die Arbeit und die Leistungen. Schwarz-Grün darf weiter regieren.

Nachdem 2008 die Sozialdemokraten schwere Verluste erlitten und sogar den Anspruch auf den Vizebürgermeister verloren hatten, einigten sich in der steirischen Landeshauptstadt Graz ÖVP und Grüne auf ein gemeinsames Arbeitsübereinkommen, sodass es zur Angelobung einer schwarz-grünen Stadtregierung mit Siegfried Nagl als Bürgermeister kam. Seit den Landtagswahlen 2010, bei denen die ÖVP nicht über den zweiten Platz hinaus kam und man dem schwarz-grünen Stadtbündnis die Mitschuld am mäßigen Abschneiden auf Landesebene gab, kracht es hin und wieder im Koalitions-Gebälk.

Es ist kein Zufall, dass gerade in Oberösterreich, Bregenz und Graz die Grünen ihre ersten Regierungsbeteiligungen schafften – und das mit der ÖVP. In Oberösterreich agiert mit Pühringer ein wirklich tüchtiger „Landesvater", der nicht zu den politischen Scharfmachern zählt, aber ein sehr starkes Gespür für die Probleme und Empfindlichkeiten seiner Landsleute hat und es auch versteht, auf neue Entwicklungen und Strömungen richtig und rechtzeitig zu reagieren. Was auch die Bürger anderer Couleurs schätzen. Nicht zuletzt ist ihm etwa die Sorge um das grenznahe Kernkraftwerk in Temelin (Tschechien) ein echtes, ehrliches Anliegen. Vorarlberg wiederum war das erste Land, in dem ein Grüner den Sprung in ein Landesparlament schaffte. Dazu kommt, dass im westlichsten Bundesland schon seit Jahrzehnten eine angespannte Stimmung zwischen Rot und Schwarz herrscht, war es doch hier erstmals mit Bertram Jäger dem Arbeitnehmerbund der Volkspartei Ende der 60-er Jahre gelungen, die rote Herrschaft in der Arbeiterkammer zu brechen und (bis heute) den Präsidenten an der Spitze der offiziellen institutionellen Arbeitnehmervertretung zu stellen. Die Steiermark schließlich ist schon immer, erst recht seit den Zeiten des früheren Landeshauptmanns Josef Krainer, ein Bundesland, in dem die Volkspartei für eine gute Mischung von Heimatstolz und kultureller Aufgeschlossenheit steht. Diese liberale Gesinnung erleichterte es, dass sich Schwarz und Grün nicht nur annähern sondern auch – bei allen Unterschiedlichkeiten – auf ein gemeinsames Stadt-Programm verständigen konnten.

18 Realos in den Ländern, Fundis in den Städten

Nicht zuletzt spielt auch eine Rolle, dass – so der Landesgeschäftsführer der ÖVP-Oberösterreich Michael Strugl – die Grünen in den Bundesländern außerhalb der Großstadt Wien mehr „Realos" und weniger „Fundis" sind, die „Chemie" im persönlichen Umgang miteinander stimmt. Was sich auch darin zeigt, dass es außerhalb der größeren Städte, also auf der Ebene der Gemeinden, mehr schwarz-grüne als rot-grüne Kooperationen gibt.

Ein rot-grünes Bündnis, das lag in Wien schon fast in der Luft (weil hier bei den Grünen eher die „Fundis" zu Hause sind), wenngleich es nach den Gemeinderatswahlen im Oktober 2010 dann doch etwas überraschend kam. Der SPÖ, die in Wien seit 1945 ohne Unterbrechung den Bürgermeister stellt, wurde schon lange vor den Wahlen der klare Verlust der absoluten Mehrheit signalisiert. Als eigentlicher Gegner spielte sich die FPÖ mit dem Haider-Epigonen H.C. Strache auf, der mit seiner prononcierten Anti-Ausländerpolitik vor allem bei den Arbeitnehmern auf Stimmenfang ging. Auch so manche bürgerlichen Wähler ließen sich vom Wortschwall des blauen Recken gefangen nehmen. In dieser Situation tat der damalige Parteichef der ÖVP, Josef Pröll, durchaus einen richtigen Schritt. Nach dem Abgang des schwarzen Frontmannes Johannes Hahn als EU-Kommissar nach Brüssel, wurde eine Frau an die Spitze gestellt. Christine Marek brachte freilich nicht den erhofften Auftrieb, sondern die Wiener Volkspartei zum Fall. Mit eine Folge eines verunglückten Wahlkampfes, einer ausgebliebenen Profilierung und Positionierung. Trotzdem glaubte die ÖVP noch in der Wahlnacht, von der SPÖ in die Regierung gebeten zu werden. Der SPÖ-Bürgermeister Michael Häupl machte diesem Wunschdenken einen Strich durch die Rechnung. Die Grünen, die mit großen Ankündigungen in den Wahlkampf gezogen waren, gaben es billig. Ihre Spitzenkandidatin Maria Vassilakou machte alle nur erdenklichen Abstriche, um Wien rot-grün regieren zu dürfen. Die SPÖ ergriff die ausgestreckte Hand, gab den Grünen das Ressort für Verkehr, Energie und Stadtentwicklung. Die ersten Monate haben jedenfalls gezeigt, dass wo Grün neben Rot drauf steht, dies am Inhalt des Ladens nicht unbedingt etwas ändern muss. Man kann es auch „Window dressing" nennen.

Was übrig bleibt, ist somit die Frage, welche Rolle die Grünen spielen wollen, Komplementär oder Steigbügelhalter? Verhelfen sie dem Größeren nur dazu, an der Macht zu bleiben? Oder ergänzen sie mit ihrer Politik, mit ihren Vorstellungen das Programm einer Regierung um jene Anliegen, die zu einem neuen Lebensgefühl gehören?

19 Erst entscheiden die Wähler, dann die Parteien

Was steht nun Österreich ins Haus, was täte der politischen Landschaft gut? Bei einem Bündnis mit der ÖVP haben die Grünen mehr Gestaltungsspielraum. Und es wäre eine interessante Herausforderung. Das zeigen die gelebten Beispiele. Dazu kommen interessante grundsatzpolitische Ansätze, wenn man nur an das Ordnungsmodell der öko-sozialen Marktwirtschaft denkt, das bisher unter seinem Wert verkauft, zwar in der Theorie niedergeschrieben aber noch nicht wirklich in die Praxis umgesetzt wurde, das aber unverändert Zukunft hat.

Wenngleich es in der einen oder anderen Ideologiefrage kongruente Ansichten von Grünen und Sozialdemokraten gibt, so finden sich in der Volkspartei viele Elemente einer Politik, die in alternativen Modellen denkt, die neue, unkonventionelle Formen der Bürger-Mitbeteiligung zu entwickeln sucht und von daher sehr wohl auch die Grünen animieren sollte, ein Stück des Weges gemeinsam zu gehen. Bedingt durch das Fehlen einer nennenswerten liberalen Partei, könnten die Grünen auch ein akzentuiertes liberales Spektrum bedienen (ein Gedanke, den der grüne Professor Alexander van der Bellen in Zusammenhang einmal mit einer Kritik am gouvernantenhaften Auftreten seiner Parteikolleginnen durchblitzen ließ).

In der ÖVP gibt es unterschiedliche Präferenzen, was mögliche künftige Konstellationen betrifft. Das zeigte sich unter anderem noch in der Ära Pröll am Beginn einer lustlos geführten Diskussion über neue programmatische Leitlinien, denen vor allem der Mut zu einem Schritt in eine herausfordernde Zukunft fehlte – und die mittlerweile schon abgesagt wurde. Vielleicht auch deshalb, weil die Volksparteien in einer Identitätskrise stecken, zu sehr ihr Augenmerk auf die tagesaktuelle Schlagzeile anstatt auf die langfristige Perspektive und Vision richten.

Was gefragt wäre, das sind neue Ideen und Vorschläge, die über die konventionelle Erwartungslage hinausgehen. Die Gründungsväter der ÖVP hatten 1945 Ziele anvisiert, die damals unrealistisch, unerreichbar schienen. Sie hatten es trotzdem gewagt, als es zunächst nur darum ging, Hunger und Not zu stillen, die Trümmer des Krieges wegzuräumen, Visionen zu formulieren. Heute, in einer ungleich komfortableren Situation, darf man sich erst recht nicht mit politischen Gemeinplätzen begnügen. Gerade auch als eine Partei, die auf einem christlich-sozialen Fundament steht, sollte man wieder verstärkt das Augenmerk auf jene Werte richten, die für eine geordnete Gesellschaft, in der Anstand, Glaubwürdigkeit, Moral und Würde einen echten Stellenwert haben, unerlässlich sind. Dazu gehören auch das Leben in einer gesunden Umwelt und die Verantwortung, dieses unschätzbare Gut an die nachfolgenden Generationen ohne Hypotheken weiterzugeben. Von daher wäre es für die Volkspartei interessant, in einen Wettstreit mit grünen und vielleicht auch manchmal krausen Ideen zu treten. Wie heißt es doch im Salzburger Programm so treffend? *„Partnerschaft bietet die Basis, Konflikte nutzbar zu machen und friedlich zu lösen".*

Was derzeit die Verträglichkeit mit den anderen Parteien betrifft, so sind die Reibungsflächen der ÖVP mit der SPÖ zwar unverkennbar, aber bis zur nächsten

Wahl gibt es keine Alternative. Das weiß auch die neue Parteiführung unter Michael Spindelegger, die nicht nur im Spannungsfeld zwischen Bündnistreue und der Notwendigkeit, neue Wege zu beschreiten, lebt. Sie muss zudem verloren gegangenes Vertrauen in ihre Politik (infolge widriger innerparteilicher Ereignisse im März 2011) zurückgewinnen. Jene, die sich die Neuauflage einer Koalition mit der FPÖ vorstellen und mit dieser Idee erneut anfreunden könnten, lassen sich genauso wenig aus ihrer Deckung locken wie jene, die etwas Neues wagen und daher mit den Grünen in ein Boot steigen wollen. Wenngleich die „große Koalition" lange Zeit das „Liebkind" der Österreicher war, so hatten es ÖVP wie SPÖ in der Vergangenheit stets vermieden, sich schon vor dem Wahltag zu deklarieren, wer mit wem nach der Wahl zusammengeht. Daher, alles ist möglich. Das eigentliche Problem ist in Österreich angesichts der aktuellen Kräfteverhältnisse der zur Wahl stehenden Parteien die Frage, mit wem man überhaupt eine tragfähige Mehrheit im Parlament erreichen und damit eine funktionsfähige Regierung bilden kann? Die Antwort darauf wird in erster Linie der Wähler mit seiner Stimmabgabe geben. Ohne Mehrheit – und die muss erst gefunden werden – hilft kein Wunschdenken, nützt auch das beste Verhandlungsgeschick nichts. Bleibt nur die Hoffnung, dass angesichts der Mobilität der Wähler durchaus noch einiges bewegt werden kann.

Saskia Richter

Schwarz-grüne Kooperationen in Europa
Eine historisch-empirische Spurensuche konservativ-ökologischer Annäherungen

1 Einleitung: Schwarz-Grün als politische Lösung für Herausforderungen des 21. Jahrhunderts?

Schwarz-Grün schien vor wenigen Jahren, als sich die Wahlergebnisse der europäischen Sozialdemokratie im Sinkflug befanden, die neue Regierungskonstellation zu sein, um angemessen auf Anforderungen und Herausforderungen von Politik, Gesellschaft und Wirtschaft im 21. Jahrhundert zu reagieren.[1] Erneuerbare Energien, biologische Landwirtschaft, sozial zertifizierte Waren – dies alles schienen Anzeichen dafür zu sein, dass sich konservatives Wirtschaften mit grünem Touch auch in Regierungskoalitionen widerspiegeln würde. So gingen die grünen Parteien aus der Europawahl 2009 mit einem Plus von zwei Prozentpunkten und 14 Mandaten gestärkt hervor; die Konservativen blieben die mit Abstand stärkste Fraktion und dominierten die Wahl in 27 EU-Staaten – in Deutschland, Frankreich, Österreich, Polen, Ungarn, Slowenien, Bulgarien und Zypern.[2] Schon vorher hatte es bereits in den nationalen Regierungen zahlreiche Machtwechsel zugunsten der bürgerlichen Parteien gegeben – in Dänemark 2001, in Finnland 2003, in Griechenland 2004, in Deutschland 2005.[3] Doch bei einem genaueren Blick ist die Situation in den europäischen Ländern je nach Wahlsystem und Milieu-Bildung differenzierter: In Griechenland wurde die sozialistische PASOK bei den Europawahlen 2009 gegen den europäischen Trend stärkste Kraft. Und auch in Bezug auf grüne Parteien lohnt sich eine präzise Analyse: Denn während die Grünen in der Bundesrepublik seit den 1980er Jahren eine stabile Position im Parteiensystem einnehmen, konnten sie sich in Großbritannien aufgrund des Mehrheitswahlrechts nicht positionieren.[4] Auch in Norwegen und Dänemark spielen grüne Parteien im Parlament keine Rolle.[5] Dennoch lässt sich ein Trend feststellen: Während sich die europäische Sozialdemokratie spätestens seit New Labour (nicht deswegen) in einer programmatischen und strukturellen Krise befindet,[6] erleben die grünen Parteien ein Hoch. Und: sie sind nicht mehr auf einen Koalitionspartner angewiesen, sondern mittlerweile so etabliert, dass es zur Bildung schwarz-grüner Regierungen kommen kann.

Seit den frühen 1970er Jahren sind grüne Parteien in fast allen Ländern Europas, sowie in Australien und den USA, entstanden. Nach dem Ende des Kalten Krieges auch in den Staaten Osteuropas. Die Wurzeln der westeuropäischen und westlichen Grünen sind in den Neuen Sozialen Bewegungen der 1970er Jahre zu finden, die sich nach dem ökonomischen Bruch von 1972/73 um die Themen Umwelt, Anti-Atom und Emanzipation entwickelten.[7] Grüne Parteien wollten oftmals eine Alternative zur etablierten Politik ausbilden, gleichzeitig hatten ihre Protagonisten und Anhänger nicht selten bürgerliche Wurzeln. So stellten grüne Parteien zwar zunächst eine Konkurrenz für die Sozialdemokraten dar, nach einer Phase der Festigung in den Parteiensystemen begannen sie jedoch in Teilen auch, die Nähe zu den konservativen Parteien zu suchen. Schwarz-Grün hieß die neue Losung für gelingende Politik des frühen 21. Jahrhunderts – nicht nur in der Bundesrepublik, sondern auch in anderen Ländern Westeuropas.

2 Schwarz-Grün in den europäischen Ländern

Der regionale Ausgangspunkt einer historisch-empirischen Analyse konservativ-ökologischer Annäherungen ist zunächst die Bundesrepublik. Von hier aus werden Vergleiche zu anderen Ländern in West- und Osteuropa unternommen. Dabei muss darauf hingewiesen werden, dass zahlreiche Untersuchungen zur grünen Parteienfamilie in Europa sowie zur Regierungsbeteiligung grüner Parteien vorliegen,[8] aber nicht auf eine systematische Auswertung schwarz-grüner Koalitionen auf europäischer Ebene zurückgegriffen werden kann. Eine solche Analyse steht aus; sie ist nicht die Grundlage dieses Textes. Der vorliegende Text versucht eine Annäherung an eine solche Analyse und zeigt Anforderungen an ein entsprechendes Untersuchungsdesign auf.

2.1 Grüne Parteien in Westeuropa

Die westeuropäischen Grünen sind aus den sozialen Bewegungen der 1970er Jahre entstanden. In den meisten Parteiensystemen vollzog sich während dieser Zeit eine „bemerkenswerte Ausdifferenzierung", die je nach Ausgangsposition zu Mehr- oder Vielparteiensystemen geführt hat.[9] Ursache der Differenzierung war das Entstehen einer neuen Konfliktdimension zwischen Ökonomie und Ökologie und zwischen der sogenannten „alten" und „neuen" Politik.[10] Seit den

1980er Jahren sind grüne Parteien in die nationalen Parlamenten eingezogen – am stärksten sind sie in Luxemburg, Belgien und in Deutschland; auch in Finnland, Österreich, Schweden, in der Schweiz und in den Niederlanden sind sie vertreten, seit 1997 auch in Frankreich und seit 2002 in Irland.[11] Grüne Parteien weisen in vielen Ländern eine Nähe zu sozialdemokratischen oder sozialistischen Parteien auf, dennoch haben ihre Wähler oft eine Herkunft aus der Mittelschicht und so positionieren sich viele grüne Parteien in ihrem Gesamtbild jenseits des Links-Rechts-Schemas.[12] Zunächst gründeten sich grüne Initiativen als lokale Bündnisse, die sich später auf kommunaler und regionaler Ebene als Parteien organisierten. Nach wie vor ist es diese kommunale und regionale Ebene, auf der auch neue Koalitionsoptionen ausprobiert werden. So wie die schwarz-grünen Koalitionen in der Bundesrepublik in Mühlheim an der Ruhr, in Saarbrücken und auf Landesebene in der Hansestadt Hamburg. Erste Regierungskoalitionen auf nationaler Ebene gingen die Grünen in Finnland mit den Sozialdemokraten unter dem Premierminister Paavo Lipponen ein. Die Grünen übernahmen das Umweltressort, konnten sich aber in der Atompolitik nicht durchsetzen; die Regierungsprogramme zwischen 1995 und 1999 schlossen den Bau eines fünften Kernkraftwerkes nicht aus.[13] Auch in Frankreich haben die Grünen (*Les Verts*) eine Nähe zur Sozialistischen Partei hergestellt, mit der sie eine Vorwahl-Vereinbarung getroffen haben.[14] Damit gelang ihnen 1997 der Einzug in die Nationalversammlung. So blieb und bleibt jedoch auch die Regierungspolitik der Grünen stark an den Sozialisten orientiert. Der deutsche Fall ist bekannt: Die Grünen zogen 1983 mit 5,6 Prozent zum ersten Mal in den Bundestag ein. Sie profitieren von Wählern der SPD, mittlerweile aber ebenso von Wählern der FDP und – wie bei der Landtagswahl 2011 in Baden-Württemberg – von Nicht-Wählern (274.000).[15] Eine erste Regierungsbeteiligung auf Bundesebene gingen die Grünen 1998 mit der SPD ein. Schwarz-grüne Koalitionen in den Ländern wurden diskutiert und auch bereits realisiert; auf nationaler Ebene scheinen sie politisch nicht umsetzbar zu sein. So wird auch in Deutschland deutlich, was für die Regierungsbeteiligung grüner Parteien in Europa gilt: grüne Parteien spielen besonders auf lokaler, aber auch auf regionaler Ebene eine große Rolle; gleichzeitig befinden sie sich – wenn sie regieren – in den Regierungen jeweils in eher schwachen Positionen.[16] Die belgischen Grünen werden als eine Hauptstütze der grünen Parteienfamilie in Europa beschrieben.[17] Auch hier wurden die Grünen zu einem Mehrheitsbeschaffer, weil die Sozialisten eine Koalition mit den Christdemokraten vermeiden wollten. Eine schwarz-grüne Nähe war hier nicht zu finden.

Zusammenfassend lässt sich also festhalten, dass obwohl das Umweltressort in vielen Regierungen ein Schlüsselressort ist, sich die grünen Parteien hier letztlich nicht immer durchsetzen konnten. Dennoch war zu beobachten, dass neben der Atompolitik – einem ursprünglichen Bewegungsthema der Grünen – das Thema Verbraucherschutz in Bezug auf Ernährungsfragen (BSE, Vogelgrippe, genetisch veränderte Produkte etc.) an Bedeutung gewonnen hat. Bis zum Reaktorunfall von Fukushima waren grüne Parteien nützliche Mehrheitsbeschaffer für linke Parteien in Europa. Seitdem scheinen sie – zumindest in Deutschland und in der Schweiz– einen neuen Schub bekommen zu haben.[18]

2.2 Grüne Parteien in Osteuropa

Die osteuropäischen Grünen waren von Beginn an anders positioniert als die grünen Parteien in Westeuropa. Sie verbanden ihre umweltpolitische Orientierung oft mit der Ausrichtung am freien Markt, mit Antikommunismus und der Befürwortung der NATO.[19] Gleichzeitig sind diese grünen Parteien weniger verankert in ihren Milieus und weniger stabil als die westdeutschen Parteien. Bei einer Betrachtung der Regierungsbeteiligungen osteuropäischer grüner Parteien fällt auf, dass diese oftmals in antikommunistische oder antiautoritäre Wahlbündnisse aufgenommen wurden, die dann in Regierungskoalitionen mündeten.[20] Die osteuropäischen grünen Parteien, die nach oder mit der Wende von 1989/90 entstanden sind, orientierten ihre Politik am Umweltthema. Gleichzeitig waren ihre ordnungspolitischen Vorstellungen weniger links ausgerichtet als diejenigen der westlichen grünen Parteien. Sie sind auch weniger pazifistisch. So stellt Wolfgang Rüdig in seinem Text über grüne Parteien in Osteuropa fest, dass sich die osteuropäischen Parteien eher durch ihre strikte Ablehnung von Staatsinterventionen, die Bejahung der Marktwirtschaft und die Unterstützung der Mitgliedschaft in der NATO auszeichneten.[21] Hier sind die grünen Parteien thematisch so positioniert, wie viele der konservativen in Westeuropa. In manchen Ländern, so beschreibt Rüdig weiter, würden die Grünen auch stark mit einer nationalistischen Position identifiziert, was sie – zumindest in den Augen mancher westlicher Beobachter – an den äußeren rechten Rand des politischen Spektrums rücke.[22] In Lettland konnten die Grünen zwischen 2004 und 2007 mit Indulis Emsis einen Regierungschef stellen, der eine Minderheitenregierung anführte, die konservativ positioniert war. So waren sie in einem Wahlbündnis mit der Bauernunion angetreten und hier im klassischen Sinne konservativ aufgestellt.[23] Da die „Union von Grünen und Bauern" in Lettland aber auch städtische Wähler anspricht, konnte sie 2006 zweitstärkste Kraft werden und 16,71 Prozent der Stimmen bzw. 18 Mandate erreichen.[24] Auch Teile der Bulgarischen Grünen benannten sich in den frühen 1990er Jahren in der Regierungsverantwortung in

„Konservative und Ökologische Partei" um, die Regierung hielt jedoch nur bis 1992.[25] Im Laufe des Jahrzehnts verlor dieser Teil der Grünen in Bulgarien seine Bedeutung. Solche Agrarparteien sind ebenfalls in Polen (Bauernallianz), Litauen (Bewegung des Bauernvolkes Litauen) oder Ungarn (Unabhängige Kleinlandwirte-Partei) zu finden; bemerkenswert ist, dass in diesen Ländern die Konfliktlinie Postmaterialismus/Materialismus, die in den westeuropäischen Ländern für die Bildung links positionierter grün-ökologischer Parteien von Bedeutung war, fehlt.[26] So ist auch nicht klar, ob der relative Wahlerfolg der Grünen mit 7,1 Prozent und 6 Mandaten bei der Parlamentswahl 2007 in Estland auf einer postmaterialistischen Strömung basiert.[27]

2.3 Kommunale Ebene

Ein Ort, an dem sich schwarz-grüne Bündnisse zuerst bilden, sind lokale und kommunale Ebenen. In Deutschland haben sich seit Mitte der 1990er Jahre in verschiedenen Bundesländern schwarz-grüne Bündnisse auf kommunaler Ebene etabliert.[28] Zahlreiche Politiker sprachen sich seitdem für schwarz-grüne Bündnisse auf Landes- und Bundesebene aus.[29] 2008 arbeiten nach einer Auflistung der Konrad-Adenauer-Stiftung Union und Grüne in 34 Kommunalvertretungen zusammen, wobei es die meisten Kooperationen und Koalitionen in Nordrhein-Westfalen und Hessen gab.[30] Es gibt zahlreiche Auflistungen über rot-grüne Koalitionen oder grüne Regierungsbeteiligungen auf kommunaler Ebene in Europa – in der Schweiz (Zürich), in Italien, den Niederlanden (Amsterdam), Belgien (Brüssel), Schweden (Malmö), Finnland (Helsinki), Spanien (Barcelona), Frankreich (Paris), Dänemark (Kopenhagen), Tschechien (Brünn) oder Luxemburg, wo es sogar eine Koalition aus Liberalen und Grünen gibt. In Lettland stellt eine Koalition aus Bauernunion und Grünen den Bürgermeister der bedeutenden Hafenstadt Ventspils.[31] Eine Übersicht schwarz-grüner Koalitionen ist jedoch nur schwer zu finden. Dennoch werden im Folgenden einige Annäherungspunkte für schwarz-grüne Koalitionen beschrieben.

3   Arten von schwarz-grüner Annäherung

Die bereits erwähnte Studie der Konrad-Adenauer-Stiftung nennt als Merkmale für den Erfolg schwarz-grüner Bündnisse in Deutschland: pragmatisch-lösungsorientiertes Handeln, ein persönliches Vertrauensverhältnis der Beteiligten, Verlässlichkeit und Politik auf gleicher Augenhöhe. Oftmals – so schreibt es zumindest die Adenauer-Stiftung – sei auch der Verdruss über die jahrzehntelange Vorherrschaft der SPD ein Treiber dafür, neue Bündniskonstellationen einzugehen.

3.1 Wahlarithmetische Annäherung

Eine wichtige Vorraussetzung für das Gelingen der schwarz-grünen Konstellation – vor allem in der Bundesrepublik – sind nicht zuletzt die Wahlergebnisse, die eine solche Koalition ermöglichen. In Thüringen kam 2004 eine Koalition mit den Christdemokraten nur deshalb nicht zustande, weil die Grünen den Einzug in den Landtag knapp verfehlten.[32] In Baden-Württemberg, einem Stammland „grüner Bürgerlichkeit", fehlte der Union im Frühjahr 2006 der Mut, die FDP als langjährigen Koalitionspartner zu verlassen;[33] im März 2011 kam dann eh alles anders, als die Grünen – nach der Reaktorkatastrophe in Japan – mit 24,2 Prozent in den Landtag einzogen und mit der SPD eine Koalition bilden konnten. Auch hier wurden dann die Sozialdemokraten der mehr geliebte Koalitionspartner. Vorher war in Hamburg die schwarz-grüne Koalition auf Landesebene im November 2010 nach langen Debatten um die Schulreform und zwei Großprojekte, das Kohlekraftwerk Moorburg und die Elbvertiefung, gescheitert. Schwarz-Grün muss also mehr sein, als eine rein rechnerische Option der Koalitionsbildung.

3.2 Stadt-Land-Unterschiede

Grüne Parteien sind in fast allen europäischen Ländern in den Städten stark: In Deutschland erzielte Hans-Christian Ströbele bei der Bundestagswahl 2009 im Berliner Wahlkreis Friedrichshain-Kreuzberg-Prenzlauer Berg Ost ein Direktmandat. Vorher hatten die Grünen bei den Europawahlen auch in Freiburg und Stuttgart hohe Wahlergebnisse erzielt. In Finnland sind die Grünen in Helsinki stark, die Partei erreichte bei den Kommunalwahlen 2000 23,5 Prozent der Stimmen. In der Schweiz gelang den Grünen bei den Wahlen 2007 der Einzug in den Städterat in den Kantonen Waadt und Genf.[34] In England sind die Grünen in Brighton, Oxford, Lancaster und Norwich stark. In den Niederlanden erzielt *GroenLinks* in Utrecht und Amsterdam zuweilen mehr als 20 Prozent der Stimmen. Konservative Wähler hingegen sind durchschnittlich älter, weniger gut ausgebildet und in ländlichen Gegenden zu finden. Ihre Einstellung ist traditioneller, Ehe und Familie spielen eine größere Rolle, sie sind nationaler orientiert, oft christlich. Aus dieser Perspektive scheint es, als würden sich konservative und grüne Wähler theoretisch gut ergänzen.[35] Doch auch bei politischen Beziehungen gilt: gleich und gleich gesellt sich gern. Denn in beiden Lagern sind Ressentiments vorhanden. In den Köpfen kämpfen nach wie vor Hippie-Bilder gegen Spießbürger-Vorstellungen. Daher ist es von dem jeweiligen Spitzenpersonal einerseits, und von den Prägungen und Stimmungen der Basisorganisationen andererseits abhängig, ob Kooperationen in der Praxis umsetzbar sind.

3.3 Schwarz-grüne Koalitionen in Europa

So haben sich in den letzten Jahren verschiedene schwarz-grüne Koalitionen in Europa gebildet: In Oberösterreich sind die Österreichische Volkspartei und die Grünen 2003 eine Koalition eingegangen, die im Oktober 2009 verlängert wurde und ein Programm zur Schaffung von Öko-Jobs aufgelegt hat. Auf kommunaler Ebene gibt es schwarz-grüne Regierungen in Graz und Bregenz. Auf nationaler Ebene scheiterten schwarz-grüne Koalitionsverhandlungen nach der Parlamentswahl 2003. In Irland, Finnland, Tschechien und Lettland sind grüne Politiker mit Konservativen an den Regierungsbildungen beteiligt. All diese Regierungen sind in den Jahren nach 2005 entstanden und nach dem Ende der rot-grünen Regierungsbildungen der 1990er Jahre. Für die grünen Parteien haben die Kooperationen mit den konservativen Parteien den Vorteil, dass sie sich besser abgrenzen können als gegenüber den sozialdemokratischen Parteien. Die Profilbildung ist einfacher. Gleichzeitig sind Themen wie der Ausstieg aus der Atomenergie mittlerweile kein Ausschlusskriterium mehr: Finnland hat im Sommer 2010 mit grüner Regierungsbeteiligung die Planung seines sechsten Atomreaktors beschlossen; die Opposition übernahm hier die Linkspartei; allerdings wurden die Grünen bei einer folgenden Wahl von den Wählern abgestraft.[36]

4 Funktionsweisen und Chancen für Schwarz-Grün

4.1 Bezugspunkte der Milieus: Die bürgerliche Herkunft

Die Wähler von konservativen Parteien und westeuropäischen Grünen sind sich – so das Argument der Lagertheorie – gar nicht so unähnlich.[37] Viele von ihnen eint eine bürgerliche Herkunft. Auch schließen sich „alternative" Lebensweise und konservatives Wahlverhalten nicht mehr aus. Ebenso gibt es genug Wähler der Liberalen, die Bio-Lebensmittel kaufen und Wert auf Energieeffizienz in den eigenen vier Wänden legen. Die Zusammenhänge von „grünen" Lebensstilen und Wahlentscheidung sind also unübersichtlicher geworden. Der Einzug der Nachhaltigkeit in die Alltagswelt bedeutet auch, dass grüne Parteien nicht automatisch die Stimmen jener Wähler bekommen, die besonderen Wert auf Klima-schutz legen. Etwas anders ist dies in Osteuropa, hier sind die typisch grünen Themen noch immer Randthemen und die Sensibilität für Umweltprobleme, der Wunsch nach höherer Lebensqualität und die Bereitschaft, sich für den Schutz gesellschaftlicher Minderheiten und Randgruppen einzusetzen, wächst erst all-mählich, mit zunehmendem Wohlstand.[38] Doch auch hier stand beispielsweise den tschechischen Grünen mit Martin Bursik von 2005 bis 2009 ein Vorsitzender vor, der der Mittelklasse und auch den Neureichen gefallen wollte; hier waren sich Beobachter sicher, dass es bald auch zu Koalitionen mit den Konservativen kommen könnte.[39] Diese Positionierung misslang allerdings, und bei den Euro-pawahlen 2009 und bei den nationalen Parlamentswahlen 2010 musste die Partei starke Verluste verkraften und scheiterte mit 2,4 Prozent an der Fünf-Prozent-Hürde.

4.2 Chancen für neue Politiklösungen: Die Bedeutung des Umweltthemas

Die grünen Parteien in Europa haben sich an einer neuen Konfliktlinie gegründet, an der libertäre und autoritäre Wertvorstellungen auseinandergingen. In Westeu-ropa gab es gleichzeitig eine Wende hin zum Postmaterialismus und die Entwick-lung Neuer Sozialer Bewegungen, deren Anhänger später oftmals mit grünen Parteien sympathisierten. Die Entwicklung grüner Parteien in Osteuropa begann – wie beschrieben – später, oft erst ab 1989, und ging mit der Vertretung von Umweltinteressen sowie dem Einsatz für Bürgerrechte einher.

In der Tschechischen Republik, in der Bundesrepublik und Österreich ist das Eintreten gegen die Atomkraft identitätsstiftend gewesen – auf nationaler Ebene ebenso wie auf internationaler Ebene. Gleichzeitig ist die Einsicht, dass die Globa-lisierung ein Umweltproblem mit sich gebracht hat, seit den 1970er Jahren All-gemeingut für demokratische Parteien in Europa geworden. So haben auch sozi-aldemokratische und konservative Parteien das Thema Umwelt seit den 1980er Jahren in ihre Programme aufgenommen.

Aber auch grüne Parteien haben sich durch die Kooperationen mit sozial-demokratischen Parteien verändert: John Burchell schreibt, die Grünen in Deutschland hätten einen Prioritätenwandel hinter sich; mittlerweile lägen sie weniger Wert auf „soziale Umweltthemen" als viel mehr auf „Natur bezogene Umweltthemen".[40] Es kann davon ausgegangen werden, dass im Verhältnis zu den jeweiligen Koalitionspartnern eine Schärfung des Profils stattfindet. Zudem sind grüne Parteien nicht mehr die einzigen Parteien, die sich für nachhaltige

Wirtschaftspolitik, Klimaschutz und alternative Energien einsetzen. Ökologische Themen sind in die Normalität der Gesellschaft vorgedrungen. Für wohlhabende Konsumenten ist es hipp, Biowaren einzukaufen. Und mittlerweile profitieren nicht mehr nur Ökobauern vom Bio-Boom: Sobald die Marge ausreichend hoch ist, investieren Großkonzerne in alternative Energien oder nachhaltige Unternehmensstrategien. So hat das Erneuerbare-Energien-Gesetz neue Industrien geschaffen, die mit Biomasse Gewinne erzielen – finanziert durch Abnahmegarantien der EU.[41] Ein weiteres Beispiel ist das „Desertec"-Projekt, an dem Konzerne beteiligt sind, die in der Sahara Solarstrom erzeugen wollen. Während der Europawahl 2009 haben die grünen Parteien die Diskussion um einen „Green New Deal" vorangetrieben, einen integrierten Politikansatz, der als Antwort auf die ökonomische, ökologische und soziale Krise des 21. Jahrhunderts gelten soll. Der „Green New Deal" wird nicht einheitlich diskutiert, basiert aber auf drei Säulen: (1) Entwicklung einer nachhaltigen Ökonomie, (2) Chancengleichheit und soziale Teilhabe, sowie (3) die Entwicklung eines Regelwerks für den globalen Kapitalismus.

Aus den Themen, die grüne Parteien besetzen, könnte einerseits abgeleitet werden, dass Umweltthemen wie Klimaschutz, erneuerbare Energien und Nachhaltigkeit Themen sind, die seit den 1970er Jahren an Relevanz gewonnen haben und auch zukünftig relevant sein werden. Diese Themen können jedoch ebenso von grünen wie auch von anderen Parteien besetzt werden.

4.3 Weitere Themen: Schwierig!

Weitere Themen schwarz-grüner Koalitionen sind für die bürgerlichen Parteien die Wirtschafts- und Steuerpolitik, die für grüne Parteien im klassischen Sinne eine untergeordnete Rolle spielen.[42] Die grünen Wähler hingegen interessieren sich neben der Umweltpolitik für soziale Gerechtigkeit, auch für Demokratiefragen. So bleiben die politisch-kulturellen Differenzen auch bei den Themen sichtbar: Kürzungen von Sozialleistungen werden von konservativen Parteien eher akzeptiert als von Anhängern der grüner Parteien. Wähler der Grünen neigen wiederum dazu, Einkommensunterschiede in einer Bevölkerung angleichen zu wollen. Auch beim Thema Gleichstellung von Frauen und Integration liegen grüne Wähler und konservative Wähler zuweilen diametral auseinander. Gleiches gilt nach wie vor für Fragen um Einsätze des Militärs.

5   Beschreibung einer begrenzten Regierungsmöglichkeit

Doch wie steht es nun um schwarz-grüne Regierungen in Europa? Letztlich werden es wahlarithmetische Gründe sein, die zur Bildung von schwarz-grünen Koalitionen in europäischen Ländern führen. Zudem wird das Personal der Koalitionspartner miteinander arbeiten können müssen. Beides war in Österreich im Februar 2003 der Fall, als die Grünen mehr als zwei Monate nach der Parlamentswahl Koalitionsverhandlungen mit der ÖVP eingingen,[43] die Koalition jedoch letztlich auf nationaler Ebene nicht zustande kam, aber ein Jahr später in Oberösterreich eingegangen wurde.[44] Die Grünen wurden in dieser Koalition gelobt, weil sie sich klar zum Wirtschaftsstandort Oberösterreich bekannten und garantierten, dass durch Umweltschutzmaßnahmen, keine Gefährdung von Betrieben erfolgen dürfe.[45] Die Wirtschaft akzeptierte die Koalition auch deshalb, weil sich beide Partner für den Ausbau der Verkehrsinfrastruktur – Schienennetz, Wasserstraße Donau, Aktivierung des Flughafens Linz – einsetzen. Gleichzeitig waren dies Projekte, die innerhalb der Koalition zu Konflikten führten.

Schwarz und Grün werden dann passende Koalitionen eingehen können, wenn sie Wirtschaftsthemen und Umweltthemen miteinander verbinden. Die Grünen dürfen sich dabei jedoch nicht zu weit von ihren Wurzeln in der Anti-Atom-Bewegung entfernen, wie das finnische Beispiel zeigt. Daniel Cohn-Bendit beschrieb dieses Ziel grüner Parteien nach der Europawahl 2009: „Wir Grünen müssen den Menschen unseren alternativen Gesellschaftsentwurf vorlegen: Wie wollen wir morgen leben? Wie wollen wir aus der ökologischen und der ökonomischen Krise herauskommen?"[46] Eine solche thematische Annäherung könnte zur Bildung schwarz-grüner Koalitionen führen. Dies würde aber auch voraussetzen, dass sich grüne Parteien, wie *Groenlinks* in den Niederlanden, entradikalisieren. Doch auch hier sind die Grünen im Kontext des jeweils nationalen Parteiensystems zu sehen, denn so lange rechtspopulistische Parteien in den Ländern stark sind, bietet dies grünen Parteien die Möglichkeit, ein linkes Gegengewicht zu bilden.

6   Entwicklung eines Analyserasters

Um schwarz-grüne Kooperationen in Europa künftig zu beschreiben, sollten zunächst die (1) Entwicklungen und Historien der Grünen und konservativen Parteien in Europa systematisch in jeweils nationaler Perspektive dargelegt werden. Dabei wird zu unterscheiden sein zwischen (1.1) grünen Parteien, die Politik- und Regierungsverantwortung übernehmen konnten und (1.2) grünen Par-

teien, die aufgrund des Wahlsystems wie in Großbritannien eher Randerschei-
nungen geblieben sind. (1.3) Zudem wird zwischen grünen Parteien, die in einer
ersten Welle in den 1970er und 1980er Jahren entstanden sind, und zwischen (1.4)
grünen Parteien, die sich nach der Wende in den Staaten Osteuropas entwickelten, zu unterscheiden sein. Ähnlich werden (1.5) die konservativen Parteien in
nationaler Perspektive darzustellen sein. (2.) Eine transnationale und europäische
Perspektive sollte die Entwicklung grüner und konservativer Parteien
kontextualiseren. Die entscheidende Frage, in welchen Ländern und unter welchen Bedingungen es zu schwarz-grünen Annäherungen kam, sollte in einem
dritten Teil (3.) beantwortet werden. (3.1) Wo sind Grüne und Konservative in
nationaler Regierungsverantwortung und wie kam es dazu? (3.2) Wo sind Grüne
und Konservative in regionaler Regierungsverantwortung und wie kam es dazu?
(3.3) Wo sind Grüne und Konservative in kommunaler Regierungsverantwortung
und wie kam es dazu? (3.4) Nach einer umfassenden Auflistung müssen Pfadab-
hängigkeiten untersucht werden. Gehen nationalen Koalitionen kommunale
Bündnisse voraus? Und welches sind die Entstehungsbedingungen schwarz-
grüner Koalitionen? Welche Rolle spielt die Sozialdemokratie bei der Entstehung
dieser relativ neuen Regierungsform? Nimmt man die strukturellen Veränderungen der europäischen Parteiensysteme ernst, so kann Schwarz-Grün eine Koalitionsoption sein, die in den jeweiligen Nationen zwar auf wackeligen Füssen steht,
die jedoch in ihrer thematischen Positionierung die politischen Themen des 21.
Jahrhunderts bearbeiten können wird.

Endnoten

[1] Vgl. Robert Misik: War es das mit links?, in: Die Tageszeitung vom 09. Juni 2009 und Peter
Dausend: Die neueste Mitte, in: Die Zeit vom 22. Oktober 2009.

[2] Vgl. Konservative dominieren Wahlen in 27 EU-Staaten, in: Merkur online vom 07. Juni
2009.

[3] Vgl. Richard Stöss/Melanie Haas/Oskar Niedermayer: Parteiensysteme in Westeuropa:
Stabilität und Wandel, in: dies. (Hrsg.): Die Parteiensysteme Westeuropas, Wiesbaden 2006,
S. 7-37, S. 26.

[4] Zur Übersicht vgl. Heinrich-Böll-Stiftung: Die Grünen in Europa. Ein Handbuch, Münster
2004; Wolfgang Ismayr (Hrsg.): Die politischen Systeme Westeuropas, Wiesbaden 2009 und
Wolfgang Ismayr (Hrsg.): Die politischen Systeme Osteuropas, Wiesbaden 2010.

[5] Vgl. Stöss/Haas/Niedermayer: Parteiensysteme in Westeuropa, S. 29.

[6] Vgl. Werner A. Perger: Sanfter Konservatismus und der Verlust der Mitte, Friedrich-Ebert-
Stiftung, Juni 2008.

[7] Vgl. Roland Roth/Dieter Rucht (Hrsg.): Die Sozialen Bewegungen in Deutschland seit 1945. Ein Handbuch, Frankfurt/New York 2008.

[8] Vgl. Jon Burchell: The Evolution of Green Politics – Development and Change within Euopean Green Parties, London 2002; Ferdinand Müller-Rommel: Grüne Parteien in Westeuropa. Entwicklungsphasen und Erfolgsbedingungen, Opladen 1993; Ferdinand Müller-Rommel/Thomas Poguntke (Hrsg.): Green Parties in National Governments, London/Portland 2002 und Saskia Richter: Entwicklung und Perspektiven grüner Parteien in Europa. Anschlussfähige politische Kraft in sich wandelnden Systemen, Friedrich-Ebert-Stiftung, Dezember 2009.

[9] Vgl. Wolfgang Ismayr: Die politischen Systeme Westeuropas im Vergleich, in: ders. (Hrsg.): Die politischen Systeme Westeuropas, Wiesbaden 2006, S. 9-54, S. 44.

[10] Vgl. ebd.

[11] Vgl. ebd., S. 45.

[12] Vgl. Müller-Rommel: Grüne Parteien in Westeuropa, passim.

[13] Vgl. Wolfgang Rüdig: Zwischen Ökotopia und Desillusionierung: Regierungsbeteiligungen grüner Parteien in Europa 1990-2004, S. 146-194, S. 160f.

[14] Vgl. Joachim Schild: Politische Parteien und Parteiensystem im Wandel, in: Adolf Kimmel/Henrik Uterwedde (Hrsg.): Länderbericht Frankreich. Geschichte, Politik, Wirtschaft, Gesellschaft, Bonn 2005, S. 268-285, S. 278f.

[15] Vgl. Franz Walter: Gelb oder Grün? Kleine Parteiengeschichte der besserverdienenden Mitte in Deutschland, Bielefeld 2010 und Viola Neu: Landtagswahl in Baden-Württemberg, Konrad-Adenauer-Stiftung 2011.

[16] Vgl. Rüdig: Zwischen Ökotopia und Desillusionierung, S. 171f.

[17] Vgl. ebd., S. 168.

[18] Vgl. exemplarisch Der Fukushima-Effekt, in: Neue Zürcher Zeitung am Sonntag vom 27. März 2011.

[19] Vgl. Rüdig: Zwischen Ökotopia und Desillusionierung, S. 174.

[20] Vgl. ebd., S. 158.

[21] Vgl. ebd., S. 158 f.

[22] Vgl. ebd., S. 159.

[23] Zur grundsätzlichen Unterscheidung von Grünen und ökologischen Parteien und Bauern- und Agrarparteien vgl. Stöss/Haas/Niedermayer: Parteiensysteme in Westeuropa, S. 17 und Thomas Schmidt: Das politische System Lettlands, in: Ismayr (Hrsg): Die politischen Systeme Osteuropas, S. 111-151, S. 139.

[24] Vgl. Axel Reetz: Das Baltikum: Stabilität in der Instabilität. Die fünften Parlamente in Estland, Lettland und Litauen, in: Zeitschrift für Parlamentsfragen 1/2011, S. 96-117, S. 102 und S. 113.

[25] Vgl. zur Kontextualisierung Sabine Riedel: Das politische System Bulgariens, in: Ismayr (Hrsg): Die politischen Systeme Osteuropas, S. 593-636.

[26] Vgl. Andreas Körösenyi/Gabor G. Fodor: Das politische System Ungarns, in: Ismayr (Hrsg): Die politischen Systeme Osteuropas, S. 323-372, S. 349.

[27] Vgl. Reetz: Das Baltikum: Stabilität in der Instabilität, S. 97.

[28] Vgl. Christian Lorenz: Schwarz-Grün auf Bundesebene – Politische Utopie oder realistische Option, in: Aus Politik und Zeitgeschichte 35-36/2007, S. 33-40.

[29] Vgl. exemplarisch „Oettinger sieht Chancen für Schwarz-Grün", in: Focus online vom 18. Juni 2007 und Andreas Wyputta: Grüne kuscheln mit Rüttgers, in: Die Tageszeitung vom 30. April 2011.

[30] Vgl. Schwarz-Grün auf kommunaler Ebene, in: Süddeutsche Zeitung vom 16. April 2008.

[31] Vgl. Reetz: Das Baltikum: Stabilität in der Instabilität, S. 99.

[32] Vgl. Lorenz: Schwarz-Grün auf Bundesebene, S. 34.

[33] Vgl. ebd.

[34] Vgl. weiterführend Daniel Bochsler: Was bringen Wahlallianzen? Links-grüne Parteien und deren Listenverbindungen im d'Hondtschen Verhältniswahlrecht der Schweizer Nationalratswahlen von 1995 bis 2007, in: Zeitschrift für Parlamentsfragen 4/2010, S. 855-873.

[35] Vgl. auch Walter: Gelb oder Grün?, S. 106.

[36] Vgl. Reinhard Wolff: Fukushima? War da was?, in: Die Tageszeitung vom 19. April 2011.

[37] Vgl. Albrecht von Lucke: Europa und die Krise der Linken, in: Blätter für deutsche und internationale Politik, 7/2009 und Walter: Gelb oder Grün?, S. 105f.

[38] Vgl. Schwarz: Außen neureich, innen grün.

[39] Vgl. ebd.

[40] Vgl. John Burchell: The Evolution of Green Politics – Development and Change within European Green Parties, London 2002.

[41] Vgl. Saskia Richter: Der Mais-Kreis. Das cradle to cradle-Geschäftsmodell für Biowertstoffe der Loick AG, in: Peter Wesner et. al (Hrsg.): Gemacht für die Zukunft. Kreislaufwirtschaft in der Unternehmenspraxis, Hamburg 2008, S. 54-65.

[42] Vgl. Lorenz: Schwarz-Grün auf Bundesebene, S. 35.

[43] Vgl. Österreich steuert auf Schwarz-Grün zu, in: Spiegel Online vom 06. Februar 2003.

[44] Vgl. Charles E. Ritterband: Schwarz-grünes Testlabor Oberösterreich, in: Neue Zürcher Zeitung vom 16. November 2004.

[45] Vgl. ebd.

[46] Vgl. Daniel Cohn-Bendit: Plädoyer für den Tabubruch „…dann machen wir Schwarz-Grün" (Interview), in: Spiegel Online vom 10. Juni 2009.

V. Strategien und Perspektiven

Lothar Probst

Schwarz-Grün: Das schnelle Ende einer kurzen Beziehung?
Zu den strategischen Interessen von Union und Grünen

1 Vorbemerkung

Der Ausgang der Landtagswahlen in Baden-Württemberg und Rheinland-Pfalz am 27. März 2011 hat nicht nur die politische Landkarte in der Bundesrepublik verändert, sondern er zwingt auch die CDU und die Grünen dazu, ihre zukünftige Beziehung zueinander neu zu bestimmen. Ging es bisher hauptsächlich um die Frage, ob die beiden Parteien in Bezug auf schwarz-grüne Bündnisse koalitionswillig bzw. koalitionsfähig sind, so tritt jetzt ihr Verhältnis als Konkurrenzparteien um bürgerliche Wählerschichten stärker in den Mittelpunkt. Damit ist die Frage nach der Zukunft schwarz-grüner Koalitionen aber nicht erledigt, sondern sie stellt sich auf neuer Grundlage: Gibt es zwischen beiden Parteien vielleicht doch mehr Gemeinsamkeiten als sie bisher wahrhaben wollten? Sollte dies der Fall sein, wären künftige schwarz-grüne Regierungsbündnisse nicht mehr allein und in erster Linie ein Instrument beider Parteien, um sich im Fünfparteiensystem mehr Koalitionsoptionen zu verschaffen, sondern sie wären Ausdruck einer neuen Wählerkoalition der Mitte mit Integrationspotentialen nach rechts und links.

Gegenwärtig dominieren aber erst einmal die Hürden zwischen beiden Parteien. Schließlich hatte Angela Merkel auf dem CDU-Parteitag am 15./16. November 2010 schwarz-grünen Koalitionen in aller Deutlichkeit eine Absage erteilt, als sie diese als „Illusionen" und „Hirngespinste" abtat. Von der Öffentlichkeit wurde diese Absage als Ende aller schwarz-grünen Bündnisspekulationen interpretiert. Als nur wenige Wochen später die erste schwarz-grüne Koalition auf Landesebene in Hamburg abrupt zu Grabe getragen wurde, und die schwarzgelbe Bundesregierung ihr Gesetz zur Verlängerung der Laufzeiten von Atomkraftwerken durch den Bundestag gebracht hatte, schien diese Aussage ihre endgültige Bestätigung erfahren zu haben. Der kurze Flirt von Union und Grünen war zu Ende, bevor er richtig begonnen hatte. Dabei hatten sich die beiden Parteien gerade erst in einem längeren Prozess einander angenähert. Obwohl die Grünen ursprünglich auch konservative Wurzeln hatten und zu ihrer Gründergeneration der ehemalige CDU-Bundestagsabgeordnete Herbert Gruhl gehörte, war das Verhältnis in den 1980er Jahren durch Abgrenzung und wechselseitige Feindschaft bestimmt. Anfang der 1990er Jahre wurde jedoch ausgerechnet in einem konservativen Kernland der Union das erste Mal über ein mögliches Bündnis zwischen beiden Parteien diskutiert: in Baden-Württemberg. Das lag einerseits an der Entwicklung des Parteiensystems, andererseits am ökolibertären Profil der dortigen Grünen, das durchaus auch bürgerliche Einsprengsel enthielt. Bei der Landtagswahl 1992 waren neben CDU, SPD, FDP und Grünen auch die Republikaner ins Landesparlament eingezogen und blockierten aufgrund der schwierigen Mehrheitsverhältnisse die Koalitionsbildung. Diese neue Unübersichtlichkeit im Parteiensystem beflügelte zunächst schwarz-grüne Bündnisspekulationen, zumal der damalige Ministerpräsident Erwin Teufel und der Fraktionsvorsitzende der Grünen im baden-württembergischen Landtag, Fritz Kuhn, sich zu Sondierungsgesprächen trafen. Es kam aber dann zur Bildung einer Großen Koalition im schwäbischen Musterländle, in deren Folge sich die schwarz-grünen Koalitionsphantasien schnell wieder in Luft auflösten und erst einmal ad acta gelegt wurden. Für lange Zeit wurde es danach in der öffentlichen Diskussion ruhig um Schwarz-Grün, weil sich seit Mitte der 1990er Jahre die bipolare Lagerkonstellation[1] im Parteiensystem nach der Bildung von rot-grünen Koalitionen in einer Reihe von Bundesländern und auf Bundesebene verfestigt hatte und zu diesem Zeitpunkt weder von Seiten der CDU noch der Grünen Interesse an gemeinsamen Kooperationen bestand.

Allerdings war die offizielle Abgrenzungslinie auf kommunaler Ebene längst unterlaufen worden. Erste schwarz-grüne kommunale Bündnisse zeigten, dass eine Zusammenarbeit zwischen beiden Parteien prinzipiell möglich ist. Vor allem Nordrhein-Westfalen mit seiner scheinbar in Beton gegossenen Vorherrschaft der SPD entwickelte sich zum Vorreiter schwarz-grüner Bündnisse auf kommunaler Ebene. Aber auch in Rheinland-Pfalz und in einigen anderen Bundesländern kam es seit Anfang der 1990er Jahre verstärkt zu kommunalen Kooperationen zwischen CDU und Grünen – später sogar in großen Städten wie in Essen, Frankfurt, Köln, Kassel, Kiel und Saarbrücken[2]. Natürlich ist dabei in Rechnung zu stellen, dass Kommunalpolitik traditionell sehr viel weniger stark von parteipolitischen Differenzen und Abgrenzungsritualen geprägt ist als Landes- und Bundespolitik und insofern nicht als belastbarer Gradmesser für eine wirkliche Kooperationsbereitschaft auf Seiten der Parteieliten gedeutet werden konnte. Es gab allerdings auch noch andere Anzeichen für eine Entkrampfung des Verhältnisses zwischen beiden Parteien. 1995 hatten sich zum ersten Mal junge Bundestagsabgeordnete von CDU und Grünen im Keller des Bonner Restaurants „Sassella" getroffen. Die anschließenden regelmäßigen Treffen gingen als „Pizza-Connection" in die jüngere Parteiengeschichte ein und signalisierten, dass der früher geführte Kulturkampf zwischen den Eliten der beiden Parteien der Vergangenheit angehörte[3]. Trotz solcher Annäherungsversuche blieben CDU und Grüne aber offiziell weiterhin auf Distanz zueinander. Erst die Bildung der schwarz-grünen Koalition in Hamburg eröffnete ein neues Kapitel zwischen Union und Ökopartei, weil damit nicht nur symbolisch, sondern auch real gegenüber den Mitgliedern, den Wählern und der Öffentlichkeit ein Zeichen dafür gesetzt wurde, dass Bündnisse zwischen beiden Parteien gewollt und möglich sind.

2 Das grüne Interesse an neuen Koalitionen

Die Motive der Grünen, dieses Risiko einzugehen und ausgerechnet in einer der ehemaligen linken Hochburgen der Grünen die erste schwarz-grüne Koalition einzugehen, lassen sich relativ leicht rekonstruieren. Ihre seit 1998 gemachten Koalitionserfahrungen in der rot-grünen Bundesregierung, aber vor allem in der rot-grünen Koalition in Nordrhein-Westfalen zwischen 1995 und 2005 waren alles andere als dazu angetan, nach dem Ende dieser Koalitionen auch weiterhin nur auf diese Koalitionskarte zu setzen. Schröder hatte 1998 mit dem berühmten Ausspruch vom „Koch und Kellner" die Rollenverteilung zwischen SPD und Grünen in der Koalition klar umrissen. Die Grünen waren zwar als Koalitionspartner willkommen, aber nach ihrem relativ schlechten Wahlergebnis 1998 sollten sie auf ihre Rolle als Juniorpartner in der Koalition zurechtgestutzt werden. Obwohl die vorzeigbaren Projekte der rot-grünen Regierung in der Legislaturperiode 1998 bis 2002, wie die Ökosteuer, das Atomausstiegsgesetz, das Erneuerbare-Energien-Gesetz (EEG) und die Reform des Staatsbürgerrechts, zu einem erheblichen Maße auf grüne Ideen und Initiativen zurückgingen und die Grünen bei der Bundestagswahl 2002 mit einem sehr guten Wahlergebnis den Fortbestand der rot-grünen Regierung sicherten, änderte sich im Prinzip an dem paternalistischen Verhältnis der SPD zu den Grünen in der Folgezeit wenig. Auch in Nordrhein-Westfalen, der „Herzkammer" der Sozialdemokratie, hatte sich die dortige SPD immer noch nicht daran gewöhnt, die Macht mit einem grünen Koalitionspartner zu teilen. Ständige öffentliche Demütigungen des grünen Koalitionspartners durch die Landes-SPD und Ministerpräsident Wolfgang Clement brachten die dortige Koalition mehrfach an den Rand des Scheiterns. Die paternalistische Behandlung der Grünen gipfelte in dem von Gerhard Schröder und Franz Müntefering ausgehandelten Coup, nach der Niederlage bei der NRW-Wahl im Mai 2005 die Reißlinie zu ziehen und ohne Konsultation des Koalitionspartners noch in der Wahlnacht Neuwahlen anzukündigen. Spätestens seit diesem Zeitpunkt war das rot-grüne Projekt ein Auslaufmodell, dem der Boden entzogen wurde. Bereits den Wahlkampf zur Bundestagswahl 2005 führten beide Parteien auf eigenem Ticket, zumal die Neigung der SPD, sich möglichst in eine Große Koalition zu retten, unverkennbar war.

Nach dem für die Grünen enttäuschenden Ausgang der Bundestagswahl 2005 begannen sie, sich langsam vom rot-grünen Projekt abzunabeln. Die Tatsache, dass die SPD geräuschlos mit der CDU in der Großen Koalition zusammenarbeitete und nach der Wahl zum Berliner Abgeordnetenhaus 2006 den Grünen als möglichem Koalitionspartner sogar die rote Karte zeigte, um stattdessen das Bündnis mit der Linkspartei fortzuführen, löste innerhalb der Grünen einen erstaunlich schnellen Lernprozess bezüglich einer Erweiterung ihrer Koalitionsoptionen aus. Die innerparteiliche Diskussion über das zukünftige Koalitionsverhalten wurde auch durch die asymmetrische Entwicklung des Parteiensystems beeinflusst, weil es nach den verheerenden Wahlniederlagen der SPD zwischen 2005 und 2009 so aussah, als ob rot-grüne Zweierkoalitionen aufgrund der elektoralen Schwäche der Sozialdemokraten auf absehbare Zeit keine Mehrheit mehr haben würden[4]. Politische Beobachter interpretierten diese Entwicklung als „Verschiebung des Optionsraums zu Gunsten der Union"[5]. Aber das rot-grüne Projekt verlor nicht nur aus arithmetischen Gründen an Attraktion, sondern auch die gemeinsame ideologische Basis hatte sich nach der Bundestagswahl 2005 verflüchtigt. Insofern lag es nahe, bei passender Gelegenheit eine schwarz-grüne Koalition auszuprobieren. Erneut kam es in Baden-Württemberg zu einem kurzen Flirt zwischen beiden Parteien, als nach der Landtagswahl 2006 sowohl ein schwarz-grünes als auch ein schwarz-gelbes Bündnis arithmetisch möglich war. Ministerpräsident Günther Oettinger führte zwar Gespräche mit den baden-württembergischen Grünen, verhielt sich dann aber koalitionstreu, indem er die schwarz-gelbe Regierungskoalition fortsetzte. Erst Hamburg entpuppte sich nach der Bürgerschaftswahl 2008 als ideales Laboratorium für Schwarz-Grün: Ole von Beust als großstädtisch-liberaler CDU-Spitzenkandidat, eine CDU, die ihm keine Steine in den Weg legte, zwei grüne Spitzenkandidatinnen, die unverdächtig waren, grüne Positionen einfach auf dem Altar der Machtbeteiligung zu opfern sowie die Struktur von Hamburg, in der sich wirtschaftliche Prosperität mit den typischen Problemen einer urbanen Metropole, wie umweltverträgliche Stadtentwicklung, Migration und Kriminalität mischen. Für diese Problemlagen brachten sowohl CDU als auch Grüne Lösungsansätze mit, die sich jeweils ergänzen sollten: die CDU Kompetenzen für Wirtschaft, Finanzen und innere Sicherheit, die Grünen Kompetenzen für Bildung, Soziales, Integration, Umwelt und Bürgerrechte. Bei den Akteuren der GAL spielte der Begriff der „Ergänzungskoalition" als Abgrenzung zur Schnittmengenkoalition alter Provenienz eine wichtige Rolle als legitimierendes Deutungsmuster[6] dieser neuen Konstellation nach innen und außen. Joachim Raschke brachte die Vorteile dieser Konstellation folgendermaßen auf den Punkt: „[Es] geht nicht um ‚gemeinsame' Schnittmengen'", sondern die schwarz-grüne Koalition kann zeigen, dass „‚Ergänzung' besser [ist] als ‚Überschneidung'. Gerade das Fehlen gemeinsamer Schnittmengen bringt Vorteile der Nichtkonkurrenz. Dagegen schafft Nähe ihre eigenen Probleme: Konkurrenz auf dem gleichen Terrain, Kampf um ähnliche Wählergruppen, Unklarheit der Erfolgszurechnung. Das Hamburger Beispiel zeigt die Vorteile einer Politik der Differenz"[7]. Gleichzeitig trug die Tatsache, dass die Hamburger CDU den Grünen in den Koalitionsverhandlungen sowohl in der Bildungspolitik als auch in der ökologischen Stadtentwicklungspolitik weit entgegenkam, wesentlich dazu bei, dass die grünen Spitzenakteure das neue Bündnis auch der Parteibasis vermitteln konnten. Für die Grünen war die Bildung der ersten schwarz-grünen Koalition auf Landesebene vor diesem Hintergrund ein begrenzbares Risiko.

3 Das Interesse der CDU an Schwarz-Grün

Nach dem Ende der Ära Kohl und der empfindlichen Wahlniederlage bei der Bundestagswahl 1998 begann in der CDU unter der Führung von Angela Merkel eine vorsichtige Neuausrichtung der Partei, zumal auch die Wahlergebnisse bei den Bundestagswahlen 2002 und 2005 alles andere als beruhigend für die Union ausfielen und es für die jeweilige Wunschkoalition mit der FDP nicht gereicht hatte. In der CDU wurde aufgrund der schlechten Wahlergebnisse zwar mehrfach, u.a. von Vertretern der Jungen Union, eine Aufarbeitung der Gründe für das enttäuschende Abschneiden der Partei bei diesen Wahlen gefordert, aber offiziell blieb diese Auseinandersetzung aus. Gleichwohl beschäftigte sich die Parteispitze durchaus mit den Wahlniederlagen. Nach der Bundestagswahl 2002 fanden mehrere Gesprächsrunden mit Wahlforschern im Konrad-Adenauer-Haus statt, in denen sich Angela Merkel und die Führungsriege der Union erläutern ließen, wo die elektoralen Schwächen der CDU liegen. Die Wahlforscher machten deutlich, dass die Union vor allem in Großstädten, bei Frauen und jungen Wählern unterdurchschnittlich abschneidet und in Gefahr steht, ihre Mehrheitsfähigkeit dadurch langfristig einzubüßen. Auch das Schrumpfen der traditionellen Stammwählerschaft der Union und die Tatsache, dass die Bildungseliten und das in der Milieuforschung als engagiertes Bürgertum bezeichnete Bevölkerungssegment in der Bundesrepublik immer weniger dazu tendieren, der CDU ihre Stimme zu geben[8], stellten sich für die Partei als bedrohliches Szenario dar. Zugleich musste die Union feststellen, dass die Grünen sich anschickten, ihr Wähler in den gutbürgerlichen Wohnvierteln der Großstädte streitig zu machen. In grünen Hochburgen wie in Bremen konnte die Ökopartei in den letzten Jahren sowohl bei Bundestags- also auch bei Landtagswahlen in den bürgerlichen Wohn- und Villenvierteln, in denen traditionell die CDU sehr stark ist, Wahlergebnisse von zum Teil 20 Prozent erzielen. Wie stark mittlerweile auch die Verankerung in eher konservativ geprägten Flächenländern wie Baden-Württemberg ist, hat die Landtagswahl 2011 gezeigt. Die Grünen stellen hier nicht nur den Oberbürgermeister in einer Reihe von Groß- und Universitätsstädten, sondern erfahren auch in kleineren und mittleren Städten Zuspruch. Die CDU-Parteispitze zog erste Konsequenzen aus dieser Analyse, indem sie 2002 unter Leitung von Jürgen Rüttgers einen Arbeitskreis „Große Städte" ins Leben rief, der die explizite Aufgabe hatte, eine neue Strategie zu entwickeln, mit der die Union auch in Großstädten Erfolg haben sollte. Auf einer 2003 in Berlin ausgerichteten Tagung der Konrad-Adenauer-Stiftung zur Zukunft Großer Städte ging Rüttgers auf die Probleme und Herausforderungen für die Union ein. In einem Bericht über diese Tagung werden seine Ausführungen folgendermaßen zusammengefasst:

> „Das Verhältnis der CDU zu großen Städten beschreibt er [Jürgen Rüttgers, d.V.] als problematisch, da die Partei aufgrund ihrer bürgerlichen Werte-Struktur hier ein massives Glaubwürdigkeitsproblem habe. Die mit der Großstadt verbundenen Werte (Liberalität, Avantgarde) würden irrtümlich in einen Gegensatz zu Bürgerlichkeit gesetzt. Die Hauptursache für die traditionelle Distanz der CDU zu großstädtischen Problemlagen (was sich auch in schlechten Wahlergebnissen widerspiegele) liegt nach Rüttgers in der mangelnden Öffnung der Partei nach außen: Die CDU agiere nicht in offenen Netzwerken, sondern bevorzuge binnenorientiertes Arbeiten in Parteistrukturen. Diese Abschottung nach außen wirke sich in Großstädten fatal aus. Deshalb müsse die CDU gerade in den großen Städten in den Dialog über die Großstadt und mit der Großstadt treten."[9]

Solche Überlegungen fanden allerdings kaum Eingang in die Wahlkampfstrategie der CDU zur Bundestagswahl 2005. Im Gegenteil: Die eindeutige Festlegung von Angela Merkel auf wirtschaftsliberale Positionen auf dem Leipziger Parteitag 2003 verschreckte eher urbane Wähler der modernen Mitte. In den Großstädten, unter Frauen und jüngeren Wählern konnte die Union erneut nicht in dem erhofften Maße punkten. Erst danach erfolgte ein Kurswechsel, der eine dosierte Modernisierung der CDU und ihrer programmatischen Ausrichtung mit sich brachte. Auf Bundesebene repräsentierte vor allem die damalige Familienministerin Ursula von der Leyen mit einer Neuakzentuierung der Familienpolitik, die zunächst parteiintern auf heftigen Widerstand stieß, diesen Kurswechsel. Auch auf Landesebene hörte man nun neue Töne von der Union. Bei der Landtagswahl im Stadtstaat Bremen wollte man 2007 offensichtlich eine neue Großstadtstrategie testen. Die CDU überraschte im Wahlkampf jedenfalls mit Positionen, die man eher von SPD und Grünen kannte. In der Bremer Tageszeitung Weser Kurier wurde die Wahlkampfstrategie der CDU damals treffend mit der Überschrift „Die CDU pumpt Blut in ihre soziale Ader" charakterisiert (Weser Kurier vom 11.3.2007). Die Bremer Union forderte ein beitragsfreies und verpflichtendes letztes Kindergartenjahr, sprach sich für die gezielte Förderung und Unterstützung von Frauen aus, führte einen intensiven Dialog mit Umweltverbänden und warb für einen starken Staat in der Sozialpolitik. Allerdings ging die Bremer CDU mit dieser Strategie, die angesichts ihrer Politik in der Großen Koalition in Bremen und im Bund unglaubwürdig wirkte, „baden", denn sie erreichte mit knapp über 25 Prozent eines der schlechtesten Ergebnisse der letzten Jahrzehnte in Bremen. Dennoch deuteten solche Wahlkampagnen die Absicht der Union an, sich gegenüber neuen Wählerschichten in Großstädten zu öffnen und die moderne Mitte nicht einfach der SPD und den Grünen zu überlassen.

Zwei weitere Gesichtspunkte spielten in den strategischen und koalitionspolitischen Überlegungen der CDU-Spitze eine wichtige Rolle. Koalitionspolitisch war die CDU seit 1998 ins Hintertreffen geraten, da sich die SPD nach der Bildung der ersten rot-roten Koalition in Mecklenburg-Vorpommern zumindest in Ostdeutschland eine weitere Koalitionsoption erschlossen hatte und damit in alle Richtungen koalitionsfähig war. Zu diesem Zeitpunkt regierte die SPD im Bund und in einer Reihe von Bundesländern mit den Grünen, in anderen mit der CDU in Großen Koalitionen und in Rheinland-Pfalz mit der FDP. Der Union dagegen stand mit der FDP nur ein Koalitionspartner zur Verfügung. Die für die CDU ungünstige koalitionspolitische Konstellation verfestigte sich nach der Bundestagswahl 2005 und den ersten Erfolgen der Linkspartei in westdeutschen Landesparlamenten, weil das sich bundesweit herausbildende Fünfparteiensystem tendenziell die Bildung von sogenannten kleinstmöglichen Gewinnkoalitionen aus einer großen und einer kleinen Partei schwieriger machte, auch wenn es für CDU und FDP in einigen Länderparlamenten noch einmal zur Bildung einer solchen Mehrheitskoalition reichte. Vor diesem Hintergrund sprach auch aus der

Sicht der CDU einiges dafür, sich über Koalitionen mit den Grünen neue Machtoptionen zu erschließen, zumal die vielfach diagnostizierte „Verbürgerlichung"
der Grünen und ihrer Wähler[10] auch programmatisch solche Bündnisse attraktiver machte. Aus dieser Perspektive lag die Bildung der ersten schwarz-grünen
Landesregierung in Hamburg durchaus im Interesse der CDU und erfuhr die
volle Rückendeckung aus der Berliner Parteizentrale.

4   Auf welche Akzeptanz können sich schwarz-grüne Koalitionen stützen?

Skeptiker haben von Anfang an bezweifelt, dass das strategische Interesse der
Parteieliten von CDU und Grünen am Zustandekommen einer „Probekoalition"
mit den Präferenzen der Mitglieder und Wähler beider Parteien vereinbar ist.
Umfragen zeigen tatsächlich, dass schwarz-grüne Koalitionen nicht nur in der
Bevölkerung in der Regel auf wenig Zustimmung stoßen, sondern dass auch die
Mitglieder beider Parteien der Meinung sind, dass die Union und die Ökopartei
eigentlich nicht zueinander passen. In einer CDU-Mitgliederstudie von 2007
wurden die Mitglieder nach der Akzeptanz von Koalitionen der CDU mit anderen Parteien gefragt. Dabei waren die Akzeptanzwerte für schwarz-grüne Bündnisse sowohl auf Landes- als auch auf Bundesebene außerordentlich gering. Auch
die Leitbegriffe und Kernthemen, die in der Mitgliedschaft der CDU im Zentrum
stehen, wie Tradition, Heimat, Sicherheit, wirtschaftliche Leistungsfähigkeit und
Verbrechensbekämpfung weichen deutlich von der Agenda grüner Mitglieder
ab[11]. Allerdings sollte man die Wirkung neuer Erfahrungen nicht unterschätzen.
In den Städten und Kommunen der Bundesrepublik sind die Grünen längst zu
einer Multi-Koalitionspartei geworden. Koalitionen auf kommunaler Ebene mit
der CDU und selbst mit der FDP sind keine Schreckgespenster mehr, sondern
Teil einer politischen Normalität, in der es um gemeinsame pragmatische Politikansätze geht. Das ist nicht ohne Rückwirkungen auf grüne Funktionsträger und
Mitglieder geblieben. Bei regelmäßigen Treffen grüner und schwarzer Kommunalpolitiker, organisiert von der Konrad-Adenauer-Stiftung und der Heinrich-
Böll-Stiftung, wird die Zusammenarbeit auf kommunaler Ebene als vertrauensvoll, verlässlich, verbindlich und vernünftig beschrieben[12]. Exemplarisch dürfte
in diesem Zusammenhang sein, was der Vorsitzende der GAL-Bürgerschafts-
fraktion, Jens Kerstan, noch vor dem Platzen der schwarz-grünen Regierung in
Hamburg in einer Halbzeitbilanz über deren Zusammenarbeit sagte:

„Wir sind mit diesem Bündnis ein Wagnis eingegangen und stellen fest, dass die Zusammenarbeit in der Koalition runder läuft, als wir es erwartet hätten. Es zeigt sich, dass eine Vernunftehe manchmal besser funktioniert als eine Liebesheirat […]. Es zeichnet die Arbeit der Koalition aus, dass wir fair und vertrauensvoll miteinander umgehen."[13]

Auch Ole von Beust hat das schwarz-grüne Koalitionsexperiment in Hamburg anscheinend ganz ähnlich wahrgenommen. Im Februar 2010 sagte er in einem Interview mit der Frankfurter Allgemeinen Sonntagszeitung: „Das Klima zwischen CDU und Grünen ist unkompliziert. Die Zusammenarbeit macht wirklich Freude."[14] Dass dies keine beschönigenden Einzelmeinungen sind, wird durch die Erfahrungen in anderen Städten unterfüttert. Jutta Ebeling, stellvertretende Bürgermeisterin in Frankfurt in einer schwarz-grünen Koalition, betont ebenfalls die konstruktive Zusammenarbeit zwischen CDU und Grünen: „Wir haben in Frankfurt eine vertrauensvolle Zusammenarbeit, die von Verlässlichkeit und Respekt geprägt ist, auch in Konfliktfällen. Das war bei Rot-Grün in Frankfurt leider nicht immer so."[15]

Dass Bündnisse zwischen CDU und Grünen einfacher geworden sind, hat auch damit zu tun, dass einmal implementierte Koalitionen unter den Anhängern der Parteien die wechselseitigen Wahrnehmungen verändern. Nicht zuletzt durch schwarz-grüne Koalitionserfahrungen in großen Städten wie Frankfurt, Köln, Kassel, Kiel, Dortmund und Duisburg erodieren die Abgrenzungsrituale der Vergangenheit auch unter den Mitgliedern und Anhängern der beiden Parteien. Katharina Fegebank, Vorsitzende der Hamburger GAL, charakterisierte die schwarz-grüne Koalition folgendermaßen: „Schwarz-Grün in Hamburg hat eine Perspektive jenseits der hergebrachten Bündnisse geschaffen und damit Grenzen in den Köpfen verschoben."[16] Die Erfahrungen in Hamburg und auf kommunaler Ebene zeigen aber auch, dass die vertrauensvolle und erfolgreiche Zusammenarbeit ganz maßgeblich von den Personen abhängt, die diese Bündnisse schmieden und tragen. Ohne Ole von Beust hatte die schwarz-grüne Koalition in Hamburg ihr Rückgrat verloren. Dass die Chemie zwischen den maßgeblichen Akteuren eines Koalitionsbündnisses stimmen muss, gilt zwar für alle denkbaren Koalitionen – sie scheint aber für schwarz-grüne Koalitionen auf Landesebene besonders wichtig zu sein, da die Mitglieder und Wähler beider Parteien noch miteinander fremdeln und die programmatischen Vorstellungen, z.B. in der Bildungspolitik, zum Teil von den alten ideologischen Positionen geprägt sind. Das Modell der Ergänzungskoalition, wie es in Hamburg praktiziert wurde, hat zwar seine Vorteile, aber neben der Ergänzung bedarf es eben auch eines gewissen Mindestma-

ßes an programmatischer Schnittmenge, um solch ein Bündnis jenseits der personellen Konstellationen aufrecht erhalten zu können.

5   Haben schwarz-grüne Koalitionen eine Zukunft?

Selbst wenn gegenwärtig der Eindruck vorherrscht, dass CDU und Grüne sich
weit voneinander entfernt haben, sollte man weitere schwarz-grüne Bündnisse
keinesfalls ins Reich der Phantasie verpflanzen. Zweifelsohne haben die politischen Ereignisse 2010 und 2011 hohe Hürden für zukünftige Koalitionen aufgebaut. Bereits der Ausgang der Landtagswahl in Nordrhein-Westfalen hatte
schwarz-grünen Koalitionsphantasien schlagartig den Boden entzogen, obwohl
im Vorfeld dieser Wahl noch einmal über ein solches Bündnis spekuliert worden
war und von beiden Seiten keinesfalls grundsätzlich ausgeschlossen wurde. Mit
einem Mal war wieder eine rot-grüne Mehrheit in Reichweite gerückt, wenngleich in NRW noch eine Stimme zu dieser Mehrheit fehlte. Als SPD und Grüne
im Juni 2010 bei der Wahl des Bundespräsidenten darüber hinaus mit Joachim
Gauck einen gemeinsamen Kandidaten präsentierten, der im schwarz-gelben
Lager für reichlich Verwirrung sorgte, sah alles danach aus, als ob SPD und Grüne wieder Gefallen aneinander finden. Wer allerdings geglaubt hatte, dass SPD
und Grüne nun zum alten „rot-grünen Projekt" zurückkehren, wurde schon
kurze Zeit später eines Besseren belehrt. Im August 2010 führte die taz ein Interview mit dem SPD-Parteivorsitzenden Gabriel, in dem dieser die Grünen frontal
angriff. Er sagte:

> „Die Grünen [müssen] irgendwann […] die Frage beantworten, wofür sie am Ende
> stehen wollen. Die von den Grünen immer wieder beschriebene Äquidistanz, der glei-
> che Abstand zu SPD und CDU, lässt diese Frage offen. Wollen sie eine rechtsliberale
> Politik, bei der sie Gemeinsamkeiten mit den Konservativen im Naturschutz und in
> der Umweltpolitik suchen, dafür aber sozial- und gesellschaftspolitisch nichts durch-
> setzen können?"[17]

Und auf die Frage der taz, ob er den Grünen Opportunismus vorwerfe, antwortete Gabriel: „Nein. Aber zu sagen 'wir wollen regieren – egal mit wem' führt sicher nicht dazu, dass sich Menschen wieder mehr für Politik interessieren."[18]
Außerdem warf er den Grünen vor, sich nur für „vermeintliche
Wohlfühlthemen" zuständig zu fühlen. Die Antwort der Grünen auf dieses Interview ließ nicht lange auf sich warten. Der Vorsitzende der Grünen, Cem Özdemir, konterte bereits einen Tag später als er sagte: „Sigmar Gabriel hat genug

damit zu tun, das sozialdemokratische Schiff auf Kurs zu bringen, bevor er anderen die Richtung weisen kann."[19] Außerdem führte er aus, dass die SPD zwar inhaltlich den Grünen näher stehe als die CDU, dass es aber auch weiterhin keinen Koalitionsautomatismus geben werde. Schließlich stehe die SPD auch für die Abwrackprämie ohne jegliche ökologische Lenkungswirkung, für Kohlekraftwerke und für das Milliardengrab Stuttgart 21 in Baden-Württemberg. Seit diesem Streit haben die Grünen deutlich gemacht, dass sie auch zukünftig koalitionspolitisch eigene Wege gehen werden und keinesfalls gewillt sind, zu einer einseitigen Festlegung auf rot-grüne Bündnisse zurückzukehren.

Auch bei der CDU waren bereits vor den Landtagswahlen im Superwahljahr 2011 wieder moderatere Töne in Bezug auf schwarz-grüne Bündnisse zu hören. Angela Merkel stellte klar, dass sich ihre Absage an schwarz-grüne Bündnisse auf dem CDU-Bundesparteitag auf die nächste Bundestagswahl, nicht aber unbedingt auf Landtagswahlen bezogen habe. Und ihr Vertrauter aus der alten schwarz-grünen Pizza-Connection, Peter Altmaier, legte nach, als er nach der von der schwarz-gelben Koalition beschlossenen Verlängerung der AKW-Laufzeiten in der taz verlautbaren ließ:

> „Seit ich mit Cem Özdemir in der Pizza-Connection in den 90er Jahren angefangen habe, über Gemeinsamkeiten zwischen uns zu reden, hat sich das Verhältnis von Grünen und CDU verändert, zum Positiven. Grüne und CDU sind, siehe Hamburg und Saarland, prinzipiell koalitionsfähig. Ich glaube nicht, dass die Spitze der Grünen die Tür für Schwarz-Grün endgültig zuschlagen will."[20]

Tatsächlich kann es sich die Union gar nicht leisten, schwarz-grüne Bündnisse in der Zukunft auszuschließen. Bereits seit längerem macht die Union die schmerzhafte Erfahrung, dass nicht nur die SPD, sondern auch sie selbst vom allgemeinen Abwärtstrend der Volksparteien erfasst ist. Im Wahljahr 2009 hat die CDU sowohl bei der Europawahl als auch bei den Landtagswahlen in Thüringen, Sachsen und im Saarland kräftig verloren. Dieser Trend setzte sich 2010 bei der Landtagswahl in Nordrhein-Westfalen fort und hat in Hamburg und Baden-Württemberg bei den Landtagswahlen 2011 seine Bestätigung erfahren. Seit der Bundestagswahl 1998 hat die CDU (ohne CSU) kein einziges Mal mehr auf Bundesebene ein Wahlergebnis über 30 Prozent erreicht. Ein noch stärkeres Menetekel der Krise der christdemokratischen Parteien war das Landtagswahlergebnis 2008 für die CSU (43,4 Prozent), der es seit den 1950er Jahren gelungen war, zur unangefochtenen hegemonialen Volkspartei in Bayern zu werden und dabei sogar Wählerschichten zu integrieren, die normalerweise eher zur SPD tendieren würden. Der Absturz der CSU (-17,3 Prozent), der sich auch bei der Bundestagswahl 2009 mit einem der schlechtesten Wahlergebnisse (6,5 Prozent) seit 50 Jahren fortsetzte, zeigt wie kaum ein anderes Ereignis, dass die christdemokratischen Parteien in Deutschland sich nicht von den strukturellen Faktoren des Abstiegs der Volksparteien abkoppeln können.

Was die CDU und ihre Vorsitzende vor allem alarmieren muss, ist die Tatsache, dass die CDU kontinuierlich an Wählerzuspruch verliert, obwohl sich das Parteiensystem in Deutschland seit längerem durch eine asymmetrische Parteienkonstellation auszeichnet. Im Parteienwettbewerb hatte es die CDU in den letzten Jahren zwar mit der FDP als Auffangbecken für enttäuschte wirtschaftsliberale Wähler zu tun, aber nicht mit zwei Konkurrenzparteien wie im Fall der SPD, die schon seit den 1980er Jahren Stimmen an die Grünen verliert und seit 1990 in Ostdeutschland mit der PDS sowie seit 2005 auf Bundesebene und in den Bundesländern mit der Partei DIE LINKE konkurrieren muss. Obwohl den Unionsparteien also bisher am rechten Rand keine ernsthafte Konkurrenzpartei erwachsen ist, die rechtskonservative Wähler integrieren könnte, gelingt es ihr nicht, aus der Schwäche der SPD entscheidende Vorteile für die eigene Wählermobilisierung zu ziehen.

Trotz der Vertiefung der Gräben zwischen CDU und Grünen nach der im letzten Jahr von der schwarz-gelben Regierung beschlossenen Verlängerung der Laufzeiten von Atomkraftwerken, wurden von beiden Parteien vor den Wahlen im Superwahljahr 2011 weitere schwarz-grüne Bündnisse keinesfalls grundsätzlich ausgeschlossen. Die Atomkatastrophe in Japan und deren Auswirkung auf die Wahlergebnisse in Baden-Württemberg und Rheinland-Pfalz haben sogar, so paradox es klingen mag, die Wahrscheinlichkeit weiterer schwarz-grüner Koalitionen erhöht. Der Union bleibt gar nichts anderes übrig, als sich von ihrer Position in der Atompolitik, die bisher eine entscheidende programmatische Differenz und Hürde zwischen CDU und Grünen markiert, Stück für Stück zu verabschieden. Und sie muss die Grünen, die tief in ihre konservative Wählerschaft in Baden-Württemberg vorgedrungen sind, ernster nehmen als je zuvor – als Konkurrent, aber auch als möglichen Partner. Das jetzt anstehende energiepolitische Bündnis für den Ausstieg aus der Atomenergie und das Umsteigen auf regenerative Energien erfordert neben Glaubwürdigkeit und dem politischen Willen zur Umsteuerung auch wirtschaftspolitische Kompetenz und den Zugang zu den Wirtschaftseliten, die diesen Weg mitgehen müssen. Es ist keineswegs ausgemacht, dass die Grünen solch ein Bündnis nur mit der SPD verwirklichen können. Obwohl also im Moment vieles dafür spricht, dass die alten Lagerkonstellationen das Bild bis zur Bundestagswahl 2013 bestimmen werden, können es sich weder CDU noch Grüne leisten, die Tür für weitere schwarz-grüne Koalitionen endgültig zuzuschlagen. In der Union wird man nach den letzten Landtagswahlen außerdem aufmerksam registriert haben, dass der liberale Koalitionspartner ganz erheblich schwächelt. Und das Wahlergebnis in Baden-Württemberg hat das Konkurrenzverhältnis zwischen SPD und Grünen, trotz der gemeinsamen Regierungsbildung, eher noch verstärkt. In Berlin tritt Renate Künast bei der Wahl zum Berliner Abgeordnetenhaus im Herbst 2011 schließlich mit der erklärten Absicht an, die SPD dort als stärkste Partei abzulösen und Regierende Bürgermeisterin zu werden.

Vor diesem Hintergrund werden die Grünen die Strategie des Offenhaltens von Koalitionsaussagen und des Betonens ihrer Eigenständigkeit bis zur nächsten Bundestagswahl mit hoher Wahrscheinlichkeit aufrechterhalten. Für alle Parteien gilt, dass sie weder ihre koalitionspolitischen Erstpräferenzen aufgeben werden noch ihre jeweiligen strategischen Interessen vernachlässigen. Auch die Grünen werden bis auf weiteres ihre koalitionspolitische Priorität mit der SPD und nicht mit der CDU verbinden. Wenn sie selbst der Koch und nicht der Kellner in grün-roten Bündnissen sein können, wird diese Option für sie sogar noch attraktiver. Aber niemand in der grünen Parteispitze wird deshalb in Zukunft nur auf rot-grüne oder grün-rote Koalitionen setzen. Der schwarz-grüne Flirt ist also noch lange nicht vorbei – wahrscheinlich hat er noch nicht einmal richtig begonnen.

Endnoten

[1] Vgl. Oskar Niedermayer: Die Entwicklung des bundesdeutschen Parteiensystems, in: Frank Decker/Viola Neu (Hrsg.): Handbuch der deutschen Parteien, Wiesbaden 2007, S. 114-135.

[2] Vgl. Jürgen Hoffmann: Schwarz-grüne Bündnisse in der Kommunalpolitik. Gründe, Erfahrungen, Folgerungen, Sankt Augustin 1997; vgl. Katharina Ober: Schwarz-grüne Koalitionen in nordrhein-westfälischen Kommunen. Erfahrungen und Perspektiven, Baden-Baden 2008.

[3] Vgl. Hubert Kleinert: Bereicherung der politischen Kultur durch Schwarz-Grün?, in: Grüne Akademie der Heinrich-Böll-Stiftung (Hrsg.): Lagertheorie und Lagerpolitik, Berlin 2004, S. 29-34.

[4] Vgl. Frank Decker: Koalitionsaussagen und Koalitionsbildung, in: Aus Politik und Zeitgeschichte 51/2009, S. 20-26.

[5] Vgl. Dieter Rulff: Lob der Differenz. Die Grünen in einem Fünf-Parteien-System, online abrufbar unter http://www.boell.de/demo-kratie/parteiendemokratie-2374.html, [16.12.2010].

[6] Vgl. Niko Switek: Unpopulär aber ohne Alternative? Dreier-Bündnisse als Antwort auf das Fünfparteiensystem, in: Karl-Rudolf Korte (Hrsg.): Die Bundestagswahl 2009. Analysen

der Wahl-, Parteien-, Kommunikations- und Regierungsforschung, Wiesbaden 2010, S. 320-344.

[7] Joachim Raschke: Offene Parteibeziehungen, in: Die Tageszeitung vom 17. April 2008, S. 9.

[8] Vgl. Franz Walter: Wozu noch CDU?, in: Frankfurter Allgemeine Zeitung vom 26. Februar 2008, S. 8.

[9] Siehe http://www.kas.de/wf/de/33.3560/.

[10] Vgl. Melanie Haas: Innovation mit einer neuen bürgerlichen Partei? Die Grünen nach der Bundestagswahl 2005, in: Uwe Jun/Henry Kreikenboom/Viola Neu (Hrsg.): Kleine Parteien im Aufwind, Frankfurt am Main 2006, S. 201-222.

[11] Vgl. Viola Neu: Die Mitglieder der CDU, in: Zukunftsforum Pol 84 (hrsg. von der Konrad-Adenauer-Stiftung), Berlin 2007.

[12] Dem Verfasser liegen interne Protokolle dieser Treffen vor.

[13] Pressemitteilung der GAL vom 24. Februar 2010.

[14] Ole von Beust: „Ich füttere doch nicht die Wähler" (Interview), in: Frankfurter Allgemeine Sonntagszeitung vom 28. Februar 2010.

[15] Jutta Ebeling: „Schwarz-Grün fühlt sich gut an" (Interview), in: Die Tageszeitung vom 3. März 2008.

[16] Pressemitteilung der GAL vom 24. Februar 2010.

[17] Interview mit Sigmar Gabriel, in: Die Tageszeitung vom 11. August 2010.

[18] Ebd.

[19] Interview mit Cem Özdemir, in: Die Tageszeitung vom 12. August 2010.

[20] Peter Altmaier: „Die Tür für Schwarz-Grün ist nicht zu" (Interview), in: Die Tageszeitung vom 28. Oktober 2010.

Jürgen Rüttgers

Was Schwarz-Grün leisten müsste
Wenn es denn müsste

1 Einleitung

Sind die Grünen links oder bürgerlich? Kaum ein Thema wurde bei den Grünen zeit ihres Bestehens so intensiv debattiert wie diese Frage. Es ist die innere Bruchlinie der Grünen. Man muss heute nicht links sein, um die Umwelt zu erhalten. Auch Konservative sind für Frieden. Die Grünen sind mit Umfragewerten von bis zu 25 Prozent auch keine Generationenpartei mehr. Die Grünen sind heute die „Besserverdienenden und Hochgebildeten der deutschen Republik schlechthin und dabei überwiegend – weil in leitenden Stellen des öffentlichen Dienstes beschäftigt – fest abgesichert."[1] Zudem hat sich im Laufe der Geschichte der Bundesrepublik Deutschland das Parteiensystem stark verändert. So verwundert es nicht, dass in einem Fünf-Parteiensystem immer wieder die Frage diskutiert wird, ob neue Partei- und Koalitionskonstellationen möglich und tragfähig sind.

Basis jeder Koalition ist das Parteiensystem als Folge des Parteienwettbewerbs. Darauf beruhen die klassischen Koalitionsbildungstheorien, die Politikinhalte ausblenden und allein von arithmetisch möglichen Koalitionen her denken.[2] Diese Theorien greifen jedoch zu kurz. Wenn sich das Parteiensystem verändert, ändern sich auch die Voraussetzungen, unter denen Koalitionen zustande kommen. Ob Koalitionen möglich sind, hängt nicht nur von der Zahl der Mandate ab. Es sind sechs Variablen, die darüber entscheiden, ob eine Koalition zustande kommt und ob sie mehr ist als ein arithmetisches Zufallsprodukt: Es sind die Strukturmerkmale des Parteiensystems (Kapitel 2). Es ist das historisch gewachsene Verhältnis zwischen den Parteieliten sowie zwischen den jeweiligen Wählern und Anhängern (Kapitel 3). Es sind die sozialstrukturellen Merkmale und politischen Präferenzen der jeweiligen Klientele und damit die erwartbare Akzeptanz der Koalition bei den eigenen Wählern und Anhängern (Kapitel 4). Es ist die Möglichkeit, eine gemeinsame inhaltlich-programmatische Grundlage für Regierungsprogramme zu erarbeiten (Kapitel 5). Und es ist schließlich die längerfristige Vorbereitung der Koalition (Kapitel 6).

2   Strukturmerkmale des Parteiensystems

Mit fünf parlamentarisch vertretenen und für die Koalitionsbildung rechnerisch relevanten Parteien hat sich das Format und die Fragmentierung des Parteiensystems seit der deutschen Wiedervereinigung erhöht.[3] Es gibt mehr als zwei das System dominierende Großparteien. Die vorhandenen Parteien sind kleiner. Die Grünen träumen davon, die SPD zu überholen. Minderheitsregierungen sind möglich. Rot-Grün nutzt die Linkspartei zur Mehrheitsbeschaffung (z.B. NRW). Ob es für Schwarz-Gelb reicht, ist fraglich. Die Partei der Nichtwähler und des Protests wird immer größer. Der Wähler ist wählerischer geworden. Das Wahlverhalten ist volatiler. Die Abschottung der Parteien untereinander nimmt ab. Neue Koalitionsoptionen sind möglich. Und sie wurden und werden im föderalen System der Bundesrepublik realisiert.

Das Parteiensystem mit Zweiparteiendominanz und Zweiparteienkoalitionen zwischen Großpartei und Kleinpartei steuert tendenziell in Richtung eines pluralistischen Systems mit den Koalitionsalternativen „Große" Koalition oder Dreiparteienkoalition. „Vielparteienparlamente können zwar noch zu Zweierkoalitionen führen, aber weniger verlässlich als zu früheren Zeiten."[4]

Ein großer Profiteur des „neuen Koalitionsmarktes" sind die Grünen. Sie werden für jede Dreiparteienkoalition gebraucht. Da sie die Frage, ob klare linke Lagerpartei oder Mitte-Orientierung und Koalitionsfähigkeit mit dem bürgerlichen Lager, durch den Verweis auf ihr Eigenständigkeitscredo bewusst offen lässt, ist sie zur neuen Scharnierpartei geworden. Bisher sind nur die Grünen zu beiden Lagern hin koalitionsfähig. Angesichts der fortbestehenden Schwäche der SPD – und der Erfahrungen der Grünen mit der SPD als Koalitionspartner – haben die Grünen ihre Schlussfolgerung gezogen. „Wenn die Grünen insbesondere aufgrund ihrer jüngsten Erfahrungen mit der SPD verhindern wollen, dass ihre zukünftige Rolle wie bisher von der Sozialdemokratie bestimmt wird, kommen sie gar nicht umhin, sich in der Koalitionsfrage flexibler zu zeigen."[5]

Das gilt angesichts der Schwäche der FDP, den Unwägbarkeiten der Parteiensystementwicklung und der Tatsache, dass SPD, Grüne und Linke auf Bundesebene bestehende rechnerische Mehrheiten nicht auf Dauer unrealisiert lassen werden, auch für die Union. Man muss nicht so weit gehen wie Heiner Geißler, der es als „einen der schwersten historischen Fehler der CDU" bezeichnet hat, „dass die CDU ihr politisches Schicksal und ihre Regierungsfähigkeit in den letzten Jahrzehnten sozusagen »auf Gedeih und Verderb« mit der FDP oder notfalls mit der SPD verbunden hat."[6] Dieses nüchterne Argument fußt aber auf der richtigen Erkenntnis, dass eine Machtperspektive im Fünf-Parteiensystem für alle

Parteien voraussetzt, sich für neue Koalitionsoptionen zu öffnen. Wer gestalten will, ist gezwungen, sich neuen Koalitionsvarianten zu öffnen.

„In einem Fünf-Parteien-System", so Freiburgs Grüner Oberbürgermeister Dieter Salomon, „werden alle Konstellationen möglich, also auch Schwarz-Grün. Das bedeutet im Übrigen ebenso, dass Grüne und FDP ihre mit Hingabe gepflegte Antipathie beenden."[7]

3 Historisches Verhältnis zwischen den Parteien

Zwischen Union und Grünen gab es seit Gründung der Grünen Antipathien, ja Feindschaft. Sie hatte in Teilen beider Parteien identitätsbildenden Charakter. „(Partei-) Politik [...] funktioniert bei uns fast immer in Form von Abgrenzung. [...] Ein Politiker hat sich gefälligst an die oberste Spielregel zu halten: Die eigene Partei hat immer recht, auch wenn sie nicht recht hat. Und die Konkurrenz hat immer unrecht, selbst wenn sie recht hat."[8] Dieses Politikverständnis hat gerade im Verhältnis von Union und Grünen zu teilweise abstrus anmutenden Aussagen und Beschlüssen geführt.

1985 veröffentlichte die CDU eine Broschüre über die „Kader der Grünen". Ziel war es, den Beweis zu erbringen, bei den Grünen handle es sich um eine verfassungsfeindliche, linksextremistische Partei.[9] 1989 wurde in der Union beschlossen, niemals und auf keiner Ebene mit den Grünen zu koalieren.[10] Bezeichnungen wie die „Revoltenkohorte", die „Schmuddelkinder", der „Bürgerschreck", die „Heimat linker bis linksautonomer Sondergrüppchen" oder „Revolutionäre" wurden von der CDU und ihren Anhängern oft benutzt, um eine scharfe Trennlinie zu den Grünen zu ziehen.[11] 1994 hieß es seitens der Union, die Grünen seien „keine wertkonservative, sondern eine linksradikale Partei"[12]. Jürgen Trittin und Joschka Fischer wurden 2004 als „Ökostalinisten und ehemalige Terroristen"[13] bezeichnet. Die Union wiederum bekam von den Grünen den Stempel „ökologisch blind, gesellschaftspolitisch reaktionär"[14] aufgedrückt. Es war „einfach Konsens, in der Union die Verkörperung all dessen zu sehen, was man nicht wollte. [...] Klar war jedenfalls: Die CDU ist der Gegner. Das war schon eine Art Freund-Feind-Verhältnis, das zumindest die 1970er Jahre in der linken Protestkultur und auch die wichtigsten Exponenten der grünen Gründergeneration wesentlich prägte."[15]

Grüne und Union waren Gegenpole. Die Grünen verstanden sich nicht nur als Anti-Parteien-Partei, sondern auch als Gegenentwurf zur Union, wie Joachim Raschke darlegt: „Am Anfang war der Protest gegen den Bau neuer Atomkraftwerke in Grohnde, Brokdorf und anderswo, gegen die Wiederaufbereitungsanlage in Gorleben, gegen Straßen- und Flugplatzbau, gegen Landschaftszerstörung und die Verschwendung begrenzter Ressourcen. Gegen die ‚Atom- und Betonparteien', die im Parlament saßen.[16] In Programmatik, Milieu und Politikstil galt das Prinzip der Abgrenzung. So können die jeweiligen Parteiführungen in Zeiten schlechter Umfragewerte oder innerparteilicher Schwierigkeiten durch Abgrenzung die interne Geschlossenheit erhöhen und Stammwähler wieder binden. In diesem Sinne hat Bundeskanzlerin Angela Merkel auf dem Bundesparteitag der CDU in Karlsruhe 2010 argumentiert, zu einer schwarz-gelben Koalition gebe es keine Alternative: weder eine schwarz-grüne noch eine „Jamaika"-Koalition. „Das sind Illusionen, Hirngespinste"[17], so Angela Merkel.

Es lassen sich eine Fülle weiterer Zitate anbringen, wie das von dem „Wirtstier und der Zecke"[18], oder Titulierungen einer schwarz-grünen Koalitionsoption als „Schwachsinn"[19], „schädlicher gefährlicher Irrweg"[20] oder „absurd"[21]. Ob eine Koalitionsbildung realistisch oder realitätsfremd ist, hängt nicht nur von der Selbstverortung der Parteien ab, sondern auch in erheblichem Maße vom persönlichen Verhältnis zwischen den jeweiligen Parteieliten sowie den Wählern und Anhängern. Das Verhältnis zwischen Union und Grünen hat sich geändert. Es ist nicht mehr durch Feindschaft geprägt. Persönliche Animositäten gibt es, aber sie sind geringer geworden. Man hat sich bei der Arbeit kennengelernt. Die Feindschaft ist einem differenzierten Bild gewichen. Man kann sie kurzfristig instrumentalisieren.

Schlaglichter der Zusammenarbeit: Seit Anfang der 1990er Jahre ist immer wieder über die schwarz-grüne Koalitionsoption debattiert worden, erstmals insbesondere nach der baden-württembergischen Landtagswahl 1992, als es zu Sondierungsgesprächen zwischen CDU und Grünen kam. Schon 1988 hatte Fritz Kuhn als damaliger Fraktionssprecher im Landtag angekündigt, seine Fraktion werde für Lothar Späth stimmen, sollte die CDU keine absolute Mehrheit bekommen, und bot eine punktuelle Zusammenarbeit an. 1994 wurde Antje Vollmer mit den Stimmen der Unionsfraktion zur Bundestagsvizepräsidentin gewählt. Seit Mitte der 1980er Jahre kommt es zu schwarz-grünen Bündnissen auf kommunaler Ebene. In Mülheim an der Ruhr bildete sich 1994 die erste formelle schwarz-grüne Koalition in einer größeren Stadt. 1995 kamen erstmals junge Bundestagsabgeordnete von CDU und Grünen im Keller des Restaurants „Sasella" in Bonn zusammen. Die informellen Zusammenkünfte wurden von den Medien fortan als Treffen der „Pizza-Connection" betitelt. 2001 machte Frankfurt am Main Schlagzeilen, als sich im Römer eine Koalition unter Einschluss von CDU, FDP und Grünen bildete, die allerdings nur einen einzigen Tag hielt. 2003 gelangte die Kölner Kommunalpolitik bundesweit in die Medien, nachdem CDU und Grüne einen gemeinsamen Koalitionsvertrag unterzeichnet hatten. Auf gemeinsame Erfahrungen (als Koalition, Kooperation, informelle Zusammenarbeit) kann u. a. in Köln, Duisburg, Essen, Gießen, Hamburg-Altona, Kiel, Kassel, Frankfurt am Main, Hamburg und einer Vielzahl kleinerer Kommunen verwiesen werden.[22] All das zeigt die schon länger bestehende, nüchterne und ergebnisorientierte Zusammenarbeit zwischen den Parteien auf verschiedenen Ebenen.

Verhältnis zwischen Mandatsträgern: Gerade bei jüngeren Mandatsträgern ist vielfach ein Aufeinanderzugehen festzustellen, das sich nicht mehr an alten Grabenkämpfen orientiert.[23] Bereits 1999 veröffentlichten junge Bundestagsabgeordnete der Grünen ein Thesenpapier, in dem sie den Bruch mit „den Alten" forderten und ein pragmatisches Politikverständnis formulierten: „Wir Jungen [...] wollen und können dem Treiben der vielen moralisierenden Besserwisser unserer Partei aus der Gründergeneration nicht mehr tatenlos zusehen: [...] Wir treten ein für eine klare, machtbewußte, pragmatische Positionierung. Schluß mit den Geschichten von 68. [...] Hört auf, die Republik mit den Geschichten von damals zu nerven. [...] Habt mehr Mut, Eure Fehler zuzugeben. Ja, ihr wart für ein anderes System. Ja, ihr habt den ebenso wackeren wie erfolglosen Kampf mit dem Kapital geführt. Ja, für euch waren Unternehmer Bestandteile des Bösen. Das war damals falsch, es ist es noch heute und eigentlich wisst ihr das ja auch. Steht endlich dazu und macht nicht jede euer Reden zu einem eitlen Ritt durch die Irrungen und Wirrungen eurer Lebensirrtümer. Zumindest uns als zweite Generation interessiert es nicht, wie ihr euren Frieden mit der sozialen Marktwirtschaft gemacht habt. Hauptsache, es ist so."[24]

Offizielle und offiziöse Stellungnahmen: Alle Parteitage der Grünen waren seit ihrem Gang in die Opposition 2005 dadurch gekennzeichnet, dass sie ihr Credo der Eigenständigkeit gebetsmühlenartig bekräftigten. Erstmals auf dem Oldenburger Parteitag 2005 formuliert, hat es immer wieder eine Bestätigung erfahren. Die Grünen seien kein Anhängsel der SPD. Eine Äquidistanz zu allen Parteien gebe es aber nicht.[25] Im Wahlaufruf zur Bundestagswahl 2009 hieß es: „Nicht alle Konstellationen, die nach der Bundestagswahl 2009 theoretisch denkbar sind, liegen für uns als ernsthafte Optionen auf dem Tisch. Eine Stimme für Bündnis 90/Die Grünen ist eine sichere Stimme gegen das konservativ-neoliberale Politikkonzept. Wir stehen als Mehrheitsbeschaffer für schwarz-gelb nicht zur Verfügung. Unser Kurs der Eigenständigkeit ist gerade kein Kurs der programmatischen Äquidistanz zu allen übrigen Parteien. Bei aller Kritik an der SPD sind die Überschneidungen mit der Sozialdemokratie im Vergleich immer noch am größten."[26] Eine Bundestagswahl und einen Parteitag später (Rostock, Oktober 2009) war die Beschlusslage in Ton und Richtung moderater: „Rot-Rot-Grün kann 2013 für uns eine Option sein, wenn die Linkspartei bis dahin regierungsfähig wird."[27] Damit ging aber keine Absage an andere Optionen einher: „Aber auch wir Grüne müssen klären, welche Chancen und Risiken wir in einer solchen Konstellation sehen und welche Anforderungen wir an unsere Beteiligung stellen. Das gilt auch für andere Konstellationen." Generell müsse gelten, dass ein Kurs der Eigenständigkeit auch bedeute, sich aus traditionellen Koalitionsmustern zu befreien: „Mit dieser Ausschließeritis muss endlich Schluss sein!" Die Co-Parteivorsitzende Claudia Roth äußerte auf demselben Parteitag, Schwarz-Gelb sei „die härteste Lagerbildung gegen grüne Politik". Das ist die Mehrheitsmeinung, die auf Parteitagen formuliert wird: Eigenständigkeit, aber im Zweifel Verortung im linken Lager – an der Seite von SPD und Linken.

Man kann Skepsis äußern, inwiefern Parteitage das Stimmungsbild einer Gesamtpartei tatsächlich abbilden, in welchem Maße hier der Wille zum Kompromiss oder zur Ideologie vorherrscht.[28] Parteitage waren und sind nicht die Bühne für Grünen-Politiker, die nachdenkliche, differenzierte Ansichten über eine schwarz-grüne Perspektive äußern. Allenfalls lässt Kritik am „natürlichen" Koalitionspartner SPD aufhorchen. Kritik, die insbesondere dort mit Nachdruck formuliert wird, wo die Grünen eine Koalition mit der CDU eingehen. Die Erfahrungen der Grünen mit der SPD in Koalitionen waren oft ernüchternd. Die SPD hat nie verwunden, dass die Grünen sich als eigenständige Partei etabliert haben. Für viele in der SPD waren die Grünen ungezogene Kinder aus dem Fleisch der SPD. Auf der pragmatischeren kommunalen Ebene lautet ein, wenn nicht der zentrale Impetus der Grünen, eine Koalition mit der CDU einzugehen, sich so von einer arroganten, ideologischen SPD zu lösen. Den Partner für eine pragmatische, lösungsorientierte Politik finden die Grünen – nach eigenen Aussagen – nicht in der Sozialdemokratie oder der Linkspartei, sondern in der CDU. Der Vorsitzende der nordrhein-westfälischen Landtagsfraktion von Bündnis 90/Die Grünen Reiner Priggen hat in diesem Sinne geäußert: „Der Sozialdemokrat erduldet grüne Forderungen nur. Er lehnt sich in seinem Sessel zurück und sagt gelangweilt: ‚Wenn ihr das unbedingt braucht.' Der Christdemokrat legt ein konkretes Angebot vor und sagt: ‚Lasst uns drüber reden.' Mit den Konservativen verhandelt man länger, aber am Ende sind sie verlässlich."[29] Man erinnert sich auch an das herablassende Bild vom „Koch und Kellner" (Gerhard Schröder) oder der einseitigen Aufkündigung der rot-grünen Koalition durch die SPD 2005. „Kein Wunder", so Joachim Raschke, „dass die Grünen Sympathien für die besseren Teile bürgerlicher Verkehrsformen entwickelten: Berechenbarkeit, geschäftsmäßige Partnerschaft, Verlässlichkeit, Sinn für Tauschgeschäfte."[30]

Neben den von Raschke angeführten „bürgerlichen" Umgangsformen, die viele Grüne dazu führen, Abstand vom „natürlichen" Koalitionspartner zu nehmen, wird vielfach auch in inhaltlich-programmatischer Perspektive die „natürliche Seelenverwandtschaft" zwischen Rot und Grün angezweifelt. Ralf Fücks, ehemaliger Bremer Senator für Stadtentwicklung und Umweltschutz und heute Co-Vorsitzender der Heinrich-Böll-Stiftung, äußert: „Die Grünen wurden gegen die SPD gegründet […]. Sie verstanden sich als politisches Projekt, das sich der alten Lagerordnung entzog. […] Zum grünen Erbe gehört nicht nur die Ökologie. Neu war auch die Betonung der Eigeninitiative, Selbstorganisation und kleinen sozialen Netze, mit denen sie näher am Subsidiaritätsprinzip der katholischen Soziallehre als am sozialdemokratischen Etatismus lagen."[31]

Fücks' Äußerung klingt nach einem nachgeschobenen Gründungsnarrativ der Grünen. Eines, das auf die aktuelle Situation der Grünen im Fünfparteiensystem passt und ganz anders ist als die Erinnerungen an die linke Gründungsszene. Eines, das die Vermittungstaktik wählt: Wenn es denn rechnerisch reicht, reicht es für die klassische Koalitionsoption. Eine angenehme Situation: Man muss nicht viel erklären. Oppositionsarbeit und Wahlkämpfe werden nicht unnötig erschwert. Doch wenn es nicht reicht, gilt das Toyota-Prinzip: Nichts ist unmöglich – wenn der arithmetische Zwang einmal da ist.

Eine zweite Lesart der Fücksschen Äußerung legt die Schere namens Taktik und Strategie beiseite und fragt: Sind die Grünen nicht (mehr) Partei des linken Lagers? Sind sie eine bürgerliche Partei? Und was würde das für die Koalitionsoption Schwarz-Grün bedeuten? Der ehemalige SPD-, Grünen- und heutige CDU-Politiker Oswald Metzger hat 2003 ein Plädoyer für schwarz-grüne Koalitionen abgegeben. Er entwarf damals eine schwarz-grüne Philosophie, die sich auf die Begriffe der Verantwortung und Solidarität bringen lässt. „Nicht der allmächtige Staat ist für das Glück seiner Bürgerinnen und Bürger zuständig, sondern die Menschen selbst sind es. Bürgergesellschaft heißt: so wenig Staat wie möglich, so viel Staat wie nötig. Subsidiarität, nicht Vollkaskomentalität muß Leitgedanke eines neuen solidarischen Gesellschaftsvertrages sein."[32] Metzger stand damit für einen Teil der Grünen, die der publizistische Mainstream in den vergangenen Jahren mit dem Etikett der „Bürgerlichkeit" versehen hat. Ihre Schlussfolgerung: Die Grünen seien eine bürgerliche Partei.

Bemerkenswert sind in diesem Zusammenhang Aussagen des Freiburger Oberbürgermeisters Dieter Salomon (Grüne): „Ich glaube nicht, dass die Grünen gut beraten sind, sich als dritte linke Partei zu positionieren. Dort sind die Originale SPD und Linke die bessere Alternative. Die Grünen sind das Original für ökologische Politik. Sie haben auch eher staatsferne und staatskritische Wurzeln und sind nicht so staatsverheerlichend wie die Linke und große Teile der SPD. Gleichwohl sind wir eine Partei, die explizite Vorstellungen bei sozialer Gerechtigkeit hat […]. Soziale Gerechtigkeit ist in unserem Verständnis nicht nur eine Frage des Geldes, Solidarität findet in kleinen Netzen statt, was dann wiederum an die katholische Soziallehre anknüpft."[33] Und auf die Frage, ob die Grünen eine bürgerliche Partei seien, äußert Salomon: „Die Wählerschaft ist da längst angekommen. Sie fühlt sich links. Das heißt solidarisch, da man keine Ellbogengesellschaft will. Ziel ist eine harmonische Gesellschaft, in der keiner durch den Rost fällt. Die Grünen sind im guten Sinne eine bürgerliche Partei, obwohl viele dabei an Biedermeier und Hirschgeweih überm Sofa denken. Aber auch über solche Klischees ist die Zeit hinweggegangen."[34]

4   Akzeptanz der Koalition bei den eigenen Wählern und Anhängern

Die Grünen sind bürgerlicher geworden. Diese Verbürgerlichung entspricht sozialstrukturellen Merkmalen der grünen Wähler- und Mitgliedschaft. Will man Bürgerlichkeit mit hohem Einkommen, hohem Bildungsgrad und Zugehörigkeit zur Mittel- und Oberschicht assoziieren, lassen sich die Grünen als bürgerliche Partei bezeichnen.[35]

Allerdings geht mit der Verbürgerlichung sozialstruktureller Merkmale keine programmatische Verbürgerlichung einher. Eine jüngere, interne Analyse der Grünen zeigt, dass „die typischen Grünen-Wähler jung, gut gebildet sind und zu den Besserverdienenden im Land zählen. Die materielle Verbürgerlichung der Grünen hat jedoch keine Auswirkung auf die Gesinnung: ,Die Gruppe derer, die sich Schwarz-Grün vorstellen können, ist genauso klein wie die, die sich für eine Fortsetzung der Großen Koalition erwärmen können (ca. 9 Prozent)', heißt es in der Auswertung. […] Viele Grünen-Wähler stehen dem bürgerlichen Lager eher fern […]."[36] Vor diesem Hintergrund sind Einschätzungen, die Grünen seien „ihrem Ursprung nach (und im Kern immer noch) eine linke, sogar linksradikale Bewegung"[37] stark überzeichnet. Nachdem sich viele Grüne aber wieder mental von einer bürgerlichen Politik verabschiedet haben, werden auch wieder parteipolitisch geprägte Konzepte verfochten. Ein Beispiel liefert Nordrhein-Westfalen: Mit der rot-grünen Koalitionsvereinbarung und einer massiven Neuverschuldung, die als präventive Finanzpolitik bezeichnet wird, haben sich die Grünen von einer nachhaltigen Finanzpolitik verabschiedet.

Die Fremde zwischen den Politikkonzepten wird durch die Analyse der inhaltlichen Präferenzen der Wählerschaften und Klientele bestätigt. Eine Analyse der Elektorate von Union und Grünen zeigt keine besondere Nähe: „Das Verhältnis beider Parteien zueinander ist […] weiterhin äußerst ambivalent und vielschichtig. Die Elektorate sind sich nach wie vor fremd. Den sozialstaatsaffinen und gesellschaftlich-libertären Einstellungsmustern der grünen Wähler steht ein deutlich leistungsorientiertes und autoritäres Wertesystem auf Seiten der Union entgegen. Schwarz-grüne Bündnispräferenzen sind nicht nachzuweisen."[38]

Weder Befragungen nach Präferenzen von Koalitionsmodellen noch die Wählerstromkonten und das Stimmensplitting-Verhalten weisen einen Trend in Richtung Schwarz-Grün in den Wählerschaften auf. Am Wahltag 2009 bewerteten laut Infratest dimap nur drei Prozent Schwarz-Grün als Wunschkoalition. Unionswähler sprachen sich zu 70 Prozent für Schwarz-Gelb aus, nur zu drei Prozent für Schwarz-Grün. 15 Prozent hingegen noch für eine Große Koalition. 15 Prozent der Grünen-Wähler präferierten zwar eine schwarz-grüne Koalition. Aber auch hier lagen die Präferenzen bei anderen Konstellationen: 39 Prozent sprachen sich für Rot-Rot-Grün, 32 Prozent für eine Ampel aus.[39]

Auch die Wählerstromkonten von Union und Grüne bestätigen das Bild klassischer Lagerpräferenzen. Die Wählerinnen und Wähler wechseln überwiegend zwischen den Parteien des jeweils eigenen Lagers. So ist der Wähleraustausch der Grünen mit der SPD signifikant höher als der mit der Union. Umgekehrt hat die Union einen wesentlich größeren Austausch mit der FDP.[40] Diese traditionelle Tendenz hat sich in der letzten Zeit nicht wesentlich geändert. Ähnliches lässt sich auch bezüglich des Stimmensplittings feststellen. Grünen-Wähler geben ihre Stimme nur selten Direktkandidaten der Unionsparteien, sondern in mehr als der Hälfte der Fälle den Direktkandidaten der SPD.[41]

Gegensätze finden sich auch in der Analyse der programmatischen Schwerpunktsetzungen der Wählerschaften. „Umweltpolitik" und „soziale Gerechtigkeit" dominieren als wahlentscheidende Aspekte bei Grünen-Wählern. „Wirtschafts- und Steuerpolitik" sowie „Arbeitsmarkt" sind für Unionswähler die entscheidenden Aspekte. Sie werden von der grünen Klientel dagegen als sehr viel weniger wichtig eingestuft. Analysen zu Wertepräferenzen im sozioökonomischen sowie politisch-kulturellen Bereich zeigen immer noch teils eklatante Unterschiede zwischen den Klientelen auf. So sind die Grünen kritischer gegenüber der Kürzung sozialer Leistungen eingestellt. Sie befürworten eher die staatliche Egalisierung von Einkommensunterschieden sowie die Einführung von Mindestlöhnen. Berufstätigkeit von Müttern, Einwanderung, EU-Beitritt der Türkei, Gleichberechtigung Homosexueller, Einsatz militärischer Gewalt: In all diesen Politikfeldern lassen sich teils stark unterschiedliche Akzentsetzungen finden. Auch vergleichende Analysen der Grundsatz- und Wahlprogramme der im Bundestag vertretenen Parteien bestätigen: Hinsichtlich der programmatisch-inhaltlichen Positionierungen auf den Konfliktlinien Sozialstaatlichkeit – Marktliberalismus und Modernisierung – Traditionalisierung stehen sich SPD, Grüne und Linke sowie Union und FDP gegenüber.[42]

5   Inhaltlich-programmatische Grundlagen

Eine schwarz-grüne Zusammenarbeit ist mithin, selbst wenn sie rechnerisch möglich ist, kein Selbstläufer. Ihr fehlt trotz der bürgerlichen Lebensweise vieler Grünen-Politiker bisher eine inhaltliche Grundlage. Lange Zeit haben viele politisch Interessierte eine solche Öffnung der Parteienlandschaft begrüßt. Mancher Politiker, mancher Journalist hat Schwarz-Grün als Ausdruck eines neuen Lebensgefühls herbeigesehnt. Aber sobald sich die Umfragen änderten, fiel die Politik schnell in altes Lagerdenken zurück. Dies machte schlagartig deutlich, dass es bei allen Spekulationen um Macht und nicht um Gestaltung ging. Bevor eine schwarz-grüne Koalition mit politischer Relevanz zustande kommt, muss noch viel geschehen.

Eine schwarz-grüne Koalition, die nicht allein als rechnerische Alternativlosigkeit mit Zwangscharakter zustande kommen soll, hätte sich vor der Koalitionsbildung – und nicht erst in Vertragsverhandlungen – mit grundlegenden Fragen auseinanderzusetzen: Welches Staatsverständnis legen die Parteien ihrer gemeinsamen Politik zugrunde? Wie will diese Politik die Notwendigkeit von Wachstum neu begründen? Wird Nachhaltigkeit zum (überprüfbaren) Kriterium des Regierungshandelns? Wie werden die Prinzipien des Gemeinwohls, der Solidarität und der Subsidiarität (ob implizit oder explizit als Prinzipien der Katholischen Soziallehre gekennzeichnet) ausbuchstabiert und was würden sie für ein gemeinsames Handeln konkret bedeuten?

Eine Koalition ehemaliger „Feinde" erfordert kein gemeinsames Parteiprogramm. Aber sie setzt eine tragfähige Grundlage des Regierungshandeln voraus. Erst dann wäre die Kritik an Schwarz-Grün als inhaltsleer, als postdemokratisches Projekt, als vollkommene Entideologisierung der Politik hinfällig. Was Kritiker einer neuen Koalitionsformation abschätzig als Verblassen programmatischer Konturen und die Entwicklung zu Wohlfühlparteien für alles und jedermann karikieren, wäre obsolet. Die zentrale Herausforderung einer schwarzgrünen Zusammenarbeit ist es, programmatische Antworten zu entwickeln, die dem Gemeinwohl verpflichtet sind.

Damit wäre auch den Stammwählern mehr gedient als durch ein fortgesetztes Dahinlavieren in Koalitionsfragen, das sich in Taktik erschöpft. Gerade

Stammwähler wollen überzeugt werden. Die Beteiligten wären – wie in keiner anderen Konstellation – gezwungen, eine dringend nötige Diskussion über gesellschaftliche Grundfragen zu führen. „Die parteipolitische Kombination von moralischem Ernst, bürgerlicher Solidität, gemeinwohlorientiertem Kaufmannsgeist, sozialstaatlichem Pragmatismus, moderner Autonomie könnte vielleicht mal wieder politische Leidenschaften wecken und sich von der vielfach zu beobachtenden geschäftsmäßigen Sattheit im Politikbetrieb abheben."[43]

Zwar bliebe das eine intellektuelle und teils auch emotionale Zumutung für große Teile der Basis beider Parteien. Es würde ihnen sowie den Parteieliten viel abverlangen und es bleibt die Gefahr, dass sich Schwarz-Grün darin erschöpft, bei arithmetisch möglicher Mehrheitsbildung nur Schnittmengen zu suchen, die sich am Maßstab der Vermittelbarkeit in den eigenen Reihen orientieren.

Sucht man nach Gemeinsamkeiten, stößt man in den jeweiligen Programmen auf etliche Stichworte, die – wenn sie nicht moralisch überhöht werden – als Grundlage einer Zusammenarbeit dienen können. In beiden Parteien gibt es ein mehrheitsfähiges Politikverständnis, dass politisches Handeln vom Einzelnen her denkt. Eine solche Politik stellt den Menschen in den Mittelpunkt. Sie ermöglicht Freiheit und Verantwortung unter der Prämisse, dass ein starker Staat die Voraussetzungen von Freiheit und Sicherheit ermöglicht. Sie sieht davon ab, einen Gegensatz zwischen Staat und Bürgergesellschaft zu konstruieren. Der Einzelne übernimmt Verantwortung für sich, seine Mitmenschen und die Gesellschaft. Dies ist eine ausgesprochen aktive Rolle und etwas völlig anderes als die passive Alimentierung durch staatliche Wohltaten. Erst wenn staatlicherseits die Voraussetzungen geschaffen werden, die notwendig sind, damit der Einzelne politisch und sozial verantwortlich handeln kann, ist es auch legitim, entsprechende Erwartungen an ihn zu formulieren. Nur der Bürger, der „frei" ist, das heißt das Recht und die Chance hat, sein Leben eigenverantwortlich zu gestalten, vermag auch für sich und andere zu sorgen. Nur wer frei ist, kann Verantwortung tragen, und nur wer verantwortlich handelt, behält die Chance der Freiheit.

Eine solche Politik geht den Weg der subsidiären Strukturen. Konkrete Ausformungen des Subsidiaritätsprinzips (Familien, Kirchen, Tarifparteien, Verbände, Vereine, Stiftungen, Bürgerinitiativen etc.) schaffen den Menschen wichtige Freiräume, in denen sie sich entfalten können. Sie zeigen staatlichen Allmachtsphantasien ihre Grenzen auf, sie schützen den Staat aber auch seinerseits vor unerfüllbaren Ansprüchen. Eine solche Politik stellt die neue soziale Frage in den Mittelpunkt ihrer Anstrengungen: Wer hilft denen, die nicht von starken Interessengruppen vertreten werden? Sie setzt auf gesellschaftliche Integration statt Spaltung. Eine solche Politik lebt Nachhaltigkeit bei den Finanzen. In der Energieversorgung und der Verkehrspolitik setzt sie sich für die Bewahrung der Schöpfung ein. Und sie unterstützt Demokratiebewegungen in aller Welt.

6   Vorbereitung der Koalition

„Im Fünfparteiensystem", so Joachim Raschke, „muss die Koalitionslehre erweitert werden. Es gibt nicht nur die konventionelle, auf gemeinsamen Schnittmengen beruhende Koalition. Dazu kommt die vom Komplementären her zu denkende Koalition, die nicht primär auf Gemeinsamkeiten, sondern auf der Zusammenführung sehr unterschiedlicher Profile beruht."[44] Politische Absichten zu kombinieren und vom Komplementären her zu denken, ist ein Wesensmerkmal von Koalitionsbildungen. Eine lebensfähige Koalition lässt sich aber nicht auf einen Vertrag stützen, der neben Kombinationen und Aneinanderreihungen unumstrittener politischer Vorhaben allenfalls noch eine Liste von Ausklammerungen und „No go's" politisch umstrittener Themen enthält.

Wie keine zweite Koalitionsoption wäre Schwarz-Grün eine Option, die in Konjunktiven gedacht werden müsste. Wenn eine solche Koalitionsformation zur realen Option werden soll, ist eine Vorbereitung, die über punktuelle Debatten hinausgeht, unabdingbar. Die Konjunkturen schwarz-grüner Debatten kommen und gehen. Und sie erschöpfen sich oft in strategischen Träumereien, die der Tagespolitik geschuldet sind und in Dementis enden. Weil die Unterschiede eben doch zu groß seien. Weil die Milieus zwar sozialstrukturelle und habituell-kulturelle Ähnlichkeiten aufweisen – die aber immer noch zu gering seien, als dass sie vermeintlich historisch gewachsene Antipathien zwischen den Milieus überbrücken könnten. Die Befürworter einer Öffnung seien in der Minderheit. Die Basis beider Parteien sei dagegen. In allen Debatten wird immer auf die Pizza-Connection verwiesen, weil es bisher keine gemeinsame Geschichte gibt. Was im Gewande des vermeintlich Heimlichen und Tabu-Bruchs daherkommt, wird mit Aufmerksamkeit besprochen. Gemeinsame Lebensfreude, keine Scheuklappen, den traditionellen Partnern zeigen, dass man auch eine Alternative hat: Es sind Signale, die zur „kulturellen Entspannung" zwischen Parteieliten beitragen sollen. Dass man sich schon länger trifft, ist letztlich alles, was als Nachrichtenwert bleibt. Wenn Schwarz-Grün mehr als purer Machtwille und Opportunismus sein soll, müsste es inhaltlich-programmatisch vorbereitet werden. Die Pizza-Connection wäre allenfalls ein Anfang.

Letzte Meldungen besagen, es habe Versuche gegeben, die Treffen der Pizza-Connection in Berlin wiederzubeleben. Erfolgreich waren die Versuche nicht: „Die Pizza-Connection ist tot."[45] Das Alternativmodell zur Pizza-Connection lautet „Oslo"-Gruppe – in Anlehnung an die rot-rot-grüne Regierung Norwegens. Erklärtes Ziel der Gruppe von jungen Bundestagsabgeordneten aus SPD, Grünen und Linkspartei ist die Organisation eines Dialogs über die rot-rot-grüne Koalitionsperspektive. „Wir wollen inhaltliche Gemeinsamkeiten herausarbeiten, kritische Wissenschaftler/innen einbeziehen und auch Unterschiede kenntlich machen. [...] Wir wissen, dass ein rot-rot-grünes Bündnis mehr unter Druck stehen würde als jede andere Konstellation. Deshalb wollen wir die Debatte jetzt beginnen."[46]

Das Parteiensystem ist in Bewegung geraten – ohne jeden Zweifel. Koalitionen fallen nicht vom Himmel. Es reicht auch nicht, dass Journalisten eine neue Koalitionskonstellation spannend finden. Hans-Dietrich Genschers Satz bleibt wahr: „Politische Probleme suchen sich ihre Mehrheiten."[47] Aber Parteien können erst neue Koalitionen bilden, wenn sie wissen wozu. Probleme gibt es genug. Schwarz-Grün hat noch nicht gezeigt, wofür es gut sein kann. Pizza essen allein reicht nicht.

Endnoten

[1] Franz Walter: Drei Generationen Grün, in: Frankfurter Allgemeine Zeitung vom 17. Dezember 2008.

[2] Vgl. insbesondere Wolfgang C. Müller: Koalitionstheorien, in: Ludger Helms/Uwe Jun (Hrsg.): Politische Theorie und Regierungslehre. Eine Einführung in die politikwissenschaftliche Institutionenforschung, Frankfurt/New York 2004, S. 267-302.

[3] Vgl. im Folgenden zur theoretischen und empirischen Parteiensystemanalyse insbesondere Oskar Niedermayer: Zur systematischen Analyse der Entwicklung von Parteiensystemen, in: Oscar W. Gabriel/Jürgen W. Falter (Hrsg.): Wahlen und politische Einstellungen in westlichen Demokratien, Frankfurt am Main 1996, S. 19-49; Frank Decker: Parteiendemokratie im Wandel, in: Ders./Viola Neu (Hrsg.): Handbuch der deutschen Parteien, Wiesbaden 2007, S. 19-61; Oskar Niedermayer: Das Parteiensystem Deutschlands, in: Ders./Richard Stöss/Melanie Haas (Hrsg.): Die Parteiensysteme Westeuropas, Wiesbaden 2006, S. 109-133 sowie Oskar Niedermayer: Von der Zweiparteiendominanz zum Pluralismus: Die Entwicklung des deutschen Parteiensystems im westeuropäischen Vergleich, in: Politische Vierteljahresschrift 1/2010, S. 1-13.

[4] Karl-Rudolf Korte: Die Bundestagswahl 2009 – Konturen des Neuen, in: Ders. (Hrsg.): Die Bundestagswahl 2009, Wiesbaden 2010, S. 10-32, S. 12.

[5] Christoph Egle: In der Regierung erstarrt? Die Entwicklung von Bündnis 90/Die Grünen von 2002 bis 2005, in: Ders./Reimut Zohlnhöfer (Hrsg.): Ende des rot-grünen Projektes. Eine Bilanz der Regierung Schröder 2002 – 2005, Wiesbaden 2007, S. 98-123, S. 120.

[6] Heiner Geißler: Mein Schwarz-Grün, in: Tagesspiegel vom 04. Mai 2008.

[7] Dieter Salomon, zitiert nach Interview mit Kölner Stadt-Anzeiger vom 19. Oktober 2010.

[8] Oswald Metzger: Schluß mit Nibelungentreue. Es ist Zeit für eine schwarz-grüne Koalition, in: Frankfurter Allgemeine Zeitung vom 8. Januar 2003.

[9] Rudolf Seiters u. a.: Die Kader der Grünen, Bonn 1986.

[10] Vgl. Hubert Kleinert: Schwarz-Grün erweitert Optionen, in: Die Politische Meinung 413/2004, S. 69-74, S. 69 sowie Ohne Verfasser: Der lange Weg zu schwarz-grünen Koalitionen, in: Die Welt vom 14. August 2008.

[11] Vgl. Stephan Eisel: Über den Tag hinaus: Schwarz-Grün, in: Die Politische Meinung 383/2001, S. 33-40, S. 34; Wolfgang Schröder: Es gibt ein Leben jenseits der Programme. Über die Annäherung zwischen Union und Grünen wird keine „Gespensterdebatte" geführt, in: Frankfurter Allgemeine Zeitung vom 3. Februar 1995 sowie Gregor Mayntz: Kurs Schwarz-Grün, in: Rheinische Post vom 27. September 2002.

[12] Erwin Huber im Interview mit dem Spiegel vom 19. November 1994.

[13] Michael Glos, zitiert nach Ohne Verfasser: Grüne: Glos muß sich entschuldigen, in: Frankfurter Allgemeine Zeitung vom 11. Februar 2004.

[14] Fritz Kuhn, zitiert nach Eckart Lohse: Die Thematisierung will nicht ganz gelingen, in: Frankfurter Allgemeine Zeitung vom 4. Januar 2001.

[15] Hubert Kleinert: Bereicherung der politischen Kultur durch Schwarz-Grün?, in: Grüne Akademie der Heinrich-Böll-Stiftung (Hrsg.): Lagertheorien und Lagerpolitik, Berlin 2004, S. 29-34, S. 29.

[16] Joachim Raschke: Die Grünen. Wie sie wurden, was sie sind, Köln 1993, S. 41.

[17] Zitiert nach Ohne Verfasser: Merkel: Alles andere als Schwarz-Gelb ein Hirngespinst, in: Frankfurter Allgemeine Zeitung vom 16. November 2010.

[18] Michael Glos, wiedergegeben nach Robert Birnbaum: Farbe bekennen, in: Tagesspiegel vom 16. Juni 2004.

[19] Volker Kauder, zitiert nach Klaus Fischer: Generalsekretär Kauder erteilt der CDU Diskussionsverbot, in: Stuttgarter Zeitung vom 3. Januar 2001.

[20] Ronald Pofalla, zitiert nach Kristian Frigelj: Grundsatzstreit in der CDU um Schwarz-Grün, in: Süddeutsche Zeitung vom 25. Januar 2003.

[21] Volker Beck, zitiert nach Interview mit: Die Welt vom 9. Januar 2003.

[22] Vgl. u. a. Katharina Ober: Schwarz-grüne Koalitionen in nordrhein-westfälischen Kommunen. Erfahrungen und Perspektiven, Baden-Baden 2008, S. 39-41.

[23] Vgl. Christian Lorenz: Schwarz-Grün auf Bundesebene – Politische Utopie oder realistische Option?, in: Aus Politik und Zeitgeschichte 35-36/2007, S. 33-40, S. 38-39.

[24] Zu den Unterzeichnern gehörten u. a. Tarek Al-Wazir, Matthias Berninger, Katrin Göring-Eckardt und Cem Özdemir. Positionspapier „Bündnis 90/Die Grünen haben eine zweite Chance verdient", abrufbar unter http://basisgruen.gruene-linke.de/gruene/bund/allgemein/zweite-chance.htm (abgerufen am 13.01.2011).

[25] Vgl. Grün macht den Unterschied – Für die ökologische und solidarische Modernisierung unseres Landes, Parteitagsbeschluss vom 15. Oktober 2005. Darin heißt es: „Neue Gestaltungsmehrheiten im Parlament für Grüne Politik entstehen nicht über Nacht. Sie entstehen schon gar nicht durch programmatischen Opportunismus. Es gibt von uns zu den anderen Parteien keine Äquidistanz: Nicht beim Atomausstieg, bei Energie- und Klimapolitik, nicht

in der Gentechnik- und der Verbraucherpolitik, nicht in den Fragen der sozialen Erneuerung, nicht in Bürgerrechtsfragen, nicht in der Gesellschaftspolitik und nicht hinsichtlich der Bildungs- und Kinderpolitik. In allen diesen Bereichen haben wir mit der SPD zusammen mehr erreicht, als mit der Union auch nur diskutierbar wäre."

[26] Aufruf zur Bundestagswahl: Wege aus der Krise – mit starken Grünen für einen gesellschaftlichen Aufbruch, Parteitagsbeschluss vom 10. Mai 2009.

[27] Grün macht Zukunft, Parteitagsbeschluss vom 24. Oktober 2009.

[28] Vgl. Egle: In der Regierung erstarrt?, S. 105: „Während die einfachen Mitglieder einer Partei pragmatisch orientiert sind, rekrutieren sich die Parteitagsdelegierten in der Regel aus dem mittleren Funktionärskorpus, dem in der Parteienforschung ein stärker ideologischer Charakter zugesprochen wird."

[29] Zitiert nach Mariam Lau: Deutschland – heimliche schwarz-grüne Republik, abrufbar unter http://www.welt.de/politik/deutschland/article6690660/Deutschland-heimliche-schwarz-gruene-Republik.html (abgerufen am 02.03.2011).

[30] Joachim Raschke: Schwarz ist die Hoffnung, in: Süddeutsche Zeitung vom 26. März 2008.

[31] Ralf Fücks: Beck hat uns nicht im Sack, in: Die Welt vom 24. April 2008.

[32] Vgl. Metzger: Schluß mit Nibelungentreue.

[33] Dieter Salomon, zitiert nach Interview mit Kölner Stadt-Anzeiger vom 19. Oktober 2010.

[34] Ebd.

[35] Vgl. Melanie Haas: Die Grünen als neue Partei des Bürgertums. Geschichte – Milieus – Wähler – Mitgliedschaft, in: Vorgänge 2/2005, S. 61-70, S. 65-68.

[36] Ralf Beste: Jung, bürgerlich, links, in: Der Spiegel vom 25. Januar 2010.

[37] Günther Nonnenmacher: Jamaika ist weit, in: Frankfurter Allgemeine Zeitung vom 24. November 2007.

[38] Lorenz: Schwarz-Grün auf Bundesebene, S. 39-40.

[39] Vgl. Infratest dimap: Wahlreport 2009.

[40] Vgl. Infratest dimap: Wahlreporte 1994-2009.

[41] Vgl. Infratest dimap: Wahlreporte 1998-2009. 2009 haben erstmals mehr Grüne mit der Erststimme einen eigenen Kandidaten als einen Kandidaten einer anderen Partei gewählt.

[42] Vgl. Lorenz: Schwarz-Grün auf Bundesebene, S. 35 sowie Jan Treibel: Was stand zur Wahl 2009? Grundsatzprogramme, Wahlprogramme und der Koalitionsvertrag im Vergleich, in: Karl-Rudolf Korte (Hrsg.): Die Bundestagswahl 2009, Wiesbaden 2010, S. 89-116.

[43] Karl-Rudolf Korte: Das soziale Gewissen der Bürgerlichen, in: Westdeutsche Allgemeine Zeitung vom 19. April 2008.

[44] Joachim Raschke: Die Grünen zwischen Lagerbindung und Koalitionsoptionen, in: Vorgänge 2/2010, S. 112-122, S. 118. Siehe auch Karl-Rudolf Korte: Die Konsensmaschine stottert, in: Die Zeit vom 16. Oktober 2008.

[45] Daniela Vates: Träume bei Pizza im Kellerraum, in: Kölner Stadt-Anzeiger vom 8. Januar 2011.

[46] Aufruf „Das Leben ist bunter! Den Dialog organisieren – Gesellschaftliche Mehrheiten jenseits von Schwarz-Gelb organisieren", abrufbar unter http://www.stefan-liebich.de/article/1707.das-leben-ist-bunter.html (abgerufen am 13.01.2011).

47 Hans-Dietrich Genscher, zitiert nach Interview mit Bonner General-Anzeiger vom 16. Juni 2000.

Warnfried Dettling

Schwarz-Grün? Das ist nicht mehr die Frage
Aber was wird aus der CDU?[*]

Seit den achtziger Jahren des vergangenen Jahrhunderts beschäftigt die Möglichkeit schwarzgrüner Koalitionen die politische Phantasie, zunächst eher abstrakt und im Verborgenen („Pizza-Connection"), bald schon als tastende Versuche der Zusammenarbeit auf kommunaler Ebene. Inzwischen gibt es die ersten erfolgreichen Versuche (Saarland) und deren Scheitern (Hamburg) in den Ländern. Was den Bund betrifft, gehen die Spekulationen weiter, trotz oder gerade wegen der aufgesetzten Kampagnen, die beide Formationen einträchtig gegeneinander inszenieren.

1 Ein Blick zurück: Neugier auf die Neuen, Kohls Bauchgefühl, Kämpfe und Krämpfe

Die Gründe für das wechselseitige Interesse von und an Schwarz-Grün waren unterschiedlich. Junge Abgeordnete beider Fraktionen waren einfach neugierig auf neue Entwicklungen und Möglichkeiten – und dachten, in der Dämmerung seiner Ära, an ein politisches Leben nach Kohl. Erste Erfahrungen aus Städten und Gemeinden berichteten überraschend von unverkrampften Beziehungen im politischen Alltag, getragen von gegenseitigem Respekt. Während die SPD lange Zeit die Grünen vor allem als eine Abspaltung vom eigenen Lager ansah, die es rasch wieder zu bekehren galt, sah die CDU in ihnen etwas Neues und Eigenständiges, eine Haltung, die die Grünen vor allem in Nordrhein-Westfalen bei der SPD so noch nicht erlebt hatten. Und wer sich seine Analyse des gesellschaftlichen Wandels nicht von der Mainstream-Propaganda der eigenen Partei bornieren ließ, der konnte schon früh im Großen wie im Kleinen, im Wandel der Arbeits- und Familienwelt wie in den Wählerbewegungen in gut bürgerlichen Stimmbezirken großer Städte wie Freiburg oder Heidelberg die Zeichen der Zeit

---

[*] Der Beitrag wurde Ende Februar 2011 abgeschlossen: vor der Nuklearkatastrophe in Japan und der Landtagswahl in Baden-Württemberg.

erkennen: nicht nur dass die Kleinen groß und die Großen klein werden würden, sondern dass sich hinter diesem Prozess einer *Annäherung durch Wandel* ganz ähnliche Stimmungen, Strukturen und Mentalitäten verbargen, im alten wie im neuen Bürgertum.

Die Bundestagswahl 1983 brachte dann beiden den Durchbruch: der CDU/CSU mit 48,8 Prozent ein überwältigendes Ergebnis und den Grünen den Einzug in den Deutschen Bundestag. Helmut Kohl empfahl intern zwar schon recht früh eine differenzierte Analyse der neuen Partei (die Rhetorik der CDU sollte sich eher an dem Muster *ja–aber* und nicht *nein-sondern* orientieren), trotzdem beherrschte über dreißig Jahre hinweg eine feindselige Auseinandersetzung das Bild, und dies aus leicht nachvollziehbaren Gründen bis in die Gegenwart hinein, wenn Angela Merkel, diese Überraschungskanzlerin einer verspäteten Nation, nun zur Unzeit den Kampf erneuert und in ihrer Not die Grünen zum Hauptfeind der CDU erhebt. Und so scheint die Welt der CDU wieder in (der alten) Ordnung, war doch die beherrschende Frage zu Schwarz-Grün über all die Jahre hinweg: Darf man das? Geht das? Sind die beiden Parteien nicht zu verschieden? Und was sagen die Mitglieder, die Wähler, die kritische Öffentlichkeit dazu? Darf man Schwarz-Grün wollen? Und was wird dann aus der CDU?

2   Andere Zeiten schaffen andere Koalitionen

Das waren (und sind) die Fragen, und das aktuelle Wahlkampfgetöse verdeckt nicht nur, dass die Koalitionsfrage so offen ist wie eh und je (inklusive Schwarz-Grün), es verdeckt vor allem, dass diese Frage, so wie sie gestellt wird, sich überholt hat: Sie ist obsolet geworden. Früher oder später wird es eine schwarz-grüne Bundesregierung geben, mit oder ohne FDP, nicht weil diese Farben so wunderbar zueinander passen oder weil Parteiexegeten die Programme neu interpretieren, sondern weil der Gang der Ereignisse und die Verhältnisse, so wie sie geworden sind, unwahrscheinliche Koalitionen zum Normalfall werden lassen. Unter all den denkbaren „unwahrscheinlichen" Koalitionen wird Schwarz-Grün je länger desto mehr von einer Mehrheit als eine *relativ zu anderen* noch plausible und attraktive Kombination erlebt werden. In Zukunft wird es fast nur noch Koalitionen aus Parteien geben, die voneinander sehr verschieden sind und deshalb „lieber nicht" miteinander regieren wollen. Die Frage wird dann sein, ob sie sich sinnvoll ergänzen und ob sie zu einem intelligenten Umgang mit ihrer Verschiedenartigkeit fähig sind – und ob die führenden Akteure einander vertrauen und glauben, sich aufeinander verlassen zu können. Es wird eines Tages Schwarz-Grün geben. Nicht weil sie so gut zueinander passen, sondern weil sie *auf eine zeitgemäße Art verschieden* sind, in dieser Verschiedenheit aber ganz gut in die neue Landschaft passen – und so eine komplexe, widersprüchliche Gesellschaft besser repräsentieren als andere denkbare Koalitionen. Der kreative Umgang mit Vielfalt und Verschiedenartigkeit („Managing Diversity") wird nicht nur in globalen Unternehmen und im globalen Fußball, sondern auch in Koalitionen und Parteien zu einer unerlässlichen Voraussetzung für den Erfolg werden.

Das Nachdenken über Schwarz-Grün hat also nicht bei diesen Parteien zu beginnen, sondern bei jenen großen inneren und äußeren Veränderungen, die seit einem guten Vierteljahrhundert die traditionellen Grundlagen des politischen und gesellschaftlichen Gefüges (auch) der Bundesrepublik Deutschland erschüttert haben. Wer nur aus der Binnenorientierung der Parteien nach der Zukunft von Schwarz-Grün fragt, orientiert sich an alten Landkarten. Etwas Neues entsteht, und es entsteht wie immer auf eine unberechenbare und „unordentliche", auf eine ungeplante und überraschende Weise. Niemand weiß, wie, wo und wann neue Bündnisse entstehen, ob und wie lange sie halten, wann und warum sie wieder zusammenbrechen oder auch nicht. Nur eines scheint gewiss: Es werden, von Ausnahmen abgesehen, nicht mehr die alten Farben und Kombinationen sein, die die Zukunft bestimmen. Was da entsteht, diesseits oder jenseits von Schwarz-Grün, sind keine emotionalen oder gar ideologischen, es sind zweckrationale Bündnisse. Sie begründen kein großes Projekt und schon gar keine Ära mehr, und die Lebenszeit einer Regierung währet nicht mehr dreizehn, sechzehn oder gar zwanzig Jahre. Wenn sie eine oder zwei Legislaturperioden hält, wird man bald von einer erstaunlichen Stabilität sprechen.

2.1 *Schwarz-Gelb: Vom Traum zum Alptraum*

Eine erste Ahnung von der veränderten Parteienlandschaft bekam das politische Establishment nach der Bundestagswahl 2005. Die Große Koalition, wie man diese Art von Schrumpfkoalition aus Union und SPD aus purer Gewohnheit noch immer zu nennen beliebt, wurde nötig, aber auch erst möglich, weil die traditionelle Formel zur Macht *(eine große Volkspartei plus eine kleine Partei ergeben zusammen eine Mehrheit),* die über fünfzig Jahre in Kraft war und dem Lande stabile Regierungen beschert hatte, durch das *Fünf-Parteien-System* plötzlich außer Kraft gesetzt war. Fortan musste man also mit schwarz-roten oder Dreierbündnissen rechnen, weil Schwarz-Gelb und Rot-Grün, von Ausnahmen abgesehen, keine Mehrheit mehr hatten. CDU, CSU und FDP hätten spätestens dann nachdenklich werden können, als das „bürgerliche Lager" in drei aufeinander folgenden Bundestagswahlen keine regierungsfähige Mehrheit mehr gewinnen konnte.

Als es dann 2009 doch klappte, nach dem Frust der Wähler mit der großen Koalition und nach der Enttäuschung über eine von der Agenda 2010 geschüttelte SPD, interpretierten sie das Wahlergebnis nicht als *Ausnahme* im Fünf-Parteien-System, sondern als Bestätigung der *alten Regel* aus der alten Bundesrepublik, der zu Folge die bürgerlichen Parteien im Normalfall und über die meiste Zeit hinweg die Regierung stellen bzw. gestellt haben. Die Vorsitzende der CDU sprach mit Blick auf die FDP schon früh von ihrer „Wunschkoalition" und meinte wohl so eine Art Traumbündnis nach all den ungeliebten Kompromissen der großen Koalition, nicht ahnend, wie rasch und gründlich sich dieser Traum in einen Alptraum verwandeln würde. Es hat sich zusammen getan, was nicht mehr zusammen gehört. Es verbündeten sich zwei Parteiformationen, die mit den früheren Parteien gleichen Namens aus der Adenauer- und Kohl-Ära wenig gemeinsam haben, zwei Parteien, die sich in wichtigen Positionen nicht mehr ergänzen, sondern gegensätzliche Positionen vertreten, und sie taten sich zusammen in einer Zeit, die durch die Folgen der Finanz- und Wirtschaftskrise eine andere geworden war. Die einfachen Antworten von früher („Steuern runter!") klangen nicht mehr plausibel, sondern wie aus der Zeit gefallen.

2.2 Ein historisches Missverständnis

„Man kann nicht zweimal in den gleichen Fluss steigen. Der Fluss hat sich verändert und wir uns mit ihm" (Heraklit). Alles war anders: das Parteiensystem, die „bürgerlichen" Parteien, der Kapitalismus, die wirtschaftlichen Umwälzungen in Europa und darüber hinaus. Nur das Wahlergebnis erinnerte in der Summe an frühere Zeiten, zusammengezählt ergaben die Stimmen für Union und FDP eine Mehrheit. Alles schien wie früher, doch nichts war mehr wie früher. Die FDP vor allem, aber auch CDU und CSU waren in der Zwischenzeit andere Parteien geworden. Sie haben sich auseinander entwickelt. Es waren nicht persönliche Animositäten, es war nicht nur der gelegentlich rüpelhafte Ton in der Koalition, es waren auch nicht nur die Rivalitäten und Profilierungsneurosen der beiden abstiegsbedrohten kleinen Koalitionspartner CSU und FDP. Die Mesalliance zwischen Union und FDP hatte tiefere Gründe.

In den 1950er Jahren gab es noch eine bürgerliche Welt, die sich einprägsam darstellte in den Formen der Familie und der Arbeitswelt, der Religion (Kirchen) und der Freizeit (Vereine), der Milieus und Mentalitäten. Union und FDP hatten ähnliche historische Erfahrungen und ähnliche Wertorientierungen, aus denen die gemeinsamen Entscheidungen für die Soziale Marktwirtschaft und die Westintegration entsprangen. Es war nicht schwer, in Ludwig Erhard auch einen Liberalen zu erkennen und in Theodor Heuss, Reinhold Maier und noch Hans Dietrich Genscher Repräsentanten eines auch sozial verantwortlichen Liberalismus. Zugleich hatte jeder der beiden damaligen Koalitionspartner etwas, was der andere nicht hatte, sie waren sich wechselseitig Ergänzung und Korrektiv. So wandte sich die FDP gegen den „Klerikalismus" der Adenauerzeit, was vielen einleuchtete, und die CDU hütete die Werte des christlichen Abendlandes, die noch den meisten am Herzen lagen. Die einen sorgten dafür, dass die Kirche im Dorf blieb, und die anderen, dass die Kirche *im Dorf* blieb und sich nicht der ganzen Gesellschaft bemächtigte. In beiden Parteien hat man seit den 1950er Jahren immer mal wieder von den „Grenzen des Sozialstaates" geraunt, ihn in Wahrheit aber gemeinsam kontinuierlich ausgebaut und ganz grundsätzlich am sozialen Konsens in Deutschland festgehalten.

2.3 Der soziale Konsens und sein Ende

Es war keine geringe Leistung von Helmut Kohl, dass und wie er dieses Bündnis dann noch einmal sechzehn Jahre lang (1982-1998) möglich gemacht hat. Das konnte nur deshalb gelingen, weil er die „konservative Revolution", die ungefähr zeitgleich zum Machtwechsel in Bonn über die USA (Reagan) und Großbritannien (Thatcher) hinwegfegte, für die CDU/CSU gerade nicht mitmachte, sondern nachdrücklich am altdeutschen Sozialmodell festhielt. Das war einer der Gründe für die zwar abnehmenden, aber aus heutiger Sicht immer noch ordentlichen Wahlergebnisse der Union von 40 plus X. Mit der Kanzlerschaft Kohls kamen das eine wie das andere an ihr Ende: der soziale Konsens mitsamt den „sozialen" Mentalitäten in Union und FDP, aber auch Wahlergebnisse, die „bürgerliche" Koalitionen im alten Sinne nicht nur rechnerisch, sondern auch politisch möglich machten.

Der Abschied vom sozialen Konsens der alten Bundesrepublik und damit auch von der Melodie bürgerlicher Regierungen trägt zwei Namen: Angela Merkel und Guido Westerwelle. Beide kamen ungefähr zeitgleich in ihre Parteiämter. Beide haben den damaligen Zeitgeist des so genannten Neoliberalismus nicht erfunden, nicht gemacht, aber in ihren Parteien auch nicht nur mitgemacht, sondern erst so richtig verstärkt. Beide hatten, aus unterschiedlichen biographischen Gründen, kein Gespür für die Traditionen ihrer jeweiligen Partei, kein Gespür vor allem für die soziale Balance in der Gesellschaft und die notwendige Aura der Gerechtigkeit, ohne die weder die Bundesrepublik noch die Union geworden wären was sie sind. Nach dem historischen Umbruch von 1989 lagen ja die Aufgabe und die Chance auf der Straße: Es ging darum, nicht nur die materiellen

Bedürfnisse zu befriedigen, sondern auf das Vakuum an Ideen durch Angebote der geistigen Art zu reagieren, einen Begriff von Freiheit aus der Idee der Gerechtigkeit zu entwickeln und vice versa: soziale Politik um der Freiheiten der Einzelnen willen zu betreiben.[1] Die Chance wurde nicht ergriffen. Nach dem Motto: „Der Sozialismus ist tot, es lebe der Kapitalismus" beherrschte bald ein eindimensionales Denken das Feld, dessen Folgen die Menschen hüben wie drüben eher abschreckte. Der politische Liberalismus schrumpfte von einem anspruchsvollen Konzept für die Gestaltung der Gesellschaft zur Rechtfertigungslehre eines Egoismus mit gutem Gewissen. Die CDU hat auf ihrem Leipziger Parteitag 2003 dem neuen Zeitgeist gehuldigt, und die beiden Vorsitzenden erfanden in jener Zeit Horst Köhler als Bundespräsidenten, der den neuen Aufbruch von CDU und FDP flankieren sollte.

2.4 Zwei Wahlen, zwei Lektionen – und der Blick in den Abgrund

Es kam freilich anders. Die Bundestagswahl 2005 brachte das bis dahin schlechteste Ergebnis für die Union seit 1949. Der Blick in den Abgrund hatte Folgen. So bewusstlos, wie die CDU in die Leipziger Beschlüsse hinein getaumelt ist, so bewusstlos ist sie wieder von ihnen abgerückt und hat fortan die Flucht ergriffen in eine verbindliche Unverbindlichkeit. Vor allem die Kanzlerin hat die Lektion begriffen, sich möglichst nie wieder festzulegen, sondern lieber zu moderieren als politisch zu führen. Diese Rolle war hilfreich in der großen, weniger in der schwarz-gelben Koalition. Die CDU wusste nach all diesen Volten und Wenden nicht mehr, wo ihr der Kopf stand, zumal der Kopf der Partei sich weigerte, die eigene Politik den Mitgliedern und die Politik der CDU den Wählern plausibel zu erklären. Einer selbstbewussten, aggressiven FDP hatte die CDU wenig entgegen zu setzen.

Mit Blick auf künftige Koalitionen legen die Lehren aus der jüngsten Vergangenheit zwei Überlegungen nahe: Das Fünf-Parteien-System setzt die alten Formeln zur Macht außer Kraft und begünstigt große oder Dreierkoalitionen. Die Ausnahme von der Regel bringt zwei bürgerliche Parteien zusammen, die ganz unterschiedliche Lektionen gelernt haben und in einer veränderten Welt nicht mehr so richtig zueinander passen. Ganz unabhängig von der Koalitionsfrage stehen die beiden altbürgerlichen Parteien vor der Aufgabe, sich neu zu überlegen und zu rekonstruieren, was bürgerlich im 21. Jahrhundert eigentlich bedeutet, wo und wie bürgerliche Wähler zu finden und zu gewinnen sind, und in welcher „Gesellschaft", mit welchen politischen Partnern das am besten geht. Es spricht nicht viel dafür, dass der CDU das an der Seite der FDP auf Dauer am besten gelingt. Denn geändert hat sich nicht nur die Parteienlandschaft, sondern vor allem anderen die Kultur und die Kommunikation der Gesellschaft – und damit die Art und Weise, wie Politik verstanden, produziert und verteilt wird.

3 Die Entgrenzung der Politik verlangt neue Formen der Demokratie

Der Wandel der Informationsgesellschaft hat die Politik verändert. Diese Entwicklung macht allen Parteien zu schaffen, am meisten der SPD, aber auch die CDU hat darauf noch keine Antwort. Die Stärke der SPD kam aus der Organisation. Das Internet braucht keine Organisation. Früher haben die Parteien Grundsatzprogramme gemacht, wenn sie sich erkennbar auf eine neue Lage einstellen wollten. Das interessiert heute niemanden mehr, weil die Kommunikation nicht länger zentral und von oben über Programme läuft. Es gibt kein Zentrum mehr, von dem aus sich eine Partei steuern ließe, und die CDU Angela Merkels weiß das besser als die andere ehemalige Volkspartei. Die Politik kreist nicht mehr um die Parteien, die Religion nicht mehr um die Kirchen, die Interessen nicht mehr um die Gewerkschaften, das Wissen nicht mehr um die Universitäten. „In den neuen Medien ist der Mensch zum Sender geworden. In den alten Medien Fernsehen und Radio war er nur Empfänger", so bringt der Medientheoretiker Peter Weibel diesen Wandel auf den Punkt. Es ist offen, was das für die Politik bedeutet, sicher scheint nur, was es nicht mehr geben wird: die Einhegung der politischen Stabilität und des politischen Erfolges zu den früheren Konditionen. Die Parteien und gerade auch CDU und CSU haben einmal viel Mühe darauf verwandt, im „vorpolitischen Raum" Fuß zu fassen; die „Vereinigungen" von der Jungen Union bis zur Frauen Union sollten die Brücken von der Politik in die Gesellschaft schlagen. Heute mutet allein schon die Rede vom „vorpolitischen Raum" seltsam antiquiert an, und die Vereinigungen spielen zu Recht keine Rolle mehr.

Dieser Wandel verlangt mehr als eine äußere Anpassung im Kommunikationsverhalten. Wenn der enorme Wandel der technologischen Kommunikation auch die sozialen Verhältnisse und die politische Ordnung verändert, dann ist damit die Frage aufgeworfen, wie man die politische Ordnung, die Verfassung, das Grundgesetz gestalten und weiterentwickeln könnte oder müsste, damit sie wieder stimmig zu den Ansprüchen der Menschen und den Problemen der Zeit passt. Die Beschreibung des traditionellen Musters fällt leichter als die Umrisse der neuen Ordnung: Die Mütter und Väter des Grundgesetzes haben eine Verfassung gebaut, die vor allem den *Gefahren aus der Vergangenheit* wehren und eine damals neue Stabilität begründen sollte. Das Grundgesetz war, wie der konservative Publizist Rüdiger Altmann einmal so treffend formuliert hat, immer auch „ein Misstrauensvotum gegen das Volk." Alles in allem war die Verfassung des Grundgesetzes eine große politische und kulturelle Leistung. Jetzt stellt sich jedoch die Frage, ob es ebenso geeignet ist, den *Gefahren aus der Zukunft* zu wehren, die der Demokratie durch die Entfremdung der Bürger erwächst. Politik und Parteien haben bisher wenig Erfahrung, was es heißt, die Bürger als „Sender von Nachrichten", als Ursprung der politischen Willensbildung zu begreifen und zu beteiligen. Es geht nicht um ein Entweder-Oder, sondern um eine Weiterentwicklung der Demokratie durch eine intelligente Kombination von repräsentativen und direkten Elementen der Demokratie. Manches spricht dafür, dass diese Kombination leichter gelingt, wenn sich jene politischen Kräfte zusammentun, die stark geworden sind als Garanten der Stabilität (CDU/CSU) oder als Motor und Ausdruck sozialer Bewegung.

4 What Comes Next?

So weisen unterschiedliche Entwicklungen in die nämliche Richtung: Die vertrauten politischen Konstellationen und Routinen laufen langsam aus. Aber Parteien sind auch träge Organisationen. Sie scheuen das Risiko und lernen nur langsam. Hinzu kommt, dass das die kurzfristigen und die langfristigen, die gemeinsamen Interessen einer Partei und die besonderen Machtkalküle ihrer wichtigen Akteure auseinander fallen (können). Auch Parteien im Niedergang erlauben es noch immer ihren wichtigsten Leuten, Ämter und Funktionen zu haben, Karriere zu machen und oben zu bleiben. Eine politische Partei verfolgt zwar ein gemeinsames Ziel. Das bedeutet aber noch lange nicht, dass sich auch alle so verhalten, dass dieses Ziel erreicht wird.[2] Zu unterscheiden ist deshalb, was als Nächstes kommt – und was mittel- und langfristig sein wird.

So lange es die Zahlen hergeben, werden CDU/CSU und FDP im Bund und in den Ländern gemeinsam eine Regierung bilden und daran festhalten, auch wenn sie durch diese Mesalliance gemeinsam und jeder für sich schrumpfen sollten. Sie bleiben zusammen, bis dass das Wahlergebnis sie scheidet. Danach wird die CDU vermutlich eher das Bündnis mit den Sozialdemokraten wieder aufleben lassen als das „Wagnis" von Schwarz-Grün eingehen, so wie auf der anderen Seite der SPD die Rolle eines Juniorpartners der CDU oder CSU noch geraume Zeit leichter fallen dürfte als einem grünen Ministerpräsidenten in den Sattel zu helfen, immer vorausgesetzt natürlich, dass die ursprünglichen Farben der Ampel, also SPD, Grüne und FDP, sich zwischenzeitlich nicht finden und die Regierungsambitionen der CDU jäh ausbremsen.

4.1 Von der politischen Monogamie zu wechselnden Partnerschaften

So spricht vieles dafür, dass Angela Merkel noch eine ganze Weile Kanzlerin bleiben wird, länger als alle ihre Vorgänger, Konrad Adenauer und Helmut Kohl ausgenommen. Wenn es im Jahre 2013 für Schwarz-Gelb nicht mehr reichen sollte, wird sie sich der „guten" Zusammenarbeit mit der SPD erinnern – und ihre „Wunschkoalition" mit der FDP vergessen haben. Wenn die Wähler der schwarz-roten Koalition eines Tages wieder überdrüssig sein sollten, kann sie darauf verweisen, dass die „Bewahrung der Schöpfung" schon immer ein Kernanliegen der CDU gewesen sei, und gute Gründe für eine schwarz-grüne Koalition finden. Was die *Dauer* ihrer Kanzlerschaft betrifft, wird sie ihren Vorbildern immer ähnlicher, so dass man den entscheidenden Unterschied leicht übersehen kann. Adenauer (mitsamt seinem Nachfolger Erhard) und Kohl waren in einer Art politischer Monogamie fast zwanzig Jahre lang *einem* Partner verbunden, Merkel erreicht die Dauer ihrer Amtszeit durch wechselnde Partnerschaften.

So wird die Formel, dass alle demokratischen Parteien untereinander koalitionsfähig sind, von einem Allgemeinplatz in die raue konkrete Wirklichkeit übersetzt, und es ist eine völlig offene Frage, was dieser Vorgang mit den Parteien, vor allem mit der CDU und der SPD machen wird. Die Wähler können in Zukunft wirklich nur noch *Personen und Parteien* Macht für eine bestimmte Zeit übertragen. Was diese damit machen, steht nicht mehr in ihrer Macht. Die politische *Richtung* können Wähler in einer Wahl immer weniger bestimmen, und das nicht nur wegen der unberechenbaren Koalitionen, sondern auch aus anderen Gründen (Föderalismus, Europäische Union, Globalisierung). Die Steuerungsfähigkeit der Bundesregierung nimmt ab; sie ist längst, mit fortschreitender Tendenz, eine Regierung der begrenzten Möglichkeiten geworden. Es wächst die Kluft zwischen den Erwartungen, die sie vor der Wahl weckt, und dem, was sie danach auch tatsächlich erfüllen kann. Das gilt nicht nur allgemein und bezogen auf alle Bürger, sondern verschärft sich im Besonderen für die (Stamm)Wähler einer Partei in einer „Koalition der Verschiedenen": Je bunter und je heterogener Koalitionen sein werden, umso notwendiger und schwieriger werden Kompromisse, umso unschärfer wird das Profil einer Partei – und umso frustrierter werden die Mitglieder und die Stammwähler. Es wird in Zukunft auf der politischen Angebotsseite immer weniger „CDU pur" geben können, und auf der Nachfrageseite wird „CDU pur" auch nur noch von einer kleiner werdenden Minderheit nachgefragt werden.

4.2 Die neuen Formeln zur Macht

Das *Negativszenario* aus Sicht der CDU bedeutet also: Kleine „große Koalitionen" rechnen sich, wie das Beispiel Österreich zeigt, noch eine ganze Weile. Auch 20 plus 30 ergibt 50. Aber in Österreich kann man auch die Folgen studieren: drei Parteien auf gleicher Höhe von rund 27 Prozent, und darunter eine am rechten Rand (FPÖ), mit der man lieber nicht koalieren sollte. Das *Positivszenario*, wenn Bündnis 90/Die Grünen in das Kalkül einbezogen werden: Die CDU bleibt auf niedrigem Niveau die mit Abstand stärkste politische Kraft und damit (in der Regel) die Kanzlerpartei, und sie bewegt sich auf dem Marsch durch die Koalitionen mit leichtem Gepäck. Das wäre dann ihre große Chance: Während die SPD eher die Partei der programmatischen Festlegung ist und war, ist und bleibt die CDU die Partei des pragmatischen Erfolges. Während die SPD in der Regierung immer ein schlechtes Gewissen hat, versteht sich die CDU als natürliche Regierungspartei. Während die SPD Schwierigkeiten hat, mit Vielfalt und abweichenden Meinungen kreativ umzugehen, ist die CDU stark durch Personen – verbunden mit ein paar allgemeinen Wertorientierungen, die sie zudem immer wieder zeitgemäß auszulegen verstand. Mit einem Satz: Sie passt besser in die Zeit.

Im politischen Wettbewerb haben in Zukunft jene Parteien einen Vorteil, die anschlussfähig sind, die in ihren Personen ein Klima des Vertrauens geschaffen haben und in ihrer Politik eine Aura, die vermuten lässt, dass sie das Ganze im Blick haben, auf Ausgleich bedacht sind, mehr als nur einseitige Interessen vertreten. Personen, Politik und die Aura der Gerechtigkeit sind die neuen Formeln zur Macht. Sie haben konkrete Folgen: *Wenn Personen wichtiger werden,* ist für das Amt des Ministerpräsidenten das Auswahlsystem der innerparteilichen Mauscheleien, des Sitzfleisches und der „Erbfolge" nicht geeignet, die Besten nach oben zu bringen. Wenn Schule und Bildung Themen sind, die Wahlen entscheiden, wird es sich für eine Partei rächen, eine(n) blasse(n) Kultusminister(in) in die Regierung zu berufen. Wenn man ohne eine *Aura der Gerechtigkeit* nicht erfolgreich sein kann, wird die offensichtliche Bedienung von Sonderinteressen ein grundsätzliches Problem, das über Sieg oder Niederlage entscheidet.

4.3 Das ideale Bündnis ergänzt sich – und lernt voneinander

Die *Anschlussfähigkeit einer Partei* zeigt sich künftig weniger in den „Schnittmengen" als in den sinnvollen Ergänzungen, durch die Koalitionen des wechselseitigen Lernens möglich werden. Die Schnittmengen zwischen SPD und der Linkspartei oder zwischen SPD und Bündnis 90/Die Grünen sind beträchtlich, auf jeden Fall größer als mit der CDU oder gar CSU. Beträchtlich und berechtigt ist aber auch die Angst vieler Wähler, dass sich durch eine solche Kombination die alten „linken" Instinkte wechselseitig verstärken. Koalitionen werden hingegen dann erfolgreich sein, wenn jeder unterschiedliche Stärken einbringt (zum Beispiel wirtschaftliche Kompetenz und ökologische Nachhaltigkeit) und dem anderen auch Raum gibt, diese zu verwirklichen. Es ist auch in politischen Beziehungen eine Erfolgsformel, zu lernen und zu akzeptieren, dass der Andere anders ist. Eine Koalition der Verschiedenen wird nur erfolgreich sein, wenn sie lernt, eine offene, belebende Andersartigkeit zu praktizieren, bei der jeder einbringt, was der Andere nicht hat, die aber auch dem anderen Raum lässt für das, was ihm wirklich wichtig ist. Wie man es nicht machen soll, haben Union und FDP zur Genüge demonstriert. Der entscheidende Webfehler war, nicht zu erkennen, wie verschieden sie (geworden) sind und sich in dieser Andersartigkeit nicht zu respektieren. So entstehen Verhinderungs- oder Dagegen-Koalitionen. Die Union verhindert, dass Steuern gesenkt werden, wie die FDP es will, und die FDP verhindert, dass die soziale Balance gewahrt bleibt, ein Markenzeichen der Union – und beide besiegeln so gemeinsam die Erosion ihres Bündnisses.

Früher wurden Koalitionen geschlossen, so versicherten sich die Parteien wechselseitig, wenn die *Schnittmengen groß genug* waren, wo die *gleiche Wellenlänge* da war, wo man ein *gemeinsames Projekt* hatte. Es waren mit allerlei Erwartungen *überfrachtete Koalitionen*. Künftig werden Parteien von vornherein eine andere Koalitionsphilosophie brauchen, wenn sie erfolgreich sein wollen: *eine neue Bescheidenheit*. Sie werden sich weniger vornehmen, die Welt nicht alle vier Jahre neu erfinden, nicht alles auf einmal angehen, sondern sich konkret darauf verständigen, was sie in vier Jahren erreichen wollen und anderes bewusst ausklammern. Dabei wäre es mit Blick auf den späteren Erfolg nur ein Gebot der Klugheit, nicht mit polarisierenden Themen wie zum Beispiel der Schulpolitik zu beginnen, die der einen oder der anderen Partei (und ihren Wählern) zu viel zumuten. Wenn dann noch der populäre Spitzenkandidat von Bord geht, ist das Scheitern von Schwarz-Grün wie in Hamburg vorprogrammiert.

Es wird neue Koalitionen geben, nicht nur was Zahl und Größe und Farbe der beteiligten Parteien betrifft, sondern auch ihr Selbstverständnis wird sich ändern: weniger ambitioniert in der Sache, kürzer in der Zeit, die Agenda begrenzt auf zwei, drei Themen. Man muss ja in vier Jahren auch nicht ständig die politische Welt neu erfinden nach dem Motto: „Wir fangen erst richtig an" (Willy Brandt, 1969). Eine neue Bescheidenheit passt besser in die Landschaft, in der die politischen Beschränkungen zunehmen (Dreierbündnisse, Europäische Union, Staatsverschuldung). Die neue Unübersichtlichkeit in der zeitlichen Perspektive (heute in der Regierung, morgen in der Opposition) dürfte auch zu einem anderen Umgang der Parteien untereinander führen und die politische Bindewirkung einmal getroffener Entscheidungen erhöhen.

5   Was wird aus der CDU?

CDU, CSU und SPD haben die Bundesrepublik Deutschland länger als ein halbes Jahrhundert geprägt und als Volksparteien in Verbindung mit der FDP bzw. dem Bündnis 90/Die Grünen regiert. Das ist eine lange Zeit – und es war vor allem eine erfolgreiche Zeit, nicht nur in wirtschaftlicher, sondern auch in sozialer und demokratischer Hinsicht. Man könnte nun sagen: Die Volksparteien haben ihre Zeit gehabt, und diese Zeit läuft nun langsam aus. Wo ist das Problem? Sie werden sich auf einem niedrigeren Niveau einpendeln. Wie sich die SPD, nach dem politisch gescheiterten Versuch der Agenda 2010, dauerhaft positioniert, bleibt abzuwarten; einstweilen sieht es so aus, dass sie sich im Wettbewerb mit der Linkspartei vor allem um die Modernisierungs- und Globalisierungsverlierer kümmert. Die FDP ist dabei, sich auf die Rolle einer neoliberalen Interessen- und Klientelpartei zu beschränken. Der soziale, kulturelle und politische Wandel lenkt weiter Wasser auf die Mühlen von Bündnis 90/Die Grünen: Ihre sozialen Milieus wachsen (Stichwort „neue Bürgerlichkeit"), ihre Themen (Ökologie, Nachhaltigkeit, qualitatives Wachstum) sind dem gefühlten Gemeinwohl näher als die anderer Parteien. Es ist allerdings – wie auch bei den Unionsparteien – eine offene Frage, inwieweit sie ihr Potential auch tatsächlich ausschöpfen können.

Als Folge der gesellschaftlichen Verwerfungen stecken fast alle Parteien in einer – im Wortsinne – „kritischen" Situation: ob sie daraus gestärkt hervorgehen oder sich der Niedergang weiter fortsetzen wird hängt auch von ihrer jeweiligen Reaktion ab. Dabei ist der einfache und wahrscheinliche Weg nicht immer der Erfolg versprechende.

5.1 Selbstaufgabe der Parteien, Entpolitisierung der Politik

In dieser Lage hat die CDU mehrere Optionen. Sie kann sich einstweilen auf das pragmatische Regieren mit der FDP konzentrieren, programmatisch auf der Linie, die mit dem Leipziger Parteitag im Jahre 2003 begonnen hat, politisch auf dem Kurs, der mit der schwarz-gelben Koalition 2009 neu eingesetzt hat. Amputiert um ihre christlich-soziale Dimension und auch ohne ökologische Ambitionen wäre die CDU dann allerdings mit bloßem Auge nicht mehr von einer etwas *größeren FDP* zu unterscheiden. Es mindert ohne Zweifel die Konflikte in einer schwarz-gelben Koalition, wenn sie sich weniger um alte und neue soziale Fragen und mehr um gut organisierte Interessen vom Hotelgewerbe über die Pharmabranche bis zur Atom- und Energiewirtschaft kümmert. Es fällt ja schon seit einiger Zeit auf, wie die Union zu bestimmten Themen – Verunsicherung der Mittelschicht, soziale Spaltung der Gesellschaft, Bildung und Gerechtigkeit – hörbar schweigt.

Diese (im Vergleich zu ihrer Tradition) verkürzte politische Reichweite könnte die CDU zu überspielen versuchen durch eine Wertedebatte, die wie ein Luftkissen über die realen Probleme und Widersprüche der Gesellschaft hinweg gleitet, eine Wertedebatte auch, die kaum noch einen Bezug zu den Alltagssorgen der Menschen hat, aber die Gemüter der gläubigen Stammwähler umso mehr bewegt. Ein extremes Beispiel dafür bietet zur Zeit die amerikanische „Tea Party". Deren Rhetorik verbindet eine polarisierende Macht- und Interessenpolitik ohne Rücksicht auf Verluste mit einer aggressiven politischen Theologie und einer manichäistischen Spaltung der politischen Welt in Gut und Böse: Die Heilsbotschaft ist gleichsam über den Wolken im politischen Jenseits angesiedelt, was gerade die Voraussetzung dafür ist, dass sie sich im politischen Diesseits um so vernichtender gegen den politischen Gegner austoben kann.[3] Deutschland ist (noch?) weit von den amerikanischen Verhältnissen entfernt, aber so etwas wie eine *Tea Party Light* könnte manchen in der Union in ihrer Not als eine attraktive Option erscheinen:

Aus Resignation darüber, mit einer positiven Botschaft nicht mehr Wähler für sich gewinnen zu können, liegt für alle Parteien die Versuchung nahe, es mit einer Art Dauerwahlkampf, mit einer *negativen Kampagne* zu probieren: durch eine Verteufelung des politischen Gegners. Das „Vorbild" für dieses *„negative campaigning"* bieten schon seit längerer Zeit die US-amerikanischen Wahlkämpfe, und gerade für Deutschland gilt bekanntlich: Wahlkampf ist immer und überall. Man kann das Verhalten von Regierung und Opposition bei der Reform der Hartz-IV-Gesetzgebung Ende 2010/Anfang 2011 durchaus in diesem Zusammen-

hang interpretieren: als Versuch der Parteien, sich wechselseitig zu Wahlkampf-
zwecken vorzuführen. Der Preis dieser Strategie ist hoch: sie sucht taktische Vorteile für das eigene Lager auch auf die Gefahr hin, dass dadurch die Parteien
insgesamt an Kredit bei den Bürgern verlieren.

Eine näher liegende Option wäre der Versuch von CDU und CSU, durch
Anpassung nach rechts ihr Wählerspektrum zu erweitern. Um einer Partei rechts
von CDU und CSU das Wasser abzugraben, könnten sie wie auch schon früher
daran denken, deren Themen und Ressentiments zu bedienen. Bisher hat die
Merkel-CDU allen solchen Versuchungen widerstanden, und dabei dürfte es
vorerst auch bleiben: Beispiele in den Nachbarländern (Österreich, Niederlande)
zeigen, dass man rechtspopulistische Parteien nur stärkt, je mehr man ihnen ihre
Melodie vorspielt. Am Ende stehen dann wie gegenwärtig in Österreich drei
ungefähr gleichstarke Parteien, nämlich Sozialdemokraten, Christdemokraten
und Rechtspopulisten, jede irgendwo zwischen 25 und 30 Prozent.

5.2 Selbstaufgabe der Parteien, Relativierung der Politik

So sehr sich diese Wege im einzelnen unterscheiden mögen – die CDU als eine
größere FDP, als eine Tea Party light, Rückzug auf den „konservativen Kern" und
die (angeblichen) Stammwähler, Anpassung nach rechts – alle diese Wege weisen
doch in dieselbe Richtung: einer Selbstaufgabe der CDU aus Angst vor dem weiteren Niedergang. Es ist die Antwort der Ängstlichen.[4] Es sind allesamt Strategien der Resignation einer Partei, die nicht mehr so recht daran glaubt, dass sie in
einem anspruchsvollen Sinne, mit Aussicht auf Erfolg und mit dem konzeptionellen Horizont einer Volkspartei auch in Zukunft Politik gestalten kann. Es sind
Strategien der Resignation einer Partei, die innerlich bereits kapituliert hat: Sie
schwimmt mit dem Strom der Zeit, weil es scheinbar nicht anders geht. Den
Wählern könne man eben nicht die Wahrheit zumuten, sonst werde man von
ihnen bestraft. In der Mediengesellschaft müsse man sich eben nach „Bild, BamS
und Glotze" richten, um gehört und gewählt zu werden, wie es der frühere Bundeskanzler Gerhard Schröder einmal auf den Punkt gebracht hat. Demoskopen
werden nicht müde, den Politikern einzureden, dass Inhalte und Positionen in
der Politik nur stören. Und so kommt es, dass ein sich selbst verstärkender Wettbewerb zwischen den Parteien einsetzt, bei dem die Angebote immer billiger
werden und die Qualität immer schlechter – und der Verdruss der Wähler immer
größer. So treibt eine von den Parteien mitgemachte, ja verstärkte Entwicklung
eine *Entpolitisierung der Politik durch die Politik selbst* voran, einen Prozess, den die
Parteien nicht gewinnen können.

Für die CDU würde dies bedeuten: Sie würde langsam aber sicher zu einer abhängigen politischen Variablen in den jeweiligen Koalitionen – ein bisschen sozialer mit der SPD, ein bisschen wirtschaftliberaler mit der FDP, ein bisschen grüner mit den Grünen – und wenn die Zeit kommt ein bisschen rechter mit einem deutschen Jörg Haider oder Geert Wilders? Wie auch immer: Die CDU definiert sich dann nicht mehr aus sich selbst heraus, sondern nur noch als Koalitionspartei relativ zu anderen. Sie weiß nicht mehr, wer sie ist, für was sie steht, sondern nur noch was sie machtpolitisch will: den Kanzler stellen, an der Regierung bleiben. Sie hat den Begriff von sich selbst verloren und das Ethos, das daraus erwächst, für etwas zu stehen, das über sie selbst hinaus weist.[5]

5.3 Die Wiederentdeckung der Politik und eine CDU, die weiß, was sie will

Tertium datur? Gibt es eine Alternative zu dem Ausverkauf der Politik, und was bedeutet das für eine Partei wie die CDU? Es bedeutet zunächst und vor allem, öffentlich darüber nachzudenken, wer die CDU ist und was die CDU will. Das fängt schon mit dem Namen an: CDU heißt ausgeschrieben „Christlich Demokratische Union", und das meint mehr und etwas Anderes als eine „konservative" Partei. Wie konnte es nur dazu kommen, dass seit rund einem Jahrzehnt ohne jede weitere inhaltliche Begründung immer wieder der „konservative Kern" der CDU beschworen wird? In ihren Grundsatzprogrammen beschreibt die CDU Freiheit, Gerechtigkeit und Solidarität als ihre Grundwerte – und dass sie nur gemeinsam ihre wahre Bedeutung entfalten. Es ist aus persönlichen Biographien und aus der erlebten Geschichte vor und nach der friedlichen Revolution von 1989 heraus durchaus verständlich, dass damals von vielen besonders die Freiheit als elementar erlebt wurde und die S-Worte wie Solidarität und soziale Gerechtigkeit durch den real existierenden Sozialismus kontaminiert waren. Aber kann das alleine den Siegeszug einer eindimensionalen Freiheit erklären, ihrer Entbettung aus jedweder sozialen Verantwortung, die Verkürzung der Gesellschaft auf den ökonomischen Markt und des Marktes auf den eigenen Vorteil? Von ihrem programmatischen Anspruch her (und in ihren besseren Zeiten) hat die CDU die Grundwerte immer im Zusammenhang gedacht und versucht, daraus eine ausbalancierte Politik zu gestalten. Die Verbindung von wirtschaftlicher Freiheit und sozialer Gerechtigkeit, die Überwindung von Kapitalismus und Sozialismus durch die Soziale Marktwirtschaft war ein damals neuer, unerhörter Gedanke – und Voraussetzung nicht nur für das Wirtschaftswunder und den politischen Erfolg, sondern auch für den Modellcharakter der Bundesrepublik

Deutschland. So haben CDU und Soziale Marktwirtschaft dazu beigetragen, die sozialen Widersprüche jener Zeit zu überwinden. Eine CDU, die ihre Grundwerte und Traditionen nicht wie Tafelsilber behandelt und in Vitrinen wegsperrt, sondern als Erbe und Auftrag begreift, kann zu den sozialen Widersprüchen *unserer* Zeit nicht schweigen. Sie muss wie damals falsche Alternativen überwinden und sich darüber hinaus heute der Überlebensfrage des 21. Jahrhunderts stellen: Was früher die soziale Frage war, ist heute die ökologische Frage[6], und beide Fragen finden ihre Antworten damals wie heute nicht *gegen* eine gute wirtschaftliche Entwicklung sondern nur gemeinsam mit ihr: Wirtschaftliche Prosperität, soziale Stabilität und ökologische Nachhaltigkeit sind in den Zeiten der Globalisierung mehr denn je aufeinander angewiesen. Für entwickelte Länder hängt die wirtschaftliche Wettbewerbsfähigkeit immer auch von sozialen und ökologischen Qualitäten ab. Und nur aus dieser Balance kann Politik wieder jenes Vertrauen begründen, aus dem auch die Hoffnung der Menschen auf eine gute Zukunft erwächst.[7]

So wirft die Frage nach Schwarz-Grün für die CDU, wenn man es recht bedenkt, mehr auf als eine Koalitionsfrage. Angesagt ist eine politische Selbstbesinnung, ein öffentliches Nachdenken der CDU über sich selbst, nicht in einem weiteren Grundsatzprogramm, sondern als eine Auskunft ihrer führenden Akteure über die Grundlagen und Ziele ihres Handelns und darüber, wie konkrete Entscheidungen an Prinzipien rückgekoppelt sind. Denn ein Gemeinwesen ist, wie es Edmund Burke einmal pointiert formuliert hat, mehr als eine Assoziation zum Verfolgen der eigenen Interessen und des persönlichen Vorteils, es ist „eine Gemeinschaft der Lebenden, der Toten und der nach uns Kommenden".

Wenn dieser Prozess der Selbstaufklärung unterbleibt, droht *jede* Koalition am Ende zu scheitern. Wenn man sich aber seiner Sache sicher ist, kann man auch eine „unwahrscheinliche" Koalition aus den je eigenen Stärken heraus zu einem gemeinsamen Erfolg führen.

Endnoten

[1] Vgl. Amartya Sen: Ökonomie für den Menschen. Wege zu Gerechtigkeit und Solidarität in der Marktwirtschaft, München/Wien 2000.

[2] Vgl. Mancur Olson: Die Logik des kollektiven Handelns, Tübingen 1968.

[3] Die erfolgreichen politischen Prediger der Tea-Party wie zum Beispiel Glenn Beck, der im August 2010 rund neunzigtausend Anhänger aus allen Teilen der USA am Lincoln Memorial zusammengebracht hat, „haben keine Kernbotschaft. Sie sind das Medium, das die Strömungen öffentlicher Leidenschaft und öffentlicher Meinung kanalisiert, welche sie

antizipieren, verallgemeinern und anleiten, aber nicht erschaffen [...] Was die Anziehungskraft auf die Zuhörer ausmacht sind nicht seine Positionen, sondern dass er den Eindruck erweckt zu fühlen und zu fürchten, zu bewundern und zu glauben was seine Zuhörer fühlen und fürchten, bewundern und glauben, auch wenn es sich widerspricht und immer wieder ändert. Entscheidend ist nicht was er sagt, sondern wie er es sagt. Das ist die Begabung des wahren Demagogen, sein eigenes Selbst und nicht seine Meinungen den Anhängern erfolgreich zur Identifikation anzubieten – und das dann gleichzusetzen mit der `wahren´ Nation.´´ So lange die amerikanischen Präsidenten noch an Gott, die Nation und die Familie geglaubt haben, sei die Welt noch in Ordnung gewesen. Seit sie sich jedoch von den Prinzipien der Gründerzeit entfernt hätten, sei es abwärts gegangen mit Amerika, vgl. dazu den Beitrag von Mark Lilla in der New York Review of Books, Volume LVII, Number 19, December 2010, S. 16-20.

4 Der Schriftsteller Peter Henning hat in seinem grandiosen Familienroman „Die Ängstlichen" (Berlin 2009) beschrieben, wie Menschen über Generationen hinweg hinter ihren Möglichkeiten zurück bleiben und sich um ihre Lebenschancen bringen: die Ängstlichen verspielen Leben und Zukunft.

5 In einem solchen politischen Kosmos, in dem die Politik sich selbst entwertet und relativiert hat, in dem die Verpflichtung für eine gemeinsame „Sache" nicht mehr als solche erlebt wird, ist es dann auch nicht weiter überraschend, wenn diese Entwicklung dann auch auf die Biographie der Politiker durchschlägt. Die Zeiten scheinen vorbei, in denen Politik als Beruf oder gar aus Berufung gelebt wurde. Die politische Phase ist zu einem Lebensabschnitt geworden, der finanziell lukrativeren oder gesellschaftlich höher bewerteten oder einfach persönlich angenehmeren Engagements voraus geht. Die Art und Weise, wie sich die fälschlich so genannten „jungen Wilden" der CDU aus der aktiven Politik verabschiedet haben und wie sich davor schon, während und nach der Regierung Schröder, Staatssekretäre und Minister und Kanzler in die Privatgeschäfte zurückgezogen haben, das alles gleichsam unter der Schirmherrschaft eines Bundespräsidenten, der kommentarlos sich aus seinem Amt verabschiedet hat: das alles sagt mehr über die Selbsteinschätzung der Politik und der politischen Klasse aus als alle Sonntagsreden zusammen genommen.

6 Vgl. Herbert Gruhl: Ein Planet wird geplündert. Die Schreckensbilanz unserer Politik, Frankfurt am Main 1975. Bundeskanzler Helmut Kohl hat später eingeräumt, es sei ein großer Fehler während seiner Amtszeit gewesen, auf solche Stimmen in seiner Partei – Gruhl war Bundestagsabgeordneter der CDU - nicht früher gehört zu haben.

7 Vgl. Norbert Röttgen: Deutschlands beste Jahre kommen noch. Warum wir keine Angst vor der Zukunft haben müssen, München/Zürich 2009.

Peter Radunski

Mobilisierung der CDU für eine schwarz-grüne Bundesregierung

Schwarz-Grün ist große Oper. Sie muss gut inszeniert, dargestellt und gespielt werden. Regisseur, Sänger und Orchester müssen ein gutes Ensemble bilden. Politisch gesprochen: Parteiführung und die gesamte Partei müssen Schwarz-Grün konzipieren und gemeinsam tragen. Die schwarz-grüne Koalition muss von der CDU durch Führung bis zur Basis inszeniert, erklärt, vielleicht sogar erkämpft werden. Große Oper bringt Leidenschaft, Dramatik und Schicksale auf die Bühne, wie Schwarz-Grün die Öffentlichkeit elektrisiert. Das zeigte sich schon 2005, als für einige Tage die öffentliche Spekulation über eine Jamaika-Koalition grassierte. Viele dachten schwärmerisch über das Thema nach, bis sich schließlich die Große Koalition durchsetzte. Auch heute lassen viele Zeitungsartikel zwischen den Zeilen eine gewisse Magie von Schwarz-Grün erkennen, werden verschiedene Erwartungen, ja gefühlte Hoffnungen zu erkennen gegeben.

Schwarz-Grün wird wohl nur kommen und dauern, wenn es etwas Besonderes ist, das über den Tellerrand der Tagespolitik hinaus reicht und mit Projekten, Zielen und Visionen aufwartet, die hoffen lassen, dass der Versuch sich lohnt. Schwarz-Grün braucht Aura und Atmosphäre für eine neue Politik, ein Klima der Veränderung und Erneuerung, das mehr neue Chancen als Risiken für die deutsche Politik eröffnet. Aus den politischen Haltungen des Zögerns, Abwartens und Kleinteiligen muss die Hoffnung auf eine Politik werden, die Unerwartetes und Unvorhersehbares verheißungsvoll gestalten kann. Die CDU braucht dieses Grundgefühl, wenn sie mit den Grünen eine Koalition eingehen soll.

1 Koalitionsvertrag als Manifest

Schwarz und Grün können keinen Koalitionsvertrag der überkommenen Art schließen, sondern müssen in einem kurzen, etwa 10-seitigen Papier darlegen, welche Probleme und Ziele ihre Arbeit leiten werden. Ein genereller Ansatz mit grundsätzlichen Aussagen kann die Anhängerschaften beider Koalitionspartner eher überzeugen als die übliche scheinpräzise und kleinteilige Aushandlung politischer Forderungen und Maßnahmen, die sich im Laufe der Legislaturperiode ohnehin nur selten realisieren lassen. Die Steuerpläne von Schwarz-Gelb 2010 sind ein gutes Beispiel dafür und auch die große Koalition 2005 ist „von der Weltfinanz- und Wirtschaftskrise überfahren worden [...] die Wirklichkeit (ist) heute so viel schneller als alle Programme."[1]

Aber es ist nicht nur das Tempo der politischen Ereignisse, sondern auch die strukturelle Tiefe der Probleme, die eine neue Form der Vereinbarung verlangt. Cameron und Clegg haben es 2010 in Großbritannien mit einer sechsseitigen Koalitionsvereinbarung vorgemacht. Dick Morris, ein Berater Clintons, hat 1995 das Prinzip der Triangulation gefunden, das heißt einen dritten Weg, der wie einst Hegel aus These und Antithese die Synthese gewinnen will. Aus den politischen Überlegungen der Koalitionsparteien werden politische Überlegungen entnommen und zu einem neuen eigenen Programm gewissermaßen kombiniert.[2] Vor allem aber Überschriften und Grundaussagen gehören in diese Art von Koalitionsabkommen wie etwa „Nachhaltigkeit und Fortschritt für die Zukunft".

Dazu gehören Grundlagen wie die Überwindung der Entfremdung zwischen Gesellschaft und Politik, der Umgang mit der Angst der Bürger vor den globalen Entwicklungen, der Zusammenhalt der Gesellschaft, die Zukunft der jungen Generation und ihre Verständigung mit der älteren Generation. Elemente der direkten Demokratie durch Volksbefragungen und -entscheidungen müssen versucht werden. Richtungsänderungen sind gefragt in der Politik des 21. Jahrhunderts. „Die westlichen Gesellschaften können ihr bisheriges Glücks- und Heilsversprechen der immerwährenden Mehrung materiellen Wohlstands nicht länger einlösen."[3] Und das Scheitern droht laut Miegel: „Die westlichen Gesellschaften [...] müssen entweder ihre Richtung ändern und aus der Wachstumsfalle herauskommen oder sie werden scheitern."[4]

Manifestartig müssen die zukünftigen Anstrengungen der deutschen Politik über die Legislaturperiode hinaus genannt werden. Der Philosoph Peter Sloterdijk kann hier Pate stehen: „Du musst Dein Leben ändern", wie der Titel seines Buches von 2009 lautet.[5] Dabei könnte der Spieß auch einmal umgedreht werden und das „Prinzip Verantwortung" dem Bürger etwas abverlangen.[6] Im schwarzgrünen Koalitionspapier müsste Biedenkopfs Forderung nach Erneuerung sich wieder finden: „Dass die Bevölkerung nach einer Führung sucht, die das Land nicht nur verwaltet, sondern tatsächlich führt. Die Mehrheit weiß um die Notwendigkeit einer grundlegenden Erneuerung."[7]

Bei Schwarz-Grün finden sich etliche solcher Überlegungen in ihren Partei-
programmen. Die politische Diskussion ist längst auf diesem Weg. Viele Denker
und Wissenschaftler werden mitmachen, um das neue Credo zu formulieren und
die Anhänger von Schwarz-Grün mobilisieren. „Das 21. Jahrhundert kann gar
nicht anders verlaufen, als in der Form vom massiven Rettungskräften, dass etwas geschehen muss ist übermächtig."[8]

Schwarz-Grün als Mobilisierung der zeitgemäßen Erneuerung und Hoffnung auf die Zukunft – in diesem Duktus soll die kurze Koalitionsaussage stehen, mit der man auch zweifelnde Unionsanhänger für Schwarz-Grün überzeugen kann. Es wäre deshalb zweckmäßig, in zwei bis drei Kolloquien die grundlegenden Koalitionsaussagen anhand des Entwurfs mit meinungsbildenden Vertretern aus Wissenschaft, Kultur, Politik und Medien zu diskutieren.

2   Von der Feindschaft zur Partnerschaft

Zu viel Ratio und zu viel Emotionen für die Bildung einer Bundesregierung?
Angesichts der Beziehungsgeschichte von Schwarz-Grün wohl nicht. Zu lange
waren Schwarze und Grüne beinahe Feinde, obwohl es in einer parlamentarischen Demokratie keine Feindschaften, sondern allenfalls nur Gegnerschaften
geben sollte.

Da kann man nicht in einem „Business as usual"-Stil mal eben eine bundespolitische Koalition bilden. Jeder der beiden Partner wird sich seine Gedanken
über Strategien und Maßnahmen machen, die eine solche Koalition ermöglichen
und schließlich dauerhaft und erfolgreich für Deutschland werden lassen. In
diesem Beitrag wird darüber nachgedacht und spekuliert, was vor allem die CDU
(der Großteil gilt sicher auch für die CSU) zu tun hat, um eine schwarz-grüne
Allianz erfolgreich zu gestalten und ihre Anhänger und Mitglieder davon zu
überzeugen, dass eine Koalition mit den Grünen sinnvoll und erfolgsverspre-
chend ist. Außerdem muss die CDU Vorkehrungen treffen, um als Volkspartei zu
überleben. Es geht vor allem um den Fall einer bewusst gewählten schwarz-
grünen Koalitionsoption, aber selbst für den Fall, dass Schwarz-Grün von den
Wählern „zusammengewählt" würde, muss eine solche Koalition innerparteilich
sorgfältig vorbereit sein und eine entsprechende Aufklärung für die Unionswähler stattfinden.

3 Risiken einer schwarz-grünen Koalition für die CDU

Die CDU muss sich auf vier Risiken einstellen:
a) Drohende Abwanderung von Unionswählern und -mitgliedern aus der rechten Mitte der Partei und damit die Gefährdung des Charakters der Volkspartei.
b) Die Verengung ihres politischen Führungspersonals auf grün-orientierte Politiker und den Verlust von Ansprechpartnern für ihre gesamte Wählerschaft.
c) Verlust des programmatischen Profils.
d) Entstehung einer populistischen Partei, die vor allem Wähler rechts von der CDU anspricht. Werden die Risiken von der CDU erkannt, dann sind sie durch Maßnahmen und Diskussionen vermeidbar. Es muss eine Parteikampagne für Schwarz-Grün und eine Modernisierung der Organisation und Kommunikation erfolgen

4 Parteikampagne

Für die CDU ist Schwarz-Grün kein Normalfall. Schwarz-Grün wäre ein Sonderfall, für manche der Unionsanhänger sogar eine Zäsur in der politischen Geschichte. Innerhalb und außerhalb der Partei müssen deshalb durch Diskussions- und Aufklärungsmaßnahmen Mitglieder und Anhänger eingespannt, mitgenommen und motiviert werden. Jede verantwortliche CDU-Führung wird die schwarz-grüne Koalition in all ihren Konsequenzen auch vom Ende her bedenken müssen, zumal man davon ausgehen muss, dass die weitgesteckten Ziele von Schwarz-Grün sinnvollerweise nur über mehrere Legislaturperioden erreicht werden können. Ist die CDU nach einer solchen schwarz-grünen Periode noch eine Volkspartei? Vor allem ist sie dann noch eine Volkspartei, die keine populistische Konkurrenz rechts von sich hat? Solche Folgen einer schwarz-grünen Koalition muss die CDU verhindern, ebenso wie Parteiaustritte und Wählerverluste. Für die CDU gilt das oben skizzierte Koalitionsabkommen als Resultante der Koalitionsverhandlungen mit öffentlichen Kolloquien. Die inhaltlichen Ergebnisse des Koalitionspapiers und der Kolloquien können dann die Grundlage für die parteiinterne Kampagne für Schwarz-Grün sein. Die CDU ist aus ihrem traditionellen Verständnis immer eine Kanzlerpartei gewesen, die sich regierungstreu verhalten hat. Sie ist ihrer Führung immer gefolgt und ist für wesentliche politische Entscheidungen eingestanden. Bei einer schwarz-grünen Koalition darf man dieses traditionelle Verständnis nicht ohne weiteres voraussetzen. Information, Überzeugung und Abstimmung der Parteibasis gehören dazu.

Die Parteikampagne zu Schwarz-Grün müsste folgende Maßnahmen umfassen: Analysen- und Informationspapiere, Diskussionsveranstaltungen aller Art, Parteibefragung mit Abstimmung, Internetkommunikation und -debatten. Auch runde Tische als schwarz-grüne Diskussion vor Ort und Veranstaltungswellen für Anhänger und Wähler gehören dazu. So ungewöhnlich die schwarz-grüne Koalition ist, so besonders muss auch die Annäherung an die Koalition für die gesamte Partei sein.

5 Information und Analyse

Eine Informationsmappe für Funktionäre und Mitglieder der Partei sollte die Diskussion argumentativ vorbereiten. Daten über das Wahlverhalten, Darstellung der politischen Probleme sowie die wesentlichen Programmpunkte der CDU vervollständigen die argumentative Ausstattung für Mitglieder und Anhänger. Moderne Kommunikationsmittel, die von der CDU bereits aufgebaut worden sind, können dabei für Aktualisierung sorgen. Vom Portal der CDU über den Internet-TV-Kanal, dem eigenen CDU-App sowie den verschieden Formen des so genannten „Social Net" (z. B. Facebook).

6 Argumentationsskizze

Mit diesen Informationen und Analysen wird der CDU-Basis und den verantwortlichen Funktionsträgern verdeutlicht, dass die CDU im Fünf-Parteien-System zwar stärkste Kraft bleiben kann, aber häufig Schwierigkeiten haben wird, über Koalitionsoptionen zu verfügen. Es wird sicher weiterhin möglich sein, mit der SPD eine Koalition einzugehen. Soll diese Option aber nicht zum Zwang werden, muss die CDU auch bereit sein, mit FDP und/oder den Grünen zu koalieren. Damit hat die Union drei Koalitionsoptionen, um ihre Wählerstärke auch in Regierungsmacht umzusetzen.

Nicht zuletzt gehört in die argumentative Ausstattung der Mitglieder eine kurze Darstellung über die Geschichte der Beziehungen zwischen CDU und Grünen. Es muss eine ehrliche Bilanz sein, die Entwicklungen darstellt, wie aus der politisch anormalen Feindschaft zu den Grünen die parlamentarisch übliche Gegnerschaft und schließlich die schwarz-grüne Partnerschaft möglich wurde. Ehrlicherweise sollte die CDU dabei Herbert Gruhl und sein Buch „Ein Planet wird geplündert" aus dem Jahr 1975 nennen. Gruhl war ein Bundestagsabgeordneter der CDU, der Umweltprobleme und ihre dringende Lösung in einem viel beachteten Bestseller beschrieben hat, ohne dass die CDU die Relevanz dieses

Zukunftsthema erkannt hat. Sie ließ ihn schließlich fallen. Vor ähnliche zukunftsweisende Weichenstellungen wird eine Volkspartei wie die CDU angesichts der schnellen Veränderung unserer Gesellschaft auch heute gestellt.

Bei der Frage nach Schwarz-Grün handelt es sich um einen solchen Wendepunkt und diesmal sollte die CDU zukunftsweisend richtig entscheiden und eine solche Koalition eingehen. Diese Argumentationslinie in Verbindung mit der offenen Darstellung des Verhältnisses zwischen CDU und Grünen macht eine künftige Zusammenarbeit für Unionsanhänger und Grüne möglich. Schließlich darf nicht vergessen werden, dass die CDU in jahrzehntelangen aggressiven Wahlkämpfen die Grünen im Stil des „Negative Campaignings" angegriffen hat. Man könnte sagen, dass die Auseinadersetzung mit den Grünen Teil des politischen Lebenselixiers der Union geworden war. Auch um die Erwähnung von Widersprüchen kommt die CDU nicht herum. Die vorsichtige Vorbereitung auf das schwarz-grüne Zusammengehen durch Angela Merkel spielt hier ebenso eine Rolle wie ihre Rede auf dem Parteitag in Karlsruhe, wo sie Schwarz-Grün als „Hirngespinst" bezeichnet hat. Das Superwahljahr 2011 bestätigt eher die Gegensätze zwischen Schwarz und Grün im Alltag. Es wird sehr wichtig sein, in der Diskussion um Schwarz-Grün auf die längerfristigen Trends der deutschen Gesellschaft hinzuweisen.

7   Analyse der neuen Tendenzen

a) Die Grünen werden positiver gesehen. Sie sind nicht länger der Bürgerschreck. Da sich bei den Wählern die Tendenz breit macht, die Parteien „lockerer" zu sehen, sie alles in allem positiver zu bewerten, haben auch die Grünen davon enorm profitiert. Sie werden bei der Bundestagswahl 2009 besser als noch 2005 bewertet.[9] In einer Analyse des Instituts für Demoskopie Allensbach heißt es dann auch über die Grünen „bemerkenswert ist, dass sich auch die anderen Parteien mehrheitlich positiv über die Grünen äußern [...] Auch 56 Prozent der Anhänger der CDU/CSU geben zu Protokoll, dass ihnen die Grünen teilweise gefielen."[10] Die Aufgeschlossenheit der Unionsanhänger für die Grünen und die Vorbehalte werden in ausführlichen Diskussionen behandelt werden. Wie wenig die Grünen in Regierungen abschreckend wirken, geht aus der gleichen Umfrage hervor: 57 Prozent sehen in einem grünen Ministerpräsidenten einen Denkzettel für die großen Parteien und 45 Prozent sehen darin einen ganz normalen demokratischen Vorgang.[11] Die abnehmende Dramatik einer grünen Beteiligung an Regierungen muss so den Gegnern von Schwarz-Grün in der Union vor Augen geführt werden.

b) Das Meinungsklima spricht für die Grünen „Jetzt einmal abgesehen von ihrer eigenen Meinung: Was glauben sie, gefallen die Grünen den meisten Menschen bei uns in der Bundesrepublik im Augenblick gut oder glauben sie das nicht?" Gegenüber 2009 sind es heute 43 Prozent die glauben, dass die Grünen den meisten Menschen gut gefielen. Allensbach spricht von einer „gefühlten Anhängerschaft", die ausdrückt, dass die Grünen von einer außerordentlich starken Strömung des Zeitgeistes getragen werden.[12]

c) CDU und Grüne basieren zum Teil auf den gleichen gesellschaftlichen Gruppierungen. Ein schwarz-grünes Milieu wird Lebensgefühl. „Die Deutschen fühlen sich längst schwarz-grün. Sie sehen sich mittwochs beim Yoga, freitags in der Oper, samstags auf dem Markt, sonntags in der Kirche."[13] Auch in der Forschung des Sinus-Instituts wird das Aufweichen klassischer Milieus bestätigt. Es wird immer schwerer, große Milieus herauszuarbeiten, stattdessen überlappen sich immer häufiger Lebensgefühle und Wertemeinungen vieler unterschiedlicher Gruppen.

„Vor allem Jugendliche kombinieren heute traditionelle mit modernen Werten. Sie finden […] die Familie wichtig, haben aber kein Problem mit […] der Ehe ohne Trauschein oder homosexuellen Beziehungen."[14] Mit solchen Argumenten aus der Demoskopie über die heterogene deutsche Gesellschaft kann die CDU ihre Mitglieder und Anhänger für eine neue Sicht auf Schwarz-Grün gewinnen. Ausführliche soziologische und demoskopische Darstellungen über das neue Wählerverhalten sind ein wesentliches Entscheidungsmoment über Schwarz-Grün in der CDU.

8   Mitgliederbefragungen

Die Selbstmobilisierung der CDU gipfelt in einer Mitgliederbefragung. Die Mitglieder können sich für oder gegen eine schwarz-grüne Koalition aussprechen. Den Rahmen des Befragungsverfahrens bilden Treffen in Orts- und Kreisverbänden, Regionalkonferenzen und Versammlungen für alle Bürger. Die bereits erwähnten schwarz-grünen „Runden Tische" vor Ort wären hilfreich, besonders da, wo schon kommunale schwarz-grüne Bündnisse existieren. In diesen Veranstaltungen kann die große politische Diskussion über die Zukunft Deutschlands und die Rolle der CDU geführt werden. Die CDU könnte sich im Rahmen einer Selbstvergewisserung auf die schwarz-grüne Koalition einstimmen. Der Karlsruher Parteitagsbeschluss „Verantwortung Freiheit" bildet eine gute Grundlage für diese inhaltliche Diskussion. Auch ein Blick auf den „neuen grünen Gesellschaftsvertrag", der für die Bundestagswahl 2009 bei den Grünen entwickelt wurde, kann die Diskussion bereichern. Die Themenliste ist weit gesteckt: Wachstum und Wohlstand, Umwelt, Energierevolution, Bildungsrepublik Deutschland, Integration und die Zukunft Europas. Die vielfältigen Veranstaltungsformen in den Gliederungen der CDU und die damit verbundene Diskussion der zentralen Frage nach Schwarz-Grün sollen zu einer ernsthaften Auseinandersetzung der gesamten Partei mit dem Thema schwarz-grüne Bundesregierung führen.

Weit über 100.000 Menschen werden an diesen Diskussionen teilnehmen und schätzungsweise über 50 Prozent ihre Stimme abgeben. Diskussion und Abstimmung werden eine Dynamik entwickeln, um die große Bedeutung der neuen schwarz-grünen Koalition zu unterstreichen und politisch möglich machen. Das Modell für diese Mitgliederbefragung hat die NRW-CDU bei der Suche nach ihrem neuen Vorsitzenden 2010 praktiziert: Abstimmungsunterlagen für alle Mitglieder, die durch Briefwahl oder Stimmabgabe an einem festgelegten CDU-Tag an der Wahlurne teilnehmen können. Der Bundesausschuss der CDU, oft kleiner Parteitag genannt, würde dann die endgültige Koalitionsentscheidung im Lichte der Mitgliederbefragung treffen. 50 Prozent Beteiligung der Mitglieder ist keine Illusion, denn schon in NRW 2010 haben 52,9 Prozent, das heißt 83.092 Mitglieder teilgenommen. In der Gesamtmitgliedschaft der Bundespartei wären das 250.000 abstimmende Mitglieder.

Mit einem solchen Votum im Rücken könnte die CDU-Führung die großen politischen Fragen einer schwarz-grünen Bundesregierung angehen.

9   Landtagswahlkämpfe

Die hochgesteckten Ziele in der gemeinsamen Bundespolitik werden CDU und Grüne in Landtagswahlen nicht davon abhalten können und dürfen, gegeneinander in Konkurrenz anzutreten. Teilweise werden die traditionellen Lagerformationen Rot-Grün gegen Schwarz-Gelb nicht zu vermeiden sein. Ein flächendeckendes Muster Schwarz-Grün kann ohnehin nicht angestrebt werden. Die Doktrin des Fünf-Parteien-Systems heißt Multioptionswahlkampf: Jeder gegen Jeden und Jeder mit fast Jedem. Landtagswahlkämpfe dürfen weder das Timing noch die politische Agenda der Bundespolitik bestimmen. Schwarz-Grün hat die Aufgabe, die bundespolitischen Entscheidungsprozesse von den Landtagswahlen zu befreien. Nur so können Kontinuität und Nachhaltigkeit in der Bundespolitik entstehen. Hier wird Politikern und Parteien viel abverlangt, aber gerade diese hohe Anforderung rechtfertigt in den Augen von Unionswählern und -anhängern ein schwarz-grünes Bündnis. Union und Grüne müssen zwischen der Zusam-

menarbeit im Bund und den Wahlkämpfen in den Ländern unterscheiden. Das
dürfte die Basis in beiden Parteien zufriedenstellen und stärken.

10 Volkspartei

Im Kontext der schwarz-grünen Koalitionsbildung steht die Entwicklung des
deutschen Parteiensystems. Eine der Hauptfragen dabei lautet: Sind die Volksparteien am Ende?[15] Die CDU wird auch in einer schwarz-grünen Koalition
Volkspartei bleiben wollen. Modernisierung und Reorganisation werden wesentliche Elemente der Parteiarbeit in schwarz-grüner Zeit sein. Ob die Grünen auf
dem Weg zur Volkspartei sein werden, ist für das Bündnis mit der CDU weniger
relevant. Für die CDU ist ihr Charakter als Volkspartei eine Existenzfrage.

Volkspartei zu sein ist für die CDU eine politische Wertefrage, in ihrem
Selbstverständnis eine geistige Grundlage der politischen Arbeit. Die Grünen
werden auch in einem Bündnis mit der CDU ihren Doppelcharakter als Protestpartei wie als Klientelpartei nicht aufgeben. Mit Wutbürgern und Chaoten auf
der Straße kämpfend werden sie im Parlament ihre Klientel der materiell arrivierten Akademiker, Beamten, Angestellten und Selbständigen vertreten. Ihren
kommunikativen Stil als „Bürgerversteher"[16] werden sie weiter praktizieren. Die
CDU hat als Volkspartei die Aufgabe, ihre machtpolitische Rolle als Kanzlerpartei, ihre soziale Fundierung als Partei aller Volksschichten und ihre flächende-
ckende Präsenz in der Gesellschaft fortzusetzen. Die CDU wird die gesellschaftspolitische Balance im schwarz-grünen Verhältnis garantieren. Die Exzentrik der
Grünen wird durch die Solidität der CDU ausgeglichen.

11 Dialog

Neben der Personalisierung ist die Mobilisierung das zweite strategische Eckda-
tum im Wahlkampf. 2009 hat ein regelrechter Wettlauf zum Wähler begonnen.
Die Mobilisierungsdefizite der Volksparteien dürfen nicht darüber hinwegtäu-
schen, dass die Instrumente des Dialog-Wahlkampfs zunehmend eingesetzt wer-
den. Allerdings hat das Comeback des Directmarketings in den deutschen Wahl-
kampfkonzepten zunächst mehr den kleinen Parteien genutzt. Sie haben diesen
Wettlauf zum Wähler zunächst gewonnen durch Directmarketing mit Briefen,
Telefonaten, Direktansprachen des Wählers und einer ausgiebigen Nutzung des
Internets.[17] Mit dem Dialogwahlkampf wird drei wesentlichen Sichtweisen des
Wählers im Blick auf Kandidaten und Parteien entsprochen: Wer ist spürbar vor
Ort tätig, wer teilt meine Meinungen und Werte und wem kann ich schließlich

vertrauen und glauben? Glaubwürdigkeit und Vertrauen – die entscheidenden psychologischen Dispositionen vieler Stimmabgaben – werden vor Ort beim Wähler durch direkte Absprache aller Art begründet.

Seit 2000 haben die US-Strategen erkannt, dass der Wahlkampf über Massenmedien, insbesondere im Fernsehen, die Wähler allein nicht mehr mobilisiert. Die Folgerung: Vom Air War zum Ground War. Die Rückkehr zur aktiven Basisarbeit bedeutet kommunikationstechnisch die direkte, persönliche Ansprache des Wählers (World of Mouth) in Ergänzung der massenmedialen indirekten Zuwendung an den Wähler, zumal das Internet neue Methoden der Wähleransprache bietet. Ubiquity, d.h. alle möglichen Wege zum Wähler müssen gegangen werden. Damit befindet sich die Wahlkampfführung in einem wichtigen Wandlungsprozess. Moderne Wahlkampfstrategen werden nach den Erfahrungen von 2009 künftig in Deutschland auf den Dialog setzen.[18] Ohne Zweifel hat das Studium der Obama-Kampagne das Know-how für Internetkampagnen bei deutschen Wahlkämpfern gefördert, die technische Infrastruktur ist ebenfalls vorhanden.[19]

Für einen durchschlagenden Erfolg der verschiedenen Dialogkampagnen wird allerdings eine größere politische Emotionalisierung des Wählers als noch 2009 nötig. Obamas Techniken wirken nicht ohne Obamas Persönlichkeit und seine emotionale Politik. Schwarz-grüne Politik, wie sie in diesem Beitrag skizziert wurde, kann erfolgreich ein emotionales Engagement wecken. Fast unbemerkt von vielen Wahlkampfbeobachtern verschickten die Parteien im Bundestagswahlkampf rund 116 Millionen regionale und bundesweite Mailings. Der Brief war zweifellos die Geheimwaffe des jüngsten Wahlkampfs. Unadressierte Postwurfsendungen und teiladressierte Briefsendungen wurden verschickt, während man im amerikanischen ebenso wie im englischen Wahlkampf mit genaueren Adressen arbeitet. In Deutschland kann die Post immerhin Partei-affine Hausgemeinschaften beschreiben. Das zielgenaue Targeting der Parteien in Deutschland muss unter Berücksichtigung des Datenschutzes noch aufgebaut werden.

Die CDU erreichte 17 Millionen Haushalte wenige Tage vor der Bundestagswahl über die Werbebeilage der Deutschen Post DHL mit Merkel-Werbung. CDU-nahe Wähler über 60 wurden ebenfalls per Directmailing angesprochen.[20] Diesen Dialog kann die CDU in schwarz-grünen Zeiten zwischen den Wahlen führen, um eigene Wähler zu rekrutieren. Briefe sind auch eine gute Möglichkeit, schwarz-grüne Politik den CDU-Anhängern intensiv zu erklären und für diese Politik zu motivieren.

12 Nichtwähler

In jeder Koalition, aber gerade bei einer Koalition mit den Grünen, muss die CDU Abwanderungen ihrer Wähler in die Enthaltung befürchten. Die CDU-Verluste an die Partei der Nichtwähler in jüngsten Wahlen deuten darauf hin. Bei der Bundestagswahl 2009 waren es 1,1 Millionen Wähler, bei den NRW-Landtagswahlen 2010 330.000 Wähler und in Hamburg 2011 70.000 Wähler. Soll die Partei der Nichtwähler nicht weiterhin reiche Beute im Wählerreservoir der CDU machen, müssen dringende Anstrengungen unternommen werden. Es bleibt die bange Frage: Werden die Wutbürger die Verlusttrends der Union verstärken oder kommt mit ihnen eine Repolitisierung und eine Rückkehr der Nichtwähler?

Im Wahlergebnis 2009 sind 18 Millionen Nichtwähler verzeichnet. Wenn Allensbach rund 23 Prozent CDU-Sympathisanten unter den Nichtwählern misst [21], heißt das beispielsweise für Unionswahlkampfplaner, dass dieses Viertel der Nichtwähler mit rund 4,5 Millionen im Wahlkampf ansprechbar sein könnte. Das ist eine Art Jackpot für Kommunikationsprofis.

Eine Studie und ein Aufsatz sowie ein wissenschaftliches Papier geben aktuelle Auskünfte über Nichtwähler in Deutschland:[22]

1) Nichtwähler sind kaum verdrossen von der Demokratie, haben aber das Gefühl politisch wirkungslos zu sein. Was sie sich wünschen, sind eine größere Ehrlichkeit, Glaubwürdigkeit und Problemlösungskompetenz von Parteien und Politikern.
2) Die Zahl der Nichtwähler in Deutschland steigt kontinuierlich. Dabei sind es nicht mehr nur die sozial wenig privilegierten und wenig integrierten Bürger in Deutschland, die an einer Wahlteilnahme zweifeln. Die Daten aus der Studie zeigen, dass Nichtwählen mittlerweile auch in wahltreuere Schichten der gesellschaftlichen Mitte vorgedrungen ist.
3) Der Wahlkampf der Parteien mobilisierte mögliche und erklärte Nichtwähler nur in geringem Maße. Dies zeigte sich zunächst am niedrigen Interesse, das diese Gruppen der Bundestagswahl beimaß. Über zwei Drittel der Befragten gaben konstant an, sich wenig bis gar nicht für den Wahlkampf zu interessieren. Sie fühlten sich von den Kampagnen der Parteien kaum angesprochen. Folgerichtig nannten knapp drei Viertel den wenig mobilisierenden Wahlkampf als Grund für ihre geplante Nichtteilnahme an.
4) Nichtwähler in Deutschland sind politisch zunehmend heimat- und orientierungslos. Knapp zwei Drittel der Befragten konstatierten, dass ihnen keine der

Parteien mehr gefällt. Könnten sie jedoch zum Urnengang mobilisiert werden, dann verhielt sich ihr Stimmverhalten ähnlich wie das der Gesamtwählerschaft.

13 Personelle Aufstellung

Mit Schwarz-Grün kommt die Zeit für die Protagonisten der Pizza Connection: Pofalla, Gröhe, Röttgen und von Klaeden, um einige zu nennen, die jetzt schon Verantwortung in der CDU tragen. Natürlich werden sie einen wichtigen Part spielen. Sind gemeinsame Restaurantrechnungen mit den Grünen Vorzugsscheine für politische Führungspositionen in der CDU? Hier muss die CDU aufpassen, wenn sie ihr Personaltableau im schwarz-grünen Spektrum aufstellt. Gerade ihr konservatives Klientel muss sich in den Führungsgremien und Ministerämtern wiederfinden. Es können gar nicht genug Schäubles und Kauders vertreten sein, damit die CDU-Anhängerschaft sich in der Führung wiedererkennt. Unter einer Kanzlerin Merkel wird sich die Volkspartei CDU im Kabinett und in der Parteiführung wiederfinden müssen, damit die Mobilisierung und Motivation gelingt. Wie wichtig die Personalisierung in der deutschen Politik geworden ist, hat sich ja in den letzten Wahlkämpfen herausgestellt.

14 Schlussfolgerung

„Die Begegnung mit dem aktuell Unmöglichen begeistert uns."[23] Folgt man Peter Sloterdijk, kann man Schwarz-Grün wagen, um in der deutschen Politik Kurzsichtigkeit, Engstirnigkeit, Mutlosigkeit und Ideenlosigkeit mit den sozialkulturellen Schichten zu überwinden, die nun einmal unsere heutige Gesellschaft dynamisieren. Es sind die gebildeten und aktiven Bürger unterschiedlicher Lebensstile und verschiedener ökonomischer Verhältnisse, die vorrangig von schwarzgrüner Politik angesprochen werden. Die Aktivbürgerschaft wird mobilisiert. Nach den Hamburger Wahlen vom Februar 2011 wurde die schwarz-grüne Option in weite Ferne gerückt.[24] Häufiges Fazit: Die CDU ist nicht bereit für die Grünen und ein schwarz-grünes Bündnis bringt nichts.

Abgesehen davon, dass Bürgerschaftswahlen in Hamburg kein Terrain sind, um die Entwicklungen der Bundesrepublik Deutschland zu erkennen, hat sich in der deutschen Politik der Nachkriegszeit wieder und wieder gezeigt, dass Grundentscheidungen nicht durch Umfragemehrheiten und Landtagswahlergebnisse, sondern durch politische Entschlossenheit getroffen wurden. Die Wählermehrheiten mussten erkämpft und überzeugt werden. Westbindung, Wiederbewaffnung, Soziale Marktwirtschaft, Ostpolitik, Nato-Doppelbeschluss, Wiedervereinigung und Euro waren Themen der Kategorie, wie sie heute angepackt werden müssten. Adenauer, Brandt und Kohl standen dafür. Merkel oder später ihre Nachfolger könnten die Führungskraft der CDU in einem schwarz-grünen Bündnis wieder erneuern und verstärken. Schwarz-Grün kann ein Jungbrunnen für die CDU als Volkspartei werden. Nicht mit der List der Vernunft sondern mit neuen konzeptionellen Anstrengungen und der innerparteilichen Kraft der Diskussion wird die CDU den schwarz-grünen Neubeginn in Deutschland wagen können. Ein gewagtes wichtiges politisches Projekt – große Oper eben.

Endnoten

[1] Bernd Ulrich in der Zeit vom 13. Januar 2011.

[2] Vgl. Dick Morris: Behind the Oval Office, Los Angeles 1999, S. 389.

[3] Meinhard Miegel: Exit. Wohlstand ohne Wachstum, Berlin 2010, S. 165.

[4] Ebd., S. 167.

[5] Vgl. Peter Sloterdijk: Du musst Dein Leben ändern, Frankfurt am Main 2009.

[6] Vgl. Paul Nolte: Generation Reform. Jenseits der blockierten Republik, München 2004, S. 155.

[7] Kurt Biedenkopf: Die Ausbeutung der Enkel. Plädoyer für die Rückkehr der Vernunft, Berlin 2006, S. 181.

[8] Peter Sloterdijk in der Süddeutschen Zeitung vom 20. Dezember 2009.

[9] Vgl. Viola Neu: Die Bundestagswahlen in Deutschland am 27. September 2009 (Wahlanalyse), herausgegeben von der Konrad-Adenauer-Stiftung, Dezember 2009, S. 44.

[10] Institut für Demoskopie Allensbach, Umfrage vom 6.-18. November 2010, in: Frankfurter Allgemeine Zeitung vom 24. November 2010.

[11] Vgl. ebd.

[12] Vgl. ebd.

[13] FAZ.net vom 10. November 2010.

[14] „Keiner will mehr Mitte sein", in: Süddeutsche Zeitung vom 22. September 2010.

[15] Vgl. Volker Kronenberg/Tilman Mayer (Hrsg.): Volksparteien: Erfolgsmodell für die Zukunft? Konzepte, Konkurrenzen und Konstellationen, Freiburg 2009.

[16] Klaus-Peter Schöppner (Emnid) im Tagesspiegel vom 10. Oktober 2010.

[17] Vgl. Peter Radunski: Lehren aus dem Bundestagswahlkampf 2009. Hinweise für Wahlkämpfer und -forscher, in: Heinrich Oberreuter (Hrsg.): Am Ende der Gewissheiten – Wähler, Parteien, Koalitionen in Bewegung, München 2011.

[18] Initiative ProDialog: Dialog 09 – Der Einsatz von Dialogkommunikation im Bundestagswahlkampf 2009, Berlin 2009, S. 5; Peter Radunski: Obama und die Zukunft des deutschen Wahlkampfs, in: Kerstin Plehwe/Maik Bohne (Hrsg.): Von der Botschaft zur Bewegung: Die 10 Erfolgsstrategien des Barack Obama, Hamburg 2008, S. 167ff.

[19] Vgl. Patricia Romanowsky: Die Bundeskanzlerin 2.0 – Der Bundestagswahlkampf im Internet, in: Civis mit Sonde 2-3/2009; Hagen Albers: Onlinewahlkampf 2009, in: Aus Politik und Zeitgeschichte 51/2009, S. 33-38, S. 33f.

[20] Vgl. Initiative ProDialog: Dialog 09, S. 28.

[21] Vgl. Thomas Petersen: Die unverdrossenen Nichtwähler, in: Frankfurter Allgemeine Zeitung vom 22. Juli 2009.

[22] Vgl. Initiative ProDialog: Nichtwähler in Deutschland. Panelbefragung zur Bundestagswahl 2009, durchgeführt von dimap Berlin, 01/2009; Thorsten Faas: Das fast vergessene Phänomen: Hintergründe der Wahlbeteiligung bei der Bundestagswahl 2009, in: Karl-Rudolf Korte (Hrsg.): Die Bundestagswahl 2009. Analysen der Wahl-, Parteien-, Koalitionen- und Regierungsforschung, Wiesbaden 2010; Maik Bohne: Nichtwähler in Deutschland – Analyse und Perspektiven, Initiative ProDialog, Berlin 2010.

[23] Peter Sloterdijk auf dem Kongress Denkwerk Zukunft am 15. Januar 2011.

[24] Vgl. u.a. Frankfurter Allgemeine Zeitung vom 21. Februar 2011, Handelsblatt vom 22. Februar 2011.

Eckhard Jesse

Ist Schwarz-Grün im Bund 2013 realistisch und wünschenswert?
Koalitionskonstellationen im Wandel

1 Einleitung

Das Koalitionsgefüge wandelt sich. Nach der Wahl zur Hamburger Bürgerschaft im Februar 2008 entstand die erste schwarz-grüne Koalition in einem Bundesland (sie hielt nicht einmal drei Jahre) – ermöglicht durch den Einzug der Linken in das Parlament. Wäre die Linke nicht in die Bürgerschaft eingezogen (wie die FDP), hätte es knapp für eine rot-grüne Koalition gereicht. So aber gingen die Grünen entgegen ihrer Koalitionsaussage ein Bündnis mit der CDU ein. Die Segmentierung schwächt sich ab.

Wie das Beispiel zeigt: Der Wandel des Parteiensystems wirkt sich auf die Koalitionsbildung aus. Zunächst etablierte sich die PDS in den neuen Bundesländern als fünfte Partei und seit einigen Jahren – nach dem Zusammenschluss der PDS mit der WASG zur Partei „Die Linke" 2007 – auch in den alten. Mittlerweile ist sie in 13 Landesparlamenten vertreten, in vier von fünf ostdeutschen als zweite Kraft. Bei der Bundestagswahl 2005 steigerte sich die Partei von 4,0 auf 8,7 Prozent, bei der von 2009 sogar auf 11,9 Prozent. Die Fragmentierung nimmt zu.

Auch der Wandel des Wahlverhaltens ist mit Händen zu greifen. So stimmten bei den Bundestagswahlen 1972 und 1976 mehr als 80 Prozent der Wahlberechtigten für die beiden großen Volksparteien Union und SPD – über 90 Prozent der Wähler bei einer Wahlbeteiligung von über 90 Prozent. Hingegen erreichten die Union und die SPD 2009 nicht einmal 40 Prozent der Wahlberechtigten – nur 56,8 Prozent votierten für die beiden (einstigen) Großparteien bei einer Beteiligungsquote von 70,8 Prozent. Die Volatilität steigt.

Der erwähnte Wandel – des Wahlverhaltens, des Parteiensystems, der Koalitionskonstellationen – stellt die Parteien vor schwierige Herausforderungen. Die Wähler entscheiden immer kurzfristiger, die Zahl der Stammwähler sinkt, die der Wechselwähler steigt ebenso wie die der Nichtwähler. Das Parteiensystem erwei-

tert sich – dadurch erschweren und verbreitern sich die Koalitionskonstellationen. Im Gegensatz zum Wahlverhalten und zum Parteiensystem kommt die
Analyse des Koalitionsgefüges vielfach zu kurz. Wie einfach, wie übersichtlich
war es doch früher!

Der Beitrag untersucht die oft vernachlässigte Frage der Koalitionsbildung.
Einleitend geht es um die Koalitionspräferenzen vor und nach der deutschen
Einheit. Danach erfolgt eine Systematisierung verschiedener Varianten für die
Koalitionsbildung. Schließlich wird begründet, wieso eine lagerinterne Koalition
mehr für sich hat als eine lagerübergreifende, und ein Vorschlag entwickelt, dass
trotz eines Patts – aufgrund der Stärke der Partei „Die Linke" – ein lagerinternes
Bündnis regieren kann (ohne die Linke). Schließlich stellt sich die Frage, ob nach
der Bundestagswahl 2013 eine schwarz-grüne Koalition wünschenswert und
wahrscheinlich ist. Das Wünschenswerte muss nicht wahrscheinlich sein, das
Wahrscheinliche nicht wünschenswert.

2 Koalitionsbildung vor und nach der deutschen Einheit

Die Koalitionsbildung lief in der Bundesrepublik reibungslos ab, da die Liberalen
von Anfang an vor einer Bundestagswahl mehr oder weniger klar Koalitionsaussagen getroffen hatten. So stellte die Union von 1949 bis 1969, die SPD von 1969
bis 1982 und die Union von 1982 bis 1990 erneut den Kanzler. Die FDP war in
allen Phasen an der Regierung beteiligt, in der ersten mit Unterbrechungen (1956-
1961 und 1966-1969). Auch wenn etwa 1976 die Union mit 48,6 Prozent klar zur
stärksten Partei avancierte, galt die Koalition zwischen den beiden Verlierern,
SPD und der FDP wegen der Koalitionssignale der Liberalen und der Sozialdemokraten als legitimiert. Probleme bei der Koalitionsbildung traten nicht auf,
jedenfalls nicht im Bund und nur selten in den Ländern – etwa in der ersten Hälfte der 1980er Jahre, als die Grünen z.B. in Hamburg und Hessen sich weigerten,
in die Regierung zu gehen und das Wort von den „Hamburger" bzw. „hessischen
Verhältnissen" die Runde machte. Das wurde nach der deutschen Einheit allmählich anders.

Bei den Bundestagswahlen 1994, 1998 und 2002 hätte die PDS beinahe eine
schwarz-gelbe oder rot-grüne Mehrheit verhindert. Mit Hilfe von Überhangmandaten ließ sich der jeweils hauchdünne Vorsprung eines „Lagers" ausbauen. 2002
war die Fortsetzung der rot-grünen Koalition nur wegen des Scheiterns der PDS
an der Fünf-Prozent-Hürde möglich. Erst im Jahr 2005 trat die Blockierung einer
herkömmlichen Zweier-Koalition ein. Wie 1949 reichte es nicht für ein Bündnis
einer großen mit einer kleinen Partei. Aber anders als 1949 entstand keine Koali-

tion aus einer großen Partei und zwei kleinen. Weder schafften es SPD und Grüne, die Liberalen für ein Bündnis zu gewinnen, noch CDU und FDP, die Grünen
auf die eigene Seite zu ziehen. Der einzige Ausweg: eine – ungewollte – Große
Koalition. 2009 kam wieder eine „bürgerliche" Koalition aus Union und FDP
zustande.

Die Gründe für die Bildung von Koalitionen sind unterschiedlicher Natur.
Hierzu gehören u.a. die programmatische Nähe, strategische Übereinstimmungen, die Arithmetik, die „Chemie" der Spitzenkandidaten, Erfahrungen der Vergangenheit mit spezifischen Bündnissen. Die verbreitete Auffassung, die Koalitionsbildung werde auf Bundesebene durch ein Fünfparteiensystem erschwert,
stimmt so keineswegs. Nicht die höhere Zahl der Parteien erschwert sie, sondern
die Art der „fünften" Partei. Bisher galt die Linke für SPD wie Grüne auf Bundesebene als „politikunfähig" und für Union wie FDP als „demokratieunfähig".
So besaßen die Postkommunisten eine Schlüsselfunktion. Sie konnten 2005 ein
herkömmliches Zweierbündnis verhindern, aber kein neues Dreierbündnis her-
beiführen.

Ein Vierparteiensystem war bis zur deutschen Einheit etabliert (durch das
Aufkommen der Grünen), ein Fünfparteiensystem ist es 20 Jahre nach der deutschen Einheit. Die Linke, mittlerweile in den Parlamenten von 13 Bundesländern
vertreten und in zwei Landesregierungen, stellt eine Milieu- (mehr im Osten)
und eine Protestpartei (mehr im Westen) zugleich dar. Auf Bundesebene ist eine
Rückkehr zu einem Vier-Parteiensystem (in welcher Konstellation auch immer)
wahrscheinlicher als eine Aufblähung zu einem Sechsparteiensystem durch eine
Kraft von Rechtsaußen. Der drastische Einbruch bei den Liberalen ist kein Grund,
das Totenglöcklein zu läuten. Und der Aufstieg bei den Grünen muss sich so
nicht fortsetzen. Eine Momentaufnahme ist kein zuverlässiger Gradmesser, hingegen eher die anhaltende leidvolle Last der Vergangenheit. Anders als in den
meisten west- und osteuropäischen Demokratien ist die Barriere für eine Rechts-
außenpartei hoch, wohl zu hoch. Die NPD mit ihrem „Schmuddel-Image"
(Wahrnehmung und Wirklichkeit fallen hier zusammen) lässt selbst Konservative
auf Distanz gehen. Ächtung setzt sofort ein, so dass zwar punktuelle Erfolge in
einzelnen (vor allem ostdeutschen) Ländern möglich sind, jedoch keine bundesweiten. Das klägliche Abschneiden der Rechtsaußenkräfte erklärt auch die Erfolge der Partei am linken Rand mit.

3 Systematik der Varianten für die Koalitionsbildung

Wer nach der Größenordnung und der Homogenität unterscheidet, kann vier Varianten der Koalitionsbildung ausmachen: ein lagerinternes Zweier- (Rot-Grün versus Schwarz-Gelb) oder Dreierbündnis (Rot-Grün-Dunkelrot); ein lagerübergreifendes Zweier- (Schwarz-Rot; Schwarz-Grün; Rot-Gelb) oder Dreierbündnis (Rot-Grün-Gelb versus Schwarz-Gelb-Grün). Das lagerinterne System kann vollständig (Schwarz-Gelb versus Rot-Dunkelrot-Grün) oder unvollständig sein (Schwarz-Gelb versus Rot-Grün; die Linke als nicht koalitionswürdige Kraft). Gleiches gilt für das lagerübergreifende System. Um es am Dreierbündnis zu zeigen: Vollständige Varianten wären Schwarz-Gelb-Grün und Rot-Grün-Gelb, unvollständige nur die „schwarze Ampel" („Jamaika"-Koalition) oder die „normale Ampel" („Senegal"-Koalition), da die jeweils andere Konstellation ausfällt.

Unter einem politischen „Lager" ist ein Bündnis von Parteien zu verstehen, die viele Gemeinsamkeiten aufweisen und sich von anderen abgrenzen („Lagermentalität"), im Extremfall sogar eine Art „Projekt" repräsentieren. Die sozioökonomischen (mehr Staat versus weniger Staat) und die politisch-kulturelle Konfliktlinien (mehr Freiheit versus mehr Sicherheit) bestimmen maßgeblich die Lager. Dazu gehört ferner die Konfliktlinie zwischen systemloyal und systemoppositionell. Offenkundig stehen sich SPD und Grüne ebenso nahe wie Union und FDP. Allerdings gibt es bei der sozio-ökonomischen Konfliktlinie Spannungen zwischen der SPD und den Grünen, die weniger „staatsbezogen" auftreten. Und zwischen der Union und der FDP bestehen Unterschiede bei der politisch-kulturellen Konfliktlinie. Die Liberalen räumen stärker als die Union den Werten der Freiheit ein größeres Gewicht ein.

Für die SPD schien es nach dem verheerenden Ausgang bei der Bundestagswahl 2009 nur eine Frage der Zeit zu sein, bis sie, nicht zuletzt aus wahltaktischen Überlegungen, eine koalitionspolitische Öffnung gegenüber der Linken ins Auge fasst. Was auf Landesebene in einer Art Salamitaktik geschah – erst Tolerierung einer von der SPD (und den Grünen) bestimmten Regierung durch die PDS („Magdeburger Modell" 1994), dann Koalition mit der PDS im Osten („Schweriner Modell" 1998), schließlich Koalition in einem „gemischten" Bundesland (kleines „Berliner Modell" 2002), später versuchte Tolerierung durch die Linke in einem westlichen Bundesland („Wiesbadener Modell" 2008) und angestrebte Koalition mit der Linken in einem westlichen Bundesland („Saarbrücker Modell" 2009) –, sollte nun – so dachten Auguren –im Bund offenkundig Wirklichkeit werden. Dieser Strategie wohnte eine gewisse Logik inne, nicht jedoch der Strategie, mit der Linken nur dann eine Koalition einzugehen, wenn diese auf das

Amt des Ministerpräsidenten verzichtet. Dadurch erschwerte sie – wie in Thüringen (2009) und in Sachsen-Anhalt (2011) – Bündnisse im Osten mit der (dort meist stärkeren) Linken. Eine weitere Ungereimtheit: Dem Wähler ist nicht hinreichend glaubwürdig zu verdeutlichen, dass eine Koalition in den Ländern als praktikabel gilt, nicht jedoch im Bund.

Was den Bund angeht, hat sich bei der SPD in jüngerer Zeit offenkundig ein gewisser Wandel vollzogen. Die Partei scheint von einem solchen Bündnis für die unmittelbare Zukunft abzurücken – wohl aus zwei Gründen. Zum einen ist durch den Einbruch der Regierungsparteien (mehr der FDP als der Union) und durch die Konsolidierung der Oppositionsparteien (mehr der Grünen als der SPD) selbst eine rot-grüne Koalition wieder eine realistische Möglichkeit geworden. Zum anderen hat sich das Verhältnis zur Linken abgekühlt, weil sich diese Partei durch die Fusion von Linkspartei und WASG radikalisiert hat. Die „Wege zum Kommunismus"-Überlegungen Gesine Lötzschs sind dafür ein so aussagekräftiges wie abschreckendes Beispiel. Diese Partei, die ihre Stiftung nach Rosa Luxemburg benannt hat, steht mit den tragenden Prinzipien des demokratischen Verfassungsstaates auf Kriegsfuß.

Die Union hingegen rückt – mehr indirekt als offen – von der alleinigen Koalitionspräferenz für die FDP ab – vor allem deshalb, weil die Partei befürchtet, mit den Liberalen keine Mehrheit zu erhalten. Gleichwohl heißt es, sie stehe den Liberalen deutlich näher als den Grünen.

4   Plädoyer für eine lagerinterne Koalition

Lagerübergreifende Bündnisse sind wohl nur ohne ein vorheriges Koalitionsvotum der Partner möglich. Das ist misslich, weil die Wähler wissen wollen und wissen sollen, mit wem die Parteien im Fall entsprechender arithmetischer Mehrheiten zu koalieren beabsichtigen. So wird aus der Wählerstimme nicht nur ein Parteivotum, sondern faktisch auch ein Regierungs- oder Oppositionsvotum. Verzichten Parteien auf Koalitionsaussagen, läuft dies auf eine Entmachtung des Wählers hinaus, der die „Katze im Sack kaufen" soll. Die Parteiverdrossenheit nähme angesichts des „Koalitionsgerangels" zu. Der konkurrenzdemokratische Mechanismus schwächte sich ab.

Verbreitete Vorbehalte gegen ein bipolares Parteiensystem leuchten vor dem Hintergrund der stark konsensdemokratisch ausgerichteten politischen Kultur Deutschlands (mit zahlreichen Vetospielern) nicht recht ein. Wir haben mit dem Bundesrat eine starke zweite Kammer, die selten die gleichen Mehrheitsverhältnisse wie im Bund aufweist: zum einen durch den Ausgang der Landtagwahlen, bei denen der Wähler häufig die im Bund regierenden Parteien „abstraft", zum andern durch einen leider bis heute nicht behobenen Konstruktionsfehler im Grundgesetz. Enthaltungen im Bundesrat wirken sich bei zustimmungspflichtigen Gesetzen wie ein Nein aus. Kann sich eine Landesregierung nicht einigen, enthält sie sich. Durch die vielfältigen Koalitionsmuster in den Ländern ist so eine Vetofunktion des Bundesrates gleichsam präjudiziert. Nach der hessischen Landtagswahl im Februar 2009, die zu einer konservativ-liberalen Regierung geführt hatte, verlor selbst die Große Koalition im Bundesrat ihre Mehrheit.

Wer stärker für ein Wettbewerbsmodell votiert, will gesellschaftliche Gegensätze nicht vertuschen und dem Wähler Gelegenheit geben, Position zu beziehen. Das ist zumal in einer repräsentativen Demokratie wichtig, die den Bürgern zwischen den Wahlen keine politischen Korrekturen ermöglicht, höchstens indirekt durch ein Votum bei den Landtagswahlen. Auch wenn dies viele nicht wahrhaben wollen: In der Bundesrepublik Deutschland gibt es in habitueller und in inhaltlicher Hinsicht nach wie vor zwei „Lager", die jeweils eine Koalition anstreben. Eine Polarisierung ist damit jedoch nicht verbunden – im Gegenteil. Ein Teil der Verdrossenheit speist sich daraus, dass für viele Wähler die Union nicht „schwarz" genug und die SPD nicht „rot" genug ist.

Bei allen Bundestagswahlen von 1990 an war klar: Eine Koalition zwischen Schwarz-Gelb oder Rot-Grün kommt zustande, wenn die Arithmetik mitspielt. Hingegen konnte bisher nie von einem rot-dunkelrot-grünen Lager die Rede sein: Anhänger wie Gegner dieses Bündnisses überschätzen dessen Zusammenhalt. Die Gemeinsamkeiten zwischen der SPD, den Grünen und der Linken erschöpfen sich vor allem in der Abgrenzung von den „Bürgerlichen".

Eine lagerübergreifende Dreierkoalition ist im Grunde eine abgeschwächte Große Koalition. Interne Konflikte könnten die Geschlossenheit nach außen gefährden. Die Grünen sähen sich gegenüber ihren Koalitionspartnern Union und FDP zu Profilierung gedrängt, die Liberalen ebenso gegenüber ihren Koalitionspartnern SPD und Grüne. Diejenige kleine Partei, die sich in einer solchen Koalition nicht genügend repräsentiert wähnte, könnte ein Erpressungspotential an den Tag legen, weil sie um ihre Unentbehrlichkeit wüsste.

Die Absage an eine Koalition unter Einschluss der Linken kollidiert mit der Absage an ein lagerübergreifendes Koalitionsmodell. Die Argumentation lautet wie folgt: Wer die Linke nicht in der Regierung haben will, muss eine Große Koalition, „das" lagerübergreifende Bündnis schlechthin, befürworten oder ein lagerübergreifendes Dreierbündnis. Und: Wer kein solches Modell haben will, muss eben die Einbeziehung der Linken in einer Koalition in Kauf nehmen. Oder gibt es eine Möglichkeit, einerseits am Konkurrenzprinzip festzuhalten und andererseits eine prinzipiell nicht verfassungstreue Partei wie die Linke von der Regierungsbildung fernzuhalten?

Hier kommt die Minderheitsregierung ins Spiel. Sie hat in Deutschland, nicht zuletzt wegen des wenig erhebenden Anschauungsunterrichts in der Weimarer Republik, kein gutes Renommee. Doch sind derartige Vorbehalte in einem Land, das stabil ist, so nicht begründet. Nicht jede Minderheitenregierung muss prekär sein, wie ein Blick nach Skandinavien zeigt, vor allem nach Dänemark und Schweden. Das gilt zumal dann, wenn die Partei, die die Regierung stützt bzw. toleriert, zum Verfassungsbogen zählt.

So ließe sich folgende Variante vorstellen. Für den Fall, dass es weder für eine schwarz-gelbe noch für eine rot-grüne Mehrheit reicht, könnte vor der Wahl folgender Konsens gelten. Wenn Schwarz-Gelb mehr Stimmen bekommen hat als Rot-Grün, müssten die Grünen bereit sein, eine solche Koalition zu stützen bzw. zu tolerieren. Im Fall einer relativen Mehrheit für Rot-Grün gilt das gleiche für die Liberalen. Durch diese Vorkehrung erhielte eine Kraft, die nicht innerhalb des Verfassungsbogens agi(ti)ert, keinen Einfluss auf die Regierung, und das konkurrenzdemokratische Koalitionsmuster bliebe erhalten. Allerdings: Für die kleinere Partei, die Tolerierung zu praktizieren hat, wäre dies nicht ganz einfach. Weder ließe sich ihr freilich Unglaubwürdigkeit vorwerfen, läge doch kein Bruch einer Koalitionsaussage vor, noch Pfründewesen, da sie die Regierungsbeteiligung meidet.

Gewiss ist ein solcher Vorschlag nicht das Ei des Kolumbus, doch verdient eine Minderheitsregierung, zumal in den Bundesländern, keine pauschale Verdammnis, da die Rolle des Tolerierungspartners einer Partei innerhalb des Verfassungsbogens zufällt, anders als in Sachsen-Anhalt (1994-2002), Berlin (2001-2002) und Nordrhein-Westfalen (seit 2010). Die politische Kultur des Landes, die stark Sicherheit und Stabilität favorisiert, tut sich schwer damit, eine Minderheitsregierung als erwägenswerte Alternative einzubeziehen. In Frage kommt freilich nur eine Variante, bei der eine Partei diese stützt, keine, bei der die Koalition mit wechselnden Mehrheiten zu regieren sucht.

5   Die Perspektiven für ein schwarz-grünes Bündnis 2013

Bisher ist eine Koalitionsvariante für die Bundestagswahl 2013 noch nicht erwähnt worden: eine lagerübergreifende Zweier-Koalition zwischen der Union und den Grünen. Das Thema hat zwei Komponenten: eine präskriptive und eine prospektive. Beide müssen voneinander getrennt werden. Und bei beiden ist jeweils wieder zwischen zwei Faktoren zu unterscheiden. Bei der präskriptiven

Sicht geht es um Wahrnehmung und Realität, bei der prospektiven um die Frage nach der Wahrscheinlichkeit für eine arithmetische Mehrheit.

Zur präskriptiven Sichtweise: Die Grünen stehen, heißt es, für eine „multikulturelle Gesellschaft". Die Christdemokraten, vor allem die Christsozialen, lautet eine gängige Meinung, repräsentieren mit ihrer Idee von einer spezifischen „Leitkultur" eher die Gegenposition. Die einen wandeln auf den Spuren der 68er, die anderen sehen die Folgen der damaligen kulturellen Revolution skeptisch (Stichwort „gleichgeschlechtliche Partnerschaft"). Diese Wahrnehmung, bei Politikern der jüngeren Generation aller Richtungen jedoch weniger prägend, ist weitverbreitet. Manche verharren in alten ideologischen Schützengräben. Die Genugtuung vieler Anhänger der Grünen, die nicht „Steigbügelhalter" für „neoliberale" Experimente sein wollen, über den Machtverlust der Union bei der baden-württembergischen Landtagswahl 2011 war beredt genug, fast so groß wie die Genugtuung über die Wahl des ersten Ministerpräsidenten aus den eigenen Reihen. Zugleich galten die Grünen für große Teile der Union bis vor kurzem als eine Art Feindbild, an dem sich die eigene Klientel „abarbeiten" konnte. Unterschiedliche lebensweltliche Vorstellungen und kulturelle Gegensätze bestehen nach wie vor.

Das ist aber nur die eine Seite: Solche Reaktionen ignorieren den vielfältigen Wandel in der Anhängerschaft der beiden Parteien. Die Grünen sind nicht nur die Partei des jugendlich-konfessionellen Hedonismus in den Großstädten, die Christdemokraten keineswegs mehr bloß die christlich geprägte Partei älterer Wähler in ländlichen Gegenden. Durch Auflockerung der herkömmlichen Milieus – das sozio-ökonomische Cleavage erodiert ebenso wie das konfessionelle – nimmt die Ideologisierung ab und die Individualisierung zu. Dieser Umstand erhöht die Manövrierfähigkeit der Parteien. Peter Gauweiler ist bei der Union zum Teil ein Außenseiter geworden wie Hans-Christian Ströbele bei den Grünen. Der postmaterialistische Gestus, der das Aufkommen der Grünen begünstigt hat, geht angesichts der angespannten ökonomischen Entwicklung zurück. Die „Generation Golf" (Florian Illies) bzw. die „Generation Reform" (Paul Nolte) liegen quer zu den herkömmlichen Lagern. Sie konkurrieren um nahezu dasselbe Wählerklientel, etwa um das der Besserverdienenden. Gewiss, die fortschreitende Emanzipation kommt den Grünen zugute. Aber auch die Union ist längst von tradierten Frauen- und Familienbildern abgerückt, wiewohl ein beträchtlicher Teil der Bevölkerung dies (noch) nicht angemessen wahrnimmt. Nicht alle wissen: Ursula von der Leyen ist eine „Frontfrau" der CDU.

Was die Politikfelder betrifft, gibt es aufgrund der geschilderten Veränderungen bei allen massiven Unvereinbarkeiten manche Gemeinsamkeiten, etwa in der Finanzpolitik. Hier sind die Schnittmengen der Grünen mit der Union größer als mit der SPD. Die Grünen plädieren ebenso für Subventionsabbau und rücken das Prinzip der Subsidiarität in den Vordergrund. Eine weitere Annäherung ist durch den Zusammenbruch der DDR-Diktatur begünstigt worden. Ostdeutsche Repräsentanten vom Bündnis 90/Die Grünen, die zum Teil oppositionellen Kreisen entsprangen, verbindet mit den Positionen der Union die Kritik an der halbherzigen Aufarbeitung der Vergangenheit. Sie weisen eine andere Sozialisation auf als die in der partiellen Gegnerschaft zum westdeutschen Staat entstandenen Grünen. Allerdings sind diese längst weder eine „Einthemenpartei" noch eine „Eingenerationenpartei" mehr. Nicht einmal ein Drittel der heutigen Mitglieder war der Partei im Zuge der radikalen Umweltschurzbewegung in den achtziger Jahren beigetreten, mehr als ein Drittel stieß erst nach der Regierungsbeteiligung auf Bundesebene 1998. Durch den von der Bundesregierung als Reaktion auf Fukushima in die Wege geleiteten und von den Grünen mitgetragenen Atomausstieg bis zum Jahr 2022 ist ein wichtiger Konfliktpunkt zwischen den Parteien in den Hintergrund getreten.

Gleichwohl stehen die beiden Parteien in anderen politischen Lagern. Solche Bündnisse sind aus den in Kapitel 4 geschilderten Gründen nicht wünschenswert. Der Union ginge der Markenkern verloren, der Partei der Grünen ebenso. Der kleinste gemeinsame Nenner wäre für zentrale Entscheidungen in der Politik nicht groß genug. Man denke etwa an das Themenfeld der inneren Sicherheit. Eine solche Koalition wäre einer ständigen Zerreißprobe ausgesetzt. Der linke Flügel der Grünen und der konservative Flügel der Union würden wohl „auf die Barrikaden gehen". Die Sozialdemokraten und die Liberalen wären vermutlich Nutznießer einer solchen „Bogenkoalition".

Zur prospektiven Sichtweise: Die Union und die Grünen sind sich in einem Punkt einig. Die Union erklärt, die FDP stehe ihr näher als die Partei der Grünen. Diese wieder werden nicht müde, deutlich herauszustellen, dass sie zur SPD eine größere Affinität aufweisen als zur Union. Allerdings lautet das Motto der Partei: „Inhalte vor Macht". Und etwas kryptisch heißt es, neue Bündnisse würden nicht im Parlament, sondern in der Gesellschaft beginnen. Die Grünen, das ist offenkundig, stehen der FDP ablehnender gegenüber als der Union.

In den 1980er und 1990er Jahren lief die Diskussion über ein schwarz-grünes Bündnis auf eine reine Gespensterdebatte hinaus. Nach der Bundestagswahl 2005 zeigte sich die Union bereit, mit den Liberalen und den Grünen eine Dreierkoalition zu bilden, nicht jedoch die Partei der Grünen. Diese hingegen wären bereit gewesen, eine Dreierkoalition mit der SPD und der FDP einzugehen. Eine solche Variante scheiterte jedoch an den Liberalen. Vor der Bundestagswahl 2009 machte sich die Union zwar für eine Koalition mit der FDP stark, schloss aber weder ein Dreier- (Union-FDP-Grüne) noch ein anderes Zweierbündnis (Union-Grüne) aus. Die Grünen stellten inhaltliche Fragen in den Vordergrund des Wahlkampfs und verhielten sich bei den Koalitionspräferenzen eher zurückhaltend. Sie votierten für eine Koalition mit der SPD, schlossen aber ein Bündnis mit der SPD und den Liberalen ebenso wenig aus wie eines mit der SPD und der Linken. Hingegen nahmen sie, wie 2005, klar gegen eine schwarze Ampel Stellung. Was neu war: Die Partei erteilte einem schwarz-grünen Bündnis keineswegs eigens eine Absage, ohne dieses offen zu propagieren.

Bisher hatten Union und Grüne nur bei den Bundestagswahlen 1994 eine arithmetische Mehrheit, die seinerzeit selbstverständlich keine politische war. Es ist möglich und sogar wahrscheinlich, dass dies 2013 wieder eintreten könnte, stellt man in Rechnung, dass die Grünen deutlich besser abschneiden als die Liberalen. Jetzt kommen zwei Varianten ins Spiel. Ist zugleich eine rot-grüne bzw. eine schwarz-gelbe Koalition von der Arithmetik her gegeben, so wird ein solches Wunschbündnis eingegangen. Wenn das nicht der Fall ist, ließe sich eine Koalition mit der Union bilden oder eine Koalition mit der SPD und der FDP. Im zweiten Fall müssten die Liberalen, die auf diese Weise ihre Regierungsbeteiligung sichern könnten, dazu bereit sein. Für diese beide Varianten spricht mehr als für eine Große Koalition, die die SPD nicht will; auch mehr als für eine schwarze Ampel-Koalition, für die die Grünen erneut nicht zur Verfügung stehen werden; und mehr als für ein linkes Dreierbündnis, dem die SPD keine Zustimmung erteilen dürfte.

Die Antwort auf die Frage, ob eine schwarz-grüne oder eine rot-grün-gelbe Koalition zustande käme, hängt von vielen Unwägbarkeiten ab. Die Grünen wären damit – so oder so – in einer Schlüsselposition. Generell ist für die Partei ein Zweier- gegenüber einem Dreierbündnis vorzuziehen; hingegen spricht der Seniorpartner SPD im letzten Fall für diese Variante. Sollten gar die Grünen stärker als die SPD sein, so würden sie alles daran setzen, die an sich nicht gelittene FDP mit ins „Koalitionsboot" unter einem grünen Regierungschef zu holen. Keine Rolle dürfte bei der Frage nach der Koalitionspräferenz das Scheitern des schwarz-grünen Bündnisses in Hamburg 2010 spielen. Schließlich wurde dieses durch die Grünen bewusst herbeigeführt. Die eher negativen Erfahrungen mit Ampel-Koalitionen in der ersten Hälfte der 1990er Jahre (Bremen, Brandenburg) sind wohl ebenso wenig ein Belastungsfaktor für ein derartiges Bündnis.

Käme es 2013 zu einer schwarz-grünen Koalition, wäre der Union unter Angela Merkel das Kunststück gelungen, zum dritten Mal einen anderen Juniorpartner für die Regierung zu gewinnen. Ob den Grünen dann dasselbe Schicksal blühte wie der SPD und der FDP nach dem Ende der Koalition? All das ist Zu-kunftsmusik. Manche Rechnung ist ohne den Wähler gemacht.

6   Schlussbetrachtung

Prognosen sind schwierig – vor allem dann, wenn sie, um mit Karl Valentin zu sprechen, in die Zukunft gerichtet sind. Das gilt zumal für die weitere Entwick-lung des deutschen Parteiensystems. Es stellen sich mehr Fragen als Antworten: Muss die Union mit Absplitterungen rechnen? Kann die SPD Volkspartei blei-ben? Erholt sich die FDP wieder? Werden die Grünen nach dem bundesweiten Atomausstieg ihre Hausse bewahren? Hat die Linke ihren Höhepunkt überschrit-ten? Von den Antworten auf diese Fragen hängt maßgeblich die Konstellation nach der Bundestagswahl 2013 ab.

Eine schwarz-grüne Koalition im Bund käme 2013 zu früh. Die wahrschein-liche Folge eines solchen Bündnisses: Die SPD würde ebenso gestärkt (vor allem durch Wähler der Grünen) wie die FDP (vor allem durch Wähler der Union). Erst wenn Union und die Grünen nicht mehr deutlich unterschiedlichen politischen Lagern zugeordnet werden, ist ein solches Bündnis sinnvoll. Ihm wohnt freilich für beide Parteien ein beträchtliches Risiko inne. Die Gefahr von Abspaltungen ist real.

Wer die Chancen der Union und der Grünen für die Zeit nach der Bundes-tagswahl 2013 miteinander vergleicht, kommt zum Ergebnis, dass die an Stim-men stärkere Partei – die Union – weniger Chancen auf eine Regierungsbeteili-gung hat als die an Stimmen schwächere Partei – die Grünen (für den Fall, dass eine schwarz-grüne Koalition ausbleibt). Da die SPD wohl nicht erneut eine Gro-ße Koalition in Erwägung zieht, ruhen die Hoffnungen der Union auf der Fort-setzung der (unwahrscheinlich gewordenen) Koalition mit der FDP, denn die Grünen werden für eine „schwarze Ampel" kaum zu gewinnen sein. Hingegen besitzen diese mehrere Optionen: Neben der rot-grünen Koalition gibt es auch eine realistische Chance auf eine rot-grün-gelbe. Auf ein linkes Dreierbündnis müssen die Grünen gar nicht schielen. Sie sind im Gegensatz zur Union in einer privilegierten Position.

Frank Decker / Volker Best

Schwarz-grüne Koalitionen als strategische Herausforderung für die Sozialdemokratie

1 Zur Komplexität von Koalitionsstrategien im deutschen Kontext

Die Möglichkeit der Regierungsbeteiligung und -führung hängt im parlamentarischen System nicht nur von der zahlenmäßigen Stärke einer Partei (ausweislich ihres Mandatsanteils) ab, sondern genauso oder noch mehr davon, ob sie in der Lage ist, Partner für eine Mehrheitskoalition oder (geduldete/gestützte) Minderheitsregierung zu finden. Je mehr relevante Parteien in einem Parteiensystem vorhanden und untereinander koalitionsfähig sind, umso schwieriger gestalten sich die Koalitionsstrategien. Drei Faktoren machen diese für die politischen Akteure im bundesdeutschen Systemkontext besonders kompliziert. Erstens sind hier – anders als etwa in den Niederlanden, Schweden und Dänemark – Koalitionsaussagen vor der Wahl üblich und werden von den Wählern entsprechend erwartet.[1] So gaben bei einer Erhebung im April 2008 39 Prozent der Befragten an, dass für ihre persönliche Wahlentscheidung Koalitionsaussagen eine sehr wichtige Rolle spielten, weitere 35 Prozent räumten ihnen eine wichtige Rolle ein. Für 18 Prozent waren Koalitionsaussagen weniger, für lediglich 7 Prozent gar nicht wichtig. Die Medien üben einen erheblichen Druck auf die Parteien aus, ihr Koalitionsverhalten selbst für den unwahrscheinlichsten Fall des Wahlausgangs vorab offenzulegen. Worauf sich die Parteien einzustellen haben, wenn sie nach der Wahl von den zuvor gesendeten Koalitionssignalen abweichen, führten die hessischen Landtagswahlen 2008 und 2009 deutlich vor Augen: Obwohl auch jede andere Koalitionsbildung den Signalen mindestens einer hierzu notwendigen Partei widersprochen hätte – sogar eine Große Koalition als normalerweise immer mögliches Notbündnis war ausgeschlossen worden –, sorgte der Versuch der sozialdemokratischen Spitzenkandidatin Andrea Ypsilanti, sich entgegen der vorherigen Ankündigung mittels der Linkspartei zur Regierungschefin einer rot-grünen Minderheitsregierung wählen zu lassen, für große öffentliche Empörung.

Die Kompliziertheit von Koalitionsstrategien rührt zweitens daher, dass die Regierungsbildung in der Bundesrepublik lange Zeit keine Schwierigkeiten bereitet hatte. Sowohl im Zweieinhalbparteiensystem der sechziger und siebziger als auch im bipolaren Vierparteiensystem der achtziger Jahre sorgte die Verbindung von klaren Koalitionsaussagen mit der Arithmetik der Wahlergebnisse für einen Automatismus der Mehrheitsbildung. Daran änderte sich mit dem Hinzukommen der PDS nach der deutschen Einheit zunächst nichts. Erst als diese nach der Fusion mit der SPD-Abspaltung WASG als gesamtdeutsche Linkspartei auch in der alten Bundesrepublik wählbar wurde, war keine der üblichen Lagerkoalitionen mehr gangbar, sodass 2005 eine Große Koalition als Auffanglösung herhalten musste. Die Rückkehr zum vertrauten Regierungsmodell der kleinen Koalition nach der Bundestagswahl 2009 hat an dieser prinzipiellen Konstellation nichts verändert. Sie verdankte sich dem Umstand, dass der Verdruss an der Großen Koalition von den Wählern ausschließlich bei den Sozialdemokraten abgeladen wurde. Anders als im Bund verhinderten die Wahlerfolge der Linken die Bildung von kleinen (rot-grünen oder schwarz-gelben) Mehrheitskoalitionen in den westlichen Bundesländern in vier Fällen. (Nimmt man Schleswig-Holstein hinzu, sind es eigentlich sogar fünf Fälle, da die Bildung der schwarz-gelben Koalition sich hier letztlich einem verfassungswidrigen Wahlrecht verdankte.) In vier weiteren Fällen – darunter allerdings zwei vorgezogene Neuwahlen unter jeweils sehr speziellen Umständen – blieben solche Koalitionen bzw. (in Hamburg) eine SPD-Alleinregierung möglich. Bei drei Landtagswahlen scheiterte die Linke an der Fünfprozenthürde; wäre sie dort erfolgreich gewesen, hätte eine kleine Koalition in zwei Fällen aber immer noch gebildet werden können (Bayern, Rheinland-Pfalz), im dritten Fall (Baden-Württemberg) eher nicht (vgl. Abb. 1).

Drittens werden Koalitionsstrategien in der Bundesrepublik durch die Wechselbeziehungen zwischen Bundes- und Landespolitik erschwert.[2] Zum einen muss die Bundesregierung auf Grund der Zustimmungserfordernis seitens des aus Vertretern der Länderregierungen bestehenden Bundesrats für die meisten wichtigen Gesetze daran interessiert sein, dass in den Ländern nach gleichem Muster zusammengesetzte Koalitionen gebildet werden. Zum anderen fungieren die Gliedstaaten als Testlabore für neue Koalitionsmuster. Diese werden auf der Bundesebene erst legitimierbar, wenn sie ihre Funktionsfähigkeit zuvor auf der Länderebene bewiesen haben.

		SPD-Grüne	CDU/CSU-FDP
Linke im Landtag	kleine Koalition nicht verhindert	Bremen 2007 Hamburg 2011 (nur SPD)*	Niedersachsen 2008 Hessen 2009* Schleswig-Holstein 2009**
	kleine Koalition verhindert	Hamburg 2008 Nordrhein-Westfalen 2011	Hessen 2008 Saarland 2009
Linke nicht im Landtag	kleine Koalition ermöglicht	Baden-Württemberg 2011	
	kleine Koalition auch bei Einzug in den Landtag möglich gewesen	Rheinland-Pfalz 2011	Bayern 2008

Abb. 1: Einfluss des Abschneidens der Linkspartei auf die Bildung kleiner Mehrheitskoalitionen

* vorgezogene Neuwahlen, in Hessen durch den gescheiterten Versuch verursacht, eine von der Linken geduldete rot-grüne Minderheitsregierung herbeizuführen, in Hamburg durch die Aufkündigung der schwarz-grünen Koalition von Seiten der Grünen.
** ermöglicht durch Wahlrechtsbestimmungen, die vom Landesverfassungsgericht später als verfassungswidrig erklärt wurden; in Schleswig-Holstein wird deshalb im Mai 2012 eine vorgezogene Neuwahl stattfinden.

2 Die schwarz-grüne Annäherung als Herausforderung für die SPD

Durch die wechselseitige Öffnung von Union und Grünen hat die SPD ihren strategischen Vorteil, über mehr potenzielle Koalitionspartner zu verfügen als CDU/CSU, inzwischen weitgehend eingebüßt. Die 2008 gebildete erste schwarz-grüne Koalition in Hamburg hielt zwar nur zweieinhalb Jahre. Angesichts des faktischen Scheiterns der schwarz-gelben Wunschkoalition im Bund und der eklatanten Schwäche der FDP sieht sich die Union für den Erhalt ihrer Regierungsfähigkeit aber mehr denn je gezwungen, die Grünen als möglichen Partner in ihr Bündniskalkül einzubeziehen. Dass die Kanzlerin und CDU-Vorsitzende Angela Merkel die Perspektive schwarz-grüner Bündnisse auch im Bund zum „Hirngespinst" erklärte, wollte ihr schon im Herbst 2010 zu Recht niemand mehr abnehmen. Umso rätselhafter war, warum die Kanzlerin ausgerechnet in der Atomkraftfrage die Hürden für eine Zusammenarbeit erhöhte, als sie den bereits getroffenen Ausstiegskonsens durch eine Verlängerung der Laufzeiten der Kernkraftwerke aufkündigte. Die nach der Fukushima-Katastrophe eingeleitete Energiewende hat das zentrale politikinhaltliche Hindernis für schwarz-grüne Koalitionen jetzt ausgeräumt. Aus Sicht der Sozialdemokratie heißt das, dass sie einer möglichen Annäherung der beiden Parteien ins Auge sehen und strategisch darauf reagieren muss.

Wie könnte eine solche Reaktion mit Blick auf die Bundestagswahl 2013 aussehen? Wenn es auf der Bundesebene zur Mehrheit für ein rot-grünes Wunschbündnis nicht reicht, bleiben der SPD zwei Möglichkeiten, um eine Regierung unter eigener Führung zu bilden. Entweder sie lockt die FDP in eine rot-gelbgrüne Ampelkoalition oder sie bringt ein Bündnis mit Grünen und Linken zustande.

Was die Ampelkoalition betrifft, ist in den Testlaboren der Länder kein Fortschritt zu vermelden. Die besten Chancen für ein solches Bündnis hätten vermutlich in Rheinland-Pfalz bestanden, wo die SPD auf eine langjährige, gut funktionierende Koalition mit den Liberalen zurückblicken kann. Mit der eigenen rotgrünen Mehrheit und dem Ausscheiden der Liberalen aus dem Landtag sollten sich diese Gedankenspiele erübrigen. In Nordrhein-Westfalen scheiterte der Partnerwechsel der FDP nach der Landtagswahl im Mai 2010 wiederum an der Uneinigkeit des dortigen Landesverbandes, der den Gang in die Opposition mehrheitlich vorzog. So bleiben die aktuellsten Ampel-Erfahrungen die jeweils kurz vor Ablauf der Legislaturperiode zerbrochenen Bündnisse in Bremen und Brandenburg Anfang der neunziger Jahre.

Unter bundespolitischen Gesichtspunkten noch schwieriger gestaltet sich für die SPD die Zusammenarbeit mit der PDS/Linkspartei. Hier kann sie zwar auf zwei gestützte Minderheitsregierungen in Sachsen-Anhalt (1994-2002) und Mehrheitskoalitionen in Mecklenburg-Vorpommern (1998-2006), Berlin (seit 2002) und Brandenburg (seit 2009) zurückblicken. Um einer Regierungsbeteiligung der Linken auf Bundesebene den Schrecken zu nehmen, bedürfte es jedoch einer weiteren Koalition in einem westlichen Bundesland.[3] Deren Anbahnung wird in der aktuellen Situation (Anfang 2011) dadurch erschwert, dass Rot-Grün in den meisten westlichen Bundesländern, in denen bis 2013 Wahlen anstehen, auch ohne Linkspartei eine eigene Mehrheit erreichen könnte. Bei dieser Ausgangslage dürften die entsprechenden Landesverbände gut beraten sein, alles auf eine Karte zu setzen und ein Zusammengehen mit der Linken definitiv auszuschließen, da ein Offenhalten der Koalitionsfrage Wähler aus der Mitte unnötig verschrecken könnte.

Selbst wenn es vor der Bundestagswahl 2013 zu einem rot-rot-grünen Test-lauf in einem westlichen Bundesland kommt, stellt sich die Frage, ob das der SPD am Ende nützen würde. 1994 führte das „Magdeburger Modell" einer von der PDS gestützten rot-grünen Minderheitsregierung in Sachsen-Anhalt zu einer erheblichen Belastung des SPD-Bundestagswahlkampfs; auch die rot-rot-grünen Bestrebungen in Thüringen und im Saarland kurz vor der Bundestagswahl 2009 lieferten Union und FDP Munition. In den ostdeutschen Ländern, wo die Linke gleichauf mit Union und SPD rangiert und die kleinen Parteien (FDP und Grüne) vergleichsweise schwach sind, befindet sich die SPD in der koalitionspolitischen Zwickmühle, zwischen den ungeliebten Alternativen Linksbündnis oder Große Koalition wählen zu müssen. Die Entscheidung darüber birgt ein hohes innerpar-teiliches Konfliktpotenzial[4], weil sie sich auch mit der Auseinandersetzung um den inhaltlichen Kurs der Partei verknüpft (in deren Mittelpunkt die Frage nach der Weiterentwicklung des Sozialstaats steht).

3   Volksparteiendünkel und Juniorpartner-Problem

Zusätzlich erschwert wird die Koalitionsentscheidung, wenn die SPD in der an-gestrebten Konstellation nicht die stärkste Kraft ist. Vor eine solche Situation sah sich 2009 der Thüringer Landesverband gestellt. Sowohl bei einem Linksbündnis als auch bei einer Großen Koalition wäre die SPD schwächer als der jeweilige Partner gewesen. Dies bedeutete schon im Vorfeld der Wahl ein Problem, denn die SPD hatte einerseits massiv für einen Politikwechsel und die Ablösung des CDU-Ministerpräsidenten geworben, andererseits aber ausgeschlossen, der Linkspartei das Ministerpräsidentenamt zu überlassen.[5] Avancen des Linken-Spitzenkandidaten Ramelow, der sich vorstellen konnte, zu Gunsten eines unpar-teilichen, grünen oder auch sozialdemokratischen – nur eben nicht allein von der SPD zu bestimmenden – Kandidaten auf das Amt zu verzichten, ließ der von Christoph Matschie angeführte Landesverband unbeantwortet. Dies führte nicht nur zu einer – in dieser Härte unnötigen – innerparteilichen Zerreißprobe, son-dern stieß zugleich die Reformer innerhalb der Linkspartei vor den Kopf, die zu weitreichenden Konzessionen gegenüber der SPD bereit gewesen wären.

Noch problematischer erscheint der verletzte Volksparteienstolz der Sozialdemokraten im Verhältnis zu den Grünen. Denn im Unterschied zu den Linken,
die mit SPD bzw. SPD und Grünen nur über eine Option verfügen, würde man
die Grünen, die ja der erklärte Wunschkoalitionspartner der SPD sind, gerade-
wegs in die Arme der Union treiben, wenn man die Koalitionsbereitschaft von
der Führungsrolle innerhalb der Regierung abhängig machte. In Baden-
Württemberg war die SPD bereit, diese Lektion zu lernen, indem sie sich vor der
Wahl bereit erklärte, auch einen grünen Ministerpräsidenten zu akzeptieren. Der
rot-grüne Schulterschluss wurde durch das Duell auf Augenhöhe nicht behin-
dert; er ging sogar soweit, dass die beiden Spitzenkandidaten am Ende des
Wahlkampfs zusammen auftraten. Weitaus schwerer tut sie sich die SPD in Berlin, wo die Grünen mit Renate Künast eine bundesweit bekannte Persönlichkeit
als Herausforderin von SPD-Bürgermeister Wowereit ins Rennen geschickt haben. Bezogen auf die Verhältnisse im Stadtstaat würde ein Anti-Grünen-
Wahlkampf der SPD wahrscheinlich nicht schaden. Einerseits kann Wowereit
ganz auf seine Popularität setzen, andererseits bleibt es ihm unbenommen, die
bestehende Koalition mit der Linken fortzusetzen, wenn die Mehrheitsverhältnisse es erlauben. Bezogen auf den Bund könnte eine Absetzung der Sozialdemokraten von Rot-Grün aber Irritationen auslösen und den Schwenk der Grünen in das
bürgerliche Lager befördern. Die koalitionspolitisch einstmals fest an die SPD
gebundene Öko-Partei würde dann eine ähnliche Scharnierfunktion im Parteiensystem einnehmen, wie sie bis zu Beginn der achtziger Jahre von der FDP ausge-
übt wurde.

Auch bei der Anbahnung einer Großen Koalition kann sich das Juniorpart-
ner-Problem als entscheidender Stolperstein erweisen. Angesichts der überragenden Bedeutung, die der Besetzung des Regierungschefpostens sowohl für die
Politikgestaltung als auch im Wählerwettbewerb zukommt bzw. von Parteien
und Wählern zugeschrieben wird, tun sich die Partner verständlicherweise
schwer, das Amt dem anderen zu überlassen. Dies gilt insbesondere dann, wenn
die Parteien in den Stimmanteilen eng beieinander liegen, wie es z.B. 2005 auf
Bundesebene und 2010 in Nordrhein-Westfalen der Fall war. Während der gefühlte Wahlsieger SPD den Anspruch der Union auf das Amt im ersten Fall wi-
derstrebend akzeptierte, ließ er sich im zweiten Fall auf das gewagte Experiment
einer geduldeten rot-grünen Minderheitsregierung ein, in der man selbst die
Ministerpräsidentin stellen konnte. Die politische Bilanz der Landesregierung
nach gut einem Jahr Amtszeit lässt zweifelhaft erscheinen, ob die Partei mit dieser – auch auf Drängen der Grünen zustande gekommenen – Entscheidung gut
beraten war.[6]

4   Koalitionsaussichten für 2013

Einschneidendstes Ereignis in der Entwicklung des deutschen Parteiensystems seit 2009 ist der Zerfall des sogenannten bürgerlichen Lagers. Das Ausmaß der Entfremdung zwischen den vermeintlichen Wunschpartnern Union und FDP stellt selbst für wohlmeinende Beobachter eine Überraschung dar. Ihre Folge war ein beispielloser Absturz der FDP in der Wählergunst, der die bürgerlichen Parteien ihrer Mehrheitsfähigkeit auf mittlere Sicht berauben könnte.[7]

Die wechselseitige Entfremdung von Union und FDP lässt Rot-Grün als ideologisch homogenste Koalitionsformation im deutschen Parteiensystem zurück. Dass sie bei SPD und Grünen zugleich die Hoffnung auf eine eigene Mehrheit nährt (unter Ausschluss von FDP oder Linken), hat mit Blick auf die Koalitionsbildung ambivalente Folgen. Einerseits schweißt es die Partner des Kernbündnisses enger zusammen. Andererseits entlastet es sie von dem Versuch, durch Einbeziehung der FDP oder Linken in das Koalitionsspiel die Mehrheitsbasis für das Wunschbündnis zu verbreitern. Dieses Versäumnis könnte sich mit Blick auf die erwartbare Entwicklung der parteipolitischen Kräfteverhältnisse rächen, die eine eigene Mehrheit für Rot-Grün als eher unwahrscheinlich erscheinen lassen. Der Hauptgrund dafür liegt in der von innerparteilichen Querelen weitgehend unbeeinflussten Stellung der Linken, die die 2005 entstandene asymmetrische Zwei-Lager-Struktur – zwei Parteien im bürgerlichen gegenüber drei Parteien im linken Lager – fortschreibt. Wenn selbst unter exzeptionell günstigen Bedingungen wie bei der Landtagswahl in Nordrhein-Westfalen eine eigene Mehrheit für Rot-Grün ausbleibt, scheint sie unter den ungünstigeren Bedingungen anderer Flächenländer oder der Bundesebene erst recht außer Reichweite.

Zusätzlich erschwert wird das Problem der Koalitionsbildung im Fünfparteiensystem durch die Kräfteverhältnisse innerhalb der beiden Lager, die der CDU/CSU einen stabilen Vorsprung vor der SPD garantieren. Denn während die Schwäche der Regierungsparteien bisher ausschließlich auf Kosten der FDP geht, haben gleichzeitig die Grünen vom Oppositionseffekt wesentlich stärker profitiert als die Sozialdemokraten, die sich von ihrem Rekordtief bei der Bundestagswahl nur mühsam weg bewegten. Auch wenn den Grünen dabei eine günstige Themenkonjunktur zu Hilfe kam, ist es kaum vorstellbar, dass sich an dieser Grundkonstellation etwas ändert. Die Notwendigkeit, sich für ein lagerübergreifendes Dreierbündnis einen weiteren Partner zu erschließen, ist deshalb bei der SPD stärker gegeben als bei der Union, die notfalls immer den Rückweg in die Große Koalition antreten kann. In dieser würden sie dann als wahrscheinlich stärkerer Teil weiterhin die Kanzlerin stellen.

Für eine Annäherung an die beiden möglichen Partner – Linkspartei und FDP – gibt es zur Zeit noch wenig Anzeichen. Was die Linke angeht, wird deren im nächsten Jahr fälliges Parteiprogramm die Weichen wohl eher auf Radikalisierung und Abgrenzung stellen denn auf Mäßigung und Kompromissbereitschaft. Auch das Aufeinanderprallen der Oppositionsparteien bei der Bundespräsidentenwahl lässt sich kaum als Vorbote einer künftigen Zusammenarbeit interpretieren. Die Aussage, dass SPD, Grüne und Linkspartei gut zusammenpassen, bejahten in einer Umfrage ganze 37 Prozent der Befragten. Auch dieser Wert konnte nur durch die stark überproportionale 73-prozentige Zustimmung unter den Linkspartei-Anhängern erreicht werden. Angesichts der Unsicherheit im weiteren Verhältnis zur Linkspartei im Bund ist auch die Wünschbarkeit eines Testlaufs in einem westlichen Bundesland vor 2013 fraglich. Sollte die Linke sich programmatisch weiter ins Abseits stellen, gäbe die Bildung einer rot-rot-grünen Landeskoalition im Westen Union und FDP unnötig Material für einen polarisierenden Angstwahlkampf. Zeigt sie dagegen Beweglichkeit und trüben sich die rot-grünen Umfragewerte zu Gunsten der Regierungsparteien ein, könnte der Hinweis durchaus verfangen, dass auch in einem westlichen Bundesland nach dem Amtsantritt einer linken Koalition die Welt nicht untergegangen sei.

Die Frage, wie sich das Verhältnis zur FDP entwickelt, ist ebenfalls völlig offen. Die Liberalen können angesichts ihres Absturzes in den Umfragen und bei den Landtagswahlen 2010 und 2011 heute weder auf eine Fortsetzung von Schwarz-Gelb hoffen, noch darauf setzen, dass sich die Grünen notfalls als Mehrheitsbeschaffer zur Verfügung stellen. Wahrscheinlicher dürfte sein, dass letztere – mit einem deutlich besseren Wahlergebnis als die FDP im Rücken – die Liberalen zum Sprung über den Lagergraben auffordern. Dass es nach den herben Landtagswahlniederlagen in Baden-Württemberg und Rheinland-Pfalz bereits zwei Jahre vor der Bundestagswahl zu einem Führungswechsel in der FDP gekommen ist, hat die Chancen für eine Ampel sicherlich erhöht. Die personelle Erneuerung fiel aber bis dato sehr dosiert aus. Weitere Personalwechsel dürften jedoch folgen und sich mit einer inhaltlichen Neuaufstellung verbinden. Die FDP wäre gut beraten, ihre einseitig marktliberale Ausrichtung zurückzudrängen, gesellschaftspolitische Themen stärker zu akzentuieren und sich koalitionspolitisch gegenüber Rot-Grün zu öffnen. Die SPD könnte dem durch eine Betonung inhaltlicher Schnittmengen (etwa in der Rechtsstaatspolitik) und die Nominierung eines „bürgerlich" auftretenden Kanzlerkandidaten entgegenarbeiten – etwa Peer Steinbrück, der seine Bereitschaft zur Kandidatur ja bereits signalisiert hat

Zwei experimentelle Studien jüngeren Datums sollten bei den Liberalen aufmerksam studiert werden: Die erste stellt kaum eine Veränderung des Wählerzuspruchs für die FDP fest, wenn die Ampel-Option offengehalten wird.[8] Laut der zweiten Studie hätte die FDP 2009 durch eine Koalitionsaussage für die Ampel zwar 29 Prozent ihrer ursprünglichen Wähler verloren, dies aber fast komplett durch neu mobilisierte Wähler ausgleichen können.[9] Gewiss ließe sich ein solcher Kurswechsel in der FDP nicht ohne Gegenwehr durchsetzen, wie die Erfahrungen von 1969 und 1982 gezeigt haben. Die Frage ist, wie rosig die Alternativen der FDP aussehen: An eine Erneuerung der bürgerlichen Koalition scheint die Union nicht mehr zu glauben, weshalb sie mit dem Partner in der Regierungszusammenarbeit wenig gnädig umspringt. Ein Thema, das der FDP die Prämierung einer Aufkündigung der Koalition durch den Wähler verspricht, ist ebenfalls nicht in Sicht. Also bis zum bitteren Ende durchhalten und darauf setzen, dass ein paar alte Gesichter an neuen Stellen die Partei schon über die Fünfprozenthürde hieven werden und man als wirtschaftsliberales Korrektiv zu einer lagerübergreifenden Regierung unter Unions-Führung – sei es nun Schwarz-Grün oder die Große Koalition – von den Wählern wieder stärker nachgefragt wird?

5   Fazit

Weil nach derzeitigem Stand weder mit einer Koalitionsfähigkeit der Linkspartei noch mit einer koalitionspolitischen Öffnung der FDP sicher gerechnet werden kann, kommt es für die SPD vor allem darauf an, die Grünen möglichst eng an sich zu binden. Wird das rot-grüne Kernbündnis durch eine Strategie der partnerschaftlichen Konkurrenz gepflegt, lässt sich ein Abwandern der Grünen in das bürgerliche Lager am ehesten verhindern. Besonders eng gebunden werden könnten die Grünen durch gemeinsame Wahlabsprachen, das heißt die Aufstellung eines gemeinsamen Kandidaten in den Wahlkreisen, die ansonsten mit hoher Wahrscheinlichkeit von der Union gewonnen würden. Auf diese Weise ließe sich zugleich verhindern, dass CDU und CSU wie 2009 einseitig von möglichen Überhangmandaten profitieren.[10]

   Der SPD muss klar sein, dass sie ohne die Grünen nur die Alternative hat, als Juniorpartner in eine Große Koalition einzutreten. Geht sie mit ihrem Wunschpartner im Wahlkampf entsprechend sorgsam um, dürfte der Verweis auf die demoskopisch prognostizierte rot-grüne Mehrheitsfähigkeit als koalitionspolitische Positionierung ausreichen. Die Frage, wie die Alternative aussehen soll, falls es dafür nicht reichen sollte, könnte großzügig umschifft werden.

	Schwarz-Gelb	Rot-Grün	Schwarz-Grün	Große Koalition	Jamaika	Ampel	Rot-Rot-Grün
Juli I 2005	47 / 51 / **92**	23 / 36 / **64**	–	47 / 71 / **66**	–	–	–
Aug. I 2005	39 / 50 / **78**	27 / 37 / **73**	–	50 / 70 / **71**	–	–	14 / 46 / **30**
Sep. III 2005	45 / 45 / **100**	–	–	45 / 72 / **63**	36 / 53 / **68**	30 / 51 / **59**	15 / 51 / **29**
Okt. I 2005	–	–	–	63 / 73 / **86**	28 / 53 / **53**	21 / 48 / **44**	14 / 50 / **28**
Juli 2006	–	–	–	–	28 / 56 / **50**	27 / 50 / **54**	16 / 46 / **35**
Nov. I 2006	–	–	–	36 / 66 / **55**	–	–	–
Feb. I 2008	36 / 48 / **75**	35 / 37 / **95**	–	33 / 71 / **46**	27 / 55 / **49**	26 / 44 / **59**	18 / 47 / **38**
Feb. II 2008	–	–	30 / 47 / **64**	–	–	–	19 / 48 / **40**
Aug. 2008	–	–	–	–	–	–	17 / 46 / **37**
Jan. I 2009	40 / 51 / **78**	32 / 34 / **94**	25 / 48 / **52**	37 / 66 / **56**	–	–	15 / 44 / **34**
März I 2009	44 / 52 / **85**	–	–	33 / 61 / **54**	–	26 / 49 / **53**	14 / 44 / **32**
Sep. I 2009	43 / 52 / **83**	–	–	–	29 / 63 / **46**	–	20 / 44 / **45**
Sep. III 2009	39 / 49 / **80**	–	–	38 / 51 / **75**	–	–	–
Okt. I 2009	46 / 49 / **94**	–	–	–	–	–	–
März I 2010	27 / 46 / **59**	38 / 39 / **97**	30 / 50 / **60**	41 / 61 / **67**	–	14 / 49 / **29**	20 / 49 / **41**
April I 2011	20 / 39 / **51**	48 / 47 / **102**	34 / 53 / **64**	46 / 62 / **74**	–	–	–

Abb.2: Zustimmungswerte zu den verschiedenen Koalitionsvarianten bezogen auf die Anhängerschaft der beteiligten Parteien. Die erste Zahl gibt die in der Umfrage ermittelte Zustimmung in der Gesamtbevölkerung (in Prozent) für die jeweilige Koalitionsoption wieder, die zweite Zahl die aufaddierten Werte in der Sonntagsfrage (in Prozent) der die Koalitionen bildenden Parteien. Die dritte, fettgedruckte Zahl ist die daraus errechnete Zustimmung zu den Koalitionsoptionen bezogen auf die Anhängerschaft der beteiligten Parteien (in Prozent). Quelle: eigene Berechnungen anhand von Zahlen der Forschungsgruppe Wahlen.

Erscheint eine rot-grüne Mehrheit in der heißen Wahlkampfphase hingegen eher unwahrscheinlich, müsste sich die SPD koalitionspolitisch umfassender bekennen und geriete so in Abhängigkeit von FDP und/oder Linkspartei. Dies ging schon bei der Bundestagswahl 2009 nicht gut, wo man sich nach der Weigerung der FDP, eine Ampel-Koalition einzugehen, und der eigenen Absage an die Linke um jede Machtperspektive gebracht hatte.[11] Auch wenn sich FDP oder Linkspartei koalitionsbereit zeigen sollten, könnte die SPD mit einer realistischen Rot-Grün-Option am besten vor ihren Wählern bestehen, die das Bündnis zu über 90 Prozent unterstützen. Ampel und Rot-Rot-Grün sind hingegen unter allen denkbaren Koalitionsvarianten bei den jeweiligen Parteianhängern am unbeliebtesten (vgl. Abb. 2). Rot-Rot-Grün konnte seinen höchsten Akzeptanzwert von 45 Prozent durch eine vorauseilende koalitionspolitische Umorientierung der Parteianhänger unmittelbar vor der Bundestagswahl 2009 verbuchen. Ein halbes Jahr später lag dieser Anteil nur noch bei 41 Prozent. Und der Anteil der Anhänger von SPD, Grünen und FDP, die sich für ein Ampelbündnis erwärmen, hat sich von immerhin knapp 60 Prozent zur Zeit der Großen Koalition zuletzt glatt halbiert. Eine programmatische Umorientierung der Liberalen könnte diesen Wert freilich ebenso schnell wieder nach oben treiben.

Für alle denkbaren Koalitionsstrategien gilt, dass sie von Voraussetzungen abhängen, die die SPD nur zum Teil selbst beeinflussen kann. Ob sich die FDP und die Linkspartei für eine Zusammenarbeit öffnen, liegt – mit anderen Worten – letztlich in deren Hand und nicht in der Hand der Sozialdemokratie. Und ob die Grünen dem Werben der CDU widerstehen könnten, wenn die Alternative darin bestünde, eine Große Koalition herbeizuführen und der SPD damit als Regierungspartei den Vortritt zu lassen, erscheint ebenfalls fraglich. Koalitionsstrategien müssen auf rasch wechselnde situative Umstände reagieren. Daraus zu schließen, ein strategisches Konzept sei entbehrlich oder müsse notwendig scheitern, wäre ganz falsch. Die Konstellationenvielfalt im neuen Fünfparteiensystem erfordert vielmehr das Gegenteil: eine präzise Abstimmung von Programmatik, personellem Angebot und koalitionsstrategischer Positionierung, die bei den Wählern für Verlässlichkeit sorgt. In den letzten Jahren war die SPD darin nicht sehr erfolgreich. Dies muss sich ändern, wenn sie in Zukunft wieder Wahlen gewinnen und die Politik als Regierungspartei mit beeinflussen will.

Endnoten

[1] Vgl. Frank Decker/Volker Best: Looking for Mr. Right? A Comparative Analysis of Parties' Coalition Statements Prior to the Federal Elections in 2005 and 2009, in: German Politics 19 (2010), S. 164-182, S. 167.

[2] Vgl. Frank Decker: Parteien und Parteiensystem in der Bundesrepublik Deutschland, Stuttgart 2011, S. 77 ff.

[3] Die bisher beste Gelegenheit, eine solche im Vorfeld der Bundestagwahl 2013 zu bilden, wurde 2009 im Saarland verpasst. Der Landesverband der Linken besteht hier auf Grund des hohen Ansehens des ehemaligen Ministerpräsidenten Lafontaine zu einem weit höheren Teil aus ehemaligen SPD-Mitgliedern als in anderen westlichen Bundesländern, deren Landesverbände vor allem von ehemaligen K-Gruppen und sonstigen Sektierern geprägt sind. Die Grünen fürchteten allerdings einen zu großen Einfluss Lafontaines und entschieden sich statt für ein rot-rot-grünes Bündnis für eine Jamaika-Koalition. Vgl. dazu auch den Beitrag von Adolf Kimmel in diesem Band.

[4] Vgl. Ulrich Eith: Volksparteien unter Druck. Koalitionsoptionen, Integrationsfähigkeit und Kommunikationsstrategien nach der Übergangswahl 2009, in: Karl-Rudolf Korte (Hrsg.): Die Bundestagswahl 2009, Wiesbaden 2010, S. S. 121.

[5] Vgl. Heiko Gothe: Die thüringische Landtagswahl vom 30. August 2009. Desaster für Althaus-CDU mündet in schwarz-rotem Bündnis, in: Zeitschrift für Parlamentsfragen 41 (2010), S. 304-322.

[6] So legte man Ende 2010 einen Nachtragshaushalt vor, der mit Blick auf die erforderliche Stimmenthaltung der Linken auf Sparanstrengungen weitgehend verzichtete und dadurch gegen die von der Verfassung vorgegebene Schuldenregelung verstieß.

[7] Vgl. Joachim Raschke: Wer mit wem wohin? Programmatische und bündnispolitische Perspektiven der SPD, in: Neue Gesellschaft/Frankfurter Hefte 1-2/2011, S. 63-66.

[8] Vgl. Eric Linhart/Sascha Huber: Der rationale Wähler in Mehrparteiensystemen. Theorie und experimentelle Befunde, in: Christian Henning/Eric Linhart/Susumu Shikano (Hrsg.): Parteienwettbewerb, Wahlverhalten und Koalitionsbildung, Baden-Baden 2009, S. 154 f.

[9] Vgl. Evelyn Bytzek u.a.: Koalitionssignale bei der Bundestagswahl 2009 und deren Auswirkungen auf strategisches Wahlverhalten, in: Politische Vierteljahresschrift, Sonderheft 2011 „Wählen in Deutschland", (i.E.).

[10] Ob diese erneut anfallen, hängt von der anstehenden Reform des Bundestagswahlrechts ab. Die Union strebt dabei eine Lösung an, die die vom Verfassungsgericht monierten Mängel des negativen Stimmgewichts auch ohne Abschaffung oder weitgehende Reduktion der Überhangmandate beseitigt. Zusammen mit der FDP könnte sie dies notfalls gegen den Willen der drei Oppositionsparteien durchsetzen.

[11] Decker/Best: Looking for Mr. Right?, S. 177.

Johannes Vogel

Warum nicht alles glänzt, was schwarz-grün ist

Ordnung und Hoffnung, eine hübsche Kombination. In der Farben-Metaphorik bedeutet dies schwarz und grün, nach politischen Farben finden sich somit Union und, nun ja, eben die Grünen zusammen. Das beschäftigt die Beobachter politischer Kombinatorik schon seit Längerem. Ob dies an der farblichen Symbolik liegt, darf dabei bezweifelt werden. Wahrscheinlicher ist einfach der folgende Zusammenhang: Schwarz-Grün atmet irgendwie den Geist des Neuen – und Neues ist irgendwie immer interessant. Außerdem bedeutet die Verknüpfung für Teile der jeweiligen Anhängerschaft das Gegenteil des eigentlich Vorstellbaren und kann somit noch zusätzlich effektheischend als Tabubruch daherkommen. Das alleine reicht schon aus, um die Medien für das Thema empfänglich zu machen. Schwarz-Grün bedeutet also ein Aufmerksamkeitsplus, aus dem sich politisches Kapital schlagen lässt. Ole von Beust hat dies in Hamburg vorgemacht.

Dabei taugen koalitionspolitische Spekulationen eigentlich wenig zum Dramatischen. Die Bundesrepublik ruht seit ihren Anfängen als parlamentarische Demokratie auf dem parteipolitischen Pluralismus. Koalitionsregierungen an sich sind der deutsche Normalfall. Wer prinzipiell Ja zum Verhältniswahlrecht sagt, kann zur geteilten Regierungsverantwortung nicht Nein sagen. Für Briten kann man vielleicht noch Verständnis aufbringen, wenn eine Koalitionsbildung eine gewisse Aufregung auslöst, für Deutsche eigentlich nicht. Natürlich hüllen sich politische Bündnisse gerne in schmucke Legitimationsmäntel: Wer kennt sie nicht, die Reden vom Aufbruch, vom Projekt, kurzum vom dann doch wieder Sensationellen. Ein wenig Nüchternheit schadet hier nicht, denn, was auch immer Menschen unter Demokratie verstanden haben und verstehen, eines ist klar: Die Mehrheit entscheidet. Und alle Koalitionen dienen zuallererst einmal diesem Zweck: der Beschaffung einer Mehrheit für ein gemeinsames inhaltliches Regierungsprogramm. Deswegen ist für eine Koalitionsbildung auch vor allen Dingen eines entscheidend: das Wahlergebnis. Daher muss man auch nicht von inniger politischer Zuneigung ausgehen, die einer jeden Koalitionsbildung zugrunde liegen würde. Dies gilt auch ungeachtet der Tatsache, dass natürlich kulturelle und soziologische Schnittmengen eine Koalitionsbildung unterstützen, die im besten Fall auch auf einem Respekts- und Vertrauensverhältnis, womöglich sogar auf persönlicher Freundschaft der Protagonisten ruhen sollte. Das alles ist ebenso banal wie unterstützenswert. Denn gerade einem Fünf-Parteien-System schadet Dynamik nicht – ganz im Gegenteil! Schon deshalb sollte man ein Freund vielfältiger Koalitionsmöglichkeiten sein. In diesem Sinne ist Schwarz-Grün dann auch nichts weiter als eine denkbare Möglichkeit unter vielen, nicht mehr und nicht weniger.

So kann es auch nicht überraschen, dass in den demokratischen Herzkammern Deutschlands, den Kommunalparlamenten, schon eine ganze Reihe von schwarz-grünen Bündnissen ein alles in allem unspektakuläres Dasein fristen. Auch auf Landesebene hat sich mit dem besagten Hamburger Zusammenschluss des Jahres 2008 die Spannung etwas gegeben, die früher schon allein durch hauchzarte Hinweise auf schwarz-grüne Annäherungen ausgelöst werden konnte. Allein auf Bundesebene blüht in dieser Hinsicht bisher ausschließlich die Fantasie. In strategischer Hinsicht braucht es derer allerdings nicht viel. Beide Parteien, CDU respektive CSU wie Grüne – letztere jedoch noch stärker – sind koalitionspolitisch auf Bundesebene stärker limitiert als FDP oder SPD, während die Linkspartei sich nach wie vor virtuos gegen jede bundespolitische Koalitionsfähigkeit verteidigt. Das alte bundesrepublikanische Lagerdenken basierte auf der Unterscheidung zwischen Union auf der einen und SPD auf der anderen Seite, während die liberale FDP schon lange bevor die Grünen überhaupt auf der politischen Landkarte aufgetaucht waren mit Union als auch der SPD koaliert hatte. An diesem grundsätzlichen Optionstableau hat sich für die FDP nichts geändert, auch wenn sozialliberale Zeiten lange zurückliegen. Die Grünen hingegen sind auf Bundesebene koalitionspolitisch nach wie vor auf die SPD fixiert. Lässt man die Linke also einmal außen vor, haben die Grünen den kleinsten koalitionspolitischen Traditionsbestand, während Union und FDP schon mit zwei unterschiedlichen Parteien koaliert haben, Große Koalitionen aber für alles Mögliche stehen, nicht jedoch für koalitionspolitische Flexibilität. Bleibt die SPD, die in puncto Koalitionen schon am meisten rumgekommen ist. Schwarz-Grün würde also für beide Parteien einen Zuwachs an Beweglichkeit bedeuten, der machttaktisch nicht gering zu schätzen ist. Für die Strategieabteilungen in den entsprechenden Parteizentralen sollte die Attraktivität schwarz-grüner Bündnisse also feststehen, dazu nötigt schließlich die Arithmetik eines Fünf-Parteien-Systems mit einer sich selbst verunmöglichenden Linkspartei.

Und wie sieht es bei den Wählergruppen aus? Was halten Unions- und Grünen-Anhänger von solchen Planspielen? Nach der letzten Bundestagswahl galt jeweils für eine Mehrheit in beiden Anhängerschaften, dass die Grünen ganz allgemein inzwischen als Koalitionspartner der Union infrage kommen – von einem kategorischen Vorbehalt kann also keine Rede mehr sein. Auch sonst zeigen sich Überschneidungen, die jeweils dritthäufigst genannte Parteikompetenz von Union und Grünen war beispielsweise eine gute Familienpolitik. Auch bei den Führungspersönlichkeiten in den Parteien und jeweiligen Bundestagsfraktionen muss nicht unbedingt mehr von einem veritablen Kulturkampf ausgegangen werden. Vielmehr stellt sich der Eindruck normaler parlamentarischer Umgangsweisen, also auch Konkurrenz, ein.

Nur: All das macht noch keine Koalition, schon gar nicht auf Bundesebene. Vor alledem steht nach wie vor das Wahlergebnis, und da ist die Lage ziemlich klar: Im aktuellen Deutschen Bundestag hätte Schwarz-Grün keine Mehrheit, da würde auch der beste Wille nichts helfen. Eine besondere kommunikative Vorbereitung der jeweiligen Führungseliten ist auch nicht auszumachen. Diese wäre aber nötig, da trotz gewisser Schnittmengen noch gewaltige Differenzen zwischen den Basen und den Wählergruppen der Parteien auszumachen sind, und zwar nicht nur inhaltlich, sondern gerade im habituell-kulturellen Bereich. Von einer Liebesheirat könnte zum jetzigen Zeitpunkt jedenfalls keine Rede sein. Ferner ist nicht davon auszugehen, dass die Hamburger Episode eine ausreichende Vorbereitung darstellen könnte. So wie Kanzler sich häufig über die Landespolitik profilieren, tun es auch Koalitionen. Und jenseits spezifischer politischer Biotope, wie Hamburg oder dem Saarland, sucht man schwarz-grüne Versuche bisher vergebens – übrigens genauso vergeblich, wie den parteipolitischen Nutzen, den Schwarze wie Grüne in Hamburg aus ihrem Experiment ziehen wollten. Solange jedoch kein veritables Flächenland eine gesamte Legislatur von Schwarz-Grün regiert wurde, bleibt die Bundesoption sehr unwahrscheinlich.

Es gibt also, nüchtern betrachtet, einige, aber sicher nicht viele, geschweige denn überwältigend viele Gründe dafür, über Schwarz-Grün nachzudenken. Gäbe es da nicht das politische Feuilleton. Hier grassiert nach wie vor der schwarz-grüne Virus. Gedanklich zu reizvoll erscheint offensichtlich das dialektische Muster der sich vereinigenden Gegensätze. Dann ist schnell die Rede von einer neubürgerlichen Renaissance. Kurzerhand wird aus den Grünen eine Art verlorene Generation der Unionsparteien. Die Grünen seien doch eigentlich gar nicht „links", auch wenn sie immer so getan hätten. Beziehungsweise: Sie hätten so getan, weil dies in den kulturkämpferisch bewegten 1960er und 1970er Jahren nun einmal à la mode gewesen wäre. In dieser Perspektive seien sämtliche gesellschaftlichen Entwicklungen irgendwie an denjenigen vorbei gerauscht, die ohne Abitur und Zeit-Abo durchs Leben gegangen seien. Die Grünen seien der zu Beginn der 1980er Jahre endgültig als Partei fleischgewordene Generationenkonflikt in deutschen Akademikerhaushalten. Studienratskarrieren seien doch eigentlich hier wie da beliebt gewesen und seien es noch immer. Der ganze kulturelle Graben zwischen Union und Grünen sei nur so auffällig, weil er quasi durchs Wohnzimmer hindurchführte. Eine umgekehrte Interpretationsvariante hat dieselbe Zielrichtung. Ist es nicht von allen Parteien im deutschen Spektrum die Union, die im letzten Jahrzehnt den größten Sprung gemacht habe? Unter Kohl hatte sich eine alte, männliche, konservative und westdeutsche Partei aus der Regierung verabschiedet. Nur sieben Jahre später kam eine Partei zurück an die Macht, die auf einmal von einer Frau geführt wurde, von einer ostdeutschen, von einer Physikerin aus einem protestantischen Pfarrhaus. Schon genug könnte man meinen, aber hat nicht diese Kanzlerin dann zum Beispiel auch noch eine Familienministerin von der Leyen gewähren lassen, die zügig und zielstrebig das umsetzte, was alles in allem längst nötig war und daher natürlich auch Grüne schon lange gefordert hatten.

Programmatische Einigkeit sei im Großen und Ganzen also doch vorhanden. Ob man nun für die Bewahrung der Schöpfung eintrete oder sich im Umweltschutz engagiere, sei doch letztlich dasselbe. Außerdem seien angeblich inzwischen beide Parteien, allemal im urbanen Raum, Anwälte junger Mittelstandsfamilien und einer pragmatischen Wirtschaftspolitik, die Wachstum und Nachhaltigkeit miteinander verbinde. Insofern würden bei Schwarz-Grün nicht mehr Gegensätze zueinanderfinden, sondern eine Politik der Mitte und des Ausgleichs auf zwei feste Standbeine gestellt. Und so weiter, und so fort.

Die Diskussion um Schwarz-Grün zeigt vor allem wieder einmal Folgendes: Es gibt zwar auch in der Demokratie so etwas wie politische Naturgesetze, keine Regierungsentscheidung ohne Mehrheit zum Beispiel. Diese Naturgesetze beschreiben aber nur die notwendigen Rahmenbedingungen für Ereignisse und Entwicklungen. Damit es dann wirklich so oder anders kommt, muss man auch auf den politischen Willen achten. Ergo: Wenn Union und Grüne tatsächlich unbedingt auf Bundesebene koalieren wollen, werden sie es tun, sobald sich die Möglichkeit bietet. Aus liberaler Perspektive kann man dazu allerdings nur erheblichen politischen Gegenwillen aufbringen. Denn man muss Schwarz-Grün keinesfalls als Versammlungsstätte des Pragmatischen, Ausgewogenen und irgendwie auch Fortschrittlichen ansehen. Schwarz-grüne Schnittmengen kann man auch ganz anders bewerten. Denn eine schwarz-grüne Koalition würde vielleicht doch eine Menge an ideologischer Bindekraft aufweisen.

Erstens träfe sich hier eine Liebe zum Status quo, die so in kaum einer anderen Koalition denkbar wäre. Der Pragmatismus, den sich die Union gerne zuschreibt, ist häufig nur ein Aufschieben von Entscheidungen, bis es gar nicht mehr anders geht. Und die Grünen haben – abgesehen vom Waldsterben – eigentlich schon immer alles so gemocht, wie es ist. Was der Union jahrzehntelang ihre Haltung bei Themen wie Zuwanderung und Integration gewesen ist, war den Grünen beispielsweise ihre Position zu Auslandseinsätzen der Bundeswehr. Vogelstraußtaktik hier und da, bewegt wurde sich immer erst unter überwältigendem Druck. Eine Politik, welche es mit den Herausforderungen der Zukunft aufnehmen will, sieht anders aus. Vor allem muss sie ein anderes Fundament als ein diffuses Bedrohungsgefühl haben – Angst ist ein schlechter Ratgeber, bei Union und Grünen aber ein beliebter. So, wie die Union beim Aufenthalts- und Zuwanderungsrecht schon immer händeringend auf die ganzen Risiken hinwies, die – personifiziert durch Immigranten – vermeintlich jenseits der Grenzen der Republik lauerten, so wussten die Grünen schon immer was der technologische Fortschritt den Menschen bringt – nichts Gutes selbstverständlich. Hier wie da ist es in der bunten Vielfalt der Menschen wie in den Potenzialen des menschlichen Geistes eines, was schreckt: Freiheit.

Zweitens teilen Union und Grüne noch eine weitere grundlegende Einstellung. Beide sind im Kern paternalistisch veranlagt. Sowohl bei grünen wie schwarzen Politikern als auch im schwarz-grünen Elektorat trifft man häufig auf folgende Idee: An meinem privaten Wesen sollen politisch alle genesen. Es mag ja sein, dass es innerhalb der Union viele glückliche Ehen mit einem Alleinverdiener gibt, aber musste man sich deswegen wirklich so lange gegen bessere Betreuungsangebote sperren oder die Idee einer „Herdprämie" entwickeln? Und es ist ja auch sehr gut nachvollziehbar, sich gesund ernähren zu wollen, aber ist es deswegen schon angebracht, alle diejenigen moralisch zu verdächtigen, denen es einfach egal ist, ob die Gurke vom Bauern oder vom Bio-Bauern kommt? Zuletzt hatte die grüne Bundestagsfraktion übrigens auch noch die Idee, Motorroller zu verbieten. Schlimmstenfalls hat man es bei einer schwarz-grünen Koalition also mit einer illiberalen Bewegung zu tun, die sich in bester Absicht daran macht, wovon Politik die Finger lassen sollte, nämlich die Bürger in Details ihrer Lebensführung zu bevormunden. Wie war das noch mal in Hamburg? So sinnvoll der ein oder andere Aspekt der Bildungsreform auch war, zuletzt wurde daraus ein Entmündigungsprogramm: Wer wusste schließlich besser als die Eltern selbst, auf welche Schule sie ihre Kinder zu schicken hätten? Richtig, Schwarz-Grün war das. Für ihre Kaffeefahrt ins grüne Gesellschaftslabor hat die CDU in diesem Fall einen hohen Preis bezahlt. Und die Grünen hat das Bündnis auch eher im Dunkeln stochern lassen – beziehungsweise in der Elbvertiefung. Im Ergebnis ist hier, wie angedeutet, nicht ohne Grund keiner unbeschadet aus der Affäre gekommen – Mesalliance nennt man so etwas wohl.

Das beantwortet die Frage danach, wer von beiden, der schwarze oder der grüne Partner, eigentlich mehr von einer gemeinsamen Koalition profitiert, noch nicht abschließend. Aber dass Koalitionen immer für alle gleich glücklich ausgehen, ist eine politisch naive Vorstellung. Jedenfalls haben schwarz-grüne Bündnisse fürs Erste ihren Welpenschutz verloren – und programmatisch Wünschenswertes sucht man hier, wie gesagt, vergebens. Das heißt aber nicht, dass fortgesetztes koalitionspolitisches Nachdenken nicht mehr angesagt wäre. Auch die Bundeskanzlerin Angela Merkel, deren Intelligenz zu Recht oft gerühmt wird, hat das Nachdenken hinsichtlich Schwarz-Grün nicht eingestellt. Ihre letzte Zwischenbilanz, verkündet auf dem Bundesparteitag der CDU im Jahr 2010, lautete jedoch: „Hirngespinste."

Recht hat sie. Nur: sollte sich diese Einschätzung einmal ändern, muss das aus liberaler Perspektive gar nicht schlecht sein. Denn selbst wenn es zukünftig zu einer verstärkten Annäherung von Schwarz und Grün kommen würde – auf Bundesebene womöglich – bliebe auch das nicht ohne Folgen. Denn ein solches Bündnis, das weitaus mehr als nur konservative Schlagseite hätte, in dem sich gerade die Parteien versammeln würden, die grundsätzlich mit dem Neuen als solchem Probleme haben, provoziert auch wieder eine deutlichere Alternative. Eine Alternative, in der sich diejenigen versammeln könnten, die sich unter dem Stichwort „Progressivität" einsortieren ließen. Kurz gesagt: eine sozialliberale Alternative. Denn in der Bundesrepublik gab es schon einmal eine progressive SPD – zugegeben, auch schon wieder etwas her – aber in der Politik ist schon so manches wiedergekommen, was man eigentlich schon vergessen hatte. Und überwältigend Vernünftiges, wie die Agenda 2010, bleibt einfach bestehen – schade übrigens, dass sich die SPD aktuell nicht mehr erinnern will. Aber dennoch: Eine progressive SPD wäre natürlich ein potenzieller Partner der Liberalen. Gleiche Lebenschancen beispielsweise sind ein Dauerthema liberaler wie sozialdemokratischer Diskussionen, genauso eine tatsächlich auf die Erneuerung des Aufstiegsversprechens setzende Bildungspolitik. Sowohl bei Sozialdemokraten wie bei Liberalen stand und steht, trotz aller Debatten über dessen Umfang, etwa auch der aktivierende Sozialstaat hoch im Kurs, hierüber gab es und gibt es einen lebhaften programmatischen Diskurs. Sich neben den gleichen Fragen durch koalitionspolitische Schubser auch mit noch höherer Dringlichkeit wieder stärker um verbindende Antworten zu bemühen, würde hier gewiss nicht schaden. Schwarz-Grün würde also sicherlich Perspektiven öffnen – mehr als sich mancher vorstellen kann.

Philipp Mißfelder

Schwarz-Grün als Projekt der jungen Generation?

Wer am Anfang des politischen Jahres 2011 einen Blick in die Zukunft gewagt hätte, wäre zum heutigen Zeitpunkt sicherlich überrascht angesichts der rasanten Änderungen bei inhaltlicher Richtung und personeller Zusammensetzung der christlich-liberalen Bundesregierung. Noch mehr wäre der Silvesterprophet wohl über die vermeintlich goldenen Zeiten der Grünen erstaunt, die die allwissenden Demoskopen wöchentlich ausrufen. Ein grüner Ministerpräsident in Baden-Württemberg und die CDU nach fast sechs Jahrzehnten in der Opposition – solche Erschütterungen der Parteienlandschaft hat es lange nicht gegeben.

Die Bindungskräfte der Parteien scheinen abzunehmen. Kamen in den siebziger Jahren CDU, CSU und die Sozialdemokraten zusammen auf fast 90 Prozent der Stimmen bei Bundestagswahlen, votieren mittlerweile nur noch knapp zwei Drittel der Wähler für die Volksparteien. Die stabile Stammwählerschaft und die Zahl der langfristig festgelegten politischen Anhänger der Parteien gehen zurück. Die Bürger wechseln zwischen den Lagern hin und her oder entscheiden sich nun häufiger erst direkt in der Wahlkabine. Die Wähler sind – im Wortsinne – wählerischer geworden. Zugleich ist auch unsere Gesellschaft insgesamt unterschiedlicher und fragmentierter geworden, das belegen Untersuchungen wie die Sinus-Milieustudie. Ein Ausdruck dieses Wandels, wenn nicht sogar ein Ergebnis dieser Entwicklung ist die Verbreiterung der politischen Basis und damit der Parteienlandschaft. Gab es – abgesehen von einer kurzen Zeitspanne in den Anfangsjahren der Bundesrepublik, als sich das politische System noch finden musste – über Jahrzehnte hinweg mit der Union, der FDP und der SPD nur drei Fraktionen im Deutschen Bundestag, so kamen 1983 zunächst die Grünen hinzu. Nach der Deutschen Einheit gelang der mehrfach umbenannten SED-Fortsetzungspartei „Die Linke" als weiterer Gruppierung der Sprung ins Parlament.

Haben sich also die politischen Gewissheiten aufgelöst? Gibt es tiefgreifende Verschiebungen im politischen System? Die Schwankungen jedenfalls nehmen zu. Die FDP – bei der Bundestagswahl 2009 noch strahlender Sieger – kämpft mit der 5-Prozent-Hürde und hat ihre Führungsspitze in Partei, Fraktion und Regierung neu geordnet. Sie wird sich aber wieder fangen und stabilisieren. Die verun-

sicherten Sozialdemokraten kommen trotz (oder wegen) Sigmar Gabriel und
Andrea Nahles ebenfalls nicht auf die Beine. Ob sich die Partei fängt, wird sich
zeigen. Die Union musste zuletzt schmerzliche Wahlniederlagen hinnehmen und
ist weit entfernt von Ergebnissen über 40 Prozent, die einer Volkspartei würdig
wären.

Hingegen strotzen die Grünen, die sich stets als Klientelpartei verstanden
sehen wollten, vor Kraft. Plötzlich ist die frühere Anti-Parteien-Partei für breite
Bevölkerungsschichten wählbar geworden. Sogar für bürgerliche Schichten. Die
grün wählende, aber Porsche Cayenne fahrende Zahnarztgattin ist kein Klischee
mehr und gehört offenbar mittlerweile genauso zur Wählerschaft wie der Gorle-
ben-erprobte Langzeitstudent der Soziologie oder politisch-korrekt-lebende
Oberstudienrat. Eine interessante Mischung verschiedener Ansichten, Werte und
Charaktere. Aber ist sie auch längerfristig stabil?

Aus meiner Sicht ist die momentane Stärke der Grünen nur geliehen. Die
grüne Stimmung ist deutlich besser als die grüne Lage. Denn die Grünen leben
derzeit von ihrem Image, als Ökopartei, als Partei der Klimafreunde. Die grüne
Öko-Gewissens-Blase wird allerdings platzen, wenn die Partei in der Realität der
Regierungsverantwortung angekommen ist. In Baden-Württemberg beispielsweise werden die Grünen sehr schnell merken, was es heißt, Verantwortung für ein
Land zu tragen, das auf exzellente wirtschaftliche Rahmenbedingungen, innovative Industriearbeitsplätze und leistungsfähige Infrastruktur angewiesen ist. Mit
Fahrradwegen lassen sich keine hocheffizienten, spezialisierten Transportketten
aufrechterhalten!

Die Liste mit Beispielen wirklichkeitsfremder Politik, die von der Verhinderung wichtiger Infrastrukturprojekte über exzessives Gender-Mainstreaming bis
zur Bekämpfung des Tourismus im Kiezbiotop Berlin-Kreuzberg reicht, ließe sich
fortsetzen. Die Richtung und die Denkweise der Grünen ist klar: Statt den Bürgern die Freiheit zur eigenen Entscheidung zu überlassen, setzen sie auf Verbote
und staatliche Reglementierungen. Die Grünen wollen ökologisch-politisch kor-
rektes Verhalten (woran lässt sich das eigentlich messen?) und individuelle Ein-
schränkungen zugunsten vermeintlich übergeordneter Ziele wie der Rettung des
Weltklimas. Den Titel der „Dagegen-Partei" haben sich die Grünen redlich verdient.

Inhaltlich verengt auf die Wohlfühl-Themen und beseelt vom Wunsch, alles
möge so bleiben, wie es ist, nur irgendwie ökologischer, fehlt es den Grünen an
Antworten auf die großen Fragen: Wie soll eine Industrienation wie Deutschland
im 21. Jahrhundert aussehen? Wie generieren wir angesichts des demografischen
Wandels Wachstum und Wohlstand auch für die kommenden Generationen? Wie

kann die Staatsverschuldung nachhaltig reduziert werden? Wie gestalten wir Fortschritt? Und wie gelingt es, eine optimistische Kultur des Aufstiegswillen in einem innovations- und bildungsorientierten Umfeld zu schaffen, um die kommenden Herausforderungen zu meistern? Statt nach Lösungen zu suchen, bedienen die Grünen unverhohlen die Ängste einer häufig egozentrischen, nur im Heute und Jetzt lebenden Wohlstandsgesellschaft, der Annehmlichkeiten wichtiger sind als Investitionen in die Zukunft.

Dabei war die Partei, die nicht umsonst den an die Herkunft einiger ostdeutscher Bürgerrechtler erinnernden Zusatz „Bündnis 90" im Namen trägt, schon einmal weiter. Doch mit dem Abgang von Joschka Fischer, Matthias Berninger oder Oswald Metzger haben sich die Grünen entschlossen, ihre realpolitische Phase hinter sich zu lassen und stattdessen lieber den „Fundis" um Jürgen Trittin und Claudia Roth zu folgen. Zudem gibt gerade für viele grüne Nachwuchspolitiker ausgerechnet der Grünensenior Hans Christian Ströbele den Ton an. Die Grünen müssen sich entscheiden, welchen Kurs sie künftig einschlagen wollen.

Spätestens bis zu den ernüchternden Erfahrungen in Hamburg galt „Schwarz-Grün" als spannendes Modell. Schließlich existierten und existieren auf kommunaler Ebene – etwa in Frankfurt am Main – vereinzelt Koalitionen zwischen der CDU und den Grünen, die durchaus Erfolge vorzuweisen haben. Insbesondere in der jungen Generation, auch in Teilen der Jungen Union, gab es die Hoffnung, über solche Bündnisse nicht nur nachzudenken oder auszuloten, wo es Gemeinsamkeiten und übereinstimmende Ansätze gibt, sondern sie auch mit umfassenden Reformen zu verbinden – im Bereich der sozialen Sicherungssysteme, bei der Haushaltssanierung, bei der Stärkung der Sozialen Marktwirtschaft und der Generationengerechtigkeit. Hierbei lautet der Grundgedanke, der in allen Politikfeldern zum Tragen kommen muss: Wir dürfen nicht auf Kosten kommender Generationen leben, wir müssen die Grundlagen erhalten, um auch weiterhin wirtschaftliches Wachstum und sozialen Wohlstand für unsere Kinder und Enkel zu sichern. Die Lasten müssen gerecht verteilt werden, vor allem in den Sozialsystemen, aber auch beim Schutz der Umwelt oder der Integrationspolitik. In Ansätzen waren diese Ziele durchaus auch bei den Grünen anzutreffen. Das ist vorbei.

Auffällig ist in diesem Zusammenhang auch, dass derzeit öffentlich niemand mehr von „Jamaika" spricht. Obwohl diese Mischung aus schwarz, gelb und grün noch vor kurzem das politische Deutschland geradezu elektrisiert hat und im Saarland sogar relativ geräuschlos praktiziert wird. Eine Koalition von Union, FDP und Bündnis 90/Die Grünen ist momentan tatsächlich kaum im Bereich des Möglichen und Machbaren. Denn angesichts der Umfragen ist ein Dreierbündnis schlicht nicht erforderlich. Insofern stellen sich Fragen nach inhaltlichen Berührungspunkten oder auch den Differenzen nicht.

Rein machtpolitisch hingegen hätte eine schwarz-grüne Koalition laut den Demoskopen eine stabile Mehrheit. Zumindest im Deutschen Bundestag, aber auch faktisch in einigen Bundesländern. Für die Union wären solche Bündnisse keineswegs Liebesheiraten, sondern Mittel zum Weiterregieren, falls es mit den Liberalen nicht reicht. Wenn es der CDU als Volkspartei kaum noch gelingt, bei Wahlen auf 40 Prozent oder sogar 50 Prozent der Stimmen zu kommen, sind die Grünen neben der SPD rechnerisch eine Option. Doch für eine Union, die nur noch gut ein Drittel der Stimmen auf sich vereint, wächst zwangsläufig die Bedeutung des jeweiligen Koalitionspartners. Reizvoll ist die Perspektive daher nicht, mit Grünen, die kaum schwächer als die CDU sind, zusammenzuarbeiten. In Stadtstaaten wie Bremen oder Berlin läuft die CDU überdies Gefahr, nur noch Juniorpartner zu sein. Christdemokratische Politik ließe sich in solchen Konstellationen nur schwer gestalten.

Deswegen ist es falsch, auf derartige Optionen zu schielen. Anspruch der Union als Volkspartei muss es sein, bei Wahlen so stark wie möglich zu werden. Die CDU muss an ihrem Profil arbeiten, mit ihren Inhalten überzeugen und die Bürger mit einem breiten Personalangebot, das für den christlich-sozialen, den konservativen und den liberalen Flügel steht, für sich gewinnen. Das gilt für die Stammwähler als Grundlage künftiger Wahlerfolge genauso wie für Wechselwähler. Es wäre zudem grundfalsch, den Grünen thematisch hinterher zu laufen oder gar die eigenen Werte zu verleugnen, nur um vermeintlich attraktiver zu wirken. Denn die Union versteht unter Familienpolitik etwas anderes als die Grünen. Sie setzt – auch hier ließen sich noch zahlreiche andere Beispiele finden – andere Schwerpunkte in der Wirtschafts- oder der Verkehrspolitik. Und die Union hat dank des „C" eben auch ein anderes Bild vom Menschen.

Die Union muss klare, unverwechselbare Alternativen bieten und als eigenständige Kraft erkennbar sein. Und sie muss den Mut haben, gesellschaftliche – auch kontroverse – Debatten zu führen und argumentativ zu prägen. Den bleibenden Wertekompass dafür hat sie mit der Orientierung am „C", der katholischen Soziallehre sowie der evangelischen Sozialethik. Und den notwendigen Pragmatismus bei Reformen hat die CDU auch stets bewiesen, ohne kurzfristigen Moden und Trends zu verfallen.

Schwarz-Grün ist sicherlich für die kommenden Jahre nicht völlig auszuschließen. Die politische Großwetterlage kann sich bekanntermaßen schnell ändern. Aber ob diese Konstellation wirklich gut wäre für unser Land? Die Skepsis in der Jungen Union ist jedenfalls gestiegen, dass die Grünen bei weitem nicht so reformfreudig und frisch sind, wie es angesichts der Herausforderungen erforderlich wäre. Besser ist es, wenn Union und Grüne erst einmal in einen Wettstreit der Ideen und Konzepte einträten. Und zwar nicht als Partner, sondern als Kontrahenten.

Krista Sager

Wer die fremde Nachbarsfrau einmal schön redet…

1996 gab es in der „Zeit" ein Streitgespräch zwische dem damaligen CDU-Oppositionsführer im saarländischen Landtag, Peter Müller, und mir als einer von zwei Bundes„sprecherInnen" von Bündnis 90/Die Grünen. Ich kam darin zwar zu der Einschätzung, dass „die Chancen für Schwarz-Grün auch unterhalb der Bundesebene nicht gerade üppig sind", warnte aber vor einer „babylonischen Gefangenschaft" der Grünen „im rot-grünen Lager". Dazu fielen mir so nette Bilder ein wie: „Wir sind nicht der Wurmfortsatz der SPD, von dem es dann heißt: Geht es der SPD schlecht, kränkeln automatisch auch die Grünen", und riet ansonsten zu weniger „Lagertheorie" und mehr Pragmatismus in Richtung Problemlösung. Peter Müller verlangte von der CDU endlich zur Kenntnis zu nehmen, „dass wir ein Einwanderungsland sind", und ergänzte: „Die multikulturelle Gesellschaft ist längst eine Realität". Die FDP war damals im saarländischen Landtag nicht vertreten, was Peter Müller so schöne Sätze sagen ließ wie: „Ich kann nur mit den Mädchen tanzen, die da sind." Ansonsten beharkten wir uns tapfer und nach Kräften.

In diesem 15 Jahre alten Text finden sich wohl schon alle Motive, die die Schwarz-Grün-Debatte bis heute bestimmen: der Wunsch nach einer zusätzlichen Machtoption, entweder weil man dem eigentlichen Wunschpartner damit drohen möchte oder dieser als Mehrheitsbeschaffer ausfällt. Der Wunsch, die Schwarz-Grün-Option zu nutzen, um Modernisierungs- und Reformdefizite in der eigenen Partei zu überwinden. Auch der Wunsch, es möge in der Politik doch eher um das pragmatische Ausloten als um die dauerhafte feste Bindung gehen. Und wenn dann außer Spesen nichts gewesen ist, so doch das Bestreben um eine Imageverbesserung für beide Seiten.

So sehr die damaligen schwarz-grünen Plänkeleien zwischen einigen Grünen und den so genannten jungen Wilden der CDU erkennbar letzterem Ziel dienten, so hätte ich damals jedoch nicht gedacht, dass bis zur Bildung der ersten schwarz-grünen Landesregierung noch über zehn Jahre ins Land gehen würden. Eine Tatsache, die mich zwischendurch schon spotten ließ, mit Schwarz-Grün sei es wie mit dem Yeti: Alle reden drüber, aber keiner hat ihn gesehen. Dass es trotz vieler recht ordentlich arbeitender schwarz-grüner Bündnisse auf kommunaler und städtischer Ebene erst 2008 zur Bildung der ersten Landesregierung in Gestalt des CDU/GAL-Senats in Hamburg kam, verweist schon auf die besonderen Kernprobleme einer solchen Konstellation: machtstrategisch durchaus reizvoll, inhaltlich schwierig bis sehr schwierig, von den Präferenzen, Erwartungen und Wertemustern der Wählerinnen und Wähler her nahezu unmöglich.

Dass selbst das unter nahezu optimalen Bedingungen gestartete Regierungsbündnis in Hamburg nach nur zwei Jahren am Ende war, hat sicher zahlreiche hamburgspezifische Gründe, sagt aber auch einiges über die realen Hürden und Widerstände für Schwarz-Grün aus.

1 Machtpolitisch reizvoll

Schwarz-Grün ist für beide Seiten keine Wunschpaarung, sondern eher eine zusätzliche denkbare Option unter den Bedingungen erschwerter Mehrheitsbildung. Auch wenn der Einzug der Linkspartei in die Parlamente sicher der Schwarz-Grün-Debatte erneuten Auftrieb gegeben hat, so beweist doch deren lange Geschichte, dass die schwarz-grünen Gedankenspiele nicht deren schlichte Folge sind. Für jede Partei ist es zweifellos reizvoll für den Fall, dass mit der Partei der größeren politischen und kulturellen Nähe keine Mehrheitsbildung möglich ist, eine weitere Option auf eine Regierungsbeteiligung zu haben.

Die starke Abhängigkeit der CDU von der FDP wird gerade zur Zeit sicher von vielen als echte Bedrohung für eine Bewahrung der Machtoption gesehen. Nach wie vor gelten Große Koalitionen als nur kurzfristig zu tolerierende Übergangslösungen. Auch für die Grünen ist die Aussicht, immer nur mit den Sozialdemokraten regieren zu können oder sonst gar nicht, schon lange ein Ärgernis. Für die Grünen ist die Schwarz-Grün-Debatte immer auch Ausdruck eines gewachsenen Selbstbewusstseins gegenüber der SPD und die Einforderung von normaler Behandlung. Schließlich nimmt die SPD selbstverständlich für sich in Anspruch, mit jedem koalieren zu können – mal mit der Linken in Berlin, mal mit der FDP in Rheinland-Pfalz und sowieso mit der CDU – mal im Bund, mal in den Ländern.

Verstärkt wurden grüne Abnabelungsfantasien durch die lange gepflegte Attitüde der Herablassung und Überheblichkeit der SPD, die sich beispielhaft in Schröders Spruch vom „Koch und Kellner" niederschlug. Manchmal kam bei den Grünen schon das Gefühl auf, man sei in der Rollenverteilung bei Herr und Hund angekommen, wobei dem grünen Hund besonders angekreidet wurde, dass er sich an der Wahlurne mit „Fleisch vom Fleische der SPD" rundgefressen habe. Gerade dort, wo die SPD lange alleine oder fast alleine regiert hat, neigte sie zu der Auffassung, sie habe gegenüber den Grünen geradezu eine erzieherische Mission zu erfüllen, wie man sie sonst nur ungeratenen Kindern angedeihen lässt. Wenn man sich dagegen wie CDU und GAL milieumäßig und habituell eher fremd ist, sagt man vorsichtshalber schon mal „Sie" zu einander und behandelt sich auch so. Die Lust mancher Grünen an einem Schwarz-Grün-Flirt ist also nicht zuletzt Ausdruck eines tief sitzenden Emanzipationsbedürfnisses.

Dazu kommt, dass die Grünen zwar die unbestrittene Kompetenzzuweisung im Klima- und Ökologiebereich haben, ihnen das Erreichen signifikanter weiterer Kompetenzzuweisungen – abgesehen vom Bildungsbereich auf Landesebene – trotz jahrelanger redlicher Bemühungen nicht gelungen ist. So haben die Grünen schon seit vielen Jahren in Fachkreisen hoch geschätzte Fachpolitikerinnen und -politiker für Haushalts-, Finanz- und Wirtschaftsfragen. Nur in den Kompetenzzuweisungen des breiten Publikums findet dies bis heute einfach keinen Niederschlag.

Die CDU wiederum leidet nach wie vor unter einem Hegemoniedefizit in den Fragen kultureller und gesellschaftlicher Modernität, was ihr vor allem in den Großstädten, bei Jüngeren und bei der weiblichen Wählerschaft zu schaffen macht.[1] Die kalte Klientelpolitik der FDP ist für den werteorientierten Teil der Volkspartei CDU oft nur schwer zu ertragen und hilft der CDU nicht gerade, sich im Bereich der sozialen Gerechtigkeit gegenüber dem linken Lager auch nur halbwegs zu behaupten. Andererseits hat die Kompetenz im Klima- und Umweltbereich einen erheblichen Bedeutungszuwachs erfahren und ist inzwischen von der bundesrepublikanischen Prioritätenliste wichtiger Themen nicht mehr weg zu denken. Wenn Klima- und Umweltschutz inzwischen einen eigenen Bereich strategischer Hegemoniefähigkeit beschreiben, ist die unbestrittene Führerschaft der Grünen auf diesem Feld eine zunehmend härtere Währung.

In zentralen Politikfeldern wäre eine Koalition aus CDU und Grünen also von vornherein auf Ergänzung statt auf Ähnlichkeit in den Kompetenzzuschreibungen angelegt, aber mit der Hoffnung verbunden, den eigenen Radius dadurch erweitern, eigene Defizite kompensieren und von den stärkeren Kompetenzfeldern des Kooperationspartners profitieren zu können. Die machtpolitischen Vorteile liegen also auf der Hand: Alternativen in der Koalitionsfrage, Plan B bei Ärger mit dem Wunschpartner, Imagegewinn und Zugang zu neuen Wählerschichten.

Aber keine Chancen ohne Risiko: Ist es für die Bildung einer Koalition eher erleichternd, dass CDU und Grüne nicht wie Grüne und SPD um die gleiche

Wählerschaft konkurrieren, so ist dies natürlich kein statischer Zustand. Die zwischenzeitlich extrem hohen Umfragewerte für die Grünen in 2010/11 waren und sind auch ein Zeichen für gewachsene Akzeptanz in anderen Teilen des Bildungsbürgertums. Teile der CDU hatten im letzten Jahr suggeriert, man müsse sich mit der SPD gar nicht mehr befassen und der eigentliche Sparringspartner, aber auch zumindest theoretisch denkbare zukünftige Koalitionspartner seien die Grünen. Dies hat die Grünen aber in der Außenwahrnehmung von einer Partei links von der SPD stärker zu einer Partei der linken Mitte und damit für andere Wählerinnen und Wähler interessant gemacht. Als die CDU dann mit der Laufzeitverlängerung für die AKWs alle Brücken auf einem Schlag abfackelte, stand man den Folgen der versuchten Adelung der Grünen ziemlich geschockt gegenüber. Durch die mitbetriebene Aufweichung der Lagergrenzen bestand plötzlich die Gefahr, dass die Grünen Stimmen aus der bildungsbürgerlichen Mitte abziehen und in eine rechnerisch wieder mögliche rot-grüne Mehrheit einbringen könnten. Nun wollte die CDU das allgemeine Grünen-Bild am liebsten um 25 Jahre zurückdrehen: Steinewerfer, RAF-Sympathisanten, Dagegen-Partei. Dass mag das Herz vieler CDU-Ultras erwärmen, wirkt aber doch eher als taktische Verzweiflungstat. Umgekehrt können die Grünen natürlich auch nicht ihre Unabhängigkeit und Eigenständigkeit in der Bündnisfrage vor sich hertragen, schwarz-grüne Optionen offenhalten und gleichzeitig so tun als, sei rechts von der CDU nur noch die Wand oder Dschingis Khan.

Merke: wer die fremde Nachbarsfrau einmal schön redet, kann hinterher nicht behaupten, sie sei doch eigentlich hässlich wie die Nacht.

2 Inhalte: schwierig bis sehr schwierig

Seit den 90er Jahren haben sich sowohl die Grünen als auch die CDU erheblich weiterentwickelt. Die Grünen haben vor allem durch die rot-grünen Regierungsbeteiligungen auf Bundes- und auf Landesebene nicht nur in Sachen Pragmatismus und Kompromissfähigkeit dazu gelernt, sondern auch ihren Realitätssinn geschärft. Sie haben nicht nur begriffen, was es heißt, unter den Bedingungen knapper Kassen und endlicher finanzieller Ressourcen Verantwortung zu tragen, sondern haben dies auch programmatisch antizipiert, indem sie den Nachhaltigkeitsbegriff und die Generationengerechtigkeit nicht nur auf Umweltfragen, sondern auch auf öffentliche Budgets und Sozialsysteme beziehen. Sie treten für eine UN-gestützte multilaterale Außenpolitik ein und schließen die Teilnahme an internationalen Missionen auch mit einem robusten Mandat nicht mehr aus. Das Gewaltmonopol des Staates wird von niemanden bei den Grünen mehr in Frage gestellt und inzwischen gegen Gewalt von Rechts verteidigt. Es gibt kaum eine Partei, die sich inzwischen so sehr als proeuropäische Partei versteht wie die Grünen und auf internationale Einbindung drängt. Nicht zuletzt durch den Atomausstiegskonsens haben die Grünen auch akzeptiert, dass eine reale Bewegung in die richtige Richtung wertvoller sein kann als jahrzehntelanges Rechthaben auf dem selben Fleck.

Auch die CDU hat sich bewegt: Homosexualität kann dort im Ernst niemanden mehr schrecken, genauso wenig wie berufstätige Mütter. Verkündete Angela Merkel noch 2002, dass sich „über deutsche Kinderbetten" niemand anderes beugen solle als „die deutschen Eltern", tut die CDU inzwischen so, als habe sie die Frühförderung von Kindern in der außerhäuslichen Kinderbetreuung überhaupt erst erfunden. Auch die Ökosteuer und das Erneuerbare-Energien-Gesetz will die CDU nicht mehr abschaffen. Ebenso gibt es in vielen CDU-regierten Ländern inzwischen Ansätze zur Reduzierung der Mehrgliedrigkeit des Schulsystems und Erhöhung der Durchlässigkeit und Chancengerechtigkeit. Und niemand bekämpft auf Landesebene mehr das Fahrradfahren als grüne Ideologie.

Trotzdem gibt es nach wie vor spezifische Differenzen zwischen CDU und Grünen, die eine Koalitionsbildung extrem schwierig machen oder von vornherein zum Scheitern bringen würden. Hier wäre die nach wie vor ungeklärte Haltung der CDU zur Integrations- und Einwanderungsfrage zu nennen, worauf der aktuelle Streit in der CDU/CSU verweist, ob der Islam nun zu Deutschland gehören dürfe oder nicht. Verbesserung der Zuwanderungsgesetzgebung durch ein Punktesystem und die Abschaffung des Optionsmodells im Staatsbürgerrecht sind in der Union wohl kaum mehrheitsfähig. Die Ablehnung eines gesetzlichen Mindestlohns stellt ebenfalls eine kaum zu überwindende Hürde da. Auch in der Europa-Politik tun sich zunehmend Differenzen auf, nicht nur in der Türkeifrage, sondern auch in vielen Bereichen der Umwelt- und Energiepolitik. Die Prämie für häusliche Betreuung statt Kita und der Streit, ob die Gleichstellung in der Privatwirtschaft weiter über Selbstverpflichtungen statt über Quoten zu fördern ist, markieren nach wie vor bestehende kulturelle und milieubedingte Differenzen.

Besonders die Laufzeitverlängerung für die deutschen Atomkraftwerke und die Aufkündigung des Atomkonsenses durch die Bundesregierung sorgte für absolute Eiszeit zwischen CDU und Grünen. Aus grüner Sicht kann man sich noch heute nur darüber wundern, wie bedingungs- und alternativlos Angela Merkel sich und die Ihren dadurch auf Gedeih und Verderb an die FDP kettete. Verwundern muss es auch, dass einige in der CDU ernsthaft glaubten, die Grünen würden ein paar Jahre Laufzeitverlängerung für eine Regierungsbeteiligung schon in Kauf nehmen. Dies zeigt exemplarisch, wie fremd sich Grüne und CDU nach wie vor sind. Joschka Fischer pflegte nicht zu Unrecht zu sagen: In einer Koalition müsse man auch mit dem Kopf des Partners denken können. Wenn selbst die potenziellen Befürworter von Schwarz-Grün keine Ahnung davon haben, wo die Grenzen der Beweglichkeit auf der anderen Seite liegen, sagt das viel über die Risiken einer Koalition.

Ohne Fukushima wäre es sicher nicht zu einer Kehrtwende der CDU/CSU in der Atomfrage gekommen. Aus machtpolitischer Sicht eröffnete sich für die CDU dadurch die Chance für einen Befreiungsschlag. Mit dem Ausstieg vom Ausstieg aus dem Ausstieg sind aber keineswegs alle inhaltlichen Differenzen zu den Grünen überbrückt. Ob es in der CDU aber eher in Richtung „Große Kohle-Koalition" oder konsequenter Ausbau der erneuerbaren Energien geht, ist nach wie vor offen. Die Grünen werden die Forderung, auch Vorreiter bei den Klimaschutzzielen zu sein, sicher nicht dem Atomausstieg opfern wollen. Es ist fraglich, ob sich die CDU bei der Energiewende weiter an den Interessen der vier Großkonzerne orientieren oder dezentralen Strukturen und neuen Marktteilnehmern eine Chance geben will. Konfliktstoff steckt auch in der Frage, ob die Energiewende auf Kosten von Bürgerbeteiligung gehen soll.

Die Art und Weise, wie die atompolitische Kehrtwende in der CDU eingeleitet und durchgesetzt wurde, zeigt auch fundamentale kulturelle Unterschiede der Parteien: Es waren bezeichnender Weise die Grünen und nicht CDU/CSU, die vor der Bundestagsentscheidung zum Atomausstieg einen Sonderparteitag durchführten. Um für die Wählerinnen und Wähler glaubhaft zu sein, müssen gravierende Kurskorrekturen von einem erkennbaren Ringen um den richtigen Weg und letztlich einer breiten demokratischen Legitimation begleitet sein. Richtungsänderungen, die eher nach dem Gesichtspunkt machtpolitischer Tauglichkeit von oben verordnet werden, können eine Koalition von eher unterschiedlichen Partnern schnell zu einer fragilen Angelegenheit machen, wenn der machtpolitische Nutzen des Manövers in Frage steht. Dass selbst die Koalition von inhaltlich sich eher nahestehenden Partnern in schweres Fahrwasser geraten kann, haben die Grünen in der Zeit der rot-grünen Schröder-Regierung mit ihren Agenda-Reformen hautnah erlebt. Wie schnell Schwarz-Grün bei einer machtpolitischen statt inhaltlichen Untermauerung ins Trudeln geraten kann, zeigt – bei aller lokalen Besonderheit – das Hamburger Beispiel.

3   Wählerpräferenzen

Die politischen Lagergrenzen sind sicher durchlässiger geworden. Die Wählerinnen und Wähler akzeptieren auch zunehmend, dass die Parteien sich nicht stur nur auf einen Koalitionspartner fixieren können, wenn die Mehrheitsbildung schwieriger geworden ist und sie rein rechnerisch mit dem Wunschpartner immer seltener gelingt. „Ausschließeritis" à la Ypsilanti wird von der Wählerschaft nicht akzeptiert. Unbequeme Wahrheiten sind den Menschen offenkundig immer noch lieber als offenkundige Lügen und falsche Versprechen.

All dies bedeutet aber nicht, dass die Lagermechanismen unwirksam geworden sind und die Parteien völlig frei sind, beliebig zwischen möglichen politischen Partnern zu wählen. Die Wählerinnen und Wähler haben nach wie vor klare Präferenzen und alle Umfragen zeigen, dass diese ziemlich stabil sind. CDU-Wähler präferieren ganz klar Schwarz-Gelb und sehen eine Große Koalition noch lieber vor einem Bündnis mit den Grünen. Vor Wahlen erhält Schwarz-Grün bei der Frage nach der am meisten gewünschten Koalition selten mehr als 4% Zustimmung. Grüne Wählerinnen und Wähler geben stabil und mit sehr großer Mehrheit immer wieder die SPD als zweite Wahl an. Wenn die Grünen Stimmen abgeben, dann seit vielen Jahren und mit schöner Regelmäßigkeit an die Sozialdemokraten. Die von einigen grünen Kreisen gern gepflegte Legende, dass den Grünen vor allem Gefahr von links droht, stellt sich bei Wahlen immer wieder als falsch heraus. Wählerbewegungen zwischen CDU und Grünen sind immer noch eher geringfügig und finden zwischen Grünen und FDP praktisch gar nicht statt.

Neben einer Vorstellung von programmatischen und inhaltlichen Gemeinsamkeiten spielt gewiss auch ein Gefühl von kultureller, habitueller und milieubedingter Nähe eine Rolle. Hier werden die Unterschiede in der jüngeren Generation sicher geringer. Den jungen Grünwähler und den jungen CDU-Wähler kann man immer weniger an Merkmalen wie Kleidung, Musikgeschmack oder Familienmodell unterscheiden.

Zentral ist aber vor allem wohl auch eine nach wie vor bestehende Unterscheidung in den Wertemustern.[2] Da scheint sich der traditions- und pflichtbewusste CDUler doch noch erheblich vom eher hedonistischen und idealistischen Grünen zu unterscheiden. Wenn durch Koalitionsbildungen grundsätzliche Lebenseinstellungen und Wertemuster in Frage gestellt werden, dann ist klar, dass man mit schwarz-grünen Experimenten extrem behutsam umgehen muss und eine Überforderung der eigenen Wählerschaft eine ständige Gefahr darstellt.

Dies gilt natürlich auch für den Versuch, eine schwarz-grüne Koalition als Transmissionsriemen für innerparteiliche Reformprozesse, nachholende Modernisierungen und Neuausrichtungen zu nutzen. Obwohl viele schwarz-grüne Konstellationen auf kommunaler und städtischer Ebene nach Auffassung der beteiligten Akteure gut zusammen gearbeitet haben, ist es in diesem Kontext bemerkenswert, dass in den meisten Fällen beide Partner bei anschließenden Wahlen nicht reüssieren konnten. Vor allem die CDU hat in vielen Fällen nach Schwarz-Grün erhebliche Einbußen hinnehmen müssen, während die grünen Ergebnisse eher stagnierten. Das könnte ein Indikator dafür sein, dass die Grünwählerinnen und -wähler eher akzeptieren, dass die Grünen als kleine Partei sich im Parteienspektrum beweglich zeigen müssen und sowieso darauf angewiesen sind, mit einem größeren Partner Kompromisse einzugehen. Möglicherweise ist die grüne Wählerschaft deutlich pragmatischer und toleranter als ihr Ruf und die der CDU unbeweglicher und ideologischer.

Schwarz-grüne Bündnisse leiden auch von Anfang an darunter, dass sie die Wählerschaft weitgehend unvorbereitet treffen. Sie legitimieren sich aus der besonderen Situation, dass ein Bündnis mit dem Partner der ersten Präferenz nach der Wahl nicht zustande kommt, worauf sich die Akteure vor der Wahl in der Regel mental besser einstellen können als die Wählerinnen und Wähler. Wohlwissend um die starken Wählerpräferenzen, versuchen die Akteure vor der Wahl eher die absolute Unwahrscheinlichkeit einer Schwarz-Grün-Konstellation hervorzuheben. Schwarz-Grün startet also im Regelfall immer mit einer Wählerenttäuschung und muss im Folgenden gegen diese Enttäuschung anarbeiten. Die gute Kooperation und der vernünftige Umgang miteinander scheinen dabei immer die leichteste Übung zu sein. Ohne das Vertrauen darauf würde sich wohl niemand auf ein solches Experiment einlassen. Die Protagonisten müssen aber auch den Beweis erbringen, dass sich die unterschiedlichen Kompetenzen und inhaltlichen Positionen nicht blockieren, sondern zu einem gemeinwohlorientierten Arbeitsprogramm und positiven Ergebnissen ergänzen – und dies in den Augen sehr unterschiedlicher Wählerschaften.

Wenn man den eigenen Wählerinnen und Wählern schon nicht das liefern kann, was diese eigentlich bestellt haben, hängt natürlich in dieser Konstellation besonders viel von dem Vertrauen in die Vernunft und die Kompetenz der handelnden Personen ab. Da das Zustandekommen von Koalitionen und deren Kompromisse zunehmend von arithmetischen Zufällen abhängt, orientieren sich die Menschen stärker als in der Vergangenheit an ihren Erwartungen und ihr Zutrauen zu dem zur Wahl stehenden Personal.

4   Hamburg

In Hamburg startete die erste schwarz-grüne Koalition auf Landesebene unter fast optimalen Bedingungen. Zwar hatten die GAL und die CDU alles versucht, um die Wahrscheinlichkeit einer schwarz-grünen Regierungebildung herunterzuspielen. Schließlich hoffte die GAL auf die Ablösung der CDU-Alleinregierung durch eine rot-grüne Mehrheit, und die CDU musste noch das Ziel einer absoluten Mehrheit hochhalten. Als alle Umfragen aber in die Richtung wiesen, dass es auf die Alternative zwischen Schwarz-Grün oder Großer Koalition hinauslaufen würde, machten die Protagonisten wenigstens nicht den Fehler, Schwarz-Grün von vornherein völlig auszuschließen. Dadurch kam es zwar vor der Wahl zu Irritationen in der jeweiligen Wählerschaft. So erzielten die Hamburger Grünen mit 9,6% eines ihrer schlechteren Ergebnisse, aber der Verlust von 2,7% war auch kein Erdrutsch. Jedenfalls hatte man sich nicht wie die SPD in Hessen in die Lügenfalle oder in die Handlungsunfähigkeit manövriert. Es gab bei einigen Grünen sogar eine gewisse Erleichterung, dass man nicht mit der Hamburger SPD in eine Koalition würde gehen müssen, die zu diesem Zeitpunkt krisengeschüttelt, zerstritten und von innerparteilichen Skandalen zerrüttet war.

Für die CDU war klar, dass eine absolute Mehrheit eher die Ausnahme bleiben würde. Die Hamburger FDP machte schon seit Jahren fast nur noch durch parteiinterne Querelen von sich reden und war häufiger außerhalb als im Parlament zu finden. Wenn die CDU an ihrem Ziel festhalten wollte, die SPD als „Hamburg-Partei" langfristig zu ersetzen und von der Regierung fernzuhalten, musste sie ein Interesse haben, die Grünen nicht nur als kurzfristigen Mehrheitsbeschaffer, sondern bei Gelingen der Koalition als langfristigen strategischen Bündnispartner zu gewinnen.

Das trotz Verlust der absoluten Mehrheit relativ gute Abschneiden der CDU war nicht einer Präferenz der Hamburgerinnen und Hamburger für die CDU als Partei oder deren Programm geschuldet – die CDU war 2001 mit gerade mal 25% in den CDU-Schill-FDP-Senat eingestiegen. Es war vor allem die große Popularität des Bürgermeisters Ole von Beust, die der CDU die Mehrheitsfähigkeit sicherte.

Dabei war es Ole von Beust längst bewusst, dass ein typischer CDU-Kurs in Hamburg langfristig nicht mehrheitsfähig sein würde und die Wahl 2001 am ehesten eine Protestwahl gegen Versagen in der Inneren Sicherheit und SPD-Filz war. Vor allem ist die CDU-Wählerschaft in Hamburg überaltert. Schon die absolute Mehrheit 2004 hatte die CDU den Wählern über 60 zu verdanken, während es bei den jüngeren und mittleren Jahrgängen eine klare rot-grüne Mehrheit gab.

Ole von Beust versuchte das Profil seiner Regierung also zunehmend von der CDU zu emanzipieren und ihr das Flair einer liberalen weltoffenen Großstadtpolitik zu geben. Als Garant des CDU-Erfolges hatte er dabei sehr viel Spielraum, was sich in den Koalitionsverhandlungen als äußerst hilfreich erwies.

Diesen Kurs der strategischen Mehrheitsfähigkeit durch Modernisierung hat von Beust in den schwarz-grünen Koalitionsverhandlungen mit bemerkenswerter Souveränität durchgesetzt. Dabei kam ihm sicherlich zu Gute, dass die CDU viel weniger eine Programmpartei ist als die Grünen. Ihm war klar, dass die GAL für eine Regierungsbildung jenseits der traditionellen Lagergrenzen erhebliche Zugeständnisse und Erfolge brauchte, um eine hinreichende Akzeptanz in der grünen Mitgliedschaft und Wählerschaft zu erreichen.

Themen, die auf Bundesebene Grüne und CDU inhaltlich absolut trennen, spielten in Hamburg keine oder kaum eine Rolle. Selbst die Aufsicht über die Hamburg-nahen AKWs liegt bei Schleswig-Holstein. In einer Großstadt wie Hamburg gibt es keine mehrheitsfähige Alternative zu einer aktiven Integrationspolitik, zu einem Ausbau der Kinderbetreuung und der Vereinbarkeit von Familie und Beruf, einer Ausschöpfung der Bildungspotenziale durch ein durchlässigeres, chancengerechteres Schulsystem, eine Politik der Wertschätzung kultureller und gesellschaftlicher Vielfalt sowie der Verbindung von Wertschöpfung mit einer stadtgerechten Klima- und Umweltpolitik.

Dies waren objektiv gute Voraussetzungen für zahlreiche Zugeständnisse an die GAL im Koalitionsvertrag, wie die freie Hand für die Umweltsenatorin bei dem Versuch das Kohlekraftwerk Moorburg zu verhindern, die Umsetzung eines schon unter Rot-Grün 1997-2001 verfolgten Stadtbahnkonzepts, die Abschaffung der Hauptschule, echte Zweigliedrigkeit mit der Möglichkeit, auf beiden Wegen die allgemeine Hochschulreife zu erreichen, gemeinsames Lernen bis einschließlich Klasse 6, einen vorgezogenen Rechtsanspruch auf Kinderbetreuung ab dem 2. Lebensjahr, eine Wissenschaftsstiftung, zusätzliche Naturschutzgebiete, eine Elbestiftung und ein Sozialticket für den ÖPNV. Damit konnten die Grünen zu Recht darauf verweisen, dass sie in den Koalitionsverhandlungen mit der CDU ein besseres Ergebnis erzielt hatten, als mit der SPD möglich gewesen wäre. War die Koalition für die CDU quasi eine inhaltliche und personelle Frischzellenkur, war sie für die GAL auch die Chance, alte Klischees endgültig zu überwinden und die Vereinbarkeit von grüner Umweltpolitik mit verantwortungsbewusster Wirtschaftspolitik unter Beweis zu stellen.

Interessanterweise fand der Koalitionsvertrag nicht nur breite Zustimmung bei den jeweiligen Parteiversammlungen. Bei einer ZDF-Umfrage im April 2008 bewerteten 52 Prozent der Befragten den Hamburger Koalitionsaufbruch positiv, davon 73 Prozent der Grünen-Anhänger und 58 Prozent der CDU-Wähler. Die Wählerenttäuschung um den Wahltermin herum war offenkundig im Laufe der Verhandlungen in eine Wählerhoffnung umgeschlagen, dass hier etwas Neues, Vielversprechendes am Werden sei, ein Ausbruch aus eingefahrenen Politikmustern, um Vernünftiges und Kreatives zum Wohle des Landes auf den Weg zu bringen.

Dabei war von entscheidender Bedeutung, dass Ole von Beust geradezu idealtypisch die Aussöhnung der konträren Wertemuster in ein und derselben Person zu verkörpern schien: traditionsbewusst und hedonistisch, konservativ und unkonventionell, aus traditionell gutem Hause und trotzdem locker und bodenständig. Und auch mit den grünen Verhandlern, allen voran der Verhandlungsführerin Anja Hajduk, konnten Konservative gut ihren Frieden machen: pragmatisch, kenntnisreich, akribisch, diszipliniert.

Woran ist Schwarz-Grün also trotz dieser guten Voraussetzungen gescheitert? Zentrale Fehler wurden bereits im Wahlkampf gemacht: Die GAL hatte im Wahlkampf den Eindruck erweckt, mit ihr würde das Kohlekraftwerk Moorburg in keinem Fall genehmigt. Zwar hat sich die GAL auf Basis des Koalitionsvertrages redlich bemüht, die rechtlichen Möglichkeiten auszuschöpfen, die ihr von Umweltjuristen aufgezeigt worden waren. Doch wurden die rechtlichen Risiken am Ende für die Stadt zu groß, und die zuständige Senatorin musste von der Verweigerung der Genehmigung zur Erteilung harter Auflagen übergehen. Dadurch hatten viele grüne Wählerinnen und Wähler den Eindruck, die GAL habe im Wahlkampf nicht die Wahrheit gesagt.

Die CDU hatte im Wahlkampf nicht einmal Werbung für die Schulreform gemacht, die sie selbst für notwendig hielt, nämlich eine echte Zweigliedrigkeit, sondern sich ausschließlich als Verteidigerin der etablierten Form des Gymnasiums gegen Rot-Grün positioniert. Ihr Schwenk in Richtung 6 Jahre gemeinsames Lernen kam für die CDU-Wählerschaft völlig unvorbereitet und musste dieser als Verrat erscheinen. Auch die GAL-Wählerinnen und Wähler konnten mit dem so genannten Primarschulmodell zunächst nichts verbinden, weil die GAL für eine Gemeinschaftsschule nach skandinavischem Modell geworben hatte. Das größte gemeinsame Reformprojekt der schwarz-grünen Koalition war also schlecht verankert.

Außerdem stellte man sich zwar die Frage, ob die CDU-Parteibasis diesen Kurswechsel in der Schulpolitik mittragen würde, was angesichts der autokratischen Verhältnisse in der Hamburger CDU sich als leicht zu überwindendes Problem darstellte. Beide Koalitionspartner hatten aber nicht im Blick, dass man gemeinsam eine deutliche Absenkung der Hürden für verbindliche Bürgerentscheide vereinbart hatte. Die Frage, ob man für die Primarschulreform eine Mehrheit in der Bevölkerung finden würde und wie man mit dem Risiko umgehen sollte, die Wählerschaft der CDU möglicherweise zu überfordern, lag damit eigentlich auf der Hand. Sie rückte aber erst ins volle Bewusstsein von GAL und CDU, als es eigentlich schon zu spät war.

Es stellte sich bald heraus, dass die GAL mit der Koalition in erhebliche Altlasten der CDU-Alleinregierung eingestiegen war. Kostspielige Vorhaben, die die CDU am Ende der vorherigen Legislatur beschlossen hatte, waren im Haushalt nicht ausfinanziert. Durch Fehlentscheidungen des CDU-Senats kam die HSH-Nordbank im Zuge der Finanzkrise in eine gefährliche Schieflage. Die Kosten für die Elbphilamonie explodierten und das entsprechende Management entwickelte sich zum Desaster. Am Ende mussten zentrale grüne Vorhaben, wie der Rechtsanspruch auf Kinderbetreuung für 2-Jährige, aus Kostengründen aufgegeben werden.

Dazu kamen taktische Fehler: Während er um die Mehrheit beim Bürgerentscheid für seine Schulreform kämpfte, erhöhte der schwarz-grüne Senat für das obere Einkommenssegment die Gebühren für die Kinderbetreuung und verprellte damit genau die Schichten, die er für die Schulreform als Unterstützer dringend brauchte.

Die GAL vertraute im Grunde darauf, dass Ole von Beust das Modell der Primarschule nicht nur seiner Partei, sondern auch der CDU-Wählerschaft verklickern würde. Die Widerstände gegen die Reform wurden viel zu spät ernst genommen und stattdessen ein Kurs des Alles oder Nichts verfolgt. Wurde der Einsatz der GAL um die Schulreform zunächst noch als mutig und idealistisch wahrgenomen, erschien er zunehmend als rechthaberisch, verstockt und unprofessionell. Am Ende war eine deutliche Entfremdung zwischen von Beust und seiner eigenen Wählerschaft erkennbar. Seine Überzeugungsversuche bekamen zunehmend den Charakter von Klagen über den Egoismus der eigenen Wählerbasis. Die GAL hatte so ausschließlich auf einen Erfolg im Volksentscheid gesetzt, dass sie nach dem Scheitern nicht mal einen alternativen Plan in Vorbereitung hatte.

Nachdem die Niederlage im Bürgerentscheid zur Schulreform mit dem Abgang des Ersten Bürgermeisters zusammenfiel, brach in der CDU die Panik aus: Man wollte aus Mangel an machtpolitischen Alternativen die GAL unbedingt in der Koalition halten und kam gleichzeitig zu der Überzeugung, dass der ganze Kurs von Ole von Beust ein Fehler war und man sich jetzt wieder auf die Bedürfnisse der konservativen Kernwählerschaft konzentrieren müsse. Während Ahlhaus die Rolle übernahm, die GAL im Boot zu halten, arbeiteten andere teile der CDU am Strategiewechsel. Das „Good cop, bad cop"-Spiel mit den Grünen begann.

Der angstgetriebene Richtungswechsel in der Hamburger CDU ist in etwa damit vergleichbar, als ob Frau von der Leyen mitten im Kurswechsel der CDU in Sachen vorschulischer Kinderbetreuung von Bord gegangen wäre, und die CDU daraufhin versucht hätte, wieder zum alten Kurs der Betreuung ausschließlich durch die Mütter zu Hause zurückzukehren. Oder als ob Joschka Fischer mitten in der außenpolitischen Kurskorrektur bei den Grünen das Handtuch geschmissen, und die Grünen sich dann auf eine rein pazifistische Kernwählerschaft zurückgezogen hätten. Die Erfahrung zeigt, dass circa ein Drittel der Wählerschaft Reformen im inhaltlichen Kurs einer Partei nur langsam und mit Verzögerung nachvollziehen. Jede Reform birgt immer auch das Risiko der Überforderung der eigenen Wählerschaft. Aber jeder Kurswechsel im Kurswechsel ist umso tödlicher und kostet Vertrauen in alle Richtungen. Mit Ahlhaus sollte zudem jemand die Nachfolge von Ole von Beust übernehmen, der dessen Rolle in keiner Weise ersetzen konnte, sondern in jeder Hinsicht eine personelle Fehlbesetzung für eine glaubwürdige Schwarz-Grün-Option war.

Die Koalition erschien zunehmend als reines machtpolitisches Projekt. Zentrale Vorhaben gerieten immer stärker in Misskredit. So hatte die GAL sich zu sehr darauf verlassen, dass die Mehrheit für die Stadtbahn aus den 90er Jahren immer noch stabil sei. Da der Senat aber zunehmend in dem Ruf stand, nicht mit Geld umgehen zu können, geriet auch dieses Projekt in den Verdacht, nicht finanzierbar zu sein. Selbst die Wahl Hamburgs zur Umwelthauptstadt des Jahres 2011 aus über 30 europäischen Städten wurde am Ende öffentlich fast so behandelt, als habe die EU-Kommission diese Entscheidung in einem Zustand geistiger Umnachtung getroffen. Das Ganze wurde noch durch eine ganze Reihe personeller Fehleinschätzungen getoppt, die den ursprünglichen Geist der Koalition ad absurdum führten – bis hin zu der Zumutung, innerhalb eines Jahres den dritten Finanzsenator der CDU wählen zu sollen.

Die ursprüngliche Idee der Ergänzungskoalition war gescheitert. Beide Partner hatten in ihren jeweils eigenen Kompetenzfeldern erheblich an Glaubwürdigkeit eingebüßt. Es war zunehmend unklar, wofür die Koalition überhaupt noch inhaltlich und wertemäßig stehen sollte. Die überwiegend gute Kooperation wurde durch machttechnische Spielchen und Versuche der Übervorteilung abgelöst. Das Vertrauen in die Akteure und den gemeinsamen Geist der Koalition schwand rapide dahin. Die GAL fühlte sich immer mehr als nützliche Idiotin auf einem sinkenden Schiff, die mit rein machttaktisch motivierten Durchhalteparolen der CDU hingehalten werden sollte. Dass die GAL trotzdem bei der Neuwahl mit einem blauen Auge davon kam, ist wohl vorrangig der Tatsache geschuldet, dass man ihr zumindest die Aufkündigung einer gescheiterten Koalition zu Gute hielt.

5 Schluss

Das Zeit-Streitgespräch von 1996 endet übrigens mit zwei Feststellungen, die mir noch heute bemerkenswert erscheinen – auch vor der Frage, woran Schwarz-Grün in Hamburg letztlich gescheitert ist:

Müller: „Die Debatte nach dem Motto zu führen: Die Grünen brauchen ein ökonomisches Mäntelchen, die CDU braucht einen grünen Anstrich – das geht schief."

Sager: „Sollte es einmal ausreichende Übereinstimmungen geben, hätte Schwarz-Grün einen großen Vorteil: Dann wären die überfälligen Veränderungen verkrusteter Strukturen leichter möglich. Denn Schwarz und Grün könnten das dafür nötige, breite Vertrauen in der Gesellschaft schaffen. Das wäre das Bestechende."

Schwarz-Grün als rein machtpolitisch motiviertes Vorhaben ist allerdings zu dürftig und zum Scheitern verurteilt. Als lagerübergreifende Kooperation zum Anpacken großer Reformvorhaben hätte Schwarz-Grün in Hamburg durchaus eine Chance gehabt: eine Schulreform mit einer echten Zweigliedrigkeit, mit der Möglichkeit in beiden Schulformen Abitur zu machen, mit kleineren Klassen, obligatorischer Lehrerfortbildung für individuelle Förderung und 50 Schulen mit längerem gemeinsamen Lernen auf freiwilliger Basis wäre im bundesweiten Vergleich zweifellos ein großer Schritt nach vorn gewesen.

Letztlich ist Schwarz-Grün in Hamburg wohl an einer Mischung aus panischen Richtungsentscheidungen, Unprofessionalität und Unzuverlässigkeit auf Seiten der CDU und schlechtem Change-Management, Unbeweglichkeit und mangelndem strategischen Weitblick auf Seiten der Grünen gescheitert. Remember, wie Joschka immer sagte: Man muss vom Ende her denken.

Trotzdem, den nächsten schwarz-grünen Versuch wird es sicherlich irgendwann, irgendwo wieder geben. Dann könnte man am Hamburger Pilotmodell schon mal studieren, welche Fehler man nicht machen sollte. Aber die erste rot-grüne Koalition in Hessen fuhr auch vorzeitig gegen den Baum und die Protagonisten haben viel daraus gelernt.

Endnoten

[1] Vgl. Joachim Raschke: Die Grünen zwischen Lagerbindung und Koalitionsoptionen, in: Vorgänge 2/2010, S. 112-122, bes. S. 119f.

[2] Vgl. Klaus-Peter Schöppner: Neue Koalitionsstrategien braucht das Land, in: Volker Kronenberg/Tilman Mayer (Hrsg.): Volksparteien: Erfolgsmodell für die Zukunft? Konzepte, Konkurrenzen und Konstellationen, Freiburg im Breisgau 2009, S. 259-276.

Heinrich Oberreuter

Vieles wird möglich – auch Schwarz-Grün

Dass schwarz-grüne Koalitionen ein „Hirngespinst"[1] seien, gehört zu den un-klugen Aussagen Angela Merkels. Über viele Jahre hinweg ist über solche Kons-tellationen nachgedacht worden. Vertreter der jüngeren Abgeordnetengeneration haben in der berühmten „Pizza-Connection" im Bonner Bundestag schwarz-grünes Verständnis sondiert. Norbert Röttgen, der sich als Umweltminister gegen die Laufzeitverlängerung der Atomkraftwerke gestemmt und deswegen diszipli-nierende Ironie von der Südschiene auszuhalten hatte, war nicht das einzige prominente „schwarze" Mitglied dieser Connection. Der jetzige Generalsekretär der CDU, Hermann Gröhe, gehörte damals zu den Initiatoren dieser bunten Runde. Zuvor schon gab es in Baden-Württemberg seit den 1980er Jahren auf dem „ökolibertären" Flügel der Grünen entsprechende Koalitionsdiskussionen, die freilich in beiden Parteien als abwegig galten – um das Mindeste zu sagen.

Die Zeit hat das Abwegige in den Bereich des Möglichen gerückt – und so-gar zur Realität gebracht: in Hamburg in Reinkultur, in Saarbrücken „jamaika-nisch" – im Verbund mit der FDP – verfärbt. Ohne Stuttgart 21 und die japani-schen Ereignisse wäre 2011 auch in Stuttgart Schwarz-Grün in Reichweite, aber ganz gewiss auch von ähnlichen Schwierigkeiten begleitet gewesen wie in Ham-burg. Dort aber gibt es auch nach dem Scheitern der kurzlebigen Koalition Be-strebungen, die Tür zur CDU offen zu halten, über die Hansestadt hinaus. Ein Thesenpapier von Realos umreißt die Option für ein neues öko-konservatives Projekt, begleitet von dem Vorwurf, in der Regierung selbst nicht breit genug aufgestellt gewesen zu sein und durch die Art des Koalitionsausstiegs „bei der CDU sehr viel Vertrauen zerschlagen"[2] zu haben. Sorgen um Vertrauen zwischen Parteien macht man sich in der Politik nur dann, wenn es als Basis für Kooperati-on gebraucht wird.

Die zwischen den Flügeln der Partei nach wie vor umstrittene schwarz-grüne Option ist fürs erste 2010 an der Laufzeitverlängerung der Kernkraftwerke zerbrochen. Nicht ihr bürgerliches Element, sondern die grünen Kernthemen plebiszitäre Demokratie (samt Stuttgart 21) und Atomausstieg haben in der Stimmungslandschaft des Frühjahrs 2011 die Grünen zur (knapp) führenden

Regierungspartei in Baden-Württemberg gemacht – eigentlich eine thematische Verengung, aus der die Partei durch Verbreiterung ihres Themenspektrums eher auszubrechen sucht. Ihre Stimmungskonjunktur speist sich aber stark aus der Aktualität ihrer Traditionsthemen.

1   Ergrünung der Parteienlandschaft

Energiepolitisch hat die Union eine überraschende „grüne" Wende vollzogen, die sie um ihrer Glaubwürdigkeit willen konsequent zu Ende bringen muss – bei allen inneren Widersprüchen und offenkundigen Gegensätzen zur bisherigen Position. Damit wäre ein wesentliches und ökonomisch schwerwiegendes Koalitionshindernis beseitigt. Tatsächlich befand sich die Union im Gegensatz zur Zweidrittelmehrheit in der Gesellschaft, die sich auch schon vor Japan gegen die Kernenergie ausgesprochen hatte. Zur ohnehin längst vollzogenen prinzipiellen Ergrünung sämtlicher relevanter Parteien, vergleichbar etwa mit der allgemeinen Favorisierung politisch-gesellschaftlicher Liberalität und sozial-marktwirtschaftlicher Konsum- und Sicherheitsorientierung, tritt mit dem Ausstiegsszenario nun die politische Verallgemeinerung einer bis eben noch fast exklusiven grünen Option. Eine Scheidelinie fällt, andere aber bleiben, wie in der Bildungs- sowie in der Infrastrukturpolitik.[3] Sind sie aber strenge Ausschlusskriterien? Die Hamburger Vereinbarungen zur Bildungspolitik haben gezeigt, dass es im Ernstfall keine schwarzen Tabus und Grenzziehungen gibt, wenn es um den Gewinn oder Erhalt der Regierungsposition geht. Auch Grundsätzliches steht inzwischen zur Disposition, selbst um den Preis der Enttäuschung von Stammwählerschaften.

2   Realpolitische Wende und neue Koalitionsarithmetiken

Der Kurs der Grünen mag zwischen ihren Flügeln diffus sein. Vordringlich bemerkenswert ist aber der Marsch der früheren Antiparteien- und Antisystempartei[4] in die Institutionen, in das System der parlamentarischen Demokratie samt der Regierung und in die Mitte der Gesellschaft. Die Grünen von heute mit denen ihrer Gründerzeit zu identifizieren, ist nicht nur intellektuell defizitär, sondern auch politisch. Es reduziert die Union, soweit sie die SPD als Partnerin vermeiden will, auf eine einzige, oder bei anhaltender Schwäche der FDP auf gar keine Koalitionsalternative, eine Situation, die sie zur sozialliberalen Regierungszeit schon einmal schmerzlich erfahren hat. Auch sie müsste aus Selbsterhaltungstrieb die Tür offen halten.

Franz Josef Strauß hielt die Grünen zu ihrer Anfangszeit schlicht für verfassungswidrig und ächtete sie auch noch als sie im Landtag saßen. Seine Anhänger folgten ihm darin. Die Partei auch heute noch als politischen Arm von Steinewerfern und Brandstiftern zu klassifizieren,[5] gehört in die Kategorie geistloser „Analysen". Auch auf den Protest („Dagegen-Partei") lässt sie sich seit Mitte der 1990er Jahre mit ihrem auf Regierungsbeteiligung getrimmten rot-grünen Koalitionskurs, den auch ihre „Regierungslinken" mitmachten, nicht mehr reduzieren, wiewohl sie unkonventionellen Partizipations- und Protestformen näher steht als andere. An der Regierung hat die Führung der Ökopazifisten sogar kriegerische Auslandseinsätze der Bundeswehr in ihrer Partei durchgesetzt – in schmerzlichen Konflikten. Auch als führende Regierungspartei in Baden-Württemberg wird sie angesichts ihrer Heterogenität hohe Integrationsleistungen erbringen müssen, die in der Opposition nicht erforderlich sind.

3 Grüner Zeitgeist als gesellschaftliches Prägemerkmal

Der Aufstieg der Grünen kam nicht über Nacht. Und doch scheinen die Spitzen der klassischen großen Volksparteien überrascht. Sie haben nicht bemerkt, wie ihnen die Gesellschaft abdriftet. Rechts, links und konservativ sind zu Begriffen geworden, die fast nichts mehr erklären. Wie konservativ können Linke sein? Wie links Konservative? Und gibt es in Fragen des Lebensschutzes nicht mehr Schnittmengen zwischen Union und Grünen als zwischen den schwarz-gelben Berliner Koalitionspartnern? Ihr Agieren an den Lebensgefühlen und Lebensbedürfnissen, an den Lebensstilen einer sich wandelnden Gesellschaft vorbei lässt die früheren Großparteien auf quantitatives Mittelmaß schrumpfen – und ehedem kleine wie die Grünen allmählich auf konkurrenzfähige Größen anwachsen.

Zweifelsohne, die Grünen profitieren von einer Tatsache ganz besonders: Im Bund stehen sie nicht in der Verantwortung, und auch in den Landesparlamenten – mit Ausnahme von Nordrhein-Westfalen und Bremen – saßen sie vor Baden-Württemberg und Rheinland-Pfalz 2011 nicht auf der Regierungsbank. Ihre Anhänger pflegen urbane, aufgeklärte und durchaus auch hedonistische Lebensstile, die freilich keineswegs mit den politischen und ökonomischen Realitäten übereinstimmen müssen. Wenn man wie die Grünen außerhalb der Regierungsverantwortung steht, muss man diese Lebenskreise nicht durch unbequeme Entscheidungen stören. Aus der Opposition heraus lassen sie sich eher noch bekräftigen.

Die Volks- und Regierungsparteien haben den gesellschaftlichen Wandel verschlafen. Aber auch ihre Kommunikation und die Vermittlung ihrer Entscheidungen sind mindestens so desaströs wie ihre holprigen Entscheidungsprozesse. Nicht zuletzt die FDP bekommt das zu spüren, die rasch von ihrem Höhenflug abstürzte und heute sogar um den Einzug in den Bundestag bangen müsste.

Im Grunde genießen die Grünen schon seit einem Jahrzehnt das Privileg, mit den Schattenseiten unpopulären Regierens nichts mehr zu tun zu haben. Denn zur rot-grünen Zeit hatte Kanzler Schröder die Sanierung der Republik zur Chefsache gemacht. Und seit der Großen Koalition erlaubt es die Oppositionsrolle bis heute, zu vielem „Nein" zu sagen und manches einzufordern, für das man nicht gerade stehen muss. Den Geruch des idealistisch Utopischen oder gar des Protests wie in vergangenen Zeiten besitzt eine solche Position schon deswegen nicht mehr, weil die frühere Alternativpartei Regierungsverantwortung und Pragmatismus kennengelernt und geübt hat. Sie fand dabei zunächst zu ebenso prinzipientreuer wie konsistenter Politik. Zugleich hat sie Diskussionsfähigkeit und Kompromissbereitschaft gezeigt – kurz: zur Realpolitik gefunden. Dennoch vermochte sie den Anspruch und Eindruck zu vermitteln, in vielem anders zu sein als die schon länger etablierten Parteien. Genau davon profitieren die Grünen derzeit, da die „Alten" auf scharfe Kritik, Zynismus und sogar Verachtung stoßen – eine keineswegs nur deutsche, sondern weltweite Entwicklung von aktuell besonderer Zuspitzung. Von ihr bleibt am ehesten ausgenommen, wer – zutreffend oder nicht – vom kritikfreudigen Zeitgeist noch immer als gewisse Alternative zum alten Betrieb wahrgenommen wird.

„Grünes" Denken repräsentiert längst keine Jugend- und Nachwuchskultur mehr. Vielmehr sind die Repräsentanten beim Vormarsch auf der Alterspyramide zu Einfluss gekommen und zu Prägekräften der Nachwachsenden geworden. Mit die stärksten Wählerschichten finden sich jetzt in den mittleren Altersgruppen unter 60.

Es ist banal: Die Karriere der Grünen und der gesellschaftliche Wandel sind nur zusammen zu denken. Von der Auflösung traditioneller sozialmoralischer Milieus, die klassische Parteibindungen schmelzen lässt, war in der Forschung schon vor 1968 die Rede. Aber schon die 68er-Bewegung profitierte mehr von bereits stattfindenden Modernisierungsprozessen, als dass sie diese hervorgerufen hätte: Umbrüche, für welche die Schlagworte Individualisierung, Pluralisierung, Liberalisierung und Säkularisierung stehen, und ein Wertewandel, der Selbstentfaltung und Selbstverwirklichung ins Zentrum rückte. Dass es gelungen ist, Individualismus, Selbstentfaltung und Spontaneität weithin mit parteiorganisatorischen Notwendigkeiten zu versöhnen, ist zur Grundlage des politischen und gesellschaftlichen Erfolgs geworden.

Dort, wo die alten Parteien gezwungen waren, in der Gesellschaft jenseits ihrer Stamm- und Traditionswählerschaften um Stimmen zu werben, sind die Grünen längst da gewesen. In ihrer Klientel spiegelt sich die moderne Bildungsgesellschaft, die ja nicht zuletzt durch die Schul- und Hochschulpolitik von Union, SPD und Liberalen protegiert worden war: urbanes Milieu, charakterisiert durch höhere formale Bildung, besonders Studenten, Beamte, Angestellte und Selbständige; junge, gut ausgebildete, auf Emanzipation bedachte Frauen; Konfessionslose; ökologisch besonders Motivierte.

Die prosperierenden Metropolregionen, in denen sich diese Einstellungen gehäuft und konzentriert finden, sind zum dominanten Einzugsgebiet der Grünen geworden. Am bayerischen wie baden-württembergischen Beispiel werden aber auch ihre Entwicklungspotenziale in ländlicheren Räumen sichtbar. Die omnipräsenten Medien homogenisieren Wertbewusstsein und Lebensstile – und durchaus nicht in konservative Richtungen, sondern dorthin, wo die Grünen im Wesentlichen auffangbereit schon stehen.

Natürlich gibt es keine Erfolgsautomatismen. Selbstverständlich bemühen sich alle anderen relevanten Parteien, mit dem Wandel Schritt zu halten und sich ihm programmatisch und praktisch zu öffnen. Es ist ja auch nicht so, dass diese Gesellschaft allein von den genannten Modernisierungstrends geprägt und Beharrungs- oder Gegenkräfte nicht vorhanden wären. Aber sie müssen überzeugen. Ohne Überzeugungskraft wären sie eher auf Schrumpfung als auf Wachstum angelegt, während den Grünen wie grundsätzlich auch den Liberalen die Modernisierung eher zuwächst. Das Schicksal der FDP zeigt aber auch die Herausforderung, die in der Bewährung in Regierungsverantwortung liegt. Zum neuen Lebensstil der Wähler gehört eben auch die Bereitschaft, die Wahlentscheidung jedes Mal neu zu treffen. Wer materiellen und immateriellen Bedürfnissen keinen Erfolg gewährleistet, stürzt schneller ab als er aufgestiegen ist.

4   „Neues" Bürgertum in gesellschaftlichen Widersprüchen

Die Grünen haben sich immer auch aus dem sozialdemokratischen Reservoir gespeist. Jüngeren Datums ist ihre Attraktivität für das „neue" Bürgertum, das sich ausgebreitet hat. Die Partei ist pragmatisch geworden, vereint Wirtschaftspolitik mit Zukunftstechnologien, die Ressourcen schonen. Hinzu kommt eine nüchterne Politikführung in den Kommunen, den Ländern und im Bund. Schwarz-grüne Koalitionsbildungen sind dadurch dort möglich und funktionsfähig geworden. Wann es im Bund zu einer Zusammenarbeit mit CDU und CSU kommt, ist inzwischen eher trotz Merkels törichtem Diktum eine Frage von Zeit und personellen Konstellationen.

Fukushima hat nun sogar die ehedem unversöhnlichen Gegensätze in der Nutzung der Kernenergie beiseite geräumt. In dieser Frage waren die Grünen zuvor näher bei der öffentlichen Meinung und treu zu ihren überkommenen Grundsätzen. Die Union schien näher an der energiepolitischen Rationalität zu sein, die nun in den freigesetzten Stimmungen keine Orientierung mehr stiftet. Aber genau hier zeigt sich, dass selten gewordene Entscheidungsstärke der Regierung – wie bei der Laufzeitverlängerung – keine öffentliche Zustimmung gewinnt, wenn die Entscheidungsmaterie keine Akzeptanz in der Gesellschaft besitzt. Eine weit entfernte Katastrophe wird zum willkommenen Anlass für eine radikale und weltweit einzigartige Kurskorrektur. Die C-Parteien verleugnen ihr Credo und beten ein Gegensätzliches, dazu verdammt, es nun politisch konsequent umzusetzen. Ein früheres differenzierendes Kriterium wird nun in einem parteiübergreifenden Grundsatzkonsens aufgehoben: ein koalitionäres Ausschlusskriterium ist geschwunden.

Ihr Vordringen ins Bürgerliche hat zugleich die Bedeutung des klassischen Milieus der Grünen reduziert. Die Partei ist damit auch endgültig in den heutigen gesellschaftlichen Widersprüchen der westlichen Welt angekommen oder sogar, wie Johann Schloemann schrieb, in einer „Stunde der Heuchler". Denn wer diese Widersprüche „ein bisschen" erkenne, aber zugleich den westlichen Lebensstil nicht aufgeben möchte, der wähle Grün. „Viele Menschen wünschen sich aus ehrenwerten Motiven, dass die konsumptive, raumgreifende und gefährliche Dynamik der Moderne von den Grünen gebremst wird. Sie müssten aber, wären sie konsequent, eigentlich verlangen, dass zusammen mit den Atomkraftwerken auch gleich die Kohlekraftwerke und die Autofabriken abgeschaltet werden."[6] Der Einbruch in die wohlhabenderen, gebildeteren, liberaleren Kreise geschieht um den Preis reduzierter Nachhaltigkeit. Ist deren Relativierung um des Wahlerfolgs willen bei Grün der Verabschiedung der Kernenergie bei Schwarz vergleichbar?

In diesen gesellschaftlichen Widersprüchen ist auch längst die Union verfangen. Die Tradition gibt ihr ein gefestigteres Fundament als die Gegenwart, die aber an ihm nagt. Was moderner Konservatismus jenseits einer normativen Basis, die auf Autonomie im Sinne verantworteter Freiheit hinausläuft und damit nicht auf Eindimensionalität, sondern auf Pluralität, sein sollte, lässt sich nicht beantworten. Einengender Fundamentalismus kann damit nicht gemeint sein. Selbst das Christliche wird intern eher im Sinne einer allgemeineren ethischen Relevanz gedeutet, als Leitplanke, nicht als Patentrezept. Die „Bewahrung der Schöpfung" unterscheidet sich im Kern nicht von ökologischer Orientierung. Im Ernstfall vermöchten wohl weder grüne noch katholische Fundis einen Regierungspakt zu verhindern, sobald er opportun erscheint. Denn jenseits der bisherigen Überlegungen sind es immer weniger Wertorientierungen mit Ausschließungscharakter, die über Machtkonstellationen entscheiden, sondern relativistische Opportunitäten. „Anything goes" heißt das freilich auch noch nicht.

Die Union diskutiert seit Jahren darüber, was ihr Proprium sei. Sie vermag es nicht gültig zu definieren.[7] Also bleibt es im Ungefähren. Über Nacht hat sie nicht nur ihre energiepolitische Position preisgegeben, sondern in Hamburg z. B. gänzlich auch ihre ehedem bundesweit verteidigte bildungspolitische, in die ohnehin auch andernorts schon Relativierungen eingefallen waren: Die nächste Wende bahnt sich an. Ausschlusskriterien siedeln eher auf emotionaler Ebene als auf der Ebene spezifisch politischer Rationalität, in deren Zentrum die Beteiligung an der Gestaltungsmacht zu stehen pflegt, die normative Prämissen offensichtlich durchaus in den Hintergrund zu drängen vermag. Dem muss man keineswegs zustimmen. Aber man muss es registrieren.

5 Entpolitisierte Parteiorientierungen in einer volatilen Ära

Im Übrigen vollzieht sich in dieser Hinsicht im politischen System eine gesellschaftliche Entwicklung nach, welche klassische Vorstellungen von Parteien fundamental herausfordert. Diese scheinen ihr ausgeliefert zu sein. Zumindest können sie sie nicht steuern oder gar beherrschen. Diesem Wandel unterliegen auch die Kriterien für Koalitionsbildungen.

Angesichts der Flüchtigkeit von Meinungen und Stimmungen, angesichts auch der Volatilität des Wahlverhaltens fragt sich, was politische Analysen und Prognosen eigentlich für Aussagekraft und Halbwertszeit besitzen. In der Gesellschaft gibt es natürlich nicht nur Orientierungslosigkeit, aber offenbar doch eine Spaltung zwischen jenen, die das Politische nach Orientierungen strukturieren und den in wachsender Zahl anderen, die sich aktuell und flüchtig nach Emotionen und Interessen positionieren, um sich heute diesem und morgen jenem zuzuwenden. Für herkömmliche Vorstellungen von politischen Parteien ist dies kein Markt mehr. Die Gesellschaft entpolitisiert sich, nicht zuletzt auch durch geschwätzige und unverbindliche Talks, die einen Bogen um Zukunftsrelevanz und Verbindlichkeit schlagen. Sie individualisiert sich auch rasant: „Unterm Strich zähl ich". Dieses Motto widerstreitet jedem politischen, gesellschaftlich orientierten Koordinationsversuch im Reich der unendlichen Möglichkeiten. Es führt zu profilierten, individualisierten Lebensgefühlen und Lebensstilen, die sich nur mehr im Ungefähren und stets wandelbereit überkommenen Parteiorientierungen zuordnen lassen – wenn überhaupt. Die Prognose, dass die Partei als politische Organisationsform des 19. Jahrhunderts, die sich im 20. noch einigermaßen bewährt hat, im 21. grundsätzlich herausgefordert sein könnte,[8] scheint sich anzuschicken, wahr zu werden. Von gesellschaftlichen Veränderungen geht dieser Erosionsprozess aus, nicht primär von den Parteien, bei allen Defiziten, die sie haben. Nicht das geringste Problem ist, dass sie diesen Entwicklungen nicht nur hilflos gegenüber stehen; sie haben sie noch nicht einmal erkannt. Aber sie reiten in ihrer Hilflosigkeit immer mehr auf Stimmungswogen. Damit verlieren sie selbst Orientierung und die Gabe, zu orientieren oder gar zu führen.[9] Sie werden der Gesellschaft, in der sie agieren, immer ähnlicher, verlieren damit zugleich aber ihre Funktion politischer Willensbildung und Führung. Ihre Aussagen von heute sind morgen obsolet – sobald sich aus gesellschaftlichen Stimmungsschwankungen die Notwendigkeit dazu ergibt; sie haben eine Chance auf Kontinuität nur, solange eine Stimmungslage sich hält.

Dies sind die primären Vorbedingungen von Koalitionsbildungen, nicht mehr die zunehmend nur noch selektiv und minoritär fortbestehenden Politik- und Parteibilder.

6   Offene Zukunft eines vielgestaltigen Parteiensystems

In Parteiensystemen ist mittelfristig nichts erfolgreicher und wirksamer als der Erfolg. Bei den Grünen wachsen Mitgliederzahlen, Wählerstimmen und Stimmenpotentiale. Der Kampf um die Führungsposition zwischen rot und grün hat sich mittlerweile von den Parlamenten auch auf die Wählerschaft erstreckt, wie nicht nur die Umfragen zeigen, sondern auch die Wählerwanderung. An dieser sind zunehmend auch unzufriedene CDU- und CSU-Wähler beteiligt; in der einen oder anderen Region scheint besonders die CDU sogar prinzipiell an Attraktivität zu verlieren, sodass die Grünen auch ihr näher rücken, nicht nur der SPD.

Auf dem Parteien- und Wählermarkt herrscht inzwischen eine noch vor nicht allzu langer Zeit kaum für möglich gehaltene Dynamik. Sollte das Stuttgarter Projekt unter Führung Kretschmanns erfolgreich sein und bis zu den nächsten Wahlen 2016 Bestand haben, wird das die grüne Partei verändern und ihr ein gemäßigteres Profil verleihen. Im Parteiensystem wird dies Spuren und Rückwirkungen auf die Konkurrenz hinterlassen. Aber auch ein Scheitern bliebe nicht ohne Folgen.

Kommt auf die Grünen in ihrem aktuellen Erfolg jenes Dilemma zu, an dem die Volksparteien – zumal in der Regierungsverantwortung – kranken, nämlich nach nahezu allen Seiten offen zu sein und sich gleichzeitig selbst treu zu bleiben? Das kann so sein. Es hängt aber letztlich auch von der Überlebensfähigkeit des Volksparteientypus ab, die man sich inständig wünschen sollte, die aber durchaus nicht zweifelsfrei zu sein scheint. Umso offener werden in Zukunft Koalitionsbildungen sein.

Endnoten

[1] So Merkel anlässlich des CDU-Parteitags in Karlsruhe am 15. November 2010, zit. nach: Der Tagesspiegel vom 16. November 2010.

[2] Jens Schneider: „Schwarz-Grün ist keine dumme Idee", in: www.sueddeutsche.de vom 29. März 2011.

[3] Siehe die Position des langjährigen bayerischen Wirtschaftsministers Otto Wiesheu: „Die Grünen sind nicht unser Maßstab", in: Süddeutsche Zeitung vom 6. Mai 2011.

[4] Vgl. Heinrich Oberreuter: Abgesang auf einen Verfassungstyp? Aktuelle Herausforderungen und Mißverständnisse der parlamentarischen Demokratie, in: ders. (Hrsg.): Wahrheit statt Mehrheit? An den Grenzen der parlamentarischen Demokratie, München 1986, S. 23-43.

[5] So der CSU-Generalsekretär Alexander Dobrindt im Interview mit dem Hamburger Abendblatt vom 27. November 2010.

[6] Johann Schloemann: Stunde der Heuchler, in: www.sueddeutsche.de vom 29. März 2011.

[7] Das im Rahmen der Konrad-Adenauer-Stiftung von Bernhard Vogel herausgegebene Memorandum „Im Zentrum Menschenwürde. Politisches Handeln aus christlicher Verantwortung" (Berlin 2006) ist eine bemerkenswerte Orientierungshilfe. Gilt sie aber?

[8] Heinrich Oberreuter: Die Parteiendemokratie vor neuen Herausforderungen, in: Karl Schmitt (Hrsg.): Herausforderungen der repräsentativen Demokratie, Baden-Baden 2003, S. 89 -100, S. 100.

[9] Jürgen Habermas sprach jüngst von „demoskopischem Opportunismus". Siehe www.sueddeutsche.de vom 7. April 2011.

Verzeichnis der Autorinnen und Autoren

VOLKER BEST, Jahrgang 1981, ist Politikwissenschaftler und Doktorand am Institut für Politische Wissenschaft und Soziologie der Universität Bonn.

Prof. Dr. Dr. h.c. KURT H. BIEDENKOPF, Jahrgang 1930, Ministerpräsident des Freistaates Sachsen a.D. , ist zurzeit Forschungsprofessor am Wissenschaftszentrum Berlin.

NIKOLAUS BLOME, Jahrgang 1963, ist stellvertretender Chefredakteur von BILD und leitet das Hauptstadt-Korrespondentenbüro der Zeitung.

FABIAN BLUMBERG, Jahrgang 1981, ist Politikwissenschaftler mit den Schwerpunkten der Parteien- und Koalitionsforschung.

Dr. MICHAEL BORCHARD, Jahrgang 1967, ist Leiter der Hauptabteilung „Politik und Beratung" der Konrad-Adenauer-Stiftung e.V. in Berlin.

Prof. Dr. FRANK DECKER, Jahrgang 1964, lehrt Politikwissenschaft am Institut für Politische Wissenschaft und Soziologie der Universität Bonn.

Dr. WARNFRIED DETTLING, Jahrgang 1943, lebt als freier Autor in Berlin.

KATHARINA FEGEBANK, Jahrgang 1977, ist Landesvorsitzende der Grün-Alternativen Liste in Hamburg und Mitglied der Hamburgischen Bürgerschaft.

PETER FINGER, Jahrgang 1955, ist Mitglied im Rat der Stadt Bonn und dort Fraktionssprecher von Bündnis 90/Die Grünen.

FLORIAN GATHMANN, Jahrgang 1975, ist Redakteur im Parlamentsbüro von Spiegel Online in Berlin und arbeitete dort zuvor in der Hamburger Politik-Redaktion.

HERMANN GRÖHE, Jahrgang 1961, ist Generalsekretär der CDU Deutschlands.

Dr. CHRISTOPH GEORG HARTMANN, Jahrgang 1972, ist stellvertretender Ministerpräsident und Minister für Wirtschaft und Wissenschaft des Saarlandes sowie saarländischer Landtagsabgeordneter für die FDP.

Dr. RICHARD HERZINGER, Jahrgang 1955, ist Politischer Korrespondent der *Welt* und der *Welt am Sonntag*.

Prof. Dr. ECKHARD JESSE, Jahrgang 1948, lehrt am Institut für Politikwissenschaft der Technischen Universität Chemnitz.

Prof. Dr. ADOLF KIMMEL, Jahrgang 1938, lehrte Politikwissenschaft, zuletzt an der Universität Trier.

Prof. Dr. HUBERT KLEINERT, Jahrgang 1954, lehrt Politikwissenschaft an der Fachhochschule für öffentliche Verwaltung des Landes Hessen in Gießen.

Prof. Dr. VOLKER KRONENBERG, Jahrgang 1971, Akademischer Direktor an der Universität Bonn, lehrt Politikwissenschaft am dortigen Institut für Politische Wissenschaft und Soziologie sowie an der Hochschule Bonn-Rhein-Sieg.

Prof. Dr. GERD LANGGUTH, Jahrgang 1946, lehrt Politikwissenschaft am Institut für Politische Wissenschaft und Soziologie der Universität Bonn.

Prof. Dr. CLAUS LEGGEWIE, Jahrgang 1950, lehrt Politikwissenschaft an der Universität Gießen und ist Direktor des Kulturwissenschaftlichen Instituts in Essen.

PHILIPP LERCH, Jahrgang 1982, ist Kreisvorsitzender der Bonner CDU und Vorsitzender der CDU-Bezirksfraktion in Bonn-Bad Godesberg.

Prof. Dr. TILMAN MAYER, Jahrgang 1953, lehrt Politikwissenschaft am Institut für Politische Wissenschaft und Soziologie der Universität Bonn.

OSWALD METZGER, Jahrgang 1954, ist Politikberater und freier Publizist in Ravensburg.

PHILIPP MIßFELDER, Jahrgang 1979, ist Bundesvorsitzender der Jungen Union und Bundestagsabgeordneter der CDU.

REINHARD MOHR, Jahrgang 1955, lebt als freier Autor in Berlin.

PETER MÜLLER, Jahrgang 1955, ist Ministerpräsident des Saarlandes a.D.

Prof. Dr. Dr. h.c. HEINRICH OBERREUTER, Jahrgang 1942, lehrt Politikwissenschaft an der Universität Passau und ist Direktor der Akademie für Politische Bildung Tutzing.

CEM ÖZDEMIR, Jahrgang 1965, ist Bundesvorsitzender der Partei Bündnis 90/Die Grünen.

PD Dr. THOMAS PETERSEN, Jahrgang 1968, ist Projektleiter am Institut für Demoskopie Allensbach.

Prof. Dr. LOTHAR PROBST, Jahrgang 1952, ist Professor am Institut für Politikwissenschaft der Universität Bremen und dort Leiter des Arbeitsbereichs Wahl-, Parteien- und Partizipationsforschung.

PETER RADUNSKI, Jahrgang 1939, ehemaliger Bundesgeschäftsführer der CDU und Senator a. D. des Landes Berlin, ist Senior Advisor bei MSL Germany (Publicis Groupe).

STEFAN REINECKE, Jahrgang 1959, ist Redakteur im Parlamentsbüro der *taz*.

Dr. SASKIA RICHTER, Jahrgang 1978, ist Politikwissenschaftlerin an der Zeppelin Universität in Friedrichshafen.

Dr. JÜRGEN RÜTTGERS, Jahrgang 1951, Ministerpräsident des Landes Nordrhein-Westfalen a.D., ist Lehrbeauftragter am Institut für Politische Wissenschaft und Soziologie der Universität Bonn.

KRISTA SAGER, Jahrgang 1953, ist Bundestagsabgeordnete von Bündnis 90/Die Grünen aus Hamburg.

REZZO SCHLAUCH, Jahrgang 1947, ehemaliger Vorsitzender der Bundestagsfraktion von Bündnis 90/Die Grünen und Parlamentarischer Staatssekretär a.D., ist Rechtsanwalt und Unternehmensberater in Stuttgart.

Dr. NORBERT SEITZ, Jahrgang 1950, ist Kulturredakteur beim Deutschlandfunk in Köln.

THOMAS SCHMID, Jahrgang 1945, ist Herausgeber der *Welt*-Gruppe in Berlin.

NIKO SWITEK, Jahrgang 1978, ist Politikwissenschaftler und Doktorand an der NRW School of Governance sowie dem Institut für Politikwissenschaft der Universität Duisburg-Essen.

JOHANNES VOGEL, Jahrgang 1982, ist Mitglied des Deutschen Bundestages, arbeitsmarktpolitischer Sprecher der FDP-Bundestagsfraktion und Mitglied des Bundesvorstandes der FDP.

HERBERT VYTISKA, Jahrgang 1944, ist Publizist und Politikberater in Wien.

Prof. Dr. FRANZ WALTER, Jahrgang 1956, ist Leiter des Göttinger Instituts für Demokratieforschung.

CHRISTOPH WECKENBROCK, Jahrgang 1983, ist Politikwissenschaftler und Doktorand am Institut für Politische Wissenschaft und Soziologie der Universität Bonn.

Neu im Programm Politikwissenschaft

Blanke, Bernhard / Nullmeier, Frank / Reichard, Christoph / Wewer, Göttrik (Hrsg.)

Handbuch zur Verwaltungsreform

4., akt. u. erg. Aufl. 2011. XXI, 616 S. Br.
EUR 49,95
ISBN 978-3-531-17546-1

Das Handbuch liefert einen Beitrag zur Einordnung unterschiedlicher Konzepte und Orientierung für die Umsetzung der Verwaltungsreform. In 66 Beiträgen werden vielfältige Ansätze der Verwaltungsreform vorgestellt, ihr Entstehungszusammenhang erläutert, praktische Anwendungsfelder beschrieben und Entwicklungsperspektiven untersucht. Die Beiträge stammen von renommierten WissenschaftlerInnen und erfahrenen PraktikerInnen. Themenblöcke: Staat und Verwaltung, Reform- und Managementkonzepte, Steuerung und Organisation, Personal, Finanzen, Ergebnisse und Wirkungen, Erfahrungen und Perspektiven.

Boeckh, Jürgen / Huster, Ernst-Ulrich / Benz, Benjamin

Sozialpolitik in Deutschland

Eine systematische Einführung
3., grundl. überarb. u. erw. Aufl. 2011.
491 S. Br. EUR 22,95
ISBN 978-3-531-16669-8

Der Band führt systematisch in das breite Spektrum von Geschichte, Strukturen, Problemlagen, Lösungswegen und die europäischen Zusammenhänge von Sozialpolitik in Deutschland sowie in die Theorie des Sozialstaates ein. Der besseren Verständlichkeit dienen ausführliche geschichtliche Dokumente und aktuelle Daten zur sozialen Entwicklung bzw. zur Sozialpolitik. Gibt es Grenzen des Sozialstaates? Diesen sucht sich der Band im geschichtlichen Rückgriff auf die Weimarer Republik systematisch und sozialräumlich zu nähern.

Dingwerth, Klaus / Blauberger, Michael / Schneider, Christian

Postnationale Demokratie

Eine Einführung am Beispiel von EU, WTO und UNO
2011. 236 S. (Grundwissen Politik) Br.
EUR 24,95
ISBN 978-3-531-17490-7

Internationale Organisationen stehen im Zentrum der Diskussion über das „Demokratiedefizit" internationaler Politik. Während politische Entscheidungen zunehmend auf internationaler Ebene getroffen werden, zweifeln Kritiker immer wieder an der Legitimation dieser Entscheidungen. Das Buch führt ein in die Diskussion über demokratisches Regieren „jenseits des Staates", es stellt die Funktionsweise von EU, WTO und UNO vor und diskutiert, inwieweit das Regieren in diesen Organisationen demokratischen Grundsätzen genügt bzw. wie sich Demokratiedefizite beheben lassen.

Erhältlich im Buchhandel oder beim Verlag.
Änderungen vorbehalten. Stand: Juli 2011.

www.vs-verlag.de

VS VERLAG

Abraham-Lincoln-Straße 46
65189 Wiesbaden
tel +49 (0)6221.345 - 4301
fax +49 (0)6221.345 - 4229

Elemente der Politik

Hrsg. von Bernhard Frevel / Klaus Schubert / Suzanne S. Schüttemeyer / Hans-Georg Ehrhart

Blum, Sonja / Schubert, Klaus
Politikfeldanalyse
2., akt. Aufl. 2011. 198 S. Br. EUR 16,95
ISBN 978-3-531-17276-7

Dehling, Jochen / Schubert, Klaus
Ökonomische Theorien der Politik
2011. 178 S. Br. EUR 16,95
ISBN 978-3-531-17113-5

Dobner, Petra
Neue Soziale Frage und Sozialpolitik
2007. 158 S. Br. EUR 12,90
ISBN 978-3-531-15241-7

Frantz, Christiane / Martens, Kerstin
Nichtregierungsorganisationen (NGOs)
2006. 159 S. Br. EUR 14,90
ISBN 978-3-531-15191-5

Frevel, Bernhard
Demokratie
Entwicklung – Gestaltung – Problematisierung
2., überarb. Aufl. 2009. 177 S. Br. EUR 12,90
ISBN 978-3-531-16402-1

Fuchs, Max
Kulturpolitik
2007. 133 S. Br. EUR 14,90
ISBN 978-3-531-15448-0

Jahn, Detlef
Vergleichende Politikwissenschaft
2011. 124 S. Br. EUR 12,95
ISBN 978-3-531-15209-7

Jaschke, Hans-Gerd
Politischer Extremismus
2006. 147 S. Br. EUR 14,95
ISBN 978-3-531-14747-5

Johannsen, Margret
Der Nahost-Konflikt
2., akt. Aufl. 2009. 167 S. Br. EUR 16,95
ISBN 978-3-531-16690-2

Kevenhörster, Paul / Boom, Dirk van den
Entwicklungspolitik
2009. 112 S. Br. EUR 12,90
ISBN 978-3-531-15239-4

Kost, Andreas
Direkte Demokratie
2008. 116 S. Br. EUR 12,90
ISBN 978-3-531-15190-8

Meyer, Thomas
Sozialismus
2008. 153 S. Br. EUR 12,90
ISBN 978-3-531-15445-9

Schmitz, Sven-Uwe
Konservativismus
2009. 170 S. Br. EUR 16,90
ISBN 978-3-531-15303-2

Erhältlich im Buchhandel oder beim Verlag.
Änderungen vorbehalten. Stand: Juli 2011.

www.vs-verlag.de

VS VERLAG

Abraham-Lincoln-Straße 46
65189 Wiesbaden
tel +49 (0)6221.345 - 4301
fax +49 (0)6221.345 - 4229